복 있는 사람

오직 여호와의 율법을 즐거워하여 그 율법을 주야로 묵상하는 자로다.
저는 시냇가에 심은 나무가 시절을 좇아 과실을 맺으며 그 잎사귀가 마르지 아니함 같으니
그 행사가 다 형통하리로다.(시편 1:2-3)

폴 히버트 박사를 만날 때마다 떠오르던 의문점 하나는, 서양인의 얼굴을 한 거구의 사람 속에 어떻게 그처럼 순박한 동양적인 겸손과 온유함이 가득 채워져 있을까 하는 것이었다. 나는 히버트 박사가 소천하기 보름 전에 그와 마지막으로 통화를 했다. 그때 그는 숨이 가빠서 평소처럼 말을 잘하지는 못했지만, 또렷한 정신으로 "나는 지금 세 권의 책을 쓰고 있다"라고 말했다. 그 세 권의 책 중에 하나가 바로「21세기 선교와 세계관의 변화」다. 이 책은 더 이상 말을 덧붙일 필요가 없을 정도로 극찬을 받아 마땅하다. 그리나 책 자체보다 내게 크게 다가왔던 것은, 이러한 세계관에 관한 한 완전에 가까운 책을 마지막 호흡이 다할 때까지 썼던 저자 자신의 삶이었다. 실로 거인이 거작을 세계 교회에게 선물로 남겨 주었다. 이 책을 읽는 모든 이들이 글자 하나하나 뒤에 숨겨진 저자의 위대한 삶도 같이 볼 수 있기를 기도하며, 이 책을 적극 추천한다.

_이태웅 | 선교학 박사, 한국해외선교회 글로벌리더십연구원(GLF) 원장

이 책은 몇 가지 특징을 가지고 있다. 지금까지 나온 세계관 책은 사회와 문화 변혁을 강조하는 개혁주의 전통에 서 있거나 전도를 강조하면서 복음의 통전성을 삶에 적용하고자 애쓰는 복음주의 전통에 서 있다. 히버트는 원래 메노나이트였으나 풀러 신학교와 트리니티 복음주의 대학에서 가르치고 연구한 복음주의자로서, 복음전도와 회심을 강조하는 전통에서 세계관 문제를 다룬다. 지금까지 나온 책은 주로 철학이나 신학에 의존했으나 이 책은 문화인류학을 연구 토대로 삼고 있다는 점도 중요한 특징이다. 기독교 세계관의 내용을 소상하게 설명해 주는 것보다는 세계관 모델 설정과 그 모델들의 비교 논의를 통해서 세계관이 삶의 실천에 얼마나 중요한지를 설득력 있게 보여준다는 점도 이 책이 다른 책과 구별되는 또 다른 특징이다. 선교 분야에서 일하기 위해 준비하는 이들, 현장에서 활동하고 있는 선교사들, 복음전도의 열정을 지녔으나 성도들의 삶에서 구체적 변화가 보이지 않아 고민하는 목회자들, 신학교에서 미래의 목회자를 키우는 교수들에게 이 책을 먼저 권한다. 세계관에 대한 이론적 탐색을 원하는 대학생이나 청년들에게도 이 책은 필독서가 될 것이다.

_강영안 | 서강대학교 철학과 교수

전 세계 기독교 선교계에서 폴 히버트 박사처럼 문화인류학과 선교와의 관계를 명쾌하게 꿰뚫어 설명한 학자는 없을 것이다. 그는 한평생 이 분야에 학문적인 이론과 실제적인 제안을 제공했다. 그의 유작인 「21세기 선교와 세계관의 변화」는 세계관에 대한 전체적이고, 종합적인 설명을 제공한다. 세계관의 정의와 그 이해를 가장 최근의 흐름까지 설파해 놓은 이 책은 독자들이 기독교 세계관의 정의를 선명하게 파악하도록 도울뿐더러, 이를 근거로 기독교 공동체가 세상을 어떻게 이해하고 어떤 방식으로 복음을 전해야 하는가에 대한 큰 그림을 갖도록 기여한다. 선교 관심자뿐 아니라 모든 그리스도인들이 세상을 보는 올바른 눈을 갖고, 그 세상을 하나님의 나라로 바꾸어 가기 위한 관점을 구비하는 데, 이보다 더 좋은 교과서는 없을 것이다.

_한철호 | 선교사, 선교한국 상임위원장

「21세기 선교와 세계관의 변화」는 고故 폴 히버트 박사의 마지막 저작 중 하나로, 평생에 걸친 연구의 결과로 나온 책이다. 그는 선교 사역의 핵심을 잘 이해하고, 그 사역의 과제를 정곡을 찌르면서 파헤치고 있다. 히버트 박사의 많은 저작 중에서도 이 책은 가장 깊이 있는, 통찰력이 돋보이는 역작이다. 현재까지 전 세계에 나와 있는 선교학 도서들 가운데서 이만한 깊이와 치열함이 있는 저작을 찾기가 쉽지 않을 것이다. 현대 선교학의 눈부신 발전 속도를 따라가기 벅차하는 사역자들에게 이 한 권의 책은 필독서 중의 필독서다. 현장에서 수고하는 선교 사역자와 다양한 상황에서 일하는 목회자들은 물론, 선교학을 깊이 있게 배우고자 하는 모든 신학생도 이 책을 통해서 기독교 사역의 본질적인 내용을 파악하는 데 큰 도움을 받으리라 기대한다. 진지하게 문화와 선교를 생각하는 평신도들도 이 책을 정독함으로써, 사회문화적인 존재로서의 인간을 이해하는 데 많은 유익을 얻을 것이라 믿는다.

_문상철 | 한국선교연구원(kriM) 원장, 합동신학대학원 선교학 교수

「21세기 선교와 세계관의 변화」는 폴 히버트 박사의 여러 권의 저서 가운데

선교와 세계관의 문제를 전문적으로 다룬 귀한 연구서다. 그는 세계관의 개념을 문화기능구조주의와 다른 문화상징주의 입장에서 학문적으로 잘 설명한다. 그는 회심의 핵심이 세계관의 변혁에 있음을 논하였고, 선교를 통한 세계관의 변혁이 어떤 양상으로 나타날 것인지를 기존의 여러 세계관을 분석하며 그 실제적 사례들을 논한다. 구체적으로 부족사회, 농경사회, 근대사회 등을 심층적으로 분석하고, 현대인들에게 영향을 미치는 포스트모더니즘의 세계관까지 그 주요 핵심들을 들춰낸 후, 이를 어떻게 선교적으로 접근하여 성경적 변혁을 일으킬 수 있는지를 제시한다. 무엇보다 돋보이는 것은, 기록된 계시의 말씀으로서 성경의 권위에 대한 히버트 박사의 확고부동한 믿음이다. 그는 기존의 일반 세계관과 성경적 세계관은 근본적으로 다르다는 점을 설득력 있게 논증하는 가운데, 선교적 변혁의 중요성을 보여준다. 풀러 신학교에서 약 5년간 히버트 박사에게 여러 과목을 공부한 제자로서, 나는 이 책을 통해 그분의 경건성과 학문성과 선교 열정을 다시 생생하게 마주하는 기쁨을 누렸다. 복음전도 사역을 감당하는 한국 교회의 모든 선교사들과 목회자들, 그리고 선교에 대한 바른 관점이 절실히 필요한 모든 신학생들에게 일독을 적극 권한다. _김성태 | 총신대학교 신학대학원 선교학 교수

세계관은 마치 우리가 숨 쉬는 공기와 같아서 우리 모두에게 없어서는 안 될 중요한 역할을 하지만, 그 존재에 대해 별로 인식하지 못하며 살아가는 경우가 많다. 그래서 자신의 세계관이 어떤가를 객관적으로 인식하게 되는 경우는 주로 다른 문화권에 가서 다른 세계관과 충돌을 경험하게 될 때다. 폴 히버트 박사는 문화인류학자요 선교학자인 동시에, 인도의 선교사로 직접 타문화권 선교를 경험했던 분이다. 그만큼 세계관에 관한 고민이 깊었고, 회심이 단지 행실과 생각의 변화뿐 아니라 세계관의 변화까지 이어져야 함을 이책을 통해 역설하고 있다. 트리니티 복음주의 신학교의 학창시절 은사로 내가 경험했던 히버트 박사는 다양한 부류와 문화의 학생들을 언제나 너그럽게 인격적으로 품으면서도 탁월한 통찰력과 지혜로 가르쳤던 스승이셨다. 2007년 작고하신 히버트 박사의 이번 유작은 그분의 성품과 학자적인 탁월

함, 뛰어난 문장력, 깊은 통찰력이 모두 녹아 들어간 최고의 유산이라 생각한다. 학문적인 탁월함을 이렇게 흥미롭고 쉬운 언어로 풀어낸 것은 진정 히버트 박사의 천재성 때문에 가능한 일일 것이다. 이 책의 최대 수혜자는 선교사와 선교학자들이겠지만, 모든 교회 지도자와 목회자들도 함께 읽어야 할 책이라 생각된다. 오늘날 급속도로 다문화화되어 가는 우리나라의 현실, 세계 2위의 선교국이라는 위상에 따르는 한국 교회의 책임, 세계관의 회심 없이 이뤄지는 피상적 회심의 문제를 고민하는 모든 진지한 그리스도인들에게 일독을 권한다.

_ 김중안 | 한국기독학생회(IVF) 대표

「21세기 선교와 세계관의 변화」는 여러 가지 점에서 폴 히버트가 쓴 저작들의 결정판이다. 이 책은 금세기의 다양한 상황 속에서 하나님의 선교에 종사하는 모든 이에게 귀중한 통찰을 제공한다. 실로 히버트의 최고작임에 틀림없다. 선교학 분야에 커다란 기여를 하는 탁월한 걸작이자 영구히 남을 유산으로 손색이 없다!

_ 티트 티에누 | 트리니티 복음주의 신학교 교수

이 책은 그리스도인의 회심과 연관된 문화적 역동성을 주시하는 저자의 독창성 넘치는 사고들을 단 한 권에다 갈무리하면서, 최고조로 농익은 히버트를 보여준다. 그가 그 주제에 관해 일평생 배우고, 생각하고, 저술 작업을 해 온 것을 토대로 하는 이 책은 앞으로 오랫동안 세계관에 관한 표준서가 될 것이다. "이 세대를 본받지 말고 마음을 새롭게 함으로 변화를 받"는다는 것이 과연 무엇이고 어떻게 이루어지는지를 다루는 문화적이고 신학적인 통찰들이 이 책에 그득하다. 21세기의 선교학 이론과 실천의 최전선에 히버트를 서 있게 한 사고의 명료함과 독창성이 배어 있는 이 책은, 2007년 3월 11일 영원한 본향으로 돌아간 이 특출한 저자의 생애와 작업에 대한 적절한 찬사로 남게 될 것이다.

_ 조나단 본크 | OM 연구 센터, *International Bulletin of Missionary Research* 편집자

히버트는, 그동안 선교학에 독특한 기여를 해 왔던 것과 마찬가지로, 이번에는 우리가 세계관의 미개척지를 깊이 탐험하도록 이해의 문을 열어 주면서, 자신의 최후의 선물을 건네고 있다. 「21세기 선교와 세계관의 변화」는 세계관 개념에 대한 철저한 검토로부터 시작해서, 문화적·철학적 분석으로 옮겨 가고, 건전한 성격적 성찰을 제시한 후에, 변화를 일으키라는 도전으로 끝을 맺는다. 이 책은 선교 연구에서 고전으로 자리매김할 책이다. 히버트의 이 걸작품을 추천한다.

_더그 맥코넬 | 풀러 신학교 교수

만일 세계관이라는 단어와 개념을 둘러싼 복잡한 논의를 일거에 정리해 줄 선교학자를 꼽으라면, 단연 폴 히버트일 것이다. 히버트는 「21세기 선교와 세계관의 변화」에서도 우리를 실망시키지 않는다. 다시 한 번 그는 선교와 세계관의 풍경 전체를 장엄하게 조망하고, 분명하게 설명하고, 지혜롭고도 신실한 제안으로 우리에게 도전한다.

_테리 무크 | 애즈베리 신학교 교수

폴 히버트의 폭넓은 학식, 예수 그리스도에 대한 심원한 신앙, 깊은 통찰력, 창조적인 사고, 세계 복음화에 대한 전적인 헌신이 두루두루 빛나는 책이다. 폴은 교회의 선교에 대해 숙고하는 우리 모두에게 멘토요 선생이요 안내자였다. 이 책은 우리의 생각을 자극하는 그의 사상을 담고 있는 훌륭한 본보기다. 오늘날과 같이 다양한 문화 가운데서 복음을 전하는 일에 관심 있는 사람이라면, 폴 히버트의 말에 기꺼이 귀 기울이고자 할 것이다.

_찰스 밴 엔겐 | 풀러 신학교 교수

「21세기 선교와 세계관의 변화」는 히버트가 내놓는 단연 빼어난 최고의 열매다. 그의 주요한 선교학적 통찰들이 최초로 한 권의 책에 집대성되었다. 히버트는 이 책에서 우리가 이해하고 설명하기 가장 어려워하는 개념들 중 하나와 씨름하면서, 복음주의 선교학에서 20세기와 21세기 초반에 이뤄진 가장 중요한 사상적 발전에 아주 적절한 방점을 찍어 주고 있다.

_ 스코트 모로 | 휘튼 칼리지, *Evangelical Missions Quarterly* 편집자

세계관에 관한 폴 히버트의 이 책은 선교 인류학 분야에서 최고의 작품이다. 이 책은 성경적 회심의 핵심에 있는 세계관의 변화가 얼마나 중요한지를 잘 드러내는 그의 최종적인 증언이다. 명료하고 유용하며 칭찬하지 않을 수 없는 이 책은 출간 즉시 고전의 반열에 오르고 있다.

_ 대나 로버트 | 보스턴 대학교 신학부 교수

지난 반세기 동안 지도적인 선교 인류학자로 섬겨 온 히버트는 이 놀랄 만한 연구를 통해, 현재 나와 있는 모든 서적 중에서 가장 포괄적이고 철저한 세계관 탐구를 제시하면서, 세계관과 기독교 신앙의 관계가 무엇인지를 밝혀 준다. 히버트의 평생에 걸친 간문화적 사역과 성찰의 정점에 서 있는 이 책은, 앞으로 여러 해 동안 선교학과 신학 분야에서 논의의 지형도를 재구성할 것이다. 신앙과 문화라는 주제에 관심 있는 사람들을 위한 필독서다!

_ 헤럴드 네틀랜드 | 트리니티 복음주의 신학교 교수

우리는 이 책을 통해 우리 형제 폴 히버트와 함께 여행할 기회를 갖게 되었다. 하나님의 세계를 사랑하고자 다짐하는 우리 시대 모든 자들을 향한 그의 정제된 지혜, 그의 유언과 증언을 듣는 것은 정말 가슴 벅찬 일이다. 이 책은 앞으로 오랫동안 우리의 사고를 자극해 줄, 이론과 실천에 관한, 그리고 문화적 패턴과 선교학의 주요 주제에 관한 통찰로 가득하다.

_ 미리엄 애드니 | 시애틀 퍼시픽 대학교 교수

21세기 선교와 세계관의 변화

Paul Hiebert

Transforming Worldviews
An Anthropological Understanding of How People Change

21세기 선교와 세계관의 변화

폴 히버트 지음 | 홍병룡 옮김

복 있는 사람

21세기 선교와 세계관의 변화

2010년 4월 30일 초판 1쇄 발행
2021년 12월 10일 초판 5쇄 발행

지은이 폴 히버트
옮긴이 홍병룡
펴낸이 박종현
(주) 복 있는 사람
서울특별시 마포구 연남동 246-21 (성미산로23길 26-6)
Tel 723-7183(편집), 723-7734(영업·마케팅) | Fax 723-7184
hismessage@naver.com
등록 1998년 1월 19일 제1-2280호
ISBN 978-89-6360-017-8

Transforming Worldviews
by Paul G. Hiebert

Copyright ⓒ 2008 by Eloise Meneses, Barbara Rowe, and John Hiebert
Originally published in English under the title
Transforming Worldviews: An Anthropological Understanding of How People Change
by Baker Academic
a division of Baker Publishing Group
P.O. Box 6287, Grand Rapids, MI 49516, U.S.A.

Used and translated by the permission of Baker Publishing Group
through arrangement of rMaeng2, Seoul, Korea
Korean Copyright ⓒ 2010 by The Blessed People Publishing Co., Seoul, Korea.
All rights reserved.

본 저작물의 한국어판 저작권은 알맹2 Agency를 통해 Baker Publishing Group과 독점 계약한 (주) 복 있는 사람이 소유합니다. 저작권법에 의하여 한국 내에서 보호받는 저작물이므로 무단 전재와 복제를 금합니다.

차례

머리말　　　　　　　　　　　　　17

1. 세계관의 개념　　　　　　　　25
2. 세계관의 특징　　　　　　　　61
3. 인간이 처한 상황과 세계관　　133
4. 세계관을 분석하는 방법들　　167
5. 소규모 구술사회의 세계관　　199
6. 농경사회의 세계관　　　　　　235
7. 근대적 세계관　　　　　　　　267

8. 근대 후기 또는 포스트모더니티의 세계관 395

9. 포스트모던 이후 또는 글로컬 세계관 453

10. 성경적 세계관의 정립을 위하여 499

11. 세계관은 어떻게 변화되는가 583

   부록 1. 세계관 분석의 모델 637

   부록 2. 미국 세계관과 인도 세계관의 비교 638

   부록 3. 근대/포스트모던의 전환 649

   부록 4. 근대적 세계관과 지구적 세계관의 비교 651

주 653

참고문헌 669

찾아보기 685

표

표 1.1 세계관 주제로서 집단과 개인 _42
표 1.2 문화의 여러 차원 _52
표 1.3 세계관 주제들과 문화 분석 _53
표 2.1 문화의 여러 수준 _65
표 2.2 집합의 네 가지 유형 _72
표 2.3 관계적 논리 _85
표 2.4 지식의 형태구성적 성격 _96
표 2.5 시간에 관한 다양한 세계관(시간관념) _100
표 2.6 서로 다른 시간관 _105
표 2.7 세계관과 공간 배열 _110
표 2.8 미국 개신교 예배에 나타나는 정서적 유형들 _116
표 2.9 일본 엔지 시대가 규정한 죄의 분류 _118
표 2.10 도덕적 질서에 대한 여러 이미지들 _120
표 2.11 세계관 차원에서 본 평가적 규범들 _123
표 2.12 세계관의 초점 _129
표 3.1 통합에 이르는 환원주의적 접근 _139
표 3.2 인간 연구에 대한 계층적 접근 _140
표 3.3 직선적 인과관계와 시스템적 인과관계 _145
표 3.4 인간 연구에 대한 시스템적 접근 _146
표 3.5 기계론적 시스템과 유기적 시스템 _148
표 3.6 문화적 지식의 여러 수준들 _152
표 3.7 서로 영향을 주고받는 시스템들 _166
표 4.1 민족 의미론적 테스트 _174
표 4.2 마사이족의 영역 분류 _175
표 4.3 힌두교의 생명관 _177
표 4.4 근대적 세계관 _178

표 4.5 민족 의미론적 분석 _180
표 4.6 세계관 발견을 위한 민족 의미론적 방법 _181
표 4.7 친구관계를 가리키는 이게데족의 용어들 _182
표 4.8 터키의 코니아에서 발견된 세계관의 영역들 _184
표 4.9 세계관 주제들의 교차문화적 비교 _197
표 5.1 부족의 세계관 _203
표 5.2 생명의 결합성 _206
표 6.1 구술문화와 문자문화 _246
표 6.2 돈을 빌려 주는 규칙 _250
표 6.3 각 차원에서 제기되는 핵심 질문들 _253
표 6.4 인도의 신념 체계들 _254
표 6.5 이슬람교에서의 존재들과 세력들 _254
표 6.6 중국의 신념 체계들 _255
표 7.1 근대적 세계관의 출현 _274
표 7.2 삶의 영역 _290
표 7.3 영혼의 개념과 자아의 개념 _320
표 7.4 여러 종류의 경제 시스템 _334
표 9.1 지구화와 근대성에 대한 다양한 반응-(재활력 운동) _470
표 10.1 성경적 세계관의 이해와 관련된 여러 수준의 권위들 _506
표 10.2 왕과 그의 왕국 _526
표 10.3 인간에 대한 두 가지 견해 _543
표 10.4 역사의 의미 _576
표 11.1 회심의 세 가지 차원 _602
표 11.2 세계관 전환의 성격 _606
표 11.3 또 다른 세계관 전환 _607
표 11.4 집단적 결정의 다단계적 성격 _625

일러두기

이 책 본문에 (저자명 출간년도, 페이지)[예를 들어 (Sapir 1949, 11)] 형태로 나오는 괄호 안의 해당 도서는 이 책 뒷부분의 '참고문헌'에서 확인할 수 있다[앞에서 예로 든 (Sapir 1949, 11)는 저자 Sapir의 1949년 출간 도서, 11페이지를 가리킨다]. 저자명이나 페이지를 표기할 필요가 없는 경우에는 생략했다.

머리말

이제야 크리스마스 연극이 끝났구나 하고, 나는 생각했다. 남인도의 어느 농촌 교회에서 있었던 일이다. 목자처럼 분장한 어린 소년들이 술에 만취한 듯 비틀거리며 무대로 걸어 나오는 모습이 관중을 즐겁게 해주었다. 그 지방에서는 목자와 술고래가 동의어로 통한다. 천사들이 커튼 뒤에서 나타나자 순식간에 아이들은 정신이 말짱해졌고 유쾌한 분위기도 사라졌다. 동방 박사들이 헤롯 궁에 가서 길을 묻는 장면에 이어, 그들이 별의 안내를 받아 마리아, 요셉, 목자들이 있는 외양간에 도착해서, 그들과 천사들이 아기 예수 주위에 모여 있는 모습이 눈에 들어왔다. 이로써 성탄 메시지가 전달되었다고 나는 생각했다. 그런데 갑자기 커튼 뒤편에서 그 반에서 제일 큰 아이가 산타클로스 복장을 하고 나타나더니 모두에게 생일 선물을 나눠 주는 게 아닌가! 나는 놀라 자빠질 뻔했다. 무엇이 잘못된 것인가?

맨 처음 떠오른 생각은 "혼합주의syncretism"였다. 시골 신자들이 기독교와 힌두교를 짬뽕한 것이구나 하고 말이다. 곧이어 그게 아니라는 것을 깨달았다. 사실은 선교사들이 그리스도와 산타를 모두 가져왔겠다는 생각이 들었기 때문이다. 그러면 왜 내 마음이 불편했던 것일까? 그리스도의 탄생을 알리는 메시지는 분명히 전달되었다. 아울러 선물을 가져온 산타의 메시지도 똑같이 전달되었다. 내가 보기에 문제는 그 시골 사람들이 두 개의 다른 크리스마스를 짬뽕시켜 버린 데 있었다. 하나는 그리스도를 중심에 두었다. 기후는 따뜻하고, 나무는 야자수, 동물은 당나귀와 소와 양, 조연으로는 마리아와 요셉, 목자들, 박사들이 등장하는 크리스마스. 다른 하나는 산타를 중심에 두었다. 기후는 춥고, 나무는 상록수, 동물은 토끼와 곰과 무엇보다도 꽃사슴, 조연으로는 클로스 부인과 꼬마 요정들이 등장하는 크리스마스. 그러면 무엇이 잘못된 것일까? 어쩌다가 선교사가 가져온 메시지가 꼬여 버린 것이다. 필요한 조각들은 거기에 모두 있었지만 그것들이 엉뚱하게 맞춰진 것이었다. 우리가 이 짬뽕 현상을 제대로 이해하려면 "복음은 무엇인가?", 그리고 "한 사람이 그리스도인이 될 때 무슨 변화가 일어나야 하는가?"를 물어보아야 한다.

    일자무식꾼이라도 복음을 한 번만 듣고도 그리스도인이 될 수 있을까? 잠시 다음과 같은 상황을 상상해 보자. 파파야라는 인도 농부가 논에서 고단한 일과를 마치고 마을로 돌아왔다. 아내가 저녁식사를 마련하는 중이라 시간을 보낼 겸해서 마을 광장으로 발걸음을 옮겼다. 어떤 낯선 사람이 몇몇 호기심 많은 농부들에게 둘러싸인 모습이 눈에 들어왔다. 배도 고프고 몸도 피곤해서 땅바닥에 주저앉아 무슨 소리를 하는지 들어 보았다. 한 시간 동안 새로운 신에 관한 메시지를 들었는데, 그 내용이 마음을 크게 움직였다. 나중에 그 낯선 사람에게 그 새로운 길에 관해 물어보고, 자기도 모르는 사이에 고개를 숙이고는 예수라는 인간의 모습으로 나타났다는 그 신에게 기도를 드린다. 그가 아는 것이라고는 조금밖에 없다. 힌두교인으로서 그는 인류를 구원하기 위해 인간이나 동물이나 물고기로 여러 번 성육한 비슈누Vishnu를 예배하고 있다. 또 파파야는 3억 3,000만이나 되는 힌두교 신들 가운데 많은 신을 알고 있다. 그런데 그 낯선 사람은 하나님이 한 분밖에 없고, 그분이 단 한 번 인간들 가운데 나타나셨다고 한다. 게다가, 이 예수가 하나님의 아들이라고 하면서도, 하나님의 아내에 대해서는 한 마디도 하지 않는다. 상당히 헷갈리는 소리로 그에게 다가온다.

집으로 돌아온 파파야의 머릿속에는 온갖 의문이 떠오르기 시작한다. 이전처럼 힌두교 신전에 가서 기도할 수 있을까? 가족에게 새로 갖게 된 신앙에 관해 말해야 할까? 어떻게 하면 예수에 대해 더 배울 수 있을까? 글을 몰라서 그 낯선 사람에게 받은 종이를 읽을 수 없고, 하룻길을 걸어야 다른 그리스도인을 만날 수 있으니 어쩌나? 또 그 사람이 언제나 다시 올지 아무도 모르는 처지인데 말이다.

파파야의 경우처럼 복음을 한 번만 듣고도 그리스도인이 될 수 있을까? 그렇다는 대답 이외에 다른 대답은 있을 수 없다. 신자가 되려면 교육을 받아야 한다거나, 상당한 성경 지식이 있어야 한다거나, 선한 생활을 해야 한다고 주장하면, 복음은 소수만을 위한 소식에 불과하리라. 그러면 파파야가 복음의 메시지를 듣고 믿음으로 반응할 때, 어떤 본질적인 변화가 일어나는 것일까? 먼저 그는 새로운 정보를 얻었다. 그리스도와 십자가에서의 구속 사역, 그리고 그분의 생애에 관해 조금 듣긴 했지만, 이는 기껏해야 최소한의 지식에 불과하다. 게다가, 그가 알고 있는 내용은 자기가 지닌 문화적 신념으로 채색되어 있다. 아주 간단한 성경 시험이나 신학 시험도 통과하지 못할 수준이다. 그런데도 만일 우리가 파파야를 형제로 받아들인다면, "값싼 은혜", 혼합주의, 명목상의 교회에 문을 열어 주게 되지 않을까? 다른 한편, 더 배운 다음에 공동체로 들어오라고 그에게 말하면, 그를 내쫓는 셈이 될 것이다. 그렇다면 어떤 것이 있어야 참된 회심이라고 볼 수 있을까?

우리가 사람들을 그리스도께 인도할 때는 회심의 증거를 찾기 마련이다. 맨 먼저는 행위와 의식儀式상의 변화를 찾는다. 19세기 당시의 선교 사역이 그랬다.[1] 많은 선교사들은 선교지 주민이 진정으로 회심했다는 증거를 찾으려 했다. 예를 들면, 벗고 살다가 옷을 입는다든지, 술이나 담배나 도박을 끊는다든지, 조상에게 절을 하지 않는다든지, 세례와 성찬 예식에 참예한다든지, 교회에 정기적으로 출석한다든지 하는 것이 그런 증거에 해당했다. 이러한 변화가 회심의 증거로 중요하기는 했지만, 그렇다고 그러한 행위 아래에 있는 믿음이 바뀐 것을 보증해 주지는 않았다. 옛 믿음을 버리지 않으면서, 일자리를 구하고 지위를 획득하고 권력을 얻을 목적으로 행위를 적당히 바꾸는 일이 가능했다. 또 이방 신들과 영들에게 기독교적인 이름을 붙이는 식으로 전통 종교를 "기독교화" 하는 것도 가능했다.

20세기에 들어와서 개신교 선교사들은 사람들의 믿음이 변형 transformation(저자는 이 책에서 특별히 '변형'이라는 단어를 자주 사용하는데, 이 단어는 사전적으로 '[더 좋게] 완전히 탈바꿈하다'라는 의미를 지니며, 긍정적이고 총체적인 성격의 변화를 강조한다—편집자)되어야 한다고 강조하기 시작했다. 구원을 받으려면 누구나 그리스도의 신성, 동정녀 탄생, 죽음, 부활을 믿어야 했다. 마음으로 죄를 회개하고 그리스도께서 믿는 자에게 주시는 구원을 구해야 했다. 올바른 믿음은 기독교로의 회심에 필수적인 요소로 보였고, 선교단체들은 정통 교리를 가르치기 위해 성경학교와 신학교를 세웠다.

그런데 오늘날 갈수록 분명해지는 점은, 명시적인 믿음의 변형이 복음에 충실한 교회를 세우는 데 충분하지 않다는 사실이다. 사람들은 종종 똑같은 말을 다른 의미로 사용하곤 한다. 명시적인 믿음 밑에는, 사람들이 현실을 보는 방식과 그들의 사고의 범주 및 논리를 좌우하는 더 깊은 문화적 차원이 존재한다. 예를 들어, 파나마의 와우나나에 파송된 제이콥 로웬Jacob Lowen이 어느 어린 교회의 리더들에게 그리스도인이 되면 무엇이 제일 좋은지를 물어보았다. 어떤 이들은 이웃 부족들과 늘 사이가 나쁘기 때문에 신앙이 평화를 가져와서 좋다고 했다. 또 어떤 이들은 교회에서 예배드릴 때 하나님을 찬양하고 서로 교제하는 것을 즐긴다고 했다. 그가 조금 더 밀어붙이자, 그들이 가장 고맙게 생각하는 것은 기독교가 가져다준 새로운 "능력의 언질"이라고 마침내 고백했다. 로웬이 그게 무슨 뜻인지를 설명해 달라고 하자, 한 남자가 이렇게 답했다. "당신이 어떤 대적을 해치고 싶을 때, 기도회에 가서 그 사람 바로 앞에 앉으면 나중에 뒤로 돌아 무릎을 꿇고 상대방의 코앞에서 기도를 할 수 있게 됩니다. 그때 당신의 입으로 '구-속', '구-원' 그리고 '아멘'이라고 소리치면 그 사람이 아프게 될 것입니다." 어느 남인도 마을에 가면 모든 그리스도인이 자기 집에 흰색 페인트로 큰 십자가를 그려 놓은 것을 볼 수 있다. 처음에 나는 그것이 신앙을 증거하는 좋은 표시라고 생각했다. 그런데 나중에, 십자가가 사악한 눈 the evil eye으로부터 자기를 지켜 주는 강력한 표시이기 때문에 그려 놓았다는 설명을 들었다. 두 경우 모두 사람들은 기독교를, 올바른 형식만 갖추면 성공을 가져다주고 대적을 해칠 수 있게 해주는 더욱 강력한 신종 마술로 재해석했던 것이다. 이처럼 기독교를 순전히 이교도적인 현실 이해에 끼워 맞춰 재해석하는 일은 보기 드문 현상이 아니다. 사도행전에서 시몬이 베드로와 요한의 기도를 오해한 경우가 좋은 예다(행 8:14-24). 아니, 실은 가장 흔하고 가장 위험한 모습의 하나라고 생각한다.

그리스도께 회심하는 일은 다음 세 가지 차원을 모두 포함해야 한다. 행위와 믿음, 그리고 그 밑에 깔린 세계관worldview이 그 세 가지 차원이다. 그리스도인들은 그리스도인이라는 이유로 다르게 살아야 한다. 하지만 그들의 행위가 기독교적인 믿음이 아니라 전통적인 믿음에 주로 기초해 있으면 그 행위는 이교도적인 의식이 되어버린다. 회심이 믿음의 변화를 수반해야 하지만, 행위는 변하지 않고 믿음만 변할 경우에 그것은 거짓 신앙에 불과하다(약 2장). 회심이 믿음과 행위의 변화를 포함하더라도 세계관이 변하지 않을 경우에는, 장기적으로 보면, 복음이 거꾸로 뒤집어지고 기독교의 모양은 있으나 알맹이가 없는 혼합주의 종교를 초래하게 된다. 기독교가 일종의 새로운 마술과 아주 미묘한 형태의 우상숭배로 변질되는 것이다. 행위의 변화가 19세기 선교 운동의 초점이었고, 믿음의 변화가 20세기 운동의 초점이었다면, 21세기에는 세계관의 변화가 핵심 과제가 되어야 한다.

여기서 개인적 변화로서의 회심과 집합적 변화로서의 회심을 서로 구별하는 일이 중요하다. 개개인을 예수 그리스도께 인도하는 것은 선교의 복음전도적 차원이다. 사람들은 자기 역사와 문화를 지닌 채 그 모습 그대로 온다. 우리는 그들의 행위, 믿음, 세계관이 금방 변화될 것을 기대할 수 없다. 그러므로 제자훈련을 통해 성숙한 수준에 이르게 하는 일이 중요하다. 여기에는 그들이 사고하고 행동하는 방식의 변화뿐 아니라 세계관의 변화도 포함된다.

회심은 또한 집합적 성격을 지녀야 한다. 각 지역 교회는 신앙의 공동체로서, 자신을 둘러싼 사회문화적·역사적 환경에서 기독교적 존재가 된다는 것이 무슨 뜻인지를 규정지어야 한다. 교회는 성경적인 정통을 규정짓고 지키는 책임을 떠맡아야 하는데, 기독교가 주변의 이교적 환경과 어떻게 다른지를 분명히 함으로써 그렇게 할 수 있다. 이것은 선교의 신실성의 측면에 해당된다. 이와 관련하여 사도 바울은, 우리가 이 세상에 살되 세상에 속해서는 안 된다고 분명히 밝혔다. 그는 육신sarx, 세상archeon, 세대eon와 같은 용어를 사용해서 우리가 살고 있는 상황을 가리켰다. 우리는 이 용어들이 우리가 도피해야 할 타락한 세상을 가리킨다고 이해하는 경우가 너무나 많다. 그러나 우리가 설령 기독교 식민지 속으로 물러난다 할지라도, 우리는 "세상"을 들고 들어가기 마련이다. 죄를 불법화시킨다고 우리가 거룩한 공동체 안에 살게 되는 것은 아니다. 육신과 세상과 세대는 모두 우리가 현재 몸담고 있는 곳이다. 그것들이 선한 이유는, 인간이 하나님의 형상대로 창조되어 선한 문화와 사회를 창조할 수 있기 때문이다. 정부가 하나님이 세우신 기관임이 분명한 이유는, 그것이 타락한 세상에서 질서를 유지하는 역할을 하기 때문이다. 그런데 육신과 세상과 세대는 또한 타락해서 죄에 물든 상태에 있기도 하다. 타락한 인간들은 악을 행하는 타락한 시스템을 창조한다. 육신, 세상, 세대의 근본적인 특징은 그것들의 선악 여부에 있지 않고—그것들은 선하기도 하고 악하기도 하다—한시적이라는 사실에 있다. 그것들은 하나님 나라와 대척점에 있다. 하나님 나라는 그것들과 달리 영원하고 완전히 의롭고 선하기 때문이다. 이 세상과 세대에서 참 믿음을 지키는 문제는 우리 그리스도인이 당면한 영속적인 과제이다. 각 세대는 자기가 처한 특정한 상황에서 기독교적인 삶에 대해 성경적으로 사고하는 법을 반드시 배워야 한다는 뜻이다.

그러면 세계관은 어떻게 변화될 수 있을까? 이 물음에 답하기에 앞서, 세계관의 본질과 작용방식에 대해 탐구하는 일이 필요하다.

1장

세계관의 개념

세계관이라는 개념은 지난 20년 동안 철학, 과학철학, 역사학, 인류학, 기독교 사상 등의 분야에서 중요한 개념으로 등장했다. 이것은 우리의 주목을 끄는, 흥미롭고도 골치 아픈 단어 중 하나다. 무척 애매모호한 개념이어서 많은 연구와 통찰을 유도하는 동시에, 적지 않은 혼동과 오해를 불러일으키기도 한다. 모든 사람이 동의하는 하나의 정의定義도 없다. 우리는 기껏해야 그 개념의 역사를 훑어보고, 그동안 제안된 여러 정의와 이론들을 살펴볼 수 있을 뿐이다. 그 후에야 이 세상에서 우리 그리스도인이 맡은 사명을 이해하는 데 유익한 모델을 개발할 수 있다.

세계관 개념의 기원

세계관 개념은 여러 뿌리를 갖고 있다. 그 가운데 하나는, 서양 철학자 이마누엘 칸트Immanuel Kant가 독일어 단어 "Weltanschauung"

을 처음 소개한 다음에, 키르케고르Søren Kierkegaard, 엥겔스Friedrich Engels, 딜타이Wilhelm Dilthey 같은 저술가들이 서양 문화를 성찰할 때 그것을 사용했던 경우로 거슬러 올라간다.[1] 1840년에 이르러 그 단어는 독일에서 표준어가 되었다. 알버트 월터스Albert Wolters는 이렇게 말한다.

> Weltanschauung의 기본 개념은 세상을 보는 안목, 사물에 대한 관점, 특정한 지점에 서서 우주를 바라보는 방식이다. 따라서 그것은 그 둘러싼 역사적 조건에 따라 개인적이고, 날짜에 구애받고, 사적이며, 제한된 타당성을 지니고 있는 듯 보인다. 설령 어떤 세계관이 집합적 성격을 갖고 있더라도(어느 민족이나 계급 또는 기간에 속한 모든 사람이 공유한다 하더라도), 그것은 특정한 민족이나 계급 또는 기간의 역사적 개체성individuality을 공유한다. (1985, 9)

19세기에 이르자 독일 역사가들은 정치, 전쟁, 위대한 인물 등의 연구에서 등을 돌리고, 평범한 사람들을 연구하는 쪽으로 방향을 전환했다. 그들은 각 개인의 생애나 사건을 모두 검토할 수는 없었으므로 사회 전체에 주목하여 폭넓은 문화적 패턴을 찾는 데 주력했다. 이를테면, 야콥 부르크하르트Jacob Burckhardt는 「이탈리아 르네상스의 문화The Civilization of the Renaissance in Italy」에서, 르네상스 당시 이탈리아의 축제, 에티켓, 민속 신앙, 과학 등 다양한 항목을 개인주의라는 주제theme에 비추어 설명하려 했다. 오스왈트 슈펭글러Oswald Spengler는 문화들이 어떻게 다른 문화들에서 선별적으로 그 특성을 빌려 왔는지, 또 그 문화들이 어떻게 그 특성을 재해석하여 자기 세계관에 맞추었는지를 추적했다. 예를 들면, 이집트인들이 어떻게 시간에 대해 "깊은" 관심을 가졌는지를 보여주었다. 그들은 지나간 사건들에 대한 세세한 기록을 남겼고, 백성에게 위대한 과거를 상기시킬 목적으로 죽은 자를 기리는 거대한 기념물을 세웠다. 반면에, 그리스인들은 "얄팍한" 시간관념을 갖고 있었기에 현재를 중심으로 살았다. 역사가들도 현 시대 이전에는 아무런 중요한 사건이 발생하지 않았다고 주장했다. 그들의 관심사는 과거 역사가 아니라 현 세계의 구조와 작동에 있었던 것이다. 빌헬름 딜타이는 다양한 역사상의 시기들을 "시대정신Zeitgeist"에 입각하여 설명했다.

역사적 관점에서 이처럼 일상적인 인간 활동을 검토하다 보니 새로운 의문들이 생겼다. 문화적 패턴은 어떻게 생기는지, 그 패턴은 한 지역에서 다른 지역으로 어떻게 퍼지는지, 어떤 것들은 사라지는 데 비해 다른 것들은 여러 세기와 심지어 천 년 동안이나 지속되는 이유가 무엇인지 등등. 예를 들어, 서양의 문화들은 그 뿌리에 해당하는 그리스-로마 세계에서 큰 영향을 받았다. 히브리 철학과 인도 철학보다 그리스 철학으로부터, 유교적인 법과 사회질서 관념보다 로마의 관념으로부터 더 큰 영향을 받았다. 요컨대, 독일 역사가들은 한 민족의 깊고 영속적인 문화적 패턴을 가리키는 말로 세계관Weltanschauung이란 용어를 사용했다.

세계관 개념의 또 다른 뿌리는 인류학에서 찾을 수 있다. 인류학자는 전 세계 여러 민족을 경험적으로 연구한 끝에 그들의 문화 밑바탕에 근본적으로 다른 세계관들이 깔려 있음을 발견했다. 그 문화들을 연구하면 할수록, 사람들이 세계를 보는 방식과 인생을 사는 모습에 세계관이 깊은 영향을 미치고 있음을 더욱더 인식하게 되었다.[2] 그리고 어떤 문화들은 비슷한 특성을 공유하는 데 비해, 또 어떤 문화들은 서로 근본적인 차이를 갖고 있다는 사실도 알게 되었다. 이것은 문화의 핵심과 확산cultural cores and diffusionism에 관한 이론으로 발전했는데, 이는 문화의 패턴이 한 집단에서 다른 집단으로 퍼지는 현상을 연구하는 분야다. 프란츠 보아스Franz Boas, 로버트 로위Robert Lowie, 에드워드 사피어Edward Sapir, 그리고 특히 알프레드 크뢰버Alfred Kroeber는 확산이론을 사용해서 공통의 문화 복합을 공유하는 사회들로 구성된 문화 영역cultural area의 개념을 개발했다. 이 개념은 문화가 기초적 통합형태configuration 또는 민족정신Volksgeist을 갖고 있다는 사상을 낳았다.

 인류학자들은 여러 문화를 더 깊이 연구하는 가운데, 겉으로 드러난 언행의 아래편에 그런 말과 행위를 발생시키는 신념들과 가치관이 있다는 것을 발견했다. 그들은 또한 신념 형성에 영향을 미치는 문화의 더 깊은 차원들도 인식하게 되었다. 그것은 사물의 본질, 사고의 범주들, 그리고 이것들을 조직화하여 하나의 정합성 있는 실재 개념을 정립하는 논리 등과 관련하여 사람들이 품고 있는 가정假定들이다. 갈수록 분명해진 사실은 사람들이 동일한 세상에 다른 표지를 붙여 놓고 사는 것이 아니라, 근본적으로 다른 관념의 세계 속에서 살아간다는 점이다. 이로 말미암아 문화의 깊은 차원을 조사하게 되었고, 다음과 같은 다양한 단어를 사용하기에 이르렀다. "풍조", "시대정신", "우주론", "내면의 우주", "삶에 대한 전망", "세계적 사건", "세계 은유", "세계 질서", "세계 가설", "세계 조성", "세계 그림", "문화적 핵심", "뿌리 패러다임", "집단 무의식", "문화적 무의식", "타당성 구조", "내부적 관점에서 본 우주", "세계관" 등.

    이 목록에 나오는 다른 단어들처럼 "세계관"이란 단어도 많은 문제점을 안고 있다. 첫째, 이 단어는 철학에 뿌리를 두고 있어서 문화의 인지적 차원에 초점을 맞춘 나머지, 그와 똑같이 중요한 정서적 차원과 도덕적 차원을 다루지 않고, 인간이 지닌 이 세 차원이 서로 어떤 관계를 맺고 있는지도 취급하지 않는다. 둘째, 이것은 듣기 또는 청각보다 보기 또는 시각에 우선권을 두고 있다. 모든 문화가 시각과 청각을 다 사용하지만, 대부분의 경우 청각이 더 우세한 감각적 경험이다. 말이 글보다 즉시성, 관계성, 친밀성 면에서 더 우월하다. 글은 비인격적이고, 구체적 상황과 동떨어져 있고, 시간적으로 지체된 것이다. 성경은 태초에 하나님이 말씀하시매 세계가 존재하게 되었다고 말한다. 많은 사회에서 말은 주술적인 위력과 저주나 축복의 힘을 갖고 있다. 셋째 문제는, 이 용어가 개인과 공동체에 모두 적용된다는 점이다. A. F. C. 월리스Wallace는 개인이 나름의 "미로mazeways"를 갖고 있지만, 한 문화에서 지배적 세계관은 그 공동체의 힘과 사회적 역학에 의해 크게 좌우된다고 한다(1956). 이런 문제들에도 불구하고 우리는 "세계관"이란 용어를 사용할 텐데, 이미 널리 알려진 단어이고 또 이보다 더 정확하고 나은 용어가 없기 때문이다. 일단 이 책에서 이 단어를 어떤 뜻으로 사용하는지 밝히기 위해 정의부터 내려야겠다. 세계관이란 "한 집단이 사물의 본질과 관련하여 형성하는 근본적인 인지적·정서적·평가적 전제들로, 자기 삶을 정돈하는 데 사용하는 것"이다. 세계관은 한 공동체에 속한 사람들이 이미 주어진 실재로 취하고 있는 것이고, 삶을 위해 사용하는 실재에 관한 지도라고 할 수 있다.

　이 연구는 인류학의 이론적 틀 안에서 진행되는 것인 만큼, 세계관 개념의 몇몇 인류학적 뿌리를 추적하는 일이 필요하다.

인류학에서의 세계관의 역사

인류학 분야에서 세계관 개념을 탄생시킨 장본인은 바로 "문화"다. 초기 인류학자들은 "문명화civilized"라는 용어를 사용했다. 그래서 각 사회에 대해 "원시적" 사회에서 "문명화된" 사회로, 논리 이전의 사회에서 논리적 사회로 이르는 과정중 어느 단계에 와 있는지 점수를 매겼다. 그러나 프란츠 보아스와 그 후계자들은 이런 식의 순위 매김을 자민족 중심적인ethnocentric 오만한 발상이라고 거부했다. 이들은 한 민족의 신념과 관습practice 체계, 곧 그 속에서 살고 있는 사람들에게 의미를 지니는 그런 체계를 "문화"라는 용어로 묘사했다. 이들은 다른 문화들을 심층적으로 연구하는 가운데, 다양한 민족들의 생활방식을 서로 비교하는 데는 많은 기준들이 있다는 것과, 모든 면에서 또는 대부분의 면에서 어느 하나가 다른 것들에 비해 더 우월하다고 할 수 없음을 인식하게 되었다.

　프란츠 보아스와 그 제자인 크뢰버는 미국의 인류학에 "문화" 개념을 도입한 인물들로 알려져 있다. 그들은 "문화"란 인간의 활동을 정돈해 주는 학습된 신념과 행위의 패턴이라고 말했다. 보아스의 학생이었던 클라크 위슬러Clark Wissler는 이 개념을 사용해서 북미 인디언 부족들 사이의 유사점과 차이점을 심층적으로 관찰한 결과, 별개의 문화 영역들이 표시된 지도를 만들었다. 이 견해에 함축되어 있는 관념은, 문화란 여러 특성이 아무렇게나 널려 있는 진열장이 아니고, 정신적으로 세계를 조직하는 하나의 통합된 방식이라는 것이다. 달리 말하면, 어느 문화든지 그 밑바탕에 깔린 "패턴"이나 "형태"가 "그 자체의 정합성 또는 계획을 부여해 주고, 그것이 단순한 임의적인 조각들의 덩어리가 되지 않게 해준다는 뜻이다"(Kroeber 1948, 311). 더 나아가, 문화는 깊이를 갖고 있다. 표면적인 특성들은 빨리 변할 수 있어도, 그 밑바탕에 있는 패턴들은 오랜 세월에 걸쳐 존속한다. 이 견해는 보아스의 또 다른 학생이었던 에드워드 사피어에 의해 잘 요약되었다. 그는 문화를 "특정한 민족에게 이 세계에서의 독특한 자리를 부여해 주는 전반적인 태도, 인생관, 구체적인 문명의 산물 등을 단일한 용어로 아우르는 '세계 전망 world outlook'"이라고 정의했다. 그리고 우리는 "한 민족이 행하고 믿는 것을 강조하기보다, 그 행하고 믿는 것이 그 민족의 총체적 삶에서 어떤 기능을 하는지, 즉 그들에게 어떤 중요한 의미를 지니는지를 강조해야 한다"고 했다(Sapir 1949, 11).

루스 베네딕트 Ruth Benedict

초기 인류학자들 가운데, 명시적으로 드러난 문화 아래 모든 것을 통합해 주는 구조들이 있음을 눈여겨보았던 인물 중 하나는 루스 베네딕트다. 그녀는 보아스의 학생으로 소설가 출신의 인류학자였다. 문화는 단순히 여러 특성들로 구성된 집합체가 아니고, 문화의 밑바탕에 깔린 패턴이 모든 특성을 묶어 하나의 정합성 있는 통일체로 만든다고 주장한 인물이다. 그러므로 문화적 특성들은 통일체로서의 문화에 비추어 이해되어야 한다고 했다. 그녀는 세 문화에 관한 고전적 연구서인 「문화의 패턴 Patterns of Culture」(1934)에서, 문화의 부분들보다 먼저 문화 전체를 조망함으로써 그 밑바탕에 깔린 "풍조" 또는 정신을 이해하려고 애썼다.

그녀는 소설가와 시인으로 활동했던 예전의 경력에 힘입어 그리스 신화에 나오는 세 명을 사용하여 부족들의 특징을 묘사했다.[3] 뉴멕시코의 주니Zuni족은 성격상 아폴론 같은 종족이라고 말했다. 그들은 질서정연한 생활, 집단 통제, 감정의 자제, 냉철함, 자기를 내세우지 않는 태도, 그리고 무엇보다도 악의가 없는 모습 등을 강조한다. 그들은 개인주의를 불신한다. 그들에게는 언제나 그랬듯이 의식을 집례하는 제사장들이 있다.

밴쿠버 아일랜드의 콰키우틀Kwakiutl족은 이와 정반대다. 그들은 일상적인 지각상태를 깨고 멋대로 감정을 표현하고, 금식, 고문, 마약, 열광적인 춤을 통해 황홀경을 맛보는, 격렬하고 열광적인 경험을 중요시한다. 축제 때에는 우두머리 춤꾼이 깊은 황홀경에 빠지고, 입에 거품을 물고, 격렬하게 몸을 떨고, 자해를 방지하기 위해 밧줄 네 개로 묶이게 된다. 가장 신성한 콰키우틀족 의식은 카니발 소사이어티로, 그 회원들이 의식을 통해 죽인 노예들의 몸을 먹는 행사다. 베네딕트는 그들에게 그리스 신화에 나오는 디오니소스라는 영웅의 이름을 붙여 주었다. 그들은 엄청난 양의 생필품을 모았다가, 자기 부를 자랑하고 명성을 얻고 경쟁자들을 부끄럽게 만들기 위해 그것들을 파괴하곤 했다.

멜라네시아의 도부Dobu족은 이 둘과 다르다. 그들의 최고의

미덕은 적대감과 반역행위라고 베네딕트가 말한다. 그들은 마술을 행하기 때문에, 누가 얌yam을 많이 추수하면 그렇지 못한 자들에게 마술을 걸었다고 추측한다. 도부족은 항상 서로를 두려워하며 살고 있고, 그것을 정상으로 여긴다고 베네딕트는 주장한다. 이에 대해 앨런 바너드Alan Barnard는 이렇게 묘사한다. "그러므로 주니족에게 정상적인 것이 콰키우틀족에게는 정상이 아니다. 중앙아메리카에서 정상적인 것이 도부족에게는 정상이 아니고, 거꾸로도 마찬가지다. 서양의 정신의학 용어로 표현하자면, 주니족은 신경증 환자고, 콰키우틀족은 과대망상증 환자며, 도부족은 편집증 환자다. 도부에서는 편집증이 '정상'이다"(2000, 104).

이처럼 베네딕트는 문화에 따라 인간 질서를 이해하는 방식이 다르고, 그것은 정서적 주제들에 따라 좌우된다는 것을 보여주려고 노력했던 인물이다.

메리 더글러스Mary Douglas

메리 더글러스는 연속체상의 양극兩極인 순결과 불결에 관한 문화적 신념들 사이의 관계를 탐구했다(1966). 그녀는 깨끗함이 위생만큼이나 질서와 관계가 깊다는 점을 지적한다. 더러움은 문화 분류 시스템에서 부적절한 것을 모두 일컫는 말이다.

> 신발은 그 자체로는 더럽지 않지만, 그것을 식탁 위에 두는 것은 더럽다. 음식은 그 자체로는 더럽지 않지만, 조리 기구를 침실에 둔다거나 음식물이 옷에 튀는 것은 더럽다. 화장실 집기를 응접실

에 두는 것, 옷을 의자 위에 놓는 것, 야외용 기구를 실내에 두는 것, 위층에 있을 것을 아래층에 두는 것, 속옷이 외투가 있어야 할 곳에서 드러나는 것 등이 모두 마찬가지다. (1966, 48)

인도를 비롯한 일부 문화에서는 순결과 불결의 개념이 도덕 질서를 규정짓는다. 죄는 비인격적 법칙이나 관계를 깨는 것이 아니라 더럽히는 행위다. 의로움을 회복하려면 법에 의한 처벌이나 피해자와의 화해가 아니라, 도덕 질서를 회복시키는 정결 의식이 필요하다.

나중에 더글러스는 개별적 행위와 문화 사이의 관계를 탐구했다(1969). 이것을 검토하기 위해서 두 개의 축—격자grid와 집단—을 가정한다. 격자란 문화적 자유와 통제를 가리키는 말이다. 낮은 격자를 가진 민족은 타인과 동등한 관계로 교류하는 자유를 갖고 있다. 높은 격자를 가진다는 말은 반드시 복종해야 할, 강력하고 빈틈없는 문화적 규범에 의해 통제된다는 뜻이다. 집단이란 일을 함께 하는 사람들(높은 집단) 또는 자율적인 개인으로 행동하는 사람들(낮은 집단)을 가리키는 말이다. 이것들을 모두 합치면 이차원적 격자를 형성하게 되고, 이는 다양한 유형의 상황, 개인, 문화를 이해하도록 도와준다.

에드워드 사피어와 벤저민 호프 Benjamin Whorf

보아스의 연구가 있기 전에는 모든 언어가 본질적으로 같다고 생각했다. 각각 소리는 달라도 같은 것을 가리켰다. 밑바탕에 깔린 문법도 같다고 여겼다. 벤저민 호프는 사실은 그렇지 않다는 것을 입증했다. 에드워드 사피어와 벤저민 호프는 사용하는 언어에 따라 세계를 보는 방식이 다르다고 주장했다. 달리 말하면, 세상에는 아주 다양한 사고방식이 존재하는데, 그 각각은 현실을 보는 방식을 담고 있는 특정 언어와 연관되어 있다는 뜻이다. 그들은 호피Hopi와 같은 소위 원시 언어들이 어느 면에서는 영어보다 더 정교하다고 지적했다.

로버트 레드필드 Robert Redfield

로버트 레드필드는 우리의 세계관 이해에 중요한 기여를 한 또 다른 인류학자다(1968). 그는 보아스 같은 미국의 문화인류학자들보다 B. 말리노프스키Malinowski 같은 영국의 사회인류학자들의 영향을 더 많이 받았다. "내게 정말 흥미로운 것은 토착민native에 관한 연구, 곧 사물을 보는 그들의 관점, 그들의 세계관, 그들이 호흡하며 의지하고 사는 생명의 숨과 실재에 관한 연구다. 각 인간 문화는 그 구성원들에게 세상을 보는 명확한 시각, 뚜렷한 삶의 풍취를 제공한다"(1922, 517).

레드필드는 "모든 민족이 동일하게 우주를 내다보는 어떤 보편적인 방식이 있을까?" 하는 의문을 품었다. 그는 세계관을 이렇게 정의했다. "한 민족을 특징짓는, 우주를 보는 안목이다.……그것은 그 사회의 구성원들이 자기 활동무대 위에 있는 배우들과 등장인물들에 대해 품은 그림이다.……(세계관은) 구체적으로, 한 사람이 특정한 사회에서 다른 모든 것과 관련시켜 자신을 보는 방식에 주의를 기울인다. 그것은 한 사람이 던지는 물음들—나는 어디에 있는가? 나는 무엇 사이에서 움직이고 있는가? 나는 이런 것들과 무슨 관계가 있는가?—에 답하는 관념의 체계다.……한마디로, 한 사람의 우주에 대한 관념이다"(1968, 30, 270).

레드필드는 문화의 인지적 차원들에 주목하면서, 인간은 세상을 서로 다른 관점에서 보기는 하지만 모두가 동일한 세계 속에 살고 있고, 모두가 일정한 세계관적 보편자들을 다루어야 한다고 주장했다. 이 보편자들에는 시간, 공간, 자아, 다른 인간들, 인간 이외의 세계에 관한 관념들, 인과관계, 출생, 죽음, 섹스, 성인다움과 같은 보편적인 인간 경험에 관한 개념들이 포함된다고 했다.

레드필드의 목표는 세계관들을 서로 비교하고 하나의 일반적인 세계관 이론을 정립하는 일이었다. 그가 보편적인 것으로 여긴 인지적 범주들은 모든 세계관 연구에 격자를 제공한다는 점에서 무척 유용하다. 이 범주들은 또한 세계관들을 비교하고 세계관의 본질과 관련하여 민족학적 이론들을 세우는 데도 도움이 된다.

하지만 레드필드의 모델은 제한성을 갖고 있다. 먼저 문화의 인지적 차원들에 초점을 맞추고 있으므로 감정과 가치관이 들어설 자리가 없다. 게다가, 이 모델은 외부적(또는 에틱etic) 범주 안에 있는 주제들로 한정하고, 인류학자들이 마치 과자 절단틀을 사용하듯 그것을 모든 세계관에 부과한다. 그래서 다른 문화들을 연구할 때 생길 수 있는 다른 주제들은 고려 대상에서 제외된다. 더 나아가, 그것은 서술적인 성격을 갖고 있어서, 문화를 평가하는 기준이나 문화적 악습을 제거하는 처방책을 갖고 있지 않다.

레드필드의 모델은 또 다른 심각한 약점을 안고 있다. 그것은 문화에 대한 공시적共時的 synchronic 또는 구조주의적 견해를 갖고 있어서 사회변동과 문화변동을 모두 무시한다. 이 모델은 세계관을 일상생활의 담론discourse과 역사적 시대성과 상관없는, 추상적이고 정적인 시스템으로 본다. 레드필드는 이 시스템을, 문화의 세력들이 평형상태를 향해 움직이는 조화롭고 기능적인 완전체라고 보았다. 따라서 모든 변동이 본래부터 병적이고 파괴적인 것으로 여겨진다. 이 모델은 모든 문화가 항상 변하고 있고, 내적인 갈등으로 가득 차 있고, 온전한 상태가 아니라는 사실을 제대로 다루지 못한다. 아울러 역사상 줄곧 발생하는 많은 변동을 제대로 다루거나 설명할 길도 없다.

끝으로, 레드필드의 모델은 주로 서술적 성격을 갖고 있다. 그것은 집합적인 죄와 구조악을 담을 자리가 없다. 또 빈곤, 억압, 죄에 갇힌 사람들을 돕기 위해 그들의 문화와 세계관을 바꾸고 싶어 하는 이들에게 아무런 지침도 주지 못한다.

마이클 커니 Michael Kearney

마이클 커니는 마르크스주의 이데올로기의 관점에서 레드필드의 세계관을 발전시켰다. 그는 한 민족의 세계관을 "현실을 보는 그들의 방식"이라고 정의한다. "그것은 세계에 관해 생각하는 방식—어느 정도의 정합성은 있으나 꼭 정확하지는 않은—을 제공하는 기본적인 가정들과 이미지들로 구성되어 있다"(1984, 41). 레드필드와 마찬가지로, 커니는 모든 인간은 실제 세계에 살고 있다고, 그리고 이 사실은 인간의 감각이 작동하는 방식과 함께, 모든 세계관에 공통된 모양을 부여한다고 주장한다. 달리 말하면, 모든 세계관은 외부의 실재와 어떤 연관성을 갖고 있어야 한다는 뜻이다. 따라서 모든 인간은 이 세상에 살 때 현실의 불변하는 특징이나 주제들을 다루지 않으면 안 된다고 커니는 주장한다.[4] 세계관들을 비교하는 데 사용할 수 있는 이 보편자들을 정할 때, 그는 레드필드의 주제들을 끌어온다. 첫째, 사람은 **자아**self에 대한 이해—나는 이 세상에서 누구인가?—를 얻어야 한다. 이는 자기와 **타자들**others을 대비시키는 가운데 규정되기 마련이다. 후자는 다른 인간들, 동물들, 자연, 영들, 신들 등 "자기가 아닌" 모든 것을 포함한다. 둘째, 사람은 자기와 이 타자들과의 **관계**에 대해 어떤 개념을 가져야 한다. 예를 들면, 일부 사회에서는 스스로를 사람의 집단이나 자연이나 우주와 같은 더 큰 공동체들의 일부로 보고, "집합적 정체성", "책임", "집단의 체면과 수치심" 등에 관해 말하곤 한다. 반면에 서양에서는 스스로를 자율적 개인으로 보고, "자유", "개인의 양도할 수 없는 권리", "자기성취", "비인격적인 도덕법의 위반과 죄책감" 등에 관해 말하곤 한다.

커니가 말하는 세 번째 보편적 주제는 **분류**classification다. 자기가 속한 세계를 이해하려면, 자신이 인식하는 실재들을 이런저런 식으로 분류하고, 그것들을 여러 분야로 나누어 정리해야 한다. 그렇게 하다 보면 물질적인 대상, 생물체, 보이지 않는 영들, 우주적 세력 등 자기가 다루어야 할 "실재들"에게 이름을 붙이게 된다. 네 번째 주제는 **인과관계**causality다. 사람들은 자기 경험을 원인과 결과로 설명하려고 애쓴다. 그들의 설명은 자연의 관찰과 상식의 활용에 기반을 두고 있다.

끝으로, 모든 민족은 **공간**과 **시간**의 개념을 갖고 있다. 전자는 다른 세계들, 하늘, 지옥에 관한 개념들뿐 아니라, 신성하고 도덕적이고 개인적인 공간에 관한 이미지와, 지리적 공간에 대한 이미지를 모두 포함한다. 후자는 과거, 현재, 미래의 개념과, 이들이 서로 어떻게 연관되어 있는지, 어느 것이 가장 중요한지에 대한 생각을 포함한다.

커니의 모델은 레드필드의 모델처럼 본질적으로 정적靜的이다. 거기에는 변동과 갈등을 인간 생활의 본질적인 요소로 이해할 수 있는 여지가 없으며, 문화 시스템을 선하거나 악하다고 평가할 수 있는 길도 없다.

모리스 오플러 Morris Opler

모리스 오플러는 더 역동적인 세계관 모델을 제시했다(1945). 그는 한 문화 전체를 단일한 지배적 패턴으로 환원한 베네딕트의 견해를 거부했다. 오히려 레드필드처럼 복수의 "세계관적 주제들"을 주장하는 입장을 취했다. 각 문화마다 제한된 수이기는 하지만 그 구성원들을 위해 실재의 본질을 구조화시켜 주는 여러 가정假定들이 있다는 것이다. 그는 문화들이 유사점을 공유하고 있지만 근본적으로는 각각 독특하다고 지적한다. 사람들은 특정한 생활방식을 접할 때마다 무언가 다른 "분위기feel", "정신spirit", "특질genius"이 있음을 감지하게 된다. 그는 또한 세계관적 주제들은 한 문화의 내부에서 생기는 것이라고, 또 그 민족이 세계를 어떻게 보는지를 연구해서 그것을 발견해야 한다고 주장한다. 이런 주제들을 알고 그것들 사이의 상호관계를 이해하는 것이 그 밑바탕에 깔린 세계관을 발견

표 1.1 세계관 주제로서 집단과 개인

집단 지향적 사회	개인 지향적 사회
• 사람들은 대가족의 일원으로 태어나서 평생 그 안에서 생활한다. • 신분은 출생과 그 집단 안에서 차지하는 위치에 따라 좌우된다. • 어린이는 "우리"의 관점에서 생각하도록 배운다. • 항상 조화를 유지해야 하고 맞대응을 피해야 한다. • 규범의 위반은 개인과 집단의 수치심과 체면 손상을 낳는다. • 보스와 일꾼의 관계는 도덕적 가족관계로 여겨진다. 보스는 자기 일꾼의 전반적인 안녕을 책임진다. • 고용과 승진은 친척관계와 친구관계를 고려해야 한다. • 관계가 업무보다 더 중요하다. 사람들을 해고하면 안 된다.	• 각 사람은 자라서 스스로를 돌보고 핵가족을 구성한다. • 신분은 개인의 성취에 따라 좌우된다. • 어린이는 "나"의 관점에서 생각하도록 배운다. • 자기 생각을 말로 표현하는 것이 정직한 사람의 특징이다. • 규범의 위반은 죄책감과 자존심의 상실을 낳는다. • 보스와 일꾼의 관계는 자발적인 교환과 상호 이익에 따른 계약에 의해 좌우된다. • 고용과 승진은 순전히 기술과 선발 규칙에 기초하여 이루어져야 한다. • 업무가 관계보다 더 중요하다. 사람들을 쉽게 해고할 수 있다.

* 출처: Hofstede 1994, 67에서 각색.

하는 열쇠다.

오플러는 주제theme를 "공표되었거나 암시된 어떤 가정이나 입장"으로 정의하면서, "그것은 행동을 통제하든가, 사회에서 암시적으로 승인되거나 공개적으로 촉진되는 활동을 자극하는 역할을 한다"고 말한다(1945, 198). 주제들은 문화생활의 다양한 영역에서 표출된다. 하나의 본보기로, 미국인이 사회의 기초로서 개인을 주목하는 것을 들 수 있다. 이것은 개인의 자유, 자기성취, 인권, 사유재산을 인정하는 법 등을 중요시하는 모습으로 표출된다(표 1.1).

주제들은 중요도가 각기 다르다. 어떤 것들은 삶의 여러 분야에서 발견되고, 그것을 위반할 경우에는 강한 공적인 반발을 일으킨다. 또 어떤 것들은 별로 중요하지 않고, 제한된 문화 영역에만 영향을 미친다. 지배적인 주제들은 세세한 행동과 에티켓을 규정하며, 그것의 중요성을 부각시키는 공식적인 의식에 종종 내포되어 있다. 덜 중요한 주제들은 눈에 잘 띄지 않지만, 그렇다고 일상생활에 미치는 영향이 덜한 것은 아니다. 아울러 어떤 주제의 비非물질적인 표출은 물질적인 양상보다 파악하기가 더 어려운 게 보통이다.

오플러는 어느 한 집합의 주제들을 중심으로 세워진 문화는 생존할 수 없다고 주장한다. 각 주제가 문화를 한쪽 극단으로 몰고 가기 때문이라는 것이다. 그러므로 반대편 주제가 제한적 요소로 등장함으로써 상대편 주제가 너무 강해져서 문화를 파괴하지 못하게 막게 된다. 예를 들면, 개인주의가 주류 미국 문화에서 강한 주제에 해당하지만, 극단으로 치달으면 외로움과 나르시시즘을 낳는다. 그래서 부모는 자식을, 공동체는 구성원을, 국가는 시민을 각각 돌보지 않을 것이다. 그 결과, 사람들은 공동체 의식을 함양하려고 가정을 꾸리고, 클럽과 교회에 가입하고, 지도자를 뽑고, 사회 법규에 순종한다. 한편의 주제들이 반대편 주제들과 충돌을 일으킬 때는, 대다수 미국인이 궁극적으로 개인의 자율성과 권리 쪽을 편들게 될 것이다. 남편이나 아내는 상대방의 동의 없이 이혼할 수 있고, 자녀는 장성하여 배우자와 함께 살 때가 되면 자기 부모를 떠날 수 있고, 시민은 정부가 생활에 너무 간섭하면 불평을 제기할 수 있다.

오플러는, 정적인 주제들이 합쳐져서 하나의 완전한 형태로 통합된다고 보는 레드필드의 모델을 비판했다. 그는 어떤 세계관이든 그 속에 서로 상반되는 주제들이 있기 마련이고, 지배적인 주제들과 반대편 주제들 사이의, 그리고 지배적인 주제들 사이의 상호작용이 시간에 따라 변하면서 문화도 늘 변하는 법이라고 주장했다.

주제들과 반주제들counterthemes의 상호작용은 문화의 이해와 관련하여 중요한 함의를 갖고 있다. 사회와 문화 속에 있는 이른바 "구조"라는 것은 맹목적으로 모방되는 고정된 규칙과 학습된 행동 패턴이 아니라, 구체적인 정황에서 사람들이 도출한 주제와 반주제 사이의 상호관계 및 균형인 것이다. 이 견해는 문화를 사회적 관계에서 사용되는 정신적 지침과 원리로 보되, 그것들이 매 경우마다 재창조되거나 수정된다고 본다. 예를 들어, 미국인이 악수를 할 때, 그것은 인사의 관례를 강화시키게 된다. 하지만 개인들이 새로운 형태의 인사를 시작할 수 있고, 세월이 흐르면 문화도 바뀔 수 있는 것이다.

주제들과 반주제들을 언제나 대립관계로만 보면 안 되고, 연속체상의 극점들로—종종 서로를 강화시켜 주는—보는 것이 필요하다. 어느 한편만으로는 사회를 만들 수 없고, 한편은 다른 편과 긴장관계에 있으며, 그 긴장은 결코 해소되지 않는다. 그런 경우에, 실재는 흑과 백의 범주로 나누어질 수 없고, 오히려 어느 편이 지배적인가에 따라 회색 지대 안에서 이리저리 움직이게 된다.

주제들과 반주제들은 복잡한 방식으로 엮어져서 어느 정도 정합성 있는 세계관을 형성하지만, 완벽하게 하나로 통합된 세계관은 존재하지 않는다. 각 세계관은 예외 없이 그 속에 서로 긴장관계에 있는 주제들이 공존하고 있기 마련이다.

오플러 모델의 한 가지 강점은, 문화적 주제에 관한 연구에 대해 내부적 접근을 하고 있다는 것이다. 외부로부터 어떤 주제들을 특정한 문화에 부과하는 것이 아니라, 그 구성원들의 관점에서 그 문화를 분석함으로써 어떤 주제들을 발견한다. 또 하나의 강점은 역동적인 성격에 있다. 대부분의 세계관 모델은 세계관을 통합되고 조화롭고 정적인 것으로 본다. 이에 비해 오플러는 문화를, 사회 안의 여러 집단이 자기 견해를 다른 집단에 강요하려고 애쓰는 장場으로 본다. 권력과 갈등은 본래부터 이 모델 속에 담겨 있다. 이를테면, 부자는 세상을 보는 눈이 가난한 자와 다르고, 소수파가 가진 안목도 권력을 쥔 다수파와 다르다. 더 나아가, 세계관은 주변의 세계가 변함에 따라 늘 변하는 중이다. 이 견해는 사회 속에 갈등이 있는 상태를 정상이라고 본다. 갈등을 좋게 여긴다는 뜻이 아니라, 그것이 언제나 존재하는 것으로 간주한다는 말이다. 이 모델은 문화변동을, 한 집단에서 다른 집단으로, 한 문화적 부문에서 다른 부문으로 권력의 균형이 바뀌는 현상으로 설명한다. 예를 들면, 히스패닉의 수와 세력이 미국의 로스앤젤레스에서 커짐에 따라, 그들은 그 지역의 지배적인 세계관에 영향을 미치게 될 것이다.

오플러 모델의 또 다른 강점은 현재 우리가 알고 있는 유기적 시스템에 잘 들어맞는다는 것이다. 다른 대부분의 모델은 문화를 기계론적 시스템으로 보는 나머지, 변화는 나쁘고 평형상태와 뚜렷한 경계는 좋다고 생각한다. 기계론적 시스템과 유기적 시스템의 차이는 나중에 살펴볼 예정이다.

오플러의 모델은 문화의 평가적 차원에 초점을 맞추고 있다. 그가 인지적 주제들과 평가적 주제들을 서로 구별하지는 않지만, 그가 든 대부분의 예는 가치와 판단을 문화의 중심에 두고 있다. 그의 모델은 우리로 하여금 죄와 악이 세계관에 미친 영향을 보도록 해준다. 이 모델은 갈등과 권력투쟁이 모든 사회에 고유한 요소임을 인식한다. 즉 사회의 여러 부문들이 자기 이익을 위해 다른 부문들을 억압하려고 애쓰고 있음을 있는 그대로 받아들인다. 뿐만 아니라, 종종 권력을 잡은 자들이 다른 집단을 계속 종속상태에 두기 위해 세계관을 이데올로기로 사용한다는 것도 인식하게 해준다. 세계관은 우리에게 현실을 보게 하는 동시에, 그것을 완전히 보지 못하게 하는 이중적 기능을 갖고 있다.

오플러 모델의 한 가지 약점은, 각 세계관을 그 특유의 주제들과 반주제들을 가진 하나의 자율적 실체로 제시한다는 점이다. 그래서 체계적인 비교를 통해 폭넓은 세계관 이론을 개발하는 일이 결코 쉽지 않다. 또 하나의 약점은 문화의 정서적 차원 또는 감성의 차원을 고려하지 않고 있다는 것이다. 끝으로, 오플러 모델은 공시적이다. 그것은 세계관의 구조가 형성된 방식은 검토하지만, 특정한 세계관 안에서 일어난 역사적인 변동은 고찰하지 않는다.

E. A. 회벨Hoebel

오플러처럼 E. 아담슨 회벨도, 문화는 이 세계가 구성되는 방식에 관한 여러 주제들 또는 기본 가정들 위에 조직되어 있다고 생각했다(1954). 그는 이런 주제들이 논리적 정합성을 지닌 하나의 통일체를 이룬다고 본다. 그는 법 인류학 분야의 대표주자로서 "실존적 가정들"(실재의 본질, 우주의 구성, 인생의 목표와 목적 등을 다루는 것)과 "규범적 가정들"(선과 악, 옳고 그름의 본질을 규정짓는 것)을 서로 구별하고 있다.

회벨은 세계관의 통합성이 합리적 구조에 기반을 두고 있다고 본다. 여러 주제들이 아무렇게나 연결된 것이 아니라, 논리적으로 서로 연관되어 있다고 그는 주장한다. 이는 그 주제들이 완전히 논리적이라는 뜻이 아니고, 내부의 논리적 모순은 인지적인 불협화음을 낳고, 따라서 그 긴장을 해소하려고 노력한다는 의미다.

W. J. 옹 Ong

W. J. 옹은 "세계관"이란 단어 자체가 하나의 세계관을 반영한다고 지적하면서, 그것은 곧 청각보다 시각을 우선시하는 근대적 세계관을 가리킨다고 했다(1969, 637). 그는 대부분의 전통사회에서는 청각이 시각보다 더 중요시된다고 말한다. 그런 사회들은 글을 가지고 있지 않고 이야기, 격언, 노래, 교리문답 등 구두적인 형태로 정보를 저장한다. 이런 사회는 비교적 소규모이며, 고도의 즉시성, 개인성, 관계성을 갖고 있다. 사람들은 생존을 위해서라도 적극적으로 소리를 내야 하므로 소리는 즉시성을 갖게 된다. 말은 특정한 관계의 상황에서 나오게 되고, 나오자마자 죽고 만다. 그러므로 의사소통은 인간과 다른 존재들 사이에서 쏟아져 나오는 즉각적인 만남으로서, 감정과 개인적 이해관계로 가득 차 있다. 구두 언어는 또한 강력한 힘을 갖고 있다. 올바른 소리는 비를 내리게 할 수도 있고, 적을 넘어뜨릴 수도 있다. 또 북소리와 외침과 같은 것들은 사람들을 악한 영으로부터 보호하기도 한다.

소리는 비가시적인 것을 가리키고 신비에 관해서 말한다. 정글에서 사냥꾼은 호랑이를 눈으로 보기 전에 먼저 소리로 듣는다. 어머니는 밤에 시끄러운 소리를 듣고 적의 공격이 다가온 것을 안다. 그러므로 소리가 사람들에게 영, 조상, 신과 같이 눈에 보이지 않는 것을 믿게 하는 것은 놀랄 일이 아니다. 반대로, 시각은 신비감을 거의 나르지 않고, 보이지 않는 것을 위한 자리를 남겨 놓지 않는다. 옹은 구술 공동체에서 현실을 보는 시각이 문자 사회의 그것과 근본적으로 다르다고 주장하면서, "세계관"이란 용어 대신에 "세계 사건world event"이란 용어를 사용하자고 제안한다.

스티븐 페퍼 Stephen Pepper

스티븐 페퍼는 세계관―이를 세계 가설world hypotheses이라 부르는데―이 세계에 대한 이해를 체계화하려고 심층 또는 뿌리 은유metaphor들을 끌어온다고 생각한다(1942). 사람들은 일상적인 경험에서 유추하여 복잡한 현실을 이해하곤 한다. 이를테면, 사도 바울은 교회가 그리스도를 머리로 하는 몸이라고 말한다. 아놀드 토인비Arnold Toynbee는 문명을 살아 있는 존재인 양 논한다. 문명의 탄생, 성숙, 나쁜 건강, 부패, 죽음을 이야기한다는 뜻이다. 페퍼는 세계관의 모양을 만드는 것으로서 네 가지 기본 은유들을 정리한다. 그 가운데 하나는 유기적 은유로, 세계와 궁극적 실재를 살아 있는 존재로 보는 것이다. 또 하나는 기계론적 은유로, 세계를 시계처럼 고정된 법칙에 따라 작동하고 비가시적 세력들에 의해 운영되는 비인격적인 기계로 본다. 이에 대해서는 나중에 자세히 논할 생각이다.[5]

클리퍼드 기어츠 Clifford Geertz

클리퍼드 기어츠는 세계관과 에토스ethos를 서로 구별한다. 그는 세계관을 한 민족이 "순전히 있는 그대로의 사물의 존재 방식에 대해 갖고 있는 그림"이라고 정의하면서, 그것은 곧 "자연, 자아, 사회에 대한 그들의 개념으로, 질서에 관한 가장 포괄적인 관념을 담고 있다"고 한다. 다른 한편, 한 민족의 에토스는 "그들의 삶의 풍조, 성격, 특징이요, 민족의 도덕적·심미적 양식과 분위기다. 이는 그들 자신과 그들의 세계를 향해 밑바탕에 깔린 태도이며, 삶으로 표현되기 마련이다"(1973, 303). 또 이렇게 말한다. "종교적 믿음과 의식은 서로 마주 대하고 서로를 확증해 주는 관계다. 세계관은 사물의 실상을 묘사하고 있는데, 에토스가 그 실상에 걸맞는 생활방식을 대변하고 있을 때 지적인 합리성을 갖게 된다. 그리고 세계관은 그런 생활방식으로 표현되는 실상의 이미지로서 제시될 때, 정서적으로 용납될 수 있는 것이 된다"(303).

우리가 세계관(인지적인 가정)과 에토스(정서적이고 평가적인 가정)를 서로 구별할 수는 있으나, 이 둘은 서로를 온전하게 하고 서로에게 의미를 부여한다는 점에서 근본적으로 조화로운 관계에 있다는 것이 기어츠의 주장이다. 선과 악의 속성은 실재의 본질 자체에 뿌리박고 있는 것으로 보인다. 선이란 실재의 바람직한 존재 방식을 일컫는 말이다.

탈콧 파슨스Talcott Parsons, 에드워드 쉴즈Edward Shils, 클라이드 클러크혼Clyde Kluckhohn

과거에 대표적인 사회학자와 심리학자와 인류학자들이 수준 높은 세미나를 열어서 인간 연구에 대한 시스템 접근법을 개발한 적이 있다. 거기서 탈콧 파슨스, 에드워드 쉴즈, 클라이드 클러크혼과 그 동료들은 인간—사회와 개인—이 세 가지 차원을 갖고 있다고 결론을 내렸다. 인지적·정서적·평가적 차원이 그것이다(Parsons and Shils 1952). 그들은 평가적 차원을 중심에 놓았는데, 이것이 인지적 차원에서 무엇이 참이고 거짓인지를 정하게 하고, 정서적 차원에서 무엇이 아름답고 추한지를 정하게 하며, 자기 스스로 옳고 그름을 정하기 때문이다. 게다가, 사고의 평가적 차원은 결정을 내리고 그것이 행동으로 이어지게 한다.

파슨스와 그 동료들은 자기가 보편적이라고 주장하는 여섯 가지 평가적 차원을 개관한다. 각 차원은 양극 사이에 있는 연속체다. 이를테면, 개인 지향적 문화—자율적 개인, 개인의 자유, 자기성취에 높은 가치를 부여하는 문화—로부터 집단 지향적 문화—집단, 집합적 이익, 공동의 책임을 가장 중요시하는 문화—에 이르는 하나의 연속체를 가정하고 있다. 정서적 차원에서는, 자기절제, 도덕적 훈련, 욕망의 포기를 강조하는 문화(호피, 개신교 윤리, 수도원주의)로부터 즉각적인 자기만족, 도덕적 및 사회적 규율의 포기를 찬양하는 문화(콰키우틀, 히피, 힌두교의 탄트라주의)까지 이어진다. 이 여섯 가지 평가적 주제들은 다음 장에서 자세히 살펴볼 예정이다.

모델

우리가 특정한 세계관들을 살펴보려면 먼저 하나의 모델이 필요하다. 잠정적으로 "세계관"을 인류학적 용어로 이렇게 정의해 보자. 세계관은 "한 집단이 자기 삶을 정돈하는 데 사용하기 위해 실재의 본질에 대해 내리는 기초적인 인지적·정서적·평가적 가정과 틀"이다. 이것은 그들이 살면서 사용하는, 모든 것에 관한 이미지나 지도를 다 포괄한다. 이는 곧 한 공동체가 가지고 있는 참되고 바람직하고 도덕적인 우주상像이라 할 수 있다.

우리는 세계관을 분석하기 위해 주제들과 반주제들로 구성된 오플러 모델을 사용할 텐데, 그것을 상당 부분 수정해서 사용할 생각이다. 첫째, 우리는 세계관의 세 가지 차원을 논할 때 파슨스, 쉴즈, 클러크혼과 그 동료들의 통찰을 끌어올 것이다. 아울러 인지적·정서적·평가적 차원들은 분석의 목적상 서로 구별하는 것임을 밝히고자 한다. 실제로는 이 세 가지가 인간 경험에서 동시에 작동한다. 사람들은 자기 사상과 정서에 기초하여 사물에 대해 생각하고, 그에 대한 느낌을 품고, 옳고 그름에 대한 판단을 내리는 것이다(표 1.2). 도덕적 차원은 의로움, 죄, 일차적 충성의 대상—신神들—등의 개념들을 포함한다. 이 세 가지 차원은 다음 장에서 더 자세히 살펴볼 것이다.

비교 작업과 이론 정립을 위해서 우리는 레드필드의 일곱 가지 범주와 함께 시작할 수 있다. 단 그것들을 어떤 세계관에 일방적으로 부과하는 외부적 범주로서가 아니라, 한 문화의 특징을 뚜렷이 드러내는 주제들로 사용할 수 있을 것이다. 그렇게 할 때, 우리는

표 1.2 문화의 여러 차원

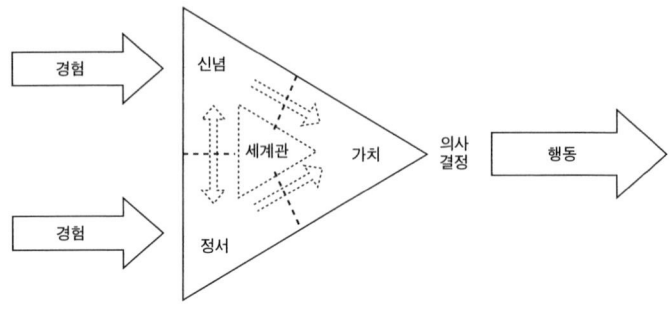

우리가 검토하는 그 세계관이 각 범주―시간, 공간, 자기와 타자, 인간 이외의 사물의 인과관계, 인간의 공통경험 등―의 본질과 위치를 정하도록 허용하는 일이 필요하다. 우리는 또한 한 세계관에서 발견되는 주제와 반주제들을 갖고 그와 비슷한 것들이 다른 세계관에서도 발견되는지 살펴볼 수 있다. 예를 들면, 미국인은 자기를 둘러싼 세계가 정말로 존재하고 있고, 질서정연하며, 예측이 가능한 곳이라고 생각하고, 감각을 통해 그 세계를 어느 정도 정확하게 체험할 수 있다고 믿는다. 그래서 물질세계를 진지하게 취급한다. 반면에 정통 힌두교가 물질세계를 어떻게 여기는지를 살펴보면, 그들은 자연세계가 궁극적 실재성을 가지지 않은 것으로 믿고 있음을 알게 된다. 그것은 마야maya로, 주관적인 경험의 세계요 우리의 생각이 만들어 낸 일시적이고 변화무쌍한 것에 불과하다. 그와 같이 혼란하고 예측 불가능한 세계에서는 오직 자기 자신, 곧 자기의 내면에서 일어나는 심층적 경험에서만 의미와 진리를 찾을 수 있을 뿐이다. 다른 한편, 인도 문화에서는 위계질서가 하나의 중요

표 1.3 세계관 주제들과 문화 분석

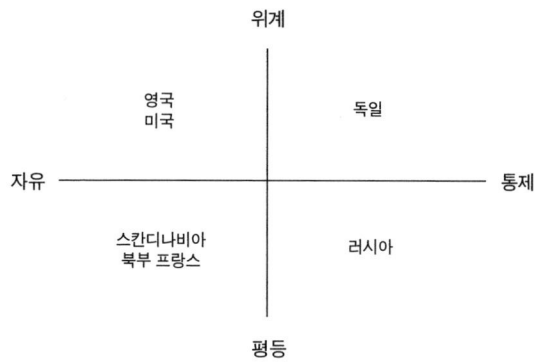

한 주제임을 알 수 있다. 사람들은 의식상ritual의 순결성에 따라 각기 다른 계급에 속하게 된다. 미국적 세계관으로 눈을 돌리면 거기서는 모든 인간의 평등을 강조함을 볼 수 있다. 물론 현실에서는 서양에도 상당한 계층이 존재하는 것을 볼 수 있지만, 그것을 이상적인 상태로 받들지는 않는다. 이와 같이 두 개 이상의 세계관을 놓고 주제와 반주제를 서로 비교해 보면, 각 세계관을 더욱 깊이 이해할 수 있게 되고 일반화된 이론들을 만드는 데도 도움이 된다.

세계관을 주제와 반주제에 입각해서 이해하는 방법의 가치는 이마누엘 토드Emmanuel Todd(1987)의 저술에서 볼 수 있다. 네덜란드의 인구통계학자인 토드는 상호교차적인 두 가지 세계관 주제—자유/통제와 계급/평등—에 입각해서 유럽의 세계관들을 검토한다(표 1.3). 스칸디나비아와 북부 프랑스는 평등과 자유를 강조하되, 평등을 이룩하기 위한 어느 정도의 통제는 허용한다고 그는 말한다. 반면에 독일은 질서와 통제를 중요시하기 때문에 계급을 긍정하는 사회다. 영국과 미국은 그 무엇보다 자유를 가장 중요시하고 만인의 평등을 주장함에도 불구하고 상당히 많은 계급을 수용하고 있다. 러시아는 평등을 긍정하는 동시에, 그것을 이룩하기 위해 고도의 통제수단을 사용한다. 이런 분석은 민주주의, 사회주의, 마르크스주의, 파시즘 사이에 존재하는 긴장을 어느 정도 이해하도록 도와준다.

이제까지 우리가 살펴본 세계관 모델은 사람들이 세계의 구조를 어떻게 보는지를 이해하도록 돕는 공시적synchronic 모델이다. 여기에다 사람들이 인간의 이야기를 어떻게 보는지를 다루는 통시적diachronic 차원을 덧붙일 필요가 있다. 이 관점은 대체로 민족의 신화myth에 뿌리를 두고 있다. 불행히도 "신화"라는 단어는 통상적으로 허구와 공상을 뜻하는 것으로 사용되는 실정이다. 하지만 전문적이고 과학적인 의미의 "신화"는 역사의 뿌리에 해당하고, 그에 의거하여 역사와 인생의 이야기들이 해석되는 거대한 내러티브다. 달리 말하면, 신화란 사람들에게 무엇이 참되고 영원하고 영구적인지를 일러 줌으로써, 겉으로 보기에 아무 의미가 없는 것 같은 일상세계에서의 경험, 감정, 관념에 우주적 질서, 정합성, 의미를 가져오는 것으로, (사람들이) 참된 것으로 믿는 초월적인 이야기다.[6] 로버트 안토이네Robert Antoine는 이렇게 말한다. "신화는 거짓말이나 전해 들은 '비과학적인' 접근이 아니고, 그것이 없으면 우리에게 영원히 닫혀 있을 그런 진리들을 파악하게 하는, 독특하고 대체할 수 없는 방법이다. 각 공동체는 '신앙 공동체'이기 때문에 '신화의 언어는 곧 공동체의 기억'이다. 그들을 하나로 묶어 주는 것은 공동의 기억이다"(1975, 57).

우리는 신화를 "왜"와 "그래서"의 문제에 답하는 지적인 담론으로 환원하지 않도록 조심해야 한다. 신화는 사람들이 직접 인식하지 못하는 것들, 그들이 완전히 이해할 수 없는 무한한 실재들에 관해 이야기하기 때문에 합리성과 과학을 초월한다. 신화는 실제로 사건이 진행되는 피상적 세계의 아래편을 본다. 그것은 사상의 언어일 뿐 아니라 상상의 언어다. 신화는 시간과 언어의 제약을 받는 경험적 진리와는 달리, 시간을 초월하는 영원한 진리에 관해 말한다. 또한 서양 사상이 하듯이 추상적인 분석으로 사람들에게 의미를 부여하는 것이 아니라, 신화는 과거와 현재를 설명하고 미래를 가리킴으로써 그들의 인생에 의미를 주는 거대한 내러티브 속으로 그들을 끌어들인다. 이를 통해 사람들은 의미를 발견하게 되는 것이다. 신화를 통해 우리는 진리가 아니라 실재를 보게 된다. 진리는 언제나 어떤 것에 관한 '진리'지만, 실재는 진리가 관계하는 바로 그 실체이기 때문이다(Lewis 1960, 66).[7]

그러므로 한 세계관을 잘 이해하려면 공시적인 주제와 더불어 통시적인 주제와 이야기를 모두 연구해야 한다. 여기서는 연구의 목적상 둘 중 어느 하나에 초점을 맞출 수 있으나, 사람들이 살고 있는 그 세계들을 이해하기 위해서는 양자 모두를 염두에 둘 필요가 있다.

그런데 세계관은 삶을 보는 비전 이상의 것이다. 브라이언 왈쉬Brian Walsh와 리처드 미들턴Richard Middleton은 이렇게 주장한다. "한 사람이나 한 민족을 특정한 생활방식으로 실제로 인도하지 않는 세계관 또는 삶의 비전은 전혀 세계관이 아니다. 우리의 세계관은 우리의 가치관을 결정한다.……그것은 무엇이 중요하고 무엇이 중요하지 않은지, 무엇이 최고의 가치를 갖는지와 그보다 덜한 것은 무엇인지……를 구별해 준다. 그리하여 그 세계관을 가진 자들에게 세상에서 어떻게 행해야 마땅한지를 충고해 준다"(1984, 54). 세계관은 기초적인 관념, 정서, 가치들이 아니고, 사람들이 거주하는 "세계"다. 그것은 피터 버거Peter Berger가 "성스러운 덮개sacred canopy"라고 부른 것으로, 그 아래서 가정을 꾸리고, 공동체를 형성하고, 삶을 영위하는 일종의 보호막과 같은 것이다(1967).

세계관의 기능

한 문화의 밑바탕에 있는 가정들을 모두 묶은 것이 세계관이고, 세계관은 그 민족에게 세계를 바라보는, 어느 정도 정합성 있는 방식을 제공한다. 클리퍼드 기어츠가 지적하듯이, 세계관은 사물의 본질을 묘사하고 설명하는 실재의 모델인 동시에, 우리의 행위를 지도하는 정신적 청사진을 준다는 의미에서 행동을 위한 모델이기도 하다(1973, 169). 모델은 인간 행동에 영향을 주지만, 이 둘이 같은 것은 아니다. 우리의 행위는 우리의 규범과 이상에 의해서뿐 아니라, 일상생활을 압박하는 서로 상충되는 세력들과 변하는 환경에 의해서도 좌우된다. 게다가, 정신적 청사진은 무언가 특이한 행동은 설명해 주지 못한다.

세계관은 문화적으로나 사회적으로 여러 가지 중요한 기능을 발휘한다. 첫째, 브라이언 왈쉬가 말하듯이(2006, 244-245), 세계관은 다음과 같은 우리의 궁극적인 물음들에 답변을 제공하는 타당성 구조다. 우리는 어디에 있는가(이 세계의 본질은 무엇인가), 우리는 누구인가(인간이 된다는 것은 무슨 뜻인가), 무엇이 잘못되었는가(악과 깨어진 삶을 어떻게 설명할 것인가), 무엇이 해결책인가(깨지고 불안정한 상태에서 온전하고 안정된 삶으로 가는 길은 무엇인가) 등. 우리가 세계를 이해하는 방식과 우리의 행동양식은 마음 깊이 새겨진 어떤 가정들, 일반적인 생각, 그림과 이미지 등에 의해 좌우되는데, 세계관은 이런 것들로 이루어진 정신적 모델을 우리에게 제공함으로써 그런 역할을 한다. 세계관은 우리가 설명 체계를 세울 때 그 토대를 제공해 주고, 우리가 그런 체계를 믿도록 합리적 정당성을 제공해 준다. 달리 말하면, 우리가 우리의 세계관적 가정들을 받아들이면, 우리 자신의 믿음과 설명을 이해할 수 있게 된다는 뜻이다. 이런 가정들을 우리는 보통 당연시하기 때문에 거의 검토하지 않고 산다. 기어츠가 말하듯이, 세계관은 우리에게 실재를 구조적으로 인식하도록 **실재의** 모델 또는 지도를 제공하지만, 우리는 그것을 **삶을 위한** 지도로 사용한다. 달리 표현하면, 세계관은 우리의 행위를 안내해 주는 정신적 청사진을 제공한다는 뜻이다. 세계관은 우리가—개인적으로 또 집단적으로—세계와 상호작용을 주고받는 가운데 생겨난다. 문화는 개인의 외부에 존재한다.

둘째, 우리의 세계관은 우리에게 정서적 안정감을 준다. 사람들은 온갖 변덕스럽고 통제 불가능한 세력들, 가뭄, 질병, 죽음의 위기, 불확실한 미래로 인한 불안 등이 가득 찬 너무나 위태로운 세상에 직면할 때, 위로와 안정감을 얻으려고 내면 깊숙이 놓인 문화적 신념을 향하게 된다. 그리하여 출생, 성년식, 결혼, 장례, 추석 명절, 기타 인생과 자연의 질서에 따른 의식들이 있을 때, 이런 세계관적 가정들이 가장 뚜렷이 드러나는 것이다. 우리의 세계관은 근본적인 신념에 정서적 버팀목을 세워 주어 그것이 쉽게 무너지지 않게 해준다.

셋째, 우리의 세계관은 우리가 자신의 경험을 평가하고 행동 경로를 정할 때 사용하는, 심층적인 문화적 규범의 정당성을 확증해 준다. 그것은 우리에게 정의와 죄의 개념과 그것들을 다루는 방법을 제공해 준다. 또 사물의 실상과 사물의 바람직한 모습을 인식하게 해준다. 아울러 우리의 행위를 안내해 주는 지도의 역할도 한다. 세계관은 예측의 기능과 규범적 기능을 모두 담당하는 셈이다.

넷째, 우리의 세계관은 우리 문화를 통합하도록 돕는다. 우리의 관념, 정서, 가치들을 조직화하여 어느 정도 통합된 실재관을 형성해 준다. 사실 이 세상에는 주제와 반주제 그리고 경험을 여러 영역으로 나누는 구획화 현상이 존재하고 있지만, 우리의 세계관은 우리에게 우리가 이해할 수 있는 동일한 세계에 살고 있다는 의식을 제공한다.

다섯째, 찰스 크래프트Charles Kraft의 말처럼, 우리의 세계관은 문화적 변동을 감시해 준다(1979, 56). 우리는 줄곧 우리 사회 안팎에서 오는 새로운 사상, 새로운 행동, 새로운 생산물을 접하고 있다. 이런 것들이 우리의 인지적 질서를 위협하는 그런 생각을 도입할지도 모른다. 우리의 세계관은 그 가운데 우리 문화에 어울리는 것은 선택하고 그렇지 못한 것은 배격하도록 도와준다. 또한 우리가 채택하는 가정들을 재해석하여 전반적인 문화 패턴에 어울리게 만들도록 돕는다. 예를 들면, 남미에 사는 촌락민은 병균을 죽이기 위해서가 아니라 (그들의 안목에 따라) 악한 영을 쫓아내기 위해 음료수를 끓이기 시작했다. 이와 같이 세계관은 옛 방식을 그대로 보존하여 장기간에 걸쳐 문화를 안정시키는 역할을 하는 것이다.

끝으로, 세계관은 세계가 정말 우리 눈에 보이는 그대로라는 심리적 확신과, 우리가 몸담은 세계를 편안하게 느끼게 하는 안정감을 제공한다. 그래서 사람들은 자신의 세계관과 경험 사이에 간격이 생길 때 세계관의 위기를 겪게 되는 것이다.

이제 세계관의 기본적인 특징 몇 가지를 살펴보도록 하자.

2장

세계관의 특징

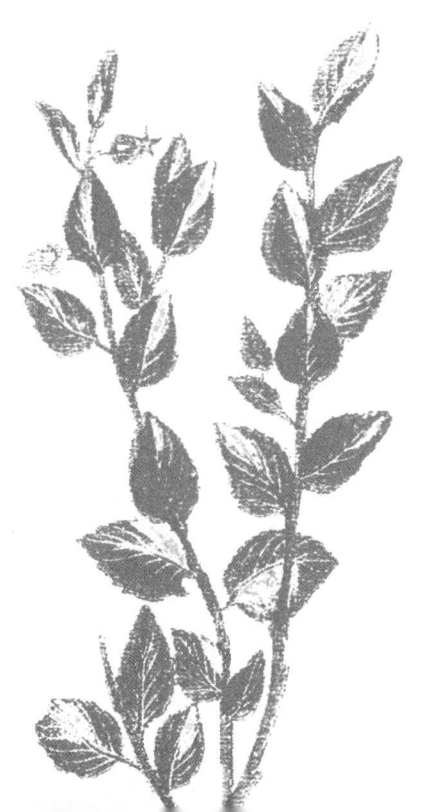

우리가 우리의 모델을 활용하여 특정한 세계관들을 연구하고 비교하기에 앞서, 세계관의 기본구조를 보다 자세히 검토할 필요가 있다. 먼저 공시적인 구조를 살펴본 뒤에 통시적인 구조를 고찰하려고 한다. 이런 식의 접근은 위험한 면을 갖고 있다. 이 유인즉 플라톤이 처음 주장한 것처럼, 절대적인 실재는 아무런 변화가 없는 정적인 구조이고 변화는 겉모습에 불과하다고 믿게 할 수 있기 때문이다. 플라톤에게 수학은 변함없는 영원한 세계에 속해 있었다(Whitehead 1938, 93). 그러나 페르디난트 아이젠슈타인 Ferdinand Eisenstein, 알프레드 화이트헤드 Alfred Whitehead, 루트비히 폰 베르탈란피 Ludwig von Bertalanffy 등을 통해 우리가 알게 된 것은, 문화와 세계관을 비롯한 인간의 시스템은 계속 변하는 물결 속에 있는 유기적이고 역동적인 체계들인 만큼, 어느 시점에서 그것을 규정짓는 일은 어디까지나 근사치에 불과하다는 사실이다. 인생의 궁극적 의미는 인간적 구조들이 아니라 인간의 이야기들을 잘 이해할 때만 찾을 수 있다. 그런데 공시적 접근과 통시적 접근은 서로 분리될 수 없다. 현실에서는 둘이 서로 합쳐져서 하나를 이룬다. 우리가 분석의 목적상 양자를 나누는 것은 우리 머리의 한계 때문이다. 우리가 세계관의 공시적 성격과 통시적 성격을 고찰하는 이유는, 제한된 인간이 파악하기에는 너무 크고 복잡한 실재를 연구할 때 그것들이 어느 정도 유용한 도구가 되기 때문이다.

또 세계관은 인간의 역사를 보는 관점을 형성하고, 또 거꾸로 그런 관점에 의해 형성되므로, 이런 면에서도 세계관의 역할을 연구할 필요가 있다.

공시적 구조

세계관은 고정된 형태가 없는 덩어리여서 검토하기 어렵지만, 그래도 공통된 몇 가지 특징을 갖고 있다.

심층

세계관의 한 가지 특징은 "핵심 문화core culture"와 "심층 구조deep structure" 같은 용어들로 포착할 수 있다.[1] 이런 용어들은 세계관이 문화의 보다 명시적인 측면 아래에 놓여 있다는 점을 알려 준다. 여기서 문화 속에는 여러 수준이 있다고 생각하는 것이 필요하겠다. 표면에는 언어를 비롯한 문화적 산물들과 행동의 패턴 같은 가시적 요소들이 있다. 그 아래에는 의식意識적 차원의 문화적 신념, 느낌, 가치관을 표현하는 신화와 의식儀式—공연된 문화적 드라마—이

표 2.1 문화의 여러 수준

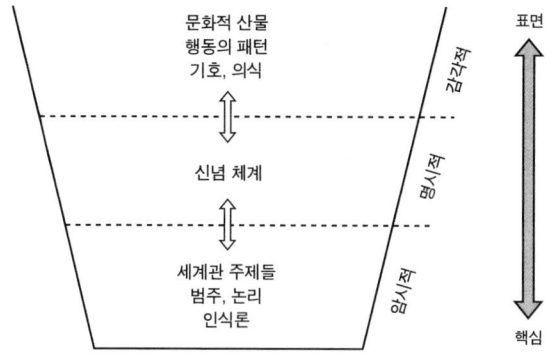

있다. 각 민족마다 자기 문화와 사회의 보존에 필수불가결하다고 생각하는 문화적 주제들과 사회적 규범들이 있는데, 신화와 의식은 그런 것을 규정짓고 확립하는 일종의 선언서와 같다. 신화와 의식 아래에는 우리의 문화적 지식을 기호화하는 신념 체계들이 있다. 끝으로, 신념 체계 아래에는, 명시적인 문화의 밑바탕에 깔린 보이지 않는 구조 곧 세계관이 있다(표 2.1). 이에 대해 에드워드 홀 Edward T. Hall은 이렇게 말한다.

문화에는 고도의 패턴을 갖고 있는 밑바탕의, 숨겨진 차원이 있다. 이는 우리가 행하는 모든 것을 통제하는, 말로 표현되지 않은 일련의 암묵적 행위와 사고의 규칙들이다. 이 숨은 문화적 문법이 세계를 보는 방식을 정하고, 가치관을 결정하고, 삶의 템포와 리듬을 좌우한다.……PL(primary level, 일차 수준) 문화의 중요한 특징 중 하나는 외부로부터 그것을 바꾸려는 교묘한 시도에 대해 특히 저항력이 강하다는 점이다. 규칙은 위반되거나 구부러질 수 있어도, 그 경우에 사람들은 무언가 잘못되었다는 것을 완전히 인식하게 된다. 그러는 동안에 규칙은 고스란히 존속되고, 오직 그 자체의 내적 역학에 따라 변할 뿐이다. (1983, 6-7)

"심층depth"이란 단어는 오도될 소지가 있다. 여기서 사용되는 의미는 토대주의foundationalism가 아니다. 즉 세계관은 문화의 토대라고 할 때와 같은 그런 개념이 아니라는 뜻이다. 이 경우에는 세계관이 표면 문화의 모양을 정한다고 보는 일방적인 인과관계가 함축되어 있다. 그런데 사실은 인과관계가 양방향으로 일어난다. 먼저 문화의 명시적 수준에서 변화가 규칙적으로 발생한다. 자동차와 인터넷 같은 새로운 테크놀로지가 출현하고, 이것들은 밑바탕의 세계관을 변화시킨다. 마찬가지로, 명시적인 신념의 차원에서 사람들이 그리스도인이 되지만, 그들 교회의 세계관을 변화시키는 데는 몇 년, 아니 몇 세대가 걸리기도 한다. 외국으로 가는 사람들은 새로운 문화와 세계를 보는 새로운 방식을 접하게 되고, 세계관의 차원에서, 거기서 타자들과 타자성otherness을 다루지 않으면 안 되는 처지에 놓인다. 우리가 앞으로 살펴보겠지만, 그런 상황에서 세계관의 변화가 일어날 수는 있으나, 보통은 표면 문화에서 발생하는 변화와 조화를 유지하기 위해 그런 일이 발생한다. 세계관은 새로운 세계를 주도하는 역할보다 전통을 지키는 역할을 할 때가 더 많다.

범주의 형성
심층을 들여다본다는 말을 들으면, 세계관의 내부에도 여러 수준이 있는가 하는 의문이 든다. 그렇다, 그것을 몇 개의 수준으로 나눌 수 있다. 어느 문화든 기본적으로 갖고 있는 것은 범주들 또는 집합set 들이다. 이런 것은 다양한 방식으로 형성될 수 있다.

• 디지털 집합과 아날로그 집합

가장 기본적인 차원에서, 세계관은 사람들이 정신적 범주를 형성하는 방식에 기초해 있다(Hiebert 1994, 107-136). 일부 세계관 주제들은 한 영역 내에 한정된 수의 범주를 갖고 있는 디지털적인(또는 "모양을 잘 갖춘", 정형定形의), 윤곽이 뚜렷한 칸토어 집합Cantorian set 위에 세워져 있다. 따라서 "배중률laws of excluded middle", 곧 각 구성요소는 두 가지 집합에 동시에 속할 수 없다는 법칙이 생겼다. 디지털 집합들은 명제적 논리, 유클리드 기하학, 칸토어 대수학과 관련되어 있다. 이런 집합 안에 있는 사물들은 획일적인 특징을 갖고 있는 것으로 본다. 그것들의 차별성과 독특성은 별로 중요하지 않다. 그래서 모든 것은 구성요소들로 분해될 수 있고, 완전히 분해된 다음에는 구성요소로 다시 조립할 수 있다.

다른 한편, 인도의 세계관과 같은 세계관들은 안과 밖 사이에 그리고 한 집합과 다른 집합 사이에 무한한 수의 단계들을 가진, "퍼지fuzzy" 아날로그analogical[2] 집합 위에 세워져 있다. 예를 들어, 서양의 클래식 음악은 일곱 음표와 다섯 개의 반음에 기초하고 있으며, 성악가는 노래를 부를 때 뚜렷이 구별되는 음계에 자부심을 갖는다. 이에 비해 인도의 클래식 음악은 퍼지 집합들에 기초를 두고 있다. 사sa(도)와 리ri(레) 사이에 64개의 단계가, 리(레)와 가ga(미) 사이에 64개의 단계가 존재한다. 연주가가 더 필요하다고 생각하면 그것을 더 미세한 단계들로 나눌 수 있다. 따라서 음악가는 한 단계에서 다른 단계로 뛰어넘는 것이 아니라 한 음표에서 다른 음표로 미끄러진다. 정확한 음계가 아니라 미끄럽고 떨리는 음이 그 노래의 멋이다.[3] 퍼지 집합은 "퍼지 논리", "퍼지 대수학", "퍼지 기하학"으로 이어진다.[4]

 모양을 잘 갖춘 집합과 퍼지 집합의 차이는 사람들이 이른바 인종들을 인식하는 방식에서 볼 수 있다. 대부분의 북아메리카 사람은 모양을 잘 갖춘 집합을 사용하여 인간을 "백인", "흑인", "히스패닉" 등으로 분류한다. 그들의 세계관에는 중간 유형을 위한 자리가 없다. 노예 시대에는 한 명의 흑인 조부모와 세 명의 백인 조부모를 가진 사람을 "흑인"으로 취급하고 "1/4 혼혈아quadroon"라고 불렀고, 한 명의 흑인 증조부모와 일곱 명의 백인 증조부모를 가진 사람을 "흑인"으로 취급하고 "1/8 혼혈아octoroon"라고 불렀다. 모든 사람은 "흑인"이거나 "백인"이었다. 반면에 퍼지 집합에 의해 생각하는 사람들은 인종을 한쪽에서 다른 쪽으로 조금씩 음영이 짙어지는 것으로 인식하고 그 사이에 뚜렷한 선이 없다고 생각한다. 그래서 "백인", "흑인", "히스패닉", "하얀 흑인", "히스패닉한 백인", "검은 히스패닉", "흑백의 히스패닉", 그 밖의 여러 조합이 존재한다.

 모든 문화는 모양을 잘 갖춘 집합과 퍼지 집합을 다 사용한다. 차이점은 각 민족이 어느 집합을 더 기본적인 것으로 생각하느냐에 있다. 근대성modernity은 주로 디지털 집합에 기초를 두고 있다. 길에는 커브와 차선이 표시되어 있고, 그림은 액자로 둘러싸여 있고, 과학은 분류법을 만드는 것으로 시작되는 등, 이런 관행은 생물체를 속, 종, 아종으로 조직화한 아리스토텔레스의 사례까지 거슬러 올라간다(플라톤은 종들 사이에 뚜렷한 경계가 없다고 옳게 말했고, 이 점에서 대부분의 사물도 마찬가지라고 했지만). 미국인은 시장에 가면 "사과"를 달라고 한다. 이어서 반쯤 익은 것, 완전히 익은 것, 또는 녹색과 같은 퍼지 범주를 형용사로 사용해서 그것을 수식할지도 모른다. 인도에서는 보통 "반쯤 익은 것"을 달라고 한다. 내일 무언가를 먹고 싶은데 무슨 과일인지는 상관하지 않기 때문이다. 지금 완전히 익은 상태라서 내일이면 썩을 것이나, 녹색이어서 내일이라도 먹지 못할 것은 원하지 않는다. 상인이 무슨 종류로 반쯤 익은 것을 원하느냐고 물으면, 사과든 오렌지든 바나나든 반쯤 익은 것이면 된다고 대답한다. 여기서는 "반쯤 익었다"는 퍼지 범주가 명사이고, 오렌지, 사과, 바나나는 명사를 수식하는 형용사들이다.

· 본질적intrinsic 집합과 관계적 집합

범주 형성에 있어서 또 하나의 차이점은 무엇이 집합의 경계를 정하느냐와 관련이 있다. 어떤 구성요소를 왜 이 집합에 배정하고 다른 집합에 배정하지 않는 것일까? 일부 범주들은 그 구성요소의 본질적 특성에 기초해서 경계가 정해진다. 영어에서 "사과"는 본질상 사과이기 때문에 사과이다. 모든 사과는 똑같은 특성을 공유한다. 이것이 바로 본질적 집합이다. 어떤 구성요소는 그 자체의 본질로 인해서 그 집합의 일원이 되는 것이다. 근대 문화에서는 본질적 집합들이 지배적이다. 이 세계는 서로 구별되는 자율적인 범주들로 이뤄져 있다고 본다. 이 사람은 "남성"이고 "어른"이며, "벤츠를 타고", "박사학위를 갖고" 있다.

대부분의 전통문화에서는, 비본질적extrinsic 또는 관계적 집합들이 지배적이다.[5] 한 중년 여성이 박사학위를 가지고 있는지 몰라도, 그것은 가정과 공동체에서 피터의 아내요 존과 메리의 딸이며 사라의 엄마라는 사실에 비하면 부차적인 것이다. 달리 말하면, 그녀의 정체성은 주로 본질적 특성이 아니라 누구(또는 무엇)와 관계되어 있는가에 따라 규정된다. 많은 문화의 경우, 이와 같은 관계 의식은 인간관계를 훨씬 뛰어넘어 자기가 태어나서 그 곡식을 먹고 자란 땅, 자기가 기르는 가축, 동네의 풍조에까지 확장된다. 한 사람은 어떤 공동체와 어떤 장소에 속해 있으므로 그 사람이 될 수 있는 것이다. 따라서 "나는 소속한다. 그러므로 존재한다"는 격언이 성립하는 셈이다.

모든 문화는 본질적 범주와 비본질적 범주들을 모두 사용한다. 본질적 디지털 집합들은 분자, 화학제품, 식물, 동물, 질병 등 여러 부문에 걸쳐 폭넓은 분류법을 개발한 과학 분야의 기초를 이루고 있다. 도로에 커브, 차선, 정지신호, 중앙분리대가 있는 것처럼, 이 집합들은 또한 생활의 질서를 창조하는 기초이기도 하다. 운전행위는 비인격적인 규칙에 의해 규제된다. 집은 범주들 사이에 뚜렷한 경계가 있고 물건들이 제자리에 있을 때에 깨끗하다. 인도에서는 퍼지 관계적 집합들이 근본을 이룬다. 도로는 운전하는 사람이 다른 모든 참여자들—트럭, 자동차, 오토바이, 인력거, 보행자, 소, 개, 닭—과 이리저리 협상하는 가운데 차를 운전하는 장場이다. 회의는 추상적인 정해진 어떤 시각이 아니라 충분한 숫자가 모였을 때 시작된다. 바닥에 떨어진 페인트는 바닥을 "더럽게" 만들지 않는다.

본질적 집합과 비본질적 집합의 사용은 두 가지 다른 논리로 이어진다. 본질적 집합의 경우, 한 관찰자가 어떤 민족이나 대상을 연구할 때 그들과 아무 관계없이 그 그림 외부에 서 있다. 그는 추상적 연산algorithmic 논리를 사용하여 처리할 수 있는, 객관적이고 비인격적인 자료data를 찾는다. 이때 객관적 입장을 견지하려면, 자기의 느낌과 도덕은 주관적인 것이라 연구결과를 오염시킬 소지가 있으므로, 그런 것을 아예 배제시켜야 한다. 관계적 집합의 경우에는 관찰자가 그 그림 안에 있으므로 자신의 위치를 알아야 하는데, 그것이 자기가 관찰하는 바에 영향을 미치기 때문이다. 그는 자기의 느낌과 도덕을 "괄호" 속에 넣을 수 없는데, 이런 것이 모든 관계의 본질적인 요소이기 때문이다. 관계적 지식은 인지적인 앎과 감성적이고 도덕적인 앎 사이에 놓인 장벽을 모두 무너뜨린다.

관계적 범주의 사용은 추상적이고 분석적인 논리가 아니라, 관계적 논리에 의해 생각할 것을 요구한다. 자율적 개인을 강조한 그리스인은 비인격적인 사실에 기초한 보편적 이론을 추구할 때, 추상적 연산 논리를 개발했다. 그들에게 지식은 초연하고 비인격적인 실재에 "관한 지식"이었다. 히브리인은 특정한 상황과 관련된 관계들과 대인관계의 지식을 강조했다. 다른 누군가를 "안다"는 것은 추상적이고 객관적인 앎이 아니라, 친밀하고 인격적인 관계를 통해 그 사람을 아는 것을 뜻했다. 그들은 세계를 논리적으로 연결된 경험적 사물들의 기계론적 시스템으로 보지 않고, 개인적 관계들과 책임으로 이루어진 유기체, 곧 살아 있고 진화하는 창조와 사랑의 공동체로 보았다. 이런 지식은 우리로 하여금 상대방을 점차 알아가야 할 책임감을 느끼게 한다.

디지털 집합과 퍼지 집합, 그리고 본질적 집합과 비본질적 집

표 2.2 집합의 네 가지 유형

	모양을 잘 갖춘 집합들	퍼지 집합들
본질적 집합들	경계가 뚜렷한 집합	본질적 퍼지 집합
비본질적 집합들	중심 지향적 집합 (중심)	비본질적 퍼지 집합

합을 조합하면 세계를 정돈하는 네 가지 근본 방법이 나온다. 물론 문화에 따라 강조점은 달라도, 모든 문화가 이 네 가지 방법을 사용하고 있음을 유념하는 것이 중요하다(표 2.2).

· 민속적 분류법과 공식적 분류법

모든 문화는 일상생활에서 민속적 분류법을 사용한다. 이는 성격상 높은 상황성high-context과 구체적인 기능성을 갖고 있다. 이는 우리에게 사물의 본질적 성격이 아니라, 그 사물이 일상생활에서 차지하는 위치에 관해 일러 주려고 한다. 이 분류법은 실체와 유기체들에 관한 내용을, 논의중인 유기체의 문화적 중요성을 이미 알고 있는 사람들에게 전달한다. 예를 들면, 민속적 분류법은 잎사귀, 견과

류, 사냥감 가운데 먹을 수 있는 것과 먹을 수 없는 것을, 또는 날 것과 익은 것을 서로 구분한다.

공식적 분류법은 과학과 철학에서 흔히 사용되는 것으로, 낮은 상황성과 고도의 추상성을 가진 범주다. 이는 우리에게 실재의 근본 성격에 관해 말해 주고, 동일한 영역에 속한 범주들을 서로 구분해 준다. 겉으로 보기에는 논의중인 유기체와 집합에 관해 많은 것을 전달하는 것 같아도, 대부분의 경우에 그것을 묘사하는 사람만 그 유기체를 보았을 뿐 다른 누구도 그만한 지식이 없기 때문에 실제로는 전달하는 것이 거의 없다(Hall 1977, 122).

기호 sign

중요한 세계관의 이슈 중 하나는 범주들과, 실재를 가리키는 다른 기호들과의 관계다(Hiebert 1989). 한 견해는 '나무'라는 단어와 같은 기호는 객관적 실재를 가리킨다고 본다. 그러므로 문장은 객관적 진리를 전달할 수 있다. 우리가 나중에 살펴보겠지만, 이 견해는 근대과학의 필수요건이었다. 그것은 실재와 정확히 대응하는 진리를 표현하는, 정확한 상징과 단어를 요건으로 삼는 실증주의 인식론epistemology에 기초해 있었기 때문이다. 그래서 일상적인 기호들이 지닌 "퍼지"와 애매모호한 성격을 극복하려고 상당히 많은 노력을 기울였다. 정확한 의미는 정확한 단어와 수학을 요구한다. 그렇지 않으면 의미가 상실된다.

두 번째 견해에 따르면, 단어와 같은 기호들은 세상을 보는 방식에 영향을 주는 문화적 구성물이다. 달리 말하면, 서로 다른 문화에서 온 사람들은 동일한 세계에 살고 있어도 자기 경험을 달리 정돈한다는 것이다. 우리가 잠시 후에 살펴보겠지만, 페르디낭 드 소쉬르Ferdinand de Saussure(1916) 같은 언어학자는 기호가 객관적 실재를 가리키지 않는다고 주장했다. 그것은 단지 머릿속에 주관적 이미지를 불러일으킬 뿐이다. 따라서 우리가 말하는 내용이 참인지 아닌지 여부를 완전히 확정할 수 있는 길은 없다. 그것은 우리가 사물을 보는 방식일 뿐이지, 사물의 객관적인 실상은 아니다. 이로써 개념적 범주들은 정신의 자의적인 창조물이 되고, 문화들은 따로따로 고립된 의미의 섬들, 곧 상호간에 진정한 의사소통이 있을 수 없는 외로운 섬들이 되어 버린다. 다른 문화에 속한 사람들은 우리가 말하는 내용을 자기 문화의 범주에 비추어 해석하고, 그들의 생각이 우리의 것과 상응하는지 여부를 시험할 수 있는 길은 없다.

세 번째는 찰스 퍼스Charles Peirce(1955)가 주창한 견해로, 기호는 외부의 실재를 가리키고 머릿속에 주관적 이미지를 불러일으킨다고 한다. 그것은 우리가 외부에 있는 세계를 알기 위해 이용하는 다리와 같다. 달리 말하면, 기호는 삼자관계를 갖고 있다는 것이다. 그것은 기호의 형식('나무'라는 단어)과 그것이 가리키는 객관적 실재(외부 세계에 있는 나무), 그리고 그것이 머릿속에 떠올리는 주관적 이미지('나무'라는 정신적 범주)를 모두 갖고 있다는 뜻이다. 여기서의 상응은, 사진과 같이 진리 주장이 실재와 일대일의 상응관계를 갖는 그런 경우와 다르다. 그것은 오히려 실재의 지도와 비슷하다. 말하자면 상응관계가 아주 복잡하고 다양하다는 뜻이다. 어느 지점들에서는 지도가 실재와 정확히 상응해야 한다. 그렇지 않다면 그 지도는 쓸모없다. 지도는 또한 어디엔가 초점을 맞추고 있어서, 참이라고 주장할 만한 측면도 있고 그렇지 못한 면도 있을 것이다.

도로 지도는 그 위에 모든 건물이나 나무를 표기하지 않는다. 그 모든 것을 넣으면 쓸모없는 지도가 되고 말 것이다. 지도는 또한 눈에 보이지 않는 숨은 실재를 드러낸다. 예를 들면, 정치 지도는 한 나라를 녹색으로, 다른 나라를 노란색으로 표시한다. 그렇다고 그 나라들이 그런 색깔이라는 뜻은 아니다. 그것은 한 영토는 한 나라에, 다른 영토는 다른 나라에 속한다는 뜻이다. 끝으로, 지도와 청사진은 상호보완적이어야 한다. 목수는 건물 구조, 전기 배선, 하수도 등이 담긴 여러 청사진들이 필요하다. 그런데 배선 청사진과 하수도 청사진은 구조물 청사진과 들어맞아야 한다. 아무도 전선과 파이프가 방 한가운데를 관통하기를 원치 않기 때문이다.

기호로 표시되는 외부의 실재와 내면의 이미지 사이의 관계는 굉장히 다양하다.[6] 서양에서는 젊은 부모가 자녀의 이름을 스스로 선택한다. 일상의 담론에서 사용되는 대부분의 단어는 본질적으로 자의적이다. 우리는 나무를 바라보고 '나무'라고 말한다. '나시'라든가 '마무'라고 말할 수도 있었을 것이다. '나무'라는 단어와 우리가 나무라고 부르는 대상 사이에 본래 표의문자적ideographic 연결고리가 없다는 말이다. 일단 우리가 우리 공동체에서 이 대상물을 나무라고 부르기로 합의하면, 그 연결고리는 사적인 정의가 아니라 사회적이고 역사적인 정의 중 하나가 된다. 그것이 대대로 전해져 내려온 결과 이제는 더 이상 자의적이지 않다. 내가 그것을 바꾸려고 노력해도, 공동체의 합의를 얻지 못하면 그것은 헛수고에 불과할 것이다.

논증적인 언어discursive language는 대부분의 구두적 의사소통의 기본이다. 우리는 직접 보고 경험할 수 있는 일상적인 것을 이야기할 때 그것을 사용한다. 우리가 관찰하거나 창조하는 어떤 새로운 실재와, 우리가 표현하고 싶은 어떤 개념을 표시하려고 우리가 새 단어를 창안할 때는, 그것을 쉽게 바꿀 수 있다.

어떤 기호들의 경우에는 외부 세계와 내부 세계 사이의 연결고리가 자의적이지 않다. 예를 들면, 아이콘icon 상징들은 시각적·청각적 유사성을 통해 양자를 연결해 준다. 컴퓨터 위에 있는 프린트, 화살표, 파일, 확대경 등의 이미지들은 사용자에게 각 단추가 무슨 기능을 갖고 있는지 알려 준다. 많은 도로 표지들과 차선들도 무언의 의사소통을 하고 있다. 아이콘은 철자와 단어가 아니라 이미지로 의사소통을 하기 때문에, 복수 언어를 쓰는 환경에서 사용하기에 여러 면에서 편리하다.

기호와 실재가 하나인 경우도 몇몇 있다. 예를 들면, 결혼식의 주례자가 "나는 여러분을 남편과 아내로 선포합니다"라고 말하는 순간, 그는 단지 정보만 전달하는 것이 아니다. 그의 말은 수행적인 performative 언사다. 그 말은 수행력을 발휘하여 신부와 신랑의 법적인 지위를 바꾼다. 조금 전만 해도 어느 한편이 법적인 문제 없이 결혼을 파기할 수도 있었다. 그러나 성혼 선포가 있은 후에 그 부부가 결혼을 취소하려면 법적인 이혼절차를 밟아야 한다.

우리가 기도와 의식 같은 종교적 문제들을 다룰 때는 이 세 가지 유형을 이해하는 일이 특히 중요하다. 개신교인은 주님의 만찬 Lord's Supper을 그리스도의 죽음을 기억하고 묵상하는 데 유익하다고 생각한다. 일부 동방 정교회 교회들은 그것을 아이콘의 성격을 지닌 것으로 본다. 떡과 포도주가 문자적으로 그리스도의 몸과 피가 되는 것은 아니지만, 그것들은 자의적인 상징물을 훨씬 뛰어넘는 것이라고 생각한다. 또 어떤 교회들은 성만찬Eucharist을 변화를 가져오는 사건으로 간주한다. 떡과 포도주가 실제로 그리스도의 몸과 피가 된다. 세계관의 차원에서 우리가 꼭 기억해야 할 점이 있다. 그것은, 문화에 따라 다양한 기호의 유형들을 다르게 사용한다는 점과, 우리가 마술이나 주술과 같은 관습에 대해 오해하는 것은 그 배후에 있는 신념에 못지않게 그 기호의 본성에 대한 그들의 이해와 우리의 이해가 서로 다르기 때문이라는 점이다.

끝으로, 우리는 매개변수parametric 기호와 비非매개변수 기호를 서로 구별할 필요가 있다. 대부분의 일상용어와 같은 매개변수 기호는 직접 인식된 실재를 가리킨다. 비매개변수 기호는 논증적인 기호로 환원할 수 없는 의미, 느낌, 가치 등을 전달한다. 이런 기호는 스스로를 뛰어넘어 말로 환원할 수 없는 신비, 느낌, 도덕적 판단을 가리킨다. 예를 들어, 어떤 젊은이가 약혼자에게 사랑한다는 것을 보여주려고 꽃 한 송이를 준다고 하자. 그것은 흔해 빠진 민들레 다발이 아니라 특별한 꽃일 것이다. 그는 단지 "여기에 당신을 위한 어떤 식물이 있소"라는 식으로 말하는 것이 아니라, 그 꽃을 통해 마음속에 있는 애정을 전달하는 것이다. 이와 비슷하게, 세례와 같은 의식들도 그 순간의 체험을 뛰어넘어 말로 환원할 수 없는 어떤 신비를 가리킨다. 우리가 할 수 있는 일은 고작해야 일상적 기호를 사용해서 "이것을 문자적으로 받아들이지 마시오" 하고 말하는 것뿐이다. 그렇기 때문에 우리가 전할 내용을 의식에 담아 전달하는 경우가 많은 것이다.

논리

이보다 높은 차원에서, 사람들은 여러 상황에서 다양한 논리를 사용하지만, 그 논리들 중 어느 하나를 더 기초적인 논리로 여기고 그것을 더 신뢰한다. 이를테면, 근대성은 연산 논리나 명제적 논리를 크게 신뢰한다. 그래서 다른 논리들은 덜 정확하고 덜 믿을 만한 것으로 생각한다. 이에 비해, 어떤 문화들은 아날로그식 논리나 관계적 논리를 더 중요한 것으로 간주한다(Wilson 1970).

· 추상적 연산 논리

대체로 과학의 바탕이 되는 논리 체계는 추상적 연산 논리다. 이를 추상적이라고 말하는 이유는, 그것이 "분자", "원자", "전자", "파동", "끈"과 같은 개념들을 만들기 때문이다. 이런 개념은 어떤 원형적prototype 현상이 지닌 적실한 특징들을 적실치 않은 특징들로부터 추출해 낸 것이다. 예를 들면, 우리가 분자를 묘사할 때 시공간에 있는 둥근 공으로 그리는데, 분자의 "색깔"이나 "냄새"에 대해서는 묻지 않는다. 이는 보다 광범위한 경험의 영역에 걸쳐 적용할 수 있는 일반 이론을 정립하기 위한 노력이다.

연산 논리는 원자, 사람, 별 등과 같은 분석의 기초단위와 함께 시작한다. 이 논리는 이 부분들 사이의 상호작용을 묘사하는 비인격적이고 기계론적인 공식을 찾고자 한다. 그렇기 때문에 이런 작업은, (디지털 집합을 사용하여) 주어진 공식에 의해 단편적인 정보를 처리하도록 꾸며진 컴퓨터를 통해 가장 잘 수행할 수 있다.

추상적 연산 논리의 한계 중 하나는, 매우 다양한 실재들을 고도로 추상적인 몇 가지 범주로만 환원한다는 점이다. 이 논리는 인간을 단일한 범주로 취급하고, 인간이 지닌 끝없이 다양한 면모를 모두 간과한다. 또 다른 한계로는, 고도로 추상적인 개념은 실생활의 구체적인 측면과 연계시키기가 어렵다는 점이 있다. 우리는 거짓말하지 말라는 소리를 듣는데, 일상에서 거짓말하는 것과 "사실을 살짝 가리는 것"을 어떻게 서로 구별하겠는가?

· 아날로그식 논리

연산 논리는 본질적 디지털 집합과 함께 작동한다. 아날로그 집합이나 "퍼지" 집합, 또는 관계적 집합과는 함께 작동하지 않는다. 예를 들면, 근대 대수학의 기초인 디지털 집합에 바탕을 둔 수학은 파이 π의 3분의 2가 무엇이냐는 물음에 정답을 줄 수 없다. 3분의 2와 파이 중 어느 것도 디지털 숫자로 환원할 수 없기 때문이다. 근사치는 줄 수 있어도 정확한 답은 결코 내놓을 수 없다.

최근에 "퍼지 집합", "퍼지 대수학", "퍼지 논리", "퍼지 경영"과 같은 새로운 형태의 수학이 등장했다(Zadeh 1965; Grint 1997). 이른바 퍼지 논리는 부정확하거나 엉성한 논리가 아닌데도 "퍼지"란 말 때문에 오해받을 소지가 많다. 사실은 디지털 연산 논리보다 훨씬 더 고차원적인 복잡성을 다루기 때문에 더 강력하고 정확한 논리다. 이 논리는 세계를 양극으로나 기계론적 논리로 환원하지 않는다. 이는 0과 1 사이에 그리고 1과 2 사이에 무한수의 점을 갖고 있는 아날로그 집합 또는 비율 집합에 기초해 있다.[7] 이는 근대를 지배하게 된 아리스토텔레스의 이진법 논리에 도전한다. 후자는 모든 것을 선과 악, 옳고 그름, 참과 거짓, 생명과 죽음, 0과 1로 나누는 논리로, 세상을 이원론적으로 보게 만든다. 케이스 그린트 Keith Grint

는 이렇게 말한다. "유능한 경영은 양쪽 논증을 모두 고려한 뒤에, 모든 자료를 **부정확하게**가 아니라 **정확하게** 분석하고, **그릇된** 결정에 반하는 **올바른** 결정을 내리는 데 달려 있다. 훌륭한 경영은 훌륭한 **경계선** 관리에 관심을 갖고 있다. 즉 어떤 것이 경계선의 어느 편에 들어맞는지를 정하면 나머지는 쉽게 해결된다. 이와 같은 '형식' 논리가 대다수 현대 수학의 밑바탕에 깔려 있다"(1997, 10).

디지털 범주들과 거기에 기초한 공식적 분석 논리는 정확하고 복잡한 세상을 유한한 집합들로 환원함으로써 우리가 세상에 대처하도록 도울 수는 있지만, 실재와 잘 들어맞지 않는 부분이 많다. 실제 세계에서 디지털적 본성을 가진 범주는 별로 없기 때문이다. 요즈음에는 퍼지 본질적 집합과 "퍼지" 논리를 중심으로 연구가 진행되고 있는 상황이다.

· 위상topological 논리

또 하나의 논리는 위상 논리 또는 아날로그식(유추적) 논리다. 이는 아주 복잡한 실재를 우리가 이미 알고 있는 실재와의 비교를 통해 검토하는 것이다. 로빈 호튼Robin Horton은 이렇게 말한다. "이론적 구조를 개발할 때, 인간 정신은 자기가 설명해야 할 난감한 현상과 이미 익숙한 현상 사이의 유사점으로부터 영감을 얻게끔 체질화되어 있는 것 같다.……우리가 원자, 전자, 파동, 신, 영, 생명력 등 무엇을 관찰하든, 이론적 개념들은 거의 예외 없이 비교적 흔한 일상적 경험에 뿌리를 두고 있음을 알게 된다. 즉 익숙한 것으로부터 유추한다는 말이다"(1970, 146).

위상 논리는 상상력을 끌어오고 정신적 탐구를 불러일으키기 때문에 무척 강력한 힘을 갖고 있다. 우리는 A와 B를 비교한다. 어느 면에서는 A와 B가 서로 같고, 또 어느 면에서는 서로 다르다. 하지만 유추analogy는, 과연 유추가 성립하는지도 우리가 확실히 모르는 영역, 곧 아직 검토하지 않은 영역을 탐구하도록 우리를 초대한다.

유추는 범주 형성의 기초를 이룬다. 우리가 체험하는 세계는 한없이 다양하다. 두 그루의 나무도, 두 사람도 아주 똑같은 경우가 없다. 우리는 유추작용을 통해 공통분모에 주목하고 다른 특징은 간과함으로써 정신적 범주들을 창조한다. 예를 들어, 어떤 사람이 키가 작든 크든, 한 손을 갖고 있든 두 손을 갖고 있든, 스페인어를 하든 영어를 하든, 그는 인간이다. 화이트헤드는 "합리주의의 발전은 유추를 통해 일어난다.……개화된 (모든) 사상의 발전은 다양성 안에서 정체성을 발견하는 것이라고 묘사할 수 있다"고 했다(1938, 98).

유추는 근대 법의 기초를 이룬다. 우리는 법을 판사가 적용하는 일련의 알려진 규율로 흔히 믿고 있지만, 법적인 규율은 사실상 일반화된 원칙일 뿐이다. 그것들은 결코 명료하지 않을 뿐 아니라, 그것을 다양한 사례에 적용하게 해줄 간단한 공식도 없다. 에드워드 레비Edward Levi는 이렇게 말한다. "법적 추론의 기본 패턴은 본보기에 의거한 추론이다. 이는 이 사례에서 저 사례로 추론하는 것이다. 이는 전례前例의 교리라고 할 수 있는 3단계 과정으로, 첫째 사례를 묘사하는 명제가 법률로 만들어지고 그것이 뒤이은 비슷한 상황에 적용되는 것이다. 그 과정은 이렇다. 먼저 두 사례 사이의 유사점을 찾는다. 이어서 첫째 사례에 내재되어 있는 법률을 선포한다. 그리고 그 법률이 둘째 사례에 적용되게끔 한다"(1949, 2).

　이보다 높은 수준에서, 유추는 이상하고 복잡한 실재를 우리가 아는 것과의 비교를 통해 더 잘 이해할 수 있게 해준다. 그래서 초기 물리학자들은 원자를 태양계의 축소판으로 보았다. 그리스도인은 인간을 은유로 삼아 하나님을 살아 있는 존재로 이해했다. 인도의 촌락민은 변덕스러운 지역의 영들ammas을 인간 여성을 닮은 존재로 보았다.

　호튼은 각 문화에서 사용되는 유추들이 세상을 보는 방식을 크게 좌우한다고 한다(1970, 147). 나중에 살펴보겠지만, 근대는 비인격적 뿌리 은유들을 사용하는 경향이 짙다. 빠르게 변하는 이 복잡한 세상은 대체로 생명이 없는 사물들로 구성되어 있다고 보고, 대체로 비인격적 유추들을 통해 그것을 설명하려고 한다. 그렇기 때문에 많은 근대인은 사물과 함께 있을 때보다 동료 인간과 함께 있는 것을 더 불편하게 느끼는 것이다. 전통적인 문화에서는 인간이 무대의 중심이고, 사물과 함께 있는 것보다 사람과 함께 있는 것을 불편하게 느끼는 것은 상상할 수 없는 일이다. 이런 문화에서 사용하는 유추는 자연스레 사람들과 그들의 관계에서 끌어온다. 말하자면, 인격적 뿌리 은유에서 유추를 끌어온다는 뜻이다. 이 차원에서 근대 문화와 전통문화의 근본적인 차이는 그들이 설명에 사용하는 뿌리 은유가 서로 다르다는 점에 있다.

　스티븐 페퍼는 뿌리 은유 개념을 소개한 인물로, 그것을 세계관의 기초를 이루는 은유라고 했다(1942). 우리는 모든 문화에서 발견할 수 있는 두 가지 은유, 곧 유기적 은유와 기계론적 은유를 사용할 것이다. 유기적 뿌리 은유는 생물체를 주목하고, 그 가운데서도 인간을 기초적인 유추로 삼는다. "인간을 세상에 있는 모든 것을 설명하는 근원으로 삼는 것이다. 즉 인간의 몸, 모양, 행위, 표정, 동기, 감정 등 자기 마음에 드는 것이면 무엇이든 사용해서 다른 것을 설명한다. 이보다 더 사람의 취향에 맞고 더 자연스러운 것이 과연 있을까?"(1942, 120) 이렇게 보면 세상은 온통 살아 있는 것들이 서로 관계를 맺으며 사는, 생명으로 충만한 장소가 된다. 반면에 기계론적 뿌리 은유는 만물을 이해하는 궁극적 모델로 시계와 같은 것 또는 보다 최근에는 전자기장 같은 기계를 떠올린다.

이 두 가지 은유는 두 종류의 지식을 낳는다. 상호인격적 지식과 비인격적 지식이 그것이다. 유기적인 세계에서 우리가 다른 인간을 잘 알려면 외부에서 그를 관찰할 뿐 아니라 상대방의 내면을 이해하는 데 필요한 해석학적 과정도 거쳐야 한다. 여기서는 타인을 아는 일과 그에게 우리를 열어 보이는 일, 그리고 우리와 비슷한 그 상대방과 관계를 맺는 법 등을 배운다. 상대를 객체로만 대하는 것이 아니라 우리와 똑같은 주체로 대우하면서 말이다. 이 상호인격적 지식은 단순한 물질차원의 관찰 이상의 것이다. 그것은 두뇌와 정신의 이해, 사람을 인격체로 이해하는 일을 포함한다. 이런 유의 지식은 우리와 하나님의 관계, 우리와 다른 영적 존재들의 관계에까지 이어진다. 반면에 기계론적 세계관에서는 앎의 주체가 기계 외부에 서서 그것을 객관적으로 바라본다. 그래서 그에 대해 초연한 지식을 갖게 된다. 물론 마이클 폴라니Michael Polanyi의 지적처럼, 그런 지식에도 인식자의 능동적 참여가 개입되는 것이 사실이다. 폴라니의 말은, 인식자가 자기가 처리하는 정보를 수동적으로 수용하는 입장에만 있는 것이 아니라는 뜻이다(1962). 유기적 은유는 밑바탕에 깔린 질서를 찾고 있지만, 그렇다고 판에 박힌 성격을 가진 것은 아니다. 이 은유는 그 질서를 파악하기 위해 질적인 분석법을 사용한다. 기계론적 은유는 비인격적인 자연 "법칙들"에 기초한 판에 박힌 공식을 찾고, 그 가설을 시험하기 위해 양적인 방법을 사용한다.

　이 두 가지 뿌리 은유들의 또 다른 차이점은 확실성certainty과 관련이 있다. 기계론적 세계관은 연산 논리나 명제적 논리를 중요시한다. 연산과정은 올바로 수행되기만 하면 정확한 답을 산출한다. 명제적 논리, 수학적 논리, 컴퓨터 논리 등이 그 본보기들이다. 수학 공식은 정답을 얻기 위해 다뤄질 수 있으므로 정확한 것이다. 그러나 연산 논리는 자료가 정확하고 완전할 때에만 효과를 발휘한다. 그런데 인생의 많은 부문은 근사치 자료와 불완전한 자료에 근거해서 결정을 내려야 한다. 아인슈타인은, 수학의 법칙들이 실재를 가리키는 한 그것들은 확실하지 않고, 그것들이 확실한 한 실재를 가리키지 않는다고 말했다(Schroeder 1991, 139).

・관계적 논리

네 번째 종류의 논리는 관계 중심적 논리 또는 구체적 기능의 논리다. 우리 현대인은 각기 독립된 본질적 범주들에 입각하여 토대적인 실재를 조망한다. 장미가 장미인 것은 다른 장미들과 본질적 특성을 공유하기 때문이다. 근대 과학은 세계의 다양한 차원―물리학적・생물학적・사회적・문화적・영적 차원 등―에 걸친 분류법과 하부 분류법의 발전을 그 전제로 삼고 있다.

　세계의 많은 지역에서, 사람들은 실재를 가장 깊은 차원에서 관계적 용어로 정의한다. 이 남자는 로이스의 남편이고, 메리와 존의 아버지이며, 수전과 마크의 할아버지다. 가장 연로한 남성으로서 그는 집안의 우두머리이고 마을 위원회의 원로다. 관계적 범주들은 구체적이고 기능적인 논리로 이어진다. 이는 본질적 범주들이 고도로 추상적이고 분석적인 논리를 낳는 것과 비슷하다.

이런 전환shift의 중요성을 이해하려면 근대적인 주요 범주들과 세계 곳곳에 있는 전통적인 사회의 범주들을 서로 비교해 보면 된다. 비근대적인 사회에 속한 대부분의 사람들은 관계적이고 기능적인 범주에서 생각한다. 그 사람은 메리의 어머니이고 추장의 조카이며 존의 친구라는 식이다. 그 사람이 남자냐 여자냐 하는 것은 관계에 따른 정체성보다 부차적인 것이다. A. R. 루리아Luriia는 중앙아시아의 키르기스족에 관한 연구에서 이 점을 잘 보여준다(1976). 그는 사람들에게 세 어른과 한 어린이가 있는 그림을 보여주면서 그 가운데 다른 이들에게 속하지 않는 한 명이 누구냐고 물었다(표 2.3).

표 2.3 관계적 논리

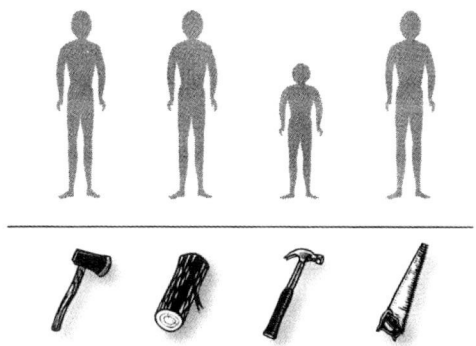

대부분의 현대인은 어린이는 "어른"이 아니라는 이유로 "어린이"를 지목한다. 키르기스 사람은, 첫째는 아버지이고 둘째는 어머니이고, 그들에게 어린이가 필요하니까 그 어린이는 가족의 일부라고 대답했다. 셋째 어른은 아저씨임이 틀림없으므로 그는 그 집합에서 제외될 수 있다고 했다. 도끼와 통나무와 망치와 톱이 담긴 그림을 보여주자, 현대인은 통나무는 "연장"이 아니라는 이유로 그것을 제외한다. 그러나 키르기스 사람들은 도끼나 톱만 있으면 통나무로 불을 지필 수 있다고 주장했다. 한 젊은이의 말을 들어 보자. "톱은 통나무를 썰 것이고 도끼는 그것을 작은 조각들로 쪼갤 것이다. 이 가운데 하나를 제외시켜야 한다면 톱을 버리겠다. 톱은 도끼만큼은 쓸모가 없다." 루리아가 망치와 톱과 도끼는 모두 연장이니까 같은 부류에 속한다고 주장하자, 또 다른 키르기스 사람이 "맞는 말이지만, 우리가 연장을 갖고 있어도 여전히 나무가 필요하다. 그렇지 않으면 아무것도 지을 수 없지 않느냐?"고 응답했다고 한다. 게다가, 못이 없으므로 망치도 쓸모없는 셈이다.

• 지혜

또 다른 차원에서, 우리는 지혜를 말할 수 있다. 우리가 말, 숫자, 연산으로 환원하기에 너무 복잡한 실재와 신비를 검토할 때는, 손쉬운 지식, 관련된 요인들, 이전의 경험과의 비교 등을 심사숙고하여 평가 내리게 해줄 평가적 논리 또는 지혜가 필요하다. 이것은 유기적 세계관들이 강조하는 지식이다. 지혜의 논리는 격언, 비유, 수수께끼, 문학 등에서 발견된다. 이는 영국과 미국 법체계의 토대를 이루고 있다. 그 체계들은 법적인 형식에만 의존하지 않고 이전의 사례들을 바탕으로, 추론과 유사한 사례와 전례를 사용하기 때문이다(Tiénou and Hiebert 2006).[8] 지혜의 경우에는 올바른 결과를 낳는 간단한 공식이 없다. 의사결정은 현 상황에 대한 깊은 이해와 과거의 경험을 바탕으로 내려야 한다. 객관적 사실과 참여자들의 주관적 인식뿐 아니라, 진실과 느낌과 가치의 문제도 고려하지 않으면 안 된다. 다른 대안들도 물론 고려의 대상이다. 모든 격언에는 반대격언이 있는 법이다. "제때의 한 바늘이 나중의 아홉 바늘을 덜어 준다"지만, "서두르면 일을 그르친다."

연산 논리와 평가적 논리의 차이점은 다음 물음에 대한 답변으로 알 수 있다. 시카고의 시어스 타워에서 오헤어 공항까지 가는 가장 좋은 길은 무엇인가? 연산 논리는 거리를 측정해서 가장 짧은 길을 보여줄 수 있고, 심지어는 거리와 속도제한을 감안해서 최소한의 시간에 갈 수 있는 경로를 알려 줄 수 있다. 그러나 "가장 좋다"는 말이 빠르고 안전하고 가장 스트레스가 적다는 뜻이라면, 연산 논리는 어느 길이 "가장 좋은지"를 말해 줄 수 없다. 이에 답하려면 하루의 시간대, 날씨, 공사, 사고 등을 고려하지 않으면 안 된다. 노련한 택시 운전사는 교통정보를 듣고, 라디오를 들으면서 다른 운전사들과 이야기하고, 자기가 아는 샛길을 이용해서 손님을 오헤어 공항까지 빨리 데려다 준다. 그는 우리가 "지혜"라고 부르는 것을 활용하는 셈이다. 지혜는 연산 논리도 물론 사용하지만, 손쉬운 지식을 바탕으로 현명한 판단을 내림에 있어 보다 넓은 안목으로 보는 방식이다.

모든 문화는 추상적 논리, 분석적 논리, 위상 논리, 평가적 논리를 모두 사용하지만, 특히 종교, 철학, 과학 전문가들이 수행하는 공식적인 분석의 차원에서는 어느 하나를 다른 것보다 더 중요시한다.[9] 대부분의 사회에서는 관계적 지식이 지배적인 주제다. 그들이 식량을 모으고 집을 짓는 것과 같은 문제를 다룰 때는 기계론적 범주를 사용하지만, 이보다 더 중요한 것은 공동체 안에서 그리고 동물을 사냥할 때 사용하는 상호인격적 범주다. 근대성에서는 기계론적 세계관이 지배적이다. 이는 데모크리투스Democritus에서 절정을 이룬 이오니아 철학자들의 견해이고, 나중에 갈릴레오가 옹호한 관점이기도 하다. 갈릴레오는 사물의 기계론적 속성들만이 일차적인 것이고, 나머지 속성들은 모두 파생적이거나 이차적인 것이라고 주장했다(Polanyi 1962, 8).

인과관계

선한 삶을 살려고 애쓰다가 불행이 찾아오면, 대부분의 사람은 절망에 빠진 채 가만히 있지만은 않는다. 그들은 성공을 확보하고 위기를 극복하려고 온갖 노력을 기울인다. 첫 단계는 그 상황을 설명하기 위해 올바른 신념 체계를 찾는 일이다. 일단 그렇게 하고 나면 그 사태를 진단하고 적절한 대책을 세우는 일이 가능해진다.

대부분의 문화는 현재 발생하는 현상의 설명에 사용하는 다양한 신념 체계들을 담은 "공구상자"를 갖고 있다(Hiebert, Shaw, and Tiénou 1999, 133-174). 그 가운데 일부는 인간, 영, 귀신, 신령jinn, 마귀rakshasa, 토속 신nats, 하나님 등과 같은 존재들을 포함한다. 이 설명 체계들은 샤머니즘, 마술, 영혼 상실, 조상, 도덕적 판단 등을 담고 있다. 또 어떤 체계들은 주술, 점성술, 숙명, 행운, 오염, 생물리학적biophysical 요인과 같은 비인격적인 힘들과 관련이 있다.

철학적 종교나 공식적 종교와 과학은 진정한 작인들을 찾으려고 애쓰되 보통은 추상적인 분석적 사고를 사용해서 그렇게 한다. 보통 사람들은 설명 체계보다 병 고침과 성공에 더 신경 쓰고, 대부분 민속적 수준에 머무는 여러 가지 설명 체계와 처방을 동시에 사용하는 경우가 많으며, 그 가운데 하나라도 효능이 있기를 기대한다. 그들이 사용하는 체계가 효과 없으면 얼마든지 다른 것으로 대치할 용의가 있다. 만일 그것도 효과가 없으면, 최후에는 공식적 설명에 호소할지도 모른다. 그것은 숙명이라든가, 신의 뜻이라든가, 자연의 불가피한 과정이라든가 하는 식으로 설명한다.

대부분의 사람은 설명을 시도할 때, 직접적 차원과 이차적 차원과 삼차적 차원을 서로 나눈다. 방에 전등이 갑자기 꺼지면, 전구가 타버렸거나, 퓨즈가 나갔거나, 누전되었다고 추측한다. 금방 조사해 보면 그 집의 착한 여인이 스위치를 껐다는 것을 알게 된다. 더 자세히 조사해 보면, 소파에 앉아 추리소설을 읽던 그녀의 남편이 아내에게 전등을 꺼 달라고 부탁했다는 것과, 그가 전기료를 절약할 목적으로 전등을 끄기를 원했고 최근에 수술을 받아 자기가 일어나기 힘들어서 그랬다는 사실도 알게 된다.

주제와 반주제

이보다 높은 차원에서, 모리스 오플러(1945)와 로버트 레드필드(1968) 등은 주제의 개념을 사용하여 세계관을 검토한다. 스티븐 페퍼(1942), 자크 엘룰Jacques Ellul(1964), 피터 버거와 그의 동료들(Berger, Berger, and Kellner 1973) 등은 뿌리 은유들을 그와 비슷한 방식으로 사용한다. 우리는 이 연구에서 세계관을 검토하는 틀로 세계관 주제들과 뿌리 은유들을 줄곧 사용할 예정이다.

    그 가운데서도 오플러의 모델이 특히 유용하다. 그는 문화적 주제를 "공표되었거나 암시된 어떤 가정이나 입장"으로 정의하면서, "그것은 행동을 통제하든가, 사회에서 묵시적으로 승인되거나 공개적으로 선전되는 활동을 자극하는 역할을 한다"고 말한다 (1945, 198). 또 어떤 문화든지 제한된 수의 주제들을 가지고 있다고 한다. 더 나아가, 어떤 문화나 세계관도 정적이지 않고 완전히 통합된 경우도 없다고 한다. 언제나 긴장과 갈등이 있기 마련이다. 이 점을 설명하는 일환으로, 그는 각 세계관에는 주제들과 반주제들이 있다는 생각을 도입한다. 지배적인 주제들이 있기 마련이지만 극단으로 치달으면 사회를 파괴하고 만다. 예를 들면, 개인과 집단은 서로 긴장관계에 있다. 강한 집단 지향성은 개인을 억압하는 결과를 낳고, 극단적인 개인주의는 사회의 종말을 낳는다. 이와 비슷하게, 우리가 이미 살펴본 것처럼, 자유와 질서 사이에, 그리고 평등과 위계 사이에도 긴장이 있다. 오플러의 주장처럼, 대부분의 경우에 주제들과 반주제들은 연속체 위의 극점들이다. 세계관들 사이의 차이는 종종 강조점이 다르다는 데 있다. 어느 문화에서는 어느 한 주제가 지배적이고, 다른 문화에서는 다른 주제를 강조한다. 개인과 집단이 각각 자기 견해를 사회에 강요하려고 애씀에 따라 긴장이 생기고, 긴장은 끊임없는 변화와 움직임을 낳게 된다. 나중에 살펴보겠지만, 우리가 여러 문화와 그 세계관들을 조망할 때, 그것들을 변화에 대해 부정적인 정적이고 조화로운 체계로 보는 것보다 항상 변하는 유기적 체계로 보는 편이 더 낫다.

인식론적 가정들

또 하나의 차원을 보면, 한 문화가 실재와 인간 지식의 본성에 대해 갖고 있는 인식론적 가정들이 있다(Hiebert 1999). 한 가지 예로, 우리의 인식 외부에 실제로 물질세계가 있다고 가정하는 근대의 유물론적 실재론과, 외부 세계는 모두 정신으로 창조된 환상maya이라고 생각하는 힌두교의 관념론 사이에는 근본적인 차이가 존재한다. 대부분의 미국인은 자기 주변의 세계가 실제로 존재하고, 질서정연하며, 예측 가능하다고 생각하고, 감각을 통해 그것을 어느 정도 정확하게 체험할 수 있다고 가정한다. 그래서 물질세계를 진지하게 취급하는 것이다. 반면에 많은 힌두교인은 궁극적인 실재가 사람 속에 존재한다고 본다. 외부 세계는 주관적인 내적 체험의 총합으로, 일시적이고 늘 변하는 정신의 창조물이라고 여긴다. 그것은 궁극적인 실재를 갖고 있지 않다. 그것은 가상적인 것, 곧 마야일 뿐이다. 이처럼 혼란스럽고 예측 불가능한 세계에서는 오직 자기 속에서만, 자기의 내면적 체험 속에서만 의미와 진리를 찾을 수 있다. 감각적 경험과 이성적 분석은 환상에 불과하기 때문에 믿을 수 없다. 따라서 참된 실재는 경험적 실험과 분석으로는 찾을 수 없고, 내면의 불꽃과 같은 통찰을 통해 다가오는 법이다. 그 통찰에 의하면, 우리 자신조차 각각 별개의 인간들로 존재하는 것이 아니라, 하나의 궁극적인 우주 에너지 장場의 일부로 존재하고 있을 뿐이다.

암시적implicit 성격

세계관은 마음 깊숙한 곳에 자리 잡고 있기 때문에 대체로 검토되지 않은 상태로 있고, 암시적 성격을 갖고 있다. 마치 안경처럼 우리가 세상을 보는 방식을 좌우하지만, 우리가 그 존재를 의식하는 경우는 드물다. 사실상 타인이 우리 자신보다 그것을 더 잘 보는 경우가 종종 있다. 은유를 바꾸면, 그것은 마치 빙산을 물 위에 뜨게 하지만 눈에는 보이지 않는, 수면 아래에 잠긴 부분과 같다.

암시적 구조의 본보기로는 언어가 있다. 우리가 말을 할 때, 우리는 표현하고 싶은 관념과 느낌에 관해 생각한다. 우리는 말을 멈추고 우리가 입으로 소리를 만드는 방식, 우리 문화가 말을 형성하는 데 사용하는 특정한 소리들, 또는 문장을 만들려고 단어들을 묶는 방식 등에 관해 생각하지는 않는다. 우리가 음성학적phonetic 구조와 형태론적morphological 구조를 검토하려고 멈추면, 우리가 전달하려 했던 메시지를 잊어버리게 된다. 우리가 다른 언어를 배울 때는, 모든 언어가 똑같은 모음과 자음을 사용한다고 가정하기 때문에, 우리 언어의 소리를 사용해서 외국어 단어를 발음한다. 그런데 다른 언어는 다른 소리를 낸다는 것을 알고는 충격을 받는다. 예를 들면, 텔루구 언어에는 네 가지 다른 t들이 있고 네 가지 다른 d들이 있다는 점과, 중국어의 경우는 성조tone가 바뀌면 뜻도 완전히 바뀐다는 점이 그런 것이다. 우리는 다른 언어에서는 어떻게 소리가 만들어지는지를 명시적으로 검토함으로써 새로운 발성 습관을 기를 수 있다. 그렇게 못할 경우에는 새로운 언어로 말하는 것을 배우더라도 강한 외국어투로 발음하게 될 것이다.

이와 비슷하게, 우리는 대체로 우리 자신의 세계관과 그것이 어떻게 우리의 사고와 행위를 좌우하는지를 의식하지 않는다. 단순히 세계는 우리 눈에 보이는 대로 존재한다고, 또 다른 사람들도 우리와 똑같이 본다고 가정한다. 서양인은, 우리의 몸 외부에 실제 세계가 있고, 시간은 과거에서 현재를 거쳐 미래로 움직이는 직선구조이고, 자유는 의문의 여지없이 좋은 것이라고 가정한다. 다른 문화들에서는, 시간은 처음과 끝이 없이 한없이 순환하고, 집단에 대한 순응이 최고로 중요한 것이라고 생각한다. 이와 같이 세계관은 암시적 성격을 갖고 있으므로 그것을 검토하는 일이 그토록 어려운 것이다. 우리는 세계관에 관해 생각하는 것이 아니라, 세계관을 품고 다른 것을 생각하기 때문이다. 에드워드 홀은 이렇게 말한다. "아직 명시화되지 않은 무의식 수준의 문화 체계들은 아마 천 배 이상의 차이로 명시적인 체계들을 능가할 것이다. 그런 체계들은……활발한 의사소통, 담론, 인식작용……인적인 교류, 그리고 사람이 다양한 인생 목표를 성취할 때 사용하는 일련의 행위에 적용된다"(1977, 166).

우리가 자신의 세계관을 의식하게 되는 것은, 그것이 설명할 수 없는 외부 사건들로부터 도전받을 때다. 이민자, 피난민, 이중문화 어린이와 같이 서로 상반되는 세계관들 사이에 낀 경우에도, 자기 마음속에 존재하는 가정들(세계관)을 의식하게 된다.

세계관은 또한 일반적인 생각의 밑바탕에 무엇이 있는지를 의식적으로 검토할 때 가시화될 수 있다. 우리가 앞으로 살펴보겠지만, 이처럼 세계관 가정들을 표면화하는 일은 새로운 개종자를 제자로 훈련시킬 때 중요하다. 이는 힌두교와 이슬람교에서 개종한 사람뿐 아니라, 현대 포스트모던 세계에서 그리스도처럼 살려고 노력하는 사람에게도 해당된다.

정신적 구성물이자 경쟁의 대상

인간의 지식은 정신적 구성물, 곧 우리로 하여금 경험의 의미를 알게 해주는 모델들로 이루어져 있다. 그 모델들이 쓸모 있으려면 어느 정도 실재에 상응해야만 한다. 그것은 실재의 복제물이 아니라 실재와 동일 구조를 가진 모델이고, 우리는 경험에 의거하여 그것을 선택하게 된다. 그리고 세월이 흐르면서 그것들은 점차 적절한 것이 된다(Piaget 1970, 15; Rossi 1983, 10-11). 우리는 또한 대안 모델들도 만들고, 적합성, 적절성, 유용성을 근거로 그 가운데 어느 하나를 선택한다.

물리적 세계에 관한 지식은 경험론적 경험에 기초해 있지만, 그것은 그 대상 자체와는 다른, 그러한 경험에 대한 추상적인 성찰을 내포하고 있다. 이 추상화 작업은 단순히 백지 상태와 같은 우리 정신에 경험적 자료를 기록하는 일이나, 외부 세계에 이미 존재하는 것을 발견하는 일이 아니다. 그러할 경우에는, 경험론이 주장하듯이, 그 자료에 대한 "설명"이나 "이해"는 없이 실재의 수동적 복제만 있을 터이므로, 당연히 새로운 실재를 생산할 수 없을 것이기 때문이다. 달리 말하면, 정신은 아무런 활동도 하지 않은 채 가만히 있는 게 아니라는 뜻이다. 정신은 단지 실재를 반영하는 데 그치지 않는다. 정신은 오히려 실재에 능동적으로 반응하며, 그에 대한 지식을 가지고 시스템을 만든다. 과거와 현재의 모든 경험을 통합하여, 문화의 영향으로 형성된 정신적 처리과정을 따라 하나의 이데올로기 시스템을 만들려고 애쓴다. 이런 정신적 처리과정은, 관념론자들이 주장하듯이, 경험 이전에 그 개인의 마음속에 미리 결정되어 있는 것은 아니다. 오히려 지식 체계는 사고의 재편성을 수반하는 성찰의 과정을 내포하고 있다. 이 재편성 작업은 (범주 형성과 논리 같은) 정신적 처리과정의 적용, 대안적 모델들의 형성, 평가에 따른 특정 모델의 선정 등을 통해 일어난다. 시간이 흐르면서 이 시스템들은 점차 더 적절한 모양을 지니게 된다. 요컨대, 문화는 감각적 자료들의 총합에 불과한 것이 아니다. 문화는 게슈탈트gestalt로 이루어져 있다. 또는 감각 자료들과 기억의 형태, 개념 형성, 구두적 요소를 비롯한 여러 상징적 요소들, 조건화된 행위, 그 밖의 많은 요소들로 구성되어 있다고 할 수 있다.

세계관은 또한 경쟁의 대상이다. 미셸 푸코Michel Foucault의 말처럼, 세계관은 인간의 창조물인 만큼 사회의 집단들은 각각 자기에게 유리한 세계관을 밀어 주어 이익을 확보하려고 한다(1980). 지식은 힘이고, 힘 있는 자들은 지배적인 세계관을 좌우함으로써 기득권을 유지하려고 애쓴다. 그들은 열등한 위치에 있는 관점들을 묵살하고, 자기 세계관을 위협하는 이민자 공동체를 문화화하려고 노력한다. 세계관이 늘 변하는 이유 중 하나가 바로 사회 집단들 사이에 존재하는 긴장 때문이다.

어느 정도 통합된 시스템

세계관은 정도의 차이가 있지만 비교적 통합된 정신적 구성물이다. 지식은 단편적인 정보들의 총합이 아니다.[10] 지식은 조각들 사이의 관계로부터 생겨나서 온 덩어리에 의미를 부여하는 해석의 시스템이다. 세계관은 패턴과 관련된 것으로, 온 덩어리가 조각들의 총합

표 2.4 지식의 형태구성적 성격

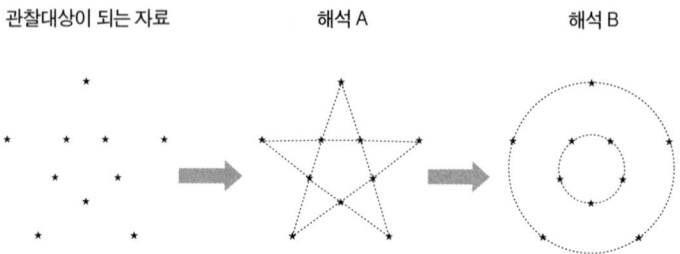

보다 더 크다고 본다. 달리 말하면, 세계관은 패러다임의 성질을 지니고 있으며, 장기간 지속되는 논리적이고 구조적인 내적 규칙성이 있음을 보여준다.[11]

지식의 패러다임적 성격 또는 형태구성적 configurational 성질은 표 2.4에 잘 나타나 있다. 대부분의 사람은 이런 점들을 보는 순간, 그것들을 다함께 연결해서 더 큰 "패턴"으로 만들어 나름대로 "의미"를 부여하려고 한다. 일부는 한 개의 "별"을 보고, 또 어떤 이들은 두 개의 "원"을 본다. 이 별이나 원은 실제로 존재하는가, 아니면 보는 사람의 정신이 창조한 것인가? 둘 다 맞다. 관찰자 개개인은 그 점들을 별이나 두 개의 원으로 해석한다. 하지만 점들이 그런 식으로 배열되어 그렇게 해석될 소지가 없었다면, 그들은 별이나 원을 보지 못할 것이다. 만일 점들이 아무렇게나 여기저기 놓였더라면, 관찰자는 그 배열 상태에 아무런 질서가 없다고 결론 내릴 것이다. 이처럼 어떤 경험을 할 때 그 경험 뒤편에 있는 질서나 이야기를 봄으로써, 미처 해석하지 않은 경험에 의미를 부여하는 것은 바로 지식의 형태구성적 성격이다. 형태는 지식에 정합성을 부여함으로써 정신 속으로 쏟아져 들어오는 엄청난 경험적 자료에서 어떤 의미를 발견하게 하는 것이다. 그것은 실재에 대한 "그림"을 갖도록 도와주는 역할을 한다.

생성력 generativity

세계관은 생성력을 갖고 있다. 그것은 구체적인 인간의 언행이 아니다. 오히려 말과 행위를 생성한다. 겉으로 보면 인간의 행위는 한없이 다양하다. 우리는 가게에 가서 경제행위를 규제하는 사회적 규율을 생각하지도 않고 물건을 산다. 우리는 텔레비전에서 축구경기를 보고 요즈음 돌아가는 현황을 안다. 이런 생활이 가능한 이유는, 우리가 경험하는 너무나 다양한 사회적·문화적 현상을 일정한 요소들과 그 요소들 사이의 관계를 규제하는 규율로 설명함으로써, 그것들을 이해 가능하게 만들 수 있기 때문이다.

생성력의 좋은 예는 체스 게임이다. 게임마다 내용이 다르지만, 모든 게임의 배후에는 일정한 조건이 있다. 모두 서른두 개의 말이 있고, 각각 고유한 특성을 갖고 있다. 말이 어떻게 움직이는지 또 어떻게 해야 승리하는지에 관한 규칙이 있다. 경기자는 이런 조건을 기초로 전략을 개발한다. 이 조건들은 경기자들에게 거의 무한한 수의 게임을 할 수 있게 해주고, 각 게임마다 내용이 다르지만 모두가 밑바탕에 있는 구조적 질서에 순응한다.

또 다른 예는 언어다. 우리가 이전에 한 번도 말한 적이 없는 문장을 이야기하는데도, 상대방이 그것을 이해한다. 이것이 가능한 이유는, 우리가 소리, 단어, 언어의 규칙을 사용해서 거의 무한한 수의 문장을 생성할 수 있기 때문이다. 세 번째 예는 컴퓨터 프로그램이다. 경기자는 동일한 프로그램을 사용해서 끝없이 다양한 게임에 참여할 수 있다. 예를 들면, 경주 게임을 할 때마다 경주 코스 주변을 거칠게 운전하면서 색다른 게임을 즐길 수 있다. 세계관은 이처럼 문화적 행위를 생성하는 문화의 요소들과 규칙들이다.

세계관의 여러 차원

우리가 살펴본 것처럼, 문화는 상호작용을 주고받는 세 가지 차원으로 되어 있다. 관념, 정서, 가치가 그것이다. 문화의 기초가 되는 세계관도 이와 똑같은 차원들을 갖고 있다. 이제 이 세 가지를 각각 살펴보고 서로 어떤 상호작용을 주고받는지도 고찰해 보자.

인지적 주제들

세계관은 인지적 차원을 갖고 있다. 이 차원은 한 집단의 구성원들이 공유하는, 실재의 본질에 관한 가정들이다. 여기에는 사람들이 생각할 때 사용하는 정신적 범주와 논리, 그리고 문화의 밑바탕에 깔린 인지적 주제와 반주제가 포함된다. 그것은 실재를 정의하고 설명할 때 사용하는 근본적인 정신구조들을 문화에 제공한다. 이를테면, 그리스도인은 하나님, 천사, 귀신, 죄, 구원 등에 관해 이야기한다. 구원은 하늘에서 하나님과 영원히 사는 삶을 뜻한다고 한다. 힌두교인은 데바(신), 락샤사(귀신), 카르마karma(신과 인간과 동물에게 상과 벌을 주고 그들의 장래 운명을 좌우하는 인과응보의 우주적 법칙), 삼사라(중생rebirth의 순환), 목샤(구원) 등을 논한다.

구원은 끝없는 삶에서 구출되어 우주적 전일자全一者에 다시 합병되는 것이라고 한다. 나이지리아의 티브 부족은 신, 조상, (선하고 악한) 영들, 생명력에 관해 이야기한다. 많은 병을 마녀의 탓으로 돌린다. 이처럼 공유된 신념이 없으면 의사소통과 공동체 생활이 불가능하다.

· 시간

로버트 레드필드는 모든 사회가 공통적으로 갖고 있는 인지적 주제 하나는 시간관념이라고 한다(1968). 사람들은 반복되는 현상을 경험한다. 날, 달, 계절, 인생과 같은 것들은 스스로 계속 순환한다. 그들은 반복되지 않는 현상도 경험한다. 어떤 것은 다른 것보다 앞서 발생하고, 어떤 것은 나타났다가 다시는 나타나지 않는다.

　모든 사람이 반복과 연속의 현상을 경험하지만, 자기가 가진 시간의 세계관에 따라 이것들을 달리 조직한다(표 2.5). 예를 들어, 우리 서양인은 시간이 직선적이고 일정하다고 생각한다. 처음부터 끝까지 직선처럼 흐른다고 보는 것이다. 아울러 세기, 연도, 날, 분, 초, 나노초(10억분의 1초) 등 일정한 간격으로 나눌 수 있다고 본다. 에드워드 홀은 이렇게 말한다. "대체로 미국인은 시간을, 미래를 향해 쭉 따라가는 길이나 펼쳐진 리본으로 생각한다. 그 길은 따로따로 구별해야 할 구획들 또는 부분들을 갖고 있다('한 번에 하나씩'). 시간 계획을 못 세우는 사람은 비현실적인 인간으로 괄시받는다"(1959, 28).

　시간을 이런 식으로 보면, 그 흐름이 일방적이어서 거꾸로 되돌릴 수 없다. 영어권 화자들은 동사에 시제—과거, 현재, 미래—를

표 2.5 시간에 관한 다양한 세계관(시간관념)

1. 일정한 직선적 시간
- 처음과 끝이 있다
- 모든 단위는 똑같은 기간과 가치를 지닌다
- 스스로를 반복하지 않는다
- 하나의 독특한 이야기를 들려준다
- 근대의 과학적 시간이다

2. 순환적 시간
- 인생, 계절, 연도의 주기를 따라 스스로 반복한다
- 처음과 끝이 없다
- "중생"이나 새로운 시작(예: 새해 의식)을 통해 기원으로 돌아가서 새롭게 된다
- 흔히 농경사회와 추수 주기와 관련되어 있다

3. 진자적 시간
- 앞과 뒤로 왕복운동을 한다
- 천천히 가기도 하고 빨리 가기도 한다
- 완전히 멈추기도 한다

4. 중요한 사건 중심의 시간
- 직선적이고 처음과 끝이 있다
- 가치와 존속기간이 다른, 다양한 유형의 시간이 있다
- 사건의 순서에 따라 측정된다
  (예: 아침식사 시간, 업무 시간, 잠자는 시간)

5. 꿈속의 시간
- 시간을 떠나 죽은 자, 산 자, 태어나지 않은 자 등 모두가 하나로 연합되는 영원한 현재eternal Now에 들어가는 것을 포함한다
- 시간으로 다시 들어오는 것을 포함한다
- 흔히 의식儀式들과 변화된 의식意識 상태와 연관되어 있다

사용하여 자기 진술을 어느 시간대에 맞춘다. 아이작 뉴턴 경 Sir Isaac Newton은 "절대 시간, 참 시간, 수학적 시간은 저절로, 그 자체의 본성에 의해, 영원한 것과 아무런 관련이 없이 균등하게 흐른다"고 했다.[13] 나중에 아인슈타인의 이론이 등장했음에도 불구하고, 대부분의 현대인은 여전히 시간을, 우주 작동의 기준이 되는 절대적인 시계처럼 본다. 아인슈타인의 이론은 다음과 같다. 시간은 우주의 한 차원으로서 관찰자에 대해 상대적이라는 것, 관찰자에 따라 사건의 진행을 다르게 경험할 수 있다는 것, 당신에게 해당되는 시간이 반드시 내게 해당되는 시간과 같지 않다는 것, 실재는 과거와 현재와 미래를 모두 포용한다는 것 등.

일정한 직선적 시간은 진보 및 진화의 개념과 미래 지향성을 갖고 있으며, 기계론적 세계관과 잘 양립한다. 이 관점은 중세에 시계가 발명되면서 출현했다.[14] 시계는 시간을 인간의 경험으로부터 떼어 놓음으로써, 일정한 순차적 간격에 입각하여 수학적으로 측정할 수 있는, 우주의 독립된 제4차원을 믿도록 부추겼다. 시계는 우리를 시간 지킴이 time-keeper로, 이어서 시간 줄임이 time-saver로, 이제는 시간 섬김이 time-server로 만들었다. 루이스 멈포드 Lewis Mumford는 시간을 지키고 일정을 짜는 일이 널리 보급된 것은 1800년대 중반 시계의 대량 생산에 따른 현상이었다고 한다. 오늘과 같은 산업사회에서는 일정 수립과 시간 엄수가 조직적인 운송과 생산에 필수적인 요소이다. 멈포드는 "증기 엔진이 아니라 시계가 근대 산업시대의 핵심 기계"(1934, 14)라고 썼다. 많은 사회에서 손목에 시계를 차는 것이 현대인의 표시가 되기에 이르렀다.

시계로 인해 시간관념이 바뀐 것은 근대성에 심대한 영향을 미쳤다. 닐 포스트먼Neil Postman은 이렇게 말한다. "시계의 발명과 더불어, 영원Eternity은 인간 사건의 척도와 초점으로서의 역할을 그만두게 되었다. 그래서 이러한 상상을 한 사람이 거의 없었음에도 불구하고, 가차 없이 짤깍거리는 시계소리가 하나님의 탁월성을 약화시키는 면에서, 계몽주의 철학자들이 쓴 모든 글보다 더 영향을 미친 것 같다"(1985, 11-12).

다른 한편, 고대 그리스와 중국의 문화 같은 경우는 시간을 순환적인 것으로 해석했다. 또 어떤 문화들은 진자처럼 왕복운동을 한다고 보았다. 또 많은 사회는 시간의 흐름을 한 방향으로만 움직이는 직선으로 보거나, 돌고 도는 원으로 보지 않았다. 오히려 낮과 밤, 여름과 겨울, 가뭄과 홍수, 삶과 죽음과 같이 양극을 오가는 왕복운동으로 생각했다. 과거는 긴 존속기간을 갖고 있지 않다. 모든 과거는 똑같은 과거다. 단지 현재의 반대편에 있을 뿐이다. 이런 관점에 따르면, 시간은 다양한 속도로 움직이고, 뒤로 갔다가 앞으로 가고, 때로는 완전히 멈추기도 한다. 심리학적으로 우리는 이런 식으로 시간을 경험하면서 산다. 재미있는 영화를 볼 때는 우리도 모르는 사이에 몇 시간이 후딱 지나가고, 지겨운 강의는 한없이 질질 끄는 것 같고, 때로는 시간이 아예 정지한 듯이 보인다.

또 하나의 시간관은 사건 중심의 관점이다. 이 관점은 각 사건을 시작과 진행과정과 끝이 있는 별개의 단위로 취급한다. 예를 들면, 아프리카 수단에 사는 누에르Nuer족은 시간에 대해 가축을 돌보는 일과 집안일과 같이 낮익은 작업들과 연관시켜 생각한다. "매일의 시간은 가축 중심의 시간, 곧 목양 업무를 한 바퀴 도는 기간이고, 한 나절의 시간과 하루를 가로지르는 시간의 흐름이, 누에르족에게는, 일차적으로 이런 과업의 연속이요 그것들의 상호관계다"(Kearney 1984, 103에서 인용).

존 음비티John Mbiti는 아프리카의 전통적 시간관은 사건을 과거에 발생한 것zamani, 지금 일어나고 있는 것 또는 금방 일어날 것sasa으로 나눈다고 주장한다. 그러므로 시간은 과거의 재난을 이야기 형태로 다시 들려주는 경우와 같은 먼 과거, 그 사건이 아직도 기억에 남아 있는 몇 달 또는 몇 년 전의 과거, 현재, 그리고 현 시점에서 내다보는 불특정한 미래 등으로 이루어져 있다. 사건 중심의 시간을 이해하는 것은 어렵지 않다. 우리는 종종 "자유 시간"을 하루 일과에 따라 계획하기 때문이다. 교회의 예배를 시작, 활동, 끝이 있는 하나의 "사건"으로 생각한다. 예배가 끝나면 "식사 시간"으로 들어가거나 "소풍 가는 시간"에 진입한다. 그 뒤에는 "쉬는 시간"이나 "축구 경기를 보는 시간"이 있다. 또 우리는 병원에 들렀다가 식료품 쇼핑을 할 계획을 세운다.

모리스 오플러가 제시한 주제와 반주제 개념은 어느 문화든 하나의 시간 개념만 갖고 있는 것이 아니라는 사실을 밝혔다. 물론 각 문화마다 지배적인 개념이 존재하겠지만, 삶의 영역에 따라 다른 시간 인식이 작동하기도 한다. 예를 들면, 미국의 경우 사업과 산업 분야는 직선적 시간 개념에 따라 움직이지만, 병원 같은 곳에서는 환자가 의사의 진단 시간이 이를 때까지 기다려야 한다. 시계에 따른 시간은 평일을 지배하지만, 자유 시간이 주말을 주관하고 있다.

사람들은 시간의 경과를 다양하게 인식한다. 전통적 중국 문화는 주로 과거 지향적이다. 사람들은 과거를 현재를 위한 모델로 보았다. 즉 현재 그들의 주 관심사인 좋은 사회를 건설하는 법을 주로 과거로 돌아가서 찾았던 것이다. 현대인은 시간의 흐름이 과거, 현재, 미래로 나누어지는 것으로 생각하고, 더 나은 미래를 계획하고 설계하는 데 큰 강조점을 둔다. 요즈음에는 갈수록 현재 지향적인 성향이 강해지고 있다. 무엇이든 당장 체험하길 원하고, 욕구충족을 뒤로 미루려고 하지 않는다. 또 어떤 세계관들은 시간을 과거와 현재로만 나눈다. 미래는 진정한 의미에서 "존재하지" 않는다. 그들이 현재 경험하는 것은 장차 올 것에 대한 기대일 뿐이다. 미래는 비실재적이고, 불확실하며, 손에 잡히지 않는다.

세계관의 차이가 일상생활에 어떤 영향을 미치는지를 잘 보여준 인물은 에드워드 홀이다(Edward Hall, 1959). 예를 들어, 미국인은 시간 엄수를 중요시하는데, "제시간"이라는 것을 정해진 시간을 기준으로 5분 전후로 규정한다(표 2.6). 어떤 사람이 약속 시간보다 15분 늦게 도착하면, 당연히 사과는 해야 하되 자세한 설명은 하지 않아도 된다. 15분 이상 늦으면 사과는 물론이고 충분한 해명을 해야 한다. 전통적인 아라비아에서는 하인들만 정해진 시간에 나타날 것을 기대하는데, 그것을 순종의 행위로 보기 때문이다. 동등한 계급의 남자들은 자신의 독자성과 사회적 지위를 보여주기 위해 한 시간쯤 늦게 도착하는 게 보통이다. 그보다 30분 늦게 도착할 때에야 "늦었다"고 생각한다.

두 명의 미국인이나 두 명의 아랍인이 서로 만날 약속을 할 때는 아무 문제가 없다. "제시간"에 온다는 것이 무엇인지 서로 잘 알기 때문이다. 그러나 아랍인과 미국인이 서로 만나기로 할 때는 혼동이 일어날 소지가 높다. 미국인은 정해진 시간에 맞추어 "제시간"에 도착하는데, 아랍인은 한 시간 늦게 "제시간"에 도착한다. 그

표 2.6 서로 다른 시간관

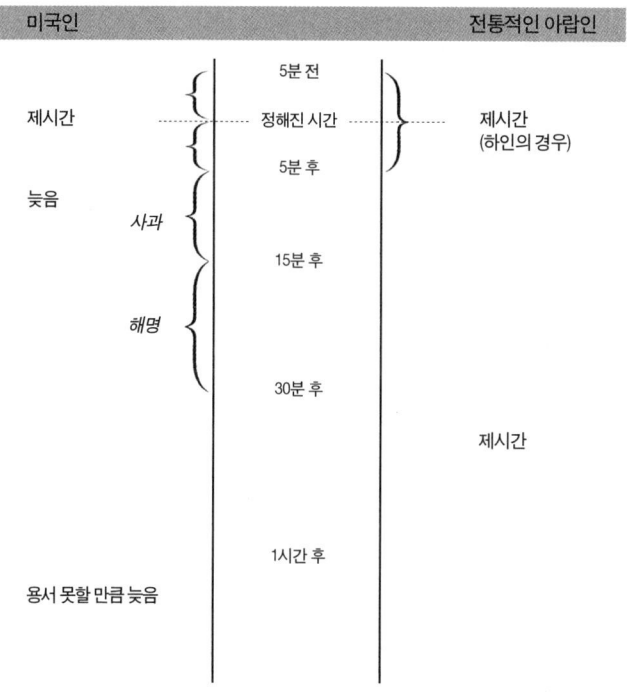

래서 미국인은 불만에 차서 아랍인들은 시간관념이 없다고 불평하고, 아랍인은 자기가 보기에 한 시간이나 일찍 도착한 미국인의 하인 같은 행위에 어리둥절해 한다. 미국인의 경우라도, 상황에 따라 다양하고 복잡한 시간 엄수 개념을 갖고 있음을 유념해야 하는데, 이런 점이 미국에 사는 외국인들을 헷갈리게 하기 때문이다. 예컨대, 의사와의 약속, 소풍, 공식적인 만찬, 업무 등에 따라 시간을 지킨다는 개념이 각각 다르다는 점을 생각해 보라.

· 공간

모든 인간은 자기를 둘러싼 세계에 대해 정신적인 지도를 갖고 있다. 중세 당시 서양의 그리스도인들은 지구를 거룩한 도시인 예루살렘을 중심으로 유럽, 아시아, 아프리카로 구성된 하나의 섬 *Orbis Terrarum*으로 보고, 하나님이 모든 것을 주관하신다고 믿었다.[15] 이 거룩한 공간은 깊은 물로 이루어진, 어둡고 비인간적이고 악한 진공으로 둘러싸여 있었다. 유럽인들은 거인, 귀신, 반인반수의 사티로스 등 온갖 종류의 괴물 이야기를 갖고 있었고, 그것들을 악한 세력의 화신 또는 "가인의 후예"로 보았다. 그런 각각은 죽여야 마땅한 존재들이었다.

이처럼 지구를 거룩한 공간으로 보는 관점은 세계 곳곳에 널리 퍼져 있다. 이슬람교인들에게 세계의 중심은 메카다. 힌두교인은 신들이 산에 거주한다고 믿는다. 라자 라오Raja Rao가 말하는 것처럼, 인도의 촌락민은 주변의 지리적 특징에 신화적 이야기가 얽혀 있다고 믿었다. "아무리 보잘것없는 인도 마을이라도 풍성한 전설 stala-purana이 없는 곳이 없다. 어떤 신이나 신과 같은 영웅이 이 마을을 지나갔다는 이야기가 대대로 내려오고 있다. 라마Rama가 이 보리수 아래서 쉬었다거나, 시타Sita가 목욕한 뒤에 이 노란 반석에서 옷을 말렸다거나, 마하트마Mahatma가 방방곡곡으로 여러 차례 순례할 때 한번은 저 마을 대문 곁에 있는 낮은 오두막에서 묵고 갔다는 이야기 같은 것이다. 이런 식으로 과거는 현재와 뒤섞여 있고, 신들은 인간들과 서로 얽혀 있다"(1967, vii).

그러한 사회에서는 공간이 시간보다 더 중요하다. 시간은 과거를 현재로부터 떼어 놓지만, 공간은 양자를 묶어 준다. 이 땅은 지금

저 나무 아래에 묻혀 있는 우리 조상이 구입한 땅이다. 팔레스타인에 가면 우리는 야곱의 우물가에 앉을 수 있다. 4,000년 전에—그러나 바로 여기서—야곱이 우물을 팠다. 그리고 2,000년이 흐른 뒤에—그러나 바로 여기서—예수께서 사마리아 여인과 이야기를 나누었던 그 우물을 우리가 손으로 만질 수 있다. 시간을 공간보다 우위에 올려놓은 것은 바로 근대성이다.

지역적 공간을 이해하는 방식도 문화에 따라 다르다. 남인도의 촌락민이 믿기로는, 담장은 그 끝나는 지점에서 그것이 가리키는 방향으로 3미터 내지 6미터까지 강한 기운을 내뿜는다고 한다. 이 기운이 가까운 담장의 약한 지점에 부딪히면 그 벽을 갈라지게 한다는 것이다. 집을 지을 때는 보통 머릿속에 가로 세로 2.7미터씩 되는 격자를 상상해서 그 위에다 짓고, 그 격자가 서로 교차하는 지점에 있는 벽들이 특히 강하다고 믿는다. 이웃집이 그와 똑같은 격자 위에 짓지 않을 경우에는 한 집이 다른 집에 피해를 줄 수 있다고 생각한다. 따라서 집을 지을 때는 벽을 이웃집과 똑같은 격자 위에 짓는 것이 중요하다.

공간을 그 안에서 여러 사건이 벌어지는, 사방으로 균등하게 확장되는 동질적 존재로 생각하기 시작한 것은, 주후 1250년 이후에 유럽에서 눈에 보이는 육지를 넘어 바다로 항해하기 위해 지도 제작자들이 차트를 만들면서부터였다. 14세기에 이르러, 지구 표면을 중립적 공간으로 취급하여 그 위에 격자를 얹는다는 프톨레마이오스의 생각이 유럽 전역으로 퍼져나갔다. 세월이 흐르면서 지역적local 격자들이 지구적인global 자오선 격자로 통합되었다. 16세기가 되면 조르다노 브루노Giordano Bruno가 이런 글을 쓰기에 이른다. "저기에 우리가 절대 진공Void이라고 불러도 좋을, 단일한 총체적 공간이 존재한다.……그 속에는 우리가 몸 붙여 사는 이 공(지구)과 같은 수많은 공들이 있다. 이 공간은 무한하다고 우리가 선언하는바이다. 이성이든, 편의든, 감각적 인식이든, 자연이든, 그 무엇도 거기에 제한을 가할 수 없기 때문이다"(Crosby 1997, 105에서 인용).

그런데 이 균질의homogenous 공간은 본질적으로 세속적이다. 그 가운데 하나님을 위한 공간이나 거룩한 공간은 없다. 이 같은 세속적 공간으로의 전환은 서양 예술에서 볼 수 있다. 알프레드 크로스비Alfred Crosby는 이렇게 묘사한다. "중세 예술가들은 작품이 다루는 주제들의 계급이, 그들의 얼굴의 실제 모양, 눈의 색깔, 그들의 팔이 어깨에 붙은 모습보다 더 중요하다고 생각했다. 예술가들은 주인공—그리스도, 동정녀 마리아, 황제 등—을 비교적 크게 그리고 그들을 한가운데에 놓는 등 아주 자명한 방법으로 그 중요성을 표현하곤 했다. 덜 중요한 인물과 물건은 작게 그렸으므로, 변두리나 조그마한 공간 어디에 놓든지 잘 들어맞았다"(1997, 168). 그러나 르네상스 예술가들은 이처럼 보다 깊은 메시지를 전달하기보다는, "소점消點"과 수렴되는 직각의 사용을 통한 정확한 공간 인식에 더 관심이 많았다. 자연과 공간을 실제적으로 표현하는 일 자체가 그들의 목표가 되었다.[16] 예술가들은 마치 단일한 눈으로, 한순간에 본 것처럼, 실재를 있는 그대로 그리려고 애썼다(Crosby 1997, 191).

근대 초기에는 지구상의 공간을 지역의 지리적 특징에 따라 측정했다. 예를 들면, 초기 미국 식민지 주민들은 그 땅을 분할하기 위해 마주치는 지형을 토지경계로 삼는 이른바 "무차별적인" 시스템을 사용했다. 한 필지를 설정할 때, 두 면은 강과 길을 경계로 삼고, 셋째 면은 갈래가 생기는 지점에서 강과 만나고 언덕 꼭대기에서 길과 합류하게끔 계획했다. 소도시를 설계할 때는 강, 골짜기, 선로 등과 같은 그 지역의 지형학적 특징에 따라 도로를 만들었다.

미국의 변경이 서쪽으로 확장됨에 따라, 공간 측정을 위해 정해 놓은 지역적 참조 지점들이 바다와 장거리 육로 여행에는 부적절한 것으로 드러났다. 장거리 여행을 거쳐 어떤 목적지에 도달하려면 지구적인 기준점들이 필요했다. 예를 들면, 미국을 가로질러 여행할 때, 이웃 지역들과 서로 연결되지 않는 각 지방별 소도시 지도들만 사용한다고 상상해 보라. 그래서 남극과 북극 그리고 적도를 기준점으로 삼는, "소도시 경선간經線間 지구" 시스템과 같은 새로운 공간 방위법이 등장했다. 이 시스템은 지구상의 각 지점의 위치를 다른 모든 지점들과 연관시켜 파악할 수 있게 해주는 세계적인 격자를 제공해 주었다. 이로 인해 대양의 항해와 대륙간 비행이 가능해졌다.

미국의 경우, 지구상의 위치 파악과 관련하여 지역적 기준점에서 지구적 기준점으로 전환된 것은 19세기 초에 일어났다. 이 전환은 들판과 도시를 배치하는 데 지대한 영향을 미쳤다(표 2.7). 펜실베이니아와 메인과 같은 동부의 여러 주는 여행객이 가장 쉽게 다닐 수 있도록 길이 나 있다. 그러니까 바둑판처럼 "정사각형"의 형태로 배치되지 않았다는 말이다. 이에 비해 중서부의 길과 들판은 흔히 1.6킬로미터(1마일)짜리 격자로 남북과 동서로 배열되어 있다. 이런 변화로 인해 도시들도 많은 영향을 받았다. 캘리포니아의

표 2.7 세계관과 공간 배열

펜실베이니아의 길 모양　　　캔자스의 길 모양　　　캘리포니아 프레스노의 길 모양

프레스노의 길은 원래 서북에서 동남방향으로, 산조아퀸 계곡을 따라 움직이는 철길과 나란히 나 있었다. 그런데 자오선과 경도가 도입되자 남북과 동서로 새로운 도로가 개발되었다. 그래서 두 격자가 서로 충돌하는 도심지는 상당한 혼란에 빠지고 말았다. 이처럼 한 세계관이 다른 세계관으로 대체될 때, 미국의 많은 도시는 이와 같은 도로 격자상의 변화를 겪었다.

개인주의를 강조하는 현대의 풍조는 공간에 대한 인식에도 영향을 미쳤다. 들판은 농장들로 분할되었고, 각 농부는 자기 농장에 의지해서 살아간다. 도시의 구역들도 개인소유의 부지와 집으로 나누어지고, 집 안에서조차 식구별로 방이 나눠지게 되었다. 반면에 세계의 다른 많은 곳에서는, 농부들이 동료의식과 안전을 위해 작은 부락을 이루어 거기서 공동으로 생활하면서 걸어서 경작지로 간다.[17]

· 유기적/기계론적

앞서 언급한 것처럼, 스티븐 페퍼는 기계론적 은유와 유기적 은유 등 세계관 분석에 널리 사용되는 뿌리 은유를 논한다(Ellul 1964;

Berger and Kellner 1973; Dijksterhuis 1986). 이 은유들이 대다수 세계관의 기본 토대를 형성하고 있으므로, 우리도 문화를 분석하면서 이것들을 주제와 반주제로 사용할 생각이다.

· 개인/집단

모든 민족은 나름대로 자아에 대한 인식을 갖고 있다. 인도인들은 세 가지 자아를 가지고 있는데, 개인적 자아, 사회적 자아(태어날 때 소속된 카스트에 의해 정해지는 것), 우주적 자아가 그것이다. 우주적 자아는 우주적인 힘과 존재라는 비인격적인 대양大洋, 곧 브라만의 파도에서 튀어나온 한 방울의 물과 같다. 그 물방울이 공중에 떠다니고 있는 한, 그것을 일컬어 "나"라고 할 수 있다. 하지만 결국 그것은 다시 대양 속에 빠져 거기서 계속 존재하게 되는데, 그때는 그 독특한 정체성이 사라지고 만다. 우주적인 세력장 속으로 합병되기 때문이다.

  모든 사람은 여러 집단에 속해 있다. 가족, 친척, 클럽, 민족 집단, 기관 등의 일원이라는 말이다. 집단 지향적 사회에서는 자기 정체성을 타인들과의 관계 및 사회에서의 위치에서 찾는다.

  앞서 언급한 것처럼, 사회들에 따라 집단 대 자율적 개인에게 주는 우선성에 차이가 있다. 집단 지향적 사회에서 사람들은 타자와의 관계와, 사회 속에서의 자아의 위치에서 정체성을 발견한다. 예를 들면, 일본에서는 관계적인 자아가 가장 중요하다. 자율적인 자아는 텅 빈 것으로 생각한다. 반대로, 근대성은 자율적인 자아를 강조한다. 개별적 자아가 사람의 정체성의 중심이고, 집단적 자아는 이보다 덜 중요하다. 알렉시스 토크빌Alexis de Tocqueville은

1831년에 미국을 폭넓게 여행한 뒤에 미국 문화를 묘사하면서, 이기심selfishness 또는 이기주의egoism와 개인주의individualism를 서로 구별했다.

> 이기심은 자기에 대한 뜨겁고 과도한 사랑으로, 모든 것을 자기 자신과 연계시키고 세상에 있는 어떤 것보다도 스스로를 선호하는 쪽으로 이끈다. 개인주의는 성숙하고 차분한 정서로, 공동체의 각 구성원이 스스로를 수많은 동료들로부터 떼어 놓고 자기 가족과 자기 친구들과 더불어 따로 떨어지게 해준다. 그리하여 자기만의 조그마한 동아리를 만든 뒤에 일반 사회는 스스로 돌아가도록 내버려 둔다.……개인주의는 처음에는 공공생활의 미덕을 빨아 먹고 살다가 결국에는 다른 모든 것을 공격하고 파괴하며, 마침내 노골적인 이기심 속에 흡수되어 버린다. (1863, 119-120)

• 집단/타자들

모든 사람은 인간 집단에 속해 있고 "우리"와 "그들"을 서로 구분한다. 이런 차별화는 사회 시스템 내에 존재하는 대부분의 구별—민족성ethnicity, 계급, 성별gender, 나이, 협회 등으로 인해 생긴—의 밑바탕에 깔려 있다. 토템 사회에서는 "우리"라는 것이 일부 인간 집단 내에 있는 특정한 동물과 식물까지 포함하기도 한다.

끝으로, 모든 사람은 인간의 본성에 대한 개념을 갖고 있고, 인간과 인간 이외의 것들—동물, 나무, 별, 어떤 종류의 영들—을 서로 구분한다. 전통적인 소규모 사회들은 대부분 인간을 자연의 일부로 보고, 인간과 동물, 식물, 영들 사이에 어떤 관계가 있는 것으로 가정한다. 그것을 때로는 친척관계로 보기도 한다. 그럼에도 인간과 인간이 아닌 것들 사이에 차이점이 있다는 점도 주목한다. 예를 들면, 이투리 숲의 토착민은 살아 있는 존재를 네 가지 계급으로 구별한다. 사람, 피그미, 침팬지, 그 밖의 동물 등으로. 16세기의 유럽 사람들은 스스로를 문명화된 존재로 여기고, 아프리카인과 아메리카 토착민을 미개인savage과 인간 이하의 존재로 간주한 나머지 그들을 노예로 삼는 일을 정당화했다. 18세기에는 이 "타자들"이 원시인primitive과 (오스트레일리아) 원주민aboriginal으로 바뀌었다. 그들을 우리와 비슷한 사람으로 보되 문명의 진화에 있어서 우리보다 뒤떨어진 존재로 본 것이다. 지금은 그들에게 토착민native이란 딱지를 붙이곤 한다. 우리와 비슷하나 우리와 다른 사람들이란 의미에서 그렇게 부르는 것이다.

• 이 세계/다른 세계들

많은 문화는 인간이 살고 있는 이 세계를 유일한 우주로 본다. 예를 들면, 근대의 세속적 과학은 다른 세계에 속한 존재나 천국 또는 지옥이 없다고 본다. 또 다른 많은 문화는 이 우주가 다양한 존재와 세력들로 가득 차 있다고 믿는다. 인간, 동물, 식물, 그토록 많은 생명을 탄생시키는 어머니 같은 지구가 존재한다. 하늘은 하늘의 신들로 가득하고, 비의 신들, 태양 신, 달의 신, 비인격적인 행성들 등이 모두가 이 세계의 일부이고, 그것들은 지상의 피조물들과 서로 반응하고 있다. 다른 한편, 어떤 문화들은 이 세계와 구별된 다른 우주들이 있다고 믿는다. 그리스인들은 일곱 개의 천국과 일곱 개의 지옥을 믿었다.

부족사회 가운데 3분의 2 정도가 이 우주 외부에 사는 천신high God의 존재를 믿는다. 다수의 문화는 그가 창조주이기는 하지만 인간에 대해 분노해서 그들을 그냥 내버려 둔 채 떠났다고 본다. 히브리인들은 하나님을 물리적 우주 외부에 두지만, 역사 내내 인간사에 개입하시는 분으로 단언했다. 히브리 사상에서는 하나님이 최고로 중요한 존재다. 그리스인은 하나님과 전혀 상관없이 자연스럽게 질서정연한 그런 우주의 존재를 믿었다. 그분이 이 우주에 관여한 것은 아주 예외적이고 특별한 경우라고 생각했다. 그리스 사상에서는 하나님이 불필요한 존재인 셈이다.

· 다른 주제들

이제까지 우리는 레드필드의 범주를 사용해서 다양한 세계관이 지닌 주제들과 반주제들을 조사하는 일을 시작했다. 하지만 이는 발견의 용도로 그것들을 사용한 하나의 예비단계였음을 명심해야 하겠다. 앞으로는 특정한 세계관을 연구할 때, 그것을 둘러싼 문화를 조심스럽게 분석함으로써, 그 세계관에 담긴 대부분의 주제들을 발견하게 될 것이다. 이 주제들은 문화에 따라 확연히 다를 것이므로 그 목록을 만들 수는 없지만. 그것들이 세계관 연구의 중심 과제임을 꼭 기억해야 한다. 이러한 세계관적 주제들의 실례들은 5장에서 10장까지에 걸쳐 제시할 예정이다.

정서적 주제들

세계관은 또한 기쁨, 슬픔, 두려움과 혐오감, 경외심과 숭배심 같은 깊은 감정을 빚어내기도 한다. 또 서로에 대해 느끼는 감정과 인생에 대해 품는 정서는 물론이고, 음악, 예술, 옷차림, 음식, 건축 등에 대한 취향에도 영향을 미친다. 이런 정서적 측면은 문화가 갖고 있는 아름다움, 스타일, 미학의 개념 아래에 깔려 있다. 예를 들어, 테라바다Theravada 불교의 영향을 받은 문화는 인생을 고해苦海로 본다. 기쁜 순간조차도 언젠가는 그것이 끝날 것임을 알기에 고통을 초래한다. 그러므로 이 땅에서 더 나은 인생을 살려고 안간힘을 써 봐도 별 소용이 없다. 이와 반대로, 제2차 세계대전 이후 많은 미국인들은 낙관적인 생각을 품고 있었다. 자기가 열심히 일하고 계획을 잘 세우면 행복하고 편안한 인생을 살 수 있을 것으로 믿었다. 강력한 힘, 침투성, 장기성을 가진 감성적 주제들은 신념에다 감정적 버팀목을 제공함으로써, 안팎의 공격에서 그것을 보호하는 방어벽의 역할을 해준다.

정서적 주제들은 다양하고, 그것들이 표현되는 방식도 다양하다. 고교회파의 지배적인 감성은 예배 의식으로 표현되는 위대한 신비적 존재 앞에서 느끼는 경외심과 경이감이다. 저교회파에 속한 개신교 교회들은 묵상과 질서정연한 설교를 통해 평안하고 평온한 감정을 불러일으킨다. 은사주의charismatics에 속한 교회들은 춤과 음악과 리듬을 통해 황홀경에 빠지고 싶어 한다(표 2.8). 요컨대, 종교에 따라 중요시하는 감정과 그 표현방식이 아주 다양하다.

한편, 교회 예배에 있어서, 인지적인 진리의 선포를 강조하고 감정의 중요성을 소홀히 여기는 학자와 지도자들은 교인의 삶에서 정서가 얼마나 중요한지를 간과하는 경향이 있다. 그들은 밀어붙여서 일은 잘할지언정, 자기들이 교인에게 얼마만큼 스트레스를 주는지는 알지 못한다. 그래서 교인들이 머리는 꽉 찼지만 가슴이 텅 빈

표 2.8 미국 개신교 예배에 나타나는 정서적 유형들

	고교회파 교회	복음주의 교회	은사주의 교회
지배적인 분위기	신비로움, 경외심, 거룩함	평안, 질서, 소망	황홀함, 능력, 활발함
극단적 모습	금욕주의, 수도원주의	경건주의, 신비주의	전율, 열광
건물	대성당	교회당	강당
표현양식	의식, 영창, 예전	설교, 찬송, 간증	예언, 합창, 춤
자세	무릎 꿇기, 엎드림	고개 숙임, 일어섬, 앉음	손을 올림, 고개를 치켜 듦
초점	성부 하나님	성자 하나님	성령 하나님
중심 메시지	창조, 질서, 하나님의 섭리	죄, 구속, 하나님의 임재	무력감, 질병, 하나님의 능력
중심 이야기	우주의 역사	인간의 역사	개인적 이야기

채 교회를 떠날 때가 많다. 대부분의 사람은 이성적 논리만큼이나 감정과 체험에 기초하여 신앙적 결단을 내리곤 한다. 다른 한편, 감성적인 면만 강조하게 되면 가슴은 꽉 차지만 머리는 텅 비게 되기 쉽다. 따라서 지적인 면과 감정적인 면 모두 신앙생활에 반드시 필요하다고 하겠다.

평가적 주제들

평가적 가정들 또는 규범적 가정들은 사회 질서와 도덕 질서를 가져온다. 거기에는 미덕, 표준, 도덕, 예절 등과 같은 개념들이 포함된다. 이런 것은 각각 참과 거짓, 좋은 것과 싫은 것, 옳은 것과 그른 것을 판단할 때 꼭 필요한 기준을 제공해 준다. 예를 들면, 북미의 경우는 사람의 감정을 상하게 하는 것보다 거짓말하는 것을 더 나쁘게 여긴다. 그런데 어떤 문화에서는 진실을 굽히더라도 다른 사람을 격려하는 일을 더 중요시한다. 북미에서는 성적 부도덕이 가장 큰 죄에 속한다. 남아시아에서는 울화통을 터뜨리는 것을 더 나쁜 죄로 생각한다. 중세 유럽에서 성직자는 묵상·성품·지혜를, 귀족은 용기·용감성·기사도·우아함·외관을, 상인은 효율성·정확성·치밀성을 각각 중요하게 여겼다(Crosby 1997, 230).

· 도덕적 질서

로버트 레드필드는 도덕을 세계관의 중심에 두는 문화와 그렇지 않은 문화를 구별한다. 레드필드에 따르면, 대부분의 무리사회, 부족사회, 농경사회는 인간들이 도덕적 의미를 지닌 우주 안에서 생활하고 있다고 본다. 인간과 인간 이외의 존재들은 서로 묶여 있는 관계이고, 올바른 관계가 도덕의 기초이다. 또 도덕은 의무와 윤리적 판단에 기초하고 있다. 이런 도덕의식은 관계가 깨어질 때 침해를 받는다. 이를 잘 보여주는 예가 일본의 엔지延喜 시대에 있었던 죄의 정의다(표 2.9).

일본과 같은 집단 지향적인 사회에서는, 규범을 위반하면 깊은 수치심을 느끼게 되고, 최악의 경우에는 사회에서 매장당하는 불행을 초래한다. 그런 인물은 사람들이 거들떠보지도 않고 말도 걸지 않기 때문에 참회를 하든가 멀리 떠날 수밖에 없다. 이에 대해 레드필드는 이렇게 말한다.

초보적인 세계관에서는 사람Man과 사람 아닌 것Not-Man이 단일

표 2.9 **일본 엔지 시대가 규정한 죄의 분류**

- **하늘에 짓는 죄**(우주적 질서에 반하는 죄)
  1. 아한치: 논과 논의 구분을 무너뜨리는 짓
  2. 미조우메: 논의 물길을 부수는 짓
  3. 시키마키: 다른 사람이 이미 씨를 뿌린 곳에 씨를 뿌리는 짓
  4. 티키하기: 거룩한 말을 산 채로 가죽을 벗기는 짓
  5. 쿠소헤: 거룩한 장소에서 오줌이나 똥을 싸는 짓

- **땅에 짓는 죄**(공동체에 반하는 죄)
  1. 이키하다타치: 사람을 살해하거나 상하게 하는 짓
  2. 시하다타치: 죽은 자의 몸을 모독하는 짓
  3. 코쿠미: 꼽추가 되는 것
  4. 오노가하하 오카세루 추미: 엄마와 성교를 하는 것
  5. 오노가 코 오카세루 추미: 한 여인 및 그녀의 딸과 성교를 하는 것
  6. 케모노 오카세루 추미: 동물과 성교를 하는 것
  7. 타카추 카미 노 와자와이: 번개에 맞는 것

(미노루 하야시)

* 출처: 70권으로 된 *The Liturgy of Great Exorcism and Purification*.

한 도덕적 질서 안에 서로 묶여 있다. 우주는 도덕적으로 중요한 의미를 갖고 있다. 우주는 우리와 상관 있다. 사람의 눈에 보이는 저기에 있는 것, 자기 자신은 아니지만 어떤 식으로든 자기가 참여하는 그것은 하나의 거대한 드라마다.……우주는 의무와 윤리적 판단으로 짜여 있다. 비록 사람 아닌 것이 사람의 본분처럼 행하지 않는 곳이라 할지라도, 초자연적 존재들이 불의하거나 버릇이 없는 곳이라 할지라도, 이 신들의 행위는 땅을 지배하는 도덕에 따라 평가를 받게 된다. 우주는 무관심한 시스템이 아니다. 그

것은 도덕적 결과를 낳는 하나의 시스템이다. (1968, 112)

이러한 사람과 자연의 연합이 도시 사회와 현대 사회에서는 깨어지고 만다. 레드필드는 또 이렇게 말한다. "사람은 우주의 통일성에서 벗어나서 이제는 스스로를 자연과 분리된 존재로 생각하고, 자연과는 물리적으로만 접하고 그것을 자기 뜻대로 취급하는 방향으로 나간다. 이런 현상이 발생하면서 우주는 그 도덕적 특성을 잃어버리고, 사람을 돌보지 않는 무관심한 시스템이 되고 만다. 오늘날은 윤리 체계와 종교의 존재만이 겨우 이 진술을 완화시킬 따름이다. 윤리와 종교만이 이런저런 식으로 사람에게 무관심한 물리적 우주를 설명하려고 고심하고 있기 때문이다"(1968, 114).

현대 사회의 법은 문화에 의해 확립된 비인격적인 규범에 기초하고 있다. 이 법을 지킬 책임은 자율적인 개인에게 돌아간다. 그래서 개인적으로 법을 위반하면 수치심이 아니라 죄책감을 느끼게 된다. 다른 한편, 이와 다른 사회들은 도덕과 순결을 동일시하고, 위반한 경우에는 더럽고 오염되었다는 느낌을 갖게 된다(표 2.10).

· 영웅과 악한

평가적 기준은 그 사회에서 이상적인 남자와 여자의 모습이 어떠한지, 바람직한 결혼관계는 어떤 것인지, 대인관계는 어떻게 맺어야 하고 낯선 자는 어떻게 대해야 하는지 등을 정해 준다. 그 가운데 가장 깊은 차원은, 사람들에게 예배할 신들을 알려 주고 인생의 목적을 정해 주는 등 근본적인 충성의 대상과 관련된 것이다. 20세기를 돌아보면, 북미 사람들은 테크놀로지와 물질적 재화에 높은 가

표 2.10 도덕적 질서에 대한 여러 이미지들

초점	법적 질서	바른 관계	청결
죄	법을 위반함	관계를 깨뜨림	더럽힘
반응	죄책감	수치심	반감
구원	처벌	용서	씻음
도덕 회복	화해	정화淨化	
질서	관계 회복	청결 회복	
이미지	의로움	샬롬, 평화	거룩함, 순결
예	미국	일본	인도

치를 두었고, 사업을 중점 활동으로 삼았다는 것을 알 수 있다. 그들의 지위는 대체로 부富에 따라 정해졌고, 문화도 경제적 주제들에 초점을 맞추었다. 현대 미국 도시들은 온통 은행과 보험회사 건물들로 그 윤곽이 그려져 있다. 이와 반대로, 인도의 촌락민은 종교적 순결에 높은 가치를 두고, 제사장 카스트에 속한 이들에게 최고의 존경심을 표명한다. 이들의 문화는 종교적 주제들을 중심으로 조직되어 있으며, 신전이 마을의 중심이다. 중세의 소도시들은 왕, 봉신, 군주, 기사, 주교 등과 함께 힘, 정복, 종교에 초점을 두었다. 성城과 성당이 그들을 지배했던 구조였다.

· 파슨스의 평가적 주제들

탈콧 파슨스와 동료들은 일곱 가지 도덕적 차원을 개관하면서 그것들이 모든 사회에 존재한다고 주장한다(표 2.11). 모리스 오플러가 그렇게 했듯이, 이들도 그것들을 한쪽 극점에서 다른 쪽 극점 사이에 각각 배치한다. 루스 베네딕트가 언급한 것처럼, 어떤 사회는 감정을 공공연하게 표현하고 또 어떤 사회는 감정을 통제한다. 둘째 주제는 개인의 정체성과 관련이 있다. 일부 사회는 사람들에게 집단의 일원이라는 정체성만 부여하는 데 비해, 다른 사회에서는 각 사람을 자율적인 개인으로 본다. 셋째 주제는 현세 중심적인 의식으로부터 내세 중심적 성향으로 그 범위가 나누어진다. 예를 들면, 중세 유럽의 경우는 하나님, 신의 심판, 영원한 구원 등을 주관심사로 삼았다. 젊은이들은 수도원에 들어가서 이 세상의 즐거움을 포기하라는 권면을 받았다. 성당과 수도원이 문화생활의 중심으로 각광을 받았다. 르네상스에 이르면, 관심의 초점이 이 세상, 편안한 삶, 이 땅에서의 성공, 자기성취로 옮겨지는 등 커다란 변화가 일어난다. 그 결과, 과학, 테크놀로지, 사업, 오락산업 등이 크게 발전하게 되었다.

넷째 주제는 한 사람이 스스로 성취하는 업적을 중시하는가, 아니면 태어나면서 획득하는 왕권, 종족, 유산을 중요시하는가와 관련 있다. 북미의 경우는 사람의 가치가, 하는 일, 받는 교육, 버는 돈, 발휘하는 권력에 따라 좌우된다. 이런 업적을 통해 그들은 사회적 사다리를 따라 올라가는 것이 가능하다. 그렇다고 귀족 계급에 진입할 수는 없다. 이것은 출생, 결혼, 엘리트 동아리로의 허입에 의해서만 가능하기 때문이다. 잉글랜드에서는 귀족 가문에 태어난

자들을 왕족과 관련된 상류층으로 대우한다. 인도에서는 어느 카스트로 태어났느냐에 따라 결혼 배우자, 직업, 거주지, 지위 등이 좌우된다. 거기서 개인적인 업적은 보다 큰 사회 시스템의 제한된 부문에서만 그 효과를 발휘한다.

파슨스 모델에서 가치관의 다섯째 차원은 확산성diffuseness과 집중성specificity의 대비다. 이는 앞선 차원들보다 좀더 파악하기가 어렵다. 파슨스와 그 동료들이 말하는 확산성이란, 어떤 사회적 행위를 다룰 때 그것을 둘러싼 전반적 상황을 모두 고려하는 것을 뜻한다. 어떤 의미에서 이런 사회는 사물을 "총체적으로" 보고 행동의 배후에 있는 모든 요인을 고려하는 것이다. 예를 들어, 아프리카의 어느 마을에서 환자들이 의사를 만나려고 줄 서 있을 때, 추장이 오면 다른 이들보다 늦게 왔어도 맨 앞에 서게 된다. 판차야트라는 인도 마을에서는 원고와 피고 모두, 평화를 깼다는 이유로 재판을 받는다. 사례를 놓고 토의할 때는 원로들이 관련 인물들의 성품, 그 마을에서의 행위의 내력, 카스트상의 계층, 교육의 정도와 재산, 분쟁과 관련하여 참작할 만한 모든 상황 등을 모두 빠짐없이 고려한다. 다른 한편, 집중성을 특징으로 삼는 사회는 구체적인 사례 자체에만 초점을 맞춘다. 대체로 미국의 법원은 사례를 토의할 때 성품과 외적인 요인들을 배제시키고, 일반 공동체의 태도가 아니라 법이 규정하는 고려사항들에만 근거하여 판결을 내린다.

많은 사회의 밑바탕에 깔린 또 하나의 가치는 위계와 평등 사이의 긴장과 관련이 있다. 전통적인 인도 문화에서는 위계를 실제로 존재한다고 인정할 뿐 아니라 좋은 것으로 여긴다. 한 사람의 신분은 전생前生에 무엇을 했는가에 달려 있다. 그러므로 낮은 신분으

표 2.11 세계관 차원에서 본 평가적 규범들

1. 감정의 표현	vs.	감정의 통제

• 감각과 욕구의 충족을 추구함
• 허용적
• 예: 콰키우틀, 현대의 소비문화,
  힌두교의 탄트라주의
		• 욕구충족을 미루거나 포기함
		• 훈육적
		• 예: 호피, 개신교 윤리,
		  수도원주의

2. 집단 중심적	vs.	개인 중심적
• 집합적 이익 • 공동의 책임과 결정 • 예: 번요로, 부족주의		• 개인적 이익 • 개인적 성취와 결정 • 예: 카파우쿠, 근대성

3. 내세 지향적	vs.	현세 지향적
• 내세에서의 이득 강조 • 예: 중세 유럽, 불교		• 현세에서의 이득 강조 • 예: 근대성, 포스트모더니즘

4. 귀속의 강조	vs.	업적의 강조
• 출생에 따른 관계 • 속성에 가치를 둠 • 예: 인도의 카스트 제도		• 업적에 따른 관계 • 수행능력에 가치를 둠 • 예: 미국의 계층 제도

5. 전체적 그림에 초점	vs.	구체적 사항에 주목
• 넓은 상황을 고려함 • 예: 인도의 판차야트 마을의 사례		• 좁은 상황만 고려함 • 예: 미국 법원 사례

6. 보편주의적	vs.	특수주의적
• 만인을 똑같이 대우함 • 보편적 진리, 법, 격자 강조 • 표준화를 추구함 • 보편적이고 절대적인 이론들 • 절대 윤리 • 예: 유대-기독교, 근대성		• 각 개인을 그 역할, 신분, 상황에 따라 대우함 • 각 상황의 독특성 강조 • 독특성과 다양성을 중요시함 • 상황에 따른 적용 • 상황 윤리 • 예: 힌두교, 포스트모더니즘

7. 위계가 옳다	vs.	평등이 옳다
• 사람들을 본래 불평등한 존재들로 봄 • 윗사람에게 특권을 부여함 • 후견인-수혜자 관계 • 보기: 인도의 카스트 사회		• 사람들을 본래 평등한 존재들로 봄 • 상/벌에서 만인을 평등하게 대우함 • 계약 관계 • 보기: 스칸디나비아 사회들

* 출처: Parsons and Shils 1952을 각색.

로 태어나는 것은 과거에 저지른 죄에 대한 일종의 벌이다. 비천한 출신인 사람의 환경을 개선하는 일은 곧 그들의 벌을 단축시켜서 낮은 신분으로 다시 태어나게 하는 것이다. 그 결과, 모든 사람을 순결과 오염에 근거한 계급에 따라 높낮이를 나누는 카스트 시스템이 자리 잡았다. 이와 반대로, 스칸디나비아는 평등을 강조하고 빈부, 남녀, 노소의 차이를 줄이려고 애쓴다. 잉글랜드와 미국은 만인 평등을 주장하지만, 실제로는 평등을 이론적인 기회균등에 국한시키고 주택정책, 부, 교육, 의료혜택 등에는 적용하지 않는 행습에서 명백히 드러나듯이, 상당한 정도로 위계를 허용하고 있다. 우리는 또한 한 문화 안에서 일련의 가치들이 서로 어떤 관계를 갖고 있는지도 검토해야 한다. 예를 들면, 미국인의 다수는 평등을 긍정하지만 그보다 자유에 더 높은 가치를 둔다. 따라서 둘이 충돌할 때는 자유를 위해 평등을 희생시킨다.

세 가지 차원

물론 이런저런 문화 전체를 각각 주제와 반주제의 연속선상에 배치시킬 수 있지만, 이보다는 이 양극들이 실제로 그 세계관에서 어떻게 나타나는지를 발견하는 일이 더 중요하다. 어느 문화에서, 한 극이 지배적인 주제로 자리 잡고 있어도 일부 사람은 반주제를 옹호할 수도 있다. 또 어떤 문화에서는 그와 다른 극이 지배적이고, 반대편 극은 부수적이거나 반문화적인 위치에 있을 수 있다. 아울러 동일한 문화 안에서도 주제와 반주제 사이의 균형이 공적인 삶이냐 사적인 삶이냐에 따라 변할 수도 있다.

종합적으로 말하면, 인지적 가정, 정서적 가정, 평가적 가정들은 사람들에게 세계를 잘 이해하도록 세계를 바라보는 방식을 제공해 주고, 또 그들에게 편안한 느낌을 주며, 자기들이 옳다는 확신을 갖게 해준다. 사람들은 이 세계관을 심층적 구조로 삼고 그 위에다 명시적인 신념 및 가치 체계와 사회적 기관들을 쌓아올리게 된다. 그리고 그 안에서 일상생활을 영위하는 것이다.

통시적 특징들

사람은 이야기꾼이다. 그런데 일상적 지식은 단편적이고 따로따로 논다. 그래서 인간은 인생의 의미를 찾기 위해 이야기를 말하는 존재다. 인생은 곧 드라마—신비, 로맨스, 비극, 또는 희극—라는 것을 보여줌으로써 이 세상에 의미를 부여하는 그런 이야기를 입에 담는 것이다.

내러티브를 통한 앎은 비판적이고 분석적인 앎과 다르다(Camery-Hoggatt 2006). 합리적 분석은 단단하고 객관적인 증거와 논리적이고 추론적인 분석에 기초를 두고 있으며, 구체적인 실재에서 추상적인 것을 만들어 낸다. 반면에, 이야기들은 상상력을 동원한 분석과 합리적 분석 둘 다에 근거를 두고 있고, 합리적 정신만으로는 탐구할 수 없는 인간의 복잡한 경험을 다룬다. 거기에는 모순, 타협, 갈등, 위기와 같은 요소들이 모두 들어 있다. 이야기들은 내러티브를 통한 앎이 진정한 참과 거짓을 아우르는 참된 지식임을 확증해 준다. 합리적 분석은 인지적인 앎에 초점을 맞추는데, 덕과 아름다움을 겸비하지 않은 합리성은 꼴사나운 모습과 악을 낳게 된다. 내러티브는 합리성과 상상력 그리고 삶의 인지적·정서적·평가적 측면들을 모두 하나로 묶어 준다. 제리 카메리-호가트Jerry Camery-Hoggatt는 이렇게 말한다.

> 합리적 담론은 진리를 정확성과 검증 가능한 명제의 측면에서 규정짓지만, 이야기하기storytelling는 그런 측면들을 모두 아우르되 그것들을 보다 넓은 배경 안에 배치한다. 여기에는 정절, 정직, 용기, 발견, 공감 등과 때로는 두려움, 분노, 미움과 같은 부정적 정서까지 포함된다. 합리적 담론은 논리적 정합성, 설명의 명료성, 언어의 단순성과……모호한 것을 엄밀하게 명료화시키기 등을 목표로 삼는다. 내러티브는 이와 다른 방향을 지향한다. 모호함과 다중적多重的 의미를 전개하고 사용하며, 청중에게 정보를 적시適時에 전달하여 긴장감을 조성하고, 그들을 놀라게 하고 함정에 빠뜨림으로써 인간이 처한 상황을 참신한 관점에서 보게 만든다. (2006, 461)

이야기는 무의미한 소리가 아니다. 이야기는 흩어진 조각들을 하나로 묶고 그것들을 녹여서 하나의 의미심장한 전체를 만든다. 유진 피터슨Eugene Peterson은 이렇게 말한다. "이야기를 배우는 일은 구구단을 배우는 것과 같지 않다. 3 곱하기 4가 12라는 것은 일단 배우고 나면 그것으로 끝이다. 이는 변하지 않는 사실이다. 이 자료는 우리의 기억에 저장되어 우리가 언제든지 꺼낼 수 있다. 그러나 이야기는 가만히 있지 않는다. 그것은 자라고 깊어진다.……이야기들은 우리가 새로운 상황에 처할 때마다 새로운 통찰을 계속 내놓는다. 우리가 새로운 경험과 통찰을 이야기에 가져가면, 이야기는 그것들을 모아다가 참신한 형태로 우리에게 되돌려 준다"(1997, 36-37).

세계관의 핵심에는 인생을 보고 해석하는 방식을 빚어 주는 기초적인 이야기, 곧 뿌리와 같은 신화가 있다. 현대인은 흔히 신화를 진실이 아닌, 상상력이 꾸며 낸 허구적인 이야기로 생각한다. 또는 전근대 사람들이 "아득한 옛날"에 사실로 여기고 자기 두려움을 누그러뜨리려고 신비로운 존재들에 투영했던 논리 이전의 원시적 철학이라고 여긴다. 또는 신화는 근본적으로 전설이나 동화와 다를 바가 없다고 본다.

인류학에서는 신화라는 용어가 전문적인 의미를 갖는다. 신화는 먼저 역사보다 더 큰, 전체를 아우르는 이야기이고, 참된 이야기로 여겨진다. 사람들에게 자기 일상생활이 뿌리박고 있는 보다 큰 이야기를 이해하게 하는 패러다임의 역할을 하는 것이다. 신화는 패러다임과 같은 이야기로, 사람들에게 무엇이 실재하고, 영원하며, 영구적인지를 일러 줌으로써, 일상생활에서 외관상 의미가 없어 보이는 경험, 감정, 생각, 판단에 우주적 질서, 정합성, 의미를 가져다주는 으뜸master 내러티브다. 로버트 안토이네는 이렇게 말한다. "신화는 거짓말이나 전해 들은 '비과학적인' 접근법이 아니고, 그게 없으면 우리에게 영원히 닫혀 있을 그런 진리들을 파악하는 독특하고 대체할 수 없는 방법이다. '신화의 언어는 공동체의 기억'이다. 곧 각 공동체는 '신앙 공동체'이므로 신화는 그들을 하나로 묶어 주는 공동의 기억이라 할 수 있다"(1975, 57).

신화는 "심층적인 종교적 소원, 도덕적 갈망, 사회적 순종, 주장, 심지어 실제적 요구사항까지도 충족시켜 주는, 태고의 실재가 내러티브 형태로 부활한 것이다"(Malinowski 1926, 19). 한 민족의 신화는 그들의 신념 체계의 정당성을 보증해 주는 진리, 정서, 도덕을 담은 문화적 보고寶庫와 같다. 신화는 신념을 성문화시키고 그것을 전달하며, 가장 깊은 정서를 표현하고, 도덕을 규정짓고 역설한다. 신화는 한가한 이야기가 아니라, 열심히 일하는 능동적인 힘이다. 신화는 지적인 설명이나 예술적 상상력의 산물이 아니라, 인생의 헌장이요 도덕적 지혜다.

신화는 의미를 주고, 세상에서 돌아가는 현상의 아래편을 본다. 신화는 인간 실존의 원형으로, 철학자가 아닌 민중들이 자기 인생에 의미를 부여하고 그들이 겪는 깊은 정서적·도덕적 스트레스를 표출할 목적으로 이야기 형태로 들려주는 것이다. 인간이 꾸민 이야기들은 변하지만, 신화는 늘 살아 있고 생명을 준다. 신화는 그냥 두면 인간이 듣기에 너무 어려운 그런 것들을 간접적으로 이야기함으로써, 사람들로 하여금 진리가 머릿속에 떠오를 때까지 열심히 상상력과 사고력을 동원하여 그 의미를 발견하도록 강요한다. 신화는 시간과 언어에 묶여 있는 경험적 진리와 대조되는, 시간을 초월한 영원한 진리에 관해 말한다.

신화는 그 사회에서 무엇이 용납되고 무엇이 용납될 수 없는지를 보여주는 도덕적 헌장이기도 하다. 영웅과 악한의 이야기를 통해 선과 악을 정의하고 또 그것들을 구체적으로 보여준다.

끝으로, 신화는 사람들에게 그들이 속한 공동체, 그 안에서의 그들의 위치, 그리고 사회의 도덕적 질서에 관해 들려준다. 한 민족의 일부가 된다는 것은 그들의 이야기의 일부가 되는 것이다. 롤로

메이Rollo May는 이렇게 말한다. "신화를 향한 우리의 심한 갈증은 곧 공동체에 대한 갈증이다.······한 공동체의 일원이 된다는 것은 그 공동체의 신화를 공유하는 것이고, 우리 마음속에 불타오르는 자부심을 느끼는 것이다.······외부인, 외국인, 낯선 사람은 우리의 신화를 공유하지 않는 자들이다"(1991, 45).

이런 전문적인 의미에서, 구약성경에 나오는 출애굽 사건은 역사인 동시에 신화다. 역사적으로 그 사건은 발생했다. 신화적으로 그 사건은 이스라엘 백성이 자기 역사를 해석할 때 사용하는 이야기가 되었다. 그들은 곤경에 빠질 때마다 출애굽 사건을 뒤돌아보았고, 자기들 문제의 원인을 자기들의 죄와 하나님에 대한 배척에서 찾았다. 그래서 그들이 해야 할 바는 회개하고 주님께 돌아오는 것이었고, 그러면 그분이 모세의 시대에 했던 것처럼 그들을 구원해 줄 것이었다.

뿌리 신화들은 뿌리 은유들처럼 세계관에서 중요한 요소다(표 2.12). 힌두교에서, 인간은 인간의 시간에, 신들은 신의 시간에, 동물은 동물의 시간에 각각 산다. 인간에게 평생인 기간이 신들의 삶에서는 한순간에 불과하다. 많은 신화의 경우, 신들이 땅에 다시 태어나서 일평생을 산 뒤에 신들의 영역으로 되돌아가는데, 그 모두

표 2.12 세계관의 초점

뿌리 은유들	뿌리 신화들
• 공시적 • 현실의 구조 • 현실의 작동방식을 이해함	• 통시적 • 현실에 관한 이야기 • 현실에 의미를 부여함

가 천상의 시간대에서는 눈 깜박할 순간에 불과하다. 위대한 힌두교 신들의 하나인 비슈누는 신적인 시간대로는 100년을, 인간의 시간대로는 3.15조 년 동안을 산다. 매일 밤 그는 12시간을 자면서 꿈속에서 세상을 보는데, 그동안 세상은 네 시대가 천 번씩 순환하게 된다. 그가 깨어날 때마다 이 세상은 사라지고 없다.

미르치아 엘리아데Mircea Eliade는, 고대 히브리인은 시간을 직선적인 것으로 보았음을 주목한다(1975). 그들은 역사를 보다 큰 전후관계 속에서 일어나는 일련의 사건들로 보는, 강한 역사의식을 갖고 있었다. 즉 창조에서 시작해서 모세의 탄생, 출애굽, 사사들의 시기, 왕들의 시대를 거쳐 바빌로니아 포로기로 진전되는 흐름으로 본 것이다.[18] 이런 사건들은 역사에서 일어난 이야기의 일부일 뿐 아니라, 역사 자체가 우주적 드라마의 일부다. 히브리인들은 이런 사건들을 비인격적인 날짜로 된 균일한 직선적 시간대에 따라 정돈하지 않고, 그 대신 그것을 하나님과의 관계에서 일어나는 획기적인 사건들이자 전반적인 이야기 또는 플롯plot의 일부로 보았다.

초기 그리스도인들도 역사를 비인격적인 연대기적 시간의 흐름이 아니라, 역사에 쓰인 우주적 드라마가 펼쳐지는 실체로 보았다. 그들은 역사를 두 기간으로 나누었다. 하나는 태초로부터 성육신까지, 다른 하나는 그리스도의 초림에서 재림까지로 구분한 것이다. 중세의 유럽 역사가들은 날짜에는 관심이 없었다. "(그들은) 개인의 수명을 뛰어넘는 시간대를 동일한 양으로 표시되는 직선으로 보지 않고, 모든 드라마 가운데 가장 위대한 드라마—구원 대 지옥살이—가 실연되는 무대로 보았다"(Crosby 1997, 28).

이처럼 역사에서 의미를 찾았던 유대인의 특징은 기독교, 마르크스주의, 자본주의 등 근대 세계관들에도 영향을 미쳤다. 마르크스주의는 인간들이 본래 평등과 상호 돌봄을 특징으로 하던 부족 공동체들의 전원적인 세계에서 출발했다고 본다. 인간의 역사는 억압적인 사회 체계와 문화 체계들이 민중을 비인간화dehumanize시키면서 내리막길을 걸어왔다고 한다. 그래서 혁명을 통해 이상적인 상태를 다시 회복하는 일이 필요하다고 했다. 이와 달리, 자본주의는 인간이 원시적인 또는 후진적인 상태에서 시작했다고 보며, 역사를 성장의 과정으로 본다. 이러한 시간 개념이 발전과 진보라는 근대 사상의 기조를 이루고 있다.

공시적 분석과 통시적 분석을 서로 묶으면 세계관 연구에 필요한 모델을 하나 만들 수 있다(부록 1). 이제 세계관과 문화적 체계 및 사회적 체계와의 관계를 먼저 검토한 뒤에, 이 모델을 특정한 세계관들을 연구하는 데 사용하려고 한다.

선교학적 함의

그리스도인은 다른 사람들의 세계관을 진지하게 취급해야 한다. 그들에게 동의하기 때문이 아니라, 그들에게 복음의 좋은 소식을 효과적으로 전하려면 그들을 잘 이해해야 하기 때문이다. 세계관은 한 공동체가 그 구성원들을 하나로 묶고 똑바로 정렬시키기 위해 꾸며 낸 상상의 산물에 불과한 것이 아니다. 대부분의 민족은 자기가 가진 신념들이 쓸모 있는 허구fiction 이상의 것이라고 주장한다. 그들에게 그 세계관은 사물의 진정한 존재 방식, 곧 궁극적인 의미에서 사물의 진면목을 분명히 밝혀 주는 하나의 초석이다.

특히 사람들의 경험, 가정假定, 논리 등에 기초한 그들의 세계관을 이해하는 일이 중요하다. 그들의 세계를 그저 현상학적으로 묘사하는 것으로 충분하지 않다는 말이다. 이와 마찬가지로 중요한 것은, 여러 다른 종교들을 이해하고 평가하는 일을 촉진시키는 거대문화적metacultural 격자들을 개발하는 일인데, 이는 종교들을 서로 비교하는 작업을 요구한다. 이런 비교작업은 다양한 종교의 본질뿐 아니라 인간의 마음에 있는 종교적 갈망을 파악하게 해줄 매우 귀중한 통찰을 제공해 준다.

끝으로, 세계관을 변화시키기 위해 세계관을 연구하는 일이 중요하다. 회심의 경험을 관찰해 보면, 그것이 행위와 신념의 피상적 수준에서 일어나는 경우가 너무나 많다. 그런데 만일 세계관이 변화되지 않는다면, 복음이 이교도적 세계관에 비추어 해석될 터이고 그것이 결국에는 기독교적 이교주의Christo-Paganism를 낳게 될 것이다.

3장

인간이 처한 상황과 세계관

세계관 연구는 세계관의 본질을 검토할 뿐 아니라, 인간이 처한 보다 큰 상황 안에서 세계관의 위치를 파악하는 일도 포함해야 한다. 그렇게 하려면 현상학phenomenology과 함께 시작할 필요가 있다. 즉 인간과 인간이 세계를 보는 방식을 이해하려면, 인간과 인간이 처한 상황에 대한 심층적 연구가 필요하다는 뜻이다. 그러면 어떻게 이 작업을 할 수 있을까?

우리가 살펴본 것처럼, 인간에 대한 분석은 크게 공시적 분석과 통시적 분석 두 가지 흐름으로 나누어진다. 전자는 시간의 단면을 잘라 내어, 실재의 요소들 및 그것들의 상호관계를 검토하는 등 실재의 구조를 들여다본다. 이 연구의 강점은 인간 존재의 기본 구조를 파악하는 데 도움을 준다는 점이다. 즉 이 연구는 모든 인간에게 공통된 구조가 무엇인지를 살펴보고, 그것이 어떻게 작동하여 인간의 생활이 돌아가는지를 분석한다. 이런 면에서 인간을 연구하는 사람들로는 물리학자, 화학자, 생물학자, 심리학자, 사회학자, 인류학자, 조직신학자 등이 있다. 이들은 자기 관점을 들고 와서 인간됨의 본질에 속한 어떤 측면을 밝혀 준다. 이런 공시적인 연구는 한계도 갖고 있다. 먼저 인간이 시간 안에 존재하므로 늘 변하고 있다는 사실을 제쳐 놓아야 한다. 그들의 이론은 모든 인간에게 해당되는 무無역사적인ahistorical 보편적 이론이다. 또한 너무 추상적이어서 특수성을 가진 일상에 적용하기가 무척 어렵다. 이런 이론들은 마치 헬리콥터를 타고 인간들을 훑어보듯이, 각 사람의 독특성은 간과하고 그들을 전반적으로 조망하는 것이라 할 수 있다. 게다가, 이론들이 더욱 전문화되면서 여러 연구 전통으로 나누어지는 바람에, 각 그룹의 통찰들을 모아 하나의 통합된 이론을 개발하려는 시도는 거의 없는 형편이다.

인간을 연구하는 데 사용하는 또 다른 접근은 통시적 분석이다. 이 경우는 시간이 중심 변수다. 이 연구는 각 개인·공동체·민족의 이야기에 초점을 맞추고, 그것들이 어떻게 하나의 포괄적인 인류역사 속에 맞춰지는지를 살펴본다. 이 접근은 두 가지 강점을 갖고 있다. 첫째, 인간들을 온갖 특수성과 특이성을 가진 진짜 사람들로 인식한다는 점이다. 둘째, 그들의 삶에 의미를 주는 이야기를 우리가 듣는다는 점이다. 약점은 공시적 연구에 의해 발견된 통찰이 쉽게 표현될 수 없다는 점이다.

공시적 분석과 통시적 분석은 인간을 이해하는 데 모두 필요하다. 이 두 관점은 서로 경쟁하는 것이 아니라 상호보완적이다. 그러나 우리가 한쪽에 초점을 맞추면 다른 쪽은 초점에서 벗어나기 때문에 둘 다 유념하기가 어렵다는 데 문제가 있다.

여러 관점을 통합하는 길

그러면 이처럼 서로 다르지만 상호보완적인 방법들이 주는 통찰을 어떻게 모두 끌어낼 수 있을까? 첫째, 우리는 공시적 접근을 중심으로 그 내용과 구성요소, 그리고 그것들이 어떻게 보다 큰 모델로 조직화되는지를 살펴볼 것이다. 그 뒤에 인간의 개인적 내력, 공동의 이야기, 인류 전체의 역사를 중심으로 인간을 통시적으로 고찰할 생각이다.

환원주의 reductionism

다양한 공시적 관점들(물리학적·생물학적·심리적·사회적·문화적·영적 관점 등)을 다함께 통합하는 가장 단순한 방법은 모든 통찰들을 단일한 분석 차원으로 축소하는, 이른바 환원주의적 방식이다. 종교적 진리는 문화적 신념으로 축소되고, 문화적 신념은 사회적 구성물로, 사회는 개별 인간들의 집합으로, 인간은 동물로, 동물은 화학적 반응으로, 화학적 반응은 원자로, 원자는 양자로 축소된다. 마침내 인간을 포함한 모든 것이 부수현상 epiphenomenal이 되고 만다.

    이런 식으로 지식을 통합하는 방법은 한마디로 자기 파괴적이다. 루트비히 폰 베르탈란피는 이렇게 말한다. "이 이론에 대해서 나는 근본적으로 동의하지 않는 입장이다. 내게 형이상학적 편견이 있어서가 아니라……이 이론이 사실에 부합하지 않기 때문이다.……인간들(및 유기체들)은, 이 이론이 전제하듯이, 자극에 따라 반응하는 기계가 아니다"(1981, 15). 인간 과학자들은 궁극적으로 자기 자신을 연구하는 셈이므로, 그들과 그들의 이론은 다양한 패턴에 따라 떠는 줄에 불과하다고 하겠다.

이런 환원주의가 특히 파괴적인 결과를 몰고 오는 분야는 과학과 신학이다. 그 가운데 하나가 과학적 환원주의다(표 3.1). 이 사상은 기독교를 배척하는 비그리스도인 과학자들 사이에서 쉽게 볼 수 있다. 일부 과학자는 기독교가 사회를 묶어 주는 유용한 허구라고 주장한다. 또 어떤 이들은 기독교를 억압적인 사회 체계를 정당화시키는 해로운 아편으로 본다. 다수는 기독교를 진리로 주장할 수 없는 인간의 구성물로 간주한다. 많은 과학 이론의 밑바탕에는 "과학은 참이고 종교는 참이 아니다"라는 가정이 깔려 있다. 이는 하나님을 우리의 일상 세계에서 배제시키고, 하나님에 대한 믿음을 약화시킨다. 이런 환원주의를 의식적으로 수긍하는 신자는 거의 없으나, 그것이 그리스도인의 사상과 삶에 영향을 준 것은 부인할 수 없다.

또 하나의 환원주의는 신학적 환원주의다(표 3.1). 어떤 그리스도인들은 과학 지식을 모조리 배격한다. 그들은 질병과 같은 모든 문제의 원인을 영적인 것에서 찾고, 과학이 그들을 오도할까 봐 두려워서 과학에서 답을 찾기를 거부한다. 또 다른 이들은 과학 지식이 유익하다는 이유로 그것을 기꺼이 활용하지만, 과학의 바탕에 있는 개념적 토대는 진지하게 검토하지 않는다.

이와 같은 신학적 환원주의는 참으로 위험하다. 첫째, 어느 정도 부정직한 마음이 그 속에 배어 있기 때문이다. 한편으로, 우리 대부분은 과학이 제공하는 혜택을 기꺼이 사용하려고 한다. 현대

표 3.1 통합에 이르는 환원주의적 접근

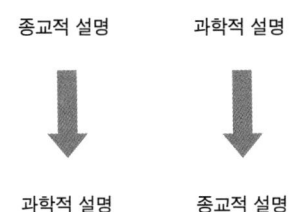

의학, 자동차, 텔레비전, 비행기, 컴퓨터, 휴대폰, 커뮤니케이션 이론, 상담학적 통찰, 인간 사회에 관한 지식 등을 말이다. 다른 한편으로, 우리는 이런 혜택이 인간의 지식과 테크놀로지의 향상 덕분이라고 기꺼이 공을 돌리려 하지 않는다. 둘째, 더 심각한 문제는 우리가 과학 사상과 그 산물을 실제적인 목적을 위해 사용할 때, 우리도 모르는 사이에 과학의 가정들까지 우리의 사고방식 속으로 유입한다는 점이다. 예를 들면, 그리스도인들 가운데 성경을 믿는다고 주장하면서도 실용주의와 물질주의를 따라 살아가는 경우가 결코 드물지 않다.

계층화stratification

인간에 대한 여러 관점을 통합하는 두 번째 방법은 구획화하는 것이다. 이를 클리퍼드 기어츠는 "계층화 방법stratigraphic method"이라고 부른다. 각 사상 체계가 그 타당성은 인정받지만 각기 다른 구획에 배치된다(표 3.2).

프리드리히 슐라이어마허Friedrich Schleiermacher 같은 신학자를 비롯한 다수의 사람이 이런 주장을 편다. 과학은 사실과 진리를 다

표 3.2 인간 연구에 대한 계층적 접근

루고, 종교는 감정을 다룬다고 한다. 종교는 사람들에게 의미 있는 초월적 경험을 제공한다는 것이다. 다른 한편, 이마누엘 칸트 같은 사람들은 종교를 도덕의 문제로 보고, 사람들의 행위를 규제함으로써 공동생활을 가능하게 하는 가치관을 제공한다고 주장한다. 대부분의 그리스도인은 이런 견해를 배격한다. 그들은 기독교가 감정과 도덕뿐 아니라, 사실과 진리의 문제도 다룬다고 믿는다.

근대성은 또 다른 계층적 이원론을 우리에게 부과한다. 레슬리 뉴비긴Lesslie Newbigin이 지적하듯이, 서양에서는 과학을 공적인 진리로 본다(1989). 기독교 학교의 학생들을 포함한 모든 학생이 수학, 물리학, 화학, 사회과학을 배우게 되어 있다. 하지만 종교는 어디까지나 개인적 진리의 문제로, 즉 사실과 실험적 검증의 문제가 아니라 신앙의 문제로 여겨진다. 기독교든, 이슬람교든, 힌두교든, 종교는 필수과목에 포함되지 않는다. 아니, 공립학교에서는 그것을 진리로 가르칠 수조차 없다. 이와 같은 구획화는 서로 다른 학과들과 종교들이 평화롭게 공존할 수 있게는 해주지만, 자기 신념이

보다 큰 진리의 일부라고 믿는 사람들의 확신을 약화시키고 만다. 기독교적 "믿음"이 가정 내에서는 신자들을 지배하도록 허용되지만, 그들의 공적인 삶은 과학적 "진리"가 다스리게 된다.

　이보다 더 미묘한 형태의 구획화가 기독교 진영에서 널리 수용되고 있다. 많은 그리스도인들이 죄, 구원, 기적, 예언 등과 같은 초자연적인 문제들이나 복음과 관련해서는 기독교 진리를 긍정하지만, 질병, 테크놀로지, 사업상 결정과 같은 당면한 "자연적 사안들"을 설명하고 그에 반응할 때는 과학적 이론을 사용한다. 이로 말미암아 초래되는 것은 내세 지향적인 기독교와 일상생활의 세속화 현상이다. 아울러 영적인 사안으로 여겨지는 복음전도와, 과학의 영역으로 간주되는 치료와 교육 같은 사회적 활동 사이에 뚜렷한 선이 그어진다. 이런 이원론이 요즈음은 약간 변형된 형태로 나타나서, 복음을 규정할 때는 신학을 사용하고 교회를 성장시킬 때는 사회과학과 경영학 방법론을 사용하곤 한다. 이 접근은 서양의 세계관과 잘 어울린다. 알다시피 서양은 인간의 통제행위, 계획수립, 실용주의, 문제해결, 그리고 "무언가를 하는 것"을 강조하기 때문이다.

　기독교를 정서, 가치관, 사적인 의견, 초자연적인 진리 등으로 환원하는 것은 우리 삶의 넓은 영역을 세속화한다. 우리가 그리스도를 전파하되 일상 문제에 대한 답은 세속 과학에서 찾는다면, 결국 우리는 그분을 놓치고 말 것이다. 우리가 계획을 세우고 일하느라고 바쁠지는 몰라도, 우리가 하는 일 가운데서 하나님을 찾는 것은 거의 불가능하다. 하지만 성경에서 가르치는 하나님은 인간은 물론이고 하늘과 땅을 모두 창조하신 분이요, 계속해서 천지만물에 관여하시는 분임이 분명하다.

통합

인간 연구에서 다양한 관점을 함께 묶기 위한 세 번째 접근은 그것들을 단일한 이론으로 통합하는 것이다. 이상적인 목표는 모든 지식을 한 가지 설명 체계로 융합하는, 대통일 이론의 정립이다. 그러나 이것은 현실적으로 불가능하다. 우리는 유한한 인간인지라 무한한 복잡성과 하나님 그리고 이 우주에 관한 전체 이야기를 동시에 섭렵할 수 없기 때문이다. 우리의 이론은 기껏해야 실재를 부분적으로 설명하는 시도일 뿐이다. 또 우리는 우리의 사고방식과 생활 방식을 형성하는 인간의 문화에 몸담고 있는 것도 사실이다. 그러므로 어떤 사회나 문화 외부에 있는 어느 지점을 점유할 수 없다. 거대문화적metacultural 격자를 개발하려는 우리의 시도조차 특정한 문화의 상징들과 사고 패턴을 사용하지 않을 수 없다.

여러 관점을 하나로 묶으려면, 먼저 각 관점은 인간 존재의 어느 한 측면에 초점을 맞추고 있으므로 다른 많은 측면을 방치할 수밖에 없음을 인정해야 한다. 지도를 유추하면 인간 지식의 본질을 이해하는 데 도움이 된다. 한 도시를 잘 알려면 우리에게 여러 지도들이 필요한데, 그 각각은 그 도시에 관한 모종의 진실을 알려 줄 것이다. 즉 도로 지도, 행정 지도, 하수도와 전기 시스템을 담은 지도, 건물을 표시한 지도 등이 모두 필요하다. 한 도시에 관한 모든 사실을 지도 한 장에 다 표시하기란 불가능하다. 마찬가지로, 인간의 현실을 묘사하려면 신학, 인류학, 사회학, 심리학, 생물학, 화학, 물리학 등 다양한 지도들이 필요하다. 이들 각각은 전체를 이해하는 데 기여하는 면이 있다. 어느 하나도 그 자체로 완전한 것은 없다.

또 하나 유용한 유추는 청사진이다. 집을 지으려면 건물의 여러 부분을 도식으로 표시한 다양한 청사진들이 필요하다. 거기에는 건물구조, 전선배열, 하수처리, 조경공사 등이 포함될 것이다. 이 청사진의 유추가 안성맞춤인 것은 거기에 집의 기본구조를 나타내는 으뜸 청사진이 있기 때문이다. 그리스도인으로서 우리가 믿는 바는, 이 으뜸 청사진이 바로 성경과 자연을 통해 나타나는, 현실의 큰 그림을 보게 하는 성경적 세계관이라는 것이다. 이 청사진은 성경의 하나님과 함께 시작하고, 질서정연한 창조, 하나님의 형상으로 창조된 인간, 타락, 그리스도의 죽음과 부활을 통한 구속, 그리스도 안에 있는 영생 등을 모두 포함한다. 이 세계관이 완전한 모습으로 나타난 것은 신약성경과 예수의 가르침에서다. 신학, 과학, 인문학 등은 이 세계관의 세부사항을 보여주는 것인 동시에 그것을 응용한 결과다. 양자가 서로 충돌할 때는, 우리가 가진 세계관뿐 아니라 서로 다른 이해방식들도 재검토해서 해결책을 찾아야 한다.

동일한 집을 나타내는 여러 청사진은 상호보완적이어야 한다. 말하자면, 그것들이 제공하는 정보는 아무 모순 없이 서로 잘 들어맞아야 한다는 뜻이다. 예를 들면, 전기 관련 청사진이 구조물 청사진에는 없는 어떤 벽을 따라 마치 전선이 있는 듯 표시하면 안 될 것이다. 이 같은 상호보완적인 관계 안에서, 우리는 각 학문의 이론을 그 자체의 상황, 그것이 묻는 물음, 그것이 수집하는 자료, 그것이 인정하는 방법 등과 관련하여 아주 진지하게 취급한다. 그러나 동시에 그것이 다른 이론들과 맥을 같이 하는지도 반드시 점검할 필요가 있다.

시스템

최근에는 시스템적 접근이 복잡한 현실을 연구하는 강력한 모델로 등장했다. 이 접근의 선구자는 루트비히 폰 베르탈란피였다(1968). 이 개념은 첫 선을 보인 이후 계속 정교하게 다듬어지고 비판과정을 거쳐, 이제는 잘 발달된 복잡한 조직 이론으로 자리를 잡았다. 시스템 이론은 현재 생태학, 심리학, 생명, 군사학, 제도적 조직 등 복잡한 분야를 이해하는 데 널리 활용되고 있다.

시스템이란 무엇인가? 하워드 브로디Howard Brody와 데이비드 소벨David Sobel은 이렇게 정의한다. "시스템이란 상호의존적인 부분들이 조직적으로 구성되어 하나의 전체를 이루는 것을 가리킨다. 부분들은 그 시스템을 크게 흔들지 않으면서 비슷한 부분들로 대체될 수 있으나, 부분들을 엮어 주는 조직을 바꾸게 되면 시스템 자체가 흔들리게 될 것이다. 각 시스템은 한 단계 높은 시스템의 일부일 수 있다. 시스템들의 위계적 패턴은 살아 있는 시스템들을 표상하도록 구성될 수 있다"(1979, 3).

시스템 이론은 인과관계를 다중 방향적인multidirectional 것으로 본다. 통합을 꿈꾸는 환원주의적 접근과 계층적 접근은 모두 직선적 논리에 기초해 있다. A가 B를 유발하고, B가 C를 유발한다는 식이다. 그런데 여러 다른 부품들을 하나로 통합하려면 시스템적으로 인과관계를 보는 안목이 필요하다. 그러니까 A가 B와 C를 유발할 수 있고, 동시에 B와 C도 A를 유발시킬 수 있다는 말이다(표 3.3). 이 셋은 서로 연결되어 있어서 어느 하나를 바꾸면 다른 둘도 영향을 받게 된다. 베르탈란피는 이렇게 말한다. "당신이 각각 고립된 부분들을 합한다고 전체의 행위를 끌어낼 수 있는 것이 아니다. 그

표 3.3 직선적 인과관계와 시스템적 인과관계

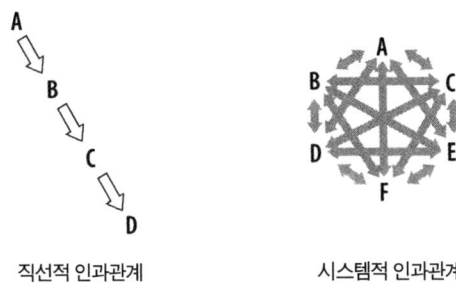

직선적 인과관계   시스템적 인과관계

리고 부분들의 행위를 이해하기 위해서는 다양한 하부 시스템들과 그 위에 있는 상부 시스템들 사이의 관계를 고려하지 않으면 안 된다"(1968, 68).

시스템의 경우, 어느 한 변수가 변동의 유일한 원인이 될 수 없다. 사회변동은 문화적·심리적·생물학적 변동을 낳을 수 있다. 거꾸로 문화에서의 변동은 사회조직, 인성 유형, 물질문화 등에 변화를 가져올 것이다. 마찬가지로, 영적인 변형은 사회적 차원과 문화적 차원 등 인간생활의 여러 차원에 영향을 미칠 것이다.

다중 방향적인 인과관계는 종종 피드백 고리를 낳아, 어느 한 변수의 변동이 다른 변수들의 변화를 유발하고, 이것이 거꾸로 최초의 변수에 영향을 주곤 한다. 피드백에는 두 종류가 있는데, 시스템을 이전의 평형상태로 되돌려 놓는 부정적 피드백과 성장과 성숙을 도모하는 긍정적 피드백이 그것이다. 위계상의 각 단계는 나름의 특정한 정보 패턴을 갖고 있다. 아울러 정보의 흐름은 한 단계에만 국한되지 않는다. 그것은 인접한 단계들에 영향을 줄 수 있고, 심지어는 깡충 뛰어올라 멀리 떨어진 단계에도 영향을 미칠 수 있다.

표 3.4 인간 연구에 대한 시스템적 접근

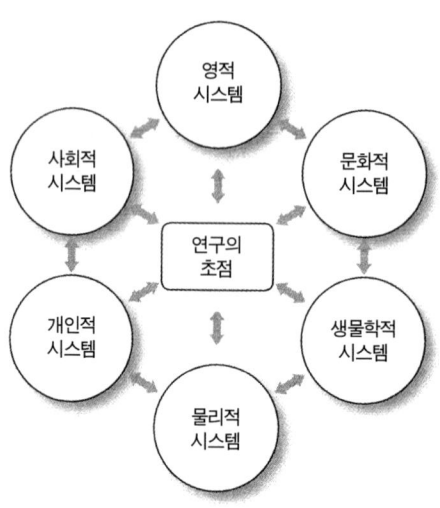

시스템에는 두 가지 특징이 있다. 첫째, 전체는 그 부분들의 합보다 더 크고, 또 그 합과 다르다. 각 구성요소는 시스템 안에서 차지하는 위치를 고려하지 않고는 이해할 수 없다. 실로 복잡한 생물체는 그 부분들의 합으로서는 도무지 이해할 수 없는 것이 사실이다. 오히려 그 부분들과 하부 시스템들이 작동하는 방식, 특히 그것들 상호간에 그리고 시스템 자체와 관련하여 계속 변하는 관계를 고려해야만 제대로 이해할 수 있다. 아울러 그것을 둘러싼 환경과의 관계가 변하는 것도 감안해야 한다. 이 시스템 관점이 지닌 매력은 모든 생물체와 그 모든 하부 시스템이 자진해서 활발히 움직이고 있다고 보는 관점에 있다.

둘째, 시스템들을 구조로 표현할 때, 흔히 개별 구성요소들이 바로 아래 차원에서는 시스템들이 되도록 도표를 그린다. 따라서 그 위계 구조는 시스템들을 계속 한 차원씩 높여가는 방식으로 그 것들을 묶어 준다. 가장 높은 차원에는 일부 학자가 "시스템들로 된 시스템"이라 부르는 것이 있다(표 3.4).

기계적mechanical 시스템과 유기적 시스템

시스템은 크게 두 가지 유형—기계적 유형과 유기적 유형—으로 나눌 수 있다. 전자의 예로는 자동차와 컴퓨터 같은 복잡한 기계를 들 수 있다. 이는 평형상태 또는 균형상태의 개념에 기초한 닫힌 시스템으로, 그것을 흔드는 위협은 주로 외부 세력으로부터 유래한다.[1]

이와 반대로, 살아 있는 시스템은 열린 시스템이다. 유기적 유형의 예는 세포, 장기(예: 간, 심장), 유기체(예: 식물, 동물, 인간)와 같은 살아 있는 존재들이다. 그리고 이 유형은 개미 군집이나 벌집과 같이 생물들로 구성된 더 큰 시스템도 포함한다. 인간으로 이루어진 더 큰 시스템으로는 집단, 조직, 사회 그리고 궁극적으로는 지구적인 인간 네트워크 등이 있다. 살아 있는 시스템들 안의 경계와 그것들 사이의 경계는 종종 희미하거나 "새어 나가기 쉽다." 여기서 우리는 살아 있는 인간 시스템에만 초점을 맞출 생각이다(표 3.5).

살아 있는 시스템들은 몇 가지 특징을 공유한다. 첫째, 건전한 기계적 시스템은 정적이어서 그 안에서 일어나는 변화는 대부분 기능불량의 징조인 데 비해, 살아 있는 모든 것은 늘 불균형 상태에 있고 항상 변화도상에 있다. 어떤 생물체도 오랜 기간 안정 상태를 유지할 수 없다. 변화는 좋을 수도 있고 나쁠 수도 있지만, 평형상태는 곧 죽음을 의미한다. 이 같은 변동의 속성은 단순한 세포에서 인간, 법인, 국민 국가, 지구적 시스템, 그리고 지구에 이르기까지

표 3.5 기계론적 시스템과 유기적 시스템

기계론적	유기적
• 정적이고, 변화는 나쁘고, 개량된 새 모델이 옛 모델을 대체한다	• 역동적이고, 성장과 변화가 정상적이다
• 직선적 인과관계에 따라 움직인다. 변화는 한 지점에서 시작되어 다른 부문들에 영향을 준다	• 다중 방향적 인과관계에 따라 움직인다. 변화는 다양한 지점에서 시작된다
• 낡아지고, 범주의 경화현상이 일어나고, 점차 경직되어, 죽음에 이른다	• 재생산하고, 재생하고, 스스로 변화하고, 또는 죽는다
• 예: 구식 회사, 상명하달식의 관료제, 절차를 밟아 위로 올라가는 의사소통	• 예: 신식 회사, 아래서 위로 올라가는 피드백 고리를 가진 신축형 제도flexocracy, 등급을 뛰어넘을 수 있는 의사소통
• 공작工作과 통제에 의해 운영된다	• 비전, 관계, 팀, 소유권을 세우는 것을 통해 운영된다

온갖 살아 있는 실체에 놀랄 정도로 비슷한 양상으로 나타난다. 시스템은 주변 상황이 변함에 따라 변하기도 한다. 이제 실례를 통해 양자의 대조적인 모습을 보자. 비행기는 날아가는 기계다. 나는 동안 그것은 본질적으로 변함없는 상태를 유지한다. 새는 날아가는 생물이다. 나는 동안 새들은 적응의 일환으로 줄곧 날개, 깃털, 몸의 모양새를 바꾼다. 비행기는 비인격적으로 연료를 소비한다. 새는 음식을 소화해서 그것을 생명 유지와 비행에 필요한 다양한 합성물로 전환시킨다.

둘째, 유기체 안의 변화는 시스템적이다. 변화는 어느 부분 또는 어느 시스템에서도 시작될 수 있고, 이는 다른 시스템이나 전반적인 시스템에 영향을 미친다. 피드백 고리가 비非직선적인 시스템을 규정짓는 특성이다. 살아 있는 시스템은 그냥 작동하는 데 그치지 않고 계속해서 변한다. 이렇게 보면, 한 시스템 내에 있는 생물들은 그 시스템의 통제를 받는 기계적인 부품이나 사물에 불과한 존재가 아니다. 그들은 활발하게 전체를 만들고 있는 살아 있는 지체들이다. 따라서 우리는 그 시스템뿐 아니라 그것을 구성하는 개체들에게도 초점을 맞추게 되는 것이다. 이로 인해 우리는 도덕적 문제를 논할 수 있다. 부분들을 생명이 없는 사물이 아니라 살아 있는 존재들로 취급하기 때문에 그러하다.

셋째, 생물체 안의 변화는 주변 환경과의 관계가 변함에 따라 일어난다. "살아 있는 시스템은 계속해서 주변 환경과 물질, 에너지, 정보를 교환하고 있고, 주기적으로 환경의 변화에 순응하기 위해 내부 활동을 조정해야 한다. 환경을 간단히 또 잠정적으로 정의하자면, 시스템의 테두리 외부에 있는 모든 것이라고 할 수 있다"(Brody and Sobel 1979, 7).

끝으로, 한 시스템 내에 새로운 구성요소가 도입되면, 그것은 보통 그 시스템의 틀 안에서 재해석된다. 예를 들어, 알약이 파푸아뉴기니의 부족민에게 처음 소개되었을 때, 그들은 그것을 보다 강력하고 새로운 주술의 한 형태로 보았다.

시스템의 단계

살아 있는 시스템을 들여다보면 여러 단계로 조직되어 있음을 알 수 있다. 인간의 기관들은 다양한 세포들로 이루어져 있으며, 각 세포는 태어나서 전체 시스템 안에서 자기 기능을 다한 뒤에 죽는다. 기관들은 거꾸로 인간의 생물리학적 몸 안에 있는 하부 시스템이

기도 하다. 이와 비슷하게, 한 인간의 물리적·생물학적·심리적·영적 부분들은 상호작용을 주고받는 가운데 온전한 사람을 이룬다. 그러나 사람들은 자율적인 존재가 아니다. 그들은 인간의 집단적 시스템들의 산물인 동시에 그 시스템들에 기여하고 있다. 이는 사람들을 사회로 조직하는 사회적 시스템과, 그들의 신념, 정서, 가치를 기호화하는 문화적 시스템을 가리킨다. 여기에다 영적 시스템도 덧붙여야겠다. 인간은 영적인 존재여서 천사들과 타락한 천사들, 그리고 창조세계의 원천이신 하나님과 관계를 맺을 수 있기 때문이다.

궁극적으로, 우리는 인간을 탐구하는 작업에서 "시스템들로 된 시스템"식의 접근법을 취하는 것이 중요하다. 이 접근은 환원주의와 계층적 접근을 피할 뿐 아니라, 영적인 실재를 부정하는 입장도 피하고 있기 때문이다. 우리는 생물체 안의 경계와 생물체들 사이의 경계가 뚜렷하지 않다는 점을 인식해야 한다. 또 변화는 그 어떤 시스템이나 하부 시스템에서 시작될 수 있다는 점과, 그런 변화가 다른 모든 인간 시스템에 영향을 미친다는 점도 알아야 한다. 더 나아가, 변화가 발생할 때 원인과 증상을 서로 구별할 필요가 있다. 예를 들어, 생물학적 문제들이 우리 가족(사회적 시스템)을 뒤흔들 수 있고, 마침내 우리의 신학적 설명(문화적 시스템)과 기도생활(영적 시스템)을 재검토하게 만들 수 있다. 마찬가지로, 이미 알려진 죄 가운데 사는 삶은 생물학적·사회적·문화적 증상들을 유발할 수 있다. 그런데 어떤 변화를 일으킨 뿌리를 찾으려고 인간을 개별적으로나 집단적으로 점검해도 그것을 찾기가 매우 어렵기 때문에, 단순히 증상들만 치료하고 그것으로 문제가 사라질 것을 기대하기가 쉬운 법이다.

한편, 인간의 시스템들은 외부 환경의 변화에 영향을 받는다. 기후 변화는 사람들의 사회적·문화적·개인적 삶을 근본적으로 바꿀 수 있다. 다른 한편, 인간 시스템 안의 변화가 외부 환경의 시스템에 영향을 주기도 한다. 산림 벌채와 도시 확장 등이 좋은 실례다.

그렇다고 시스템적 접근이 완벽한 정답이라는 뜻은 아니다. 왜냐하면 현재 검토중인 시스템을 계층화하려는 경향이 항상 존재하기 때문이다. 경제학자들은 경제학을 근본으로 여기고, 결국은 인간의 복지를 경제학적 용어로 정의한다. 사회학자들은 복지를 사회적 건강의 관점에서 정의한다. 그리스도인들은 복지를 영적 용어로 정의할 위험이 있다. 진정한 "시스템들로 된 시스템" 식의 접근은 인간의 복지를 우선순위에 따라 차등화해야 하고, 동시에 모든 시스템들이 그런 상태를 이룩하는 데 기여하는 측면들이 있음도 다 인식해야 한다.

우리가 세계관들을 분석할 때는 문화적 시스템과 사회적 시스템에 초점을 맞추되, 그 세계관들을 물리학적·생물학적·심리적·영적인 시스템들과의 관계 속에서 조망하게 될 것이다.

세계관과 문화적 시스템

세계관은 문화의 일부로, 특히 문화의 기반이 되는 하부구조다. 그러므로 문화의 심층 구조와 표면 구조 사이의 관계를 검토하는 일이 중요하다. 앞서 언급한 것처럼, 문화를 볼 때 세 가지 차원―인지적·정서적·평가적 차원들—을 고찰하는 것이 필요하다. 이제 인지적 구조를 점검하는 일부터 시작해 보자.

문화적 지식

래리 로던Larry Laudan은 유익한 문화적 지식 모델을 하나 제공한다(1977, 이 책의 표 3.6). 그는 인간의 정신이 여러 수준의 추상화 작업을 한다고 말한다. 이것들을 이해하는 것이 세계관을 이해하고, 세계관과 명시적인 문화적 신념 및 관습의 관계를 아는 데 꼭 필요하다.

표 3.6 **문화적 지식의 여러 수준들**

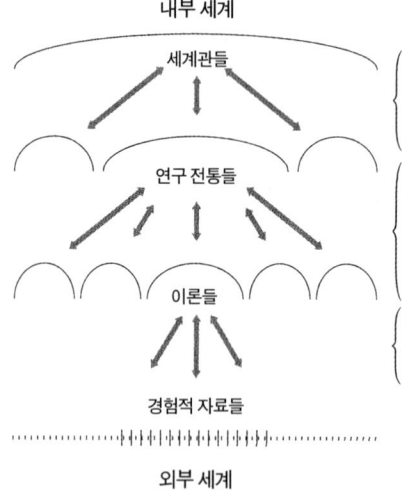

물질문화

표면적인 수준에서는 문화가 물질세계를 통해 뚜렷이 드러난다. 사람은 옷을 만들고, 도구를 제작하고, 집을 짓고, 땅을 경작하고, 음식을 만들고, 비행기를 띄운다. 이런 문화적 산물들은 그 민족의 지식을 과시하고, 때로는 실재의 본질에 관한 심층적 가정을 드러내기도 한다. 예를 들어, 브라이언 왈쉬는 집이 어떻게 세계관의 가정들을 반영하고 있는지를 보여준다(2006).

행위의 패턴

문화와 세계관이 표출되는 또 하나의 모습은 그 사회의 구성원들이 공유하는 행위의 패턴이다. 서로 인사하는 모습, 운전하는 방법, 음식을 요리하는 방법, 노동을 분업하는 방식, 서로를 대하는 모습, 자기 사회에 들어온 낯선 자를 대우하는 방식 등이 그런 패턴에 속한다. 여기서 우리의 관심사는 우발적인 행동이 아니라 공동체가 규정하는 행위 패턴들이다.

기호

세계에 대한 우리의 지식은 끝없이 이어지는 경험에 뿌리박고 있다. 그리고 각각의 경험은 나름대로 독특하다. 이 경험들의 의미를 이해하기 위해(우리의 뇌가 한계를 갖고 있음을 감안하면서), 우리는 그것들을 제한된 수의 범주들로 축소하여 수많은 경험을 하나로 묶어 주는 단어들을 창안한다. 예를 들면, 아주 다양한 모습의 사물들을 보고 그 모든 것에 "나무"라는 딱지를 붙인다. 엄청나게 많은 사람들, 곧 각각 다른 얼굴을 가진 수없이 많은 이들을 모두 "인간"이라고 부른다. 이처럼 일반화할 수 있고 언어를 창조할 수 있는 능력이 우리로 하여금 세계에 관해 생각하고 또 우리의 행동방식을 결정할 수 있게 해주는 것이다.

언어와 더불어, 우리는 우리가 몸담은 세계를 경험하고 그것을 전달하기 위해 대단히 많은 기호들을 창조한다. 기호란 사용자의 마음속에 있는 다른 무엇을 나타내는 것을 모두 일컫는 말이다. 우리는 느낌을 전달하려고 얼굴 표정을, 도로에 차로를 표시하려고 선을, 예배시간을 알리려고 종을, 사랑을 전하려고 향수와 꽃을 각각 사용한다. 인간으로서 우리는 말, 몸짓, 그림 등과 같이 우리의 경험을 머릿속의 이미지와 연결시켜 주는 것들, 즉 여러 기호들로 매개되는 실재를 경험하고 파악한다. 우리는 우리의 세계를 분류하고 파악하려고 창조하는 기호들의 그물망 안에 살고 있는 셈이다. 메리 더글러스는 그 과정을 이렇게 묘사한다.

> 지각하는 존재로서 우리는 우리의 감각에 가해지는 모든 자극들 가운데 흥미로운 것들만 가려내는데, 우리의 흥미는 패턴을 만드는 성향에 의해 좌우된다.……혼란스러울 정도로 변화무쌍한 현상세계에서 우리는 각각 안정된 세계를 구축하는데, 그 세계는 사물들이 인식 가능한 모양을 갖고 있고, 그 안에 깊숙이 자리 잡고 있고, 영구적으로 존속하는 그런 세계다. 지각행위를 통해 우리는 어떤 신호들은 취하고 또 다른 것들은 버림으로써 그것을 건설하고 있다. 가장 수용할 만한 신호들은 현재 구성되고 있는 패턴에 가장 쉽게 들어맞는 것들이다.……시간이 흐르면서 경험이 축적됨에 따라, 우리는 우리의 딱지 붙이기 시스템에 갈수록 더 많은

투자를 한다. 그리하여 보수적인 성향이 자리 잡게 된다. 이는 우리에게 자신감을 준다. 어느 때든 우리가 새로운 경험을 수용하기 위해 우리의 구조를 수정해야 할지 모르지만, 과거의 경험과 일관된 경험들을 많이 하면 할수록 우리가 품은 가정들을 더더욱 신뢰하게 된다.……대체로 우리가 주목하는 모든 것은 바로 지각행위를 통해 미리 선정되고 조직된 것이다. (1966, 36-37)

기호들은 대단히 많은 경험을 단일한 범주로 축소시킴으로써 인간의 정신이 그것을 파악할 수 있게 해준다. 기호들은 인간으로 하여금 자기가 지각하는 대로의 실재에 대한 정신세계를 구성하도록 해주는 건축용 블록들과 같다. 인간은 외부 세계에 살면서 그 세계를 조작하기 위해 이런 내면 세계를 사용한다. 인간은 마음속에 집을 생각하고 그쪽을 향해 간다. 그들은 머릿속에 보라색 소를 그리고 나서, 그들의 소에 보라색을 칠하는 존재다. 요컨대, 우리가 인간으로서 이 세계에 관해 생각하고 서로 의사소통을 할 수 있는 것은 기호를 창조할 수 있는 능력 덕분이다. 기호들은 따로따로 고립된 단위들이 아니다. 그것들은 보다 큰 시스템의 일부다. 우리는 "붉은" 색깔에 관해 이야기한다. 이는 우리가 만든 색깔 분류에 속하는 것이다. 즉 붉은색, 오렌지색, 노란색, 연두색, 파란색, 보라색 등으로 나누는 분류법을 따른다. 그러므로 우리가 어떤 사물을 가리켜 "붉다"고 말할 때는 동시에 그것이 오렌지색, 노란색, 연두색, 파란색, 보라색이 아니라고 말하는 셈이다. 문화에 따라 분류법도 다르다.[2] 우리가 나중에 살펴보겠지만, 이런 분류법은 그 밑바탕에 있는 세계관을 반영하고 또 강화시키는 역할을 한다. 세계관을 문화적 체계의 일부로 이해하려면, 사람들이 신념, 정서, 가치를 표현하기 위해 사용하는 기호들을 연구하는 일이 중요하다. 그래야 그 기호들을 사용하는 이들의 정신세계를 이해할 수 있을 것이기 때문이다.

의식

문화 행위의 중심에는 의식이 있다. 이는 악수, 경례, 포옹과 같은 단순한 것에서 제례, 새해 축하식, 박람회, 축제, 결혼식, 가면무도회, 순례행사, 잔치, 현충일 행사, 성스러운 의식 등에 이르기까지 아주 다양하다. 현대인은 의식을 막간에 하는 무해한 행동이나 무의미한 행사 정도로 대수롭지 않게 여긴다. 그러나 대부분의 사회에서는 의식이 아주 중심적인 역할을 담당한다. 의식은 사회적으로 이미 규정된 언어와 행위를 사용하는, 다층적인 교류행사다.

그 가운데 한 차원을 보면, 의식은 사람들이 가정, 집단, 공동체, 사회를 형성할 때 그들 간의 관계를 규제하는 규범들을 연출함으로써, 인간 공동체 안의 사회적 질서를 유지한다. 또 다른 차원에서는, 사람들이 생각하고 느끼고 세계를 평가하는 방식을 규제하는 심층적인 문화적 규범들을 가시적으로 표현하는 역할을 한다. 의식은 (그들이 믿기로) 신들이 창조하고, 조상들이 규정짓고, 그 문화의 영웅들이 문명과 인간을 위해 제정한 도덕질서를 공개적으로 표출한다. 의식은 한 사회의 신념, 정서, 가치를 드라마틱한 가시적 형태로 표현하기 때문에 세계관을 연구하는 데 특히 중요하다.

신화

문화의 핵심부에는 심층 신화가 있다. 신화는 아득한 옛날에 초자연적 존재들이 유발한 사건들을 통해 어떻게 만물이 존재하게 되었는지를 설명하는 우주적 내러티브다. 현대 세계에서는 "신화"라는 단어를 진실이 아닌 상상의 산물, 곧 허구적 이야기로 여긴다. 그러나 인류학적으로 말하면, 신화는 진실한 것으로 여겨지는 초월적인 이야기로, 사람들에게 일상생활이 뿌리박고 있는 보다 큰 이야기를 이해하게 하는 패러다임과 같다고 할 수 있다. 신화는 사람들에게 무엇이 실재하고, 영원하며, 영구적인지를 일러 줌으로써, 일상생활에서 외관상 의미가 없어 보이는 경험, 감정, 생각, 판단에 우주적 질서, 정합성, 의미를 가져다주는 으뜸 내러티브다.

신화는 이 세상에서 일어나는 현상의 표면 아래를 본다. 그것은 사유의 언어일 뿐 아니라 상상의 언어이기도 하다. 신화는 그냥 두면 인간이 듣기 아주 어려운 것들을 간접적으로 이야기함으로써, 사람들로 하여금 진리가 그들의 머릿속에 "떠오를 때"까지 열심히 상상력과 사고력을 동원하여 그 의미를 발견하도록 강요한다. 뿌리 신화는 이야기 형식으로 전해지는 인간 존재의 원형이므로 세계관을 이해하는 데 그토록 중요한 것이다.

신념 체계

각 문화마다 기호들을 사용해서 정신적 이론을 만드는데, 이런 이론들은 현실적인 어떤 물음에 대해 답변을 시도하는 낮은 수준의 설명 체계다. 구체적으로 인식작용, 개념, 인과관계, 논리적인 비교 등과 같은 것들을 서로 연계시켜서, 현실에 대한 명시적인 이해에 도달하려고 한다. 예를 들면, 병이 나면 어떤 사람들은 그것을 바이러스와 박테리아의 탓으로 돌리고, 또 어떤 사람들은 조상의 분노에서, 또 일부는 저주, 금기 위반, 마술 등에서, 또 어떤 이들은 운명이나 나쁜 업보에서 각각 그 원인을 찾는다. 이 모든 설명은 그 특정한 상황에 속한 사람들이 보기에는 다 논리적인 설명이다. 그것은 동일한 일련의 물음—이 경우에는, 왜 사람들이 병에 걸리는가—에 대한 여러 대안적인 설명들이다. 설명들은 그 일반화의 수준에 따라 여러 단계로 나눌 수 있으며, 보다 넓은 이론들은 보다 제한된 것들을 포함하고 있다.

이론들은 더 높은 수준의 지식 체계에 뿌리를 박고 있다. 이것을 토머스 쿤Thomas Kuhn은 "패러다임", 피터 버거는 "의식의 장場", 래리 로던은 "연구의 전통"이라고 각각 부른다. 우리는 거기에 "지식 체계knowledge systems"라는 이름을 붙일까 한다. 지식 체계는 대체로 다음 세 가지 핵심요소로 구성되어 있다. (1) 탐구 분야가 어떤 종류의 실체와 작용으로 구성되어 있는지에 관한 일련의 신념들, (2) 물을 만한 가치가 있다고 생각되는 일련의 물음들, (3) 그 분야를 어떻게 조사할지, 이론들을 어떻게 시험할지, 자료들을 어떻게 수집할지에 관한 일련의 인식적이고 방법론적인 규범들. 지식 체계는 이론들을 생성하는 데 중요한 기능을 한다. 그 전통에 속한 자들에게 논란의 여지가 없는 배경 지식이 무엇인지를 알려 주고, 이론들 가운데 문제가 있어서 수정이 필요한 부분을 밝혀 주고, 자료의 수집과 이론의 시험에 필요한 규칙을 확립하고, 그 전통의 기초적인 가정에 위배되는 이론에게 도전을 가하는 등 여러 역할을 지식 체계가 담당한다(Laudan 1996, 83-84).

활발한 지식 체계는 보통 한 가족에 속하는 이론들로 구성되어 있으며, 이 가운데 일부는 상호일관성을 갖고 있는 반면에 다른 경쟁적인 이론들은 그런 일관성이 없다. 이 이론들의 공통점은 모두가 동일한 물음들에 답하려고 한다는 것과, 그것들은 그 연구 전통에 속한 방법론적 규범들에 의해 시험되고 평가될 수 있다는 것이다. 예를 들어, 물리학, 화학, 생물학, 의학, 사회학 같은 과학들이 신념 체계들이다. 신학 분야에서는 조직신학과 성서신학 같은 학문이 신념 체계들이다. 일상적인 미국의 신념 체계는 자동차 기술, 전기공학, 요리, 미식축구, 고전 음악, 농사 등을 포함하고 있다. 지식 체계는 사고 작용의 안내자 역할을 하고, 사람들로 하여금 경험에 주목하여 이론을 만들게 함으로써 인생의 여러 문제를 해결하고 또 목표를 추구하도록 도와준다. 이런 역할을 통해 인생에 의미를 부여하는 것이다.

세계관

로던(1977)과 쿤(1970)이 지적하는 것처럼, 가장 높은 추상화 수준에서, 신념 체계들과 대단히 많은 상식적 지식이 느슨하게 묶여서 보다 큰 세계관을 이룬다. 세계관이란 동일한 문화에 속한 이들이 공유하는 가장 근본적이고 포괄적인 실재관이다. 그것은 그들의 주변 세계를 "이해하게" 해주는, 실재에 관한 정신적인 그림이다. 이 세계관은 실재의 본질, 삶에서 이미 "주어진 것들"에 관한 토대적인 가정에 기초를 두고 있으며, 이런 신념 체계가 확실한 것이라는 믿음—이것이 진정 실재의 진면목이라는 확신—을 가지게 해준다. 세계관에 의문을 품는 일은 곧 삶의 토대 자체에 도전하는 것이고, 그런 도전을 받으면 사람들은 강하게 감정적으로 반발한다. 질서의식과 의미의 상실만큼 인간이 두려워하는 것은 없기 때문이다.

사람들은 자기 신념을 지키기 위해 기꺼이 죽음까지 불사할 정도로 그것을 소중히 여긴다.

상호연관성

문화 체계 안에서 세계관이 하는 역할을 이해하려면, 세계관과 신념 체계, 이론, 상징 등의 관계를 연구하는 일이 중요하다. 또 명시적 이론 및 관습들과 그것들이 뿌리박고 있는 보다 큰 지식 체계의 관계를 보여주는 일도 중요하다. 사람들이 말하는 것을 듣고, 행하는 것을 본 뒤에, 자동차 기술, 요리, 물리학, 종교와 관련된 구체적인 신념과 관습에 비추어 그들의 문화를 묘사하는 일은 쉽다. 그런데 이러한 묘사는, 그런 구체적인 신념과 교리가 인생의 의미를 발견하려는 보다 큰 지식 체계의 일부임을 놓치고 있다. 따라서 구체적인 이론들 이면에 있는 물음과 자료와 방법을 연구하는 일이 중요하다. 예를 들면, 사람들이 어떤 사람을 보고는 왜 귀신에 들렸다고 믿는지를 아는 것도 중요하지만, 그들이 품고 있는 귀신들림에 관한 일반적인 신념을 아는 것도 필요하다. 즉 그것이 어떤 증상을 갖고 있는지, 언제 그리고 왜 발생하는지, 가능한 치료책이 무엇인지, 그것이 다른 믿음들과는 어떤 관계에 있는지 등을 알아야 한다. 지식 체계는, 명시적인 신념으로 답변되는 핵심 물음들, 자료들, 분석 방법들을 정당화한다.

다음으로, 지식 체계들이 어떻게 세계관에 뿌리박고 있는지, 그리고 그것들이 서로 어떤 관계를 맺고 있는지를 보여주는 일이 중요하다. 세계관은 실재와 선악의 본질에 관한 기본적인 가정을 제공해 준다. 신념 체계는 이런 가정들을 사용해서 이론을 세운다.

세계관은 또한 신념 체계들 사이에 갈등이 생길 때 중재 역할을 한다. 예를 들면, 서양에서는 과학과 종교 사이에 긴장이 죽 있어 왔는데, 이는 인류의 기원을 둘러싼 논쟁과 같은 구체적인 이론의 차원에서 양자를 조화시킨다고 해결되는 문제가 아니다. 이 둘의 통합은, 그 불일치점을 중재해 주는 단일한 세계관에 양자가 뿌리를 둘 때에만 비로소 가능한 것이다.

문화적 정서와 가치관

이제까지 진행된 대부분의 연구는 문화의 인지적 차원과 세계관에 초점을 맞추어 왔다. 그런데 정서적 차원도 사람들의 생활방식에 그와 똑같은 영향을 미친다는 점을 유념할 필요가 있다. 여기에도 여러 수준이 있다. 피상적인 수준에서, 정서라는 것은 흔히 그 민족의 세계관에 의해 형성된 물질적 사물과 행동 패턴을 통해 드러난다. 이보다 깊은 수준에서 감성은 기호와 의식과 신념 체계를 통해 표현된다. 사회에 따라 기쁨, 슬픔, 분노, 미움, 사랑을 다루는 방법이 서로 다르다. 이 차원에 대해서는 나중에 여러 세계관을 구체적으로 고찰할 때 상세히 살펴볼 예정이다.

　문화의 셋째 차원은 도덕이다. 이는 사람들이 옳고 그름, 의로움과 죄에 대해 내리는 판단을 일컫는다. 인지적 차원과 정서적 차원과 마찬가지로, 이런 판단행위는 문화적 산물과 행동 패턴에서 기호, 의식, 신념 체계에 이르기까지 문화의 모든 수준에서 나타난다. 나중에 구체적인 세계관들을 살펴볼 때 이런 도덕적 주제들도 고찰할 예정이다.

세계관과 사회 체계

문화적 세계관은 인간 공동체가 자기 세계를 이해하고 그 속에 살기 위하여 생산하고 유지하는 사회적 창조물이다. 예를 들면, 미국인은 자기 삶에서 자동차가 중요한 역할을 하기 때문에, 그 다양한 종류를 묘사하기 위해 여러 단어를 창안했다. 더 깊이 들어가면, 자동차의 도입이 미국인이 세계를 보는 방식에 큰 영향을 미쳤음을 알 수 있다. 마찬가지로, 컴퓨터의 발명도 세계적으로 젊은이의 단어뿐 아니라 그들의 세계관까지 변화시키고 있다.

인간 사회들은 외부 세계와 지각 세계 양면에서 서로 다른 세계에 살고 있기에, 그 사회들의 세계관도 근본적으로 다른 경우가 많다. 예를 들면, 누에르족은 자연과 가까이 사는 원예농민들이다. 그들의 시간관념은 계절의 변화와 출생, 성숙, 죽음의 순환에 의해 형성되어 있다. 또한 캠프의 이동, 결혼, 축제, 습격 등과 같은 사회적으로 구성된 사건들을 중심으로 해서 시간을 생각한다(Evans-Pritchard 1940, 104). 많은 부족과 농경사회가 그렇듯, 그들의 시간관념도 현대 산업사회에 비해 자연의 주기적 변화—매일, 매월, 매년 일어나는—에 더 많은 영향을 받고 있다. 현대 사회는 전등, 난방기구, 에어컨, 창문 없는 사무실을 특징으로 하는 만큼, 환경의 영향과 계절의 순환으로부터 대체로 단절되어 있다. 현대인은 시간, 주간, 월간, 세기, 천년기 등과 같이 사회적으로 구성된 시간 개념들의 영향을 더 많이 받고 있다.

동일한 사회에 몸담은 이들은 다소 비슷한 세계관을 공유하기 때문에, 서로 의사소통을 할 수 있다. 개인적으로 각각 다른 정신적 지도를 갖고 있을지 몰라도, 서로 공동의 언어, 신념, 세계관을 공유하고 있으므로 사회생활이 가능한 것이다. 더 나아가, 그들은 사회적 교류가 있을 때마다 공통된 기호, 신념, 세계관을 사용한다. 이렇게 함으로써 그 문화를 더욱 강화시키기도 하고 변화시키기도 한다.

세계관이 사회 체계와 서로 얽혀 있음을 유념하는 것도 중요하다. 권력자는 세계관을 사용하여 가난한 자에 대한 억압을, 그리고 가난한 자는 반역을 각각 정당화한다. 예를 들면, 높은 카스트에 속한 힌두교인은 낮은 카스트에 속한 가난한 자들의 고통을 전생에 저지른 죗값이라고 설명하고 그것을 정당화한다. 세계관은 사회계급, 민족성, 종교 등 여러 집단적 정체성을 반영하고 있으며, 또 그런 정체성들을 형성한다. 부유한 미국인들은 자기들의 높은 신분을 인종, 지능, 노력의 탓으로 돌리고, 가난한 자를 게으르다고 비난하기 일쑤다. 교회와 학교에서도 이데올로기를 둘러싼 논쟁이 자주 일어나는데, 그 논쟁이 흔히 세계관의 차이에서 비롯되는 경우가 많다. 이런 차이점을 해결하는 데는 상당한 에너지가 소비되고 다른 활동들이 희생되기 마련이다.

세계관과 사회 체계의 상호작용은 규범이 깨어졌을 때 분명히 드러난다. 이런 경우에는 그 사회의 구성원들과 집단들이 자기의 규범을 그 그룹에 강요하기 위해 여러 전략을 고안한다. 각 진영은 자기의 경기 규칙에 따라 상대방이 게임에 임하기를 바란다. 요컨대, 세계관은 행동을 조성하는데, 그 행동이 깨질 때는 사회적 권력이 특정한 세계관을 그 공동체에 강요하려고 시도한다.

세계관과 다른 시스템들

문화와 그 세계관은 다른 시스템들과 연결되어 있어서 서로 영향을 주고받는다. 여기서는 세계관을 둘러싼 여러 상황을 자세히 살펴볼 수 없지만, 인간 활동에서 세계관의 위치를 이해하려면 그런 상황들을 유념하는 것이 필요하다.

그 가운데 하나는 개인적 시스템이다. 각 인간을 하나의 시스템으로 연구할 수 있다. 그리고 각 사람은 자기가 몸담고 있는 세계에 대해 어떤 이해를 갖고 있다. 개인적 경험들은 각 개인이 자기 문화에서 배운 세계관을 짓는 데 중요한 역할을 한다. 하지만 이러한 변화는 아주 작은 편이다. 한 사회가 존속하려면 세계관의 본질적인 요소에 대해 상당한 정도의 의견일치가 있어야 하기 때문이다. 그럼에도 개개인은 특정한 사안에 대해 자신만의 견해를 갖도록 허용될 수 있다.[3] 세계관은 또한 그들이 찾은 물리학적 시스템과 생물학적 시스템에 의해 형성된다. 추운 기후에 사는 자들은 열대지방이나 사막에 사는 이들과는 다른 문제에 직면하고 다른 지식 체계를 개발한다. 도시민은 시골에 사는 사촌들과 다른 세계관을 개발하는 경향이 있다(Hiebert 1999).

우리는 또한 영적인 시스템을 진지하게 고려해야 한다. 사탄은 사람들을 거짓 이데올로기에 묶어 놓기 위해 그들의 눈을 멀게 하려고 애쓰고, 하나님은 그들의 마음이 진리를 향해 열리게 하려고 하신다. 어느 수준에서 보면, 영적인 전쟁은 세계관들 사이의 그리고 세계관에 대한 싸움이다.

변화는 이 가운데 어느 시스템에서든지 시작될 수 있음을 기억하는 것이 중요하다. 이 변화는 시스템들로 구성된 전체 시스템에 폭넓게 영향을 미친다. 어느 한 시스템을 집어내 일차적 동인, 즉 변화의 근원으로 지목할 수 없다. 사회 체계 안의 변화는 그것과 연결되어 있는 영적·문화적·심리학적·생물학적·물리학적 시스템 모두에 영향을 준다. 하지만 변화가 문화적 시스템 안에서 시작되어 다른 시스템들에 영향을 줄 수도 있다. 그래서 어떤 변화가 어디서 처음 발생했는지 파악하기 어려운 때가 많다. 그 영향력이 매크로시스템 전반에 걸쳐 나타나기 때문이다. 이는 인간의 몸에서 일어나는 현상과 같다. 즉 눈에 보이지 않는 질병의 원인이 무엇이든—생물학적·심리학적·물리학적·사회적·문화적·영적 원인 중 무엇이든—상관없이, 그 가시적 증상은 다른 하부 시스템들에 명백히 나타난다.

역사

끝으로, 세계관은 그 역사적 상황 안에 존재하고 그 상황에 의해 깊이 영향 받는다는 점을 유념해야 한다. 서양은 그리스-로마 세계관과 히브리 세계관에 의해, 중국은 공자와 부처의 세계관에 의해, 그리고 라틴아메리카는 이베리아, 아프리카, 아스텍, 마야의 세계관들에 의해 깊이 영향을 받았다. 완전한 "시스템들로 된 시스템"식 접근은 세계관들이 늘 변하는 세계에 의해 형성되고 또 그 세계를 형성하는 것을 볼 수 있어야 한다(표 3.7).

문화와 사회는 시간의 테두리 안에 존재하는 만큼, 사람들이

표 3.7 서로 영향을 주고받는 시스템들

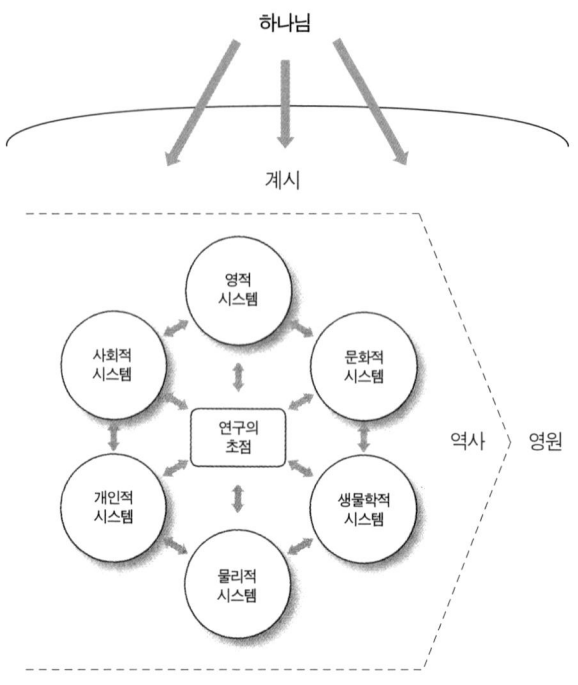

주고받는 사회적 교류에 의해 계속해서 재창조되는 중이다. 사람들은 자기 부모와 공동체로부터 세계관을 배운다. 그러므로 현재의 사상을 형성하는 것은 주로 과거로부터 내려오던 사상이라고 할 수 있다. 하지만 사람은 주변의 세계가 바뀜에 따라 그리고 사고방식이 바뀌면서, 세계관도 바꿀 수 있고 또 실제로 바꾸기도 한다. 이 세계관의 변화는 나중에 살펴볼 것이다.

4장

세계관을 분석하는 방법들

서로 다른 문화 출신 사람들은 명시적인 신념이 서로 다를 뿐 아니라, 개념 세계를 조직할 때 사용하는 기본 가정들도 서로 다르다. 그런데도 서로를 이해하는 것이 과연 가능할까? 서로를 이해하려 할 때 무슨 방법을 사용할 수 있을까? 예를 들면, 다른 문화에서 온 어떤 사람이 자신의 병은 귀신에게서 왔다고 하고 귀신을 실제로 본 적이 있다고 우리에게 말한다고 하자. 그러면 우리는 그것을 어떻게 이해해야 할까?

우리가 물론 피해야 할 것은, 그 사람을 그의 문화적 개념과 가치관에 입각해서 이해하려고 애쓰지도 않고서, 그는 무지하고 어리석은 사람이라는 식으로 자민족 중심적으로 판단하는 자세다. 그러나 이 물음에 대한 대답은 그리 단순하지 않다. 다른 문화를 이해하려고 애쓸 때, 외부인은 인간의 행위와 산물은 관찰할 수 있어도 그들의 신념과 세계관은 볼 수 없다. 이런 것은 단지 그들의 언행으로부터 추론할 수 있을 뿐이다. 그 문화의 세계관은 대체로 사람들의 마음속에 내재되어 있기 때문에 그것을 말로 표현해 줄 제보자informant도 없을 것이다. 아니, 그것은 불가능할지도 모른다. 만일 인류학자가 추론에 의존해서 추상적인 결론에 도달할 수밖에 없다면, 그 인류학자가 그 문화에 대해 무언가를 **안다**고 말할 때 그것은 무슨 뜻인가?

게다가, 인류학자들도 자기 나름의 가정들을 품고 있다. 그들은 이런 가정들에 입각하여 다른 문화를 검토해야 하는가?("에틱etic" 또는 외부적 분석) 아니면, 그 문화 자체의 개념과 가치관에 의거해서 그렇게 해야 하는가?("이믹emic" 또는 내부적 분석) 외부적 모델과 내부적 모델이 모두 쓸모 있지만, 그래도 여전히 의문은 남는다. 인류학자도 나름의 문화적 편견을 갖고 있음을 감안할 때, 과연 다른 문화를 있는 그대로 이해하는 것이 가능할까? 그리고 설령 그런 이해가 가능하다 하더라도, 그것을 그 문화에 푹 빠져서 살지 않은 사람들에게 효과적으로 전달할 수 있을까?

이러한 문제는 인도 사상의 근간을 이루는 마야, 카르마, 다르마dharma 개념을 예로 들어서 다룰 수 있다. 우리는 이 단어들을 정확히 영어로 번역할 수 있을까? 영어 단어 가운데는 이 인도 용어들 중 어느 하나와 똑같은 의미를 갖고 있거나, 똑같은 정서적·도덕적 연상을 일으키는 단어가 하나도 없다. 따라서 이를 정확하게 전달하려면, 그 산스크리트어를 그대로 사용해야 한다. 이런 생각을 극단적으로 끌고 가면, 한 문화를 이해하고 묘사하는 것은 그 자체의 언어와 사회문화적 상황에서만 가능하다고 할 수 있다. 그러면 교차문화적cross-cultural 의사소통과 이해는 사실상 불가능해진다. 그럴 경우에는 각 문화가 관념상의 섬으로 남게 되어, 기껏해야 한 섬에서 다른 섬으로 움직일 수 있을 뿐 서로를 이해하게 해줄 다리는 결코 놓을 수 없다.

다른 문화에 대한 우리의 이해는 분명히 근사치에 불과하다.

이는 그 문화가 갖고 있는 주변 세계의 모델이 근사치인 것과 마찬가지다. 그렇다고 우리가 그 문화에 대해 전혀 이해할 수 없다는 뜻은 아니다. 꼼꼼하게 연구하면 타문화에 대해 상당히 많은 통찰을 얻을 수 있고, 타인들의 사유행위와 개념의 흐름을 학습하는 새로운 방법이 개발됨에 따라, 이 근사치가 좀더 정확해지고 그것을 검증하기도 더 쉬워질 것이 분명하다.

문화를 서로 비교하는 문제는, 특정한 문화적 편견으로부터 최대한 자유롭게 된 개념과 조사 방법을 만들 때에만 해결될 수 있을 것이다. 이 과정을 밟는 것은 참으로 힘겨운 작업임에 틀림없다. 우리의 편견은 그 뿌리가 너무 깊기 때문이다. 그럼에도 불구하고, 인류학 분야에서 이제까지 상당한 진보가 이룩된 것을 부인할 수 없다.

세계관은 대체로 암시적 성격을 갖고 있다. 그러면 어떻게 그것을 연구할 수 있을까? 이 물음에 대한 쉬운 대답은 없으며, 우리가 내리는 결론이 항상 옳은 것도 아니다. 우리가 한 민족의 문화를 연구할 때는, 그들의 명시적인 신념과 관습으로부터 그들의 기본적인 가정들을 추론해야 한다. 우리는 마치 천을 가로지르는 한 줄의 실을 찾듯이, 폭넓은 문화적 산물과 관습을 꿰뚫는 유사점과 패턴, 그리고 거기서 의미를 끌어내는 신념을 찾는다. 또한 언어를 검토하여 그들이 생각할 때 사용하는 범주들을 발견한다. 아울러 축제, 출생, 결혼, 죽음과 관련된 의식 등 그들의 상징과 의식들을 연구하기도 한다. 이런 것이 가장 깊은 실재 이해를 드러내기 때문이다.

우리는 종종 우리 문화의 밑바탕에 깔린 기초적 가정보다 다른 문화의 기초적 가정을 더 잘 분별한다. 우리는 일차 문화를 어린 시절에 습득하고 그 후로는 그것을 당연시하면서 산다. 그러나 다른 문화는 우리에게 낯설기 때문에 그것을 이해하려고 그 토대를 살피게 된다. 마찬가지로, 외국인들도 종종 우리 자신보다 우리의 가정을 더 명확하게 보기 때문에, 그들이 우리에 대해 하는 말을 귀담아들을 필요가 있다. 그들의 말에 대한 우리의 첫 반응은 흔히 그것을 지나치게 비판적인 것으로 여기고 배격하는 태도다. 그러나 좀더 깊이 성찰해 보고는 그것이 옳다는 것을 발견하곤 한다. 우리도 다른 문화에서 살다가 본국으로 돌아오면, 우리 문화를 좀더 분명하게 보게 된다. 타문화 속에 들어가면 우리 자신의 문화에서 어느 정도 분리되는 훈련을 쌓을 수밖에 없고, 두 문화 바깥에 서서 양자를 서로 번역해 주는 거대문화적 틀을 개발하게 된다. 그래서 "본국"에 돌아올 때 그것을 참신한 눈으로 보게 되는 것이다.

세계관을 분석하는 방법들

세계관을 발견하는 데 특별히 중요한 방법은 존재하지 않는다. 그래서 여러 방법을 동원하는 일이 필요하다. 가장 좋은 것은 어느 한 방법이 발견한 것과 다른 방법들이 산출한 것들을 삼각구도에 놓고 살펴보는 것이다. 결국에는 세계관을 밝히는 일이 하나의 과학일 뿐 아니라, 예술임을 알게 될 것이다. 피터 버거와 동료들은 이렇게 말했다. "그래서 우리는 우리의 방법론적 단서를 자신감에 찬 태도로 주장하는 것이 아니라, (우리가 과학심리학적 용어를 창안한다면) 인지적 소심함cognitive nervousness의 태도로 내놓는 것이다. 우리는 이 문제에 관심 있는 모두에게 이와 같은 소심함을 품으라고 권하는 바이다"(Berger, Berger, and Kellner 1973, 5).

민족 의미론적ethnosemantic 분석

세계관을 발견하는 아주 효과적인 방법 중 하나는, 사람들이 사용하는 단어들과 그 단어들이 보다 큰 의미론적 집합과 영역으로 어떻게 나누어지는지를 연구하는 것이다. 언어는 원어민의 세계관에 속한 범주와 주제들을 기호화하고 또 형성해 준다. 이를 연구하면 사람들이 생각하는 방식 속으로 들어가는 문이 열린다. 언어는 사람들이 내면의 생각을 전달하는 주된 방법이기 때문이다. 여기에는 단어가 인지작용의 중요한 지표라는 가정이 깔려 있다. 따라서 한 민족이 어떻게 세계를 보는지를 알려면, 그들의 언어를 공부해야 한다. 문제는 우리가 그들의 용어를 줄곧 자기의 언어로 번역해서 그 언어에 내재된 세계관을 놓칠 위험이 있다는 것이다. 그러므로 우리는 자기의 언어가 우리 자신의 실재 이해를 형성했다는 점을 인식하는 가운데 자기의 언어가 지닌 전횡적인 힘을 옆으로 제쳐 놓을 필요가 있다.

단어와 같은 기호들은 언제나 동일한 집합의 다른 구성요소들과 연관되어 있다. 그래서 "붉다"고 말하는 것은 "노랗거나, 녹색이거나, 푸르거나, 보라색이 아니다"라고 말하는 셈이다. 민족 의미론적 분석은 특정한 상황에서와 일반적인 상황에서 적절한 행동 유형이 무엇인지를 규정하는 문화적 지식, 규율, 규범을 묘사할 목적으로, 그 민족의 민속 분류학적 위치를 발견하기 위해 명사와 동사

표 4.1 민족 의미론적 테스트

바위	천사	여자
사자	나무	모래
남자	소	신
수풀	물고기	소녀
귀신	사슴	고래
미키 마우스	바이러스	거인

같은 단어 집단들의 내적 질서에 초점을 맞춘다. 그와 같은 행위 규범은 보통 그것이 위반되어 사람들의 입에 오르내리거나, 그 규범을 강요하려고 행동을 취할 때 간파된다. 분석가들은 인지구조에 관한 연구에 의거하여 이런 민족 의미론적 구조 아래에 깔려 있는 세계관의 주제들과 개념적 틀을 발견하려고 애쓴다(Werner and Schoepfle 1989). 이 분석은 서로 다른 의미론적 영역 사이에 어떤 형식 논리적 관계가 있다고 가정한다.

민족 의미론적 분석의 본질과 힘은 예를 들어 설명하는 것이 가장 좋다. 여러 문화에서 온 사람들에게 일련의 영어 단어들을 주면서 그것들을 보다 넓은 영역으로 분류한 뒤에 왜 그렇게 나누었는지를 설명하라고 했다(표 4.1).

케냐 출신의 마사이족 청년은 이 단어들을 다음과 같이 집단별로 나누었다(표 4.2). 그는 "남자", "사자", "고래"를 함께 묶고는 모두 지배자들이라고 했다. 남자는 사회를, 사자는 정글을, 고래는 바다를 지배한다는 것이다. 그는 "여자", "소녀", "소"를 한꺼번에 묶었다. 마사이족 문화에 따르면, 한 남자가 결혼을 하고 싶을 때 신

표 4.2 마사이족의 영역 분류

남자 사자 고래	여자 소녀 소	바위 모래 나무 수풀 물고기 사슴	신 천사 귀신 조상 바이러스

부의 부모에게 많은 소를 주어야 한다. 초기 인류학자들은 이것을 "신부의 값"이라고 불렀으나, 이 명칭은 그 행습을 완전히 오해한 결과였다. 남자는 신부를 사는 것이 아니다. 훗날의 인류학자들은 그것을 "후손의 값"이라고 불렀는데, 젊은이가 소를 모두 주기 전에 여자와 결혼은 할 수 있었으나, 자식은 서로 합의한 만큼의 소를 모두 주기까지 신부의 아버지에게 속해 있었기 때문이었다. 그런데 이것도 정확한 명칭이 아니다. 여자와 소가 마사이족에게 가장 소중한 가치를 지니는 것은 바로 그들이 생명을 낳기 때문이다. 한 남자가 장차 장인이 될 사람에게 소를 줄 때, 그는 그 여자를 선물로 받는 대신에 그 확대 가족에게 자기가 줄 수 있는 가장 소중한 선물을 주는 셈이다. 그가 더 많은 소를 주면 줄수록, 그만큼 그 결혼을 더 소중하게 여기는 셈이므로 가능한 한 많은 소를 주려고 노력한다.[1] 그래서 열에서 스무 마리의 소를 모으기 위해서, 자신이 열심히 일해서 몇 마리를 기르고, 아버지도 몇 마리를 기부하고, 삼촌들과 사촌들과 형제들도 조금씩 내놓는다. 장인은 자기 딸을 그 젊은이에게 준 데 대한 감사의 표시로 받은 소들 중 몇 마리는 자기가

갖고, 나머지는 형제들과 아들들과 그 밖의 여러 친척에게 나누어 준다.

　이 같은 선물 교환의 그물망은 그 공동체에서 여자가 얼마나 소중한 존재인지를 보여주고 있으며, 그것이 여자들에게 상당한 정도의 안전을 제공해 준다. 설령 남편이 자기를 떠나더라도 생필품을 제공해 주는 소들을 가지게 되기 때문이다. 한 남자가 아내와 이혼하려고 하면 모든 남자 친척들이 그를 나쁜 남편으로 신랄하게 비난하는데, 자기들로서는 소를 돌려주고 싶지 않아서다. 젊은 여자가 남편을 떠나기를 원할 경우에는 모든 여자 친척들이 나서서 그녀에게 더 나은 아내가 되도록 권고한다. 그래서 마사이족 문화에서는 이혼율이 낮다.

　그 젊은 마사이족은 바위, 모래, 나무, 수풀, 물고기, 사슴을 한 군데에 묶었다. 이런 것들은 누가 취할 때까지 아무에게도 속하지 않기 때문이라고 말했다. 물고기나 새는 그것을 잡는 사람에게 속한다. 마찬가지로, 나무와 수풀에 있는 열매도 누구나 자유로이 취할 수 있다. 아무도 그것을 소유할 수 없다. 끝으로, 그는 신, 천사, 귀신, 조상, 바이러스를 함께 묶으면서, 이것들은 모두 인간을 죽일 수 있기 때문이라고 했다.

　똑같은 테스트를 힌두교인에게 해보면, 그들은 그것들을 보다 넓은 영역으로 분류하지 않는다. 오히려 그 단어들을 생명의 위계에 따라 배열한다(표 4.3). 그들이 가진 세계관적 가정 하나는 모든 생명이 하나라는 것이다. 신, 인간, 동물, 식물, 바위 등과 같은 생명의 여러 단위들은 이 생명의 단편들이다. 신, 천사, 귀신과 같은 일부 존재들은 더 많은 생명과 순결을 갖고 있어서 더 높은 등급을

표 4.3 힌두교의 생명관

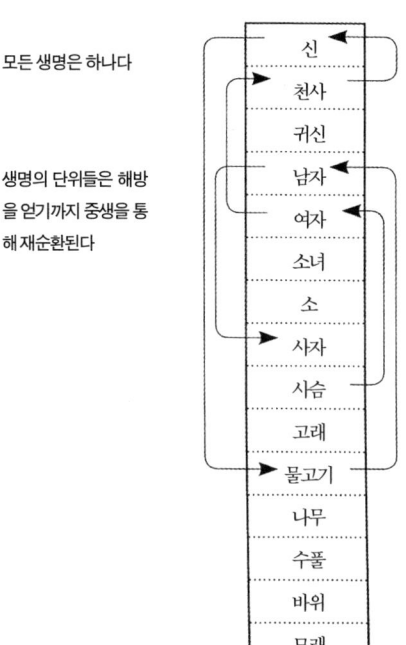

차지한다. 반면에 동물, 식물, 바위와 같은 것들은 더 적은 생명을 갖고 있고 더럽기 때문에 더 낮은 등급에 속하는 것이다. 인간은 중간에 위치한다. 인간들도 순결과 오염의 정도에 따라 등급이 매겨진다. 맨 꼭대기에는 브라만 제사장이 있다. 그 아래에는 전사 카스트, 상인 카스트, 노동자 카스트가 있다. 맨 밑바닥에는 불가촉천민이 있는데, 이들은 아주 오염된 존재들이어서 정상적인 사회의 테두리 밖에 속한다.

사람들은 죽을 때에 어떤 인생을 살았느냐에 따라 높은 등급이나 낮은 등급으로 다시 태어난다. 카스트 질서를 잘 지키고 선을 행

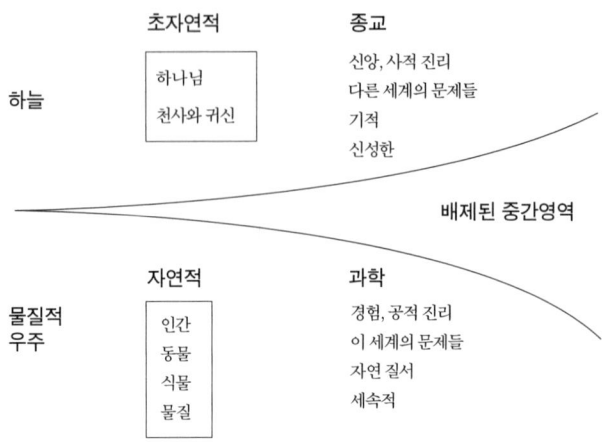

표 4.4 근대적 세계관

하는 자들은 천사나 심지어 신으로 중생한다. 사회질서를 어지럽히고 악을 행하는 자들은 동물로 다시 태어나서 그 악행 때문에 고통 받는다. 구원이란 이 끝없는 생명의 순환에서 해방되어 우주적 생명 속으로 다시 합병되는 것이다.

대체로 근대인은 단어들을 본질적이고 디지털적인 범주들에 기초하여 여러 영역으로 또 그보다 큰 분야들로 나눈다(표 4.4). 근본적으로 초자연적 실재와 자연적 실재를 서로 구별하고, 전자에는 신, 천사, 귀신 등을, 후자에는 그 밖의 존재들을 배치한다. 미키 마우스와 거인은 동화 속의 인물로 여겨 배제한다. 자연세계는 인간, 동물, 식물, 물질의 영역으로 구분한다. 식물과 물질의 차이는 생명의 유무有無에 있다. 동물과 식물의 차이는, 전자는 움직이면서 다른 생명을 먹고, 후자는 가만히 있으면서 먹히는 존재라는 점에 있다. 인간과 동물의 차이는, 전자는 영혼을 갖고 있어서 정교한 문화를 창조하는 데 비해 후자는 그렇지 못하다는 점에 있다. 과학의 영향을 받아 고래를 포유동물이라는 이유로 육지 동물과 함께 묶는 사람들과, 고래를 동물의 하위 범주인 물고기와 함께 묶는 사람들은 서로 의견을 달리한다. 모든 서양인이 생명을 다양한 종류로 구분하는 것은 사실이지만, 그 가운데 얼마나 많은 종류가 있는지에 대해서는 의견일치를 이루지 못하고 있다.[2]

이제까지 문화에 따른 단어 목록 구성방식을 서로 비교해 보았다. 이를 통해 민족 의미론적 분석—단어들이 어떻게 보다 큰 사고 체계 속으로 편입되는지를 연구하는 것—이 심층적인 세계관 주제들을 밝히는 데 도움을 준다는 것을 알 수 있다. 이 분석은 먼저 단어와 연관된 의미를 검토하는 작업부터 시작한다. 이어서 단어들이 어떻게 여러 영역으로 묶어지는지, 그리고 그 영역들이 어떻게 서로 관계를 맺는지를 검토한다. 이것은 특히 사람들이 세계에 부과하는 내부적 질서를 밝히는 데 큰 도움을 준다.

세계관을 연구하기 위해 민족 의미론적 방법을 처음 개발한 인물은 에드워드 사피어와 벤저민 호프다. 그들은 언어와 그 범주들이 실재에 대한 우리의 인식작용을 여과시키고, 우리의 신념을 형성하며, 세계에 대한 이해를 조직화한다고 주장했다. 이 방법을 보다 정교하게 다듬은 인물은 제임스 스프레들리 James Spradley (1980)와 오스왈드 워너 Oswald Werner, G. M. 쇠플 Schoepfle (1989)이며, 이들은 한 문화 속에 있는 범주, 분류법, 영역 등을 파악하기 위해 단어를 비롯한 여러 상징을 검토했고, 그것들을 다함께 연결하여 (밑바탕의 세계관을 보여주는) 인지적 시스템을 만들어 내는 논리도 연구대상으로 삼았다.

표 4.5 민족 의미론적 분석

세계관 주제들
더 높은 수준의 영역들
영역들
범주들

스프레들리는 민족 의미론적 분석의 한 방법을 이렇게 설명한다(표 4.5). 첫 단계는 단어나 범주들을 한 영역으로 모으는 일이다. 예를 들면, 종교적 신념이나 농사짓기 또는 가족 관계와 관련된 단어들을 모을 수 있다. 이는 사건들을 관찰해서 알아낼 수도 있고, 적절한 물음—무슨 종류의 X가 있는가? 또는 X는 어떤 종류의 사물인가?—을 던져서 끌어낼 수도 있다. 이를 통해 우리는 문화의 한 영역을 파악할 수 있다. 때로는 단어의 연상작용을 사용하여 민족 분류법을 도출하기도 한다. 제보자에게 어떤 범주를 주고 머릿속에 연상되는 여러 단어를 말해 보라고 요청한다. 예를 들어, "좋은 남자"나 "좋은 여자"의 특징이 무엇인지 물어볼 수 있을 것이다. 둘째 단계는 범주들과 영역들을 일반화의 증가 수준에 따라 위계의 영역으로 나누는 일이다. 이러한 영역의 도식화를 일컬어 성분 분석componential analysis이라고 부르는데, 이로부터 한 문화의 기본적인 세계관 주제들을 일부 추론하는 것이 가능하다(Werner and Schoepfle 1989).

스프레들리는 민족 의미론적 방법을 사용해서 세계관 주제들을 밝히는 과정을 여덟 단계로 정리한다(표 4.6). 이 분석의 실례로서 서아프리카의 이게데Igede족 가운데 존재하는 여러 수준의 "친

표 4.6 세계관 발견을 위한 민족 의미론적 방법

민족 의미론은 한 민족이 자신의 세계를 정돈할 때 사용하는 범주, 영역, 분류법을 파악하기 위해 여러 단어를 검토함으로써, 세계관 주제들을 발견하려고 한다. 스프레들리는 그 과정에서 사용할 수 있는 여덟 가지 테크닉을 제안한다.

- 당신 자신을 그 문화에 몰입시키라.
- 문화적 산물을 수집하라. 모은 자료들의 목록을 만들라.
  - 문화적 영역들의 목록을 작성하라: 영역이란 한 집단이 습득한 지식의 하부 체계에 해당하는 것이다.
  - 있을 법하지만 아직 확인되지 않은 영역들은 따로 목록을 작성하라. 이는 다른 유의 사물, 사건, 행위, 행위자, 활동, 목표, 일의 성취 방법, 회피 방법, 수행 방법, 물건을 놓는 자리, 일을 하는 장소, 활동의 단계, 사건의 진행 단계 등을 검토하는 데 유용하다.
- 민속 영역들의 구성요소를 분석하라.
- 한 영역이 조직되는 방식—예를 들면, 어떤 단계를 거치는가 하는 것—을 파악하라.
- 문화와 영역들의 관계를 그림으로 표시하는 등 문화의 장면을 도식으로 그려 보라.
- 영역들 사이의 관계에서 명백히 나타나는 보편적인 주제들을 파악하라(예를 들면, 사회적 갈등, 문화적 모순, 비공식적인 사회통제 기술, 신분의 획득과 유지 등).
- 문화의 장면을 글로 요약해 보라.
- 이 장면을 그 문화의 다른 장면들과 비교해 보고, 또 다른 문화의 다른 장면들과도 비교해 보라.

* 출처: Spradley 1980에서 각색.

표 4.7 친구관계를 가리키는 이게데족의 용어들

(각 등급은 여러 하위범주들을 갖고 있다)

반응이 별로 없는 친구관계(oligwuh ojwugwume)
외부인과의 친구관계(oligwu olabadoweh)
가벼운 친구관계(oligwuh ochakala)
의식적ritual 친구관계(oligwuh oliyaka) '오랜 친구들'
서로를 지지하는 친구관계(oligwuh odubwo) '도우미'
친밀한 친구관계(oligwuh olikeje) 문자적으로는 '간肝-친구'

구관계"를 들 수 있다(표 4.7).

문장 완성 sentence completion

민족 의미론 및 영역 분석과 밀접한 관계에 있는 것은 문장 완성의 방법이다. 문장-완성 테스트는 한 민족의 자기 개념과 그들의 목적, 기회, 가치관 등을 들여다볼 수 있는 통찰력을 준다. 예를 들어, "선한" 사람이나 "악한" 사람의 특징을 연구할 때 이렇게 물을 수 있다. "그들이 그 사람을 칭송하는 이유는 그가……때문이다." "만일 그 여자가 진정한 친구라면, 그녀는……할 것이다." "그 남자가 선한 사람인 것은 그가 항상……하기 때문이다." "그 여자가 나쁜/악한 사람인 것은 그녀가……하기 때문이다." "그는……할 경우에 친구/친척에게 화를 낸다." "그 여자의 친척들이 그녀를 배척하는 이유는 그녀가……때문이다."

문장-완성 테스트는 또한 사람들이 사용하는 생존 전략을 이해하게 해준다. 예를 들면, 이렇게 물을 수 있을 것이다. "만일 곤경에 처하면, 그녀는……한다." "만일 두려우면, 그는……해야 한다." 자기 자신, 자기 집단, 세계에 대한 이런 이미지들은 그 집단에 속한 개인에게 실재의 본질에 대한 근본적인 가정으로 각인되고, 개인은 그것들을 통해 때때로 필요한 행동 전략도 수립한다.

다른 기호들의 분석

문상철Steve Moon(1998)은 한걸음 더 나아가서 민족 의미론적 방법을 다른 문화적 기호들에도 적용했다. 여기에는 음식, 의복, 건물, 운송 수단을 비롯하여 펜, 시계, 자동차, 컴퓨터, 음악, 미술 등과 같은 문화적 산물까지 포함된다. 그는 터키의 코니아에서 여러 문화적 기호들을 수집한 뒤에 사람들의 마음에 떠오르는 공통된 연상에 따라 그것들을 보다 큰 덩어리로 분류했다. 그리고는 이 인지적 영역들을 서로 비교하고 거기서 도출되는 세계관의 주제들을 검토했다(표 4.8).

의식의 분석

의식이란 일정한 양식, 드라마틱한 구조, 상당한 권위, 고유한 가치를 지니고서 정기적으로 반복되는, 문화적으로 구조화된 드라마다(V. Turner 1974). 의식은 공식적인 상징 코드들을 통해 그 사회의 뿌리 깊은 신념, 강렬한 정서(경외심, 슬픔, 충성심, 온유함, 존경심, 매력), 가치관(이상적 인격, 중요한 도덕적 이슈) 등을 전달한다. 그것은 우주적 규범들을 가시적인 형태로 표현함으로써 인생에 필요한

표 4.8 **터키의 코니아에서 발견된 세계관의 영역들**

현대 터키	정통 이슬람교	수피 이슬람교
〈문화적 기호들〉		
• 쇼핑센터	• 이슬람교 사원	• 금욕수련관
• 영화관	• 마드라사(학원)	
• 영화배우 포스터	• 호메이니 포스터	• 루미Rumi의 포스터와 시
• 아타튀르크Atatturk 동상		
• 청바지, 티셔츠 차림의 여자	• 히잡을 입은 여자	• 스카프를 한 여자
• 즉석식품 가게: 핫도그, 햄버거, 서양음식	• 팔라펠 (중동식 샌드위치)	
• 현대 문학, 잡지	• 코란	• 수피 성인들의 저서
〈세계관 주제들〉		
• 세속주의	• 종교적 정통주의	• 신비적 종교 체험

사회적·문화적·개인적·우주적 질서를 재창조한다.

 우리가 살펴본 것처럼, 일상적인 사회생활과 문화생활의 밑바탕에는 심층 구조들이 있으며, 사람들은 그 구조들로 생각하고 느끼고 주변 세계를 판단한다. 심층적 신념은 그들의 경험을 조직화하고, 심층적 정서는 아름다운 것과 추한 것, 미적으로 매력 있는 것과 매력 없는 것을 경험하고 감상하도록 도우며, 심층적 도덕의식은 선과 악을 판단하도록 해준다. 의식들은 그 사회와 문화의 비가시적인 토대—즉 그들의 세계관—를 행위로 재연함으로써 그것을 표면화시키고 더욱 강화시킨다. 의식은 사물의 마땅한 존재 양태를 보여준다. 사람들에게 온전한 인간, 온전한 남성이나 여성, 또는 온전한 하나님의 사람이 된다는 것이 무슨 뜻인지를 모델을 통해 보여준다. 예를 들어, 미국 교회에서 결혼식을 할 때 신부는 하얀 드레스를 입고 신랑은 정장을 한다. 그들은 극진한 사랑과 존경심을 품고 서로를 대하고 오직 상대방만을 위해 살겠다고 서약한다. 또 새로 인연을 맺게 된 배우자 집안에 대해서도 아주 공손하게 대한다. 그런데 두어 달이 지난 뒤에 둘만 집에 있을 때는 상황이 달라지기 일쑤다. 신혼부부는 서로 말다툼을 하고 상대방을 무시하면서 자기 마음대로 하겠다고 고집한다. 그러면 왜 결혼식에서는 그처럼 시적인 사랑의 언어를 구가하고 자기희생의 다짐을 했던 것일까? 그 의식은 둘 사이의 새로운 관계, 곧 결혼한 부부의 관계를 공개적으로 확립해 줄 뿐 아니라, 그 사회의 이상, 곧 결혼이 마땅히 지녀야 할 모습을 진술하고 있다. 아무도 그 이상에 맞추어 완벽하게 살지 못한다고 해서, 그 이상 자체가 쓸모없게 되는 것은 아니다. 심층적 신념, 정서, 가치, 이상형이 없다면 아마 진정한 인간사회도 있을 수 없을 것이다.

의식은 크게 세 유형으로 나눌 수 있으며, 각 유형은 각각 다른 세계관 주제들을 조명해 준다. 첫째 유형은 때로 회복이나 갱신의 의식이라고 불리는 강화intensification 의식들이다. 이 의식들은 살다가 보면 잊히고 희미해지는 기존의 사회적·문화적 질서를 공개적으로 확증해 준다. 어떤 의미에서는 집안청소와 비슷하다고 하겠다. 사람들이 집에 살다 보면 집 안이 더러워진다. 책장에 먼지가 앉고, 바닥에 음식물이 떨어지고, 의자에 옷이 걸쳐 쌓이고, 카펫에 얼룩이 묻는다. 그래서 가끔 온 가족이 하던 일을 멈추고 집 안을 말끔히 청소한다. 회복의 의식들은 무질서와 무의미의 늪에 빠져드는 세상에 질서와 의미를 회복시키는, 사회적이고 종교적 집안청소와 같은 것이다.

변형transformation 의식들은 개인과 집단의 삶에 찾아오는 전환점을 표시한다. 이는 출생, 성년식, 결혼, 죽음과 같은 인생사를 기리는 의례들, 새해, 파종기, 추수기와 같은 연례행사들, 십자가의 길을 따라 걸어가는 종교적 순례 등을 모두 포함한다. 이런 의식은 집을 리모델링하는 것과 같다. 그러기 위해서는 먼저 옛것을 허물고, 한동안 혼란스런 과정을 거쳐 새것을 완성해야 할 것이다. 회심과 같은 변형 의식은 짧은 기간에 집중적으로, 영구적인 세계관의 변화를 가져오는 의식에 해당된다.

재창조recreation 의식들은 옛 세계가 완전히 무너졌을 때 새로운 세계를 건설하도록 도와준다. 쓰나미가 도시를 휩쓸어서 아무것도 건질 것이 없을 때 그 도시를 재건하는 것과 같다. 많은 전통사회의 경우, 현 세계는 여기저기 손을 댄다고 고칠 수 있는 상태가 아니다. 따라서 본래의 창조세계를 의식적으로 재연하여 그것을 재창조하지 않으면 안 된다. 이렇게 하지 않으면 혼란과 어둠의 나락에 떨어지고 말 것이다. 일부 문화에서는 새해 축제가 그런 역할을 한다. 즉 그것은 이미 낡아 빠진 세계를 재창조하는 의식이다.

이처럼 의식은 한 민족의 심층부에 있는 신념과 정서와 가치를 가시적으로 재연하는 것인 만큼 그들의 세계관을 이해하는 데 꼭 필요한 열쇠와 같다.[3] 의식을 연구하려면 먼저 관찰을 통한 자료 수집과 참여적 관찰 행위가 필요하다. 우리는 의식의 참여자, 그들의 역할과 상호관계, 언어 행위, 음악, 행동, 의식에 사용되는 물건, 상징 등 여러 부분을 관찰한다. 또 공간의 구조를 연구하고(지도를 그리는 것도 좋다) 그것이 어떻게 사용되는지를 주목한다. 그리고 시간대에 따른 행사 또는 이야기의 진행순서를 눈여겨본다. 아울러 사회적·문화적 상황과 사건 등 그 행사의 전후 상황을 살펴본다. 이는 총체적인 의식의 장에 해당되는 것이다. 또 토착민들의 설명을 모으고, 기록된 텍스트와 전승된 텍스트를 수집하고, 의식이 진행되는 동안 일부 제보자와 전문가들과 인터뷰를 한다.

의식 분석의 둘째 단계는 자료의 해석, 곧 의식에서 의미를 발견하는 일이다. 먼저 의식에서 사용되는 핵심적인 상징들과 그 의미를 분석하고, 그것을 동일한 상징이 다른 문화적 배경에서 지니는 의미와 비교해 본다. 예를 들어, 피는 의식에서 중요한 상징물로 등장하는데, 다른 문화적 배경에서도 종종 중요한 의미를 갖는다. 셋째 단계는 보다 큰 상징의 영역들에 비추어 그 상징들을 고찰함으로써 이원적 대립, 결합, 중복이 있는지 여부를 살펴본다.

그 후 우리는 의식에 등장하는 전환, 긍정, 곤경 등 여러 단계와 유형들을 연구하면서 의식 절차를 전반적으로 검토한다. 여기서 우리는 분리, 경계, 집성과 같은 특징을 간파할 수 있고, 그 의식이 그 민족의 사회문화적 생활 전반에 걸쳐 하는 역할을 알아차리게 된다. 끝으로, 우리는 그 의식을 통해 표면에 드러나고 가시화되고 재확인되는 심층적 세계관 주제들을 찾는다.

민간 전승과 신화의 분석

세계관의 통시적 주제를 이해하려면 한 민족의 민간 전승과 신화를 연구하는 일이 가장 중요하다(Dundes 1965). 신화란 사람들이 사물의 궁극적 본성에 관한 참된 이야기로 받아들이는, 보다 넓은 이야기를 일컫는다. 신화는 사람들에게 패러다임—과자 절단틀—을 제공하여 그들의 우주, 인간 역사, 전기傳記 등을 이해하도록 돕는다. 그것은 그들이 지금 몸담고 있는 근본적인 "플롯" 또는 "이야기 줄거리"가 무엇인지를 보여주는 역할을 한다는 뜻이다. 신화는 또한 사람들에게 그들의 기원과 운명에 관한 지도도 제공해 준다.

신화는 때때로 문화의 밑바탕에 깔린 근본적인 주제들을 제공하기도 한다. 그것은 삶이 갖고 있는 본래의 모순점을 붙들고 씨름하며, 그 긴장이 해소될 때까지 계속 더 높은 차원으로 추상화시켜 그 문제를 해결하려고 노력한다(Levi-Strauss 1984).

신화를 연구하는 한 가지 접근은 그것을 관통하는 주제들이 무엇인지를 찾는 것이다. 예를 들어, 서양의 로맨스를 보면, 수많은 반대에도 불구하고 "사랑에 빠져" 결혼에 골인하는 것이 공통된 주제임을 알 수 있다. 인도의 서사시들Mahabhrata, Ramayanam에 나오는 신들의 이야기Puranas는, 선한 신들과 악한 신들, 좋은 왕들과 나쁜 왕들이 조신들과 군대와 경호원들에 둘러싸인 채 서로 싸우는 우주적 전쟁을 그리고 있다. 그 대적은 한 집안 출신인 경우가 적지 않다. 대부분의 경우 아내와 자녀들도 그 전쟁에 개입하는 것을 볼 수 있다.

신화는 사람들로 하여금 인생의 모순점들을 탐구하게 해준다. 선과 악, 사랑과 미움, 용납과 배척 사이의 긴장이 그것이다. 그리고 우리 눈에 보이고 귀에 들리는 세계 이면에 무언가가 있음을 보여준다. 즉 "우리가 보고 듣고 만지는 그것만큼 실재적인, 아니 어쩌면 그보다 더 실재적인" 그 무엇이 있음을 알려 준다(Peterson 1997, 38). 신화는 우리가 보기에 헷갈리고 종종 두려움을 주는 이 세상을 잘 이해하도록 도와준다. 사람들이 몸담고 있는 이 현실을 하나로 통합시키고 그 정당성을 입증해 주는 역할을 하는 것이다.

신화를 연구할 때는, 누구나 알고 있는 이야기들을 연구하는 데 그치지 말고, 특정한 공동체에서 구체적으로 전해지는 이야기들—그 지방의 민속 신화—도 공부해야 한다. 예를 들면, 남인도의 한 촌락의 경우, 코마티 카스트가 그 후견인에 해당하는 여신의 이야기를 들려줌으로써 자기 정체성을 유지하는 것을 볼 수 있다. 이 이야기는 바자회에서 파는 작은 팸플릿에 담겨 있다. 줄거리는 이러하다. 약 300년 전에 아름다운 젊은 코마티 처녀가 살고 있었다. 그 지방의 왕이 그녀를 보고는, 자기가 일주일 후에 돌아올 때 자기 신부가 되도록 그녀를 준비시키라고 신하들에게 명령했다. 그녀는 심한 고뇌에 빠졌다. 만일 그 왕과 결혼해서 왕비가 되면, 자기 카스트를 벗어나서 결혼하는 셈이므로 그 카스트를 더럽힐 것이었다. 그녀는 카스트의 순결이 더 중요하다는 결론에 도달했고, 그 왕이 결혼하러 오자 큰 불구덩이에 뛰어들었다. 그때 그녀가 유령이 되어 떠오르는 장면을 모두가 눈으로 목격했다. 그녀는 코마티 카스트를 수호하는 여신이 된 것이다. 그 카스트에 속한 집안 가운데 102명의 지도자들은 그녀와 함께 구덩이에 뛰어들었으나, 나머지 612명은 그렇게 하지 않았다. 세월이 흘러 그 카스트는 "뛰어든 자들"과 "뛰어들지 않은 자들"로 갈라졌다. 전자는 그 지도자들이 카스트의 순결을 지키기 위해 자기 목숨을 희생하려고 했기 때문에 더 높은 계급에 속하게 되었고, 현재 그들은 "뛰어들지 않은 자들"과는 혼인을 하지 않는다. 그 아래에는 카스트의 순결과 왕족의 화려한 생활 사이의 긴장이 깔려 있다. 최종 결론은 전자가 후자보다 더 중요하다는 것이다.

지혜 문학

세계관의 주제를 발견하는 또 하나의 중요한 방법은 한 민족의 지혜 전승을 조사하는 것이다. 그들의 노래, 격언, 경구aphorism, 시, 수수께끼, 비유, 이야기 등이 그것이다(Dundes 1965). 구술사회는 그들의 깊은 신념과 정서와 도덕을 이런 것들에 담아 보존하고 그것들을 대대로 전해 준다.

지혜 전승은 인생의 여러 역설을 직시한다. 출생과 죽음, 기쁨과 슬픔, 부와 가난, 사랑과 미움, 선과 악 사이의 긴장 같은 것들이 그러한 역설이다. 그렇게 함으로써 그 문화의 중요한 이슈들에 초점을 맞추고, 그 세계관의 핵심 주제들과 반주제들을 재확인한다.

내러티브 분석

사람들이 경험의 의미를 이해하는 일차적인 방법은 경험을 내러티브의 형태로 표현하는 것이다. 특히 어려운 인생의 전환점에 도달했을 때와 외상trauma이 있을 때에 그렇게 한다. 그들은 무질서한 경험들로부터 플롯을 만들어 내고, 역사적 사건들을 넘어 세계적 차원의 이야기와 그 안에서의 자기 위치를 이해함으로써 그런 경험에 의미를 부여한다(Riessman 1993).

사람들은 자신의 삶에서 일어나는 사건들을 이해하기 위해, 계속 이어지는 경험에 나름대로 질서를 부여하기 마련이다. 내러티브 분석은 바로 그런 현상을 살펴보기 위해 일인칭으로 들려주는 그들의 이야기에 초점을 맞춘다. 그들의 인생관에 따라 어떤 요소들이 그들의 이야기에 포함되거나 제외되는지, 사건들이 어떤 플롯에 따라 정돈되는지, 사건들이 어떤 의미를 지니도록 되어 있는지 등을 연구과제로 삼는다. 사람들은 개인적으로 자신의 내러티브에 담긴 과거의 사건들을 나름대로 해석하고 구성하는 일을 통해 자기 정체성을 찾고 또 자기 인생을 건설해 나간다. "개인들이 어떻게 자기 내력을 들려주는지—무엇을 강조하고 무엇을 생략하는지, 스스로를 주인공이나 피해자 중 어느 입장으로 보는지, 그 이야기가 이야기꾼과 청중의 관계를 어떻게 맺어 주는지 등—를 들어 보면, 그 개인이 자기 인생에 대해 무엇을 주장하는지를 알 수 있다. 개인적인 이야기는 단지 자기 인생에 관해 누군가에게(또는 자기 자신에게) 말해 주는 것에 그치지 않는다. 그것은 자기 정체성을 형성하는 수단이라고 할 수 있다"(Rosenwald and Ochberg 1992, 1).

사람은 자기 인생을 이해하고 설명하기 위해 자서전적 내러티브를 창조한다. 흔히 이런 이야기들이 엮어져서 인생 스토리들로 구성된 공동체를 만들고, 이는 다함께 인생 자체에 담긴 심층적 구조를 이해할 수 있도록 도와준다.

심미적 문화

세계관의 정서적 주제를 연구하려면 미술, 음악, 음영吟詠 공연, 연극, 춤, 드라마, 영화, 잡지 등 심미적 문화를 조사하는 일이 필요하다. 그런데 소규모 구술사회나 농경사회에는 오락물이나 예술적 표현물이 별로 없다고 잘못 생각하는 경우가 비일비재하다. 그러나 그런 사회들도 대부분 다양한 상황에서 여러 감정을 표현하기 위해 여러 종류의 예술과 음악을 사용한다. 이를테면, 애도, 전쟁, 기쁨, 경축, 예배의 노래 등이 그런 것이다. 인도 촌락에 가면 사람들을 즐겁게 해주기 위해 아주 다양한 형태의 음영 및 연극 공연을 하는 것을 볼 수 있다.

평가적 이상

규범적 주제들은 한 문화의 영웅과 악한을 연구함으로써 파악할 수 있다. 예를 들면, 중국에서 위대한 인물은 사회에 지혜와 화해를 가져오는 현인이다. 힌두교 문화에서의 영웅은 인생의 소용돌이 위에 우뚝 서서 내면의 평안을 갖고 명상하는 성인 또는 현인이다(마하트마 간디Mahatma Gandhi나 선다 싱Sundar Singh 같은 인물). 이슬람교 문화에서는 신의 말씀을 선포하는 종교적 지도자들(아야톨라ayatollah와 물라Mullah 같은)이 그런 인물이다. 기독교 문화의 경우에는 성인들, 교회 지도자들(교황, 주교), 복음전도자들(빌리 선데이Bill Sunday, 드와이트 무디Dwight Moody, 빌리 그레이엄Billy Graham)이 있다. 현대 사회에는 학자, 국가의 정치 지도자, 실업계의 거물과 기업인, 연예계의 톱스타(스포츠, 영화, 텔레비전, 스타, 대중 가수, 음악가 등) 등이 있다. 서부 영화를 보면 보안관과 카우보이가 영웅으로, 악당과 인디언이 악한으로 각각 등장한다. 힌두교에서의 영웅은 라마Rama고, 그 대적은 라바나Ravana다.

주요 제보자들

어느 사회든지 각 분야에 전문가로 알려진 사람들이 있기 마련이다. 최고의 도자기공, 최고의 가수, 최고의 의사 등. 또한 지혜가 많은 것으로 알려진 인물들도 있다. 폴 라딘Paul Radin의 말대로, 모든 사회에 존재하는 토박이 철학자들이 그런 인물이다(1927). 세계관이 어느 의미에서는 실재에 대한 철학적 접근이므로, 로버트 레드필드는 이렇게 말한다. "외부인은 기다린다. 그는 토착민(들)이 스스로 삶 전반에 대해 어떤 질서를 착상했는지 여부를 들으려고 귀를 기울인다. 그것은 연구자가 지향하는 그 무엇이 아니라, 바로 그들의 질서, 그들의 범주, 그들의 강조점이다. 각 세계관은 철학적 주제들, 만물의 본질, 그것들의 상호관계로 구성되어 있으며, 우리와 같은 외부인 조사자들이 주목하는 바는, 토박이 철학자들이 그것들에 질서를 부여하는 방식이다"(1968, 88). 세계관이란 바로 사람들이 마음속 깊이 품고 있는 인지적·정서적·규범적 실재 관념을 일컫는다. 외부인은 그 민족이 전 영역을 어떻게 조직화했는지를 듣기 전에는 자기가 품고 있는 제안사항을 제시하면 안 된다.

두터운thick 서술

클리퍼드 기어츠는 "두터운 서술"의 방법을 사용하는 해석적 interpretive 인류학이란 개념을 창안한 인물이다(1983). 두터운 서술이란 특정한 사회문화적 사건들을 중심으로 한 민족이 그것들을 어떻게 보고 해석하는지를 분석하는 것으로, 이는 우리로 하여금 그들이 실재를 보는 방식을 이해하도록 도와준다. 한 가지 위험은 우리와 같지 않다고 해서 다른 민족을 이상하고 원시적인 민족으로 치부하는 태도다. 또 다른 위험은 그들을 우리와 비슷한 민족으로 보는 바람에 차이점을 간과하는 잘못이다. 해석적 인류학은 서로 다른 문화와 세계관들 사이에 상호이해를 도모하고 번역하기 위해 이해의 다리를 세우려고 애쓴다. 이 방법은 특정한 인간의 배경이나 드라마를 사회적·문화적으로 깊이 분석하는 것이며, 그 목적은 그런 것과 관련된 인지적·정서적·평가적 의미를 파악하고, 그런 의미들이 어떻게 사회 체계에 의해 빚어지는지를 고찰하는 것이다.

사례들

인류학적 연구의 근본은 구체적인 사례들에 관한 자료를 모으는 일이다. 사례란 처음과 중간과정과 끝이 있는 구체적인 사회적 사건을 일컫는다. 의식의 수행이 그런 사례에 해당한다. 각 개인의 생애도 사례에 해당한다. 이는 땅 위에서의 출생으로 시작하여 죽음으로 끝나기 때문이다. 법적인 사례도 마찬가지다. 이것도 공동체의 평화와 질서를 깨는 것으로 시작하여 그 사례가 해결되는 것으로 끝난다. 사실, 인간이 처한 많은 상황이 사례연구의 대상이 될 수 있다.

우리는 사례들의 밑바탕에 깔린 질서와 심층적 의미를 발견하기 위해 동일한 영역에 속한 여러 사례들을 모은다. 예를 들면, 지역사회의 법을 통하여 다양한 논란거리와 그 해결책과 관련된 여러 사례들을 모을 수 있을 것이다. 우리는 먼저 표면상의 사건들과 사람들이 제공하는 설명을 고려한 뒤에, 그 사람들이 마음속 깊이 품고 있는 정의 및 그 달성 수단에 대한 생각을 보여주는 심층적 원리를 찾게 된다. 한 인류학자는 이렇게 말한다. "자료들을 갖고 놀아라. 그대가 변하여 어린아이처럼 되지 않으면 결코 연구조사의 나라에 들어가지 못하리라."

사례 분석의 첫 단계는 상황에 대한 현상학 또는 자세한 분석이다. 이 단계의 목적은 특정한 상황을 탐구하고 이해하는 것이다. 이는 그 사례(들)에 나타나는 어떤 패턴이나 예측 가능성을 찾는 작업을 통해 이루어진다. 시간을 두고 많은 사례를 관찰하면 보통 어떤 패턴들이 나타나고, 그것을 통해 우리는 그 사례의 본성을 파악하고 또 그 속에서 일어나는 인과관계에 관한 가설을 발전시킬 수 있다. 이런 것을 서술할 때 우리는 그것을 적절한 다른 사례들과 비교할 수도 있고, 비교를 위한 중립적 범주들도 개발할 수 있다.

둘째 단계는 서술하는 차원을 넘어서 이론에 입각하여 그 사례를 설명하는 데까지 나가는 것이다. 여기서도 더 깊은 연구를 위해 더 많은 가설을 설정하게 된다. 통시적 분석의 경우에는 시간에 따른 변화의 원인들을 추적한다. 예를 들면, 한 사람, 한 나라 또는 한 공동체의 역사를 연구할 수 있을 것이다. 우리의 목표는 왜 사태가 그러한 식으로 발생했는지를 이해하는 것이다. 공시적 분석의 경우에는, 복잡한 시스템이 어떻게 작동하는지를 알기 위해 그 역학을 꼼꼼하게 조사하게 된다. 예를 들면, 우리는 촌락의 의식들이 어떤 기능을 하는지 또는 갈등을 어떻게 해결하는지를 연구할 수 있다. 우리는 또한 일반적인 비교이론들을 만들기 시작할 수도 있다. 예를 들어, 여러 다양한 사회나 다양한 경제 체제를 중심으로 장례식을 서로 비교하는 작업이 가능하다.

심층적인 철학적 분석

한 민족의 심층적 신념에 관한 철학적 연구는 그들의 세계관을 들여다볼 통찰을 제공한다. 다음과 같은 연구서들이 좋은 본보기다. 윌리엄 시어도어 드 배리William Theodore De Bary가 편집한 「인도 전통의 근원들 Sources of Indian Tradition」(1958), 대릴 포드Daryll Forde가 편집한 「아프리카의 세계들: 아프리카 종족들의 우주론적 관념과 사회적 가치관에 대한 연구 African Worlds: Studies in the Cosmological Ideas and Social Values of African Peoples」(1954), 찰스 무어Charles Moore가 편집한 「인도인의 심성 The Indian Mind」(1967) 등.

교차문화적 비교

세계관을 발굴하는 데 유용한 한 가지 강력한 도구는 문화들 간의 상호비교를 통해 서로 어울리는 주제와 대조적인 주제를 발견하는 것이다. 가장 손쉬운 방법은 로버트 레드필드의 외부적 주제들—시간, 공간, 사람, 타자, 인과관계 등—을 모든 문화에 무조건 적용하는 것이다. 그럴 경우에 관찰자는 그 주제와 관련된 부분을 조사하게 되고, 그 주제에 관한 세계관을 정립하지 않을 수 없을 것이다. 이보다 어려운 접근은, 첫째 단계로서 여러 다른 문화들의 연구로부터 생기는 내부적 주제들을 연구하는 것이다. 문화는 각각 다

표 4.9 세계관 주제들의 교차문화적 비교

A문화	B문화	C문화
주제 1 ←— 비교 —→	주제 1 ←——————→	?
주제 2 ←——————→	? ←——————→	주제 2
? ←——————→	주제 3 ←——————→	주제 3
주제 4 ←——————→	주제 4 ←——————→	주제 4

르기 때문에, 어느 한 문화에서 끌어낸 주제들을 다른 문화의 주제들과 언제나 직접 비교할 수 있는 것은 아니다. 이런 경우에는 세계관들 사이의 대화가 이해와 비교의 다리를 제공하는 데 도움이 될 수 있다. 예를 들면, A문화가 주제 1, 2, 3, 4를 가지고 있다고 하자. 그런데 B문화는 A문화가 가진 주제 1과 주제 4를 가진 동시에 주제 5와 주제 6도 가지고 있을 수 있다. 그러면 우리는 B문화에 있는 것 가운데 A문화의 주제 2와 주제 3에 비견되는 것이 무엇인지, 그리고 A문화에 있는 것 가운데 B문화의 주제 5와 주제 6에 비견되는 것이 무엇인지를 물을 수 있다. 이런 비교를 통해 우리는 양쪽 문화에서 그동안 의식적으로 발굴하지 않았던 특정 분야의 유사점과 대조점을 찾아낼 수 있을 것이다. 이와 같은 세계관들 사이의 "대화"는 두 문화에 있는 유사한 주제 집합을 찾도록 도와줄 수 있다. 이 과정은 세 개 이상의 문화에도 확대할 수 있다(표 4.9, 구체적인 예로는 부록 2를 보라).

비교는 특정한 세계관을 이해하도록 도울 뿐 아니라, 시간의 흐름에 따라 세계관에 일어나는 변화 현상도 이해하도록 돕는다. 예를 들어, 그것은 그리스도인이 되는 사람들의 세계관에 무슨 일이 발생하는지를 알게 해주고, 또 심도 깊은 회심이 정말 일어났는지 여부도 검토하게 해준다. 아울러 문화 상호간의 의사소통과 잘못된 의사소통도 이해하도록 도와준다. 두 분야는 전 세계를 복음화하는 데 매우 중요하다.

이제 구체적인 세계관들을 연구하는 데 초점을 맞추어 보자.

5장

소규모 구술사회의 세계관

인류 역사를 보면 줄곧 소규모 사회가 인간 사회조직의 기본 형태였음을 알 수 있다. 이는 사회과학자들이 말하는 이른바 무리band와 부족tribe을 포함한다.[1] 이런 사회들에서 발견되는 엄청난 수의 세계관을 모두 공평하게 다루는 일은 불가능하다. 우리는 기껏해야 그 가운데 공통된 주제 몇 가지를 검토할 수 있을 뿐이다. 이런 주제들마저 현대인은 이해하기 어렵다고 느낄 것이다. 이 연구의 목적은 수만 개에 달하는 소위 전통사회를 조사하려는 것이 아니고, 현대인이 그러한 사회를 더 잘 이해하도록 돕고자 하는 것이다. 오늘 우리가 직면한 문제는, 이런 사회들과 문화들이 역사의 대부분 기간에 인간 존재의 기초가 되어 왔음에도 현대 세계는 그에 대해 잘 모른다는 점이다.

실재의 본질에 관한 근본적 전제들은 이런 무리사회와 부족사회의 문화적 지식 아래에도 깔려 있다. 그들의 세계관은 서로 상당한 차이가 있기는 하지만, 그래도 대다수에 적용되는 일반화가 가능하다고 생각한다. 그런 사회들을 연구하면 그 문화를 이해할 수 있을 뿐 아니라, 우리가 그 사회들에서 사역할 때 우리 자신이 가져가는 세계관도 분별할 수 있을 것이다.

인지적 주제들

여기서는 여러 무리사회와 부족사회가 공통적으로 갖고 있는 세계관의 주제와 반주제를 일부 살펴보고자 한다. 무리와 부족은 서로 다르기는 해도 공통점이 많이 있다.

유기적이고 총체적인 holistic

소규모 사회들의 세계는 살아 있고 역동적이다. 인간은 온갖 살아 있는 생물체와 비가시적 세력들로 이루어진 세계의 일부다. 그런 세계에서는 구획화가 있을 수 없다. 즉 종교, 과학, 인문학 등으로 나누지 않고, 공적 영역과 사적 영역으로 구분하지도 않고, 사회, 경제, 정치, 법과 같은 분야로 구획을 나누지도 않는다. 이 총체적인 세계관이 모든 삶의 중심에 있고, 우리가 하는 모든 일—어떻게 먹을지, 누구와 결혼할지, 어떻게 씨를 뿌릴지, 어디에 묻힐지 등—에 영향을 미친다.

여러 존재와 세력들

소규모 사회에서는 생명이 없어 보이는 땅이 어리둥절할 정도로 다채로운 생명을 창조한다. 땅은 모든 생명의 어머니와 같다. 우리가

표 5.1 **부족의 세계관**

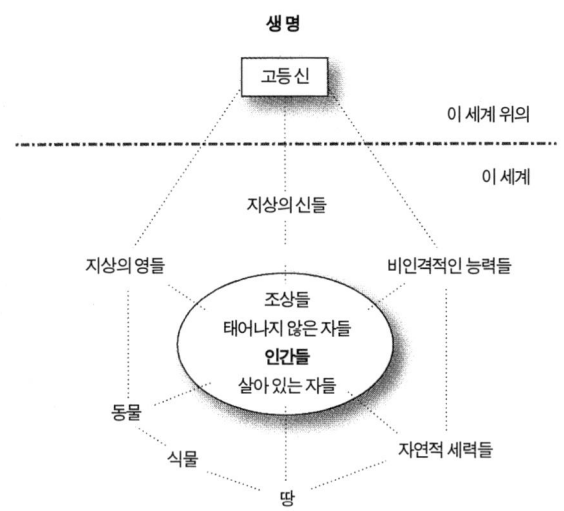

어디를 보든지 거기에는 풀, 수풀, 나무, 온갖 종류의 꽃들이 있다. 셀 수 없는 곤충의 무리가 밤의 적막을 깬다. 이 세계는 갖가지 생물체로 가득 차 있다. 물고기와 새와 동물들, 인간과 조상과 아직 태어나지 않은 자들, 산과 강과 하늘과 땅의 영들, 그리고 질병과 번영의 영들에 이르기까지. 땅과 그 가운데 있는 풍성한 생명을 창조하고 지금은 하늘에 있는 고등 신도 종종 존재한다. 이 모든 창조물이 땅에서부터 나오므로, 땅은 가히 공동체의 원동력인 것이다.

모든 형태의 생명은 동일한 공간 안에서 살고 있다. 촌락과 그것을 둘러싼 숲과 평야에는 온갖 종류의 생명체가 거주하고 있다. 인간(살아 있는 자, 죽은 자, 태어나지 않은 자 등), 마녀와 귀신, 나무, 강, 들, 산의 영들, 질병과 권능의 영들, 동물, 새, 물고기, 곤충, 식물 등. 이 모든 존재들이 사랑, 상호동맹, 경쟁관계, 분노, 질투를 경험하면서 다 함께 공존하고 있다. 바위, 언덕, 그리고 산출력을 가진 땅은 엄연히 살아 있으며, 똑같은 생명력과 똑같은 세계를 공유하고 있다(표 5.1). 이러한 세계는 초자연적인 것과 자연적인 것을 서로 구별하지 않는다. 모든 형태의 생명이 서로 연결되어 있기 때문이다. 식물과 동물이 서로 친척이요 토템이요 영적인 도우미라는 것을 경험하고, 자연의 세력도 의료, 마술, 다양한 힘들이 서로 균형을 이루고 있는 것으로 간주된다.

많은 소규모 사회는 한 위대한 영Great Spirit을 믿거나, 하늘에 살면서 인간의 일상사에는 관여하지 않는 고등 신을 믿는다. 여러 신화에 따르면, 그가 인간들을 창조했다가 그들에게 상처를 받아 그들을 버리게 되었다고 한다.

인간을 비롯한 모든 존재는 땅에 붙어 있다. 그들은 각각 자기들만의 공동체를 만들고 일상생활에서 서로서로 관계를 맺는다. 인간과 마찬가지로 동물과 영들도 완전히 선하지도 완전히 악하지도 않다. 선과 악을 동시에 갖고 있다. 인간이 영들을 달래면, 영들은 관대해져서 인간에게 자식, 건강, 풍성한 수확, 장수의 복을 내린다. 인간이 그들을 무시하거나 노엽게 하면, 그들은 질병, 가뭄, 흉작, 사냥의 실패로 보복한다.

세계는 또한 비인격적 세력들로 가득 차 있다. 주술, 마나Mana, 온갖 종류의 의술, 사악한 눈, 사악한 입, 행운, 자연의 세력들, 점성술의 영향력 등등. 모든 사물은 우주의 에너지에서 생기를 얻는다. 어떤 산이나 숲이나 강들은, 개인이 찾아가서 명상을 하고 영의 세계를 진하게 체험하고 영적인 힘을 얻는, 능력의 처소들이다. 반면에 사람들은 무덤과 같은 곳은 피하는데, 악한 영과 세력의 공격을 받을까 봐 두려워하기 때문이다. 사람들은 이런 비인격적인 힘들을 사용해서 개인적 이익을 얻으려고 주술, 점, 점성술, 자연지식 등을 찾고, 이런 것은 그들에게 정해진 의식과 관행을 제공해서 그런 세력들을 통제하게 해준다. 또는 이런 세력을 좌우하는 주술사, 무당, 점성술사와 같은 전문가들을 찾아가기도 한다.

인간 중심적

부족의 세계관은 대체로 인간 중심적이다. 우주는 신들, 영들, 많은 종류의 자연적 존재들로 가득 차 있지만, 무대 중앙을 차지하는 것은 조상들과 살아 있는 사회 구성원들과 태어나지 않은 후손들이다. 그들은 여러 형태—가족으로서, 혈통이나 씨족으로서, 부족으로서—로 공유하는 공동체의 삶을 보존해야 하는데, 이는 주변의 신들과 강력하지만 변덕스러운 영들을 설득하고 위협하고 매수하는 일을 통해 이루어진다.

여러 부족사회에 사는 사람들은 자기를 독자적이고 자율적인 개체로 보는 것이 아니라, 부모에서 자식으로 그리고 대대로 흘러내려오는 끝없는 물줄기의 일부로 본다(표 5.2). 그들이 첫 조상들로부터 받은 동일한 피와 동일한 생명이 동일한 혈통, 씨족, 부족에 속한 모든 사람의 혈관을 관통하고 있다. J. B. 단쿠아Danquah는 서아프리카의 아칸Akan족에 관하여 이렇게 말한다. "그 위대한 조상Great Ancestor은 곧 위대한 아버지이며, 그 조상의 피를 받은 모든 사람은 그분에게서 났고, 그분의 피와 숨으로 창조된 다른 모든 사람과 한 핏줄이다. 생명, 곧 인간의 생명은 그 피의 근원지인 그 위대한 원천으로부터 계속 흘러나오는 한 핏줄이다"(1965, 28).

표 5.2 생명의 결합성 linkage

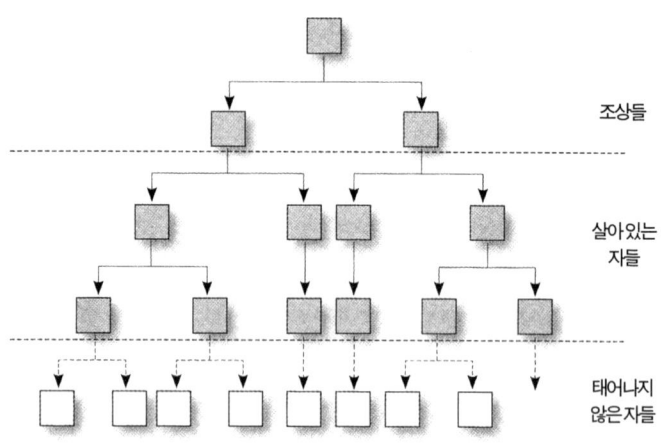

개인이 중요한 유일한 이유는, 보다 넓은 친족망網 안에서 서로를 이어 주는 연결 마디들이기 때문이다. 그들의 안녕은 그 친족 집단의 안녕에 의존되어 있고, 그들의 삶은 삶을 서로 나눌 때에만 의미를 갖는다. 사람들—특히 지도자—의 가장 중요한 의무는 이러한 삶을 보호하고 양육하는 일이다. 자율적인 개인이 된다는 것은 사실 죽은 것이나 다름없다.

부모와 자식의 연줄은 생물학적인 관계를 훨씬 넘어선다. 그것은 일차적으로 사회적이고 영적인 관계다. 자식은 부모로부터 몸을 물려받을 뿐 아니라, 이 생명의 흐름으로부터 그들의 인격, 사회적 정체성, 정신도 부여받는다. 따라서 부모의 의로움은 자녀에게 축복을 가져다주고, 부모의 죄는 자녀와 그 자녀의 자녀에게 화를 불러온다(참고. 출 20:5-6).

생명의 강물에는 늙은이도 있고 젊은이도 있다. 조부모, 부모,

자식, 손자 등. 젊은 세대는 들에서 손수 열심히 일해서 늙은 세대에게 음식을 제공하고, 모든 면에서 그들을 존경하고 경외할 책임이 있다. 이에 대해 늙은 세대는 젊은이를 축복하고 그들에게 충고를 주며 그들과 유산을 공유한다. 예를 들어, 시에라리온Sierra Leone의 멘드Mende족의 경우, 아들이 허락도 없이 집을 떠나면 아버지가 그를 저주해도 무방하다. "그 아들이 불행에 빠질 때는 회개하는 마음으로 집으로 되돌아갈 수 있다. 먼저 어머니에게 가면, 어머니는 쌀과 닭과 돈과 함께 그를 아버지에게 데려간다. 그는 아버지의 발 앞에 앉거나 무릎을 꿇고 자기 오른손으로 아버지의 오른발을 붙잡는다. 아버지는 용서의 기도를 드리고 돌아온 탕자를 축복한다. 아들 편에서의 불순종은……하나의 중대한 죄인지라 아주 심각한 결과를 초래하고, 그 죄는 의식적인 절차를 거쳐야 속죄될 수 있다"(Little 1954, 122).

조상은 인생에서 중요한 역할을 담당한다. 영적 존재들은 크게 둘로, 즉 조상의 영과 그 밖의 영으로 나누어진다. 조상은 그 공동체의 고인故人들의 영이다. 사람은 죽음 이후에도 계속 존속하고, 그 존속되는 존재는 죽은 자의 땅으로 간다고 널리 믿고 있다. 그 여정을 위해 동물과 곡물을 준비하기도 하고, 돈과 개인 소지품을 몸과 함께 묻음으로써 그 고인이 영들에게 문안하고 그들에게 지상에서의 신분과 계급을 증명할 때 그 물건을 사용하도록 한다. 고인은 이런 장례식을 치러 줄 친척을 필요로 한다. 그런 의식을 치르지 못하면 그 사람의 영이 저주를 받아 땅 위에 머물러 있으며 땅에 출몰하기 때문이다.

산 자와 죽은 자의 관계는 흔히 일련의 의식을 통해 표현된다.

그 순서를 보면 먼저는 가장 가까운 조상으로부터 시작하여 갈수록 먼 조상으로 이어지다가 마침내 이름 없는 수많은 조상들로 귀결된다. 복을 받으려고 조상에게 애원하는 시기는 밭 갈 때, 씨 뿌릴 때, 추수할 때 등이다. 누가 조상의 꿈을 꿀 때는 특별한 헌물을 드리고, 집안에 병이나 불행이 찾아오면 조상이 화나 있고 음식을 먹고 싶어 하기 때문에 그렇다고 믿는다. 또 조상들이 산 자를 도울 수 있고 자신들을 위해 신들에게 중재할 수 있다고 믿는다.

인간의 셋째 그룹은 태어나지 않은 후손이다. 집안에 자식이 없으면 그 가정은 사라지고 조상도 잊혀 버린다. 그러므로 부족의 땅을 잘 보존해서 태어나지 않은 후손들이 올 때 무언가를 소유할 수 있게 하는 것이 중요하다. 언젠가 미국의 서남부 지방에서 개발업자들이 미국 토착민 부족으로부터 땅을 사서 쇼핑센터를 지으려고 했다. 원로들은 부족 전체와 의논하는 일이 필요하다고 응답했다. 그러고는 그 땅을 팔 수 없다고 결정 내렸다. 살아 있는 자와 조상들은 살아 있는 자를 부유하게 해줄 것이므로 파는 쪽을 선호했으나, 태어나지 않은 후손들은 그 땅이 팔리면 자신들이 올 때 아무 소유물도 없게 될 것이라고 그 안을 반대했다는 것이다.

일부 부족의 경우는 생명의 강물이 혈통과 씨족과 부족을 가로질러 흐를 뿐 아니라, 동물과 때로는 식물에까지 연장된다. 이른바 토테미즘에서는 특정한 혈통이나 씨족이 특정한 동물 또는 식물의 종과 서로 관련되어 있다. 흔한 신화 하나를 들면 이러하다. 첫 조상은 세 자녀를 갖고 있었다. 첫 아이는 인간이라 호랑이 씨족의 창시자가 되었고, 둘째는 동물이라 호랑이의 원조가 되었으며, 셋째는 식물이라 호랑이 백합화의 조상이 되었다고 한다. 이처럼 생명의 망은 자연 만물에 이르기까지 연장된다.

집단 지향성

소규모 유목민 무리는 개인의 자유를 강조하는 것으로 알려져 있다. 그러나 그것도 어디까지나 타인들과의 관계를 전제로 삼고 있다. 달리 말하면, 공식적인 역할과 제도를 통해서가 아니라, 집단을 기반으로 하거나 친밀한 대인관계를 바탕으로 하는 자유를 중요시한다는 뜻이다. 부의 축적, 교만, 자랑, 경쟁, 신분에 대한 욕심, 군림하는 자세 등 분쟁을 유발하는 행태는 모두 정죄를 받는다. 그들은 겸손을 아주 중요시한다. 사냥을 잘하는 자는 어떤 명예나 특권을 얻고 싶어 한다는 인상을 주지 않으려고 무척 조심한다. 예를 들면, 캐나다 알곤퀸Algonquin족의 경우 훌륭한 사냥꾼은 잡은 동물 대부분을 남에게 준다. 둘이 사냥을 할 때는 사슴이 도망치지 못하게 하면서 서로 상대방이 사슴을 죽이도록 밀어 준다.

이 겸손의 윤리는 공유의 가치와 밀접한 관계에 있다. 위대함은 부의 축적에 있지 않고 남과 공유하는 능력에 있으며, 그것도 생색을 내지 않고 그렇게 하는 게 중요하다. 지도자는 명예를 요구하는 자가 아니라, 남을 기분 좋게 하면서 잘 지도하는 인물이다.

원예농경 사회의 경우, 삶은 자율적인 개인으로서가 아니라 공동체 안에서 아름다운 꽃을 피운다. 아마 현대인에게 집단 중심적 의식구조만큼 이해하기 어려운 것도 별로 없을 것이다. 대부분의 현대인들은 당연히 모든 사람이 스스로를 자율적인 개체로 여긴다고 생각한다. 자립, 개인의 업적, 개인의 선택, 양도 불가능한 개인적 권리 등은 의심의 여지없이 좋은 것이라고 생각한다. 그러나 집단 지향적인 사람들은 하나됨, 융화, 두루뭉술함, 신비로움 등을 필요로 한다. 홀로 있지 않고 사람들에게 둘러싸이고 싶어 한다. 그들은 나누고 분열시키는 것이면 치를 떤다. 오직 마법사만 홀로 있는 자다.

대부분의 소규모 원예농경 사회는 집단—가족, 혈통, 씨족, 무리, 부족—을 사회의 중요한 단위로 본다. 개인들은 집단 속에서 그리고 집단을 위해 존재할 뿐이다. 자기 집단이 존재하는 한 그들은 죽지 않는다. 조상으로 기억되기 때문이다. 그들의 존재는 그 집단의 하나됨과 안녕에 묶여 있다. 개인의 필요는 집단의 필요에 종속되어 있다. 집단적 충성, 삼가는 태도, 자기희생, 나눔, 환대 등이 가장 중요한 덕목들이다. 자기중심성, 축재, 인색함, 잘못된 행위로 인한 집단의 명예 실추 등은 죄악으로 분류된다. 그러한 세계에서는 인생이 커다란 의미를 갖는다. D. 자한Zahan의 말과 같다. "우주는 고정되고 차갑고 벙어리 같은 세계를 만들지 않는다. 반대로, 이 세계는 의미로 충만하고 메시지로 가득 찬 세상, 곧 '말하는' 세상이다. 그래서 사람은 자기 주변에서 의사소통을 할 수 있는 파트너를 발견하게 되는 것이다. 아니, 실은 자기 자신에 대해 알고 싶기 때문에 줄곧 대화를 나눌 대상을 찾는 것이다"(1979, 81).

조화는 집단생활의 필수요건인데, 일상생활에 따르는 갈등과 불확실성으로 인해 위협을 받는다. 그래서 변화를 위험한 것으로 여길 때가 많다. 사회적 통제장치와 공동체 의식이 조화를 창조하고 증진시키는 면에서 중요한 역할을 담당한다. 이런 것은 각 사람에게 그 집단 안에서의 위치를 정해 주고 바람직한 행위도 규정해 준다. 아울러 공동체의 중요성도 확인시킨다.

이처럼 집단 중심적이고, 현재 중심적인 특수주의 사회에서는 관계적 범주들이 삶의 기반을 이룬다. 여자는 무엇보다 어머니이고, 다음으로 아내요 딸이며 원로요 추장이고, 그 종족과의 관계에서는 조상에 해당한다. 그들이 여성이라는 점은 부차적인 사실이다. 더군다나 범주들 자체도 경계가 뚜렷하지 않은 경우가 많다. 외부인이 그런 사회 구성원과 결혼을 하게 되면, 단계를 하나씩 거쳐 결국 그 집단의 일원이 된다.

구술사회의 많은 기호는 실재를 가리키는 동시에 마음속에 여러 이미지를 불러일으키는 상징들이다.[2] 그런데 한 사람의 이름 같은 중요한 기호는 그 사람을 가리킬 뿐 아니라, 그 사람의 인격을 형성하는 아이콘과 같은 것으로 여겨진다. 아이에게 "용감한 독수리"라는 이름을 지어 주는 것은 곧 그 아이에게 독수리의 특성을 부여하는 것이다. 한 사람이 성년식을 치르거나 다른 종교로 개종해서 새로운 정체성을 입게 될 때는 새 이름을 부여받는다. 예를 들면, 구약성경을 보면 하나님과의 새로운 관계에 진입하게 될 때 새 이름을 얻는 것을 알 수 있다(창 17:5; 32:28; 민 13:16). 어떤 사람의 이름을 말하는 것은 그 사람의 존재를 불러오는 일이다. 평민이 추장의 이름을 부르는 것, 아내가 남편의 이름을 입에 담는 것, 산 자가 죽은 자의 이름을 발설하는 것은 종종 금기에 해당한다.

세계를 생명이 충만한 곳으로 보는 사회에서는 다른 생물체들과 조화로운 관계를 유지하는 일이 반드시 필요하다. 에스키모는 자기가 잡은 바다표범의 입속에 맹물을 부어 주는데, 그 물개가 짠물이 싫증나서 스스로 잡히는 것을 허용했다고 보기 때문이다. 농부는 씨앗을 심을 때 땅을 괴롭혔다고 용서를 비는 마음으로 땅에 제물을 바친다. 유목민은 소들이 새끼를 낳도록 그들에게 복을 빌어 준다.

관계라는 것은 계속해서 협상을 해야 하는 만큼, 생활 계획을 완전히 짜는 일은 불가능하다. 친구와 다음 날 아침에 만나기로 약속했더라도 마지막 순간에 친척이 방문하거나, 조상이 음식을 요구하거나, 소가 송아지를 낳거나, 유령이 자기를 괴롭히거나 하면, 오후가 되어서야 만날 수 있을 것이다. 이처럼 사람은 변화무쌍한 관계의 흐름 속에서 사는 법을 배운다.

집단 지향적 공동체에서는 죄책감보다 수치심이 더 중요한 역할을 한다. 실패를 하게 되면 자기 집단, 자기 조상, 자기 신들을 실망시켰다고 수치심을 느낀다. 개인적으로 보편적인 도덕법을 어겼을 때 느끼는 죄책감은 이보다 덜하다. 아니, 실은 그런 법을 거의 의식하지 않는다고 말하는 것이 옳다. 모든 중요한 규범은 집단 규범이기 때문이다.

수치심은 성공과 명예와도 연결되어 있다. 집단 지향적인 학생은 반에서 최고 점수를 받았다고 교사가 일어서라고 하면 부끄러움을 느낀다. 그 학생을 그 집단에서 튀게 만들기 때문이다. 수치심은 사람들로 자기 집단에 순응하게 해서 조화와 평화를 유지하게 만드는 역동적인 요소다.

수치심과 밀접한 관계에 있는 것은 화해와 체면을 중요시하는 태도다. 악행을 저지른 자들은 처벌을 받지만, 결국에는 공동체 안에서 일상생활을 영위하도록 복귀되어야 한다. 만일 그들에게 인간의 존엄성을 어느 정도 허락하지 않으면, 그들은 분개심을 계속 품게 되고 그것이 관계를 파괴하므로 문제는 결코 해결되지 않을 것이다. 따라서 어떤 사람이 복권된 후에, 보통 화해의 의식을 치러서 과거는 묻어 두고 그 사람을 집단 속으로 다시 영입한다. 집단의 결정에 복종하지 않는 사람은 완전히 따돌림 당하게 된다. 그 촌락에 계속 살더라도 모두가 그를 왕따로 간주한다. 이것은 감옥에 갇히는 것보다 훨씬 더 심한 벌이다.

산출 fertility

산출은 유기적 세계관에서 중요한 요소다. 재생산은 생명의 존속에 반드시 필요하다. 산출의 순환과정은 시간에 대한 관점을 형성해 준다. 곡물을 심고, 추수하고, 또 다시 심는다. 동물과 인간도 출생, 결혼 또는 짝짓기, 죽음의 순환을 거친다. 자연과 인간의 풍요로운 산출을 보장하려고 각 시점마다 의식을 수행한다. 죽은 사냥감에게 기도하는 것은 그 친척들이 상처를 받지 않고 스스로 잡히도록 허락하게 하기 위함이다. 물을 땅에 부어 갈증을 덜게 하고 풍성한 수확을 내도록 땅을 격려한다. 춤을 춰서 선한 비를 확실히 보장받으려고 한다. 씨앗과 들판을 축복하고, 첫 수확물은 감사의 표시로 조상과 영과 신들에게 바친다. 유목사회에서는 동물의 재생산을 확보하려고 나름의 의식을 치른다.

 이와 똑같이 중요한 것은 인간의 출산을 보장해 주는 의례들이다. 불임만큼 큰 죄악도 드물다. 아기를 못 낳는 것은 마녀의 저주 때문이거나 신들이나 조상이 화났기 때문이라고 생각한다. 따라서 결혼, 임신, 출생과 관련된 의식들이 많이 있으며, 여성이 출산을 할 수 있도록 수행하는 의식들도 적지 않다. 특히 여성의 출산을 전후한, 악한 존재와 세력에 취약한 기간에 산모와 영아를 안전하게 지키기 위한 의식들도 있다. 이에 못지않게 중요한 것은 인생의 다른 주요한 전환점에 수행하는 인생 주기 의례들이다. 예를 들면, 성년이 되는 시점과 조상에게 합류되는 순간에 치르는 의식이 그런 것이다.

공간과 시간

전통적인 소규모 사회에 사는 이들은 땅을 산 자와 조상들과 신이 만나는 장소로 생각한다. 현대인에게 땅은 미처 개발되지 않은 수동적인 실재요, 경제적이고 산업적인 이익을 위해 개발할 대상이다.

땅

부족생활의 중심에는 생명의 기반이요 어머니 같은 땅이 있다. 땅은 사람과 세상에게 필요한 음식을 공급해 준다. 땅은 조상이 묻힌 곳이기도 하다. 곳곳에 조상들의 이야기가 스며 있다. "여기는 그 위대한 추장 빅 호크가 전쟁에서 적군을 무찔렀던 곳이야." "저 나무는 우리 부족민을 가뭄에서 구해 냈던 우리 증조부의 무덤 위에 심은 나무란다." "저기 보이는 곳이 지금 우리 조상들이 살고 있는 곳이거든." 브라이언 왈쉬는 이렇게 말한다.

"우리가 있는 곳"이 우리가 어머니로 경험하는 땅이라면, 또 동물, 식물, 별, 달, 해, 바람 등 "우리의 모든 친척들"이 깊은 조화를 이루고 사는 세계라면, 그리고 우리가 그 땅의 자식이요 동물들에게 친절한 존재요 한 씨족의 구성원이라는 데서 근본적인 정체성을 찾는다면, 당연히 그 친척들 사이에 섬세한 균형을 유지하는 방향으로 가정을 꾸려야 할 것이다. 인간의 가정은 동물의 가정과 절연되어서도 안 되고, 우리 동물 친척들을 무숙자로 만들 건축을 해서도 안 된다. (2006, 245)

왈쉬는 소규모 사회의 공간 활용 방식이 그 사회의 질서를 반영한다고 말한다. 가옥의 위치와 크기는 씨족의 지도자와 원로들 그리고 평민을 서로 구분해 준다. 숲 속의 땅과 강에서 고기 잡는 권리는 다른 씨족들에 속해 있다. 가옥의 구조는 문화의 영향을 받을 수밖에 없고, 그것은 깊이 깔려 있는 세계관을 반영하기 마련이다. 가옥과 촌락의 어떤 부분은 여자들의 영역이고, 또 어떤 부분은 남자들의 몫이다.

부족의 신화와 초창기 이야기는 개인과 공동체의 기억을 담고 있다. 그래서 집과 땅이 그런 기억을 저장한 창고가 될 때에야 비로소 가정이 된다. "이 방은 우리 조상들과 태어나지 않은 후손이 사는 곳이야." "저 활과 화살은 내가 성년식을 치를 때 우리 할아버지가 깎은 것이지." 역사와 초기의 신화들은 인쇄된 종이에 기록되어 있지는 않지만, 지리적인 장소에 묶여 있으며, 그 이야기들은 거기를 지날 때마다 부모가 자식에게 들려주고 또 들려주게 된다.[3]

시간은 사람들을 다른 세대들로부터 분리시켜 놓지만, 공간은 그들을 다함께 묶어 준다. 어떤 조상은 백 년도 더 지난 과거에 살았지만, 바로 이 집을 건축했다. 그리스도인은 팔레스타인의 길을 걸을 때, 공간에 대한 이러한 종교적 관점을 이해하기 쉬울 것이다. 우리는 야곱이 판 우물 곁에 앉는다. 우리는 겟세마네 동산을 걸으면서 이곳이 예수께서 죽기 전날 밤에 거니셨던 장소임을 기억한다. 이처럼 공간은 과거를 현재로 불러오는 것이다.

무엇보다도 땅은 신성하기 때문에 중요하다. 그 땅은 신들이 준 것이고, 거대한 적으로부터 보호해 준 것으로, 결국 신들에게 속해 있다. 우리는 구약성경에서 그 본보기를 볼 수 있다. 거기서 헷 족속, 블레셋 족속, 모압 족속 등 여러 부족들이 자기 신들을 자기 부족 및 자기 땅과 동일시하는 것을 보게 된다. 이런 사회에 속한 땅은 사람들이 사고팔 수 있는 상품이 아니다. 땅은 여러 가계와 부족에 속해 있으며, 부족은 그 사용권을 구성원들에게 나눠 주는 것이다. 만일 여분의 땅이 있으면, 그 부족이 그것을 필요로 할 때까지 낯선 자에게 사용권을 허락할 수는 있다. 거꾸로, 낯선 자들은 감사의 표시로 선물을 주고, 요청하면 언제든지 그 땅을 돌려주도록 되어 있다. 그곳은 산 자들뿐 아니라 살아 있는 사자死者와 태어나지 않은 후손에게도 속한 것이기 때문이다.[4]

소규모 원예농경 사회의 경우에는 지리적인 세계를 남자의 영역과 여자의 영역으로 뚜렷하게 구별한다. 예를 들어, 서남부 콩고의 렐리Lele족은 남성을 숲에다, 여성을 촌락과 주변의 들판에다 각각 관련시킨다(Douglas 1954). 숲의 특혜는 대단히 크다. 신이 그것을 렐리족에게 주셨는데, 신성한 약품, 사냥과 고기 등 모든 선하고 필요한 것을 공급하는 원천이 되도록 하신 것이다. 영양과 멧돼지 같은 좋은 고기는 숲에서 온다. 염소, 개, 쥐처럼 촌락 근처에서 얻는 것은 불결하다고 간주된다. 남자들은 무기와 신성한 약품을 사용해서 사냥을 하고, 배고픔을 느끼지 않고 종일 숲 속에서 일하는 것을 자랑으로 삼는다. 숲은 모든 선한 것의 공급처이기는 하지만, 여자들에게 그리고 종종 남자들에게도 위험한 장소이기도 하다. 나무가 머리 위에 넘어질 수 있고, 발목을 접질리거나 칼로 스스로를 상하게 할 수도 있다. 하지만 이런 사고는 그들의 도덕적 상태에서 나온다. 여자가 숲 속에 들어가면 온 촌락이 위험에 빠지게 된다.

여자들은 가정, 촌락, 목초지와 연관되어 있다. 거기서 그들은 작은 들판을 갈아서 옥수수, 카사바, 야자수를 심는다. 또 남자가 사냥해서 잡은 고기는 요리하지만, 야자수 즙을 빼내거나 야자수 잎으로 옷을 만들려고 나무에 올라가면 안 된다. 이 일은 남자의 몫이기 때문이다. 여자는 물을 긷고, 땔감을 모으고, 늪 같은 개울에서 연못을 가꾸고, 소금 식물을 재배하고, 물푸레나무에서 소금을 만들어 낸다.

파푸아뉴기니의 일부 마을에서는 여자들이 촌락에 살면서 곡물을 재배하고 아이들을 돌본다. 남자는 사냥을 한다. 밤이 되면 남자들이 공동주택에 모여 교제를 나누고 중요한 문제들—정치, 사냥계획, 이웃 촌락의 습격 등—을 의논한다. 가끔 가족을 방문하지만 남성의 삶은 그 공동주택을 중심으로 이루어진다.

시간

세계 대부분의 민족은 지금 여기서 사는 인생을 주 관심사로 삼는다. 이생에서의 삶에서 의미를 찾고 땅 위에서 좋은 삶을 살고 싶어 한다. 그들은 질병, 가뭄, 홍수, 갑작스런 죽음 등 일상의 문제들을 날마다 직면한다. 음식이 있을 때는 모두가 왕창 먹는다. 음식이 없어지면 다른 피조물과 마찬가지로 인내로써 배고픔을 참는다. 그들은 영들에게 제물을 바치고 마법을 사용해서 자연에 영향을 준다. 그러나 마침내 자기 생명이 영들과 자연의 세력들에 의존되어 있음을 깨닫게 된다.

　삶은 시계에 따른 시간이 아니라, 사건 중심의 시간을 중심으로 영위된다. 일상사는 밤과 낮, 그리고 계절의 순환과 느슨하게 연관되어 있다. 사람들은 생활의 질서를 구체적인 사건들—씨 뿌리기, 추수하기, 출생, 결혼, 죽음 등—을 중심으로 정돈한다. 시간은 사고파는 상품이 아니고, 측정할 수 있는 것도 아니며, 닳아 없어지는 것도 아니다. 더 나아가, 많은 사건은 그보다 큰 낮과 밤의 순환, 매년 반복되는 계절의 순환의 일부다. 예를 들면, 지금은 들판에서 일을 할 시간이다. 우리는 한동안 일을 할 터이고, 계속해서 조금 더 일을 할 예정이다. 그러므로 현재의 사건은 그 속에 과거와 현재와 미래를 품고 있는 셈이다. 들일이 끝나면, 동물에게 먹이를 주는 시간이다. 이제 일하는 시간은 흘러간 과거에 속한다. 조금 지나면 저녁식사를 하는 시간이 되고, 잠자는 시간이 될 터이고, 그 후에는 다시 들에서 일하는 시간이 될 것이다. 인생도 출생, 성년식, 결혼, 죽음의 순환과 같이 구분된다. 개인들은 왔다가 가지만, 그 집단의 관점에서 보면 인생은 그 후손을 통해 스스로를 재생하면서 계속 이어지게 된다.

　과거는 현재와 뚜렷이 구별되지 않는다. 사람들은 역사라는 것이 자기 뒤에 직선적으로 펼쳐져 있다고 생각하지 않는다. 오히려 과거는 조상과 전통을 간직한 초시간적인 저장소라고 생각한다. 그들의 기억 속에 남아 있는 조상들의 이야기가 오늘도 입에 오르내리고 있다. 마찬가지로, 미래도 현재의 연장으로 간주한다. 사람들은 먼 장래에 대해 많이 생각하지 않는다. 그들의 시간관을 이렇게 표현할 수 있을 것이다. 과거, 현재, 미래를 모두 품고 있는 현재의 사건(교회 예배의 경우 그 속에 과거와 현재와 미래가 모두 포함되어 있다), 가까운 과거, 그리고 가까운 미래에 대한 현재의 예상 등으로.

시간은 한없이 반복되기 때문에 장기적인 역사에 대한 의식은 거의 없는 편이다. 즉 사건들이 먼 장래의 최고점을 향해 계속 진행되고 있다는 식으로는 거의 생각하지 않는다. 중요한 이야기들은 모두 과거에 속한 고등 신의 이야기와 부족의 기원을 둘러싼 이야기다. 현재의 사건은 영구적인 중요성이 별로 없다고 보기 때문에, 역사와 전기를 제대로 보존하는 경우가 드물다. 대체로 땅과 공간이 시간과 역사보다 더 중요시된다.

이처럼 무역사적인 시간관에 한 가지 중요한 예외가 있는데, 바로 구약성경에 나오는 이스라엘 백성이다. 그들에게는 이스라엘의 역사가 하나님의 우주 역사와 밀접한 관계를 맺고 있었으므로 대단히 중요한 의미를 갖게 되었던 것이다. 나아가, 그들의 개인적 전기들도 이스라엘 역사의 일부라는 이유 때문에 상당한 의미를 갖게 되었다.

이렇게 말한다고 해서 전통적인 부족민은 죽음을 초월한 궁극적 실재에 대해 관심이 없었다는 뜻은 아니다. 폴 라딘에 따르면, 모든 사회에는 인생의 큰 문제들과 씨름하면서 지역적 신들, 영들, 조상들로 이루어진 당면한 세계 너머 존재하는 고등 신을 찾는 철학자들이 있었다고 한다(1927).

구술성

월터 옹은 대부분의 무리들과 부족들이 구술사회라고 한다(1969).

그들의 세계는 시각보다도 청각을 기초로 세워져 있다. 이런 세계는 고도의 즉시성, 인격성, 관계성을 갖고 있다. 말은 구체적인 관계의 상황에서 발설되고, 입 밖으로 나가는 순간에 죽고 만다. 의사소통은 온갖 감정과 개인적 이해관계를 품은 인간들 사이에서 일어나는 즉각적인 만남의 연속이다. 소리가 보존될 수 있었던 것은 녹음기가 발명된 뒤의 일이다.

1장에서 언급한 것처럼, 소리는 비가시적인 것을 가리키고 신비에 관해 말하기 때문에, 사람들이 눈에 보이지 않는 존재를 믿도록 이끌어 준다. 많은 사람은 소리가 강력한 힘을 가진, 성스러운 것이라고 생각한다. 올바른 소리를 내면 사건이 일어나게 된다. "소리가 존재하려면 활발한 생산작용이 있어야 하므로, 소리는 현재 힘을 사용하고 있다는 신호다"라고 옹은 말한다(1969, 637). 올바른 소리는 비를 내리게 할 수 있다. 북소리와 외치는 소리 같은 것은 사람들을 악한 영으로부터 보호한다.

구두적 의사소통은 고도의 관계성을 지니고 있다. 그것은 구체적인 상황에서 일어나고, 특정한 청중이나 개인을 대상으로 삼으며, 특정한 메시지에 초점을 둔다. 이런 의사소통은 목소리의 어조, 몸짓, 얼굴 표정, 상대방과의 거리 등을 통해 감정과 도덕적 판단 같은 유사類似 메시지들도 전달한다. 이는 기억작용뿐 아니라 경청과 반응도 요구한다. 또 도덕적 판단과 응답을 하도록 요청한다.

구술사회에서 지식은 이야기, 비유, 노래, 경구, 격언, 수수께끼, 시, 신조, 교리문답 등 기억하기 쉬운 여러 형태로 저장된다. 지식은 또한 원초적 사건을 생생하게 재연하는 의식들 속에도 저장되어 있다. 구술사회에 대해 닐 포스트먼은 이렇게 말한다.

분쟁이 일어나면 고소인들이 그 부족의 추장 앞에 나와서 자기 불만을 진술한다. 추장은 성문법을 갖고 있지 않기 때문에, 방대한 속담과 격언 목록을 더듬으면서 그 상황에 적합한, 그리고 양자가 똑같이 만족할 만한 것을 찾는다. 이 일이 성사되면 모든 당사자는 정의가 이루어졌고 진실이 충족되었다고 서로 합의한다. 당신은 물론 이것이 바로 예수를 비롯한 성경의 인물들이 대체로 사용했던 방법이었음을 알아차릴 것이다. 그들은 구술문화에 살고 있었기 때문에, 진리를 찾고 드러내는 수단으로 기억장치, 관용적 표현, 비유 등과 같은 자원들을 모두 동원했던 것이다. (1985, 18)

격언, 비유, 속담은 논리적 주장을 보충하는 것이 아니다. 이런 것은 생각의 알맹이, 곧 지혜의 보고라고 할 수 있다.[5]

특수주의 particularism

소규모 사회들은 실재에 대한 특수주의적 견해를 갖고 있다. 현대인은 모든 인간에게 똑같이 적용되는 추상적인 보편 법칙들(과학적, 법적, 도덕적)을 찾는 데 비해, 부족민은 각 사건의 특수성에 초점을 맞춘다. 부족마다 자기 땅에 살고 있는 그들만의 신들과 조상을 갖고 있다. 각 부족은 다른 부족에게는 다른 신들과 조상이 있다는 것을 인정하고, 다른 부족 사람들이 자기 부족의 믿음을 갖게끔 그들을 개종시키려고 노력하지 않는다. 사실, 다른 부족민은 결혼이나 입양을 통해 그 사회의 일원이 되지 않고는 그 부족의 믿음을 갖는 것이 불가능하다.

전쟁이 일어나면 각 부족은 자기 신들과 조상들에게 도움을 요청하고, 승리와 패배는 모두 그들의 힘에서 기인한 것으로 여긴다. 예를 들어, 블레셋 족속을 비롯한 여러 부족은 이스라엘 족속이 산에서 산다고 해서 그들의 신을 산의 신으로 여겼다(왕상 20:23-28). 이와 대조적으로, 여호와께서는 스스로를 어느 영토에 속한 신이 아니라 우주의 하나님임을 선포했다.

이처럼 특수성에 주목하는 현상은 일상사에서도 볼 수 있다. 추장이 현대식 병원에 모습을 드러내면 의사는 그 사람도 다른 이들과 같이 줄을 서리라 기대하지만, 부족민은 그가 중요한 인물이라는 이유로 맨 앞에 서기를 기대한다.[6] 의사 선교사는 누구에게나 똑같은 치료비를 부과한다. 부족민은 똑같은 치료를 받아도 부자들이 돈을 더 많이 내기를 기대한다. 상황에 따라 어떻게 처신해야 하는지를 알려면, 각 경우의 특수성을 고려하지 않으면 안 된다.

특수주의는 정체감에도 영향을 준다. 자기 부족에 속한 사람들은 인간이다. 다른 부족민들은 완전한 인간이 아니다. 외국인에게 사용하는 단어는 "인간 이하"의 존재를 가리킬 때가 많고, 또 그렇게 취급해도 무방하다고 생각한다.

구체적 기능 논리

인간은 누구나 인간의 이성에 의존하고 있으나, 생각을 정리하는 논리는 문화에 따라 다르다. 예를 들면, 교육받은 현대 엘리트들은 본질적 디지털 범주들에 기초한 추상적이고 분석적인 사고를 중요시한다. 그들은 자기가 발견한 논리의 원칙들이 모든 민족에게 해당되는 보편적인 것이라고 믿는다. 전통적인 집단 지향적 사회들도 어떤 상황에서는 추상적 추론행위를 사용하기는 하지만, 그들의 토대논리는 관계적(종종 퍼지) 범주에 기초한 구체적이고 기능적인 논리다.

기능 논리

우리가 살펴본 것처럼, 루리아는 중앙아시아의 키르기스족 사람들에게 사람들과 물건들이 담긴 그림을 보여주었더니, 그들이 세 명의 어른이 아니라 두 어른과 한 어린이를 하나로 묶었고, 세 바퀴를 다함께 묶지 않고 두 바퀴와 펜치들을 선택하는 것을 발견했다. 그들은 두 바퀴와 펜치들로 수레를 만들 수 있다고 주장했다. 아니, 그들이 세 바퀴를 갖고 무엇을 하겠는가? 그들에게는 둘이나 넷이 필요했다. 그가 발견한 바는, 그들은 추상적이고 명제적인 논리와 본질적 집합에만 의존하기를 꺼려한다는 점이다. 루리아는 한 키르기스 남자에게 이렇게 말했다. "목화는 따뜻하고 건조한 곳에서만 자랍니다. 잉글랜드는 춥고 늘 비가 내리는 나라지요. 거기서 목화가 자랄 수 있을까요?" 그 남자는 "나는 모르겠소. 잉글랜드라는 나라를 들어 보긴 했지만, 거기서 목화가 자라는지 여부는 모르오"라고 대답했다. 루리아가 그 삼단논법을 반복해서 말하자, 다른 남자가 이렇게 대답했다. "나는 모르겠소.……추우면 자라지 못할 테지만 더우면 자랄 것이오. 당신 말을 들으면, 나로서는 거기서 목화가 자라지 않는다고 대답해야 할 것 같소. 하지만 그곳의 봄은 어떤지, 또 밤은 어떤지를 알아야 하겠소"(1976, 111).

이렇게 말한다고 해서 구술사회에 속한 사람들은 명제적 사고를 추상적으로 할 수 없다는 뜻은 아니다. 이런 사고방식을 가르치는 학교에 그들을 데려다 놓으면 그것을 금방 배운다. 그러나 일상생활에서는 추상적이고 본질적인 범주에 입각해서가 아니라, 구체적인 상황에 비추어 사고하는 데 익숙하다. 이런 이유로 현대인은 그들을 원시적 심성만 갖고 있는 것으로 비판하곤 한다. 이런 판단이 부정확하다는 것은 우리 자신도 일상생활을 영위할 때는 추상적인 논리를 사용하지 않는다는 점을 자각하면 더욱 분명해진다. 예를 들면, 자동차에 탈 사람이 너무 많을 경우에, 어린이는 "어른들과 같은 부류가 아니다"라는 이유로 그 아이를 놓고 떠나는가?

주술의 논리

대충 말해서, 주술은 마나와 같은 이 세상의 세력들을 영창, 부적, 의식과 같은 것을 사용해서 통제하는 것을 말한다. 영적 존재들이 반응을 보일 것을 기대하면서 그들에게 애원하는 것은 여기에 포함되지 않는다. 사람들은 올바른 형식에 맞춘 소리는 비를 오게 하고, 질병이나 악한 영으로부터 자기를 보호한다고 믿는다. 이런 면에서는 주술이 종교의 논리보다 현대과학의 논리에 더 가까운 셈이다.

우리 현대인은 주술을 무의미하고 유치한 공상으로, 또 논리 이전의 사고방식으로 간주하고픈 유혹을 받는다. 그러나 주술의 논리는, 모든 것이 다른 모든 것과 서로 연결되어 있는 그리고 세계의 한 부분에서 일어난 사건이 다른 부분들에 변화를 일으키는, 그런 조화로운 세계를 창조함으로써 사람들의 존재에 의미를 부여하고 그것을 통제한다. 이런 상호연관성은 생물리학적 연결성에만 기초한 것이 아니고, 세계의 밑바탕에 흐르는 초超물리학적 실재에 기초하고 있다.

제임스 프레이저 경Sir James Frazer은 주술적 사고방식에 깔려 있는 두 가지 법칙을 찾아냈다(1922). 첫째는 "교감sympathy의 법칙" 또는 동종요법同種療法homeopathy이라는 것이다. 이는 "유유상생類類相生"의 원칙을 일컫는다. 예를 들면, 무당은 비를 생산하기 위해 물을 붓고, 주술사는 자기 대적을 닮은 인형을 만들어 거기에 핀을 꽂아서 대적이 병들어 죽게 한다. 마찬가지로, 미식축구 경기에서 관중은 상대방 골라인 쪽으로 몸을 기댐으로써 자기 팀의 터치다운을 돕는다. 둘째는 "접촉 전염contagion의 법칙"이다. 이는 일단 한번 접촉된 물건들은 그 후로 계속해서 상호작용을 주고받는다는 원칙이다. 예를 들면, 주술사는 희생자로부터 얻어 낸 옷 한 조각, 손톱 한 조각, 또는 머리카락 한 가닥에 주술을 걸어 그 사람이 점점 약해지도록 만든다. 남편이 바람을 피우고 있다는 의심이 들면 아내는 남편의 음식에 몰래 주술을 걸 수 있다. 또는 젊은 남자가 젊은 여자에게 마법을 걸어 자기와 사랑에 빠지게 할 수도 있을 것이다.

주술의 사용은 본질상 실용적이다. 일단 어떤 것이 효과가 있으면, 더 이상 효과가 없어질 때까지 계속 반복하게 된다. 왜 효과가 있는지는 굳이 설명할 필요가 없고, 효과가 확실히 있다는 것만 알면 된다.

주술은 도덕과 무관하다. 그것은 선을 위해 사용될 수도 있고 악을 위해 쓰이기도 한다. 사실 주술을 행하는 사람의 눈에는 선한 것이, 주술에 걸리는 편에게는 파괴적인 것으로 비칠 수 있다. 대부분의 주술은 사람들에게 유익을 주기 위해 사용된다. 특히 공동체에 의해 실행될 때 그러하다. 무당이나 주술사가 한 가족, 한 촌락, 또는 한 부족을 위해 의식을 수행하는 목적은 보통 날씨를 통제하고, 질병을 예방하고, 전쟁에서 승리하고, 일탈자를 벌하고, 번영을 불러오기 위함이다. 그런데 개인적으로 몰래 행하는 주술은 이기적이고 악한 목적을 가진 경우가 종종 있다. 예를 들면, 이웃에게 "쇠약해지는" 마법을 걸어 자기 이익을 챙기려 할 수 있다. 또 경쟁자를 저주해서 그를 죽게 하거나, 한 여자에게 사랑의 마법을 걸어 부정한 관계에 빠지게 할 수 있다.

정서적 주제들

무리사회와 부족사회가 지닌 정서적 주제는 이제까지 거의 연구되지 않았다. 이미 살펴본 것처럼, 소설가요 시인 출신이었던 루스 베네딕트는 그 경험을 살려 그리스 신화의 인물 셋을 사용해서 여러 문화의 감성적 주제들을 묘사했다. 뉴멕시코의 주니족은 감정의 자제, 맨 정신, 자기를 내세우지 않는 태도, 악의가 없는 모습 등을 강조한다. 밴쿠버 섬의 콰키우틀족은 일상적인 지각상태를 깨고 멋대로 감정을 표현하고, 금식, 고문, 마약, 열광적인 춤을 통해 황홀경을 맛보는, 난폭하고 열광적인 경험을 중요시한다. 멜라네시아의 도부족의 지배적인 정서는 적대감과 배신감이며, 항상 서로를 두려워하는 상태로 살아간다.

    소규모 사회들은 풍부한 심미적 문화를 갖고 있다. 노래, 춤,

그림, 몸치장, 의복, 드라마, 집 장식, 이야기하기 등은 그 부족의 깊은 정서를 표출한다. 불행하게도, 우리 현대인은 학문세계에서 진리만 강조하고 정서와 도덕을 무시하는 바람에 이런 미적인 문화를 거의 이해하지 못한다. 그러므로 목사와 선교사들은 자기가 섬기고 있는 문화의 정서적 주제들을 반드시 연구할 필요가 있다. 감성은 생각만큼이나 사람들의 생활방식을 결정하기 때문이다.

평가적 주제들

인간이 서로 대인관계를 맺는 이 세계는 도덕적인 세계다. 중력과 불과 같은 비인격적인 힘은 죄를 짓지 않는다. 집단 지향적 사회에서 짓는 죄는 인간, 조상, 신, 영, 동물, 자연 사이의 관계가 깨지는 것을 뜻한다. 그 결과 공동체는 평화를 잃어버리고 결국 공동체는 무너지게 된다. 화해는 이러한 관계가 다시 회복되고 조화를 되찾는 것을 가리킨다.

관계적 세계는 집단의 구성원들이 책임을 공유하고 떠맡는 것을 아주 중요시한다. 위대한 인물은 자기 것을 꼭 쥐고 있는 자가 아니라, 어려운 자들과 너그러이 나누는 사람이다.

조상은 무리와 부족이 도덕적 표준을 유지하는 데 중요한 역할을 한다. 그들은 잘못에 대해서는 벌을 주고, 잘한 일에 대해서는 평화와 건강과 풍성한 수확으로 보상한다. 마술도 사람들의 도덕의식에 영향을 미친다. 그것은 자기 불행을 타인의 탓으로 돌리고 스스로는 책임을 면하게 해준다.

통시적 주제들

우리가 살펴본 것처럼, 신화는 구술 문화의 삶에서 필수 불가결한 요소다. 신화는 우주에 의미를 부여해 주고, 그 민족의 가장 깊은 정서를 표현하고, 그들의 도덕질서를 규정짓는다. 신화는 쉽게 기억될 수 있는 방식으로 정보를 저장한다. 그래서 이런저런 경우에 그것을 들려주고 또 들려줄 수 있는 것이다.

기원 신화

이 세계가 어떻게 존재하게 되었는지를 설명하는 기원 신화는 가장 보편적인 신화다. 흔히 땅을 창조한 신들과 여신들의 이야기를 들려주면서, 그들이 죽어서 몸이 해체되어 우주가 탄생했다고 한다. 어떤 신화는 최초의 인간들의 기원을 묘사하면서 어떻게 그들이 고통을 받고 죽게 되었는지 그 경위를 설명한다. 또 어떤 신화들은 인간이 어떻게 불, 활, 화살, 집을 획득했는지, 그리고 어떻게 식물과 동물을 기르게 되었는지를 서술한다.

분리 신화 separation myth

분리 신화도 널리 퍼져 있다. 이는 어떻게 인간이 낙원에서의 본래 상태를 잃어버리고, 이처럼 고생길에 접어들고 신에게서 분리되었는지를 설명해 준다. 남부 수단에 사는 목축 부족인 누에르족은 이런 신화를 갖고 있다. 본래는 하늘과 땅이 창조의 나무 Tree of Creation

에 붙은 밧줄로 연결되어 있었고, 그 줄을 통해 인간들이 처음 이 세계에 들어왔다고 한다. 날마다 사람들이 음식을 얻으려고 하늘에서 밧줄을 타고 내려왔다. 사람들이 땅에서 죽으면 잠깐 동안 밧줄로 하늘에 올라가서 다시 원기를 되찾았다. 그런데 어떻게 그 밧줄이 단절되어 죽음이 인간의 영구적 조건이 되었는지에 대해서는 몇 가지 다른 설명이 있다. 그 가운데 하나는, 한 소녀가 땅에서 식량을 구하려고 친구 몇 명과 함께 하늘에서 내려왔다고 한다. 그녀는 한 젊은이와 만나 성관계를 맺었다. 그 남자도 본래 하늘에서 내려왔으나 온 생애를 땅에서 보내면서 다시는 올라가지 않은 사람이었다. 소녀가 되돌아갈 때가 되자 그 젊은이를 사랑한다고 고백하더니 돌아가기를 거부했다. 그녀의 친구들이 하늘로 올라가서 밧줄을 자르는 바람에, 불멸에 이르는 수단이 영원히 없어져 버렸다. 그 결과로 그 부족은 지금도 고등 신인 콰스Kwoth로부터 분리되어 있다는 것이다. 죄 때문이 아니라, 충동적인 소녀와 그 친구들의 보복 때문에 그렇게 되었다고 한다.

수단의 딘카Dinka족은 최초에 고등 신인 니알릭Nhialic과 인간이 서로 가까운 친구였고, 사람들이 밧줄을 타고 하늘로 올라갔다고 믿는다. 당시에는 죽음이나 질병이 없었고, 최소한의 노동으로도 식량을 장만할 수 있었다. 그런데 하늘이 땅에서 가까웠기 때문에 인간은 수수를 심고 두드릴 때 니알릭을 치지 않도록 조심해야 했다. 어느 날 한 여인이 긴 자루가 달린 괭이를 갖고 수수를 심다가 그것을 위로 치켜들 때 그만 니알릭을 치는 사고가 일어났다. 그는 화가 나서 땅에서 멀리 물러나고 말았다. 그래서 사람들은 식량을 얻으려고 힘겨운 수고를 해야 했고, 병과 죽음의 고통을 겪어야 했다. 또 다른 설에 의하면, 그 여인이 긴 막대기로 수수를 두드리다가 자기 위에 앉은 니알릭을 쳤다고 한다.

문화 영웅들

소규모 사회의 많은 신화들은 인간 세계와 신의 세계 중간에 사는 신화적 존재들에 관해 이야기하면서, 그들이 옛적에 사람들에게 문화를 가르쳐서 그들을 완전한 인간으로 변모시켰다고 한다. 전형적인 이야기는 이 문화 영웅들이 불을 갖고 와서 생고기를 구워 음식을 만들고 바위를 녹여 철을 만들었다는 것이다. 그들은 언어, 농업, 맥주를 양조하는 기술, 그리고 빵을 굽는 테크닉을 도입했다. 또 사람들에게 예술, 공예, 법, 축제, 사회조직 등을 가르쳤다. 그들은 본래의 신성한 영역과 인간의 일상적인 세계를 서로 연결하는 고리였다. 문화 영웅들은 또한 인간 존재를 위협하는 괴물들과 여타 악한 세력들을 무찔렀다. 그런데 마지막에는, 이 문화 영웅들이 신들과 마찬가지로 인간의 어리석음에 마음이 상해 인간들이 제멋대로 하게 내버려 두었다는 식으로 종종 끝난다.

대재난 catastrophe

우주적인 대홍수 신화는 곳곳에서 찾을 수 있다. 그 가운데 일부는 과거에 발생했고, 또 일부는 주기적으로 일어나고 있고, 일부는 세상의 종말 또는 장래의 새 창조로 이어질 것이라고 한다. 홍수 이야기는 아주 흔한 편이다. 그 밖의 우주적 대재난으로는 지진, 대화재, 산들의 붕괴, 전염병 등이 있다. 이런 재난이 발생하는 것은 종종 인간의 죄로 인한 신들의 분노 때문이다. 많은 경우에 대부분의 인간이 죽고 소수의 생존자만 남아, 예전의 악이 깨끗이 제거된 처녀지를 다시 채우게 된다. 심판에 이어 질서와 도덕이 수립되는 것이다.

일부 묵시적인 신화는 심판이 장래에 있을 것이고, 이 세상은 더 이상 존재하지 않게 되리라고 한다. 캐롤라인 섬의 신화에 따르면, 창조주의 아들인 오레픽은 추장이 자기 부하들을 더 이상 배려하지 않는 모습이 보이면, 사이클론으로 그 섬을 물에 잠기게 할 것이라고 한다. 말레이 반도의 니그리토스Nigritos족은 악한 신 카베이가, 사람들이 자기에게 순종하기를 그치면 지구와 모든 주민을 파멸시킬 것이라고 믿는다(Eliade 1975, 56-57). 이런 신화들은 한결같이 파멸로 끝난다.

다른 신화들은 파멸 뒤에 지상의 낙원이 재창조되어, 거기서 죽은 자가 다시 살아나고 질병과 옛 지구는 사라질 것이라고 한다. 촉토Choctaw 인디언과 북미 에스키모는 이 세상은 불로 파괴될 것이나, 인간들의 영은 다시 육체를 입고 돌아와서 전통적인 땅에서 거주하게 될 것으로 믿는다. 이런 신화들의 밑바탕에는, 이 세계가 타락하고 있고 우주 질서를 되찾기 위해서는 파괴와 재창조가 필요하다는 믿음이 있다.

여러 종말론적 신화들은 창조, 타락, 파멸에 이어 재창조, 타락, 파멸이 끝없이 반복된다고 한다. 유대-기독교적 우주론에서는 최종 심판이 단 한 번 일어난다. 시간은 순환적이지 않고 직선적이어서 거꾸로 돌리는 것이 불가능하다. 인간의 역사는 신성한 역사에서 시작하여 신성한 역사로 끝이 난다. 현재의 인간 역사가 곧 끝나고 그리스도가 재림할 것이라는 믿음이 초기 교회 당시 핍박을 받을 때는 강했지만, 기독교가 로마 제국의 공식종교가 된 뒤에는 점차 약해졌다.

천년왕국설이 오늘날 세계 전역에 있는 부족사회들에 널리 퍼져 있는데, 이는 종종 전통적 세계관과 기독교가 만난 결과로 생긴 것이다. 멜라네시아인의 화물 숭배cargo cult, 미국 토착민의 유령춤 운동, 아프리카와 중국의 많은 독립교회가 좋은 예들이다. 이런 비서구적 천년왕국 운동은 언젠가 자기 지역민들이 현재 서양 사람이 갖고 있는 모든 물질적인 재화들―"화물"―을 얻게 될 날을 고대하고 있다. 그들은 이 사건이 오직 우주적인 대재난을 통해서만 일어날 것이라고 말한다. 그때가 되면 선한 신이 자기에게 정당한 몫을 주실 것이고, 그들이 신에게 받은 물건을 훔쳐가서 부자가 된 식민주의자들을 벌하실 것이라고 믿는다.

소규모 사회에서 자란 사람들이 그리스도를 영접할 경우에는, 그들의 개종이 그들의 문화와 사회의 모든 수준에 영향을 주고 또 그런 변화가 개인적 차원과 공동체적 차원을 모두 아우르게 되도록 하는 것이 중요하다. 개종이 의식적인 문화의 차원에서만 일어나고 세계관의 수준에서 일어나지 않을 경우에는, 기독교적 이교주의를 낳게 된다. 복음의 형식은 있으나 복음의 핵심이 없는 일종의 혼합주의를 낳는다.

여기서 우리가 살펴본 것은, 소규모 사회의 세계관들에 관한 결정적인 연구나 완벽한 연구가 아니다. 오히려 너무 단순한 모델에 불과해서 더 많은 연구로 보충되어야 할 것이다. 그럼에도 이 연구가, 우리가 섬기는 부족민의 세계관을 조사하는 일에 도움이 되지 않을까 생각한다. 아울러 우리의 근대적 세계관과 포스트모던 세계관이 전통사회의 세계관과 성경적 세계관에서 얼마나 멀리 떨어져 있는지를 깨닫도록 도와줄 것으로 기대한다. 우리가 나중에 살펴보겠지만, 사실상 부족의 세계관이 그들을 섬기려고 온 선교사들의 근대적 세계관보다 여러 면에서 성경에 더 가깝다.

6장

농경사회의 세계관

인류역사 초기에는 사람들 대부분이 소규모 사회에서 살았다. 오늘날에는 20억이 넘는 농부들이 백만 개 이상의 촌락에서 살고 있다. 이 농촌사회들이 북미와 남미의 여러 지역은 물론이고 중국, 인도, 유럽, 러시아 등 거대한 문명들의 등뼈를 이루고 있다.

농경사회와 그들의 세계관은 굉장히 다양하다. 농부들은 덥고 낮고 평평한 해안지역에서 살기도 하고, 춥고 높고 험준한 산악지대에서 살기도 한다. 그들은 가축을 이용해서 밭을 갈고, 물을 끌어다가 농사를 짓는 농촌의 경작자들이다. 가축을 길러 일을 시키고 식용으로도 사용한다.

농부는 두 세계에서 살고 있다. 한편으로, 그들은 비교적 동떨어진 공동체에 살면서 생계유지에 급급한 가난한 농촌 사람들이다. 그래서 가족, 경작지, 마을에만 신경을 쓴다. 다른 한편으로, 그들은 자기 공동체 바깥에 있는 세계와 연결되어 있다. 밖에 있는 정부와 시장에 종속되어 있다는 뜻이다. 세금, 징병, 시장市場 세력 등이 그들의 일상사에 끼어든다.

에릭 울프Eric Wolf(1955)는 농경사회를 닫힌 공동체와 열린 공동체로 구분한다. 전자는 후자에 비해 더 내부지향적이다. 닫힌 공동체는 상업용 농작물보다 주식용 곡물을 주로 생산하고, 자기가 속한 보다 큰 사회 및 국가 시스템의 문화적·역사적·정치적 삶으로부터 상당히 고립되어 있다. 열린 공동체는 외부 세계와의 경제적·정치적·문화적 유대관계가 더 긴밀한 편이다. 이런 사회에 사는 농부는 바깥 세계로부터 더 직접적인 영향을 받으며, 이는 그들의 일상에서 중요한 자리를 차지한다. 요즈음에는 코카콜라, 트랜지스터라디오, 화학비료, 재봉틀 같은 것을 여러 농촌 마을에서도 볼 수 있다.

인지적 주제들

농경사회가 대단히 다양하기 때문에 어느 하나를 "농경사회의 세계관"으로 내놓기는 어렵다. 그래도 몇 가지 공통 주제는 끌어낼 수 있다. 이런 주제들이 어떤 답을 제공하지는 않을 것이다. 하지만 우리가 섬기는 특정한 농경사회를 보다 깊이 생각하고 그에 관해 새로운 면을 발견하는 데 상당히 유용한 도구가 될 것이다.

작은 범위의 공동체/국가

농경사회는 보다 큰 사회문화적 시스템에 들어가 있는 소우주적 시스템이다. 이런 사회는 대체로 자급자족 공동체다. 또 농업과 수산양식업이 주된 생활 기반이다. 원예농부들과 마찬가지로, 대부분의 농부는 땅에 붙어사는 사람들이다. 따라서 산출과 수확의 문제, 계절의 순환 등이 그들의 머릿속에서 중요한 자리를 차지한다. 또한 일상에서 부딪히는 구체적인 문제들에 대한 실용적인 해결책과 함께 권력도 그들의 중요한 관심사다.

농경사회는 이런 면에서 부족의 세계관과 비슷하지만, 땅을 인식하는 방식에는 근본적인 전환이 있음을 놓쳐서는 안 된다. 대부분의 부족은 땅이 신에게 속해 있다고 보고, 부족, 씨족, 가계에 사용권이 주어졌다고 믿는다. 그래서 땅을 사거나 팔지 못한다. 농경사회는 이와 정반대다. 땅은 궁극적으로 국가에 속해 있다. 개인도 땅을 소유할 수 있지만, 국가가 세금을 부과할 수 있고 월등한 권리를 행사해서 그것을 압류할 수도 있다. 게다가, 개인이 땅을 사고파는 것도 가능하다. 땅은 신이 물려준 유산이 아니라 경제적인 상품인 셈이다.

이런 전환은 농부와 국가 지배자들 사이의 세계관의 차이로 이어진다. 농부는 땅에 가까이 살면서 그것을 생계수단으로 생각한다. 이에 비해 지배자들은 땅을 개인이나 국가의 이익을 위해 이용해야 할 정치적·경제적 수단으로 여긴다. 그들이 땅과 농부에 대한 통제권을 잃으면 국가는 사멸하고 만다. 따라서 지배계층은 군대를 조직하여 땅을 수호하고, 영토 확장을 위해 다른 국가를 공격하고, 농부들이 폭동을 일으키지 못하도록 막는다.

공동체/개인

농촌 마을은 강한 정체성을 가진 일종의 완비된 공동체다. 마을 사람들은 자기가 그 구성원의 총합보다 더 큰 공동체의 일원이라고 느낀다. 그들은 거기서 태어나서 자란 토박이로서, 자기 마을을 소우주적 세계로 보고, 그곳을 요람에서 무덤까지 살아갈 영원한 고향으로 생각한다. 대부분 그곳을 떠나 크고 위험한 외부 세상에 들어갈 마음이 없다. 자기 마을에 있어야 어떻게 살아갈지도 알고 안정감과 정체성을 갖게 되기 때문이다.

하나로 존재하는 공동체
마을은 땅과 거주민으로 구성되어 있다. 거기에는 사람들은 물론이고 다른 많은 것도 포함되어 있다. 조상들, 그 지방에 뿌리박은 영들, 동물, 역사적 기억이 담긴 고목과 같은 식물, 어떤 산과 강, 성자의 무덤 또는 어떤 힘을 갖고 있는 것으로 알려진 신들을 모시는 신전과 같은 특별한 성지聖地 등. 이 모든 것은 그들을 이웃 마을과 구별시켜 주는 신성한 경계선 안에 위치하고 있다. 그 지방의 영들은 마을의 경계선을 벗어나면 힘을 못 쓴다. 바로 거기서 마을들 사이의 관계와 연관된 의례가 거행되곤 한다.

   소규모 사회의 공동체 의식은 구성원들 사이의 친밀한 앎과 그 지방 역사에 대한 공감대에 기초를 두고 있다. 입에서 입으로 소식이 전해지고, 축제가 공동체를 하나로 묶어 주고, 시장이 농부와 함께 장인, 종교 지도자, 정치 지도자, 거지를 한곳으로 모은다. 로버트 레드필드는 이렇게 기록한다.

> 무리나 촌락 또는 소도시에 사는 사람들은 그 공동체에 속한 다른 구성원들 하나하나를 서로의 일부로 알고 있다. 각 사람은 그 집

단 자체를 서로에게 속한 동아리로 강하게 인식한다. 각 주민이 사용하는 "우리"라는 말은 자기 무리 또는 촌락이 다른 모든 공동체로부터 분리되어 있다는 것을 가리킨다. 더군다나 멀리 동떨어진 촌락이나 무리일수록, 구성원들에게 그 공동체는 삶의 테두리이자 작은 우주가 된다. 어떤 활동이나 관습은 한 사람으로부터 다른 모든 이들에게 이어지기 때문에, 토박이에게 그 공동체는 일련의 도구와 관습이 아니라 하나로 통합된 덩어리다. (1989, 10)

이러한 사고방식은 공동체를 여러 부분들의 집합으로 보지 않는다. 전체는 부분의 총합보다 더 크고 더 실재적이다. 달리 말하면, 공동체는 기계론적 시스템이 아니라 유기적 시스템으로 작동한다.

    농경사회에서 통합은 매우 다양한 성격을 지니고 있다. 중국과 북미 토착민 지역을 비롯한 세계 여러 지역은 사회적으로나 문화적으로 상당한 동질성을 갖고 있다. 흔히 언어, 민족성, 종교, 공동체 의식을 공유하고 있으며, 인척 관계로 엮여 있는 경우도 있다. 이에 비해 남인도 촌락과 같은 공동체들은 어느 한 집단이나 한 민족이라는 강한 소속감으로 묶여 있지 않다. 한 마을에 이슬람교인과 힌두교인과 그리스도인이 공존하는 경우도 종종 눈에 띈다. 힌두교인은 접촉 가능한 카스트와 불가촉천민 카스트로 나뉘어 있다. 집시와 같은 떠돌이 카스트는 다른 이들과 구별되는 아주 독특한 문화적 동아리로 그 마을 안에 살고 있다. 게다가, 농촌에 사는 인도인은 속으로는 강한 개인주의자들이다. 여기서 발견되는 통합은 여러 종류의 사람들을 하나로 묶어 주는 사회적·문화적 시스템에 기초를 둔 것으로서, 서로서로 생존하기 위한 상호의존성을 바탕으로 삼고 있다. 힌두교의 제사장 계급인 브라만은 마을과 고등 신 사이의 관계를 유지하는 역할을 한다. 높은 수드라는 농부이고, 낮은 수드라는 직공, 도자기공, 세탁인, 이발사, 수액채취자, 주술사, 그리고 지방의 영들에게 제사를 지내는 제사장으로 일한다. 불가촉천민은 들판 노동자와 공공장소를 청소하는 청소부로 일하고, 죽은 동물의 시체를 치우는 일도 한다. 이 경우의 통합은 모두가 한 부류라는 의식에 기초한 것이 아니고, 서로 다른 부류에 속한 사람들로서 공동체가 생존하려면 각 카스트가 제 역할을 담당해야 보다 큰 유기적 공동체를 형성한다는 깨달음에 기초해 있다.

작은 공동체는 강한 공동의 정체감을 갖고 있다. 구성원은 모두 한 마을에서 태어나 자란 토박이들이라서 서로의 이야기를 훤히 알고 있고, 모두가 특정한 집안과 혈통과 마을 전체에 연결되어 있다. 이런 사람들은 "우리"인 것이다.

한 마을에 소수민 동아리가 있을 수도 있다. 그들도 그 지방의 주민이므로 전체로서 공동체의 일부다. 남인도의 한 마을에는 이슬람교 동아리가 있는데, 이들은 별도의 구역palems에 살면서 자기들만의 문화와 종교와 사회 시스템을 가지고 있다. 집시들도 그런 동아리를 이루고 있는데, 그들은 마을에 붙어 있는 별도의 부락tandas에서 살면서 그들의 문화, 사회조직, 신들을 갖고 있으며, 힌두교인도 아니고 이슬람교인도 아니다.

외부인

물론 외지에서 온 개인과 집단이 마을을 지나가면서 마을 생활에 동참할 수는 있어도, 그들은 어디까지나 "타자들" 또는 "그들"로 남는다. 가장 흔한 경우는 이웃 마을에서 온 사람들일 것이다. 그들이 결혼, 장사, 정치 등을 계기로 그 마을과 인연을 맺을 수는 있으나 물론 공동체의 일원은 아니다. 이웃 마을들은 서로 경쟁도 하고 연맹도 맺는 만큼, 그 관계가 우정과 경쟁심이 뒤섞인 긴장감으로 점철되기 십상이다.

남인도 마을들의 경우에는, 가까운 숲 속에 살면서 그 마을에 와서 숲 속의 물건을 음식과 의복과 바꾸어 가는, 사냥과 채집생활을 하는 부족민이 있다. 이들도 물론 외부인에 속한다. 이 밖에도 전통적인 유랑 계층인 시인, 가수, 드라마 팀의 일원들, 연예인, 종교 전문가와 성직자 등이 있는데, 모두가 그 나라의 전통에 속한 사람들이다. 그들은 정기적으로 마을에 찾아와서 며칠 동안 묵고 가지만 그 마을의 일부는 아니다(Hiebert 1971).

세계 대부분의 지역에서 정부 관리들도 이런 외부인에 해당된다. 그들은 국가의 주요 도시에서 와서 세금을 거두고 법과 질서를 집행하는 자들이다. 경찰관과 세무 공무원 같은 정부 관료가 그 마을에 묵을 수는 있어도 외부인인 것은 마찬가지다. 물론 합당한 대우는 받지만 거리감은 어쩔 수 없다. 마을에서 일어난 불미스러운 일을 경찰에 알리는 것은 마을 공동체에 대한 배신으로 여겨져서 그런 사람은 자칫하면 추방될 수도 있다.

또 하나의 외부인 집단은 매주 열리는 시장에 와서 그 지방 장인 및 상인들과 물건을 사고팔고 대금업자에게 돈을 빌려 주는 장사꾼과 사업가들이다.

뿐만 아니라 도시의 고등종교 본부에서 오는 종교 지도자들도 있다. 이 집단에는 이슬람교의 물라, 힌두교의 제사장과 성직자, 기독교의 주교, 신도Shinto의 사제 등이 포함된다.[1] 이런 사람들은 세계 여러 곳에서 높이 존경받고 있으며, 심지어 경외의 대상이 되기도 한다. 이들은 종종 마을에 대해 외지의 정부 지도자와 사업가들보다 더 큰 힘을 행사하곤 한다. 종교적 외부인들 가운데는, 멀리 있는 성지로 가는 길에 마을에 들르는 순례자들도 포함된다.

끝으로, 그야말로 생면부지의 낯선 자들이 있다. 시골을 통과하는 무명인들, 선교사로 그곳을 찾는 외국인들, 그리고 요즈음에는 여행객과 연예인도 이 부류에 속한다. 이런 자들은 정말 "타자들"이며, 토박이에 비해 완전한 인간 취급을 받지 못한다.

외부 세계

마을과 이웃 지방을 넘어서면 외부 세계가 있다. 도시와 국민국가, 외지의 사업장, 고등종교의 본부 등이 자리 잡고 있는 세계다. 이 세계는 낯설고 위험한 "다른" 세계다. 이 두 세계 사이에는 힘의 격차가 존재한다. 즉 매크로시스템과 마이크로시스템, 중앙의 정치권력 및 경제력과 농경사회의 정치권력 및 경제력, 도시의 교양 수준과 시골의 구술문화, 수준 높은 고등종교와 다른 고등종교 사이에는 상당한 차별성이 있다.

구술문화/문자문화

인류역사를 바꾼 새로운 발명품 중 하나가 바로 글이다. 구술사회는 상형문자와 표의문자를 사용하지만, 표어-음절logo-syllabic 문자의 창안은 단어와 음절 모두를 표현할 수 있게 해주었다. 사용되는 문자는 주로 비非상형문자이며 자의적인 것이다.² 글은 사회가 조직되는 방식을 변화시켰다. 문자는 먼 거리를 가로질러 서로 소통할 수 있게 해주고, 어느 한 시점에 엄청난 양의 정보를 저장할 수 있도록 해주었다. 아울러 도시, 도시국가, 나라, 범지구적 세계를 발흥시켰다. 또한 구두적 성격이 강한 민속 문화와 대비되는 고급문화를 일으키기도 했다(표 6.1).

글쓰기는 농촌 마을을 유식한 자와 무식한 자로 나누었지만, 그 영향은 우리가 현대 사회에서 보는 현상과 달랐다. 오히려 유식한 사람들이 제사장, 서기관, 비서와 같은 전문가 계층으로 등장했다. 제사장은 신에게 그리고 신에 관해 의사소통을 하는 자들이고, 서기관과 비서는 역사적 사건을 기록하고 조약을 체결하는 등의 일을 하며 지방의 우두머리와 지배자를 섬기는 자들이었다. 비서가 글을 모르는 경우도 많았다. 글은 주로 이런 전문가들이 정보를 저장하고 상기하는 수단으로 사용되었다. 실제로 사람들과 의사를 소통하는 주요 수단은 말이었다. 브라만 제사장이 텍스트를 사용하고 설교자가 설교노트를 사용하는 것처럼, 영창을 할 때도 텍스트를 사용할 수 있지만, 힘을 가진 것은 글이 아니라 말로 하는 영창이다. 최초로 창립된 학교는 종교적 훈련을 위한 센터들이었다. 이슬람교의 마드라사, 힌두교의 무트, 기독교의 수도원 등 종교 사역을 위해 사람들을 훈련시키는 곳이었다. 교육은 개인 출세를 위한 도구이거나 더 큰 세상으로 나가는 관문이 아니라, 종교 전문가에게 안정된 직업을 제공하는 통로였다.

장사를 할 때는 글을 아는 것이 힘이다. 한 농부가 어떤 상인을 비난하면서 증인들까지 세워 자기가 종자로 쓰려고 쌀 네 말을 빌

표 6.1 **구술문화와 문자문화**

구술문화	문자문화
• 청각적	• 시각적
• 즉각적, 대면 관계	• 중재됨, 지체됨, 한 걸음 떨어진 관계
• 인격적, 관계적, 반응을 포함	• 비인격적, 반응이 없음
• 어떤 지역적 상황에 묶여 있음	• 시간과 공간의 상황에서 동떨어짐
• 대화적, 상호작용적	• 일방적
• 복수의 목소리: 인지적, 정서적, 평가적	• 단수의 목소리: 주로 인지적
• 일시적, 유동적, 짧은 생명, 기억에 의존함	• 저장됨, 영구적, 똑같이 재생산될 수 있음
• 이야기, 노래, 속담, 시, 드라마, 의식 등의 형태로 저장됨	• 돌, 양피지, 종이에 저장됨
• 비가시적인 것을 믿음, 귀로 들음	• 보이는 것을 믿음, 비가시적인 것은 없음
• 두서없는 토론	• 직선적 논리로 토론함
• 나선형, 두서없는 진행	• 직선적 진행
• 구체적인 기능 논리	• 직선적 논리
• 지식의 주관성을 긍정함	• 지식의 객관성을 긍정함
• 다양성을 인정함	• 동질화시킴

렸다고 주장할 때, 그 상인이 다섯 말이라고 쓰여 있고 농부의 지문까지 찍혀 있는 종이를 내민다고 하자. 이 사건이 마을 밖에 있는 법정까지 갈 경우에는 상인이 이기게 된다.

이 밖에 글을 아는 사람들로는 순회 시인, 역사가, 철학자와 같이 이 마을 저 마을로 다니면서 자기 지식을 보급하는 자들이 있다. 글은 외부 세계와 상업적 거래를 할 때에도 사용된다. 그러나 마을에서의 일상생활은 얼굴과 얼굴을 맞대는 관계에 기초하고 있으므로 구두적 소통이 여전히 지배적인 방식이다.

다원주의 pluralism

소규모 사회는 비교적 동질성을 갖고 있다. 구성원들은 대체로 동일한 세계관을 공유한다. 이에 비해 농경사회에는 아주 다양한 사회집단들이 공존하고 있다. 같은 마을에 서로 다른 세계관을 가진 다양한 공동체들이 공존한다는 뜻이다. 그것이 종교적인 차이일 수도 있다. 예를 들면, 어느 인도 마을에는 힌두교인, 이슬람교인, 그리스도인의 동아리들이 있고, 집시, 부족민, 유목민이 변두리에 자리 잡고 있다. 다양한 인종 집단이 한 마을에 사는 경우도 있다. 예를 들면, 여러 카스트가 공존하는 인도 마을과 다양한 인종의 이민자들이 함께 사는 라틴아메리카의 소도시들이 그러하다. 또한 계층 사이의 차이—부자와 가난한 자, 유식한 자와 무식한 자, 육체노동자와 사무직 노동자, 지배자와 피지배자, 엘리트와 평민—가 발생하는 공동체의 경우에도 문화적 차이와 세계관의 차이가 존재한다.

세계관의 차원에서 다원주의는 중대한 결과를 낳는다. 사람들은 자기의 세계관에다 두 가지 사실—다른 세계관도 존재한다는 것과 그것이 다른 사람에게는 타당하다는 것—을 수용하지 않으면 안 된다. 대부분은 함께 공존하는 다른 집단의 세계관들에 비해 자기 신념이 옳다고 믿지만, 종종 마을의 엘리트 계층이 높은 지위를 갖고 있다는 이유로 다른 이들이 신념과 관습을 모방하기도 한다. 둘째 결과는, 문화와 세계관이 농경사회를 하나로 통합시키는 역할을 갈수록 잃어버리는 현상이다. 보통은 모두가 공적인 영역에서 주고받는 언어가 존재하고 있고, 누구나 다른 집단의 구성원을 어떻게 대해야 하는지 알고 있다. 그러나 그들은 자기 집단의 구성원과만 동일한 세계관을 공유하고 있으며, 늘 자기 신념과 정체성을 보존하려고 애쓴다.

후견인 patron - 수혜자 client / 시장경제

다수의 농부는 경제활동을 개념상 두 가지 영역으로 나눈다. 땅, 농작, 수확, 동물, 쟁기, 괭이 등 농사짓기와 관련된 여러 물건과 활동은 생계유지와 관련 있다. 이런 것은 사람들의 생존에 필요한 식량을 생산한다. 다른 한편, 건물, 침대, 옷, 바구니, 항아리 등 생계유지용 물건이 아닌 것들은 현금과 장사와 연관이 있다. 이런 물건은 생존하는 데 꼭 필요한 것은 아니다.

    이 둘은 별개의 영역으로 존재한다. 생계를 위한 노동은 그 보상을 현금으로 받지 않고, 장래의 생존을 위해 저장할 곡물과 여타 식량으로 받는다. 다른 노동은 돈으로 보상받아, 그것이 금방 소비되는 경우가 많다. 농부가 집을 지으려고 빚을 얻는 경우에도 채권자는 그의 땅을 취할 수 없는데, 땅은 생존의 영역에 속하지 거래 품목에 속하지 않기 때문이다. 누군가의 땅을 취하는 행위는 곧 그 사람을 죽이는 짓이다.

    생계유지 활동의 중심에는 후견인-수혜자 관계가 있다. 후견인은 농사일을 주관하는 지주들이다. 경작지 노동자, 대장장이, 목수, 도자기공, 세탁인, 이발사, 세탁업자, 피혁공, 청소부 등은 그의 수혜자들이다. 수혜자들은 곡물 수확과 후견인의 생활에 꼭 필요한 노동을 제공하도록 되어 있다. 후견인은 자기 일꾼들의 생존과 복지를 책임진다. 그들이 생존하는 데 필요한 곡물을 줄 뿐 아니라, 추울 때 입을 옷과 이불, 오두막을 지을 부지도 공급해야 한다. 거꾸로, 수혜자들은 후견인이 배당하는 일을 해야 할 세습적 권리와 책임을 갖고 있다. 그들은 들판과 가정에서 일할 뿐 아니라, 후견인의 짐을 나르고, 결혼과 장례 행사를 거들고, 후견인의 경쟁자가 폭력을 휘두르면 후견인을 위해 싸울 태세까지 갖추어야 한다. 이것은 시장경제에서 볼 수 있는 경제적 계약과 같은 시스템이 아니라, 사회적 의무의 네트워크를 통해 모두의 생존욕구와 사회적 열망이 채워지는 공생적 교환관계다.[3]

후견인-수혜자 시스템에서 수행되는 경제활동은 손익이나 공평한 교환의 견지에서 계산되지 않는다. 수확이 나쁜 해에는 지주가 자기 생존에 필요한 정도밖에 가져가지 않는다. 일이 있든 없든 자기가 데리고 있는 일꾼들의 생계를 유지시켜 주어야 하기 때문이다. 풍년이 든 해에는 지주가 상당한 이익을 챙기게 된다. 그는 일꾼들에게 생존에 필요한 양보다 좀더 많이 주고 약간의 보너스도 주어야 한다. 이 시스템은 일꾼들에게는 어려운 시기에도 생존할 수 있도록 안전보장을 제공하고, 후견인들에게는 노동자들, 권력, 명성, 그리고 때때로 부를 제공한다.

후견인-수혜자 시스템과 시장경제의 차이는 돈을 빌려 주고 빌리는 규칙을 보면 알 수 있다(표 6.2). 시장경제의 경우는 현대의 경제제도가 그렇듯이, 돈을 빌리는 근본 이유가 경제적인 것이다. 한 사람이 돈을 빌리는 것은 살기 위해서든가 더 많은 돈을 벌기 위해서다. 후견인-수혜자 경제에서는 돈을 빌리는 것이 후견인과의 사회적 관계를 강화한다. 한 사람이 후견인을 갖자마자 그에게 돈

표 6.2 **돈을 빌려 주는 규칙**

시장경제	후견인-수혜자 경제
• 경제적인 이유로 돈을 빌린다. • 합의된 조건에 따라 빚을 갚아야 한다. • 빌린 자가 주도적으로 빚을 갚되 정규적인 할부금의 방식을 따른다. • 빌린 자는 빌린 돈에다 이자까지 갚는다. 목표는 재정적 독립이다. 한 개인의 안전은 사유 재산에 달려 있다.	• 기존 관계를 강화하려고 돈을 빌린다. • 빌려 준 사람이 빌린 자보다 돈이 더 필요할 때까지는 빚을 갚을 필요가 없다. • 빌려 준 사람이 빌린 자에게 지불을 요청해야 하고 후자는 명목상의 지불을 해야 한다. • 빚을 다 갚기 전에, 빌린 자는 더 큰 빚을 얻는다. 빚을 얻는 것은 경제적인 이유 때문이 아니고, 사회적·경제적 안전보장을 위해 후견인과 수혜자 사이에 강한 유대를 맺기 위함이다. 좋은 후견인은 필요할 때에 수혜자를 돌볼 것이다.

을 빌려 둘 사이의 상호의존성을 더 높인다.

현대식 정부, 선교단체, 개발기관들은 이와 같은 생계유지용 활동과 거래행위의 분리를 거의 이해하지 못한다. 그 결과 농부들을 치명적인 궁지에 몰아넣는 경우가 적지 않다. 정부가 땅을 취하고 그 대가로 농부들에게 현금을 주면, 대금업자와 친척과 친구들이 달려들어 그 돈을 나누어 가진다. 얼마 지나지 않아 농부들은 땅도 잃고 돈도 잃는다. 그 후에 농부들이 다른 곳에 있는 땅을 사려고 하면, 그들의 채권자들이 먼저 빚을 챙길 것이고, 그 채권자들이 이제 돈을 갖게 되었기 때문에 농부의 친척들이 채권자들에게 도움을 요청한다.

부의 축적

촌락에서는 부의 축적이 매우 지배적인 가치가 된다. 부족사회에서는 부의 축적 자체를 목적으로 삼기 때문이 아니라, 부를 서로 공유할 때 대인관계를 쌓고 지위를 얻게 되기 때문에 부가 중요시된다. 농경사회에서는—특히 지배 엘리트 계층 사이에서는—생계에 필요한 것 이상의 부는 축적이 되는데, 그것은 부 자체가 사회적 지위와 권력을 가늠하는 잣대로 여겨지기 때문이다. 이 물질적 재화의 축적은 잉여 농산물의 생산으로 인해 더 촉진되며, 이는 늘 앉아서 사는 생활을 가능하게 해준다. 유목민과 반半유목민 사회의 경우는 물질적 재화의 과잉이 부담으로 작용하는 데 비해, 영구적인 촌락에서는 재화가 사회적 지위의 상징으로 탈바꿈한다.

이와 같이 함께 공유하는 삶이 축적하는 삶으로 바뀜에 따라 광범위한 결과를 초래한다. 보석, 아름다운 옷, 대궐 같은 집 등 생필품이 아닌 사치품들이 순식간에 급증한다. 지배자와 상류층 엘리트는 자기 부를 과시한다. 거대한 궁전을 짓고, 대규모 수행원, 하인, 보좌관을 거느리고, 호화로운 생활을 한다. 농경사회에서는 빈부 격차가 상당히 크다. 상류층이 매우 사치스럽게 사는 반면에, 농부들은 입에 풀칠하기도 바쁘다.

경제적 불평등과 정치적 불평등이 갈수록 커지고, 농민들이 이런 불균형을 인식하게 되면서, 평민들의 적대감과 분노가 끓어올라 종종 폭발하기도 한다. 농민은 조직의 기술과 군사적 기술이 결여되어 있기 때문에, 이런 폭동은 일반적으로 끔찍한 유혈사태로 끝나고 그 뒤에 억압체제가 더욱 강화된다.

공식 문화/민속 문화

농촌 마을이 갈수록 복잡해짐에 따라 평민 중심의 민속 문화와 대비되는 엘리트 중심의 공식 문화가 출현한다. 이는 민속 과학을 누르는 공식 과학을 발흥시킨다. 예를 들면, 인도에서는 서양의 대중요법(증상 위주로 치료하는 것)과 대조되는, 고도로 발달된 두 종류의 의료 시스템ayurveda, unani이 개발되었다. 복잡성의 심화와 사회적 계층화는 또한 민속 종교와 나란히 공식 종교도 발흥시킨다. 공식적인 차원에서, 유교, 불교, 힌두교, 기독교와 같은 철학적 종교들은 궁극적인 문제를 다루고 보편적 진리를 주장한다. 이와 대조적으로, 대다수 촌락민의 일상생활은 민속 종교의 지배를 받는다. 즉 일상적인 문제를 다루고 인간의 딜레마를 설명하고 그에 대처하기 위해, 그 지방의 영들, 조상들, 마술사, 마법, 사악한 눈 등 보이지 않는 능력에 의존하는 그런 종교를 따른다. 엘리트 문화의 출현은 또한 공식적인 문화와 예술을 낳는다. 고전 음악, 세련된 문학, 화려한 연극과 오페라, 고도로 훈련된 음악가 등이 왕, 추장, 술탄의 궁전에 모습을 드러낸다. 다른 한편, 평민들은 민속 가요를 부르고, 자기 지방의 악기를 사용하고, 평범한 이야기를 들려주고, 그 지방의 춤을 춘다.

공식적인 엘리트 종교는 사물의 본질에 관한 철학적 성찰을 유도하고, 우주와 사회와 자아의 기원, 목적, 운명에 관한 존재론적 물음을 묻게 한다. 이 종교는 또한 제사장, 목사, 예언자와 같은 공식 지도자들과 평신도를 서로 구별하고 전자를 전문화하기도 한다. 이와 달리, 민속 종교는 일상의 실존적 문제들을 다룬다(표 6.3). 지

표 6.3 각 차원에서 제기되는 핵심 질문들

공식 종교	• 우주, 사회, 자아의 궁극적 기원, 목적, 운명
민속 종교	• 이 세상에서의 의미와 죽음의 문제 • 이 세상에서의 행복과 불행의 문제 • 결정에 필요한 지식, 미지의 영역의 문제 • 의로움, 정의, 악과 불의의 문제
과학	• 인간관계의 질서 • 자연의 통제

도자는 무당, 주술사, 마법사 등 특별한 능력을 가진 사람들이다.

분석적 모델을 하나 들면 세계관의 차원에서 민속 종교와 공식 종교의 관계를 이해하기가 쉬울 것 같다. 수직적 차원은 초월성과 관련 있다. 거기에는 세 가지 차원이 있는데, 보이는 이 세계, 보이지 않는 이 세계, 보이지 않는 다른 세계 등이다. 수평적 차원은 모든 사회에서 발견되는 두 가지 뿌리 은유와 관련 있다. (1) 기계적 은유: 사물을 비인격적 세력이나 비인격적인 자연법칙들에 의해 좌우되는, 보다 큰 기계적 시스템의 일부로 본다. (2) 유기적 은유: 연구중인 사물을 어떤 의미에서 살아 있는 것으로, 또 인간의 생명과 비슷한 작용을 하는 것으로 여기며, 대인관계와 유사한 방식으로 서로 관계를 맺는 것으로 생각한다.

이 두 가지 차원, 곧 초월성과 은유를 서로 합치면 여러 신념 체계들을 비교할 수 있는 격자 또는 매트릭스를 만들 수 있다(표 6.4-6.6). 이 모델은 내재적-초월적 척도의 각 차원마다 두 개씩, 모두

표 6.4 인도의 신념 체계들

	유기적	기계적
다른 세계들	브라흐마, 비슈누, 시바 다른 고등 신들 락샤사, 약샤, 그 밖의 귀신들	브라만 카르마 삼사라 다르마
보이지 않는 이 세계	이 땅의 여신들 변덕스러운 영들 조상들 태어나지 않은 자들	주술 사악한 눈 점성술 부적
보이는 이 세계	살아 있는 인간들 인간 이하의 존재들 동물들, 식물들	아유르베다와 유나니 의술 물질

표 6.5 이슬람교에서의 존재들과 세력들

	존재들	세력들
다른 세계들	알라 천사장들 천사들, 마귀들	키스메트
보이지 않는 이 세계	진 콰리나 자르 아이샤 콴디샤 조상들, 죽은 자의 영혼들	바리카, 주술 디크르 점성술 사악한 눈 상서로운 숫자들
보이는 이 세계	왈리스, 성자들 인간들 동물들, 식물들	의술 자연의 세력

표 6.6 중국의 신념 체계들

	유기적	기계적
다른 세계들	옥황상제 (천天) 신, 여신	명明 음, 양
보이지 않는 이 세계	땅의 신들 영, 유령들 신화적 존재들 조상들 동물의 영들 (토템)	오행五行 주술 풍수風水 점 손금 금기 행운 상서로운 날과 숫자
보이는 이 세계	사람들 동물들 식물들	침술 의술 물질

여섯 개 부문을 갖고 있다. 각 차원은 서로 다른 존재론적 실체들을 다룬다. 맨 아래에는 과학들이 있는데, 이는 사람들이 경험적으로 인식하는 현상을 설명하기 위해 "자연적인" 설명을 사용하는 신념 체계들이다. 자연과학은 기계적 또는 비인격적 유추를 사용하고, 인문학은 유기적 또는 상호작용적 유추를 사용한다. 맨 위에는 흔히 "종교"라고 부르는 것이 위치한다. 이는 궁극적인 우주적 실재들—하늘의 신들, 마귀들, 운명, 카르마, 천국, 지옥—과 관련이 있는 신념 체계이다. 중간 차원은 현대인들이 이해하기 어려운 부문이다. 이는 이 세계의 초超경험적인 실재들—마술, 사악한 눈, 지상의 영들, 마을에 계속 살아 있는 조상들, 주술, 점 등—을 다룬다.

특정한 농경사회를 연구해 보면 매우 다양한 민속 종교와 공식 종교들이 있다는 것을 알 수 있다(Hiebert, Shaw and Tiénou 1999).

정서적 주제들

이제까지 농경문화의 사회 체계와 인지적·평가적 주제들에 관한 연구는 굉장히 많이 이루어졌다. 이에 비해 정서적 주제는 덜 연구된 분야다.

보통은 농경사회가 고된 노동으로 점철되어 있어서 오락이나 신나는 일이 별로 없을 것이라고 생각한다. 사실은 전혀 그렇지 않다. 집안의 예식과 공동체 의식, 명절, 지방마다 열리는 시장은 원근각처에서 많은 사람을 불러 모은다. 오락거리도 아주 다양하다. 인도 마을의 경우에는 순회 시인과 가수, 코미디언, 곡예사, 동물 조련사, 서커스단, 유랑극단, 길거리 연극 등이 그 지방 협회들의 후원으로 연이어 왔다가 간다. 특별한 오락거리 하나는 매년 중요한 날들에 열리는 큰 축제들이다. 이런 축제는 보통 이틀이나 사흘 동안 계속된다. 그러므로 농경사회의 정서적 주제에 관한 민족지학적ethnographic 연구가 더 많이 필요한 상황이다.

평가적 주제들

이제 농경사회의 도덕 질서에 깔려 있는 평가적 주제로 눈을 돌릴 차례다. 다음에 제시하는 것들이 물론 모든 것을 망라하지는 않지만, 모든 농경사회는 이런 이슈들을 이런저런 형태로 다루지 않으면 안 된다.

위계

농촌 마을에 사회적 다원주의가 출현하면서 거의 예외 없이 위계가 생기게 되었다. 하나 이상의 집단이 부와 권력과 지위를 획득하여 마을을 지배한다. 그와 다른 카스트, 계급, 공동체들은 가난하고 억압당한다. 국가적 차원에서는, 작은 그룹 하나가 군대와 경찰력을 동원하여 마을들을 통제한다.

대부분의 경우, 지배의 사회적 현상은 위계를 엄연한 삶의 사실로뿐 아니라 옳고 필요한 것으로 받아들이는 세계관을 낳는다. 가정, 마을, 국가는 그 각각을 다스리고 질서를 유지할 만한 힘을 지닌 우두머리가 있어야 한다. 무질서는 커다란 악으로 비친다.

농경문화에서의 위계는 흔히 종교에 의해 정당화된다. 예를 들면, 인도 마을은 카스트 제도를 신이 제정한 것으로 본다. 그 속에서의 자리매김은 전생의 선행과 악행으로 결정된다. 카스트 시스템을 깨고 나와 출생 시 정해진 신분을 뛰어넘으려는 것은 자신과 그 공동체에 우주적 심판을 자초할 뿐이다. 중세 유럽과 러시아에서도 지배자는 신의 임명을 받은 자들이라고 믿었다. 중국의 촌락도 부와 권력을 신들이 내린 복으로 생각한다.

지배 권력의 등장과 함께 폭력을 사회질서의 유지 수단으로 수용하는 현상이 생긴다. 최우선적인 가치는 질서의 유지고, 지도자는 무슨 수를 쓰든지 질서를 유지해야만 한다. 그러기 위해서는 민중을 통제할 경찰이 필요하고, 적군을 물리칠 군대가 요구된다. 가장 큰 죄는 국가와 그 지배자의 권위를 저버리는 대역죄다.

지배 현상은 이 타락한 세상에서 그리스도인이 불의라고 일컫는 것을 낳게 된다. 권력 있는 자는 가난한 자를 돌보기보다 그들을 착취한다. 높은 자리를 차지한 자들은 낮은 자리에 있는 자들을 포용하지 않고, 그들을 경멸하고 자기와 어울리지 못하게 배제한다. 세계관 차원에서는, 하층민이 그런 곤경을 스스로 자초한 것이라고 주장함으로써 그런 억압을 정당화한다. 신에게 죄를 범했다든가, 불결한 인생을 산다든가, 전생에 저지른 악행으로 고통을 얻었다든가, 완전한 인간에 못 미친다든가 하는 식이다. 노예제도도 이런저런 논리를 동원해서 도덕적으로 정당한 것으로 합리화한다.

한정된 재화

농촌생활은 공공연하게 노출되어 있다. 누구나 그리고 거의 모든 것이 모두에게 환하게 알려져 있다. 이는 공동체 의식을 품게 하고, 위기의 때에 상호책임감을 느끼게 한다. 부정적인 면은, 서로 가깝다 보니 남이 잘되는 것을 시기하고 뒷공론을 일삼게 되는 점이다. 특히 다른 민족이나 계급에 속한 자들이 잘되면 더욱 배가 아프다.

마을은 하나의 작고 닫힌 시스템이기 때문에, 조지 포스터 George Foster가 "한정된 재화의 이미지 Image of Limited Good"라고 부른 현실관을 낳기 쉽다.

내가 말하는 "한정된 재화의 이미지"란, 농민의 행동 패턴을 넓게 보면, 그들은 자기의 사회적·경제적·자연적 세계들—즉 총체적 환경—을 생각할 때, 농민과 관련되는 한 거기에 바람직한 모든 것—땅, 부, 건강, 우정과 사랑, 남성다움과 명예, 존경과 지위, 권력과 영향력, 안정과 안전 등—이 한정된 분량밖에 없으므로 늘 공급이 부족한 것으로 현실을 인식함을 뜻한다. 이런 것들과 그 밖의 모든 "좋은 것들"이 한정된 분량만 존재할 뿐 아니라, 농민이 직접 힘을 발휘하여 그 양을 증대시킬 방도도 없다.……만일 "재화"가 증대될 수 없고 그나마 제한된 양밖에 존재하지 않는다면, 그리고 시스템이 닫혀 있다면, 당연히 한 개인이나 집안이 자기의 위상을 끌어올리려면 남을 희생시키는 수밖에 없다고 생각하기 마련이다. (1965, 296-298)

한 사람의 출세는 다른 사람의 희생이 있어야 성사된다고 생각하기 때문에, 공공연한 야심은 공동체의 다른 구성원들에게 위협을 주게 된다. 누군가의 이득은 다른 누군가의 손실을 뜻하는 것이다. 그러므로 누구나 자기가 가진 것으로 자족해야 하고 더 이상 가지려고 애쓰면 안 된다. 이런 사회에서는 누가 무엇을 가지고 있고 그것을 어떻게 얻었는지를 둘러싸고 온갖 뒷공론이 생기게 마련이다.

사업과 노력을 통해 남보다 앞서 가는 사람들은 뒷공론과 미움과 따돌림의 대상이 된다. 극단적인 경우에는 밤중에 그들의 곡식이 훼손되기도 하고, 새로 지은 집이 망가지기도 한다. 이것이 주는 교훈은 분명하다. "남보다 앞서 가지 말라. 그러려면 남의 것을 빼앗아야 하고, 그러면 그들이 네게 등을 돌릴 것이기 때문이다."

사람들은 인간관계를 비롯해 자신들이 가진 것을 지키려고 노심초사한다. 권력자들과 인맥을 맺고 그 관계를 유지하려고 심히 애쓰며, 후견인의 주목을 받으려고 온갖 노력을 기울인다. 관대한 후견인의 떡고물이 쉽게 줄어들 것으로 추정하기 때문이다. 그들은 또한 자신들이 누군가로부터 무엇이든 배웠다고 인정하기를 꺼린다(Pike 1980). 그렇게 하는 것은 곧 그 사람에게 빚지는 것을 뜻하기 때문이다. 따라서 사람들은 대체로 남을 관찰하고 모방하는 것을 통해 배운다. 공식적인 교육은 별로 없다.

"한정된 재화"라는 개념은 대다수 농민들을 보수주의로 기울어지게 만든다. 사람들은 이웃이 새로운 방식에 호응하는 것을 무척 우려한다. 이런 신념은 또한 이웃을 질투하고 불신하게 하며, 뒷공론을 강력한 사회통제 수단으로 만들어 준다.

한정된 재화의 개념에 예외적인 것이 하나 있다. 그 시스템 바깥에서 오는 혜택이 그것이다. 이는 그 마을을 위협하는 것이 아니라 불로소득으로 여겨진다. 예를 들면, 누가 정부로부터 선물을 받는다거나, 먼 친척에게서 유산을 물려받거나, 크게 횡재하는 경우에는, 당사자를 부러워할지언정 위협을 느끼지는 않는다. 묻혀 있는 보물이라는 주제는 농경사회에서 흔히 볼 수 있는 것이다. 이는 부를 합법화하는 구실을 한다. 어떤 사람이 몰래 재산을 축적했다가 어느 날 갑자기 "횡재"하는 것이다. 남들은 그것을 신이 내린 복으로 여길 것이다.

통시적 주제들

신화는 농민의 생활에서 중요한 요소다. 신화는 조부모가 손자에게 들려주고, 유랑시인이 재미있게 이야기해 주고, 길거리 촌극에서 재연되고, 그림으로 보여주는 그런 것이다.

홍수와 재난

범세계적으로 가장 흔한 주제 하나는 대홍수다(Kluckholn 1965, 162). 이 이야기는 특히 타이완, 중국 남부, 동남아시아, 말레이시아에 널리 퍼져 있다. 여기다가 지진, 기근, 전염병에 관한 신화를 덧붙이면, 신화에서 "대재난"은 거의 보편적인 주제다.

무법자-영웅

또 하나 흔한 것은 무법자-영웅을 둘러싼 이야기다. 잉글랜드의 로빈 훗, 폴란드의 야노식, 멕시코의 판초 빌라, 러시아의 쉥카 라진, 중국 농민 전래 이야기에서 미화되는 도적 등이 그런 예들이다. 농민들은 종종 억압적인 사회질서에 공공연하게 반항하는 무법자-영웅의 이야기를 들려줌으로써 자기들의 가혹한 생활조건에 반기를 든다. 이런 인물들은 농민을 위해 싸우는 투사인 셈이다. 그들은 복수를 갚아 주고, 불의를 바로잡고, 땅 없는 자들을 위해 땅을 요구한다. 한마디로, 정의와 공평을 되찾는 것이다.

임박한 천년왕국

무법자-영웅의 이야기와 밀접한 이야기는 장차 세상이 완전하게 된다는 다가오는 천년왕국에 관한 신화다. 이런 신화들은 정의와 평등이 이루어지는 황금시대, 또는 이 땅에 임하는 새로운 시대에 관해 이야기한다. 이 신세계는 신들의 심판이나 농민봉기를 통해 오게 될 것이다. 마르크스주의는 신세계를 약속하는 만큼 농경사회에서 많은 추종자를 얻었다.

때로는 무법자-영웅과 임박한 천년왕국의 신화들이 피비린내 나는 농민봉기로 이어진다. 11세기 이후에 발생한 유럽의 농민폭동들, 19세기 중국에서 있었던 태평천국의 난, 같은 세기에 스페인 무정부주의자들이 일으킨 폭동, 멕시코에서 일어났던 1917년 농민봉기 등이 그런 예들이다. E. J. 홉스봄Hobsbawm(1959, 24-25)은, 그와 같은 신화와 혁명들은 사람들이 그저 가난하고 억압받고 있다는 사실 때문이 아니라, 그들이 지나치게 가난하고 억압받고 있기 때문에 일어난 것이라고 말한다. 봉기가 공평한 세상을 만들 것이라고 아무도 기대하지 않는다. 단지 불의를 바로잡을 수 있고 때로는 압제가 거꾸로 뒤집힐 수 있다는 것을 증명할 따름이다. 아울러 영웅은 참으로 멋진 세상을 꿈꾸는 꿈의 일부일 뿐이다.

회복된 지위

신화의 네 번째 유형은 마을을 다스리는 높은 지위에 있던 집단이 몰락했다가 다시 회복되는 이야기를 다룬다. 예를 들면, 인도의 불가축천민 카스트는 자기가 한때 높은 카스트였는데, 타인의 사기행각이나 조상의 실수로 낮은 지위에 떨어졌다는 식의 신화를 갖고 있다. 하지만 언젠가 이 불의가 역전되어 자기가 예전의 특권 계급으로 회복될 것이라고 믿는다.

몰락과 상승의 이야기는 두 가지 역할을 한다. 첫째, 불가촉천민에게 존엄성을 부여한다. 그들은 적어도 그들 사이에서나마, 자기가 겉으로 보이는 그런 존재가 아니라고 주장할 수 있다. 둘째, 관련된 카스트가 사회적 지위를 높이려고 행동하는 것을 정당화한다. 불가촉천민 카스트가 권력과 부를 얻고 높은 카스트의 상징과 관습을 취할 때, 그들은 자기가 사회질서를 뒤집는 것이 아니라 본래의 상태로 되돌려 놓는 것이라고 주장할 수 있다.

농경사회 자체가 엄청나게 많고 다양하기 때문에, 모든 공동체에 공히 해당되는 어떤 주제나 신화는 찾을 수 없다. 여기서 우리는 우리가 섬기는 농민들의 세계관 연구를 위해 몇 가지 주요 개념을 소개하는 정도로 탐구했을 뿐이다. 이에 덧붙여 특정한 사회를 중심으로 보다 심층적으로 연구한다면, 농민들을 더 잘 이해하고 그들과 보다 효과적으로 소통할 수 있을 것으로 기대한다.

농촌 마을과 근대성

구술 중심의 전통적인 농촌 마을은, 글을 읽고 쓰는 것이 필수적인 도시 및 국가의 세계와 불편한 관계를 맺어 왔다. 마을에 학교가 있는 경우는 주로 특별한 소명을 위해 종교 지도자를 양성하는 학교였다. 그런데 식민지 지배가 도래하면서 상황이 근본적으로 바뀌었다. 식민지 지배와 함께 계몽주의 가치관이 들어왔다. 이 가운데 하나는 정부와 선교사가 세운 학교들을 통해 모든 사람을 교육하는 것이었다. 잭 구디Jack Goody는 이렇게 쓴다.

> 사회적·개인적 출세의 수단으로서 문자 교육의 가치는 즉시 분명해졌다. 새로운 정복자들은 나라 살림의 모든 단계마다 글을 사용했다. 그들이 일단 수냉식 기관총을 무기고에 채워 넣은 다음에는, 펜과 전보가 나라를 지배했던 것이다. 글을 통한 의사소통에 의존하는 정도가 내부적으로 커졌을 뿐 아니라, 피지배 민족과의 소통에서도 글이 더욱 중요시되었다. 막 발전하는 관료제에 인력을 공급하고 이런 의사소통을 그 민족에게 확대시키기 위해서라도, 그들을 훈련하지 않으면 안 되었다. (1987, 141-142)

문자 교육은 새로운 승진 사다리를 낳았고, 귀속에 기초한 신분에서 업적에 기초한 신분으로 초점을 바꾸었다. 그 결과 새로운 보상 체계가 생겨서 새로운 계층화 시스템을 초래했다. 말하자면, 출생에 바탕을 둔 인종 집단과 카스트 대신에 업적에 바탕을 둔 계급들을 탄생시킨 것이다. 이것은 개인이 마을을 떠나 국가적 차원에서 그리고 심지어 국제적 차원에서 활동할 수 있는 문을 열어 주었다. 새로운 엘리트는 자녀 교육을 확실히 챙겼고, 사회적 출세의 문을 열었던 교육 체계가 이제는 지위 보존의 수단이 되었다.

근대식 학교 교육과 함께 근대식 사회제도도 도래했다. 소도시와 대도시의 성장, 대중 참여에 기초한 지역적 경제제도와 정치제도의 발전, 문자 교육에 바탕을 둔 미디어의 성장 등. 학교 교육과 함께 도래한 또 한 가지는 근대적 세계관이다. 자율적 개인에 대한 강조, 세속주의의 확산, 공적 진리로서의 과학의 진보 등을 특징으로 하는 세계관이 찾아온 것이다.

그리고 만인을 위한 공립학교의 도입으로 인구는 둘로 쪼개졌다. 하나는 농촌 인구이고, 다른 하나는 도시 인구다. 근대 세계가 문자 교육에 힘을 실어 주는 만큼, 구술 인구는 열등감을 느끼지 않을 수 없게 되었다. 구디의 글을 인용해 보자. "시골에서 일하는 많은 유식한 자들은 늘 도시와 도시생활에 눈을 돌린 채 억지로 일을 할 것이다. 공식 교육을 통해 배운 읽고 쓰는 능력은 생계유지용 농업의 수준을 넘어 스스로 출세할 수 있는 주된 수단이기 때문이다. 사실상, 농업은 생계유지의 차원에서만 부적절한 삶을 제공한다고 여겨진 것이 아니다. 학교에서 배운 가치관은 다른 곳으로 눈을 돌리게 했는데, 화이트컬러 직업이 그것이고……그것도 도시를 선호하는 쪽으로 향하게 했다"(1987, 141).

글과 지도는 시간과 공간의 기본 범주를 바꾸어 놓았다. 농경생활은 계절의 순환에 의해 좌우된다. 밭 가는 시기, 씨 뿌리는 시기, 추수하는 시기 등. 그런데 문자문화가 연대기적 감각을 영입했다. 계절과 늘 조화되지는 않는 주, 월, 년으로 돌아가게 된 것이다.[4] 게다가, 하루를 시간, 분, 초로 나누었다. "흔히 글을 사용하지 않는 사회들은 그 둘(태양의 순환과 달의 순환)을 대충 얼버무리는 식으로 조정한다. 추석 보름달이 추수할 때가 되면 나타난다는 식이다. 글을 사용하는 사회들만 달에서 월을 또는 태양에서 년을 억지로 빼내야 한다"(Goody 1987, 132). 글은 또한 전문적인 역사 감각을 도입했다.

지도는 땅을 측량하고 기록하는 방식을 바꾸었다. 더 이상 그 강, 저쪽 구석에 묻힌 바위, 언덕 아래에 있는 고목 등을 기준점으로 삼지 않았다. 그런 지점들은 이제 남북극과 적도에 의해 정해지는 비가시적인 격자들—지구의 공간 전체를 포괄하는 지구적 격자—에 의해 기록되었다.

이제는 근대성의 발흥과 그것이 세계에 미친 영향을 살펴보기로 하자.

7장

근대적 세계관

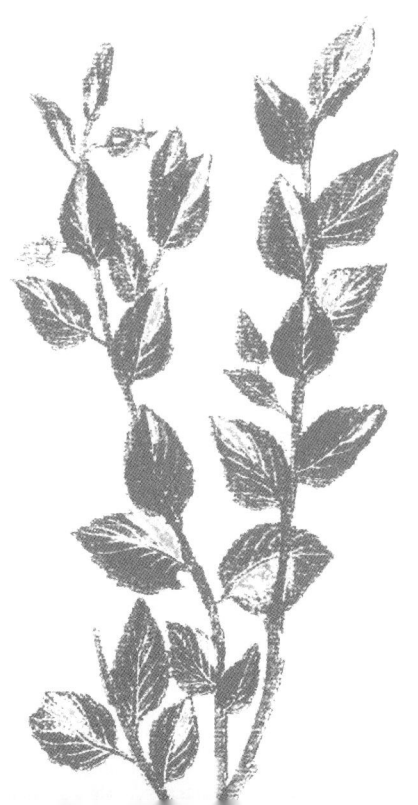

역사상 가장 큰 세계관의 변화 중 하나가 17세기에 근대 과학과 근대성의 출현으로 일어났다. 근대성은 진정한 의미에서 최초의 지구적 문화다. "이것은 오늘날 우리 개개인과 지구 전체를 감싸고 있는 세계적 시스템이요 정신이다"(Guinness 1994a, 324).

4세기에 기독교가 승리의 깃발을 올린 이후 서양의 정신은 유신론적 사상으로 점철되었다. 모든 생명과 자연은 인격적인 하나님, 곧 인간을 향해 완전한 목적을 갖고 계신 분이요 능력이 무한하신 하나님의 감독 아래에 있다고 추호의 의심도 없이 믿었다. 하나님은 자기 자녀들을 기르시는 사랑의 아버지시고, 자기 뜻대로 세계사의 흐름을 주도하시는 분이었다. 자연도 그분의 명령에 순응하고, 그분은 일상적 삶에도 특별히 개입하는 분이었다. 그리스도인에게 인생은 하나님의 목적을 실행하는 통로였다. 그와 같은 세계에서 사람들은 역사의 목적과 인생의 목적을 이해할 수 있었고, 그 결과 의미 있는 삶을 살 수 있었다. 그들은 자연세계를 알려고 나서지 않았고, 알 수 있는 능력이 있다고 주제넘게 생각하지도 않았다. 그 세계는 모든 면에서 하나님의 뜻 아래에 있다고 믿었기 때문이다.

13세기가 지나자 아리스토텔레스, 플라톤, 프톨레마이오스의 사상이 십자군 전쟁에서 돌아온 순례자들과[1] 스페인의 이슬람교 대학들에서 공부한 학자들에 의해 유럽에 소개되었다(Crosby 1997, 56). 찰스 말리크Charles Malik는 이렇게 말한다 "우리가 모든 과학과 모든 지적인 학문에 관한 역사적 기록을 샅샅이 조사해 보면, 과학 또는 학문의 원초적 개념이 그리스적이라는 것과 거의 예외 없이(수학만 제외하고) 아리스토텔레스적이라는 사실을 발견할 것이다.……아리스토텔레스는 실제로 서양문명의 절반을 받쳐 주는 인물이다"(1987, 4).

13세기에 이르러 성당 부속학교들이 대학들로 대치되기 시작했고, 대학은 훗날 근대성의 기초가 된 새로운 패러다임을 가르쳤다. 이는 체계적인 조사와 체계적인 추상논리를 통한 물질세계의 이해를 중요시하고, 인간의 이성을 믿는 것을 의미했다. 세계는 인간이 지적으로 이해할 수 있도록 법칙에 따라 움직이는 정합성 있는 시스템으로 간주되었다.

신성 로마 제국은 중세 후기부터 내리막길을 걷고 있었는데, 역사의 신성한 토대들을 산산조각 낸 것은 바로 프랑스 혁명이었다. 그 결과 합리주의와 시민의 뜻에 기초한 세속국가가 등장했다. 공적인 삶은 이제 이성이 독점하는 영역이 되었고, 거기에 외견상 불가지적인 하나님이 들어설 자리는 없었다. 종교는 사적인 영역으로 밀려나고 상상의 산물로 간주되었으며, 하나님도 공적인 삶과 무관한 존재가 되었다. 철저하게 유물론적이고 무신론적인 역사철학이 출현해서 정신을 물질로 환원하고, 도덕도 물질적 진보에 의해 규정되는 사회적 구성물로 환원시켰다.

이성과 자유를 이상으로 삼았던 18세기의 계몽주의는 근대성으로 발전했다. 앤드루 픽스Andrew Fix는 이렇게 묘사한다.

> 1650년과 1700년 사이에 근본적이고 광범위한 중요성을 지닌 지적인 변화가 일어났고, 이것은 오랜 세월 동안 유럽 사상의 기반이 되어 왔던 가정假定과 태도의 성격 자체를 완전히 바꾸어 놓았다. 그러는 가운데 교육받은 유럽인들이 스스로와 자기 세계를 이해할 때 사용했던 지적인 틀까지도 변화시켰다.……이처럼 전통적인 유럽의 종교적 세계관을 근대적 유럽의 합리적이고 세속적인 세계관으로 바꾼 사건만큼 결정적이고 영향력 있는 세계관의 변화는 이제껏 찾아보기 힘들다. (1991, 3, 5)

르네 데카르트René Descartes가 문화적 편견에 물들지 않은 객관적 진리를 추구하는 데 앞장섰다. 그는 추상적이고 연산적이며 디지털적인 그리스적 이성을 경험에다 적용하여 그 목표를 달성하려고 했다. 먼저, 심지어 자기 존재까지 포함한 모든 것을 의심하는 일부터 시작했다. 그는 자기 이성만이 해답을 줄 것이라고 믿었다. 바로 이성이 옳고 참되고 선한 것을 가늠하는 궁극적 심판관이 된 셈이다.

18세기 이후에, 합리적이고 경험적인 분석에 대한 강조가 전통적인 중세 세계관을 점차 밀어내는 데 중요한 역할을 했다. 세계는 영적인 실체가 아니라 물질적인 실체로, 목적론적 존재가 아니라 기계적 존재로 이해되었다. 세계는 과거 언젠가 창조주가 감아 놓았고 지금은 자연법칙에 따라 움직이는 큰 시계와 같았다. 픽스는 이렇게 말한다. "프랜시스 베이컨Francis Bacon의 경험론과 데카르트의 기계론적 우주론은 지적인 권위의 원리를 배격하고 자유롭고 합리적인 탐구를 선호하도록 부추겼으며, 이는 엄청난 규모의 문화적이고 지적인 변화를 촉발시켰다. 물리적 세계를 이성적으로 이해하려는 시도에 이어서, 인류와 자연, 인류와 사회, 인류와 하나님의 관계도 이성적으로 이해하려는 욕구가 생겼다"(1991, 7).

"근대"라는 용어는 긴 역사를 가졌지만, 위르겐 하버마스Jügen Habermas가 근대성 프로젝트라고 부른 것은 18세기에 이르러서야 주목을 받게 되었다. "그 프로젝트는 계몽주의 사상가들 편에서 '그 내적인 논리에 따라 객관적 과학, 보편적 도덕과 법, 자율적 예술을 개발하려 했던' 특출한 지적인 노력에 다름 아니었다.……자연에 대한 과학의 지배는 결핍, 부족, 전횡적인 자연재해로부터의 자유를 약속해 주었다"(Harvey 1990, 12).

지난 두 세기 동안 근대성은 세계 도처에 퍼졌고 일본, 인도, 라틴아메리카 등지에서 각각 다른 모습을 띠게 되었다. 비노스 라마찬드라Vinoth Ramachandra는 이렇게 말한다. "근대성은 인류역사상 진정한 의미에서 최초의 범지구적 문명이다.……그 영향력은 대학교, 주요 도시의 상업 센터와 정부 사무실에서뿐 아니라 멀리 떨어진 외딴 마을에서조차 느낄 수 있다. 그것은 역설과 모호한 성격으로 가득 차 있으며, 엄청난 복과 끔찍한 고통을 모두 가져온다"(1996, 143). 근대성은 세계에 대한 획일적인 관점을 제공하며, 과학의 자연 지배를 통해 결핍, 부족, 재해로부터의 자유를 약속한다.

우리는 근대적 세계관이 우리 주변 세계를 어떻게 형성하는지 알기 위해서뿐 아니라, 우리 자신의 사고방식을 이해하기 위해서라도 그것을 연구할 필요가 있다. 이 책을 읽는 대부분의 독자는 근대적 세계관이나 포스트모던 세계관을 갖고 있을 것이다.[2]

근대성의 인지적 주제들

근대성은 복잡하고 문화에 따라 무척 다양하지만, 모든 양상을 가로지르는 중심 주제들을 끌어낼 수 있다. 여기서는 그 가운데 몇 가지를 살펴볼 수 있다.

자연주의/초자연주의

근대성이 출현하게 된 배경에는 아리스토텔레스의 이원론이 서양 사상에 다시 도입된 현상이 있다(표 7.1). 중세 유럽은 창조주와 창조세계의 의존적 이원론이 지배했다. 전자가 궁극적 실재로서 만물을 지배하는 영원한 존재였고, 후자는 의존적이고 종속적이며 시간의 제약을 받는 존재였다. 후자는 본질적으로 전자에 묶여 있었다. 이로 인한 한 가지 결과는 "다른 세계를 지향하는" 경향, 곧 하나님을 예배하고 섬기는 일은 높이 받드는 반면에, 돈을 벌고 지상의 안락을 구하는 일은 멸시하는 풍조였다. 이 견해는 또한 선한 천사들과 타락한 천사들을 모두 창조세계의 영역 내에 두었다. 예술은 주로 종교적 주제들에 초점을 맞추었고, 영적인 실재들을 후광과 같은 가시적 표시로 표현했으며, 천사와 귀신을 일상생활의 일부로

표 7.1 근대적 세계관의 출현

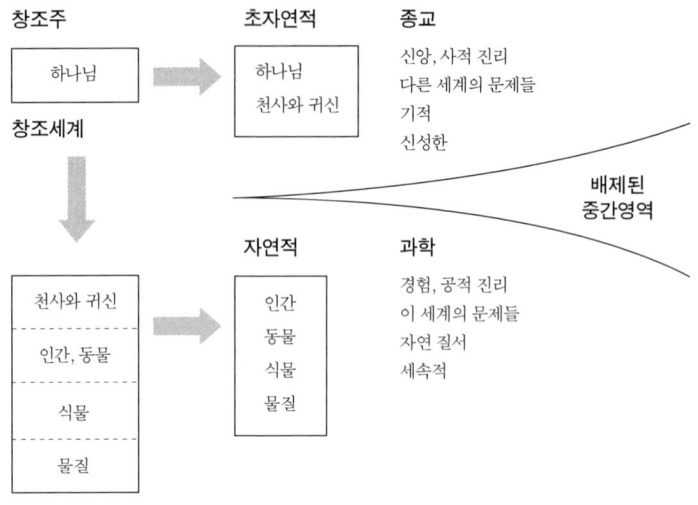

그렸다. 건축은 천사와 괴물상像으로 장식된 성당을, 음악은 성스러운 주제를, 교회 의식은 초월적 하나님과의 만남과 마귀 및 마귀의 길에 대한 단념을 각각 그 중심으로 삼았다.

그리스 이원론의 도입은 이런 실재의 관점을 근본적으로 바꾸었다. 그것은 실재를 서로 연관성이 없는 두 영역—초자연적 영역과 자연적 영역—으로 나누었다. 한편에는, 하나님과 다른 영적 존재들이 살고 활동하는 영적인 영역이 존재한다. 이는 종교의 세계다. 다른 한편에는, 과학이 다루는 물질세계 곧 자연의 영역이 있다. 니콜라스 래쉬Nicholas Lash는 이렇게 말한다.

17세기에 처음으로 "초월super"이라는 용어가……존재의 한 영역, 존재의 한 영토, 우리가 알고 있는 세계의 "바깥"을 의미하기 시작했다. 이제 "자연"은 단일하고 동질적이고 독립적인 것으로 여겨지게 되었고, 우리는 유령과 요정, 귀신과 천사, 지구 밖의 존재들, 그리고 하나님이 거주하는 "다른" 세계에 "초월"이라는 딱지를 붙였다.……17세기 말에 이르면, "하나님을 믿는 것"이 우리가 알고 있는 세계 바깥에 "하나님"이라 불리는 거대하고 강력한 실체가 존재한다고 추정하는 추측의 문제가 되어 버렸다. (1996, 168-169)

과학계는 갈수록 세속화되었다. 15세기의 지구는 예루살렘이라는 거룩한 도시를 중심으로 하나님이 주관하시는 유럽, 아시아, 아프리카로 구성되어 있는 하나의 섬 *Orbis Terrarum*이었다. 이 거룩한 공간은 깊은 물들로 이루어진 어둡고 비인간적인 악한 허공에 둘러싸여 있었다. 바다를 가로지르고 새로운 땅을 발견하는 모험이 유럽인들의 지구관을 근본적으로 바꾸어 놓았다. 세계가 대륙들과 대양들로 덮여 있고, 균일하고, 서로 이어져 있는 세속적 공간임이 처음으로 드러났다. 이 새로운 세계에서, "타자들"은 더 이상 "타락했기" 때문에 구속이 필요한 존재가 아니었다. 그들은 세속적 인간들이고 다른 인간들과 비교될 수 있는 존재였다. 이런 비교의 결과로 그들을 "야만인barbarian"과 "미개인"으로 보게 된 것이다. 세계를 탐험하고 이런 "타자들"에게 이름을 붙여 주고 그들을 연구한 자들은 바로 서양인이었다.

17세기 말에 이르러, 유럽 지식인의 심상에서 하늘의 영역과 땅의 영역이 서로 떨어지기 시작했다. 하나님은 갈수록 비실재적 존재로 변했고, 물질적인 우주가 궁극적 실재가 되기에 이르렀다. 하나님이 자연에 개입한다는 사상을 다수가 포기했고, 그분이 법으로 질서를 부과한다는 일반 섭리만 견지하게 되었다. 그러나 픽스가 말하듯이, "일단 인간과 하나님 사이의 분리 의식이 점차 강해져서 현세에 대한 신의 직접적 개입을 믿는 믿음을 흔들고 그것을 좀먹기 시작하면, 이 산성酸性이 세계에 대한 간접적인 신적 통제를 믿는 믿음의 기초마저 공격하는 것은 사실상 시간 문제였다"(1991, 9).

하나님과 천사와 귀신은 모두 다른 세계로 추방되고, 종교는 하늘의 문제로 국한되고 말았다. 자연은 이제 영적인 거주자가 자리를 비운 이 세계를 일컫는 말이 되었다. 그래서 실재를 오로지 에너지와 물질의 견지에서 보게 되었고, 자연 역시 완전히 독립적이고, 자충족적이고, 스스로 질서를 유지하는 존재로 간주했다. 초자연적 영역은 공상적인 믿음, 감정, 도덕으로 전락했다. 안젤로 렌타스Angelo Rentas는 이렇게 쓰고 있다. "과학은 우리 문화에 보편적으로 타당한 지식의 원천이 되었다. 과학의 진리 주장은 종종 종교나 예술의 진리 주장보다 더 진지하게 다루어진다. 사실상, 과학적 진리가 유일한 **객관적** 진리로 인정받게 된 것이다. 과학이 입을 벌리면 대부분이 귀담아 듣고 그 소리를 믿는다"(2006, 24).

이 두 영역은 각각 자율적이고 서로 무관한 것으로 여겨진다. 이 간격을 가로지르는 유일한 것은 환상과 기적 등 "자연법칙"을 위반하는 변칙적 사건을 통해 자연의 영역에 끼어드는 신의 개입인데, 이런 것들의 사실성 여부가 갈수록 의문시되었다. 우주적이고 성스러운 진리로 충만한 의식조차도 순간적인 의미와 재미를 선사하는 공공연한 구경거리로 대치되었다. 이와 같은 이원론—자연과 초자연, 과학과 종교, 사실과 믿음, 자연법칙과 기적, 몸과 영—이 대다수 근대인의 세계관을 지배하고 있다. 이런 관념은 종교를 개인적인 믿음의 문제로 치부하고 일상생활의 세속화를 초래한다. 과학주의는 이른바 자연이 실재 전체를 구성하고 있다고 주장한다.

창조주/창조세계의 구분으로부터 초자연/자연의 이분법으로의 전환은 심각한 철학적 물음을 제기했다. 하나님이 하늘에 계시다면, 누가 땅을 주관하는가? 존 로크John Locke는 인간이 세계의 신들이고 그들이 이성, 과학, 정부를 통해 세계를 설계하고 지배할 수 있다고 주장했다. 이 이론은 삶의 모든 영역을 합리화시킬 필요성과, 더 나은 세계를 만들기 위한 테크닉의 개발을 강조하게 했다. 그 결과는 근대생활의 모든 분야를 휩쓴 기술혁신과 경영혁신의 폭발이었다.[3]

자연주의적 형태를 띤 근대성은 마침내 종교적 초월성과 계시를 부정하고, 모든 것이 법칙에 따라 움직이는 질서정연한 자연 시스템 속에 있다고 주장했다. 하나님은 인간 상상력의 산물이다. 종교는 맹목적인 믿음에 기초하고 있으므로 비합리적이다. "어느 차원에서든 '초월'에 호소하는 것은 미신으로, 또는 적어도 학문적 토론의 '범위 바깥'에 있는 것으로 치부되었다"(Meneses 1997, 8). 자연주의적 세계관은 물질적 우주가 실재의 총합이라고 주장한다. 초자연적인 것은 존재하지 않는다. 이에 대해 필립 존슨Philip Johnson은 이렇게 말한다. "자연주의에 따르면, 궁극적인 실재는 자연이고, 이것은 우리가 물질과 에너지라고 부르는 것을 구성하는 근본 입자들과 그것들의 작동방식을 다스리는 자연법칙들로 이루어져 있다. 자연만이 궁극적으로 존재하는 모든 것이다.······달리 표현하자면, 자연은 물질적인 원인과 결과로 움직이는 영구적으로 닫힌 시스템이어서, 그 바깥에 있는 무엇으로부터도—예를 들면, 하나님과 같은 존재로부터—영향을 받을 수 없다. 그러므로 어떤 것을 '초자연적'이라고 부르는 것은 그것이 상상의 산물이라고 말하는 셈이다"(1995, 37-38).

자연주의는 현재 유럽과 북미를 지배하고 있는 세계관이다. 이 세계관은 과학 아카데미, 교육기관, 법적 체계, 뉴스 미디어 등 전반적인 문화 체계의 기초를 이루고 있다. 레슬리 뉴비긴의 말대로, 과학은 만인에게 가르쳐지는 공적인 사실이 된 것이다(1991). 종교는 사적인 신앙의 문제가 되어 버렸다. 그 결과 지식의 탈신비화와 탈신성화 현상이 일어나서 그 분야가 세속화되었고, 이 세속주의는 종교 공동체들의 저항에도 불구하고 근대성과 함께 세계 곳곳으로 퍼져가고 있다. 세속주의는 또한 인간을 자연에 속한 또 다른 동물로 이해했다. 이 동물은, 역설적이게도, 자연을 초월하고 그것을 관찰하며 조작할 수 있음에도 불구하고 말이다.

이런 초자연/자연의 이원론은 여러 가지 하위주제들과 반주제들을 낳았다.

이 세계/다른 세계들
중세의 그리스도인은 이 세계를 생명이 충만한 곳으로 보았다. 온갖 신비와 장엄으로 가득 차 있고, 의미와 목적을 가진 그런 장소였다. 이곳은 우리가 몸담을 집일 뿐 아니라 즐거움을 누릴 가정이기도 했다.

근대성은 천국이나 지옥과 같은 다른 세계들이 아니라, 이 세계에 초점을 맞추고 있다. 갈수록 이 세계를 생명이 없는 입자들—원자, 쿼크, 지금은 끈이나 고리—로 구성된 물질적 우주로 보고, 세계의 움직임을 하나님과 무관한 자연법칙으로 설명할 수 있다고 생각한다. 이런 법칙을 이해하면 인간이 더 나은 세계를 만들어 낼 수 있다는 것이다. 따라서 이 세계에는 신비와 초월이 들어설 자리가 거의 없다. 하나님이나 영과 같은 비물질적 실재들은 사실이 아닌 신앙의 문제로 밀려난다. 막스 베버Max Weber의 말처럼, 이 세계가 마법에서 풀려난 것이다. 이곳은 기껏해야 물질적 실체에 불과하다. 초월성에 대한 감각은 일상에서 어렴풋이 멀어져 갔다. 그런데 이것은 어려운 문제를 남겨 놓았다. 인간을 연구하는 학문에서, 인간은 분석의 대상인 동시에 그 분석을 수행하는 주체이기도 하다. 만일 인간이 자연으로 완전히 환원된다면, 인식의 주체knower가 들어설 자리가 없게 된다. 이에 대해 앨런 블룸Allan Bloom은 "우리는 자연을 아는 그것[인간]을 제외하고 자연 속에 있는 모든 것을 알 수 있다"(1987, 77)고 말한다.

이제 근대성의 지배적인 타당성 구조로 군림하게 된 과학은 주로 합리적 방법을 사용하여 물질세계를 연구한다. 유물론은 과학자들이 몸담고 헤엄치는 물과 같고, 이 교리가 틀릴 수 있다는 것은 상상도 할 수 없는 상황이다. 1998년에 행한 조사에서, 에드워드 라슨Edward J. Larson과 래리 위덤Larry Witham은 국립과학협회 회원의 90퍼센트가 유물론자라는 사실을 발견했다. 생물학자만 놓고 보면 그 수치가 95퍼센트로 증가한다. 프랭클린 해럴드Franklin Harold는 이렇게 쓰고 있다. "우리는 원칙상 우연과 필연의 대화를 지적 설계로 대치하는 것을 거부해야 마땅하다. 하지만 동시에, 현재로서는 생화학적 시스템의 진화에 관한 한, 자세한 다원주의적 설명은 하나도 없고 단지 다양한 추측만 무성하다는 것을 시인해야 한다"(Behe 2005, 18에서 인용). 마이클 베히Michael Behe는 이렇게 덧붙인다. "문제는 그런 명시적이고 의도적인 유물론이 아니다. 문제는 오히려 합리적 논증보다 사회적 압력에 의해 더 많이 전파되는, 사회적으로 구성된 유물론이다. 사회적 압력은 굳이 노골적일 필요가 없다. 남을 조롱한다거나 팔을 비틀지 않아도 된다는 말이다. 이는 종종 대부분의 사람이 자기가 고를 수 있는 이론적 대안들이 인위적으로 제한된 것임을 인식하지 못하게 만드는 지적인 풍토로 드러난다"(2005, 19). 이 유물론적 가정에 도전하는 것은 합리적 논증으로 여겨지지 않고, 감정적 적대감으로 유발된 일종의 이단으로 간주된다.

과학의 선두주자인 물리학은 경험적 자료를 검토한 뒤에 유물론적 틀 안에서 검증이 가능한, 현상에 대한 설명을 내놓았다. 훗날 인문과학도 이와 똑같은 길을 따르려고 노력했다. 과학은 그 정의상 분석 범위를 이 세계로 제한하기 마련이다. 또 당연히 유물론적 설명방식을 사용한다. 즉 과학은 하나님과 인간의 목적 같은 초자연적이고 목적론적인 설명을 배제시키는 것이다. 이로 인해 많은 근대주의자는 이 세계가 존재하는 모든 것이고, 영적인 실재는 존재하지 않는다는 형이상학적 가정을 하게 되었다. 세속주의의 일차적 교리는, 인간에게 유익한 궁극적 선은 이생에서 도달 가능한 그 무엇에 있다는 것이다. 그래서 종교가 배척당하는 것이다. 종교는 인간에게 선한 것을 이생에서는 완전히 얻을 수 없다고 주장하기 때문이다.

영원보다 이생에 관심을 기울이면 신체적 안락과 물질적 풍요를 강조하게 된다. 이것이 많은 광고의 중심 메시지가 되고 있다. 사람들은 에어컨과 서라운드 음향 기기에다 충격 흡수기가 달려 있고, 히터로 데워진 부드러운 가죽 좌석에 앉아 운전하라는 메시지를 접한다. 아무도 어디로 가고 있는지는 묻지 않는다. 이처럼 근대성이 이 땅에서의 편한 삶에 온통 몰두하는 것을 감안하면, 고난이나 희생 또는 죽음이 들어설 자리가 없다는 것은 놀랄 일이 아니다 (Becker 1973).

초점이 다른 세계에서 이 세계로 맞추어지면서, 관심사도 영원에서 현재로 바뀌었다. 중세는 우주 역사에 뿌리박고 있던 시기였다. 사람들은 자기보다 더 큰 교회 역사의 일부이므로 중요한 존재였다. 교회의 역사는 하나님과 창조로 시작해서 영원한 세계로 끝나는, 신적인 역사의 일부였기 때문에 의미가 있었다. 근대성은 과거 세대의 이야기나 장래 세대의 안녕보다도 오늘의 행복을 더 중요시한다. 지난 역사에 매혹되는 것이 아니라 무언가 새로운 당장의 **뉴스**에 홀려 있다. 신문, 라디오, 텔레비전, 월드와이드웹World Wide Web은 매순간 세계 곳곳에서 일어나는 사건을 수시로 알려 준다. 뉴스도 오락거리가 되고, 뉴스를 남에게 퍼뜨리는 일은 영예를 가져다준다. 당장의 것에 초점을 맞추면 "즉각적인" 답변과 만족을 구하기 마련이다.

인간 중심/하나님 중심
초자연/자연의 이원론과 함께 신 중심적 세계가 인간 중심적 세계로 바뀌었다. 중세의 서양문화는 하나님과 그분의 사역을 중심으로 형성되어 있었다. 그분의 다스림 아래에 인간 공동체들이 있었고, 그 가운데서도 특히 사람들에게 정체성과 안식처를 제공해 준 교회가 우뚝 서 있었다. 교회를 섬기는 일은 고귀한 가치가 있었으며, 성당은 도시생활의 심장이었다.

근대성은 이처럼 위에서 아래로 내려오는 삶을 거꾸로 뒤집어서, 자율적이고 자유로운 인간을 우주의 중심과 만물의 척도로 삼는 그런 세계로 대치했다. 인간들이 진리의 중재인이었다. 그들은 사회와 문화를 만들었고 역사에 대해 책임을 졌다. 세계는 그들의 눈에 비친 "그림像"으로 변모했다. 그 결과 하나님이 운영하던 세계가 인간들이 조작하는 세계로 바뀐 것이다. 이런 인본주의humanism는 데카르트의 글에 잘 표현되어 있다. "이제 자유의지는 그 자체로 우리가 가질 수 있는 가장 고상한 것이다. 그것은 어떤 면에서 우리를 하나님과 동등하게 해주고, 우리를 그분의 신하의 직분에서 벗어나게 해주기 때문이다. 그러므로 그것을 옳게 사용하는 일은 우리가 소유한 것 가운데 최고의 것이며, 더 나아가 우리의 소유 가운데 그보다 더 큰 것은 없고 더 중요한 것도 없다"(1991, 326). 라마찬드라는 "여기에 오로지 자기에게만 속한 영토를 개척하기 위한, 계몽주의의 자기 창조 프로젝트가 표현되어 있다"(1996, 161)고 했다.

신본주의에서 인본주의로의 전환은, 근대인이 세계를 보는 방식을 근본적으로 바꾼 코페르니쿠스적 혁명이다. 인간은 이제 우주의 중심이므로 인간의 본성 자체가 변하게 된다. 그들은 이제 세계를 연구하는 자율적 주체들이다. 그들은 자연의 법칙을 발견하고 그것을 사용하여 더 나은 삶을 살 수 있다. 중요한 것은 하나님이 그들을 어떻게 생각하느냐가 아니라, 그들이 하나님과 세계에 대해 어떻게 생각하느냐이다. 무엇이 옳고 무엇이 그른지를 정하는 자는 바로 인간이다. 그렇다고 과학자들이 하나님의 존재를 논박했다거나, 대다수 근대인이 그분을 의식적으로 저버렸다는 뜻은 아니다. 오히려 그분을 "초월"의 영역으로 밀어냈다. 즉 하나님을 교회, 성스러운 의식, 기적 등 과학이 설명할 수 없는 곳으로 귀양을 보내는 바람에, 서서히 일상에서 보이지 않게 된 것이다. 근대가 보인 첫 반응은 무신론이 아니라 이신론理神論 deism이었다고 할 수 있다. 이신론은 하나님이 세계를 창조했으나 세계가 그 자체의 법칙으로 움직이도록 내버려 두었다는 관념을 말한다. 사람들은 갈수록 자기 운명을 더 많이 통제하게 되었으므로, 갈수록 하나님 없이도 살 수 있게 되었다. 결국에는 인간이 실재의 본질이 되기에 이르렀다. 이것이 곧 세속적 인본주의다.[4]

근대 철학에서는 우주에서의 하나님의 자리가 문젯거리가 되었다. 맨 처음 하나님은 세계를 창조하되 그것을 수학적 정확성에 따라 움직이도록 만든—이런 질서가 없으면 도무지 우주를 알 수 없을 것이므로—위대한 창조주였다. 그분은 이 질서의 유지자이기도 했다. 그분의 섭리는 무엇보다도 정확한 수학적 규칙성을 간섭하지 않고 그것을 그대로 유지하는 능력으로 드러났다. 세월이 흐르면서 철학자와 과학자들은, 스스로 끝없이 돌아가는 기계가 과연 "초월적" 시발점을 필요로 할까 하고 의심하기 시작했다. 하나님에게 남은 유일한 장소는 환원 불가능한 사실밖에 없었다. 즉 사물 안에 이해 가능한 질서가 존재하고 도덕질서가 필요하다는 사실밖에 남지 않은 것이다. 그러나 E. A. 버트Burtt는 이렇게 지적한다. "어쩔 수 없이 인간론에 경도된 신학을 가졌던 상당수의 사상가들은 그처럼 변형된 유신론에서 종교의 타당성을 거의 인식할 수 없었다. 신학의 영역에도 과학이나 철학이 깊이 침투해 있었던 만큼, 하나님은 사실상 무대에서 추방된 것과 다름이 없었다"(1954, 299-300).

마침내 계몽주의는 하나님을 죽였다. 마르크스와 같은 다수의 사람에게 이것은 종교의 도덕적·사회적 횡포에서 해방되는 것을 뜻했다. 니체는 이 느긋하고 자기만족적인 무신론을 고뇌에 찬 무신론으로 대치했다. 이 해방이 초래한 결과를 잘 이해했기 때문이다. 니체는 "최후의 인간"에 대해 경멸의 태도를 보였는데, "최후의 인간"이 하나님이 죽었다는 뉴스를 받아들이고도 마치 참과 거짓, 옳음과 그름, 선과 악이 여전히 의미를 지니는 것처럼 살아가기 때문이었다. 근대인은 인간의 노력에 의미와 안전을 제공했던 성스러운 덮개를 잃어버렸다. 그들은 갈수록 무의미해지는 세상에 살면서도 자기 인생에 의미가 있다고 주장했다. 이제 그들은 세상의 신들이었지만, 그 신들은 사랑과 자비의 신이 아니라 권력과 폭력과 학대의 신들이었다. 루소는 사회에 의미와 도덕을 제공하는 종교의 필요성을 보았고, 지배자들이 몸담을 종교적 색채를 띤 시민종교가 필요하다고 주장했다(Bloom 1987, 196).

이러한 인간중심주의와 함께 자유와 평등의 교리, 자유와 인권에 대한 강조, 사유재산권과 자본주의를 중시하는 사상도 도래했다.

과학/종교
초자연/자연의 이원론과 함께 과학과 종교의 분리현상이 일어났고, 과학이 모든 것을 포괄하는 설명 체계로 우세한 지위를 차지하게 되었다. 그런데 이런 현상은 대부분의 문화에서 찾아볼 수 없는 것이다. 이 세속화 과정은 종교적 기관, 신념, 관습을 평가절하했고, 이것들을 이성과 과학의 기관, 신념, 관습으로 대치했다.

처음에는 유물론적 세계관이 세속적 성향을 지니지도 않았고, 신적 창조주가 창조세계를 발동시켜서 명령으로 그것을 움직인다는 믿음과 충돌하지도 않았다. 회의주의자였던 존 로크만 해도 우주의 합리성과 자연 질서는 신으로 말미암은 것이라고 시인했다. 그러나 과학이 과학적 합리성을 도입해서 종교를 경험적 연구의 대상으로 삼았다. 그러고는 종교를 비합리적이고 허구적인 것으로 선언했다. 여러 종교가 각각 자기가 옳다고 주장한다면, 그 어느 것도 궁극적 진리일지 의심스럽다는 것이다.

니콜라스 래쉬는, 과학이 발전하면서 "종교"를 자기 자신과 대조되는 "타자"를 대표하는 범주로 규정했다고 지적한다(1996, 188). 17세기 이전만 해도, "초월"이라는 단어는 사물이나 사람이 자신의 상태를 초월해서 행동할 때, 그런 행위를 가능하게 하는 특징을 가리키는 말이었다. 예를 들면, 초인적으로 무엇을 했다는 식으로 표현했다. 비노스 라마찬드라는 이렇게 말한다. "이렇게 이해할 경우, '초월'이라는 용어를 **결코** 붙일 수 없는 존재는 하나님밖에 없다. 아니, 누가 또는 무엇이 신의 본성을 더 높이 끌어올릴 수 있겠는가?"(1996, 142)

계몽주의 이후, 과학은 종교를 자신과 정반대되는 것으로 규정지었다. 과학은 객관적이고 합리적이고 경험적이며 만인에게 진리인 데 비해, 종교는 주관적이고 감정적이며 개인적 신앙의 문제라고 했다. 과학자들은 표면적으로는 서로 의견을 달리할지 모르지만, 밑바탕을 보면 모두 똑같은 세계관을 갖고 있고, 그들의 수고로 진보가 이룩되었다. 그들은 이렇게 믿었다. "과학의 자연 지배는 결핍, 부족, 그리고 전횡적인 재해로부터의 자유를 약속했다. 합리적인 사회조직과 합리적인 사고방식의 발달은 신화, 종교, 미신과 같은 비합리적인 것으로부터, 그리고 우리 본성의 어두운 측면과 권력의 자의적 사용으로부터 우리를 자유롭게 해줄 것을 약속했다. 오직 그러한 프로젝트를 통해서만 모든 인간의 보편적이고, 영원하고, 불변하는 특질이 드러날 수 있었다"(Harvey 1990, 12).

종교적인 사람들은 근본적으로 서로 의견을 달리했고, 그들의 논증은 지식의 진보를 초래하지 못했다. 과학은 종교를 연구대상으로 삼아서, 그것을 여러 종으로 나누고 논리성에 따라 서로 비교하고 나름대로 등급을 매겼다. 이런 식으로 과학은 종교를 사적인 신념과 미신의 세계로 밀어냈고, 오로지 자기만이 공적 광장에서 진리를 규정할 수 있는 권리가 있다고 주장했다. 과학은 지식의 분야에서 자신의 지배적 위치에 저항하는 것이면 무엇이든 참지 못했다. 콘래드 웨딩턴Conrad Waddington은 이렇게 말한다. "과학만이 홀로 인류에게 삶의 길을 제공할 능력을 갖고 있다. 첫째는 일관성 있고 조화로운 삶이고, 둘째는 물질적 진보를 받쳐 주는 객관적 이성을 자유로이 활용할 수 있는 삶이다. 내가 아는 한, **오직 과학적인 정신 자세만이**, 현재로서는, 이 두 가지 면에서 적합하다. 물론 이것을 보충해 줄 만한 바람직한 이상理想들이 많이 있을지 모르지만, 그 중 어느 것도 사회발전과 사회적 풍요의 기반인 과학의 자리를 차지할 만한 것은 없다고 생각한다"(1941, 170, 강조는 추가한 것).

이런 과학 숭배 현상이 낳은 한 가지 결과는, 과학 자료들뿐 아니라 과학 이론들도 정신적 구성물이 아닌 "사실"로 주장된다는 점이다. 이런 성향은 과학 지식이 고도로 전문화되면서 더욱 강화되어서, 외부인은 사실과 정신적 구성물을 서로 구별하기가 무척 어렵다. 이 견해는 결국 과학의 통찰력이 자연을 정복하도록 도와줄 것이고, 우리를 인생의 여러 문제에서 구출해 줄 것이라는 믿음을 낳는다.

오늘날 근대성을 이해하려면, 대학교와 연구소들이 근대 사상을 형성하는 데 어떤 역할을 하는지를 알 필요가 있다(Malik 1987). 물리적 실재만 유일한 실재이고 과학이 확실한 진리에 이르는 유일한 길이라는 믿음은 학계를 훌쩍 넘어 대다수 근대인의 일상에까지 파고들었다. 과학주의와 인간 현상에 대한 궁극적 설명을 찾으려는 노력은 근대 사상의 밑바탕을 형성하고 있다. 이런 환원주의는 모든 현상을 그 밑바탕의 구조와 구성요소들만 알면 완전히 이해할 수 있다고 생각한다. 어떤 분야든 신빙성을 얻으려면 그것이 하나의 과학임을 입증해야 한다.[5] 이것을 일컬어 과학주의라고 부른다. 이는 종교적·윤리적·심미적 지식을 모두 단순한 공상의 영역으로 밀어내는 관념이다.

초자연/자연의 이원론을 감안하면, 종교와 과학을 아주 다른 두 가지 설명 체계로 여기고 서로 적대적 관계가 될 수 있다고 생각하는 것은 놀랄 일이 아니다. 과학이 종교를 연구하는 일은 타당하다. 종교가 과학을 연구하는 일은 공적으로 중요하지 않다. 아니, 과학은 종교가 주장하는 진리를 진지하게 여길 필요가 없다. 과학은 경험과 이성의 탄탄한 기초 위에 세워져 있다는 것이 근대성의 주장이다. 이에 비해 종교는 믿음 위에 세워져 있다. 과학은 물질세계의 질서를 유지하는 법칙들, 곧 신과 무관한 법칙들을 찾는다. 종교는 초월적 실재가 존재한다는 증거로 기적을 찾고 있다. 과학은 갈수록 자연의 신비를 더 많이 설명하고 있는 데 비해, 종교는 갈수록 더 작은 영역으로 후퇴하고 더욱 적실성을 잃고 있다. 땅 위의 사건들을 설명함에 있어서 하나님, 천사, 마귀와 같은 초월적인 영적 존재들을 끌어들이지 않고, 주술이나 마법과 같은 이 세계의 영과 세력들도 부정한다. 이는 우리 주변의 세계를 탈신비화하고 탈신성화하려는 세속주의를 더욱 부추겼다. 많은 사람들은 과학으로부터 실재에 대한 궁극적인 설명을 듣는다. 이런 의미에서 과학은 새로운 종교라고 할 수 있다.

유물론적 세속주의/천상의 심령주의

과학의 승리는 모든 영역에 걸친 사상의 세속화를 동시에 몰고 왔다.[6] 한때 삶의 중심에 있었던 종교적 믿음, 관습, 기관은 이제 변두리로 밀려났다. 신성한 시간과 공간이 세속적인 시간과 공간에 길을 내주었다.

　이와 같은 세속주의의 심화 현상은 하나님과 초월적 존재들에 대한 의식적인 배척 때문에, 또는 그런 것이 존재하지 않는다고 과학이 증명했기 때문에 생긴 것은 아니다. 처음에는 이런 영적 실재들을 사용해서 우주의 기원, 목적, 운명에 관한 궁극적 물음에 답하고 도덕의 문제를 다루었다가(칸트의 내면의 도덕법), 그것들이 신성한 공간과 시간에 행해지는 특별한 의식들로 국한되었다. 나중에는 하나님도 다른 세계의 영역으로 배치되었고, 결국에는 과거의 유물이 되어 기억에서 멀어졌다. 삶은 갈수록 과학의 테두리 속으로 더 많이 들어왔다.

이런 자연의 세속화 현상은 시간의 이해에서 확인할 수 있다. 중세 유럽은 역사를 목적과 의미를 지닌 거대한 드라마로 보았다. 과학적인 시간관은 이런 견해를 거부했다. 버트는 이렇게 말한다.

> 시간은 우리에게 측량할 수 있는 연속체에 불과한 것 같다. 현재의 순간만 존재하고, 이 순간 자체도 아무런 시간적 특성이 없으며, 단지 무한정 사라져 가는 과거와 똑같이 무한한 밟지 않은 미래를 나눠 주는 한 줄의 선에 불과할 뿐이다. 이러한 견해에 따르면, 미래가 현재로 흡수되는 것을 시간의 움직임으로 보는 것이 불가능하다. 아예 현재적인 것이 존재하지 않기 때문이다.……
> 〔우리가〕 **살아 낸** 그 무엇으로서의 시간을 우리의 형이상학에서 아예 제거해 버린 것이다. (Burtt 1954, 95)

근대인은 시간을 우주적 드라마의 한 차원으로 보는 관점을 잃어버렸다. 미르치아 엘리아데는 근대인들이 인간의 역사를 재구성하면 세계를 이해할 수 있을 것으로 믿고, 실제로 그렇게 함으로써 의미의 개념을 유지하려고 노력했다고 한다. 그러나 그가 지적하듯이, 의미를 부여해 주는 우주적 내러티브가 없으면, 역사와 전기들이 모두 흥미로우나 하찮은 이야기로 축소되어 버린다.

공적 영역/사적 영역
근대 세계에서 "세속적" 부문과 "종교적" 부문의 분리는 삶을 공적

표 7.2 삶의 영역

공적	사적
• 일터	• 가정
• 기계론적 질서	• 유기적·관계적 질서
• 공적인 통제	• 개인적 자유
• 합리화된	• 창조적 자유
• 통제된 감정들	• 표현된 감정들
• 위계적 통제	• 평등성, 관계적
• 관리	• 요법
• 사실에 근거한 객관적·공적 진리	• 신앙에 근거한 사적인 진리, 정서, 가치관
• 생산성, 이익	• 소비, 유흥
• 고교회	• 저교회
• 과학	• 종교

영역과 사적 영역으로, 그리고 공적 지식과 사적 지식으로 나누게 했다(표 7.2). 피터 버거와 동료들은 이런 이분법을 "공적 영역에 속한 거대하고 강력한 힘을 가진 기관들과……대규모 기관들에 의해 '남겨진' 사적 영역" 사이의 분리라고 주장한다(Berger, Berger, and Kellner 1973, 133). 이 공적 기관들은 대기업, 노동조합, 관료제도, 정당, 학계 등 공적인 삶을 지배하는 모든 것이다. 사적인 영역은 가정, 자발적 협회, 동네와 같이 개인들이 주관하고 있는 삶의 부문이다. 이처럼 삶이 양분된 결과, 인간의 의식意識도 사무실과 가정, 일과 놀이가 서로 분열되는 파편화 현상이 일어났다.

공적인 진리는 세속성, 인본주의, 유물론, 합리성을 특징으로 삼는 만큼 도덕적 판단에 종속되지 않는다. 여기에는 우리 문화가 가장 소중히 여기는 과학과 가치중립적 사실들이 포함되어 있다. 배리 스마트Barry Smart는 이렇게 말한다. "인간은 대체로 빡빡하고,

비인격적이고, 얼굴 없는 '사회적' 부문, 곧 정부의 법적-합리적 메커니즘으로 형성되는 사실상의 도덕적 공백 상태 속에 존재하고 있다. 그들은 인간을 순응적인 존재로 조작할 수 있다고 약속하는 치료적therapeutic·관리적·관료적 테크놀로지의 주체로 존재하는 동시에, 이런 여러 지식의 대상으로도 존재하는 셈이다"(1993, 80).

사적인 진리는 개인적 믿음의 문제라고 보기 때문에, 참과 거짓의 문제가 아니라 개인적 진리를 달리 인식하는 문제라고 생각한다. 종교적 진리, 정서, 도덕, 전통 등은 사적인 영역으로 분류되는데, 그곳은 다원주의를 작동원리로 삼고 있어서 각각 나름의 가치를 선택할 수 있는 자유가 존중되는 곳이다. 거의 모든 사람에게 요구되는 사항은 자신의 종교적 진리나 도덕적 진리를 남에게 강요하면 안 된다는 것이다. 기독교를 포함한 종교들은 일반적 타당성과 확실성이 없는, 개인적 신앙의 문제라고 본다. 종교와 교단의 다원주의는, 과학의 획일적인 통일성과 대조적으로, 공적 진리가 아니라 개인적 의견을 대표한다고 보는 생각을 강화시킨다. 단지 간헐적으로만 종교가 공동선에 기여하는 것으로 생각한다. 특히 나라의 국가 건설 프로젝트를 지지하는 데 필요한 법과 질서를 존중하도록, 종교가 도덕적 감수성을 주입시킬 때 그런 평가를 내린다.

근대적 요소와 전통적 요소는 근대성 속에서 잘 인식하기 어려운 방식으로 공존하고 있다. 특히 근대성이 빠르게 파급되고 있는 비서구 국가가 그러하다. 근대성은 그 국민들에게 세계에서 자기 위상을 재평가하도록 강요했고, 이는 전통적 신념과 가치들을 보존하고자 하는 운동을 유발했다.

기독교에 미친 영향

근대의 신新플라톤주의적 이원론은 수많은 서양 그리스도인에게 영적인 분열증을 안겨 주었다. 그들은 하나님을 믿고, 창조, 타락, 구속, 최후의 심판, 새 창조로 이어지는 우주의 역사를 믿는다. 이것이 그들에게 인생의 궁극적 의미와 목적을 제공한다. 그러나 그들은 자기가 몸담은 일상 세계에 대해서는 자연주의적 견지에서 설명한다. 거기에는 하나님이 있을 자리가 거의 없다. 그들은 차를 운전하고, 전기를 사용하고, 약품을 복용한다. 이 모든 것은 과학 지식이 낳은 산물로 과학적 사고방식을 더욱 부추기고 있다.

이런 내면의 긴장은 그리스도인이 성경을 읽을 때 더욱 고조된다. 거기서는 초자연적 현상과 자연 현상의 뚜렷한 구별 없이 하나님이 인간 역사 가운데 일하시는 모습을 보게 된다. 이런 면에서 성경적 세계관은 영적인 실재를 부정하는 근대의 세속적 설명과 잘 맞지 않는다.

이 같은 근대적 이원론으로 말미암아 교회는 큰 타격을 입었다. 자유주의 신학자는 이 긴장을 줄여 보려고 성경의 기적들을 자연주의적 견지에서 설명하려고 했다. 보수주의 신학자는 기적의 실재는 긍정했지만 그것이 이 세계를 다스리는 법칙을 깨는 것으로 보았다. 이러한 입장은 우리가 속한 물질세계가 비인격적 법칙들에 따라 움직인다는 믿음을 강화시켰다. 이 두 가지 견해 모두 하나님을 일상에서 거의 눈에 띄지 않게 만들었다.

선교의 영역에서 그 이원론은 "복음전도"와 "사회복음"의 구분을 가져왔고, 이는 근대 사회의 세속화를 낳은 그 이원론을 더욱 강화시켰다. 많은 사람이 복음전도를 초자연적인 영혼구원과 관련시키고, 사회복음을 식량, 의료, 교육과 같이 인간의 신체적 필요를 채우는 일과 연관시킨다. 선교사들은 교회를 개척하고 학교와 병원을 세웠다. 그들은 자신의 과제를 선교지 주민을 기독교화하고 문명화하는 것으로 보았다. 그런데 이 두 사역을 별개의 것으로 보는 경우가 많았다. 세계의 많은 지역은 선교사가 가져온 학교와 병원처럼 과학에 바탕을 둔 기관은 환영했으나, 복음과 교회는 배척했다. 결과적으로, 근대의 선교는 종종 다른 지역을 세속화하는 면에서 강력한 영향을 미치고 말았다.

종교를 사적인 영역으로 추방한 현상은 기독교를 더욱더 공적 진리가 아닌 개인적 신앙의 문제로 만들었다. 서양의 경우, 과학과 인문학은 공립학교와 사립학교 모두에서 필수과목이지만, 기독교는 사립학교에서만 진리로 가르쳐지고 있다. 결국 과학이 기독교의 진리 주장을 심판한 것이지, 기독교가 과학의 진리 주장을 심판한 것이 아니다.

근대의 이원론은 또한 많은 선교사로 하여금 그들이 섬기는 주민의 일상에서 중요한 것들—영들, 마술, 주술, 점, 사악한 눈과 같은 실재—을 부정하게 만들었다. 선교지의 어린 그리스도인은 이러한 영적 실재들을 계속 믿고 있지만, 선교사들이 그런 현상을 믿지 않기 때문에 선교사들에게 그런 믿음을 숨겼다. 그 결과 "이층으로 분열된" 기독교를 낳았다. 즉 어린 신자들이 일요일에는 교회에 가고 신앙고백을 하는 등 공적으로는 그리스도인이지만, 평일에는 마술사와 점쟁이와 무당을 찾는 등 사적으로는 전통적 종교인인 것이다(Hiebert, Shaw, and Tiénou 1999). 서양은 이처럼 천사와 마귀를 다른 세계로 배치한 결과, 이 땅에서 영위되는 일상생활에서는 그들이 아무 활동도 하지 않는 것으로 믿게 되었다.

끝으로, 공/사의 분리는 많은 그리스도인들로 하여금 선교의 개념 전체에 대해 우려를 품게 만들었다. 우리가 누구이기에 우리의 진리가 다른 이들의 진리보다 더 우월하다고 말할 수 있단 말인가? 그러나 복음은, 한마디로, 그것이 만인을 위한 **유일한 진리**라고 주장한다. 만일 복음이 진리가 아니라면, 그것은 참으로 오만한 주장이 아닐 수 없다.

기계론적 뿌리 은유/유기적 뿌리 은유

그리스 이원론의 재도입으로 말미암아 유기적 세계관이 기계론적 세계관으로 바뀌었다. 중세의 유럽인은 세계를, 온갖 생명체들이 상호작용을 주고받는 생명으로 충만한 곳으로 보았다. 하나님이 창조한 이 세계는 천사, 인간, 동물, 그 밖의 여러 존재가 서로서로 관계를 맺으며 사는 그런 곳이었다. 세계는 인간들을 위해 존재했고, 그것은 인간의 정신이 금방 알아보고 이해할 수 있는 대상이었다. 세계를 이해하는 데 사용된 범주는 질량, 에너지, 속력, 운동량, 물질적 공간, 비인격적 시간 등과 같이 측량 가능한 것들이 아니었고, 본질, 형상, 아름다움, 도덕과 같은 것들이었다. 알프레드 크로스비는 "옛날 유럽인의 우주는 양적인 세계가 아니라 질적인 세계였다"고 한다(1997, 47). 심지어 숫자조차도 질과 관련이 있었다. 하나님이 엿새 만에 우주를 창조하신 것은 6이 완전 숫자였기 때문이다. 10은 법을, 40은 사순절과 그리스도께서 부활 후 이 땅에 머문 날들을 상징했고, 그러므로 아우구스티누스에게 40은 "인생 그 자체"

를 의미했다.

르네상스는 기계론적 세계관을 도입했다. 갈릴레오, 데카르트, 라플라스Laplace 같은 과학자들이 자연을 연구하면서, 진짜 세계는 정확한 수학 공식에 따라 시공간에서 움직이는 천체들의 세계라고 주장했다. 지구는 천구의 중심에서 추방되어, 천억 개의 별로 구성된 천억 개의 은하계로 이루어진 우주에서 작은 별 하나의 둘레를 도는 자그마한 유성으로 전락했다. 뉴턴의 법칙들이 이 물리적 세계를 설명했다. 이는 어느 주어진 순간에 모든 원자의 위치와 운동을 완전히 파악한 존재라면 장래의 움직임을 예측할, 완벽한 기계와 다름없었다. 달리 말하면, 이 세계는 그 작동방식에 대한 완전한 지식을 가진 자들이 통제할 수 있는 그런 세계라는 뜻이다.

유기적 뿌리 은유에서 기계론적 뿌리 은유로의 전환은 주변 세계를 보는 방식에도 심대한 영향을 미쳤다. 이 세계는 더 이상 살아 움직이는 곳도 아니고, 인격적인 관계들로 가득 찬 곳도 아니었다. 갈수록 이 우주는 생명이 없는 은하계들과 별들로 가득 찬 비인격적인 공백상태로 변모했다. 어머니 같은 지구가 인간이 이기적으로 사용해야 할 생명 없는 땅으로 바뀌었고, 르 코르뷔지에Le Corbusier의 말대로, 집은 관계와 추억과 개인의 예술적 솜씨로 충만한 따스한 가정이 아니라, 표준화된 "생존을 위한 기계들"의 모양으로 대량 생산되기에 이르렀다. 이런 대규모 주택건설 프로젝트에 따라 재정착한 주민들은 사실상 가정을 잃은 것이나 다름이 없었다. 왜냐하면 그들에게는 거기에 살던 자들의 추억이 없는데다가 이웃과의 인격적 관계도 거의 없기 때문이다.

올윈 존스Alwyn Jones는 기계론적 세계관이 낳은 결과를 이렇게 묘사한다.

> 그것은 과학자들로 하여금 물질을 자기와 완전히 동떨어진 죽은 것으로 취급하게 만들고, 물질세계를 수없이 다양한 물체들로 조립된 대규모 기계로 보게 한다.……우선순위는……전체보다 부분들에 주어지는데, 이는 전체에 대한 지식은 부분들 사이의 관계에 대한 자세한 지식을 서서히 쌓아올리면 얻을 수 있다고 가정하기 때문이다. 이로부터 나오는 실재의 모델은 그 부분들과 부분의 작동을 좌우하는 법칙들을 분석하면 그 근본적인 특성을 알 수 있는, 거대한 기계의 모습이다.……이것은 일종의 "탐조등" 효과를 낳았다. 고도의 전문화는 이룩했으나, 전체 모습은 보지 못하는 결과를 초래한 것이다. (1991, 236-240)

널리 수용된 과학적 원리 하나는, 복잡한 현상은 먼저 그것을 가장 간단하고 기본적인 요소들로 환원하면 이해할 수 있다는 것이다. 일반적인 결론은 특수한 요소들로부터 끌어내야지, 분석되지 않은 복잡한 상황에서 도출하면 안 된다고 한다.

기계론적 세계관과 함께 구조의 개념도 등장했다. 구조란 비인격적 규약들 또는 작동의 규칙들에 따라 움직이는 공동 시스템에 속한 비인격적인 부분들의 상호관계를 뜻한다. 이 원리는 자연과학뿐 아니라 인문과학에도 적용되었다. 후자는 갈수록 자연과학을 모델로 삼아 객관성을 지니려고 애쓰는 중이다. 사람들은 이제 사회적·언어적·문화적 구성의 부산물로 변모했다.[7] 이전의 철학 전통들을 지배했던 "주체"는 이제 제거되거나 분산되고 말았다. 중세 시대에 지배적인 위치를 차지했던 인문학과 예술은 학계에서 낮은 자리로 밀려났다.

근대인들은 이 세계를 기계의 하나로, 그리고 지금은 컴퓨터의 하나로 본다. 그리고 기계가 공장과 관료제를 비롯한 여러 기관에서 갈수록 더 많이 인간을 대치하고 있다. 피터 버거와 토머스 루크맨Thomas Luckmann은 근대성의 두드러진 특징이 공장과 관료제에 있다고 말하면서, 전자는 자연을 기계 모양을 만들고, 후자는 사람들을 기계를 만들고 파는 또 하나의 기계로 전락시킨다고 한다. 결국 인간은 인격이 아닌 프로그램화된 기계, 곧 하나의 사물로 변질된 것이다. 다수의 학자가 기계론적 세계관으로의 전환이 낳은 결과를 추적하고 있는데, 대표적인 인물은 루이스 멈포드(1934), 스티븐 페퍼(1942), E. A. 버트(1954), 자크 엘룰(1964), 피터 버거와 토머스 루크맨(1967), 피터 버거, 브리기트 버거, 한스프리드 켈너Hansfried Kellner(1973), E. J. 딕스터후스Dijksterhuis(1986) 등이다. 이 세계관은 합리적 질서, 통제, 효율성, 생산성, 이윤에 최고의 가치를 둔다. 따라서 삶의 많은 부분이 상품화되고 또 상업화되는 결과를 초래했다.

토대주의foundationalism/ 전일론holism

토대주의는 12세기에 아랍 대학교와 스페인 대학교들이 그리스 사상을 다시 소개하면서 등장했다(Finger 1985, 18-21).[8] 이 사조가 제기한 중심 물음은 "실재에서 변하지 않는 보편자들은 무엇인가?" 하는 것이었다. 실재에는 불변하는 기본 요소들이 분명히 존재하고 있으며, 우리가 그것들을 알고 다함께 묶어 놓기만 하면 실재의 구조를 이해할 수 있다고 주장했다. 예를 들어, 모든 것은 기계처럼 기본 블록들로 구성되어 있다고 생각했던 뉴턴의 경우가 그러하다.

토대주의는 환원주의적 인간관을 낳았다. 인간은 영적인 존재지만, 그들의 영성은 그들의 문화적 신념에 의거해서 설명될 수 있다. 그들의 문화적 신념은 그들이 속한 사회적 공동체에 의해 형성된다. 이 공동체는 개인들로 이루어져 있을 뿐이다. 인간의 심리학적 작용은 생화학적 작용에 비추어 설명될 수 있다. DNA 구조의 공동발굴자인 프랜시스 크릭Francis Crick은 이렇게 말한다. "당신의 기쁨과 슬픔, 당신의 기억과 야망, 당신의 정체성과 자유의지 등은 사실상 신경 세포들 및 그와 연관된 분자들로 구성된 거대한 조립품이 보이는 행태에 다름 아니다"(1994, 3). 하지만 세포들과 분자들이 실재의 기초는 아니다. 그것들은 원자, 중성자, 양성자, 전자, 중성미자, 쿼크, 아원자 입자들로 되어 있고, 또 이것들은 (일부가 주장하기를) 끈이나 고리들로 이루어져 있다고 한다. 결국 실재의 기초는 생명이 없는 물질과 에너지인 셈이다.

토대주의는 결정론determinism과 기술적 해결책에 기초한, 실재에 대한 공학적 접근으로 이어진다. 또 과학을 서로 단절된 여러 분과로 나눔으로써 노동의 분업을 창출하고, 전문가와 문외한의 간격을 절대화한다. 물리학과 천문학은 그 가운데 최초로 등장한 "견고한hard" 과학이다. 다른 자연과학과 인문과학들은 대체로 이러한 고전 물리학의 모델을 채용했다.

토대주의는 또한 궁극적 진리는 무역사적이고, 무문화적이며, 인식 가능한 것이라고 추정했다. 그것은 명제적 본성을 지닌 그리스 철학의 방법론, 즉 디지털적 범주들과 추상적이고 연산적인 논리를 사용한다. 이것은 범주들 안에 담긴 내부적 모순과 희미함을 모두 배격한다. 그 목표는 오직 궁극적 진리에 대한 단일한 체계적인 이해, 모든 것을 포괄하고, 논리적으로 일관되며, 강력한 힘을 가진 대통일 이론을 정립하는 것이다. 이는 객관적 진리에 도달할 목적으로 인지적 작용을 정서와 가치로부터 분리시키고, 정서나 가치가 그 과정에 주관성을 개입시키지 못하도록 막는다.

비인격적 질서/인격 상호간의 관계

근대성의 중심에는, 근대적 생활 형태에서 공학 기술과 관리 능력을 통해 질서와 통제력을 확보하고, 무질서를 제거하든가 줄이는 길을 찾고자 하는 탐구가 있다. 이 탐구는 다른 모든 활동의 원형인 만큼, 다른 모든 활동은 이 탐구의 단순한 은유에 불과하다(Bauman 1991, 4).

근대성에서 질서와 통제는 비인격적인 기계론적 법칙을 믿는 믿음에 뿌리를 두고 있다. A. R. 래드클리프-브라운Radcliffe-Brown은 이렇게 말한다. "귀납적 방법의 전제조건은 모든 현상이 자연법칙에 종속되어 있다는 것과, 따라서 어떤 논리적 방법을 적용하면 어떤 일반 법칙을 발견하고 증명할 수 있다는 것이다. 여기서 일반 법칙이란 어느 정도 일반성을 갖고 있는 일반적 진술이나 공식으로, 특정한 범위에 속하는 사실들이나 사건들에 적용되는 법칙을 일컫는다"(1958, 7). 이런 법칙의 개념은 자연을 지배하는 법칙들을 비롯하여 사회를 규제하는 사회적이고 경제적인 법칙들, 선과 악을 규정짓는 도덕법칙들에까지 확장된다.[9] 법칙은 인간들이 자연을 규제하게 해준다. 도덕법칙은 입법화되어 사회를 규제하도록 기계적으로 적용된다. 배리 스마트는 이런 접근이 "인간 행위자를 사회적 테크놀로지의 실질적인 대상이 아니라 잠재적인 대상으로, 말하자면, 꼭두각시나 문화적 바보로 취급하는 것"이라고 말한다 (1993, 79-80). 막스 베버에 따르면, 근대성이 요구하는 탈마법화, 합리화, 규제 등은 인간 삶의 모든 영역을 탈인격화하고, 의미 있고 윤리적인 행위를 할 가능성을 희박하게 만든다. 그 결과, 인간은 비인격적이고 얼굴이 없는 사회적 영역에서 조작과 억압의 대상이 되기 쉬운데, 그 영역은 "정부의 법적-합리적 메커니즘으로 형성되는 사실상의 도덕적 공백상태로, 그 속에서 인간은 치료적·관리적·관료적 테크놀로지의 주체로 존재하는 동시에 이런 여러 지식의 객체로도 존재한다"(Smart 1993, 80).

기계론적 세계에서 하나님의 역할은 갈수록 문젯거리가 되었다. 우주는 비인격적인 힘과 법칙의 지배를 받는, 스프링, 톱니바퀴, 바늘 등을 갖춘 거대한 시계로 간주되었다. 초기 과학자들은 하나님을 시계공이라고 생각했다. 모든 기계는 어떤 지적인 존재에 의해 만들어지기에 그 존재가 그 시계를 창조했고 그것을 유지한다고 믿었다. 물질세계가 수학적으로 정확한 본성을 가지고 있음이 발견됨에 따라 자연법칙의 개념이 등장했다. 그래서 동일한 조건이 주어지면, 동일한 행위가 동일한 결과를 낳을 것임이 자명해졌다. 그 구성요소들은 수학적으로 예측 가능하도록 줄곧 상호의존 관계를 맺고 있는 것으로 여겨졌기 때문이다. 이 과정을 거치는 동안, 자연이 하나님의 명령에 순종한다는 신의 섭리 교리가 자율적 법칙의 개념으로 대치되었다. 갈릴레오는 자연은 가차 없는 존재라서 오직 "자신이 결코 범하지 않는 불변의 법칙을 따라서" 행동할 뿐이며, "자신의 작동 이유와 방법이 사람들에 의해 이해되든 이해되지 않든 전혀 개의치 않는다"고 주장했다(Burtt 1954, 75). 한편, L. 페브르Febvre와 H. 마르틴Martin은 이렇게 말한다. "〔과학은〕막강한 법칙의 개념으로 하나님의 힘을 축소시키려고 무척 애썼다. 맨 먼저 과학은, 설사 최초의 신적 발동기 *primum movens*가 개입했다고 시인할지라도, 일단 기계가 작동하기 시작한 뒤에는, 어떤 경우라도 기적을 일으키는 하나님의 개입, 아니 심지어 섭리를 위한 신적 개입도 있을 수 없다는 점을 확고히 하려고 무척 노력했다"(1984, 459). 마침내 라플라스는 "제작자" 자체가 존재하지 않기 때문이라는 이유를 들면서, 하나님이 우주의 창조주라는 가정조차 우리에게 필요 없다고 주장했다.

세월이 흐르자 인격 상호간의 관계도 문젯거리가 되었다. 객관적인 지식은 누군가 또는 무엇인가에 "관한 지식"이지, 인격적이고 상호주관적인 앎이 아니다. 그래서 인간의 사랑은 불가능한 것이 되고 말았다. 사랑이란 본질상 초연하고 객관적인 방식이 아니라, 인격적이고 친밀한 방식으로 서로를 알려고 하는 것이기 때문이다. 인간의 자유라는 것도 배격하지 않으면 안 된다. 자유는 우리의 제한된 성찰 역량을 기초로 우리를 자기 헌신으로 이끌어 주는 것이기 때문이다. 희망도 쓸모없는 것으로 여겨진다. 희망은 현재의 상황을 뛰어넘어 장래의 가능한 현실을 상상하는 것이기 때문이다. 끝으로, 믿음(어떤 이상, 다른 사람, 또는 하나님에 대한)도 지식의 영역에서 있을 자리가 없다. 믿음은 "취약성이 전혀 없는 견고한 사실들과 남을 통제하고 조작하는 역량 속으로 사라지기 때문이다. 사물은 믿을 필요도 없고 믿을 수도 없다"(Kavanaugh 1981, 44).

물질세계가 자율적이고 비인격적인 법칙들의 지배를 받고 있다는 믿음은 결정론을 초래했다. 자연은 법칙에 순종하는 힘들에 의해 결정되는, 닫힌 체계다. 인간은 사실 자유의지를 갖고 있지 않다. 선택의 경험은 일종의 착각이다. 인간의 생각과 행동은 외부의 원인들—자녀양육 방식, 문화적 조건화, 경제적 결정인자, 유전적 코드 등—에 의해 그들에게 강요된 것이다. 이 견해는 목적을 인간 행위의 원인으로 보는 입장도 거부한다.

우주가 비인격적 법칙에 의해 운행된다는 그리스-로마의 우주관은 비인격적 도덕법에 대한 믿음도 포함했다. 히브리인들은 율법을 하나님의 계명으로 보았다. 즉 하나님이 인간에게 신의 의도에 따른 만물의 바람직한 모습을 보여주기 위해 율법을 주신 것이었다. 거기에는 다른 인간 및 하나님과의 관계를 비롯한 전반적인 관계에 대해 요구되는 사항도 포함되어 있었다. 이 법들은 하나님과 이스라엘의 언약관계를 염두에 둔 것이었다. 법적 절차가 겨냥했던 목표는 징벌하는 것이 아니었다. 게르하르트 폰 라트Gerhard von Rad 에 따르면, "구약성경에서, 인간이 맺는 모든 관계를 통틀어 정의 '체데크righteousness, justice'만큼 중심을 차지하는 개념은 결코 있을 수 없다. 이것은 인간과 하나님의 관계뿐 아니라, 인간과 인간의 관계, 그리고 죽 내려가서……〔인간과〕동물 및 주변 환경의 관계에 이르기까지 구약성경에 나타난 유일한 표준이다.……이는 이스라엘 백성의 삶 전체를 아우르기 때문이다"(1962, 2:370, 373). 특정한 법들을 의롭다고 인식한 것은 그것들이 추상적인 윤리 규범에 상응하기 때문이 아니라, 공동체 안에서 샬롬을 유지하기 때문이다. 징벌은 온전한 공동체 생활을, 그리고 공동체와 하나님의 관계를 회복시키는 역할을 했다. 이 세계관에 따르면, 죄sin와 범죄crime는 집단적인 죄인 동시에 개인적이다.

그리스-로마 사상은 법을 비인격적이고, 추상적이며, 보편적인 도덕의 표준으로 본다. 정의는 위반자에 대한 엄격한 징벌을 요구하고, 범죄란 이런 법을 위반하는 행위를 일컫는다.[10] 이 견해에 따르면, 사법제도의 임무는 공평한 정의의 시행과 위반자의 처벌을 통해 법과 질서를 유지하는 일이다. 정의의 상징은 정의의 저울을 들고 있는, 눈가리개를 한 판사다.[11] 거기에는 사랑, 자비, 용서, 범죄자를 공동체로 회복시키려는 의도 등이 들어설 자리가 없다.[12]

이 견해에 따르면, 사회가 제대로 기능하려면 규율과 절차가 확립되어야 한다. 정부를 조직하고 관료제를 시행할 때, 친척 등용과 편애주의 등 관계적 요인을 배격해야 한다. 인간관계는 부차적인 것이고, 올바른 관계는 오직 법을 순종할 때에만 맺을 수 있다. 예를 들면, 거짓말은 잘못인데, 그것은 관계를 해치기 때문이 아니라 보편적인 도덕법을 어기는 짓이기 때문이다. 위반자는 법을 깨뜨린 죄로 처벌을 받아야 하는데, 설사 그 징벌이 관계를 파괴하고 무죄한 자들을 해롭게 하더라도 그것을 시행해야 한다. 근대성이 규정하는 정의는 법 안에 사는 것이지, 타인과 조화를 이루며 사는 것이 아닌 셈이다.

비인격적인 법의 지배는 또한 인간 활동에 질서를 부여하기 위해 추상적인 구조들을 발생시켰다. 정부, 군대, 공장, 학교가 그러한 것들이다. 이 구조들은 기계의 부품과 같이 비인격적인 지위와 역할에 의해 규정된다. 이런 기관에 몸담은 사람도 각각 전문화된 업무를 수행하는, 기계의 톱니바퀴 같은 존재들이다. 그 결과는 전문화, 제도화, 그리고 전문가에 대한 신뢰이다. 또 그들의 작업은 더욱 향상되어야 하기에 끊임없이 평가를 받는다. 최종적인 질서라는 것도 없고, 안정된 구조도 존재하지 않는다. 궁극적으로, 비인격적인 법의 지배는 상대주의를 낳게 되고, 이는 근대가 전통보다 더 나은 지식을 갖고 있다는 그들의 주장을 해치게 된다(Giddens 1990).

결정론/선택

유기적 세계관이 기계론적 세계관으로 전환됨에 따라 인과관계의 개념도 바뀌었다. 이전에는 어떤 사건이 일어나면 그와 관련된 존재들, 그들의 의도, 그들의 행위에 의거해서 그것을 설명했다. 그런데 지금은 법의 지배를 받는, 곧 관계가 규칙적으로 변하는 작고, 생명이 없는, 기초적 단위들의 관점에서 설명해야 타당한 설명이 된다. 버트는 이렇게 말한다.

> [중세] 과학자가 자연세계를 내다보았을 때는 그것이 무척 사귀기 쉬운 인간적인 세계로 보였다. 그것은 제한된 크기를 가진 유한한 세계였다. 그것은 자신의 필요를 채우도록 만들어진 세계였다. 그것은 이성적 능력으로 즉시 살펴볼 수 있는, 명료하고도 완전하게 이해할 수 있는 세계였다. 즉 그것은 즉각적 경험 가운데 가장 생생하고 강렬한 속성들—색깔, 소리, 아름다움, 기쁨, 뜨거움, 차가움, 향기, 목적과 이상에 반응하는 유연성—로 이루어진 것이고, 그런 속성들을 통해 알 수 있는 세계였다. 이제는 세계가 하나의 무한하고 단조로운 수학적 기계로 변했다. 그래서 우주의 목적 내

에 있던 자기 자리를 잃고 말았을 뿐 아니라, 학자의 눈에 물리적 세계의 본질로 비쳤던 그 모든 것들이—세계를 생명력 넘치고 멋지고 영적인 곳으로 만들었던 것들이—이제는 한 덩어리로 뭉쳐져서, 이른바 인간의 신경계 및 순환계 안의 작고 변화무쌍한 위치로 쑤셔 넣어졌다. (1954, 123-124)

단테Dante와 밀턴Milton 같은 작가들이 시공간적으로 무한한 상상력을 펼쳐 묘사했던 그 영광스럽고 낭만적인 우주는 이제 근대화의 물결에 휩쓸려 가고 말았다. 이 세계는 더 이상 생각하며 행동하는 존재들로 가득 찬 그런 우주가 아니다. 이제는 공간을 기하학으로 파악하고, 시간을 숫자의 연속으로 규정하는 세상이다. 한때 사람들이 자기가 몸담고 있다고 생각했던 그런 세계—다양한 색채와 소리를 지니고, 향기로 가득 차고, 기쁨과 사랑과 아름다움이 충만하고, 어디서나 합목적적인 조화와 창조적인 이상을 이야기하던 세계—는 이제 여기저기 흩어진 유기적 존재들의 두뇌 속 작은 구석으로 쑤셔 넣어졌다. 바깥에 있는 중요한 진짜 세계는 딱딱하고, 춥고, 색깔이 없고, 조용하고, 죽은 세계였다. 그것은 양적인 세계요, 기계적 규칙에 따라 움직이는 수학적 계산이 가능한 세계였다. 우리 인간이 직접 인식하는 질적인 세계는, 저 바깥의 무한한 기계가 내는 신기하고 사소한 효과에 불과하다. 뉴턴 안에서, 데카르트의 형이상학은, 애매모호한 해석과정을 거치고 진지한 철학적 고려를 요구하던 그 독특한 목소리가 묵살당한 결과, 마침내 아리스토텔레스주의를 뒤집어 버리고 근대의 우세한 세계관으로 군림하게 되었다.

이제 이 세계는 완전한 기계와 같은 모습을 지니게 되었다. 세계의 부분들은 불변하는 비인격적 법칙 또는 원리에 따라 예정된 대로 서로에게 작동하고, 이를 통해 매 경우마다 단 한 가지의 가능한 결과만 낳을 뿐이다. 보편성을 지닌 것은 단순한 사실들이 아니라 바로 이 법칙들이다. 그러니까 **언제든지** 일정한 조건만 충족되면(미래에 조성될 조건까지 포함하여) 일정한 결과가 생길 것이라고 한다. 예를 들어, 과학자들이 말하는 "중력의 법칙"은 과거의 특정한 사건을 가리키는 것이 아니고, 과거나 미래를 막론하고 일정한 조건을 충족시키는 모든 것에 확실히 발생하는 그 무엇이라는 뜻이다. 이로부터 인과관계의 직선적인 견해가 나온다.

중세 철학은 사건의 **이유**why를 묻는 물음에 대답하려고 노력했고, 하나님을 궁극적 원인(제1원리)으로 보았다. 그런데 기계론적 세계에서는 목적과 선택에 관한 물음이 무의미하고, 그런 것은 타당한 인과관계의 설명에서 제외된다. 이제 문제가 되는 것은 사건의 직접적 **경위**how이다.[13] 이에 대한 답변은 하나님이 아니라 물리적 원자들의 운동에서 찾아야 한다. 설령 하나님을 고려하는 경우라도, 그분은 최초의 작용인으로 축소되었다. 그분은 더 이상 최고의 선이 아니다. 그분은 거대한 기계를 발명한 존재로서, 그분의 능력은 최초의 원자들을 생성하는 데만 사용되었을 뿐이다. 그 후 세월이 흘러, 이제는 모든 인과관계가 원자들 자체에 뿌리박혀 있는 것으로 간주되었고, 세계는 수학적으로 정돈된 완전한 기계로 비치게 되었다. 버트는 이렇게 말한다. "마치 중세 사상가들이 자연을 인간의 지식, 목적, 운명에 수종을 드는 존재로 보는 것이 너무나 자연스러웠던 것처럼, 이제는 자연을 그 자체의 독자적 장치

안에서 존재하고 작동하는 것으로 보고……사람의 운명이 완전히 자연에 달려 있다고 생각하는 것이 자연스럽게 되었다"(1954, 24).

훗날 생물학과 인문과학은 역학이 물리학과 화학 분야에서 승리한 뒤에, 이와 같은 수학적 가설을 취하게 되었다.[14] 인간 존재를 이제는 "인간이라는 기계"로 보기에 이르렀다. 이 광대하고 자율적인 수학적 세계에서, 나름의 목적과 감정과 여러 부차적인 속성을 가진 인간은 바깥에서 벌어지는, 기계적으로 정해진 거대한 드라마를 구경하는 구경꾼이요, 그 드라마가 낳은 하찮은 산물로 전락했다. 버트런드 러셀Bertrand Russell은 이 새로운 실재관을 이렇게 요약한다.

> 요컨대, 절대 과학Science이 우리의 믿음에 내놓는 세계는 그러한 세계다. 아니, 그보다 더 목적 없고 더 의미 없는 그런 세계다.……즉 사람은, 스스로 성취하고 있는 목적을 위한 아무런 대책도 없는 원인들이 낳은 산물이라는 것, 인간의 기원, 성장, 소원과 두려움, 사랑과 믿음 등은 우연한 원자들의 배열이 낳은 결과일 뿐이라는 것, 그 어떤 불도, 어떤 영웅적 행위도, 어떤 집요한 사고와 강렬한 감정도 개인의 인생을 무덤 너머에까지 보존할 수 없다는 것, 만세에 걸친 모든 수고, 모든 헌신, 모든 영감, 대낮과 같이 빛나는 인간의 모든 천재성 등이 거대한 태양계의 죽음으로 다 소멸될 것이라는 것, 인류의 업적을 간직한 신전 전체가 멸망한 우주의 잿더미 아래 어쩔 수 없이 묻힐 수밖에 없다는 것 등. 이 모든 것이 논쟁의 여지가 전혀 없는 것은 아닐지라도, 거의 확실하기 때문에, 이것들을 거부하는 철학은 결코 존속할 수 없을 것

이다. 오직 이 진리들의 뼈대 안에서만, 오직 흔들리지 않는 절망의 확고한 기초 위에서만, 이제부터 영혼의 거처가 안전하게 세워질 수 있다.······전능한 물질이 가차 없이 굴러가고 있다. (2004, 46-47)

중세 유럽인의 경우, 인생은 의미와 목적으로 충만한 무한한 것이었다. 근대인이 보기에, 인간은 맹목적이고, 목적이 없는 자연이 낳은 우연하고 일시적인 산물일 뿐이다. 파커 팔머Parker Palmer는 이렇게 말한다. "우리와 우리 세계는 '진리'라고 불리는 복잡한 책임성의 망 안에서 서로서로 관계를 맺고 있는 존재들과 자기들의 공동체가 아니라, 똑바로 줄을 서고, 수치로 계산되고, 조직되고, 소유되는 그런 대상이 되고 만다"(1993, 39).

그런데 완전히 결정론적인 세계는 인간의 선택을 배제시키고, 그와 더불어 모든 이성과 의미에 대한 감각도 없애 버린다. 근대성에 내포된 반주제는 인간 정신의 자율성이며, 그 가운데서도 특히 과학자와 근대적 이성의 자율성이다.[15] 만일 우주가 하나의 합리적 질서이고, 인간 정신이 정확한 추론을 통해 그 질서를 이해할 수 있다면, 인간은 더 나은 세계를 꾸며 낼 수 있다. 따라서 근대의 프로젝트는 객관적인 과학, 보편적 법칙, 내적 논리에 따른 자율적 기술art을 개발하는 일이었다.

테크닉/관계
기계론적인 실재관의 중심에는 테크닉에 놓인 초점이 있다(Ellul 1964). 테크닉은 효율성과 속도에 초점을 맞추고 자발적이고 비합리적인 것은 모두 줄임으로써, 최소한의 투입으로 최대한의 결과를 산출하도록 고안된 합리적인 기계적 절차다.

테크닉은 관례화routinization를 요구한다. 즉 어떤 과업을 여러 부분으로 쪼개되, 고도의 효율성을 창출하기 위해 논리적으로 정돈되고 관례적으로 반복될 수 있도록 나누는 것이다. 제조업에서는 이것이 자동화된 조립 라인을 낳았다. 정부, 사업체, 교육기관, 심지어 교회까지도 포함되는 관료제에서는 노동의 분업을 낳았고, 자기 분야에서는 전문가지만 전반적인 과정에 대해서는 거의 모르는 그런 전문가들을 갈수록 많이 배출했다.

테크닉은 부분과 절차를 표준화시켜 그것들을 쉽게 대체할 수 있게 하도록 요구한다. 수공품은 비용이 많이 들고 예측도 불가능하다. 표준화는 부품과 생산품의 대량 생산을 가능하게 한다. 조직에서 개인을 독특한 사람으로 대우하는 것은 비효율적이므로, 일꾼들은 표준화된 비인격적 역할―비서, 공장 노동자, 컴퓨터 전문가 등―로 환원되어, 그 조직의 어느 부서로 가든 동일한 위치로 이동할 수 있게 된다. 사람은 비인격적인 단위로 환원되고, 조직은 개인보다 방법과 규칙에 더 많이 의존하게 된다.

테크닉은 계량화를 요구한다. 객관적이고 믿을 만한 지식이 되려면 수치로 표현되어야 한다. 언어는 너무 부정확하고, 자의적이며, 주관적이다. 투입과 산출과 효율성은 수치로 환원되지 않으면 측정하기 어렵다. 어떤 테크닉의 효과성과 효율성을 합리적으로 평가하려면, 서로 비교하고 도표로 표시할 수 있도록 그것을 수치화해야 한다. 과학자는 수치에 접근할 수 있어야 한다는 뜻이다.

테크닉은 도덕과 관계가 없다. "왜"가 아니라 "어떻게"에 초점을 맞춘다. 목표는 이미 전제되어 있고 별로 중요하지 않으며, 중요한 것은 그것을 어떻게 성취하는가 하는 점이다. 진보와 혁신은 좋은 것이므로 거기에 높은 가치를 부여한다. 효율성과 이윤이야말로 최고의 가치를 갖고 있다. 테크닉은 도덕적 절대가 아니라 공리주의와 실용주의에 기초해 있다. 그 결과 삶 전체를 기계론적 분석으로 축소시키는 공학적 또는 "땜장이 식" 정신상태가 생겼다. 그래서 막스 베버의 말처럼, 근대성이 "철 새장iron cage"이 되어 버린 것이다.

끝으로, 테크닉은 모든 것을 생산해서 팔 수 있는 상품으로 만든다. 따라서 공공생활의 상품화 현상이 생기고, 경제적 유익에 따라 모든 것의 가치가 정해진다.

피터 버거와 동료들이 지적하는 것처럼, 기계적 테크닉의 적용은 공장과 관료제를 낳았는데, 전자는 인간을 효율적인 기계로 축소시키고 후자는 인간을 조직에 속한 비인격적 부품으로 전락시켰다(Berger, Berger, and Kellner 1973). 테크닉은 사업, 정치, 정부로부터 과학과 교육에 이르기까지 공공생활을 지배하기에 이르렀고, 심지어 종교에까지 손을 뻗쳤다. 엘룰의 말대로, 그것은 생산과 사업의 영역만이 아니라 인간의 모든 활동을 점령한 것이다(1964, 4). 테크닉이 근대적 삶의 모든 영역으로 진입함에 따라, 사람들은 인간 취급을 받지 못하고 자기 삶을 주관하는 어느 세계관의 포로가 된다.

테크닉이 모든 영역으로 확장된 현상은 최초의 근대적 도구라고 불리는 시계에서 볼 수 있다. 엘룰은 "기계적인 시계의 **죽은 시간**tempus mortuum이 사람의 생물적이고 심리적인 시간을 대치하는 것은 그 자체로, 인생의 모든 전통적 리듬을 억누르고 기계적인 것을 선호하도록 만들기에 충분하다"(1964, xvi)고 주장한다.

기독교에 미친 영향

근대의 기계론적 뿌리 은유가 교회에도 영향을 미쳤다는 사실에 놀랄 필요는 없다. 하지만 얼마나 깊은 영향을 미쳤는지를 알면 깜짝 놀랄 것이다. 교회는 세상 속에 있으므로 언제나 세상의 포로가 될 위험을 안고 있다. 세상이 우리를 공격할 때가 아니라, 세상이 미끼로 우리를 유혹할 때가 위험하다. 여기서는 그 가운데 세 가지 영향을 살펴보려고 한다.

· 법과 질서에 대한 강조

첫째 영향은, 인격 상호간의 관계보다 기계론적인 질서를 더 강조하는 것으로 나타난다. 이는 관계적인 시간보다 시계에 따른 시간을 더 중시하는 데서 볼 수 있다. 그래서 사람들은 시계가 가리키는 "제시간"을 지켜야 한다. 시간 엄수는 다양한 업무를 수행하는 많은 사람의 활동을 조정하기에 가장 효율적인 방법이기 때문이다. 그런데 상당히 많은 지역의 주민들은 관계적인 시간에 따라 살아가고 있다. 그들은 주어진 시간에 맞추려고 최선을 다하지만, 사람과 관련된 다른 활동이 끼어들어 시간이 늦어질 수도 있다. 예를 들면, 교회에 가려고 여유롭게 출발했지만 가는 길에 오랫동안 못 보았던 친척이나 친구를 만날 수 있다. 그때 그들은 잠시 인사만 하고 헤어질 수 없다. 관계를 재건하는 데는 시간이 걸리므로, 그런 연후에야 예배하러 발걸음을 옮길 것이다. 어쨌든 예배는 매주 드리는 것이 아닌가? 이와 비슷하게, 아버지가 막 출근을 하려는데 뜻밖에도 어떤 친척이 불쑥 나타나면 어떻게 해야 할까? 만나서 참 반갑다고 말하고는 그들에게 열쇠를 주면서 자기는 다섯 시에 돌아올 것이라고 말해야 할까, 아니면 그들을 맞아들여 아침식사를 대접하고 사무실에 전화를 걸어 늦을 것이라고 말해야 할까? 세계의 상당히 많은 지역은 그 답이 뻔하다고 생각한다. 그러나 현대식 교회는 시계의 시간에 따라 움직이기 때문에 예배에 늦는 것을 훈련되지 않고 합당치 않은 것으로 여긴다.

질서를 강조하는 모습을 볼 수 있는 두 번째 영역은 청결과 관련된 문제다. 근대성에서 청결은 무엇보다도 고도의 질서의 문제, 곧 범주를 일정하게 지키는 것으로 규정된다. 잔디 사이에 있는 꽃은 잡초이고, 보도에 있는 흙은 쓰레기이고, 포크 통에 있는 숟가락은 부적절한 것이다. 범주들도 아주 명확하게 구분되어야 한다. 그림과 유리창과 문은 틀을 만들어 확실히 구분해야 하고, 벽에 생긴 틈은 반드시 고치든가 메워야 하고, 바닥은 굽도리 널로 둘러서 벽과 분명히 구별해야 한다. 범주들이 서로 만나는 곳이면 어디든지 서로를 확실히 구별하기 위해 경계선을 뚜렷이 그어야 한다. 근대성에서 청결은 경건에 버금갈 정도로 중요할 뿐 아니라 때로는 후자를 뛰어넘기도 한다. 교회에서도 청결을 아주 중요시한다. 예배당, 의복, 의식의 순서 등은 깨끗하고 격에 맞아야 한다. 청결의 강조는 특히 관계와 청결 사이에 긴장이 생길 때 잘 드러난다. 예를 들면, 오랫동안 못 본 친구들이 교회에 나타나면, 우리는 아침에 서두르느라고 청소를 못해서 집이 지저분하더라도 그들을 집으로 초대해서 점심을 대접하는가, 아니면 집안청소에 필요한 시간을 확보하느라고 초대하는 것을 다른 날로 미루는가? 많은 경우에, 우리는 관계의 면에서 이 양자보다도 더 못한 차선책을 선택한다. 그들을 음식점으로 초대해서 저녁식사를 대접하는 것이다!

고도의 질서를 보게 되는 세 번째 영역은 도덕 부문으로, 도덕을 관계적 용어가 아니라 법과 질서의 용어로 규정짓는 행습이다. 도덕은 종종 비인격적인 도덕법에 따라 사는 것으로, 죄는 그런 법을 위반하는 것으로, 그리고 정의는 위법에 대한 징벌로 각각 여겨지곤 한다. 관계를 깨는 것은 죄가 아니라 삶의 일부라고들 흔히 생각한다. 그런데 세계의 많은 지역은 도덕을 인격 상호간의 관계로, 죄를 관계를 깨는 것으로, 그리고 구원을 관계의 회복으로 각각 규정하고 있다.

도덕적인 법과 질서에 대한 강조는 현대 신학자들의 논쟁에서도 볼 수 있다. 개혁주의 신학자는 하나님의 주권을 강조한다. 즉 자신의 뜻을 성취하기 위해 만물을 다스리고 통제하시는 하나님의 능력을 중시하는 것이다. 이 견해는 비인격적인 도덕법을 불변하고 영원한 것으로, 또 하나님 자신과 공존하는 것으로 보는 입장과 매우 가깝다. 반주제는, 자신의 피조물인 인간과 인격적인 관계를 맺기 원하는 하나님의 사랑과 열망을 강조한다. 전자의 입장을 가진 이들은 후자로부터 위협을 느끼는데, 그 입장이 너무 멀리 나가면 인간이 하나님의 통제를 벗어난 자유를 갖게 되기 때문이다. 참된 사랑은 "자발적인" 반응을 강요할 수 없다. 현대의 이원론적 틀 안에서는 이 두 입장이 동등하게 공존할 수 없는데, 그럴 경우에는 역설을 불러오고 이성을 위협하게 되기 때문이다. 이 두 주제 사이에 있는 긴장은 실은 하나님의 주권과 인간의 자유 사이의 긴장이 아니고, 오히려 하나님의 주권과 하나님의 사랑 사이의 긴장이다. 이는 하나님의 본성 자체에 내재되어 있는 것이다. 우리는 연산적 합리성의 법칙에 익숙한 나머지, 둘 중 어느 하나를 더 높은 위치에 두고 싶어 한다. 그러나 성경은 그렇게 하지 않는다.

근대의 기계론적 은유는 근대 선교에도 심대한 영향을 미쳤다. 질서, 시간, 청결을 강조하는 근대적 특징은 서양 선교사들이 일하는 방식에 영향을 주었다. 그들은 선교지 주민에게 다음과 같은 여러 가지 것들을 가르쳤다. 시간을 잘 지켜라, 똑바로 벽을 쌓아라, 창턱에 페인트를 흘리지 말고 칠하라, 건물을 깨끗하게 유지하라, 장래 활동을 미리 계획하라, 정확한 회의록을 작성하고 빈틈없는 회계처리를 하라, 줄을 서라, 길과 도로에 뚜렷한 경계를 유지하라, 책과 약품과 기타 물건들을 선반에 잘 정돈하라 등등. 그들은 혼돈을 두려한 나머지 종종 토착민에게 사역을 넘겨주지 못한다. 선교지의 주민이 모든 것을 주관하게 되면, 병원이 더러워질까 봐, 학교가 뒤죽박죽될까 봐, 교회가 무질서해질까 봐, 회계처리가 들쑥날쑥할까 봐, 교회체제가 혼돈스러워질까 봐 우려했기 때문이다. 게다가, 지역 주민에 대한 이러한 불신이 선교사들의 신뢰성을 떨어뜨리게 했다.

많은 전통사회에서는 관계가 구조적 질서보다 우위를 차지한다. 친척과 친구가 뜻밖에 찾아오면 업무는 뒤로 미루어도 무방하다. 서로를 돌보는 일은 이미 용인된 공동체 생활의 일부이지, 누군가의 개인적 일정에 끼어든 방해거리가 아니다. 남들과 평화롭게 지내는 것이 최대의 선이고, 스스로 소외되고 홀로 남는 것이 최대의 악이다. 인간관계는 예측 불가능하기에 계획 수립은 언제나 잠정적일 수밖에 없다. 의사결정을 할 때도 남과 함께 협상해야 하고, 그것은 뜻밖의 변화에 늘 열려 있다. 상황이 변해서 합의사항을 변경하는 일은 얼마든지 용인될 뿐 아니라 지혜로운 조처로 여겨진다. 합의는 환경과 상관없이 수행해야 할 계약이 아니라, 이루어지길 희망하는 바람이다. 이런 사회에서, 아름다움의 개념은 신체적 외모보다는 관계와 관련이 더 깊다. 아름다운 사람은 관대한 사람이다. 그들은 낯선 자를 환대하고 남들과 물건을 공유한다. 지혜로운 사람은 공평한 중재를 통해 인간관계의 엉킨 매듭을 풀 수 있는 사람이다.

비서구권에 사는 그리스도인은 서양인이 질서에 집착하고 인간관계의 기술이 부족한 것을 보고 종종 혼란스러워한다. 서양인은 방문객에게 가정을 개방하는 경우가 극히 드물다. 소유물을 타인과 나누기보다 꽉 쥐고 있는 데 더 관심이 있다. 그들은 일을 하느라 너무 바빠서 서로를 방문하고 가만히 앉아 있을 시간이 없다. 많은 비서구 사회의 그리스도인이 보기에, 기독교의 핵심 이슈는 올바른 질서가 아니라 올바른 관계에 있다. 복음은 샬롬을 이야기하기 때문에 그들에게 좋은 소식인 것이다. 이는 곧 공동체 안에서 인간의 존엄성, 정의, 사랑, 평화, 잃어버린 자와 주변인에 대한 관심 등을 중요시하는 조화로운 관계가 이루어진 상태를 뜻한다.

· 업무와 테크닉에 대한 강조

서양 교회가 근대성의 영향을 받은 또 하나의 모습은, 공동체와 관계보다 업무와 테크닉을 더 강조하는 경향에서 드러난다. 교회와 선교를 수행하는 일은 결국 우리가 주관해서 우리의 능력으로 해내는 업무라고 생각한다. 그래서 공학적 사고방식을 가지게 된다. 교회의 업무회의에서도 교회의 문제들을 해결하기 위해 올바른 테크닉을 찾는 데 주력한다. 선교에서도, 계량적 자료, 분석, 다양한 방법의 시험 등을 통해 올바른 테크닉만 찾으면 교회 개척과 성장이 잘 이루어질 것으로 생각한다.

· 관료제의 구축

근대 사회에서 사람들을 조직하는 방법은 관료 조직을 만드는 것으로, 이는 헌법과 법률에 따라 움직이고 질서정연한 관계를 위해 비인격적 역할을 사용하는 조직이다. 이러한 경향도 역시 관리 방식을 중심으로 지도자와 리더십의 중요성을 강조하는 특징이 있다.

관료제는 개인적 관계를 바탕으로 운영되는 조직보다 훨씬 더 큰 조직을 구축하게 해준다. 물론 관료제의 경우도 개인적 차원을 도입하려고 사교 그룹을 만들 수는 있으나, 관료제 자체가 이런 것을 압도해 버린다.

개인/집단

계몽주의의 중심부에는 존재의 중심이 하나님에게서 인간과 자아로 전환되는 현상이 있다. 이마누엘 칸트는 이렇게 말한다. "계몽주의는 사람이 스스로 자초한 보호 감독에서 해방된 것을 뜻한다. 보호 감독이란 남의 지도가 없이는 자신의 깨달음을 활용하지 못하는 인간의 무능력을 일컫는다. 자초했다는 말은 그 원인이 이성의 결여에 있지 않고, 남의 지도 없이 그것을 사용하겠다는 결의와 용기가 부족한 데 있다는 뜻이다.…… '당신의 이성을 활용하겠다는 용기를 가져라!'"(1959, 85) 계몽주의는 이처럼 참된 추론과 지식의 기반으로서 비합리적인 감정이 아니라 자의식의 중요성을 강조했다.

알렉시스 토크빌은 1831년에 미국을 두루 여행한 뒤에 미국의 민주주의를 분석하면서 이런 경향을 주목했다.

> **개인주의**는 고상한 관념이 탄생시킨 고상한 어구이다. 우리의 선조들은 단지 **이기주의**에만 익숙해 있었다. 이기심은 열정적이고 과도한 자기 사랑으로, 모든 것을 자기 자신과 연관시키고 스스로를 세상의 어떤 것보다 더 좋아하는 것이다. 개인주의는 성숙하고 차분한 정서로, 공동체의 각 구성원으로 하여금 스스로를 대중으로부터 분리시키되 자기 가족과 자기 친구들과 함께 그렇게 하도록 만들어 준다.…… 새로운 가족들은 끊임없이 생겨나고, 다른 것들은 끊임없이 사라지고 있다.…… 앞서 간 자들은 금방 잊혀지고, 뒤따라 올 자들에 대해서는 아무도 모르고, 사람의 관심사는 자신에게 가까운 자들에게만 국한되어 있다. (1863, 119-121)

피터 버거와 동료들은 이렇게 묘사한다. "근대성은 강한 개인주의 이데올로기와 윤리 체계들을 탄생시켰다. 사실상, 개인의 자율성이란 주제가 어쩌면 근대적 세계관의 가장 중요한 주제일지도 모른다고 주장되어 왔다.…… 모든 제도와 역할을 뛰어넘는, 이른바 **실재적 존재** ens realissimum라는 발가벗은 자아의 개념은 근대성의 심장에 자리 잡고 있다"(Berger, Berger, and Kellner 1973, 196, 213).[16]

한편 앤서니 후크마Anthony Hoekema는 이렇게 말한다. "근대의 첫 순간은 합리성과 개인적 책임의 개념을 소개했던 데카르트와 칸트로부터 시작되었다. 그 이후로 개인은 믿기 어려울 정도로 막강한 존재가 되었다. '자신의 것이 아닌 한 그 어떤 것도 참 믿음이나 바른 도덕이라고 할 수 없다'는 식이다. 그 결과, 영원한 권위는, 원칙적으로, 불합리한 기초로 변했고, 개인적 판단은 권리일 뿐 아니라 의무가 되었다"(1986, 64). 근대 사회에서, 개인은 개인적으로 또 언제든지, 자기가 원하는 것이면 무엇이든 할 수 있는 권리, 또는 남이 하는 것과 똑같이 할 수 있는 권리를 고집한다. 전통적 공동체의 성스러운 뿌리들은 개인의 권리와 자유로운 관용과는 정반대되는 것이다.

하나님을 무대에서 몰아낸 다음에는 인간들이 지구의 신이 되었다. 르네상스 시대에 마키아벨리는 논리적 수순을 밟아 사람들에게, 당시에 이미 그 명료성과 절박성을 많이 잃어버린 구원에 대해서는 잊어버리라고 촉구했다. 그 대신에, 여기 이 땅에서 인생을 즐기는 일에 집중해야 한다고 했다. 이것만이 당장 생생하게 와 닿는 것이라는 이유를 제시하면서 말이다. 그래서 개인의 건강, 안락, 번영 등이 근대 문화의 일차 목표가 되었고, 과학은 그것들을 이루는 수단으로 여겨졌다.

그러나 홀로 남겨진 근대인은 의미를 찾지 못하는 위기에 직면했다. 이제 그들은 신의 자리를 차지했지만, 도대체 어떤 종류의 신이 되었는가? 기계론적 과학은 자연을 정복하게 해주었으나, 동시에 폭력, 핵무기로 인한 대학살, 화학물질의 오염, 산림 벌채 등을 통해 자연을 파괴하는 힘도 주었다. 이와 똑같은 과학이 인간은 욕구와 비합리적 충동의 지배를 받는 동물이요, 자극에 반응하는 기계요, 자기가 속한 사회와 문화에 의해 프로그램화된 로봇과 같은 존재라고 말한다. 하나님은 사라졌지만, 그와 함께 인간의 영혼도 사라져 버렸다. 인생에 남은 진정한 의미라고는 없다. 앨런 블룸은 미국인을 이렇게 묘사한다. "그들은 이기주의자들이다. 그들이 악하다는 뜻이 아니고, 선과 정의와 고상함을 알되 그것들을 이기적으로 거부한다는 뜻도 아니고, 그들이 배우는 현재의 이론에서 자아ego가 존재하는 전부이기 때문에 그러하다"(1987, 256).

자아/영혼
근대 철학자들은 의미를 느끼는 감각을 회복하기 위해, **영혼**의 개념을 대체할 **자아**self라는 용어를 창안했다(Bloom 1987, 173). 중세는 개인을 하나님 및 다른 인간들과 관계를 맺고 있는 영적인 존재로 보았다. "바다에서 스무 명의 영혼들을 잃었다"는 식으로 사람이 "영혼"으로 지칭되었다. 그런데 계몽주의 사상가들은 "영혼"이란 용어가 신의 형상과 불멸성을 내포한다고 해서 그것을 거부했다. 대신에 "자아"라는 용어를 도입한 것이다. 블룸은 이렇게 말한다. "현재 인간에 대한 심층적 연구에 종사하는 정신의학자를 비롯한 여러 전문가가 감독하는 영역은 **자아**다. 이는 자연의 상태에서 찾아낸 또 하나의 발견으로, 우리가 진정 무엇인지를 드러내 주기 때문에 어쩌면 가장 중요한 발견인지 모르겠다. 우리는 자아들이고, 우리가 행하는 모든 것은 우리 자아를 만족시키거나 성취하기 위한 것이다. 로크는 근대적 의미로 이 단어를 사용한, 최초는 아니더라도, 가장 이른 사상가 중 하나다.……요컨대, 자아는 영혼을 대체하는 근대적 용어인 셈이다"(1987, 173).

이런 전환으로 인해 자율적인 자아가 실재의 새로운 중심으로 등장했다(표 7.3). 욕망은 의문의 여지가 없는 선이 되었고, 그것은 나르시시즘이란 열매를 낳았다. 결국에는 자아가 도덕적 사안의 중심 프로젝트가 되고, 자기향유와 자기계발이 인간의 중심 목표가 된다.

표 7.3 영혼의 개념과 자아의 개념

영혼	자아
• 존재론적	• 경험론적
• 객관적	• 주관적
• 주어진 본성	• 개발된 본성
• 잠재된 상태	• 구체적 실현 상태
• 보편적	• 특수적

그런데 이 자아의 본질을 둘러싼 물음이 제기되었다. 로크와 데카르트 같은 일부 철학자는 그것을 이성이라고 믿었다. 인간이 동물과 다른 점은 생각하는 존재라는 데 있다. 인간은 이성을 사용해서 행복하고, 평화롭고, 의미 있는 세상을 창조할 수 있다. 다른 한편, 루소와 니체 같은 인물은 다르게 생각했다. 그들은 인간을 다른 동물과 다르게 만들어 주고 또 그들의 인생을 의미 있게 만들어 주는 것은 삶을 체험하는 능력이라고 믿었다. 즉 더 나은 세계를 꿈꾸고 그것을 창조할 역량에 있다고 생각한 것이다. 인간은 문화를 건설하는 존재다. 그들은 자신과 관련된 꿈을 실현하는 데서 의미를 찾는 도덕적인 존재다. 하지만 이 두 견해는 자기성취의 지점에

서, 지금 여기서 잘사는 삶에서 의미를 발견한다는 점에서 서로 만난다. 영원이 아니라 실존적 현재가 일차적인 중요성을 지닌다.

개인주의는 원자론적 사회관을 낳았다. 그것은 물리적 세계를 텅 빈 공간에 떠도는 입자들로 구성된 실체들의 집합으로 본 것처럼, 사회도 각기 자율적인 개인들의 집합으로 보았다. 근대적 사회체계는 개인주의 관념에 기초해서 세워졌다. 이것이 낳은 한 가지 결과는, 자발적으로 가입했다가 자유롭게 떠날 수 있는 클럽과 관료적 단체들의 출현이다.

자아실현/구원

자율적 개인에 초점을 맞춘 결과, 사람들은 주도적으로 스스로의 안녕을 확보해야 한다는 믿음을 갖게 되었다. 이 입장은 통제보다는 자유를, 책임보다는 권리를 강조하게 했고, 안락함과 소비주의와 오락으로 규정되는 자아실현과 잘사는 인생을 추구하게 만들었다.

자아와 자아실현에 맞춰진 초점은 19세기 말 근대 사회의 중심 주제가 되었다. 전통적인 개신교의 가치들—구원, 도덕, 고된 노력, 절약과 희생, 시민의 책무, 남의 유익을 위한 자기부인 등—은 새로운 가치들로 대치되었다. 여기에는 개인적 성취, 건강, 물질적 안락, 즉각적 욕구충족, 정기적 여가생활 등이 포함된다(Fox and Lears 1983, 4). 이런 목표들은 물질적 상품을 구입하고(주로 외상으로) 부를 축적함으로써 이룰 수 있다고 믿었다. 이 자기탐닉의 복음은 다수의 광고업자들에 의해 전파되었고, 자아의 내적 치유를 통해 인간의 존엄성을 얻을 수 있다고 약속하는 치료사들에 의해 더욱 강화되었다. 그 결과 사람들은 정신건강과 신체건강에 강박관념을 가지다시피 했다. 생명은 우리에게 안락함, 건강, 행복, 성공, 번영, 황홀하고 강렬한 체험을 선사할 책임을 지게 되었다. 죄가 아니라 실패, 자존감의 상실, 지루함 등은 용서할 수 없는 적이 되고 말았다. 요법, 소비, 기적적 치유 등이 구원의 수단이 되었다. 근대성은 죄 용서와 하나님 및 타인과의 화해가 아니라, 자아실현에 기초해서 의미를 제공했다. 자아가 신이 되었고, 자아성취가 곧 구원이 된 셈이다. 개인의 전기傳記가, 인생의 중요한 의미를 발견하도록 그 틀을 제공하는 우주의 역사를 대체했다. 이제 근대인이 소속감을 느낄 수 있는 이야기는 자기 자신의 이야기밖에 없다. 억제되지 않은 개인의 자유가 의문의 여지없는 선이 된 것이다. 모든 사회적 통제는 억압으로 간주된다. 공동의 책임이 주관적인 자기표현으로 대치되었다.

종교적 믿음은 사람들에게 궁극적이고 본질적인 의미를 제공하는 데 핵심 역할을 했다. 그런데 자기부인, 희생, 노력, 공동의 책임감 등을 통해 인생의 목적을 제공했던 종교적 믿음이 이처럼 서양에서 내리막길을 걷게 되자 개인적 의미의 위기를 초래했다. 개인은 자기 인생에서 중요한 의미를 찾을 수 있어야 한다. 자기 존재가 그저 우연의 산물이 아니라는 의식이 필요한 것이다. 인간은 진지한 대우를 받고 싶어 한다. 근대성은 자아성취에 기초하여 새로운 초월적인 틀을 제공했다. 구원은 더 이상 내세와 연결되지 않고, 이생에서 잘사는 삶과 연관되게 되었다(Fox and Lears 1983, xiii). 근대가 낳은 새로운 이상은 자아성취와 정기적 여가생활, 충동적 구매를 통한 즉각적 욕구충족, 그리고 허용적인 도덕이다. 한마디로, 개인적 성취가 예전에 추구하던 초월성이란 목표를 대체한 셈이다. 개인들은 인간의 인위적 노력을 통해 스스로를 창조하라는 부추김을 받았다.

민주주의/사회주의

자율적 개인에 대한 강조는 사회생활의 조직화와 관련해 심각한 물음을 제기한다. 개인이 집단보다 더 중요하다면, 어떻게 집단을 형성할 수 있을까? 스탠리 하우어워스Stanley Hauerwas와 윌리엄 윌리몬William Willimon은, 삶을 조직화하는 근본 원리는 민주주의 정신, 곧 집단은 자율적 개인들의 계약에 의해 다함께 묶어진 것이라는 관념이라고 한다. "민주주의의 기본 실체는 개인이고, 사회는 그 개별성이 옹호되도록 지원하기 위해 존재한다. 사회는 우리의 필요가 무엇이든 그 필요를 공급하기 위해 형성되었다. 우리 사회는 우리로 하여금 우리의 필요를 잘 판단하게 하고 올바른 요구를 바르게 길들이도록 돕기보다는, 일종의 거대한 욕망의 슈퍼마켓으로 변한다"(1989, 32).

개인주의와 자유를 사느라고 지불하는 대가는 강하고 영구적인 개인관계와 안정감의 상실이다. 자율적 개인은 유아독존적인 사람이어서 자기보다 더 큰 공동체에 속하는 경우가 없다. 사회적 집단은 늘 유동적이고 개인보다 덜 중요하다.

· 클럽

W. 로이드 워너Lloyd Warner는 미국인이 스스로를 조직화하는 가장 흔한 방법은 협회나 클럽의 회원이 되는 것이라고 한다. "자발적 협회는 [북미] 사회의 모든 측면에 스며들어 있다. 하찮고 웃기는 목

적이든 심각하고 중요한 목적이든, 미국인은 생각할 수 있는 거의 모든 활동을 위해 협회를 사용한다.……미국의 경우, '무언가를 할 필요가 있을 때'나 '심각한 어떤 문제를 해결해야 할 때'는, 시민들 여럿이 모여 새로운 협회를 만들거나 이미 있는 협회를 이용하는 것이 보통이다"(1953, 1991).

클럽은 개인들로 이루어진, 특정한 목적을 가진 자발적 협회다. 예를 들면, 양봉을 증진하기 위한 협회, 테니스를 즐기는 협회, 쌍둥이를 키우기 위한 협회 등이 있다. 어느 도시나 소도시에 가더라도 거기에는 아주 다양한 고객에게 손짓하는 수많은 클럽이 있다. 사교, 민족, 레크리에이션, 교육, 정치, 재정, 애국, 자선, 종교 등 그 종류도 아주 다양하다.

공동체가 그 구성원의 삶의 모든 측면을 다루는 집단 지향적 사회와는 달리, 클럽은 보통 단 한 가지 목적을 중심으로 모인다. 사람들은 이런 필요를 채우기 위해 이 클럽으로 모이고, 또 저런 필요를 충족시키려고 저 클럽으로 향한다. 클럽을 가족이나 씨족이나 부족처럼 강한 집단으로 만들려는 시도는 모두 실패할 수밖에 없다. 클럽의 목적과 성격 자체가 그런 강한 집단들과는 다르기 때문이다.

클럽을 묶고 있는 사회적 끈은 비교적 약한 편인데, 이 경우 집단에 대한 충성심이 개인적 관심에 기초해 있기 때문이다. 그래서 말다툼이나 관심의 상실로 인해 회원 사이의 관계가 깨질 위험이 늘 존재한다. 클럽은 다수의 의견에 따라 좌우되는, 깨지기 쉬운 동질 집단이다. 거기서 남다른 특이성과 차이점이 눈에 띄면 강한 집단에서처럼 잘 관용하지 못한다.

클럽에서의 상호관계는 계약에 기초를 두고 있다. 회원이 거기에 가입하는 이유는 무언가 얻을 것이 있기 때문이고, 기본적으로 자기가 주는 만큼 받아가기를 기대한다. 개인의 권리에 관해서는 많이들 이야기하지만, 남을 위해 희생한다거나 자기를 내어주는 것에 대해서는 거의 논의하지 않는다. 계약에 기초한 관계의 경우에는 개인이 집단보다 더 중요하다.

끝으로, 그러한 집단에서 의사결정은 여론이나 투표에 따른다. 모든 회원은 자기에게 영향을 주는 정책 결정에 있어서 동일한 발언권을 갖도록 되어 있다.

프랜시스 슈Francis Hsu는 클럽이야말로 근대 사회에 아주 어울리는 사회조직의 한 형태라고 지적하면서, 그것은 자율적 개인의 완전한 자유에 최고의 가치를 부여하는 조직이기 때문이라고 한다. "영구적인 인간관계의 결여, 사람들 사이의 완전한 평등 개념, 계약의 원리, 사교성과 안정감과 신분을 성취하기 위한 회원가입의 필요성 등이 모두 합쳐져서 클럽을 중심으로 생활하게 하는 그런 상황을 조성한다"(1963, 208). 그런데 이런 자유와 자율성을 얻는 대신에 영구적인 인간관계와 안정감을 포기하는 대가를 지불한다. 결국 자율적인 인간은 공동체에 몸담지 못하고 유아독존적 존재가 될 수밖에 없다. 그러한 사람은 집단의 이익을 위해 자신의 이익을 희생시킬 생각이 없기 때문이다. 자율적 개인은 또한 모든 것을 자신의 이해관계로 가늠하는 자기중심적인 사람이기도 하다.

· 회사

사회조직의 두 번째 유형은 현대 사회에 널리 번창하고 있는 회사다. 회사는 대부분의 사람이 생계유지를 위해 평일을 보내는 "공공의" 집이다. 피터 버거는, 공장과 관료조직이 현대 사회에 존재하는 회사의 두 가지 주요 형태라고 말한다(1974). 양자 모두 기계적 질서의 원리들에 의해 조직되어 있다. 사람과 업무는 표준화된 단위들로 나눠져 있고, 계량적인 면에서 생산과 이윤을 극대화하기 위한 구조로 조직되어 있다는 뜻이다. 리더십은 기획과 관리에 기초를 두고 있다. 또 효율성과 테크닉이 최고의 우선순위를 차지하게 된다(Ellul 1964).

회사는 나름의 내적인 사회구조와 나름의 하위문화를 가진, 공식적으로 조직된 영구적 협회다. 회사와 클럽의 차이는 정도의 높낮이에 있다. 클럽은 한시적이고 단일기능을 가진 협회다. 회사는 영구적이고 복수기능을 가진, 공식적으로 조직된 협회이다.

회사는 대단히 다양한 형태를 취한다. 공장, 은행, 슈퍼마켓, 보험회사, 전문가 조직, 노조 등과 같은 사업 조직, 정당, 로비단체 등과 같은 정치 조직, 정부와 군대 같은 법적 조직, 텔레비전 네트워크, 오케스트라, 연극영화 단체 등과 같은 연예 조직 등.

회사 안의 관계는 공식계약에 기초해 있고, 그 역할들은 전문화에 기초하여 규정된다. 전문기술은 복잡한 업무를 잘 수행하는 데 반드시 필요하다. 사람들은 어떤 보상을 받는 조건으로 어떤 서비스를 제공하기 위해 조직에 합류한다. 만일 자기가 지닌 가치만큼 대우받고 있지 못하다고 느끼면, 자유로이 떠날 수 있다. 다른 한편, 경영자측도 회사의 필요에 잘 맞지 않는 자들은 자유로이 해고할 수 있다. 보통 양자의 관계는 상당히 얄팍한 편이다. 회사 안의 역할은 전문화를 기초로 명확히 규정되어 있다.

기독교에 미친 영향

개인주의와 자기중심성이 그리스도인과 교회에 미친 영향은 아주 광범위하다. 근대 선교 운동은 복음을 개인들에게 전파하고, 그들로 예수 그리스도의 주되심에 지적으로 동의케 하여 개인적 회심을 경험하도록 촉구하는 일이라고 생각했다. 라민 사네Lamin Sanneh는 이렇게 말한다. "마치 낮은 자존감에 시달릴 수 있는 취약한 개인을 보듯이, 교회를 개인의 건전한 마음가짐의 관점에서 생각하는 [근대적] 성향은, 교회를 하나님의 약속을 신실하게 믿는 사람들의 교제로 보는 견해로부터 광년光年이나 동떨어진 것이다"(1993, 22). 스탠리 홀G. Stanley Hall, 해리 에머슨 포스딕Harry Emerson Fosdick, 노만 빈센트 필Norman Vincent Peale, 브루스 바턴Bruce Barton 등과 같은 사람들은 이처럼 지금 여기서의 왕성한 건강, 번영, 자아실현을 약속하는, 이른바 자아 복음gospel of the self을 신학적으로 지지했다. 많은 이들에게 복음은 이 땅에서의 건강과 부 그리고 하늘에서의 구원을 약속하는 좋은 소식이 된 것이다.

이런 개인주의를 강조한 결과, 교회를 신앙의 가족들로 된 가족이라는 이해를 약화시켰다. 구원이 자기와 하나님 사이의 개인적인 문제가 되었기 때문에, 그리스도 안에서 새로운 샬롬 공동체를 형성하는 것을 별로 강조하지 않는다.

현대 그리스도인들은 삶의 다른 영역에서 집단적 활동을 조직하듯이 교회를 조직하는 경향이 있다. 따라서 많은 교회가 일종의 종교 클럽과 같이 되었다. 그들은 단 한 가지 관심을 품고(신앙생활), 자발적 회원권을 갖고, 민주적 절차를 따르고, 그들 나름의 상징·재산·행동 패턴을 갖고 있다. 물론 소그룹과 저녁파티 등을 통해 더 깊은 교제를 도모하고자 노력하지만, 진정한 공동체의 대가를 기꺼이 지불하려는 교인은 소수에 불과하다. 이를테면, 다른 교인들의 일상생활에 깊이 관여하거나, 깊은 대화와 재정 지원까지 아끼지 않으면서 서로의 짐을 지려는 경우가 드물다는 말이다. 교회가 스스로를 클럽의 사회적 원리에 따라 조직하게 되면, 교회가 공동체에 관해 무슨 가르침을 주든지 클럽처럼 되는 것은 시간문제다.

클럽 유형의 교회는 동일한 신학, 민족성, 사회계층으로 묶어진 동질 집단이 되기 쉽다. 교인들은 끊임없이 믿음과 관습을 확언함으로써 자신이 양호한 입장에 있음을 보여줘야 하며, 쫓겨날까 두려워서 다른 의견은 숨기게 된다. 그 집단에서 믿음과 관습을 둘러싸고 교인들 간에 이견이 생기면, 서로 상대방을 이단으로 비난하는 등 교회의 분열을 초래하기 쉽다.

이런 교회에서 맺는 관계는 계약의 성격을 띠게 된다. 사람들은 개인적 선택에 의해 합류했다가 자기의 필요가 채워지지 않으면 자유로이 떠난다. 그들이 합류하는 주된 이유는 개인적으로 무언가를 얻기 위함이지, 다른 교인들과의 헌신적 관계 때문이 아니다. 따라서 교회의 중심이 예배에 있다는 사실과, 예배란 그들이 하나님께 나아가는 것이지 무언가를 얻기 위한 활동이 아니라는 점을 간과하기 쉽다.

교회들이 성장해서 교단으로 조직화되면서, 갈수록 근대적 관리구조를 따라 회사의 형태를 지니게 된다. 그래서 전문화된 역할, 유급 직원, 큰 사무실 빌딩 건축, 관료적 규율과 규정의 제정, 예산 편성, 회의 중심 체제, 장기 기획 등을 특징으로 삼는다.

이러한 교회 안의 관계들은 계약에 기초해 있다. 교회에 고용된 사람들이 맺는 계약은 공식적인 것이어서 법적 강제력을 지닌다. 승진과 보상은 업무 능력과 실적에 따른다. 평신도의 경우는 비공식적 계약을 맺는다. 평신도의 지위는 조직에의 참여 수준과 기여도에 따라 정해진다. 평신도는 자원봉사를 하라는 격려를 받는데, 이런 봉사활동은 낮은 수준의 사역으로 간주되는 게 보통이다. 평신도들은 공식적인 교인 자격을 잃더라도 예배에는 참석할 수 있다.

회사 유형의 교회는 지도자 계층과 평신도 계층이 뚜렷이 구별되어 있다. 전자는 전문기술을 가진 전문가로 통하고, 후자는 일반적인 기술만 제공하는 교인들로 여겨진다. 그 결과 이런 교회는 갈수록 유급의 전문적 리더십을 선호하는 반면에, 평신도 계층은 자기에게 제공되는 서비스를 얻으려고 교회에 오는 일종의 소비자로 전락한다.

앞서 묘사한 절차들은 성공적인 관료제를 운영할 때는 반드시 필요한 것이나, 교인들에게는 자기가 단일한 언약 공동체—모두가 동등하고 그리스도를 삶의 중심으로 모시는—의 구성원임을 느끼기 어렵게 만든다. 어떤 이들은 교회를 사회적 공학의 대상으로 본다. 교회를 적절한 사회적·문화적 법칙에 맞추면 교회가 성장하게 될 것이라고 한다. 또 어떤 사람들은 경제적 모델을 사용해서 복음을 마케팅 하는 곳으로 교회를 본다. 이런 접근들이 현대적 상황에서는 효과가 있을지 몰라도, 복음이 과연 문화를 변형시키는지, 아니면 복음이 근대성의 포로가 되어 버린 것은 아니지에 대한 물음은 여전히 남는다.

개인주의는 선교에도 기업가적 접근을 하도록 부추겼다. 즉 개인과 교회의 선교가 교회 전체를 위한 활동이 아니라, 자율적인 개체의 활동이라고 간주하는 것이다. 선교를 개인주의화하는 이러한 압력은 전통적으로 교회를 위해 활동하던 교단의 선교기관에도 영향을 미치고 있다.

끝으로, 개인에 대한 강조는 기독교의 중심 메시지, 곧 예수가 이 땅에서 사역하실 때 하나님 나라를 전파하셨다는 사실을 경시하게 하였다. 많은 사람들이 생각하기를, 선교의 초점은 개인을 그리스도를 믿는 믿음으로 인도하는 복음전도라고 본다. 그들을 모아 교회를 조직하는 일은 부차적인 것이고, 그 나라의 사역은 그리스도의 재림을 기다리는 동안 해야 할 일이라고 생각한다. 교회 개척을 목표로 삼는 이들조차 하나님 나라를 이 땅에서 행하는 선행으로 볼 뿐, 우리 시대에 하나님의 통치가 이 땅에 시작되는 것으로 보지 않는다.

자본주의/민족국가 nation-state

근대성의 출현의 바탕에는 자본주의와 민족국가의 발흥이 있다. 존 래플리 John Rapley는 이렇게 말한다.

> 유럽의 중세를 완전히 죽인 것은 자본주의였다. 근대 국가 시스템의 기원은 1648년에 체결된 베스트팔렌 Westfalen 평화조약으로 거슬러 올라간다. 그 조약은 정부가 자기 영토를 지배할 주권을 갖고 있음과, 그 국경 안의 어떤 기관도 정부의 통치권에서 벗어

날 수 없음을 명시했다. 그런데 중세의 시대정신이 영구히 밀려난 것은 국가 경제가 서서히 발전하고 중앙집권적인 정부가 두 세기에 걸쳐 중세의 권력구조를 대치했을 때였다. 도시의 성장과 해외 탐험의 출현이 무역으로 인한 세금 수입을 증대시켰고, 도시의 중산층을 부유하게 만들었다.……이와 동시에, 떠오르는 사업가 계층이 당시의 떠오르던 국가 관료조직—당시는 관직을 최고 입찰가로 팔던 시대였다—을 차지함에 따라 정치적으로 영주들을 압도하기 시작했다. (2006, 98)

자본주의

근대는 자본주의의 발흥, 곧 모든 기본적인 필요를 충족시키려고 물질적 재화와 서비스를 생산하고 소비하는 제도와 뗄 수 없는 관계에 있다. 목표는 그 일을 가장 효율적으로 또 가장 많은 이윤을 남기면서 해내는 것인데, 이는 생산 과정과 마케팅의 합리화를 요구한다. 예전에는 생산이 인간 노동자의 손에 달려 있었으나, 테크놀로지가 개발됨에 따라 그것이 대체되었다. 헨리 포드Henry Ford가 조립 라인을 도입하면서 생산과정이 더욱 합리화되었다. 부품은 표준화되고, 조립과정이 작은 단계들로 쪼개졌으며, 생산품이 지날 때 일꾼들이 반복 작업을 하도록 일이 할당되었다. 그 결과 대량생산이 가능해져서 효율성이 크게 증대되고 표준화된 제품이 생산되었다. 초기에는 사람들이 자동차를 선택할 수 있는 여지가 거의 없었다. 차의 종류와 질이 다양하지 않았기 때문이다. 포드 이후의 시대에 접어들면 선택의 폭은 크게 넓어졌으나, 자동차는 모두 표준화된 부품들과 조립 라인 테크닉에 의해 생산되었다. 훗날 조립 라인 테크닉은 다른 제품의 제조공정과 즉석 식품 체인점에도 보급되는데, 이를 일컬어 흔히 맥도널드화McDonaldization라고 부른다.

아이러니한 것은, 조지 리처George Ritzer의 지적처럼, 생산과 소비의 효율성과 이윤율을 중요시하여 삶의 여러 부문을 합리화하려는 시도가 "합리성의 불합리성"을 낳는다는 점이다(2001, 144). 경제 부문에서의 생산 및 분배의 합리화는 노동자와 소비자의 비인간화를 초래했다. 공장, 즉석 식품점, 체인점 등지에서, 노동자들 사이의 관계와 노동자와 소비자의 관계가 효율성과 이윤을 빌미로 갈수록 탈인격화되고 있다. 고용인과 고객의 관계는 순간적으로 지나가는 관계에 불과하다. 서로 인사는 나누지만 기껏해야 명함과 가벼운 대화를 주고받는 관계일 뿐이고, 양측 모두 겉으로만 친구인 체한다는 것을 알고 있다. 고용인들은 고객과의 관계를 맺을 때 무대 위에서, 대본에 따라, 적당한 선에서 하라는 훈련을 받는다. 작은 공동체에 위치한 소규모 가게는 주인과 손님이 서로를 잘 아는 가운데 쇼핑을 하고, 쇼핑이 상행위이기보다 사교활동에 더 가까운 데 비해, 큰 백화점의 경우에는 직원과 고객 모두에게 서로 이야기를 나누고 상대방을 알 수 있는 시간이 없다. 관계를 일터 바깥까지 연장시켜 지속적인 교분을 쌓는 일은 상상할 수도 없다.

학계 역시 합리화 과정의 영향을 받았다. 리처는 이렇게 말한다.

현대의 대학교는 여러 면에서 고도로 비합리적인 장소가 되어 버렸다. 많은 학생과 교수가 거대한 공장 같은 분위기에 진절머리 낸다. 그들은 관료제와 컴퓨터로 처리되는 자동인형처럼 느끼고, 심지어 고기 처리 공장을 통과하는 소처럼 느끼기도 한다. 달리 말하면, 그런 환경에서 교육을 받으면 스스로 비인간화되고 있다고 느낄 수 있다는 뜻이다. 대규모 정원, 크고 비인격적인 기숙사, 대규모 강좌 등으로 인해 다른 학생들을 알기가 어렵다. 시간에 쫓기는 대규모 강좌는 교수를 개인적으로 아는 것을 불가능하게 만든다. (2001, 41)

건강관리도 마찬가지다. 병원의 통제권이 의사의 손에서 (의사가 아닌) 관리자들이 운영하는 합리화된 구조와 기관으로 넘어갔다. 효율성의 가동으로 종종 환자들은 의료 조립 라인에 올려진 제품처럼 느끼게 된다. 병원에 가면 동일한 간호사를 정기적으로 보는 것이 아니라, 갈 때마다 다른 간호사들을 만나기도 한다. 따라서 간호사들이 환자를 개인적으로 아는 경우가 무척 드물다.

자본주의의 핵심에는 더 많은 자본을 축적하기 위한 잉여재산의 축적과 활용이 있다. 윌리엄 그레이더William Greider는 이렇게 말한다. "잉여재산은 일단 가동되면······인간노동과 자연(땅과 자원이 물건을 만드는 데 소모된다)과 더불어, 자본주의의 3대 생산요소의 하나가 된다. 자본은 공장을 세우고 기계를 사고 청구서를 지불하기 위해 돈을 내놓는데, 물건을 생산하고 팔아서 채권자와 투자자에게 기대치에 맞는 이윤을 돌려줄 만큼 수입을 창출할 때까지 그렇게 한다. 간단하지는 않지만, 이것이 핵심이다" (2003, 94).

후기 자본주의에서는 더 많은 돈을 벌기 위해 돈을 돈에 투자한다(증권시장에서의 투자나 환차익을 노리는 투기 등. 표 7.4). 후기 자본주의는 모든 것을 사고파는 상품으로 환원시켜 버렸다. 이 상품화는 시장을 훨씬 뛰어넘어 연예산업, 정치와 정부, 그리고 교회

표 7.4 여러 종류의 경제 시스템

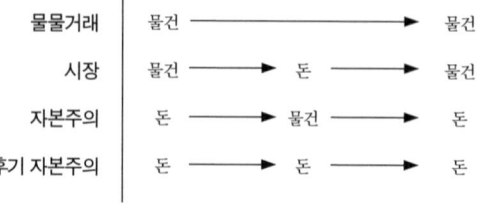

에까지 손을 뻗쳤다.

결국에는 막스 베버의 말처럼, 시장의 세속화와 합리화가 시장을 마법에서 풀려나게 했다. 시장은 중요한 사회적·심리적·영적 기능을 더 이상 수행하지 않는다. 목표는 가장 싼 가격에 필수품을 생산하는 것이다. 가만히 내버려 두면, 자본주의는 탐욕을 부추기고, 시장을 가동하기 위해 갈수록 더 큰 욕구를 창출하고, 생태학적 균형을 파괴하고, 빈부 격차를 더욱 벌리고, 일을 무의미한 기계적 공정으로 비인간화시키고, 모든 것을 경제적으로 규정짓는다.

민족국가

근대의 특징 중 하나는 민족국가의 출현이다. 대부분의 전통사회는 친족, 종교, 또는 봉건적 유대관계 위에 세워져 있다. 이런 것들이 지리적 위치보다 더 중요시된다. 민족 집단과 카스트는 공통된 가문을 가진 구성원들의 공동체이므로, 사실이든 허구든 공동의 "혈통"을 갖고 있다. 구성원의 자격은 결혼과 혈통에 의해 통제된다. 일반적으로 한 집단의 구성원들은 똑같은 신들과 종교적 믿음, 똑같은 언어와 문화를 공유한다. 그들은 또한 공동의 영토를 차지하기도 한다. 종교적 국가는 동일한 신(들)과 동일한 믿음을 가진 사람들의 공동체다.

    윌리엄 그레이더는 민족국가가 자본주의의 반주제로 등장했다고 한다.

> 20세기 개혁 정치의 위대한 업적은 정부를 자본주의의 반대세력으로 구축한 일이었다. 정부는 사회를 위해 사업과 재력에 맞서고, 점차 우세해지는 사적인 경제세력을 깨뜨리고, 지나친 행위와 학대를 억제하고, 사업이 뒤에 남긴 사회적 잔해를 청소하는 등 경쟁적인 권력의 센터가 된 것이다.……그러나 또 하나의 불편한 현실에 직면해야 한다. 거시적으로 볼 때, 정부는 사회와 자본주의 사이의 심한 충돌을 해결하는 데 성공하지 못했다. 이런 갈등은 십 년 단위로 오르락내리락 하지만, 너무나 많은 공공의 목표가 뒤로 후퇴하고 흔들리고 있는 현 시점에서 아무도 국민과 사회의 열망이 성취되었다고 주장할 수 없다. (2003, 30-31)

근대 국가는 16세기에 처음 모습을 드러냈지만, 국가에 대한 충성심은 18세기에 이르러서야 생긴 듯하다. 그 이전에는 귀족과 행정가들이 대규모 농민들을 지배했고, 후자는 세금은 반드시 납부해야 했으나 국가에 대한 충성심은 거의 고백하지 않았다. 테드 르웰렌 Ted Lewellen은 이렇게 말한다.

> 민족국가의 밑바탕에 깔린 핵심 관념은 하나의 신화인데, 내용인즉 국가가 공통된 문화를 가진 단일한 민족을 포용한다는 것과, 시민은 주어진 영토 안의 거주민들로 구성되어 있으며, 그들은 공

동의 정부에 충성과 완전한 충절을 바칠 의무가 있다는 것이다. 과거처럼 이민자들이 자신이 이주한 나라에 동화되는 것을 기대했던 시대에도 그것이 신화였다면, 오늘처럼 이민자들이 결코 그 나라에 동화되지 않고 계속해서 본국과 경제적·사회적 관계를 맺으면서 자기 민족성을 그대로 유지하는 범국가적인transnational 성향이 다분한 이 시대는 더욱더 그러하다.(2002, 196)

근대로 전환되면서 영토가 개인적 정체성과 집단적 정체성의 기본 표지가 되었다. 사람들은 자기 부모가 다른 나라 시민이라 할지라도, 자기가 태어난 곳에 따라서 "캐나다인" 또는 "독일인", "인도인"이 된다. 민족국가는 이제 근대적 정치 무대에서, 부족을 비롯한 여러 민족 공동체 또는 문화와 종교보다도 더 근본적인 요소에 해당한다. 민족국가가 출현함에 따라, 이제는 영토상의 국경이 중앙집권적 권력과 주권이 행사되는 배타적 영역을 구분해 주는 뚜렷한 경계선으로 변형되었다. 그 경계선 안에서는 국가가 거리낌 없는 권한을 행사했고, 주민들의 궁극적 충성심이 국가로 옮겨졌다. 국가는 또한 합법적인 폭력 수단을 독점하는 권한을 갖게 되었다. 민족국가 안의 정치는 국경을 보호하고 그것을 공고히 하고 넓히는 문제가 되었으며, 그러기 위해서는 대규모 상비군을 창설하는 일이 필요했다.

민족국가는 하나의 민족이다. 왜냐하면 "민족이란 하나의 상상의 정치 공동체인데, 그것은 최소 규모의 민족 구성원들일지라도 동료 구성원들 대다수를 알거나, 만나거나, 심지어 그들에 관해 무슨 소식을 들을 가능성조차 없지만, 각자의 마음속에는 자기 공동체의 이미지와……깊은 수평적 동무의식이 살아 있기 때문이다"(B. Anderson 1983, 6-7). 민족국가는 또한 하나의 국가다. 왜냐하면 이 민족적 정체성은 민족성의 구성요소들—인구, 영토, 공동의 지배적 문화—에 의거한 국가를 중심으로 삼는 정치 이데올로기와 묶여 있기 때문이다. "심지어 지배적인 문화를 공유하지 않았던 자들조차도 국가를 일차적인 충성의 대상으로, 즉 지방의 집단적 정체성보다 더 우위에 있는 것으로 삼을 것이 기대되었다"(Lewellen 2002, 115). 새로운 이민자들은 그 나라의 용광로에 완전히 동화되기를 기대한다.

이처럼 일차적 정체성이 국가의 시민권으로 전환된 결과, 많은 나라에서 종족적 정체성과 국가적 정체성 사이에 충돌이 일어났다. 식민지 확장을 통해 근대성이 널리 퍼지면서, 서양의 식민정부들은 종족의 경계선을 고려하지 않은 채 국가 사이의 국경선을 그었다. 이런 관습은 동일 종족을 여러 나라로 쪼개어 종족적 정체성과 국가적 정체성 사이에 긴장을 조성했다. 또 여러 종족을 한 나라로 묶어 버림으로써 종족적 충성심이 정부를 뒤집어엎도록 긴장을 조성하기도 했다. 비노스 라마찬드라는 이렇게 말한다. "종교적 민족주의와 세속적 민족주의 모두 개인이 보다 큰 집단 속에서 자기 위치를 찾을 수 있도록 전반적인 도덕적 틀을 제공한다. 세속적 민족주의는 지리적 의미의 고향과 고향 사람에 대한 정서적 동질감을 긍정해 줄 뿐 아니라, 그것을 보편적인 도덕적 선으로 간주한다"(1999, 151).

세속국가의 출현은 국가와 교회의 분리를 초래했다. 중세 당시의 국가는 주로 국방과 무역의 문제를 다루는 종교적 왕국이었다.

교회는 사람들에게 타당성 구조를 제공했고 그들의 안녕을 책임졌다. 교회는 병원, 학교, 고아원, 가난한 자들을 위한 주택을 세웠다. 계몽주의는 교회를 시민사회로부터 분리했고, 근대 복지국가로 하여금 이 땅에서의 안락한 삶을 책임지게 만들었다. 국가는 결혼과 죽음 같은 것을 성스러운 영역—거기서는 하나님 앞에서 집행되는 성례들이었다—에서 끌어내어, 사회의 영역으로 집어넣어 일종의 계약으로 만들었다. 만인에게 적용되는 공적인 법률의 문제로 만든 것이다. 19세기에 이르자, 국가는 궁극적으로 시민의 안녕을 책임지는 중심기관이 되었다. 그것은 교육, 의료, 사회복지를 관리했고, 종교의 한계도 설정했다. 사람들이 국가의 방치로 인해 죽게 되면 국가에 비난이 퍼부어졌다. 사회에서 약자, 힘없는 자, 가난한 자, 주변인을 돌볼 책임이 누구에게 있느냐고 물으면, 전통사회는 가족이나 공동체라고 답변한다. 반면에 현대인은 국가를 가리킬 것이다. 국민이 국가에 일차적 충성을 바치는 대가로, 국가는 궁극적으로 국민의 안녕을 책임져야 한다고 생각한다. 그래서 복지국가가 탄생한 것이다.

다양한 종교 공동체와 새로 생긴 민족국가는 상당히 불편한 관계로 지내왔다. 세계의 여러 지역에서, 종교 지도자들은 국가를 특정한 종교와 묶으려고 노력했다. 그 결과 이슬람교 국가와 힌두교 국가가 탄생한 것이다. 그런데 이런 나라에는 긴장이 존재한다. 종교적 근본주의자들은 국가를 종교의 하인으로 만들려고 하고, 현대 국가 지도자들은 국가를 국민의 일차적 정체성으로 만들려고 애쓴다.

이처럼 일차적 충성심이 국가로 옮겨짐에 따라, 특히 전시와 같은 경우에 국가가 총체적인 충성심을 요구하게 되었다. 불행히도, 교회는 이런 충성심과 책임감의 재편과정에서 너무나 자주, 너무나 기꺼이 국가에 동조하는 동반자의 입장을 취했다. 갈수록 교회는 그 일차적인 책임을 영원한 구원, 정서, 가치 등과 관련된 사적인 영역에 두게 되었다.

근대 민족국가는 스스로 종교적 정체성보다 더 깊은 정체성을 갖고 있다고 주장한다. 그래서 그 나름의 기초적 신념과 공적인 관습을 가진 새로운 종교로 변하고 있다. "국민의 궁극적 충성심을 요구함으로써, 근대 국가의 종교적 특성이 적나라하게 드러났다. 국가는 이제 폭력을 재가하는 유일한 기관이 된다. 순교가 이제는 자기 나라를 위해 목숨을 내놓는 것으로 재정의된다. 종교적 환경에서 최악의 죄인 신성모독이 이제 국가반역죄로 둔갑했다. 민족국가는 안팎에서 오는 폭력으로부터 국민을 보호해 주는 대가로, 그들에게 국가를 위해 다른 인간들을 기꺼이 죽이라고 요구한다" (Ramachandra 1999, 151). 근대 민족국가는 폭력을 끝내기는커녕, 과거 200년 동안 가장 큰 전쟁의 원인이 되어 왔다고 라마찬드라는 지적한다.

논리실증주의 logical positivism/전통적 지혜

근대성의 핵심에는 새로운 지식관이 있다. 그 뿌리는 아주 다양하다. 오귀스트 콩트Auguste Comte는 지적인 진화에 세 단계가 있다고 주장했다. 신학적 단계에서는, 사람들은 자기가, 눈에 보이지 않고 자기를 닮은 지성적 존재에 의해 창조되었다고 믿었다. 형이상학적 단계에서는, 철학자들이 신과 조상의 관념을 배격하고, 실재를 본질과 기능에 의해 설명하려고 애썼다. 오직 실증주의 단계에 이르러서야, 과학자들이 천체들의 기계적 운동을 관찰하고, 수학을 개발하고, 경험에 의한 검증을 제공함으로써 우리에게 확실한 지식을 선사한다. 데카르트 역시 세 가지 공리를 단언하면서 새로운 인식 방법을 구했다. 이성의 최고 권위, 기계적 세계관, 자연법칙의 불변성 등이 그것이다. 그가 제시한 방법은 일종의 분석적인 연산 논리였다. 그는 이런 방법을 엄밀히 적용하면 객관적인 참 지식을 축적하게 될 것으로 추정했다. 달리 말하면, 예전의 섭리 개념을 대체할 참 지식으로 진보할 것으로 믿은 것이다. 데카르트는 중세 문화에 살았던 사람들과 비슷하게 실재론적 세계관을 주장한 반면에, 그들의 견해와 달리 그의 명제는 인식자를 인식 대상으로부터, 그리고 이성을 미학과 도덕으로부터 떼어 놓았다. 그는 전통과 권위에 기초한 지식을 배격했고, 사람들에게 스스로 생각하도록 그리고 이성으로 모든 것을 시험하도록 요구했다. 이는 관찰자를 관찰 대상으로부터 분리했고, 지식을 위한 지식에 관심을 가지게 했다.

　이런 아르키메데스적 지식관의 중심에는 논리적 경험주의 또는 실증주의의 발생이 있었다. 실증주의는 우리의 정신 바깥에 실제 세계가 존재한다는 존재론적 가정에 기초하고 있다. 그 세계는 그에 대한 우리의 지식과 별개로 존재하고 있다는 뜻이다. "우리 대다수에게 '외부' 세계가 엄연히 존재하고 있고, 우리가 거기에 얼마나 큰 영향을 주든지 또는 탐구활동을 통해 그것과 얼마만큼의 상호작용을 하든지 간에……우리는 그것이 어떻게든 스스로 존재하고 있을 뿐 아니라, 그에 대한 '참된' 묘사는 어쨌든 물리과학의 범주들과 계산으로 완벽하게 해낼 수 있다고 생각한다"(1971, 157-158). 실증주의는 또한 우리가 주의 깊은 관찰을 통해 영원한 실재와 바로 상응하는 객관적인 "사실들"을 알 수 있다고 믿고, 이 사실들은 그 어떤 문화나 관찰자와도 관련되지 않은, 시험 가능한 객관적 이론으로 설명될 수 있다고 믿는다.

이런 가정이 철학에서는 레알리스*realis*와 레알리타스*realitas*의 본질을 둘러싼 논쟁을 낳았다. 이 단어들은 13세기 철학자들이 창안한 것으로서, 당시에는 그 의미가 완전히 명백하고 자명한 것으로 추정되었다. 어떤 것이 이런저런 특징을 갖고 있으면, 누가 그러하다고 생각하든 말든, 그것은 **실재하는**real 것이다. 달리 말하면, "실재적인" 것은 **그에 대한** 인간의 인식에 영향을 받지 않는다는 뜻이다.

철학적 관념론과 과학적 실재론의 대조점은 "실재적"이라는 용어에 대한 과학자들의 반응에서 잘 드러난다. 처음부터 과학자들은 실재 세계가 존재한다고 가정하고, 이 세계에 대해 탐구하되, 다른 것으로나 환상으로 환원할 수 없는 원초적인 또는 있는 그대로의 감각적 경험을 체계적으로 조사하는 방법으로 그것을 탐구하기 시작했다. 그들은 인간의 인식세계 속으로 밀고 들어오는 것이 인간 정신의 창조물이 아니라고 생각하면서 그것을 탐구한 것이다. 이처럼 외견상 단단한 실재처럼 보이는 것을 기초로 지식을 쌓으려고 노력했다.[17]

콩트는 확실하다고 여겨지는 새로운 종류의 지식이 있다고 주장했다. 이 입장을 실증주의라고 불렀다. 이는 다음 몇 가지 원리에 기초하고 있다. 첫째, 내성內省introspection의 방법은 배격해야 하고, 단순히 감각적 경험을 묘사하려는 경험론적 방법만을 타당한 과학적 방법으로 수용해야 한다. 둘째, 과학의 목적은, 경험적 사실들로 검증되어야 할 보편적이고 불변하는 법칙을 정립하는 것이다. 셋째, 과학의 기능은 단지 사물이 "어떻게" 존재하는지를 묘사하는 것일 뿐, 왜 그렇게 존재하는지를 밝히는 것이 아니다. 넷째, 경험적 지식만이 타당한 지식의 근원이다(Rossi 1983, 2-3). 콩트의 방법은 개념과 실재 사이의, 그리고 주체와 알려진 객체 사이의 이분법을 함축하고 있었다. 나중에 이 "실증주의"라는 용어가 일부 사람들에 의해 논리적 경험주의로 불리게 되었다. 이는 지식을 실재의 수동적인 복사로 보는 유형의 경험주의다. 오늘날 "실증주의"라는 용어는 근대 과학적 사상의 밑바탕에 깔려 있는 일반적인 인식론적 기초를 지칭하는 말로 널리 통용되고 있다. 이런 입장은 지식의 획득 면에서 중세 철학의 종잡을 수 없는 발걸음에 비해 근대 과학이 이룩한 거대한 발전에 비추어 보면, 얼마든지 정당화되는 것처럼 보인다.

인식 대상/인식자
근대 철학의 중심 논쟁은 인식자와 인식 대상을 나누는 이원론을 둘러싼 것이다. 갈수록 거대한 기계처럼 보이는 세계 속에서, 영적이고 지성적인 존재로서의 인간의 위치는 더욱더 문젯거리가 되었다. 인간도 똑같이 자동으로 조정되는 우주적 시계의 기계적 부품들로 환원되었기 때문이다. 물론 인간도 이 물질세계에 속해 있기는 하지만, 그들은 그 이상의 존재가 아닌가? 데카르트는 **연장된 실체** res extensa와 **생각하는 주체** res cogitans를 서로 구별함으로써, 인식자로서의 인간을 구출하려고 애썼다. 그는 영혼이 없는 외부의 물질과 비물질적인 내부의 영혼을 서로 구분해 놓고, 인식자를 우선적인 위치로 회복시키는 방법을 사용했다. 그의 출발점은 하나님이나 공동체가 아니라 바로 "나"였다. 즉 자율적인 인간 개인이자 인식 주체요 진리의 심판자인 "나"를 시발점으로 삼은 것이다.[18] 데카르트의 "나"는 신체적인 몸에 거주하는 하나의 비물질적 실체였다. 이 같은 정신과 뇌, 영과 몸 사이의 근본적인 분리가 근대성의 심장에 놓여 있다.

일부 학자들은, 신체적 사건과 정신적 사건이 나란히 진행되지만 서로 간섭하지는 않는다고 보는 정신-신체적 병행론으로 이 간격을 메워 보려고 했다. 그러나 이 경우에는 신체적 사건은 법칙에 의해 완전히 결정되지만, 정신은 불필요하고 비실재적인 것으로 치부되는 문제가 있다. 또 다른 학자들은 둘 사이에 상호작용이 있다고 추정했으나, 이는 비물리적 실재는 물리적 작동과 상호작용을 할 수 없다는 생리학과 물리학의 원칙에 모순되는 입장이다. 게다가, 뇌-생리적 작용을 의식적 사건과 관련된 것과 의식적이지 않은 사건과 관련된 것으로 나눌 수 있는 뾰족한 방법이 없다(Bertalanffy 1981, 90). 대체로 근대 사상은 물리적 실체는 실재적인 것으로 간주하는 데 비해, 정신적이고 영적인 실재는 부수현상으로 여긴다.

요컨대, 근대는 양자를 다시 결합하려고 했으나 거의 성공하지 못했다. "요즈음 우리가 '일원론적 개념'을 갖고 사람을 '정신-신체적 전일체'로 본다고 해서, 데카르트의 이원론을 가리켜 죽은 시체라거나 무너뜨려야 할 허수아비라고 말하지 말라. 이런 식으로 말하는 것이 그럴 듯하게 들릴지 모르나, 사실은 데카르트의 이원론이 여전히 우리와 함께 있고, 신경생리학, 심리학, 정신의학, 여타 관련 분야에서 우리 사고의 기초를 이루고 있다"(Ludwig von Bertalanffy 1981, 89).

객관적 지식/주관적 정서와 가치관
실증주의는 물질세계에 관한 확실하고 객관적인 지식을 얻기 위한 시도였다. 이매뉴얼 월러스틴Immanuel Wallerstein은 이렇게 말한다. "과학은 대략 16세기나 17세기부터 1970년대까지, 뉴턴/데카르트적 전제들이 모든 과학 활동의 기본을 이루었다는 의미에서, 인식론적으로 아주 안정된 상태였다. 과학은 가장 단순한 법칙들을 찾는 활동이었다. 과학은 객관적이었다. 과학은 중립적이었다. 과학은 평형상태를 다루었다. 과학은 축적되었다"(1998, 5).

실증주의자들은 처음부터 과학을 완전히 객관적인 또는 "실증적인" 지식 위에 세우려고 했다. 이전에는 찾지 못했던 새로운 종류의 객관적이고 경험적인 지식 위에다 말이다. 이런 노력의 중심에는, 과학자는 완전히 객관적인 관찰을 통해 사실과 보편적인 자연법칙을 발견하고 이해할 수 있는 자, 즉 초연한 외부적 관찰자가 될 수 있다는 믿음이 있었다. 이런 지식은 궁극적 의미에서 참이라고 주장되었다. 전통적 지식 체계들은 우리의 실재 이해에 기여할 바가 거의 없다. 데이비드 하비David Harvey는 이렇게 말한다. 계몽주의 사상가들은 "어떤 물음이든 단 하나의 가능한 해답밖에 없다는 것을 공리로 여겼다. 이로부터 나온 바는, 우리가 이 세계를 옳게 묘사하고 표현할 수 있다면, 이 세계를 통제하고 합리적으로 정돈할 수 있다는 생각이었다. 그런데 여기에 깔린 전제는, 세계를 표현하는 정확한 방식은 단 하나밖에 없고, 만일 우리가 그것을 발견할 수 있다면(그리고 이를 위해 모든 과학적 및 수학적 노력이 기울여졌다), 그것이 계몽주의의 목표를 달성하는 수단을 제공해 줄 것이라는 생각이다"(1990, 27). 실증주의적 지식은, 우리의 주관성이 불신을 당한다는 의미에서, 인격, 헌신, 가치 등과 무관한 객관적인 지식이다. "친밀감, 신뢰심, 언약적 사랑을 향한 욕망, 소중한 믿음을 위해 참고 견디는 역량 등은 모조리 억압당했다"(Kavanaugh 1981, 42).

완전히 객관적인 지식에 대한 강조는 세 가지 중요한 결과를 낳았다. 첫째, 실증주의자들은 한편에는 사실을, 다른 편에는 정서와 가치를 놓는 등 양자를 뚜렷이 구별했다.[19] 과학자들은 자기의 감정이나 가치관이 합리적 과정에 영향을 미치지 않게 해야 한다고 주장했다. 그럴 경우에는 주관성이 그들의 결론에 개입되기 때문이라는 것이다. 경험론적 과학은 우리에게 공적이고, 확실하고, 명백하고, 믿을 만하고, 검증 가능한 진리를 준다. 이를 존 로크는 "메마른 진리와 참 지식"이라고 불렀다. 반면에 예술과 종교는 즐거움과 개인의 내적 성향과 관련된 것이고, 사물의 실상과는 거의 또는 전혀 관계가 없다. 휴 몬테피오르Hugh Montefiore는 이렇게 말한다.

> 논리실증주의는 오직 감각적 인식으로 검증될 수 있는 진술만 의미를 지닌다고 주장했다. 이런 것만이 사실을 묘사한다는 것이다. 가치 판단과 종교적 판단은 전혀 의미가 없으므로 실없다nonsensical고 부르는 것이 합당하다. 이런 것은 순전히 감정적 기능만 갖고 있다. 정서를 표현하고 남의 정서를 불러일으킬 뿐이라는 말이다. 과학은 감각적 인식으로부터 도출된 사실적 자료들을 요약함으로

써, 이상적으로는 의미 있는 모든 담론을 코드로 정리할 수 있을 것이다. 가치나 종교 문제를 논하는 다른 모든 담론은 이처럼 밝고 밝은 영역으로부터 확실히 제외되었을 뿐 아니라, 그로부터 근본적으로 단절되었다. 사실로부터 가치로 넘어가는 추론 과정은 도무지 있을 수 없다(이런 식으로 규정되었다). (1992, 45-46)

경험론적으로 증명될 수 있고 감정과 무관한, 소위 가치중립적인 진술만이 타당한 사실로 받아들여졌다. 헤럴드 네틀랜드Herald Netland(1991)의 말처럼, 형이상학, 도덕론, 감정, 초월적 실재 등은 "인지적으로 무의미한" 것으로—객관적 타당성이 없는 것으로—배제되었는데, 이런 것들은 경험적으로 검증하거나 경험적 명제로부터 연역할 수 없기 때문이다.

세월이 흘러, 특별한 가치를 지닌 사물에 대한 지식을 강조하던 입장에서, 이제는 사물을 정확히 또 절대적 확실성을 갖고 아는 것을 강조하는 입장으로 바뀌었다. 몬테피오르는, 마침내 근대성이 사실과 이성은 붙들고 진리는 저버렸다고 말한다. 지식은 소유하고 통제할 수 있는 재산과 같은 것이 되었다. 그 소유주는 지식과 동떨어져 있었고, 지식은 소유주에게 그 속에 참여하라고 요구하지 않았다. 결국, 인식자는 실재와 동일한 것으로 추정되는 사실들로부터 지식의 건축물을 쌓아 가는 최고 건축가인 셈이다. 이 과정에서 인식자는 그 어떤 조사도 받지 않는다. 자기가 곧 인식의 주체이고, 세계는 인식의 대상이다. 과학은 당연히 왕좌를 차지해야 했고, 그것은 난공불락의 요새와 같았다. 경외의 대상이 된 것은 바로 인간의 과학적 지성이었다.

과학 지식은 가치중립적인 것으로 간주되었다. 말하자면, 이런 지식은, 좋든 나쁘든 아주 다양한 대의를 증진시키는 데 사용될 수 있다는 뜻이다. 그 자체로는 어떤 대의의 실현이든 찬성도 반대도 하지 않는, 편견이 없는 것으로 본다. 실증주의 과학은 현재의 상태에 관심을 갖고 있을 뿐, 마땅히 되어야 할 상태에 주목하지 않는다. 이런 도덕적 중립성이 낳은 한 가지 결과는, 과학자들이 특정한 연구조사를 수행해야 할지 말아야 할지를 결정할 때, 종종 그로 인한 도덕적 결과를 제대로 고려하지 못했다는 사실이다. 레슬리 뉴비긴은 이러한 사실과 가치의 분리가 현대 서양 사회와 기독교의 불안감을 조장한 뿌리라고 주장한다.

객관성의 추구가 낳은 두 번째 결과는, 근대성의 표지에 해당하는 개인주의의 강화 현상이다. 중세에는 권위가 중심적인 인식론적 범주였고, 전통(교회, 성경, 조상)에서 권위를 찾았다. 실증주의는 권위를 자율적이고 존재론적인 존재인 개인 속에서 찾았다. 바로 개인이 참과 오류를 판단하는 인식론적 권위를 가진 셈인데, 이는 개인만이 "실재하는" 존재이기 때문이다. 데카르트 이후의 과학자는, 지식의 본질에 관한 근본적인 물음을 묻기 위한 준비단계로 모든 사회적 교류에서 물러나는 것이 중요했다. 과학적 지식이 사회적 과정에 의해 생산된다고 말하는 것은 지식의 신뢰성을 떨어뜨리는 발언이라고 생각했다. 결국, 객관적 지식에 대한 추구는 지극히 개인적인 탐구활동이 되었다. 인식을 위한 노력은 홀로 수행하는 외로운 활동이 되었고, 인식의 주체는 "저 바깥에" 있는 지식의 대상을 이해하고 해석하기 위해 감각과 지성을 사용하는 존재가 된 것이다. 그래서 공동체적 해석학은 의심의 눈초리를 받았다.

객관성 추구가 낳은 세 번째 결과는 신비와 초자연의 부정이었는데, 이런 것들은 객관적인 경험적 분석으로는 알 수 없기 때문이었다. 그리고 종교, 인문학, 예술 등은 개인적인 선택과 확신의 문제로 전락했는데, 이런 것들은 감정, 가치, 인식 대상에의 참여 등 특수성과 주관성을 갖는다는 이유 때문이었다. 르네상스 이후에, 남자와 여자는 이 세계에 감정적으로 개입하는 자로 살든지, 바깥에서 그것을 관찰하는 객관적 관찰자로 살든지, 둘 중 하나를 택하지 않으면 안 되었다. 이는 지성과 상상력의 분리를 가져왔고, 과학은 인지적 진리를 찾는 데 비해 예술과 종교는 감정적 필요를 만족시키는 상황을 초래했다. 과학은 공적인 삶을 지배하기에 이르렀고, 종교와 인문학과 예술은 사적인 진리의 영역으로 배치되었다. 후자는 개인적으로 견지할 수는 있어도 남에게는 참이라고 주장할 수 없는 진리의 영역이다. 역사상 그 전례를 찾아보기 힘들 만큼, 다른 지식 체계와 과거의 지식 체계는 철저하게 거부당했다.

근대 과학이 탄생시킨 인간은 정서와 가치 개념을 빼앗긴, 차갑고 무정하고 기계적인 창조물이었다. 공적인 세계에서, 그들은 대규모 관료제에 몸담은 이름도 없고 얼굴도 없는 숫자에 불과했으며, 그들은 진정한 인격으로서가 아니라 기계 시스템의 일부로서 그 가치를 인정받았다. 특히 현대 도시에서는 이로 인해 "신경 쇠약", 의지의 마비현상, 삶에 대한 비현실적인 느낌 등이 종종 초래되었다.

우리가 앞으로 살펴볼 것처럼, 바로 이런 점 때문에 포스트모더니즘이 근대성을 비판하고 나선 것이다. 근대의 비인간화 현상은 온갖 형태의 "진정한 삶"을 경험하고 싶어 하는 강렬한 열망을 불러일으켰다. 인간의 감정은 분석하기가 어렵기는 해도, 세상 전반에 퍼져 있는 중요한 실체다. 이런 자각은 합리적 분석보다 정서와 경험을 중시하는 치료적 에토스를 발생시켰다. 내면의 공허감으로 고생하는 사람들에게, 치료사들은 조화, 생동감, 자아실현의 희망, 자존감을 제공해 주었다. "풍성한 치료법abundance therapy"은 사람들의 내면에 저장된 감정과 에너지를 속 시원하게 풀어 주고 그들에게 더 풍성한 삶을 약속해 줌으로써 새로운 구원을 주겠다고 기약했다(Fox and Lears 1983).

초연한 관찰자/참여자

어떤 지식이 객관적이 되려면 역사와 문화의 제약을 뛰어넘어 모든 시대, 모든 사람에게 참이어야 한다. 이런 아르키메데스 지점에 도달하려면, 과학자는 자기가 관찰하는 실재의 바깥에 서 있지 않으면 안 된다. 과학은 문화와 역사와 무관한 것으로 비쳤다. 그것은 모든 세계와 모든 역사를 통틀어 모든 사람에게 참이라고 간주된 것이다. 허드슨 스미스Hudson Smith는 "과학은 이처럼 현 상황으로부터의 자유를 부각시키고, 우리에게 현 상황과 무관한 세계를 보여주려고 한다. 그것은 곧 사물에 대한 견해를 보여주되, 심지어 그것이 인간의 안목으로부터 나온다는 사실에도 영향을 받지 않는 것처럼 그렇게 제시하는 것이다. 그리고 더 나아가 과학이 (사회과학을 통해) 인간을 이해하려고 할 때에도 이런 목표를 그대로 견지하고 있다"(1982, 6)라고 말한다. 이처럼 과학이 상황과 무관한 객관적 지식을 제시한다는 주장은 과학 자체가 지닌 문제에 직면하게 되었다. 과학 분야에서는 과학자들이 오늘 가르치는 이론들이 내일이면 새로운 이론들로 추월되는 일이 종종 발생한다. 과학자들은 과학적 지식 체계의 객관성을 믿는 믿음을 보존할 목적으로, 현재의 연구결과에 맞추기 위해 주기적으로 과거의 견해를 재해석하곤 한다. 교재들이 집필되는 것은 과학적 지식을 시대와 문화를 초월한 진리로 제시하기 위함이다. 그런데 한때 사실로 받아들여졌던 이론과 자료가 비과학적인 것으로 폐기되거나, 다행스럽게도 그냥 잊혀진다. 그래서 과학이 줄곧 재해석과정을 거침에 따라 교재도 버림받는 신세를 면할 수 없다.

과학자는 역사와 문화 바깥에 서 있다는, 이른바 아르키메데스적 견해가 낳은 한 가지 결과는 지식과 행동의 분리다. 과학자의 역할은 초연하게 중립적인 입장을 지키는 일이었다. 그들은 자기가 연구하는 문제, 사람, 사회에 개인적으로 깊이 관여해서는 안 된다. 따라서 순수과학과 응용과학의 분리가 생겼고, 후자는 오염될 가능성이 있다고 해서 푸대접을 받았다. 데이비드 보쉬David Bosch는, 그리스 정신의 영향을 받아 관념과 원리가 그 응용보다 앞서고 더 중요한 것으로 생각되었다고 지적한다. "그런 응용은 또 하나의 단계이자 이차적인 단계인 동시에, 초역사적이고 초문화적인 것으로 간주되는 어떤 관념이나 원리를 확증해 주고 또 그것을 정당화하는 역할을 한다.……계몽주의의 도래와 함께 이 접근은 수명을 더욱 연장하게 되었다. 예를 들면, 칸트의 패러다임에서 '순수' 또는 '이론적' 이성이 '실천 이성'보다 더 우위에 있었다"(Bosch 1991, 421). 과학의 과제는 따라서 실재를 이해하는 것이다. 그리고 이 지식을 일상생활에 응용하는 일은 다른 이들의 몫이다.[20]

근대적 의미의 지식은 우리가 알고 있다고 주장하는 그 대상과 우리와의 관계에 근거하지 않고, 그것을 하나의 사물로, 우리가 반드시 거리를 둘 기계적인 대상으로 취급하는 데 근거해 있다. 이는 결혼관계에서처럼 직접 아는 것이 아니라, 그것에 "관하여" 아는 것이다. 이 지식은 관계적 성격을 지닌 인격 상호간의 앎이 아니라, 객관적이어서 관찰대상과 영향을 주고받지 않는 그런 지식이다. 객관적 지식은 또한 까다로운 해석학의 방법론적 문제는 회피하곤 한다. 예를 들면, "다른 사람의 마음을 우리가 직접 관찰할 수 없는데 어떻게 거기에 도달하겠는가?"와 같은 문제다.

회의주의/권위

완전히 객관적인 지식의 추구는 그것과 다른 지식 체계들과의 관계는 무엇인가 하는 물음을 낳았다. 과학적 표준에 의해 "전통적인" 지식 체계는 모두 미신으로 분류되었다. 그런 것은 경험적인 검증이 아니라 믿음에 기초해 있었기 때문이다. 다른 문화들은 "과학"이 없다는 이유로 "원시적인" 것으로 무시되어도 무방하다. 서양 사상은 15세기 이전만 해도 논리 이전의 성격을 갖고 있었기에, 과학에 기여할 만한 요소가 전혀 없었다. 그래서 근대의 지적인 자민족 중심주의ethnocentrism가 탄생한 것이다. 이는 "모든 전근대적 사상을 내재적으로 열등한 것으로, 그리고 근대 사상을 당연히 우월한 것으로 보는 관념이다"(Oden 1992, 36).

유럽에서 이처럼 전통적인 종교의 권위를 배척한 결과, 16세기와 17세기에 엄청난 지적인 위기가 초래되었다. 종교가 더 이상 확실한 진리를 제공하지 않는다면, 다른 어떤 기초가 있는가? 데카르트가 이 위기에 부응하여 주장한 것은, 확실한 지식은 중세 학자들이 주장하는 그런 믿음이 아니라, 회의를 출발점으로 삼을 때만 얻을 수 있다는 것이었다. 계시와 권위를 비롯한, 진리의 모든 근원과 모든 진리 주장은 엄중한 비판을 받아야 하고, 증거와 논증으로 입증할 수 있고 의심의 여지가 없는 것만 신뢰할 수 있다고 했다. 데카르트에게 출발점이 된 것은 얼핏 보기에 너무나 자명한 사실인 것 같다. 인간으로서 그는 생각을 하고 있었으므로, 당연히 그는 존재하고 있지 않으면 안 된다는 사실이 그것이다.

과학자들이 실제 세계를 조사할 때 사용했던 가장 탁월한 방법은, 모든 지식에 대해 회의하는 것으로 시작해서, 이성을 체계적인 경험적 관찰에 적용하는 것이었다. 어니스트 겔너Ernest Gellner는 이렇게 말한다. 실증주의에서는 "어떤 특권적인 또는 선험적인 *a priori* **실질적**substantive 진리가 일절 존재하지 않는다. (이는 이 세계에서 신성한 것을 단번에 몰아낸다.) 모든 사실과 모든 관찰자는 동등하다. 특권을 지닌 근원이나 단언은 존재하지 않으며, 어느 하나도 예외 없이 의문시될 수 있다"(1992, 80).

실증주의 과학에서 실험자는 이전의 관찰에 기초하여 실재의 본질에 관한 가설을 세웠다. 가설 자체가 어느 정도의 성실한 의심을 반영했는데, 만일 과학자가 의심을 품고 있지 않으면 더 이상 실험할 필요가 없을 것이기 때문이다. 다음 단계는 그 가설을 시험test하기 위해 실험을 하거나 관찰을 하는 일이다. 그 가설은 이런 반복된 경험적 시험에 근거해 수용하거나 거부하게 된다. 그것이 확증될 경우에는 다른 사실들과 마찬가지로 하나의 "사실"로 정립되었다.

공식적·본질적·디지털적 범주/관계적·퍼지 범주

근대성의 심장에는 실재의 본질을 찾으려는 탐구심이 있다. 그래서 사물의 본질적 성격과 궁극적이고 불변하는 구조를 찾고자 노력하는 것이다.[21] 그리스인과 마찬가지로, 근대주의자들도 이 실재를 뚜렷한 윤곽을 지닌, 추상적이고 본질적이며 디지털적인 범주들로 규정한다.

과학은 사람들이 일상에서 사용하는 민간 분류법과 대조되는, 추상적이고 디지털적인 분류법의 창조와 더불어 시작된다. 이처럼 분류법에 매혹된 분위기는 근대 공공생활의 상당한 부분을 지배하게 되었다. 에드워드 홀은 이렇게 말한다. "분류 시스템이야말로 대부분의 서양인이 어떻게 생각하도록 훈련받았는지를 보여주는 뛰어난 본보기다. 린네Linnaeus(스웨덴의 식물학자로서 "생물 분류법의 아버지"라 불리며, 특히 이명법二名法으로 유명하다—옮긴이)의 시대 이래, 이 시스템은 대단히 중요시되어 왔고, 현재 서양 사상에서 탁월한 지위를 보유하고 있다.……그런데 이로 인한 결과는, 우리 서양인이 어느 길로 접어들든지……다른 모든 것은 제쳐 놓은 채……오직 세부적인 사항에만 몰두하는 모습을 보인다는 것이다. 어디로 가야 전체를 볼 수 있는 안목을 얻을 수 있을까? 누가 모든 것을 하나로 묶어 주는가?"(1977, 123)

이 견해에 따르면, 실재의 근본적인 구성요소들은 그 자체로 완비된 본질적인 범주들로 간주된다. 독일 수학자 게오르크 칸토어Georg Cantor는 19세기 수학의 최대 업적의 하나인, 본질적이고 모양을 잘 갖춘 정형 집합 이론의 아버지였다. 그가 주장한 것은, 어떤 사물들이 전체의 특징에 해당하는 어떤 속성을 공유하고 있다면,

그것들의 집합은 단일한 실체(전체)로 간주될 수 있다는 것이다. 모양을 잘 갖춘 집합이란, 어떤 사물이 그 **본질**을 근거로 어느 집합의 일원인지 아닌지를 정하는 것이 가능한 집합을 일컫는다. 그러므로 어떤 사과가 사과인 이유는, 그 본질적 특성이 다른 사과들의 본질적 특성과 같기 때문이다. 더 나아가, 범주라는 것은 "모양이 잘 갖춰져" 있다. 그것은 뚜렷한 윤곽을 지닌다. 어떤 과일은 사과든지 사과가 아니든지 둘 중 하나다. 70퍼센트는 사과이고 30퍼센트는 배인 과일은 있을 수 없다. 여기는 모호함도 없고, 다중 지시적 범주나 관계적 범주도 없다. 우리는 이미 2장에서 이 전환의 중요성을 살펴보았다. 거기서는 전통사회에서 사용되는 관계적 집합과 근대 사회의 본질적·과학적 집합을 서로 비교했다. 관계적 집합은 존재와 사물 사이의 역동적 관계에 관해 말한다. 이에 비해 본질적 집합은 자율적 단위로서 비인격적 사물의 본성에 초점을 둔다.

    이러한 집합에 속한 사물들은 본질적으로 동일한 특성을 공유한다. 약간의 차이와 독특성은 별로 중요하지 않다. 따라서 모든 것은 그 구성성분으로 쪼개질 수 있고, 모든 것은 그 성분에 의해 다시 조립되고 다시 할당될 수 있다.

    나아가 이 집합들은 본질적으로 정적인 것으로 간주된다. 실재는 독특한 실체들의 끊임없는 움직임이 아니다. 모든 사과는 어디까지나 사과이고, 그것이 녹색이든 잘 익었든 썩었든 상관없이 그냥 사과다. 근대성에서, 모양을 잘 갖춘 집합은 존재론적 성격을 갖고 있는 셈이다. 그것은 궁극적이고 변함없는 실재의 구조를 갖고 있으며, 이는 불변하고 보편적이고 추상적이고 본질적인 범주로 규정되고 있다.

과학적 접근은 범주들을 일반성과 추상성의 면에서 더 높은 차원의 분류법에 따라 정리한다. 린네 이래, 모든 과학 분야에서 최우선 과제의 하나는 분류법을 만드는 일이었다. 식물, 동물, 소립자, 질병, 친족 시스템, 인성 유형 등 온갖 분야에서 그러하다. 여기에는 이 요소들을 이런 식으로 정렬함으로써 보편적 유형들을 형성한다는 가정이 깔려 있다. 이러한 분류 시스템은 서양 사상에서 탁월한 지위를 누리고 있다. 그 결과 우리는 만사를 제쳐 놓고, 세부사항에 기초하여 추상적 분류법들을 만드는 데 온통 몰두하고 있다.[22]

모든 생명을 본질적 범주들로 나누는 것이 그리스 철학의 기초를 이루었다. 그리고 곧, 여기서 한 발자국 더 나아가서 그 범주들에 등급을 매겼다. 그리스인은 이처럼 등급을 나눈 위계를 "존재의 대사슬great chain of being"이라고 불렀다. 비존재에 근접해 있는 가장 작은 종류로부터 가장 복잡한 종류에 이르기까지 만물을 그 복잡성의 정도에 따라 등급을 매겼다. 가장 복잡한 것이 가장 높은 존재였다. 그리고 각 범주 안에서도 위계가 나눠졌는데, 각 사물은 가장 적은 차이에 따라 바로 위와 바로 밑에 있는 것과 차이가 있었다. 천사 위에 천사가, 짐승 위에 짐승이, 새 위에 새가, 물고기 위에 물고기가 놓인 것이다. 근대 과학도 거의 똑같은 작업을 한다. 과학자들은 식물과 동물을 그 복잡성에 따라, 시간에 따른 진보를 보여주는 진화론에 의해 분류한다.

이 등급에 따른 위계가 다윈의 진화론을 낳았다. 그것은 또한 사회다윈주의Social Darwinism와 인간에 대한 위계적 견해를 낳았다. 예를 들면, 백인 남성은 여성, 유대인, 유색 인종보다 더 높은 것으로 간주된다.[23] 가치의 정도도 우주에 있는 모든 것에 등급이 할당되었다. 하나님을 제외한 모든 것은 자기보다 우월한 존재가 있다. 형상이 없는 물질을 제외한 모든 것이 자기보다 열등한 존재가 있다. 사업의 영역에서는, 지도자가 일꾼들을 조직구조에 따른 등급을 매겨 놓고, 그들의 업무 분장에 기초해 각각 다른 임금을 지불한다. 정부와 군대는 명령의 사슬을 강요하고, 대학교는 교수들의 등급을 매기고, 병원은 직원과 의사들을 분류한다. 계급과 인종의 위계는 사회조직의 통상적 요소로 수용되고 있으며, 일부는 더 부유한 반면에 다른 일부는 더 가난하고, 또 일부는 지도자인 반면에 다른 일부는 추종자가 된 오늘의 현실을 정당화한다. 이런 위계 개념이 근대 교회에도 영향을 미쳤다.[24] 이 같은 디지털적이고 추상적이며 분석적인 접근은 명확한 계획, 고도의 통제, 규율에 따른 운영을 지향하는 근대적 열망에 잘 부응하는 것이지만, 우리에게 적실성의 문제를 남겨 놓는다.

추상적 연산 논리/신앙

데카르트에서 계몽주의에 이르는 근대성은 권위의 속박에서 벗어난 자율적 이성을 옹호하며, 그 이성을 특별한 진리의 처소로뿐 아니라 지식과 사회의 진보의 원천으로 끌어안았다. 알리스터 맥그래스Alister McGrath는 이런 주장을 편다. "[계몽주의의] 일차적 특징은 인간 이성의 전능함을 주장하는 것인 듯 보인다. 이성은 우리가 신과 도덕에 관해 알아야 할 모든 것을 우리에게 일러 줄 능력이 있다고 주장했다. 모종의 초자연적 계시와 같은 개념은 부적절한 것으로 치부되었다. 예수 그리스도는 많은 종교적 스승 중 한 명에 불과하며, 우리에게 누구든 어느 정도의 상식만 있으면 일러 줄 만한 것들을 말해 주었을 뿐이다. 이성이 최고의 권좌에 앉았다"(1996, 163-164).

확실한 지식의 기초는 이제 권위와 전통이 아니라 인간의 이성이었다. 이마누엘 칸트에 따르면, "계몽주의는 인간이 스스로 자초한 미성숙 상태로부터 벗어난 것이었다. 외부의 권위에 의존하고 자기 오성을 사용하기를 꺼리던 상태를 탈출한 것이다. 어느 세대도 지나간 세대의 신조와 교리dogma에 얽매여서는 안 된다. 그렇게 얽매이는 것은 진보의 운명을 지닌 인간 본성을 거스르는 죄다.……인류는 외부의 권위를 취하기를 거부하고 모든 것을 자기 오성으로 판단하는 등 성숙한 시대에 진입하고 있다"(1959, 17). 칸트는 이성의 힘을 믿는 근대적 자신감—이성이 물질세계를 다룰 수 있고 그것을 초월하는 것은 무엇이든 다룰 수 없다는 신념—을 구현하는 일종의 화신이다. 그는 면밀한 조사를 능히 견뎌 낸 지식, 별도로 검증될 수 있는 지식만을 "사실"로 신뢰할 수 있다고 했다. 신앙은 개인적 확신의 문제였다. 사실들은 개인적 신념과 관계없이 보편적으로 참이라는 것이 증명되었다. 계몽주의에서 문제가 되는 것은 죄가 아니라 무지였다.

신적 계시를 믿는 신앙에 기초한 권위로부터 인간 이성의 힘에 대한 자신감으로의 지적 전환은 계몽주의의 철학적 기초를 형성했고, 이는 그 이후 유럽 사상이 발전하도록 길을 예비해 주었다.[25] 근대 과학자들이 진리를 결정하는 데 필요했던 것은 세세한 디지털적 범주들과 함께, 어떤 논리적 물음이든 하나의 정답을 제공해 주는 정확한 합리성이었다. 그들은 이것을 공리적 규칙에 기초한 직선적이고 추상적이며 분석적인 논리에서 찾았다.[26] 이 규칙들은 연산

algorithm에 기초하고 있었다.[27] 그것들은 명제적 성격을 갖고, 기계적 적용을 했으며, 모호한 면이 없고, 하나의 정답을 산출할 능력이 있었다. 이런 식으로 추론하자면, 똑같은 명제가 주어질 경우 누구나 똑같은 결론에 도달할 수 있을 것이다.

과학자들은 사실들과 공리적·연산적 이성을 수단으로 삼아 정확하고 일관되고 검증 가능한 이론을 정립하려고 애썼다. 이 이론들은 이제까지 알려지지 않은 현상들을 예측하고, 서로 공통점이 없는 현상들을 동일한 설명의 범주로 환원하는 데 유용하며, 전임자와 경쟁자들에 비해 더 많은 문제를 풀 수 있는 능력을 가진 이론들이다.

합리성에 대한 이런 견해에는 모든 인류에게 공통된 이성의 보편적 시스템이 존재한다는 것을 가정하고 있다.[28] 논리적 탐구의 규칙은 서양에서나 아프리카와 인도에서나 모두 마찬가지다. 다른 문화들이 다른 "논리"를 갖고 있다는 사실은 이런 가정을 의문시하지 않는다. 오히려 그것은 다른 사람들도 실증적인 지식을 얻어야 할 필요가 있음을 보여줄 뿐이다. 달리 말하면, 그들은 아직 "논리 이전의", "원시적" 단계에 있다는 뜻이다. 근대성은 스스로 규정한 합리성의 정의를 인간생활의 모든 영역에 적용하려고 했다.

구성요소들은 물리적 인과관계로 이해할 수 있는 시스템으로 조직화된다. 공장을 예로 들면, 여러 업무가 하부업무들로 더 잘게 쪼개지고 순서별로 조직화되어, 조립 라인을 따라 기대했던 결과물을 얻게 된다. 이 하부업무는 제대로 훈련받은 일꾼이면 누구나 재생산할 수 있는 것이어야 한다. 이런 "공식에 따른 접근"은 동일한 투입을 할 때 동일한 결과를 얻게 된다. 따라서 인간은 공학과 기술적 진보를 통해 그 시스템을 통제할 수 있다. 궁극적으로 이것은 문화를 종교, 정치, 예술 등 여러 부문으로 나누게 하고, 자기도 구획화하는 결과를 낳는다.

추상적 연산 논리에 기초해서 포괄적인 지식 체계를 추구하는 입장은, 인간이 완전한 진리를 명료하게 파악할 수 있다고 가정하고 있다. 따라서 삶의 모호한 점, 인간의 이해를 뛰어넘는 신비, 빠르게 변하는 세상의 모순과 역설을 다룰 만한 지혜 등은 들어설 여지가 거의 없다. 그것은 모양을 잘 갖춘 범주들에 따라 움직이는 직선 논리에 기초해 있으며, 인간의 경험 가운데 "퍼지" 집합들과 "퍼지 논리"는 다룰 수 없다. 그것은 본성상 결정론적이고 환원주의적인 성향이 있다(Zadeh 1965).

양적 자료quantitative data / **질적 자료**qualitative data
근대 기계론적 세계관의 심장에는 수학과 계량화가 있다. 코페르니쿠스는 피타고라스 기하학을 사용하여 행성들의 움직임을 설명했다. 갈릴레오는 이것이야말로 수학적 이성이 감각을 누르고 승리한 훌륭한 본보기라고 주목했다. 감각은 우리에게 태양이 지구 둘레를 돈다고 말해 주지만, 이성은 정반대가 옳다는 것을 우리에게 보여 준다. 갈릴레오와 데카르트에게는 온 세계가 근본적으로 수학적 구조를 갖고 있었다. 하나님이 세계를 창조할 때 수학자 역할을 하셨기 때문에, 공리와 같은 수학적 원리들은 하나님보다 우월하고, 계시와 관계없는 궁극적 진리라고 생각했다(Burtt 1954, 173). 인간조차도 "의지가 부착된 엔진"으로 보았다. 계량화는 "측정할 수 있는 것과 측정할 수 없는 것을 서로 분리한다. 숫자로 표시될 수 없는 것은 무엇이든 전체ensemble에서 제외되어야 하는데, 그것은 계산하기가 곤란하든가 양적으로 무시해도 좋기 때문이다"(Ellul 1964, 168). 마침내 통계학이 객관적 진리를 결정하는 근거가 되기에 이르렀고, 그 진리는 사회와 세계를 기획하고 통제하는 데 꼭 필요한 것이 되었다.

실제 세계를 수학적으로 측정할 수 있는 시공간에서의 움직임으로 환원한 결과, 그보다 더 깊은 물음이 제기되었다. 우리가 사는 지구를 포함한 우주 전체는 과연 기본적으로 수학적 구조를 갖고 있는가? 갈수록 "그렇다"는 대답이 나왔다. 갈수록 세계 속의 만물은 수학적 균형을 갖춘, 단순하고 아름답고 기하학적으로 조화로운 곳으로 비쳤고, "숫자야말로 창조주의 머릿속에 떠오른 사물의 첫 번째 모델"이라는 생각이 들었다. 그래서 모든 확실한 지식은 양적 특성을 가진 지식이어야 한다는 과학적 지식의 중요한 교리가 탄생되었다. 완전한 지식은 언제나 수학적이다(Burtt 1954, 67).[29] 결국, 측정할 수 없는 것은 과학이 아니라는 결론에 도달했다.

만일 계량화할 수 있는 실재의 특성만이 정말 실재하는 것이면, 우리가 경험하는 많은 질적인 것들—즐거움, 슬픔, 뜨거운 사랑, 야망, 갈망 등—은 어떻게 다루겠는가? 이런 것들은 부차적이요 비실재적인 것이며, 감각의 속임수에 달려 있는 것으로 보았다. 그래서 일차적인 특질들의 관점에서만 연구할 가치가 있는 것들이었다.

계량화는 실재를 균일한 부분들로 쪼개서 그것들을 계산하는 식으로 실재를 연구했다. 이 접근은 군사 전술에 혁명을 가져왔다(Crosby 1997, 12). 이를 계기로 사물의 집합체(공들, 나무들)를 측정하게 되었을 뿐 아니라, 우리가 개체 단위로 금방 측정하기 어려운 사물들—무게, 견고성, 열, 색깔, 빛, 시간—도 측정하기에 이르렀다. "서양의 독특한 지적인 업적은 수학과 측정을 함께 묶어, 감각으로 경험하는 실재를 이해하는 작업에 동원한 것이다. 서양인들이 신앙적 비약을 감행해서, 실재가 시공간적으로 균일하므로 그런 조사가 가능하다고 생각했기 때문이다"(Crosby 1997, 17). 공간과 시간은 동질적이고 균일하며, 이 점에서 실재가 몸담은 보편적인 격자도 마찬가지였다. 1275년과 1325년 사이에 시계가 발명되었고, 아라비아 숫자가 유럽에 도입되었다.[30] 이를 통해 계량화가 상업과 제조업으로부터 시작하여 현금 경제(이는 팔 수 있는 품목들을 단일한 거래 표준으로 환원했다)의 확산에 이르기까지 유럽 전역에 보급되었다. 모든 팔 만한 품목은 측정된 품목이 되었다. 이 새로운 계량화 방법은 빠른 속도로 지도 제작, 음악, 테크놀로지, 과학 등에 영향을 미쳤다. 특히 과학의 경우에는, 진리가 숫자, 공식, 통계학으로 가장 잘 발견되고 표현될 수 있다고 믿게 되었다. 닐 포스트먼이 언급하듯이, 우리는 현대 경제학자가 진리를 격언 또는 시, 비유로 제시하는 모습을 상상조차 하기 힘들다(1985, 23). 숫자는 완전히 중립적인 것으로, 본질상 도덕적 및 감정적으로 모든 가치에서 자유로운 것으로, 그리고 삽과 같이 순수한 도구로 비치기에 이르렀다.

대통일 이론grand unified theory / **신비, 역설, 모호성**

진리 탐구의 궁극적 목표는 대통일 이론에 비추어 실재의 근본 본성을 이해하는 것이었다. 이 이론은 자기 충족적이고(외부로부터의 투입이 필요 없고, 설명할 수 없는 신비도 없다), 모든 것을 망라하고(무엇이나 설명할 수 있다), 논리적으로 일관된 것이다(논리적 비일관성, 모호함, 역설이 없다).³¹ 이 목표는 갈수록 더 높은 수준의 표준화, 추상화, 일반화를 요구했다. 예를 들면, 시간과 공간은 전통적으로 지역별 기준점들—강, 산, 바다—에 묶여 있었다. 근대성이 퍼지면서 위도와 경도를 사용하는, 지구적인 격자가 도입되었다. 중세 시대에는 소도시마다 시간을 태양에 따라 계산했다. 근대성이 퍼지면서 시간은 원자시계, 그리니치 평균시Greenwich Mean Time, 지구적 달력 등을 참조하여 측정되었다. 시간은 영원부터 영원까지 평평한 수학적 경로를 따라 흐르는, 물질 및 운동과 무관한 신비로운 것이 되었다(Burtt 1954, 161). 측정, 돈, 그리고 삶의 여러 분야는 갈수록 내재적으로 규정되었고 표준화되었다.

보편주의/특수주의

문화로부터 자유롭고 어디서나 누구에게나 적용되는 보편적 진리의 추구는 보편주의를 지향하는 근대적 의제agenda다. 이는 근대성에 바탕을 둔, 동질적이고 문명화된 세계를 만들고자 하는 것이다. 이런 입장은 다양한 민족과 다채로운 문화로 이루어진 특수주의를 무시했다.

근대의 보편주의적 주장은 유럽 국가들의 식민지 확장과 밀접히 연관되어 있었다. 무역, 식민지 정부, 그리고 기독교 선교조차 세계 곳곳에 보편적인 법, 과학, 의료, 교육 등의 개념을 소개하는 데 일정 정도 역할을 했다. 어니스트 겔너는 이렇게 말한다. "실증주의는 일종의 제국주의imperialism다.……명료하게 제시된 (추정컨대) 독자적인 사실들이 식민지 지배의 도구요 표시였다. 이와 반대로, 주관주의는 간문화적인intercultural 평등과 존중을 상징한다.⋯⋯객관적 사실과 일반화야말로 지배의 표시요 수단이었던 것이다!"(1992, 26) 세계 지도는 지역별 기준점들이 아니라 하나의 세계적인 격자를 바탕으로 그려졌다. 이런 면에서 공간은 동질화, 세속화(신성한 공간이 없다는 뜻에서), 균일화, 추상화, 상품화(측정해서 팔 수 있다는 뜻에서)되었다고 할 수 있다.

지역적 문화는 근대성의 도입에 다양한 방식으로 반응했다. 비서구 사회에서, 근대성은 전통적인 공동체—씨족, 촌락, 부족, 지방—를 비틀고 파괴하는 거대한 쇠망치와 같았다. 하지만 사람들이 단순히 서양의 이미지를 따른 것은 아니었다. 오히려 성공의 정도는 다르지만, 다양한 방식으로 제국의 관료제, 대규모 시장, 대중 매체, 과학 이론 등을 도입하고, 개조하고, 완화하려고 씨름했다. 일부 사람은 근대적이 되려고 애쓰고 자기 사회를 근대화하려고 했다. 또 일부는 근대적 양상에 매혹되지 않고 자기 문화를 보존하려고 애썼다. 이런 저항은 종종 세속화 세력에 반항하는 강력한 반counter근대화 운동을 낳았다. 특히 식민지 통치가 끝나고 지방의 평민이 새 정부에서 발언권을 얻으면서 이런 현상이 발생했다.

학교교육/도제식 훈련

근대성을 정당화하는 가장 중요한 기관은 학교다. 과거에는 가정과 교회가 책임졌던 교육이 이제는 학교로 귀속되었다. 새로운 지식은 그것을 전달할 새로운 기관을 요구했다. 피터 버거와 동료들은 학교에 대해 이렇게 말한다.

> 학교의 존재 자체가 새로운 일단의 지식을 정당화하고, 어느 정도

로든 새로운 지식을 획득하는 일을 시작한 자들에게 일정한 지위를 부여하는 역할을 한다. 이반 일리히Ivan Illich는 너무나 적절하게도 학교를 "새로운 보편 교회"라고 불렀다. 이 새 교회가 선포하는 "종교"는 근대성의 비법mystique이다. 옛 교회가 그랬듯이, 새 비법을 표현하는 의식도 일반인에게 꼭 이해시킬 필요는 없다. 아니, 오히려 이해 불가능한 것이 있을수록, 얻을 것이 더 많다고 주장할 수도 있다.……교실에서 중얼거리는 어린이들은, 제단을 중심으로 사제와 그 도우미들이 집례하는 의식과 아주 비슷한 행사에 참여하고 있다. 교인들은 그것을 관찰하고 경외심을 느낀다. 그들이 꼭 라틴어를 이해할 필요는 없다. (Berger, Berger, and Kellner 1973, 147)

보는 것/듣는 것

기계론적 견해는 관찰자 중심의 초연한 존재 양식을 낳았고, 구술 사회를 가시적 사회로 바꿔 놓았다. 중세 유럽은 구두적 의사소통에 기초해 있었다. 글로 쓴 책은 드물었고 손으로 사본을 만들어야 했다. 흔히 기독교 신학은 의식과 노래와 스테인드글라스 창문으로 표현되었다. 알프레드 크로스비는 "르네상스 시기의 서양은 실재를 가시적으로 최대한 많이 그리고 단번에 인식하려고 선택했는데, 그것이 당시에는 하나의 특징에 불과했다가, 그 후 수세기에 걸쳐 그 문화의 가장 뚜렷한 특징으로 자리 잡았다"(1997, 11)라고 말한다.

시각적 기호와 사진은 즉각적인 것에서 떨어져 있다. 말은 즉각적이고 구체적인 상황에서 발생하는 데 비해, 인쇄된 글은 근원에서 멀리 떨어진 곳에서 그 상황을 전혀 모르는 채 읽을 수 있다.

소리는 즉각적이고 당장의 반응을 요구한다. 시각은 초연하고 성찰을 요구한다. 에드워드 홀의 말처럼, 사진으로는 카메라 옆에서 무슨 일이 벌어지고 있는지를 알 길이 없다(1977, 121).

기독교에 미친 영향

그리스도인은 특정한 역사적 상황과 문화적 상황에서 살고 있다. 우리가 처한 상황이 근대적 세계관의 영향을 깊이 받고 있다고 놀랄 필요는 없다. 중요한 요소 하나는, 인간의 이성이 타종교에 대한 기독교의 우월성을 보여줄 수 있고, 사람들이 그리스도를 따르도록 설득할 수 있다고 믿는 자신감이었다. 브라이언 스탠리Brian Stanley는 이렇게 말한다. "초기 선교 운동은 진보와 계몽을 도모하는, 지식과 합리적 논증의 역량을 굉장히 신뢰했다. 이는 18세기와 19세기 초의 철학적 환경에 비추어 보아야만 설명이 가능한 그런 자신감이다." 이로 말미암아 그들은 선교지 주민을 회심시키고 문명화하기 위해 근대식 학교를 설립했다. 기독교 교육의 사전 작업 없이는 "미개인들"이 복음에 반응하지 않을 것이라는 회의적 분위기가 널리 퍼져 있었기 때문이다(Stanley 2001, 18). 아울러 선교사들은 이성이 계시의 주장을 뒷받침한다는 확신을 품고, 기독교 교리의 진실성을 증명하려고 말과 글을 통한 논쟁에 뛰어들기도 했다.

근대에 들어와서 복음은 갈수록 일상의 삶이 아니라 추상적인 교리적 진리에 의해 규정되었다. 그 결과 조직신학이 실증주의적 전제—모든 것을 설명하는 대통일 이론—에 기초한 일종의 과학으로 발전되었다(Hiebert 1999, 17-23).[32] 진리는 합리적 논증에 의해 결정되어야 하고, 이성적으로 꾸며진 명제적 진술로 표현되어야 했다. 이런 전문가의 작업은 인간의 합리성이 보편적이고 범문화적이고 범역사적인 사고의 법칙에 기초해 있다고 가정하였다. 게다가, 진리가 객관적이기 위해서는 감성과 도덕으로부터 분리되어야 했다.

기계론적 세계관의 도입, 그리고 자연과 도덕의 불변하는 법칙의 발견은 이신론의 출현에 핵심 역할을 했다. "신의 기능은 사실상 자연의 기계를 발명하는 일에 국한되었다. 그 기계는 한번 조정해 놓으면 더 이상 신 편에서 간섭할 필요가 없기 때문이다. 물론 그것을 보존하는 데는 신의 존재가 필요할지 모르지만 말이다"(Bury 1932, 118). 이로 인해 보수적 기독교는 "기적"을 하나님의 존재 증거로 강조하게 되었다. 자연과 자연법칙은 하나님의 활동과 관계없다고 생각했기 때문이다.

진리에 대한 강조와 디지털적 범주의 사용은 교회의 복음전도와 선교에도 영향을 미쳤다. 가장 중요한 과제는 사람들을 회심시켜 구원에 이르게 하는 것이었다. 회심은 주로 특정한 일단의 교리(정통 교리orthodoxy) 또는 관습(정통 실천orthopraxy)을 긍정하는 것으로 정의되었다. 그래서 무엇이 본질적인 교리인지를 놓고 오랜 논쟁이 있었다. 그 목록이 너무 길면 천국에 들어가는 자가 적을 것이고, 너무 짧으면 혼합주의가 생길 위험이 있었기 때문이다. 그리고 새신자의 훈련을 대충 해치우는 바람에, 교회는 미성숙한 그리스도인들로 넘쳐났다.

진리에 집중하고 복음의 감성적이고 도덕적인 측면을 무시한 결과 교회 분열이 일어났다. 성결운동과 부흥운동은 그리스도인의 삶에 도덕을 되찾아 오려고 노력했고, 은사주의운동은 신앙생활에서 감정의 중요성을 상기시키고 있다. 그런데 진리, 사랑, 아름다움, 성결 사이에 균형을 이룬 교회는 참으로 보기 드문 실정이다.

또 다른 긴장은 근대 과학의 유물론에서 찾을 수 있다. 루돌프 불트만Rudolf Bultmann과 같은 학자들은 "기적"을 원인에 입각해 설명함으로써 신학을 과학에 맞추려고 시도했다. 보수적 그리스도인은 종종 존재론적 이원론을 통해 그 긴장을 해소했다. 종교는 우리의 직접적 관찰을 뛰어넘는 영적 실재와 궁극적 물음을 다룬다. 과학은 물질세계를 묘사하고 인간을 자연의 주인으로 만든다. 영적 실재가 물질세계에 침범하는 유일한 장소는 창조의 사건과, 자연법을 초월하거나 위반하는 기적에서다. 뉴비긴(1989)이 지적하듯이, 이는 이 세계의 "실재"와 관련된 공적 진리와, "초월적 실재"와 관련된 사적 진리를 분리하게 만들었다. 모든 학생은 수학, 물리학, 화학, 사회과학, 역사를 공부해야 한다. 학생들을 회심시키려는 기독교, 이슬람교, 힌두교 등은 공립학교의 교과목에 포함되지 않는다. 사실상 이런 종교들은 공립학교에서 진리로 가르쳐질 수 없는 실정이다.

이런 보편주의가 기독교 교회와 선교에는 어떤 영향을 미쳤을까? 해외에서는 서양 교회의 연장에 해당하는 프랜차이즈형 교회를 설립하게 했다. 선교사들은 본국 교회의 복제품을 해외에 만들려고 애썼다. 또 하나의 결과는, 서양 교회가 기독교적인 모양은 갖고 있으나, 근대성의 포로가 된 그 문화에 도전하는 예언자적 목소리를 잃었다는 점이다.

정서적 주제들

근대는 공적으로 문화의 인지적 차원에 초점을 두었다. 정서적 차원은 사적인 부문으로 밀려났다. 음악, 예술, 영화, 텔레비전, 컴퓨터 게임, 종교 등이 거기에 속한다. 이런 상황을 공부하려면 현대인의 일상에서 감성이 담당하는 역할을 조사할 필요가 있다.

감정의 통제/감정의 표현

공적인 삶에서 근대성은 감정의 통제를 강조한다. 일터에서는 물론이고 대학교, 초중고, 공공시설, 쇼핑센터 등에서 누구나 조용하고 자제심을 발휘할 것을 기대한다. 음악회, 오페라, 연극과 같은 고급문화의 공연장에서 관중들은 감정을 상당히 억제하는 가운데 그것을 표출한다. 예외가 있다면, 록 밴드, 대중가수의 공연, 스포츠 행사, 공개적인 행진, 정치 집회 등 감정을 공공연하게 표현해도 무방한 그런 경우들이다. 감정의 통제가 특히 눈에 띄는 경우는 장례식, 결혼식, 고교회식 예배, 국경일 행사 등 고도로 격식을 갖춘 의식들이다. 스스럼없이 감정을 표현할 수 있는 곳은 대체로 사적인 영역에 국한된다. 하지만 이 경우에도 감정 표현이 자유로운 다른 문화에 비하면 통제의 요소가 크게 작용한다고 볼 수 있다. 일부 문화에서는 친척의 죽음에 따른 슬픔을 머리로 땅을 치거나, 자기 몸을 채찍으로 때리는 등 그 감정을 공개적으로 표출하기 때문이다.

합리적 담론/오락

계몽주의의 심장에는 인쇄된 글이 있다. 인쇄술의 발명과 함께 자명해진 것은 누구나 세상을 이해하기 위해서, 사회적 담론을 진행하기 위해서, 스스로 성경을 읽기 위해서, 읽는 법을 배워야 한다는 점이었다. 그래서 소수의 엘리트가 아니라 대중을 교육하기 위해 사립학교와 공립학교가 세워진 것이다. 문자 교육은 지적인 필수과목이요 도덕적 의무가 되었다. 루이스 멈포드는 "다른 어떤 고안물보다 인쇄된 책이야말로 사람들을 즉각적이고 지엽적인 것에서 해방시켰다"고 지적한다. "인쇄물은 실제 사건보다 더 큰 인상을 남겼다.……존재한다는 것은 인쇄물 안에 존재한다는 것이다. 이 밖의 세계는 갈수록 더 짙은 그림자가 드리워지게 되었다. 배움은 곧 책을 통한 배움으로 변했다"(1934, 136). 닐 포스트먼은 미국의 경우, 17세기에서 19세기 후기까지 인쇄된 물체가 사실상 공중에게 가용한 유일한 매체였다고 말한다. "당시에는 눈으로 볼 영화도, 귀로 들을 라디오도, 눈여겨볼 사진도, 손으로 작동할 레코드도 없었다. 텔레비전도 존재하지 않았다. 공공 업무는 인쇄물을 통해 수행되고 인쇄물로 표현되었으며, 그것이야말로 모든 담론의 모델과 은유와 척도가 되었다. 인쇄된 글의 직선적이고 분석적인 구조, 특히 해설문이 풍기는 분위기는 어디서나 느낄 수 있었다"(1985, 41).

인쇄물은 사람들이 생각하고 말하는 방식에 영향을 주었다. 포스트먼은 이렇게 말한다. "인쇄술은 또 다른 지능의 정의를 내놓았는데, 그것은 객관적이고 합리적인 지성의 활용을 우선시하는 동시에 진지하게 논리적으로 잘 정리된 공적 담론을 고무하는 그런 정의였다. 이성의 시대the Age of Reason가 인쇄 문화의 발달과 공존했던 것은 결코 우연이 아니다"(1985, 51).

19세기 중반에 이르면, 여러 가지 발명품이 등장하여 근대인들이 뉴스를 처리하는 방식을 바꾸어 놓았다. 그 이전까지는 공적인 뉴스가 대체로 지역적 성격을 띠고 있었다. 담론은 소식에 밝은 공중을 대상으로, 마을 강당에서 유창한 변사가 합리적인 언어로 한두 시간 해설하는 방식으로 진행되었다. 전기와 전신법의 발명과 함께 공적 담론은 전국적으로, 마침내 지구적으로 변모했다. 지금은 정보가 순식간에 전 세계로 전송될 수 있다. 또 정보를 오락으로 접근하는 풍조도 일어났다. 싸구려 신문이 출현해서 "논리 정연한 (편견이 있을지라도) 정견과 긴급한 상업정보를 전하던 뉴스에 등을 돌리고, 이제는 주로 범죄와 섹스와 관련된 선정적인 화제로 지면을 채우게 되었다"(Postman 1985, 66).

도덕적 주제들

어느 사회든지 선악을 규정짓고 인생을 지도할 도덕적 표준이 필요하다. 근대 사회도 예외가 아니다. 근대의 도덕적 기초는 생명, 자유, 평등을 강조했던 프랑스 혁명 위에 놓여졌다. 중세 시대에는 도덕이 신성한 기초 위에 세워져 있었다. 도덕적 원칙보다 앞서는 거룩한 하나님이 계시고, 그분이 그것을 명했다는 믿음에 기초했던 것이다. 근대에 들어와서는, 도덕을 순전히 세속적 견지에서 이해했고, 그 기반을 합리주의와 시민의 의지에 두었다. 그 결과 도덕과 관련하여 신을 완전히 배제시키는 세속적 민족국가가 출현했다. 하나님과 그분의 뜻은 공적인 영역에서나 공적 의지의 민주적 형성과정에서 부적절한 것으로 밀려났다. 도덕이 이제 물질적 진보의 견지에서 규정되는 바람에, 무엇이든 정당화되고 필수적인 것으로 간주될 수 있게 되었다. 그것이 공동선을 위한다면 새로운 의미에서 도덕적인 것이 될 수 있다는 뜻이다. 도덕법은 대부분 기독교 사상의 영향을 깊이 받은 중세의 법에서 나왔는데, 근대에 와서 그 본래의 기초로부터 분리되었다.

근대성은 어떤 가치들을 "자명한" 것으로 주장한다. 그런 것들은 모든 인간이 오직 이성의 힘으로 인식할 수 있는, 보편적인 도덕적 정의의 원칙들이기 때문이라고 한다. 그런데 근대성은 갈수록 도덕과 이성의 간격을 더 많이 벌려 놓았다. 이성은 도덕을 세울 수 없다. 근대의 기계론적 세계관은 인간을 사회적 테크놀로지와 입법의 대상으로 다룬다. 도덕의 부재는 계속해서 근대 사회의 문젯거리로 등장했다. "근대 세계가 더욱더 '합리화'되면 될수록, 윤리적으로 해석될 수 있는 삶을 살 확률은 그만큼 줄어든다"(Smart 1993, 86). 개인적 관계와 윤리적 관계의 상실은, 막스 베버가 근대적 이성이 사회적·인간적 경험에 미친 영향을 분석하면서 다룬 중심 주제다. 근대적 합리성은 세계를 "탈마법화"시켰고, 종교와 도덕을 비합리적인 영역으로 밀어냈다. 하지만 일부 가치들은 그대로 남아 있었다. 이것들은 대체로 근대적 세계관에 맞추려고 이리저리 손질된, 중세의 기독교적 가치들의 잔재이다.

법/관계

법에 대한 근대적 견해는 로마의 "법치法治" 개념에 뿌리를 두고 있다. 법은 질서 유지와 악의 확산 방지에 필요한 비인격적인 규정으로 정의되었다. 목표는 정의를 유지하는 것이며, 정의의 상징은 눈가리개를 한 재판관이 저울을 들고 누군가의 유죄 여부를 가늠하는 모습이다. 비인격적인 법전은 공평한 판사에게 소송 사례를 달아볼 수 있도록 그 수단을 제공해 준다. 어떤 사람이 누군가의 위법 행위로 인해 상처를 입는 경우에도, 핵심 이슈는 가해자와 피해자의 관계가 아니라 가해자와 비인격적인 법의 관계다. 목표는 부상당한 사람을 만족시키는 것이 아니고, 정의와 불의를 가늠하는 추상적인 규정을 충족시키는 것이다. 한 사람이 무죄냐 유죄냐 하는 것은, 그가 추상적인 이념 또는 법전에 비추어 어떻게 평가받느냐에 달려 있다.

이 견해는 근대 교회의 칭의justification에 대한 이해에도 깊은 영향을 주었다. 칭의는 이제 신자가 주관적인 죄책감에서 용서받고 해방되는 개인적 체험으로 여겨지고 있다. 그것은 비인격적인 법을 위반한 죄책감에서 자유롭게 되는 것이다. 정의를 이런 식으로 이해하면, 우리는 자연스럽게 다음과 같이 생각하게 된다. 하나님이 한 개인을 의롭게 한다는 것은 그가 죄가 없다고 선언하는 것이고, 이는 마치 그 사람이 정의의 법적 표준을 충족시킨 것처럼 보는 것이라고 말이다.

가치관/도덕

세속주의의 발흥과 함께, "도덕"의 개념은 신적 창조자를 추정한다는 이유로 의심의 눈초리를 받게 되었다. 근대성은 그 자리에다 신의 명령이 아니라 인간의 선택에 근거를 두는 "가치관"이란 용어를 도입했다. 도덕은 사적인 부문에 배치되었고, 공적 영역에 속하는 "가치관"에 의해 상대화되었다. 도덕은 개인적으로 부과되는 것이다. 지배적 가치는 법조문에 구현되어 있으며 정부에 의해 강요되는데, 그것은 타당성과 권위를 부여해 주는 시민종교라는 탈을 쓰고 종종 나타난다. 그러나 가치는 상대적이다. 가치는 문화적 산물이지 합리적 선택이나 신의 명령이 아니다. 각 공동체는 나름의 가치관을 갖고 있으며, 아무도 자기 것이 남의 것보다 더 낫다거나 더 도덕적이라고 주장할 수 없다. 따라서 도덕적 상대주의와 공리주의가 들어서게 된다.

자유와 권리/책임과 억제

근대성의 중요한 가치들 가운데 인간의 자유와 권리가 있다. 사람들은 선택의 권리를 원하고, 자기를 억제하는 모든 전통에서 해방되고 싶어 한다. 전통사회에서, 선한 사람은 남을 돌보는 사람이다. 그런데 신세계에서는 자기 자신을 돌보는 사람을 선하다고 부른다.

근대적 자유의 개념은 권리의 개념과 밀접한 관계를 갖고 있다. 앨런 블룸은 이렇게 말한다.

사람은 양도할 수 없는 권리들을 갖고 있다는 것, 그 권리들이 시간과 신성함의 면에서 모든 시민사회가 형성되기 이전부터 한 개인에게 속해 있다는 것, 시민사회는 그런 권리들을 위해 존재하고 그것들을 보장함으로써 정당성을 얻는다는 것과 같은 관념은 근대 철학이 만들어 낸 발명품이다. 권리는……상식적인 정치언어나 고전적 정치철학의 일부가 아니고, 근대에 새롭게 등장한 것이다.……권리는 그릇됨의 반대가 아니라 의무와 반대되는 것이다. 그것은 자유의 일부 또는 자유의 본질이다. 그것은 사람이 귀하게 여기는 삶의 열정과, 가능하면 고통 없이 살고자 하는 마음으로부터 시작한다. (1987, 165-166)

우리는 "나는 권리가 있어" 하고 쉽게 말하고는, 그것을 보호하는 일은 정부의 책임이라고 생각한다. 도덕은 상당히 많은 경우에, 평등권을 존중하고 공평함을 실행하는 것으로 정의된다. 즉 모든 사람의 권리가 존중되는 것으로 본다는 뜻이다. "자기 이익은 공동선과 적대관계에 있지만, **계몽된** 자기 이익은 그렇지 않다"고 한다 (Bloom 1987, 167). 우리는 자기 자신을 돌보는 사람은 실로 남들도 돌볼 것이라고 추정하고 있다.

바로 이 지점에서 주제와 반주제가 작용하기 시작한다. 한편에서는, 존 로크가 사람들은 자연으로부터 분리되어 있고 자연의 주인이라고 주장했다. 그들은 각각 자기 이익을 위해 창조되었으므로 법을 순종할 것이다. 그에게 문명은 인간 발달의 최고봉이다. 다른 한편, 루소는 자기 이익이 자충족적이고 독자적인 개인을, 법을 준수하는 선한 시민으로 만들지 못할 것이라고 주장했다. 그들은 개인의 행복과 공동의 안전 사이에서 선택해야 한다. 그래서 루소는 자연과 사회를 적대관계로 보고, 후자가 인간에게 불가능한 요구를 한다고 생각한다.[33] 그래도 인간은 문화를 창조하므로 자연과 다르다. 여기서 원시사회는 염려와 문화적 억압에서 자유로운 자유의 모델이다. 루소는 인간이 선하게 태어났다고 믿었다. 원죄는 아예 존재하지 않는다.

평등/위계

근대성은 모든 인간이 본질적으로 평등하다는 생각과, 인간에게 생명, 자유, 재산 추구의 권리가 있다는 가정에 기초해 있다(Bloom 1987, 162). 모든 인간은 동등한 가치를 갖고 있다고 강조하면서, 이는 법이나 민주적 선거에 의해 주어졌거나 수정된 것이 아니고, 인간됨의 본질이라고 주장했다. 이런 가정은 사람들의 동의에 의거한 민주주의, 그리고 과학과 인문학을 통해 자연을 정복하고 재산과 건강을 제공할 민주주의를 강조하게 만들었다. 평등은 프랑스 혁명과 미국 혁명의 중심 주제 중 하나였다.

그런데 무엇이 평등의 구성요소가 되는지에 대해서는 서로 의견이 다르다. 자유주의자는 평등을 사회적 계층과 차이를 제거하는 것으로 보고, 그것은 정부의 개입으로만 가능하다고 한다. 평등을 이루려면 자유를 제한할 필요가 있다고 본다. 공산주의와 사회주의가 좋은 본보기다. 이들은 불평등한 재능이나 장점을 가진 사람들에게 평등한 기회를 주면 위계를 낳을 뿐이라고 주장하면서, 강한 정부의 필요성을 역설한다. 보수주의자는 평등을 경제적·사회적 평준화로 보지 않고, 권리와 기회의 평등으로 정의한다. 그들은 누구나 자신의 사회적 신분을 높일 수 있는 기회가 있는 한, 사회의 위계를 기꺼이 수용하겠다는 입장이다. 이들에게는 자유가 평등보다 앞선다. 보수주의는 사유재산을 아주 존중하고, 공사公私를 막론하고 정부의 개입에는 의심의 눈초리를 보낸다.

일/여가

근대에는 사람의 신분이 출생이나 귀속에 의해 정해지지 않고, 자기 스스로 성취하는 업적에 의해 좌우된다. 재산과 안정을 확보하려면 열심히 일해야 한다는 것이 현대인의 기본 상식이다. 게다가, 여가와 개인적 욕구충족의 자제가 재산과 가치의 축적에 필수적이다. 일은 더 이상 하나님으로부터 받은 소명이 아니고, 편안하고 품위 있는 삶을 얻기 위한 공리주의적 활동이다.

노동 윤리는 근대의 발흥을 특징짓는 것이었다. 노동을 통해 인간은 자연을 정복했고, 더 나은 세계를 만들었으며, 안락한 삶을 즐겼다. 근대의 말기에 이르면 여가가 전면에 등장한다. 앨런 블룸은 이렇게 말한다. "서양 국가들이 더욱 번창하게 되면서 여러 세기 동안 재산 추구에 밀려 뒤쳐져 있던 여가와 여가의 수단이 마침내 중요한 관심사로 떠오르기 시작했다. 그러나 그 사이에, 여가를 향유하던 능력과 진정 여유로운 삶의 개념이 모두 사라져 버렸다. 여가는 오락으로 변했다. 그들이 그토록 오랫동안 수고하며 기대했던 그 목표가 오락으로 변질된 것이다"(1987, 77).

무한한 재화/한정된 재화

끝으로, 무한한 재화에 대한 근대적 견해에 관해 한마디 해야겠다. 농경사회는 중요한 재화가 한정되어 있다고 본다. 그래서 한 사람이 더 많이 얻으면 다른 이들을 희생시켜 그렇게 된 것으로 보기 때문에 질투심이 생기기 마련이다. 이와 반대로, 근대는 특히 경제적 영역에서, 자본, 생산, 이윤과 같은 가치의 양이 많은 노력과 발명의 재주로 증대될 수 있다고 믿는다. 따라서 한 사람의 이득이 반드시 다른 사람의 손실을 의미하지는 않는다. 사실, 열심히 일해서 유명해지고 부유해지고 권력을 보유하게 된 인물들의 이야기는 사람들에게 더 열심히 일하고자 하는 동기를 부여하고, 앞서 가지 못하는 이들에게는 자기에게 문제가 있다고 생각하게 만든다. 가끔 가난한 노동자 계급 출신이 근대 세계에서 성공하는 사례가 발생하는데, 이는 계급간의 긴장을 완화시켜 준다. 억압적인 체제는 가난한 사람들로 하여금 노력 부족으로 가난하게 된 것이라고 믿도록 유도하기 때문이다.

근대성의 신화들

세계관은 한 문화의 심층적 이야기들, 곧 뿌리 신화를 분명히 드러낸다. 이 이야기들은 인생에 의미와 목적을 주는 중요한 역할을 하는 만큼, 근대인도 그들 나름의 신화를 갖고 있음을 보고 놀랄 필요는 없다.

진화와 진보의 신화

근대성의 심장에는 진화와 진보의 신화가 있다. "우리는 누구인가?"라는 물음에 답하기 위해, 인간은 우리가 어디서 왔는지를 일러 주는 뿌리 신화로 향했다. 근대에 등장한 진화의 신화도 이 점에서 마찬가지다.

진화론의 뿌리 중 하나는 그리스 세계관에서 찾을 수 있다. 삶의 모든 영역을 디지털적 범주들로 나누는 것은 그리스 신플라톤주의 철학의 기본이다. 일단 범주들이 정해지면 등급을 매기는 일이 곧 뒤따르게 되는데, 바로 그리스인들이 그렇게 했다. 그들은 그것을 "존재의 대사슬"이라고 불렀다. 비존재와 접해 있는 가장 간단한 사물로부터 가장 복잡한 창조물에 이르기까지 계층별 위계가 형성되었는데, 각 사물은 바로 위와 바로 밑에 있는 것과 가장 작은 차이점을 갖고 있었다. 그러니까 가장 간단한 범주에서 가장 복잡한 범주까지 등급이 매겨졌고, 후자를 가장 고등한 창조물로 본 것이다(Lovejoy 1936).

또 하나의 뿌리는 역사에서 의미를 찾는 성경적 관점이다. 이에 따르면, 역사에는 시작이 있고, 흔히 갈등이 등장하는 긴 중간기가 있으며, 완전한 종말이 있다. 그런데 근대는 이 견해를 세속화하였다. 그래서 세상을 향한 하나님의 종말론적 목적을 인간의 노력을 통해 이룩할 더 나은 인간 사회, 곧 세계 속에 내재된 목표로 변형하였다. 계몽주의 이래 대부분의 역사가는 하나님을 역사의 한 요인으로 간주하지 않는다. 우주는 자연적인 원인과 결과로 설명될 수 있는 닫힌 체계라고 생각한다.

이 같은 전환과정은 18세기의 합리주의와 19세기의 낭만주의와 함께 시작했다.[34] 18세기에 서양 사람들은, 주로 과학적 연구의 형태를 띤 조사 작업이 지식의 증가와 세계의 통제를 가능하게 할 것이고, 이는 인간에게 행복과 도덕적 정의를 가져다줄 것이라고 믿었다. 이런 믿음에는 위계의 개념이 함축되어 있었다. 창조물, 생명, 문화 등 모든 것이 복잡성의 정도에 따라 등급이 매겨졌고, 인간이 존재의 대사슬에서 꼭대기에 놓이고 서양 "문명"이 문화들 가운데 최정상에 배치되었다. 20세기를 특징짓는 고고학, 역사, 경이로운 테크놀로지 등이 이러한 역사 해석을 지지하는 증거로 간주되었다.

엘로이스 메네세스Eloise Meneses는 생물학적 진화의 주장을 이렇게 묘사한다. "인간은 지극히 긴 기간에 걸쳐, 적응을 위한 우연한 변화를 거친 뒤에 탄생한 놀라운 결과물이다. 인간은 갈수록 더 복잡해지고 그만큼 능력도 더 커져 갔던 것이다. 우리의 뇌는 가장 크고 가장 훌륭했다. 우리의 손은 가장 유연했다. 그래서 우리가 세계의 나머지 부분을 지배한 것이 정당화되었다"(1997, 8). 인간들은 몸의 유형과 합리적 능력에 따라 진화의 위계에서 그 등급이 매겨졌다.

사회과학자들은 진화의 패러다임을 사회문화적 발전에 적용해서, 원시인은 동물의 상태에 더 가깝고, "도덕적이고 과학적이며 합리적인 '문명화된' 사람들에 비해 난잡하고 미신적이며 합리적 사고가 부족하다"고 주장했다(Meneses 1997, 9). 이 사회진화론은 인간의 선한 본성과 근대의 발전 및 우월성을 모두 설명해 주는 이론이었다. 그래서 백인이 흑인보다, 남성이 여성보다, 엘리트가 평민보다 우월하다는 믿음을 낳았다.

진화론은 성경의 거대내러티브metanarrative를 대체하려는 세속적 대안이다. 이 이론은 인간이 그 일부를 이루는 보다 넓은 이야기를 통해 인생에 의미를 부여하려고 한다. 내용적으로는 동산에서 도시로 움직이지만, 하나님과 죄와 구원은 배제하고 있다. 자크 엘룰은 이렇게 말한다.

> 근대 세계의 엄청난 기술적 진보는……사람에게 그동안 단절되어 있었던 초월의 세계를 회복시켜 주는데, 이는 인간이 스스로 만든 불가해한 세계요, 스스로 실현할 수 있을 것으로 믿는 약속이 충만한 세계요, 인간이 장차 주인 노릇을 할 그런 세계다.……그는 이것을 투영하여 신화를 만드는데, 그것은 자기가 통제하고 설명하고 지도하고 자기 행위를 정당화할 수 있는 매체다.……파멸의 신화와 행동의 신화는 이러한 인간과 테크닉의 약속과의 만남에, 그리고 그의 경이감과 동경심에 뿌리를 두고 있다. (1964, 192)

진화의 신화는 서양 세계관에 깊은 영향을 미쳤다. 첫째, 이 신화는 진보에 대한 깊은 믿음을 부추긴다.[35] 앞으로 성장이 계속 이어질 터이고, 이에 경쟁할 만한 다른 가설은 없다는 생각이 깔려 있다. 기술적 발전이 불가피하다는 신앙을 품고, 합리화와 지식의 표준화, 진보를 통해 진보를 이룰 대규모 기술적·사회적 통합 시스템의 기획을 강조한다. E. H. 카Carr는 "나는 사람이 완전해진다거나, 장차 이 땅에 낙원이 올 것이라는 믿음은 없다.……그러나 무한한 진보의 가능성으로 만족할 터이고……그것이 지향하는 목표는 우리가 점차 가까이 다가갈 때만 명확하게 드러날 것이다"(Montefiore

1992, 27에서 인용)라고 말한다.

진화론은 중세의 "구원" 개념을 대치한 "진보"에 대한 믿음을 불러일으켰다. 이 이론은 사회적 악의 존재를 죄나 인간의 타고난 무능력, 또는 사물의 본질 탓으로 돌리지 않고, 무지와 편견으로 생긴 것이라고 주장했다. 그러므로 인간의 상황을 개선하고 유토피아에 도달하는 것(즉 천국)은 무지를 계몽하고, 오류를 제거하며, 지식을 증대시키기만 하면 가능하다고 생각했다. 진보에 진보를 거쳐 인간 사회가 계속 향상될 것으로 보았다. 사람들은 죄인이 아니라 계몽되지 않았을 뿐이다. 그들에게 필요한 것은 구원이 아니고, 어떻게 더불어 조화롭게 살지, 또 어떻게 이 땅을 낙원으로 바꿀지 그 방법을 알도록 계몽시키는 일이다. 근대인은 "문명화된" 사람들이고, 문명화는 의심의 여지없이 선하다는 믿음을 갖고 있었다. 다른 이들은 "뒤떨어진" 상태에 있지만, 그들도 근대적 테크놀로지, 공식 교육, 서양식 의료제도를 도입하는 "개발" 프로그램 등을 통해 얼마든지 문명화될 수 있다. 이런 관점이 계몽주의의 의제를 낳았는데, 내용인즉 "토착민"을 교육하고 문명화시켜 근대성의 용광로 속으로 데려오는 일이 "백인의 부담"이라는 것이다. 이런 동화가 가져올 결과는 동질적이고 지구적인 근대 문화의 비전이다. 이 믿음이 서양의 식민주의colonialism와 함께, 유럽인들이 토착민의 유익을 위해 그들의 세계를 관리할 책임이 있다는 관념을 정당화시키곤 했다. 그들이 문명화되어도, 근대성을 창조한 서양이 여전히 진보의 선두주자가 될 터이고, 매우 오랜 세월 동안 그 위치에 머물러 있을 것으로 믿었다.

근대성은 직선적 역사관에 기초해 있고 스스로를 역사의 종점으로 본다. 모든 전근대적 지식은 본질적으로 열등하고 근대적 지식은 우월하다고 생각한다. 옛것은 전통적이고 케케묵었으며 정령숭배적이고 부적절한 것이라고 간주한다. 과학 지식은 당연히 이전의 모든 전통보다 우월하다고 한다. 옛것을 배격하는 태도는 비평과 모든 교리를 의문시하는 문화에 뿌리를 두고 있다. 신앙은 지식의 타당한 기초가 될 수 없는 것으로 아예 배제된다. 그러나 근대성은 스스로의 전제들에 대해서는 무비판적이다. 그것은 과거보다 미래에 관심을 기울인다. 발전은 자동적이고 불가피하다고 본다. 모든 것이 더 나아질 수 있고, 또 그렇게 될 것이라고 믿는다.

진보의 신화는 "신세계"의 개념이 만연되어 있던 북미에서 특히 강한 양상을 보였다. 르네상스는 유럽에 인간의 능력에 대한 새로운 자신감을 불어넣었고, 북미 대륙의 발견은 인류에게 신세계에서 새로 시작할 수 있는 기회를 주신 하나님의 은총이라고 생각했다. 북미에 정착한 유럽인들은 특별한 사명이 있어서 선택된 자들로서, 하나님의 특별한 복을 받았다고 여겼다. 일부 사람들은 "신세계"를 가난이나 불의 또는 핍박이 없는 인류의 중생의 땅으로 보았다. 이 신화는 청교도와 정착민을 뉴잉글랜드로 몰고 갔고, 뉴욕과 뉴헤이븐 같은 도시들을 건설하게 했다. 동부 해안에서의 정착이 끝나자 서부가 새로운 개척지로 떠올랐고, 탐험가, 사냥꾼, 개척자들은 고립된 삶을 자랑스럽게 살아 냈다. 이어서 카우보이와 목동들이 그 뒤를 따랐다.

이 신화의 바탕에는 새로운 출발에 대한 신앙이 있었다. 즉 자연—서부 개척지—을 길들이고 자유를 구가하는 새 유토피아를 건설하겠다는 신앙이었다. 바로 "억센" 개인(황야의 무법자, 외톨이 카우보이)이 자연과 구세계 문명의 악과 싸우면서 그 과제를 이루어 내는 인물이다. 이 싸움은 폭력을 요구했는데, 그것이 바른 목적을 위한다면 정당화될 수 있었다. 제시 제임스Jesse James와 캘러미티 제인Calamity Jane과 같은 무법자들이 영웅이 된 것은 옛 세계와 동양의 억압적 제도에 대항해서 일어섰기 때문이었다.

신세계를 향한 비전은 정착민을 서부로 밀어냈다. 아울러 새것이라면 무엇이든 의심 없이 믿는 그런 신앙을 가지게 했다. 새로운 의술, 새 테크놀로지, 새 종교, 새로운 생활방식, 그리고 보다 최근에는 뉴에이지에 이르기까지 종류도 다양했다. 또한 자수성가한 사람이라는 믿음도 불러왔다. 새로운 경험, 요법을 통한 자기갱신, "손수 해결하는" 방식 등은 으레 좋은 것으로 여겨졌다.

변화도 물론 좋은 것으로 여겨졌다. 신세계가 더 나은 것은 그것이 새롭기 때문이다. 그래서 정치에서 뉴딜 정책과 뉴프런티어 정신도 좋은 것이다. 그 결과, 사람들이 서로 경쟁하고 그 가운데 적자適者가 성공하고, 그들이 새로운 가능성을 품고 스스로를 재창조함에 따라 끝없이 진보가 이어지는 것이다. 경쟁이 진보를 낳는다는 신앙이 근대의 진화론과 자본주의에 깔려 있다. 이 진보의 개념과 더불어, 개인주의가 자기성취, 자기탐닉(안락한 삶, 자동차, 멋쟁이 등과 관련된 텔레비전 광고에 잘 나타나듯이), 나르시시즘 등을 중시하는 풍조를 주도했다. 심지어 사랑조차도 타인에 대한 헌신과 타인과의 관계로 보지 않고, 한 개인의 정서적 필요가 채워지는 것으로 정의했다. 토크빌이 일찍이 지적한 것처럼, 미국인은 "자기가 가지지 않은 좋은 물건에 대해 생각하기를 멈추는 법이 없다" (1969, 536).

진보의 개념과 밀접한 관련이 있는 것은 "발전"의 개념이다.[36] 이는 점진적인 개선을 통해 변화가 생기고, 경쟁을 통해 가장 강하고 가장 똑똑하고 가장 적응을 잘하는 자가 성공함으로써 변화가 이루어진다는 생각이다. 경쟁은 진보, 자율적 개인주의, 이성에 대한 믿음, 성선설性善說 등과 같은 계몽주의의 가정을 탄생시켰다. 존 본크Jon Bonk는 "서양은 계속해서 '발전'의 척도가 되고 있다. 아주 최근까지만 해도, 충분한 돈, 시간, 서양식 전문기술만 주어지면, 나머지 세계도 서양의 현 상태— '선진국'—와 같이 될 수 있다는 확신이 서양의 원조와 노력을 부추기는 연료의 역할을 했다" (1991, 20)라고 말한다.

진화와 진보의 신화 중심에는 폭력이 구속救贖을 가져온다면 그것을 얼마든지 정당화할 수 있다는 생각이 있다. 생명은 다양성을 창조하고, 생물은 살기 위해 경쟁해야 한다. 다윈은 적자생존을 주장했고, 그것이 진보를 가져온다고 믿었다. 이런 경쟁에는 싸움과 폭력도 포함된다. 그래서 생물학적·문화적·경제적·정치적 다원주의가 생긴 것이다.

구속적 폭력redemptive violence의 신화

진화와 진보 신화의 바탕에는 월터 윙크Walter Wink(1992)가 "구속적 폭력의 신화"라고 부르는 것이 깔려 있다. 이 사상은 아시아 내륙지방에서 유럽, 메소포타미아, 아시아 남부로 이주해 간 사람들이 전파한 것으로서, 바빌로니아, 수메르, 가나안, 그리스, 인도, 북유럽 등 여러 지역의 종교들의 기반이 되었다.

인도-유럽 신화의 근본적인 것은, 선과 악을 서로 영원한 갈등 가운데 있는 그리고 서로 별개의 실체들이라고 믿는 마니교적 세계관이다. 이 이원론에서, 선과 악은 서로 대립되는 두 명의 초인간적 존재들로 대변된다. 선한 신(예를 들어, 니누르타, 인드라, 마르둑, 마즈다, 라마)과 악한 신(예를 들어, 아삭, 브리트라, 티아마트, 라반나)이 그들이다. 모든 실재는 좋은 신과 나쁜 신, 천사들과 마귀들, 좋은 나라들과 나쁜 나라들, 좋은 인간들과 나쁜 인간들, 좋은 정부와 나쁜 폭도 등 두 진영으로 나누어진다. 그리고 항상 이중적 판단을 내리게 되어 있다. 무엇이든 좋거나 나쁘고, 도덕적이거나 비도덕이고, 합법적이거나 불법적이고, 옳거나 그르고, 죄이거나 덕이고, 일이거나 놀이고, 성공이거나 실패고, 깨끗하거나 더럽고, 문명화되거나 원시적이고, 실제적이거나 비실제적이기 마련이다. 양쪽을 나누는 경계선은 아주 뚜렷하다. 선은 그 속에 악이 전혀 없다. 선한 존재들은 의로운 목표를 달성하기 위해 나쁜 짓을 하도록 강요받거나 기만을 당할 수는 있어도, 속으로는 선하다. 마찬가지로, 악한 존재들도 때때로 선을 행할 수 있어도, 근본적으로는 악하다. 악한 존재들은 구속의 속성이 없으므로, 선이 군림하도록 그것들은 파괴되어야 마땅하다.

이 신화의 중심에는 하늘에서 선한 신들과 악한 신들 사이에 우주를 주관하기 위해 싸우는 우주적 전쟁이 있다. 선한 신들은 의와 질서의 왕국을 세우려 하고, 악한 신들은 악한 제국을 건립하려고 한다. 싸움의 목표는 전쟁을 이기는 것, 곧 어떤 대가를 치르든지 우주를 주관하고 질서를 세우는 일이다. 양쪽 다 똑같이 강하기 때문에 전쟁의 결과는 불확실하다. 그리고 이 전쟁은 끝이 없다. 어느 편이 패하더라도 폐허에서 다시 싸우러 일어나기 때문이다. 체스 게임이 페르시아에서 개발된 것은 결코 우연이 아니며, 이 경기는 인도-유럽의 근본적인 현실관을 잘 반영하고 있다.

인도-유럽 신화에서는 선과 악이 여러 차원에서 전쟁을 벌인다. 하늘에서는 신들과 마귀들이 싸우고, 땅에서는 의로운 왕들과 악한 왕들, 선과 악이 서로 싸우고, 인간들끼리의 싸움은 하늘에서 일어나는 전쟁을 반영하고 있다. "고래 싸움에 새우 등 터진다"는 격언과 같다.

구속적 폭력의 신화에서, 이야기의 중심은 싸움에 있지 그 후에 따라오는 평화에 있지 않다. 이처럼 싸움에 매료되는 모습은 현대 스포츠에서도 확연히 드러난다. 축구, 농구, 테니스, 하키, 체스, 모노폴리 게임 등등. 사람들은 돈을 내고 축구 경기를 보고, 끝나면 집으로 간다. 탐정이 악한의 정체를 벗기고, 카우보이가 인디언을 물리치고, 제임스 본드가 악의 제국을 좌절시키고, 슈퍼맨이 인류의 적을 파멸시킬 때, 미스터리는 종말을 고한다.

그런데 인도-유럽 신화에서 최종적인 승리는 없으며, 악이 완전히 패배하는 경우도 없다. 악이 언제나 선에게 도전하러 다시 일어서기 때문에, 선은 늘 경계를 늦출 수 없다. 요즈음에도 월드컵에서 승리했다고 영원한 승자가 되는 것은 아니다. 다음 월드컵에서 챔피언십을 방어해야 하기 때문이다.

싸움에는 힘과 폭력이 관련되기 마련이고, 이는 선하든 악하든 질서를 세우는 데 필요한 것이다. 이런 투쟁의 바탕에는 우주에서의 모든 관계가 경쟁에 기초해 있다는 믿음, 경쟁은 좋은 것이라는 믿음, 선(강하고, 훌륭하고, 똑똑한 것)이 결국 승리한다는 믿음이 깔려 있다. 이 같은 끊임없는 경쟁을 통해 더 강하고 더 낫고 더 똑똑한 자가 더 약하고 덜 능숙하고 더 우둔한 자를 물리침에 따라, (문명의) 진보와 (경제적 의미의) 발전과 (생물학적 의미의) 진화와 (스포츠에서의) 월등한 기술이 이룩된다고 믿는다. 유진 피터슨은 이렇게 말한다.

> 전쟁은 주일에 누가 멋진 옷을 입는지 "경쟁하는" 모습으로 가장된다. 우리는 어릴 때부터 원하는 것을 가지려면 남과 협력하는 게 아니라 그들과 경쟁해야 한다고 배웠다. 그 수단은 물리적이든 심리적이든, 무기든 선전이든, 근본적으로 폭력적이다. 형이 가진 것을 갖고 싶어 하고, 여동생이 소유한 것을 탐내고, 사촌이 땅을 사면 배가 아프다. 가능한 모든 수단을 사용해서 내 욕구를 충족하려고 덤벼든다. 얼마 지나지 않아서 타인(또는 다른 나라)은 이름도 신분도 없는 존재로 전락한다. 그들은 각각 뛰어넘어야 할 장애물 또는 이질적인 세력으로 간주될 뿐이다. (1988, 77)

세력 경쟁에서 통용되는 도덕은 정의와 죄로 이루어진 우주적 도덕 질서에 바탕을 둔 것이 아니라, "공평"과 "균등한 기회"의 관념에 기초하고 있다. "공평한" 싸움이 되려면 세력이 비슷한 자들끼리 맞붙어야 한다. 싸움의 결과는 불확실해야 한다. 노련한 총잡이와 초보자가 싸우는 것은 "불공평한" 싸움이다. 프로 축구팀과 고등학교 축구부가 경쟁하는 것도 마찬가지다. "균등한 기회"는 양편이 승리를 얻기 위해 동일한 수단을 사용할 수 있어야 한다는 뜻이다. 악한 편이 불법적이고 사악한 수단을 사용하면, 선한 편도 그런 것을 사용하는 것이 정당화되지만, 어디까지나 악한 편이 그것을 실행에 옮긴 후에야 그럴 수 있다. 서부영화에서도, 보안관은 무법자가 총을 뽑은 후에야 총을 뽑을 수 있고, 그때는 재판 없이도 그를 쓰러뜨릴 수 있다. 이 순간 그는 판사와 배심원과 사형 집행인의 역할을 모두 겸하는 셈이다. 이 경우 "자기방어"를 위해 악을 행하고, 선한 왕국을 건설하기 위해 싸움에서 이기는 것이 정당화된다. 결국, 양편 모두 이기기 위해 폭력, 기만술, 위협수단을 사용하고, 선한 편도 상대편과 같이 되어 악을 행하지만, 그 목표가 선하기 때문에 그것이 정당화된다. 성공은 정의를 입증하는 증거로서, 승리자로 하여금 질서―최고의 선―를 이룩하도록 해준다.

인도-유럽의 종교들은 서양에서 죽어 없어진 것 같아도, 월터 윙크의 말대로, 구속적 폭력의 신화는 여전히 현대 사상을 지배하고 있다. 이것이 진화론과 자본주의의 기초를 이루고 있고, 서양 연예산업에서 지배적인 주제로 등장한다. 탐정소설, 살인의 미스터리, 공상 과학소설, 미국의 서부영화 등에서 그것을 우려먹고 또 우려먹는다. 셜록 홈즈, 슈퍼맨, 스파이더맨, 언더독, 루크 스카이워커와 같은 슈퍼영웅들의 모험도 그것을 주제로 삼는다. 대부분의 연재만화에서도 주성분을 이루고 있다. 뽀빠이와 브루터스의 웅장한 대결에서, 브루터스가 올리브를 포기하는 법을 결코 배우지 못하고, 뽀빠이는 그녀를 방어하려고 브루터스와 싸우기 전에 시금치 먹는 법을 결코 배우지 못하는 모습을 보라. 이 주제는 비디오 게임에서도 극화되고, 축구와 농구와 테니스 같은 스포츠에서도 그대로 연출된다.

낭만적 사랑의 신화

"그리고 그들은 결혼해서 행복하게 살았습니다." 이 대목으로 낭만적 사랑의 이야기는 끝난다. 하지만 진짜 이야기는 결혼식 이후의 삶에 관한 것이 아니다. 그것은 그 이전에 상대방을 쫓아다니고 붙잡는 이야기다. 결혼 이후에는 들려줄 만한 이야기가 없다. 이 신화가 대부분의 현대의 낭만적 이야기의 중심에 자리 잡고 있다.

낭만적 사랑의 신화는 두 사람이 "사랑에 빠져서" 로미오와 줄리엣처럼, 결혼을 위해 엄청난 장애물을 극복해야 하는 이야기를 중심으로 전개된다. 가족들이 결혼을 반대하든지, 둘이 각각 적대적인 진영에 속해 있든지, 여자가 붙잡기 힘들게 놀고 남자는 "그녀의 마음을 사로잡아야" 하는 줄거리다.

이런 견해가 낳는 한 가지 결과는, 젊은이들이 결혼한 다음에 자기가 기대한 만큼 결혼생활이 만족스럽지 못할 때, 그들이 꿈에서 깨게 된다는 것이다. 그래서 자기들이 "진짜 사랑에 빠진 것이 아니라고" 판단하게 된다. 이는 "딱 맞는" 파트너를 찾기 위해 이혼하는 것을 정당화한다. 그런즉 굳이 결혼생활을 잘하려고 노력할 필요가 없다.

사랑의 신화가 구약성경에서는 호세아서에 등장한다. 하나님은 자기 백성을 사랑하지만, 그들은 계속 다른 사람들을 쫓는다. 그분은 자신에게 그들을 돌이키기 위해 줄곧 노력한다. 그들이 무슨 짓을 하든, 그분의 언약은 깨어질 수 없다.

기독교에 미친 영향

계몽주의의 진보 사상은 미국의 기독교와 선교에 깊이 영향을 주었다. 많은 그리스도인이 진화론을 거부하기는 했지만, 진화의 시대정신이 그들이 숨 쉬는 공기를 통해 그들 속으로 스며들었다. "인류 발달의 최고봉으로서 서양 문명의 우월성, 그 우월성의 원인을 기독교의 장기적인 지배에서 찾는 태도, 문명과 복음을 '뒤떨어진 이교도'와 나눠야 할 그리스도인의 책임 등 이런 것들이 오늘날 그들의 삶을 특징짓고 있다"(1991, 71)라고 찰스 타버Charles Taber는 주목한다.

이 신화가 낳은 한 가지 열매는 18세기와 19세기에 그 모습을 완전히 드러낸 후천년설postmillenialism이다. 후천년설은 하나님 나라를 인간의 노력을 통해 이 세상에서 선을 점진적으로 실현하는 것으로 해석하는 종말론eschatology이다. 하나님의 영은 그분의 백성을 통해 일하는 가운데, 하나님의 통치가 완전히 이루어질 때까지 세계를 점차 정복하게 될 것이다. "당신의 나라가 임하옵시며"라는 기도는 하나님께 이 과정을 재촉하는 기도로 해석되었다.

미국에서는 이 비전이 "명백한 운명Manifest Destiny"(미국의 영토팽창 이념의 표어로 영토 확장주의 정책의 논거로 이용되었다—옮긴이)에 대한 믿음을 낳았다. 미국은 세계에 자유와 민주주의 이념을 들고 갈 사명을 지닌, 하나님의 섭리로 세워진 나라였다. 이 사명에는 미국이 지구적 복음전도를 통해 열방에 빛이 되는 일이 포함되어 있다. 그런데 이 사명은 진보, 자유, 정의에 반대하는 자들을 상대로 계속 싸우지 않으면 안 될 운명에 처해 있다. 이 세계는 선한 민족들과 악한 민족들로 나눠질 수 있다. 그 결과, 로버트 벨라 Robert Bellah가 그의 고전적인 글에서 언급하듯이, 미국의 시민종교가 출현했던 것이다(1967).

이 비전은 근대 선교 운동에도 영향을 미쳤다. "17세기의 뉴잉글랜드 청교도 선교사들이 대체로 근대 선교의 흐름을 설정했다. 그들은 복음전파를 통해 미국 원주민들을 개종시켜 그들로 개인적 구원을 얻게 하는 것을 자기 임무로 삼았다. 그들이 척도로 삼은 모델은 잉글랜드 청교도가 이룩한 문명이었다.……그들은 이 새로운 그리스도인들을 양육하고 훈련하기 위해 그들을 교회로 모았고, 인디언 그리스도인들을 잉글랜드의 청교도로 바꾸려고 프로그램을 마련했다"(Wilbert Shenk 1980, 35).

당시의 선교사들은, 그들도 시대에 속한 사람들인 만큼, 전 세계를 기독교화할 뿐 아니라 문명화하기 위해서도 노력했다. 교회와 나란히 학교와 병원을 지었고, 과학을 복음과 함께 필수과목에 넣었다.[37] 많은 선교사들은 자신들이 인류의 발전을 위한 세계적인 운동에 참여하고 있다고 믿었다. 거기서 기독교와 과학은, 도덕적으로 그리고 물질적으로 더 나은 세계를 만드는 데 기여하는 동반자였다(Bosch 1991, 298-302). 그들은 선교지 주민의 풍습과 믿음은 무시되어도 좋다고 종종 믿었는데, 세월이 흐르면 그들이 근대식 교육으로 계몽되어 예전의 방식을 버리게 될 것임이 분명했기 때문이다.

"문명" 대 "야만"의 개념은 19세기 이후의 선교 운동에 큰 영향을 미쳤다. 그 배후에는 서양 "문명"의 명백한 우월성과 해방의 능력에 대한 깊은 확신이 깔려 있었다. 유럽과 북미 출신의 선교사들은 세계의 다른 지역에 가서 그 사람들을 기독교로 개종하고 또 그들을 문명화하려고 애썼다. 1843년에 「침례교 선교 매거진 *Baptist Missionary Magazine*」은 이런 보도를 싣고 있다. "사람들은 이제 영국제 옷을 입고 하나님의 집에 아주 훌륭한 자태로 드나들고 있다. 예전에는 벌거벗은 몸으로 아주 역겨운 모습을 지녔던 아이들이 단정하게 옷을 입었다.……돼지우리처럼 형편없던 오두막들이 이제 정상적인 마을로 변했고, 최근까지만 해도 개발이 안 되었던 그 골짜기가 이제는 정원의 모양을 갖추고 있다"(Ferguson 2002, 122에서 인용).

복음전도자요 의사였던 데이비드 리빙스턴David Livingstone이 이중적 사명을 상징하는 전형적인 인물이다. 그는 런던선교회 London Missionary Society에 선교사로 지원하면서 이렇게 썼다. "선교사의 주된 의무는……설교, 권면, 회심, 젊은이 교육을 통하여 복음을 알리기 위해 자기의 힘이 닿는 대로 모든 수단을 동원해서 열심히 일하는 것이고, 힘이 닿는 한 문명의 기술과 학문을 도입하여 선교지 주민들의 생활 조건을 개선시키는 것이며, 기독교를 사람들의 귀와 양심에 권하기 위해 자기가 할 수 있는 모든 일을 하는 것이다"(Ferguson 2002, 122에서 인용).

물론 노예제도에 대한 공격을 주도해서 마침내 잉글랜드를 비롯한 여러 곳에서 그것을 폐지시킨 장본인은 바로 복음적인 그리스도인들이었다. 그리고 대부분의 선교사가 식민지 통치자들보다 선교지 주민들과 더 가까웠던 것도 사실이다. 또 그 지방의 언어를 배워서 성경을 그들의 언어로 번역했다. 그럼에도 불구하고, 근대에 일했던 대다수 선교사들은 "원주민"을 기독교화Christianizing하고 그들을 문명화civilizing하는 일 둘 다를 자기 과제라고 생각했다. 리빙스턴은 여기에다 세 번째 C인 "상업화commercializing"를 덧붙였는데, 그것은 자유무역이야말로 노예제를 없앨 것이라고 믿었기 때문이다.

최근에 들어와서, 구속적 폭력의 신화는 세상을 하나님과 사탄 사이의 우주적 전쟁으로 보는, 이른바 "영적 전쟁"이란 이름으로 다시 출현했다. 이 전쟁은 천상에서 벌어지고 있으나, 하늘과 땅 전체를 아우르고 있다. 그 중심 이슈는 힘이다. 하나님이 사탄을 물리칠 수 있을까? 그리스도인이 마귀를 쫓아낼 수 있을까?

근대성이 기독교에 미친 영향

근대성이 기독교에 미친 영향은 참으로 막대했다. 그것을 오스 기니스Os Guinness는 이렇게 표현한다. "근대성은 우리도 모르는 사이에 우리에게 몰래 다가온 새로운 종류의 세속성이다. 우리는 근대화의 힘을 우리의 종으로 삼으려고 했으나, 부지중에 우리 자신이 그 영향을 받고 말았다. 우리는 우리 사회 안의 세상적인 요소를 간파하려고 끊임없이 순찰을 돌았으나, 마귀는 바로 우리 코앞에서 이 새로운 세속성의 수레를 끌고 교회 속으로 들어왔다"(1994a, 323). 이 점은 교회와 그리스도인에게 전반적으로 해당된다. 이는 보수적인 그리스도인에게도 해당된다. 아니, 어쩌면 근대성의 영향을 종종 인식하지 못하는 그들에게 더 해당될지도 모르겠다. 이것은 교회에게 커다란 기회인 동시에 커다란 위협이기도 하다. 오스 기니스는 우리에게 이렇게 상기시킨다. "기독교 교회는 근대 세계의 발흥에 기여했고, 근대 세계는 거꾸로 기독교 교회를 약화시켰다. 따라서 교회가 무비판적으로 근대 세계에 들어가고, 관여하고, 그것을 사용하는 만큼, 교회는 스스로의 무덤을 파는 꼴이 된다"(1994b, 324, 강조는 원문 그대로).

근대성이 17세기에서 20세기에 이르는 선교에 미친 영향도 그만큼 막대했다. 긍정적인 면에서는, 운송수단, 무역, 식민주의 등이 복음이 전 세계에 전파되도록 문을 열어 주었다. 오늘날 세계적으로 그리스도인의 대다수가 비서구 지역에 살고 있다. 한편, 복음과 함께 교육과 의술도 보급되었고, 이는 셀 수 없이 많은 사람을 더욱 더 지구적 세계 체제에 참여하도록 해주었다. 다른 한편, 성경이 각 지역 언어로 번역됨에 따라 그 지역의 문화가 근대성의 포화에 살아남게 한 촉진제가 되었다.

부정적인 면에서 보자면, 기독교가 비서구인들의 마음속에서 근대성과 종종 동일시되었다. 선교사들은 세계를 기독교화하고 문명화하는 일을 자기 과제로 보았다. 이는 서양에 있는 교회를 모델로 삼게 했고, 그 지방 특유의 기독교를 질식시키곤 했다. 또한 근대적인 이원론(초자연/자연)을 도입함으로써, 영적인 실재를 부정하게 하고 많은 사람들의 세계관을 세속화하는 결과를 낳았다. 이 주제에 대해 할 말이 더 많지만, 이제는 포스트모더니티의 발흥과 그것이 교회와 선교에 미친 영향으로 눈을 돌려야겠다.

8장

근대 후기 또는 포스트모더니티의 세계관

지금 현대 세계는 대규모 변동이 일어나는 중이다. 이 변동에 대해 피터 드러커Peter Drucker는 이렇게 묘사한다.

> 서양 역사를 보면 200년마다 아주 뚜렷한 변혁이 일어나는 현상을 볼 수 있다. 우리는 지금…… "분수령"이라 불려온 곳을 가로지르고 있다. 불과 이삼 년이란 짧은 기간 안에 사회는 스스로를 다시 정돈한다. 세계관, 기본 가치관, 사회 및 정치 구조, 예술, 주요 기관 등을 재편하는 것이다. 50년이 지나면 새로운 세계가 눈에 띈다. 그때 태어나는 자들은 자기 조부모가 살았던 세계와 자기 부모가 태어났던 당시의 세계를 상상조차 할 수 없다.…… 우리는 지금 바로 이런 변혁의 시대를 통과하는 중이다. (Van Engen 1997, 437에서 인용)

포스트모더니티는 18세기 말에서 20세기 중반까지 지속되었던 계몽주의 프로젝트가 붕괴된 뒤에 이 세계가 몸담게 된 지적인 환경이다. 계몽주의 프로젝트는 세계의 다양한 민족에게 똑같이 합리적인 방식으로 사물을 보게 하는 것을 목표로 삼았는데, 이제는 그것이 의문시되고 있다. 과거에 확고한 기초로 여겨졌던 것이 이제는 의심의 눈초리를 받고 있다. "사물의 실상"을 보여준다는 근대적 인식은 이성과 경험적 증거에 근거한 지식이 아니라, 실은 권력 있는 자들이 만들어 낸 자기 위주의 이데올로기요, 자기와 동조하지 않는 자들을 주변화시키는 기득권층의 이데올로기일 뿐이라는 주장이 제기된 것이다.

이처럼 근본적인radical 세계관의 전환은 하루아침에 발생하지 않는다. 근대성은 아직 풀코스를 완주하지 않은 상황이다. 오히려 이런 변화는 지배적인 문화 안의 반counter문화 운동으로 시작되는 것이 보통이다. 포스트모더니즘의 철학적 뿌리는 프리드리히 니체, 마르틴 하이데거Martin Heidegger, 자크 데리다Jacques Derrida, 미셸 푸코, 장 프랑수아 리오타르Jean-François Lyotard 등에게서 찾을 수 있다. 하지만 문화인류학에서의 뿌리는 1930년대까지 거슬러 올라간다. 말리노프스키와 래드클리프-브라운이 인류학자들에게 근대의 분석적 이론을 수입하지 말고(에틱의 관점), 연구대상인 그 사람들의 눈으로(이믹의 관점) 세계를 보라고 촉구했을 때부터 시작된 것이다. 이 접근은 문화적 상대주의 개념을 소개했고, 시간이 흐른 뒤에 전 세계 여러 민족의 관점에서 근대성을 연구하는 방식도 새롭게 도입했다.

"포스트모던"이란 용어는 맨 처음 1940년대에 새로운 형태의 건축과 시詩를 묘사하는 말로 사용되었다. 1960년대 이후에는 그 용어를 역사상 새로운 시대를 지칭하는 단어로 사용하는 책들이 등장했다. 비판자들은 이에 대해 그저 일시적인 유행이라든가, 지식인들이 새로운 담론을 찾다가 만든 발명품이라든가, 근대성에 대한 보수 반동의 산물이라고 주장한다. 옹호자들은 이것이야말로 서양 사상의 새 시대를 여는 것으로서, 합리주의와 자본주의를 동원하여 통제권을 잡으려 했던 부르주아 세계관의 종말을 고하는 사상이라고 주장한다. 또 어떤 이들은 그것을 근대 후기를 지칭하는 것으로서, 수공업 단계에서 정보 관리 및 소비주의 단계로 넘어가는 과정이라는 입장을 견지한다.

근대적 세계관과 포스트모던 세계관은 서양에서 과거 몇 십 년 동안 공존해 오면서, 대중의 승인을 받으려고 서로 경쟁하고 있다. 이 새 패러다임이 옛것을 누르고 승리한다면, 아니 승리를 할 때에야 비로소 전환이 일어날 것이다. 그런데 패러다임 전환에서 새것이 옛것을 완전히 대치하는 경우는 거의 드물다. 새것이 옛것에서 많은 요소를 영입하되, 후자에게 새로운 틀―전반적으로 사물을 바라보는 새로운 방식―안에서 새 의미를 부여하는 것이 보통이다. 리처드 브라운Richard Brown는 이렇게 진술한다.

> 갈수록 많은 사람들이 후기 자본주의, 후기-산업사회, 또는 포스트모던 문화가 이전의 것들과 질적으로 다르다는 점을 인식하고 있다. 이런 변화가 초근대적hyper-modern 문화의 냄새를 풍기는 최근의 소비주의, 지구적 자본주의라는 용어로 개념화되든지, 포스트모던 감수성을 대변하는 후기-산업 정보사회라는 말로 표현되든지 상관없이, 사물이 더 이상 예전과 같이 보이지 않고, 비록 서글프게 느껴지더라도, 이런 변화가 획기적인 규모로 일어나고

있는 것만은 확실한 것 같다. (1994, 13-14)

포스트모더니티가 강력한 패러다임으로 출현하는 데는 여러 가지 요인들이 있었다. 하나는, 제1차 세계대전 이후 계몽주의 프로젝트에 대한 믿음의 상실이다. 19세기에 유럽과 북미에서 풍미하던 중심 개념은 "문명"이었다. 서양 국가들은 스스로를 전 세계로 확장되는 문명의 표준 국가로 인식하고, 문명이야말로 자기를 서로 묶어 주고 또 원시적이고 미개한 나라들과 자기를 구별해 준다고 생각했다. 그런데 제1차 세계대전이 서양의 통일성과 진보의 환상을 완전히 깨어 버렸다. 리처드 존 뉴하우스Richard John Neuhaus는 이렇게 설명한다.

> 세계대전과 함께 사태가 아주 나쁘게 돌아가기 시작했다. 그때까지만 해도, 대부분의 기독교 사상가를 비롯한 똑똑한 사람들은 진보의 불가피성을 믿었다. 이 세상과 세상에 몸담고 살던 그들이 날마다 모든 면에서 더 나아지고 있던 중이었다. 그때 1914년 8월의 총성이 세상에 울렸고, 온 세계의 불빛이 꺼질 것이라는 보도가 흘러나왔다.……소위 계몽되었다는 금세기가 역사상 어느 세기보다 더 많은 피를 강같이 흘렸고, 더 많은 시체를 태산같이 쌓았다. 스탈린과 히틀러가 죽인 희생자—그리고 둘을 합친 숫자보다 더 많은 사람을 죽인 마오쩌둥의 희생자를 더하면—가, 오차 범위를 일이천만으로 잡을 때, 2억 가량으로 추산된다. 그 숫자는 세다가 더 이상 셀 수 없을 정도로 많았다. 물론 승전국은 함부르크, 드레스덴, 나가사키, 히로시마 등지에서 핵무기와 "재래식" 무

기로 인해 받은 피해는 계산에 넣지 않는 것이 보통이다. (2000, 106-107)

제1차 세계대전 이후의 세계 역사는, "근대성이 과연 진보를 도모하고 있는가?", 아니면 "우리가 혁신과 개발과 진보의 환상에 사로잡혀 길을 잃은 것은 아닌가?" 하는 물음을 제기하면서 기존의 환멸감과 의심을 더 한층 악화시켰다. 소위 미개국들이 아니라 스스로 문명국이라고 자랑하던 나라들이 일으킨 두 차례의 세계대전은 진보의 관념을 왕창 깨뜨려 버렸다. 식민주의의 몰락과 이른바 문명국가로의 세계적인 인구 이동도 현 상태를 흔들어 놓았다. 많은 사람들은 근대성이 인간 유토피아를 건설하겠다는 약속을 지키는 데 실패했다고 믿고 있다. 근대성의 구성은 식민지 지배와 산업적 압제를 통해 유례없는 고통을 낳았다. 근대 정신은 인간의 지성이 삶의 위기를 해결할 능력을 갖고 있다고 자신한 반면에, 포스트모던 정신은 그와 비슷한 어떤 주장도 믿지 않게 되었다. 후자는 인간의 지능이 인생의 미로를 헤쳐 나갈 능력이 없으므로, 그저 하루하루 즐기며 살아야 한다고 주장한다.

그런데 근대성에 대한 환멸은 이보다 더 골이 깊다. 막스 베버는 근대의 끝없는 변화와 흐름이 무의미함을 낳는다고 주장했다. "무한한 '진보'의 물결 속에 놓여지고······사상, 지식, 문제들로 인해 계속 풍성해지는 문화의 한복판에 놓인 문명인의 개인 생활은······정신의 삶이 늘 새롭게 가져오는 것들 가운데 가장 미세한 일부분만 포착하게 되고······그것은 곧 무의미함을 뜻한다" (1970, 139-140).

배리 스마트도 이렇게 말한다. "구체적으로 우리는, 합리적이고 방법론적인 생활방식이 다음과 같은 의문들에 대해 만족스런 답을 추구할 때 거듭 부딪히는 어려움에 주목해도 좋다. '궁극적인 전제'와 기초와 근거에 관한 의문, '탈마법화된' 현대 세계에서 의미를 찾는 문제, 계산적이고 합목적적인 합리성의 개발을 통해 만물을 지배하려 했던 근대의 추구가 좌절을 맛보고 불완전한 미완성 과제로 남을 조짐 등이 그런 것이다"(1993, 87). 과학적 합리성은 우리에게 인위적인 추상작용과 물질적 풍요를 선사했지만, 동시에 심리적·사회적·영적 빈곤도 안겨 주었다. 지식은 더 늘어나고 있으나, 삶의 의미는 더 줄어들고 있다.

현재의 위기를 초래한 둘째 이유는 근대의 성공에 기인한다. 근대성은 세계 전역에 퍼져 나갔고, 세계의 상당한 부분을 정복하거나 식민지로 삼았다. 이는 문화를 위계에 따라 조직한 다음, "문명화된" 현대 서양 민족을 맨 꼭대기에 놓고, 다른 민족들에게는 "원시인"과 "원주민"이라는 딱지를 붙였다. 이런 국가들 가운데 근대식 학교교육을 받은 지도자들은 이런 위계가 착취적이고 배타적인 것이라고 도전했다. 그들은 서양의 식민주의를 뒤집어엎고 자신들의 고유한 문화와 국가를 발전시키려고 노력했다. 게다가, 현대인은 다른 민족들을 갈수록 깊은 차원에서 만나기 시작했다. 타자 및 타자성과의 깊은 만남을 통해 그들을 어떤 범주에 넣고 그들과 어떤 관계를 맺어야 할지 의문을 품게 되었다. 첫째 반응은 타자를 원시인으로 보는 것이었다. 즉 뒤떨어지고 미개한 민족으로, 근대 국가들이 "문명화"하고 여러 수단—교육, 향상된 테크놀로지, 민주주의, 개인적 자유, 세속 국가 등—을 통해 완전한 인간으로 만들 수 있는 대상으로 여긴 것이다. 그런데 근대적 기관들이 다른 민족들과 그들의 문화를 연구하고 알게 되면서, 그들도 그들 나름의 정당성이 있음이 갈수록 더 분명해졌다. 타민족이라고 논리 이전의 상태에 있는 것이 아니다. 그들은 다른 논리를 사용할 뿐이다. 다른 문화라고 해서 무시하고 내쫓으면 안 된다. 그런 문화들도 그 자체의 세계관에 입각하여 진지하게 이해할 필요가 있다. 이러한 자각은 반식민주의anticolonial 운동을 일으키게 했고, 이는 다른 문화들과의 문화적 차이를 긍정하고 자민족 중심주의와 문화적 오만을 배척하게 만들었다. 1930년 이후 "문명"이란 용어는 갈수록 오만한 말로 배척을 받아 결국 "문화"라는 단어로 바뀌었다. 식민주의와 제국주의는 경멸조의 말로 변했다. 근대성은 많은 문화들 중 하나가 되었고, 다수에게 그것이 반드시 최상의 문화는 아니었다. 포스트모더니티는 반식민주의와 반권위주의적 성격을 갖고 있다.

그래서 이런 물음이 떠올랐다. 근대인들은 타자성을 어떻게 보아야 할까? 또 문화적·종교적 다원주의는 어떻게 다루어야 할까? 포스트모더니티는 근대성의 건방진 태도, 즉 스스로를 우월하게 보고 다른 문화를 원시적인 것으로 배척하는 입장을 배척한다. 그 대신 모든 문화의 가치를 인정하고, 관용과 인지적·도덕적 상대주의를 강조한다. 현대 유럽인과 미국인은 더 이상 자신들의 이론에 의해 세계를 대변하고 세계를 규정짓지 않는다. 모든 민족의 견해를 그들로부터 직접 들어야 마땅하다.

현재의 위기가 초래된 셋째 이유는 "의심의 해석학hermeneutics of suspicion"으로 알려진, 근대적 세계관에 대한 날카로운 지적 비판 때문이다. 근대성은 모든 전통 이데올로기에 대한 의심과, 실증주의에 기초한 확실하고 보편적인 진리의 추구에 기초를 두고 있다. 근대적 지식을 받쳐 주는, 얼핏 견고해 보이는 기초가 지금은 의심받고 있다. 배리 스마트는 이렇게 말한다. "근대성은 확실성이 아니라 혼란과 끊임없는 변화를 양산한다.……아무것도 신성하지 않고, 어떤 것도 면제되지 않으며, 근대적 프로젝트에 기반을 둔 '프롤레타리아' 과학까지 포함해 모든 것을 근대성이 뒤집을 수 있다. 이보다 더 중요한 점은, 근대적 이성의 주장 자체도 예외가 아니라는 사실이다. 요컨대, 근대성은 그 자체의 비판을 받지 않으면 안 될 처지에 놓인 셈이다"(1993, 109).

포스트모던 학자들이 근대성을 비판하는 이유는, 첫째로 근대가 지식의 기초를 추구하기 때문이고, 둘째로 보편화하고 전체화하는 주장 때문이고, 셋째로 명백한 진리를 제공한다는 오만한 주장 때문이고, 넷째로 그것이 주장하는 그릇된 합리주의 때문이다. 이들은 반과학적이고 반테크놀로지적인 입장을 옹호하면서, 모든 지식은 특정한 관점과 개인적 의제를 지닌 관찰자가 인지적으로 구성한 것이라고, 또 모든 지식은 권력이라고 주장한다. 거대이론과 거대내러티브가 특히 의심의 대상이다. 이와 반대로, 근대 이론의 방어자들은 포스트모던 상대주의, 비합리주의, 허무주의nihilism 등을 공격하고, 의심의 해석학을 포스트모더니티에 적용한다. 스티븐 베스트Steven Best와 더글러스 켈너Douglas Kellner는 이렇게 말한다. "리오타르와 같은 사상가들이 전체성totality을 상대로 전쟁을 선포했음에도, 포스트모던 사상가로 알려진 푸코와 보드리야르Baudrillard 같은 이론가들이 오히려 극단적인 전체화 이론들을 생산하면서, 종종 추상적이고, 지나치게 일반적이며, 때로는 복잡한 역사적 상황을 너무 단순화시키는 이론들을 내놓는 것은 참으로 아이러니하다"(1991, 280).

포스트모더니티는 보편적인 전체화를 추구하는 근대 사상의 성격을 불신하고, 파편화, 불확정성, 실용주의를 근대성의 횡포에 대항하는 해방군으로 영입한다. 이런 비판의 뿌리는 사실상 근대성 자체에서 찾을 수 있다. 과학자들이 주변 세계뿐 아니라 과학자들과 과학 자체를 연구하기 시작했을 때, 그들은 실증주의 과학의 기본 전제들에 의문을 제기했다. 심리학, 사회학, 인류학, 지식철학 philosophy of knowledge은 과학자, 대학교, 연구소 등이 연구조사와 연구결과에 영향을 미치는 큰 사회문화 시스템의 일부임을 보여주었다. 과학 그 자체도 해당 학과, 학교, 국가의 사회적·정치적 의제에 영향을 받는 가운데, 학문 공동체 안에서 과학자들이 이룩한 구성물로 보기에 이른 것이다. 과학자와 지식의 객관성이 지녔던 특권적 지위가 더 이상 유지될 수 없었고, 실증주의도 공격받기에 이르렀다. "영원하고 불변하는 인간의 본질을 정의함에 있어서 더 이상 계몽주의적 이성에게 특권적 지위를 부여할 수 없다"고 데이비드 하비는 말한다(1990, 18). 이제는 과학이 진리를 제시한다고 주장할 수 없다. 게다가, 단일한 통일된 과학 이론으로부터 또는 아르키메데스 지점으로부터 모든 실재를 파악할 수 있다는 생각도 배척을 받았다. 배리 스마트는 이렇게 말한다. "지식인은 오늘날 '인지적 진리, 도덕적 판단, 미적 취향의 문제들에 대해 권위 있는 해답'을 제공하기가 불가능한 상황에 처해 있다. 또 그들이 담당해 왔던 합법화 기능이 보다 경제적이고 효율적인 '유혹seduction과 억압 repression'의 메커니즘에 의해 침식당하고 있고, 갈수록 커지는 문화적 생산과 소비의 영역에서 영향력과 통제력을 발휘할 수 있는 (잠재적) 위치로부터 '자본가들'이나 '관료들'에 의해 쫓겨나고 있다"(1993, 63). 그 결과, 웅장한 거대내러티브—세계에 대한 포괄적인 이론—에 대한 믿음을 잃고, 우리가 모든 진리를(아니, 무슨 진리라도) 알 수 있다는 자신감도 상실하게 되었다. 인간의 역사는 아무 "이야기"나 "플롯"이 없으므로 무의미할 뿐이다. 사회, 집단, 심지어 가족의 역사들도 권력 투쟁의 놀음에 불과하므로 역시 무의미하다. 한 개인의 생애조차도 이야기 줄거리나 목적이나 목표가 전혀 없다. 오직 현재의 순간만이 의미가 있는데, 이 순간마저 우리가 성찰할 시간도 갖기 전에 사라져 버린다.

현재의 위기를 몰고 온 넷째 이유는, 근대성이 과학 지식이나 여타 지식을 무엇을 위해 활용할 것인지 또는 활용해야 하는지 그 목적과 윤리에 대해 거의 말하지 않았기 때문이다. 사실 근대성은 도덕의 기초를 놓을 만한 경험적 방법이 없었고, 새로운 지식이 인류의 유익을 위해 사용될 것임을 보장하지도 못했다. 그리고 사회 생활이나 사회의 운영에 필요한 적절한 지침도 제공하지 못했다(Rosenau 1992, 10). 포스트모더니티를 비판하는 자들은 이것 역시 아무 비전이 없고, 더 나은 세계로 가는 길을 제공하지도 않는다고 주장한다. 그들은 포스트모더니스트들이 "근대성의 퇴적물로부터 무엇이 생길 수 있는지 또는 무엇이 생겨야 하는지에 대해서는 아무 개념도 없으면서, 허무주의와 비관주의pessimism를 '역사적 해방의 유일한 기초'로 선전할 뿐"이라고 비판한다(Best and Kellner 1991, 284-285).

마지막 이유는 근대성 안에서 일어나고 있는 변화에 있다. 초기의 근대성은 물질적 진보에 바탕을 둔 산업사회가 그 특징이었다. 후기 근대성은 정보를 중심으로 한 지식사회로의 전환을 그 특징으로 삼고 있다. 육체노동과 기계적 노동이 기계와 지식 및 지식 관련 서비스로 각각 대치되었다. 따라서 갈수록 빨라지는 변화의 속도로 인해 불확실성과 불안감이 생겨났다. 포스트모더니티는 "근대성의 본질에 해당하는 가차 없는 소용돌이, 혼란, 영구적 변화로부터……갈수록 근대성의 당연한 결과로 보이는 의심, 불확실성, 염려와 함께 살아가는 생활방식이다"(Smart 1993, 12). 포스트모더니티는 두려움, 염려, 불안과 더불어 살고, 상상력과 책임성을 요구한다.

현재 우리가 직면한 세계관적 변동의 성격과 미래는 분명하지 않다. 리오타르, 푸코, 데리다와 같은 일부 학자들은, 근대성이 그 약속을 지키지 못했고, 그 내적인 모순이 표면에 떠올랐기 때문에 붕괴하는 중이라고 주장한다. 우리는 지금 새로운 개념들과 이론들이 필요한, 전적으로 새로운 시대에 몸담고 있다고 주장한다. 참신하고 보다 인간적인 포스트모던 시대가 오고 있다는 말이다.[1]

반면에, 자크 엘룰과 다리오 포Dario Fo와 같은 학자들에 따르면, 포스트모더니티는 일시적인 유행일 뿐이고, 지식인들이 새로운 담론을 찾다가 만든 발명품이요, 사는 데 걱정 없는 부자와 권력자들의 사치품이라고 주장한다. 그것은 자신들에게 삶의 의미와 땅의 평화를 주는 데 실패한 근대성에 너무 넌더리가 나서, 그에 반발하는 일종의 낭만적 반동이라는 것이다. 세계 곳곳에 있는 민족과 국가들은 아직도 근대성의 열매를 추구하고 있다. 지그문트 바우만 Zigmunt Bauman은 포스트모더니티란 새로운 해답을 갖춘 새 시대가 아니라, 근대성의 자기 성찰적 비판이라고 주장한다. 위르겐 하버마스, 데이비드 하비, 앤서니 기든스Anthony Giddens 등은 근대성과 포스트모더니티의 불연속성보다는 연속성을 더 강조하는 입장이다. 그러므로 우리가 후기 또는 고도의 근대성late or high modernity의 단계에 접어들고 있다고 그들은 단정한다. 이는 근대성이 그 논리적 결론에 다다른 것으로, 전 세계에 자본의 침투와 동질화 현상이 더 심화되는 등 고차원적 자본주의가 출현하고, 이에 반발하여 문화적 근본주의, 시공간에 대한 색다른 경험, 경험을 보는 새로운 방식 등이 반주제로 등장하는 시기이다. 바우만은 이렇게 말한다. "그것은 근대 정신이 스스로의 상태와 과거의 업적을 냉정하고 주의 깊게 한참 직시하고서, 자기 눈에 보이는 것에 그리 만족하지 않고 변화의 충동을 느끼는 상태라 할 수 있다. 포스트모더니티는 근대성이 성년에 달한 시기이다.……포스트모더니티는 근대성이 스스로의 불가능성에 적응한 단계이며, 자기가 한때 무의식적으로 행하던 것을 의식적으로 버리는, 일종의 자기 감시적 근대성에 해당한다"(1991, 272). 후기 자본주의는 지식과 정보의 영역을 포함하여 사실상 모든 사회적·개인적 삶으로 상품화 작업을 확대한다. 그러나 이 단계는, 일부 학자가 주장하듯이, 단순히 근대성이 심화된 상태가 아니다. 포스트모더니티는 근대성 자체에 내재된 내적인 모순들에서 나오는 독특한 특징을 갖고 있다.

아놀드 토인비, 휴스턴 스미스Huston Smith, 래리 로던 등은 포스트모더니티를 근대성에 대한 근본적인 도전으로 본다. 근대적 세계관에서, 실재는 인간 지능이 실증주의 인식론으로 파악할 수 있는 법칙들에 따라 정돈된다. 근대성이 질서와 성취를 약속했지만,

사실상 오늘의 세계는 혼돈, 불만족, 불행으로 가득 차 있다. 포스트모던 세계관은 실재를 정돈되지 않은 것이요 궁극적으로 알 수 없는 것으로 본다. 인간의 지식은 도구주의instrumentalist 인식론에 바탕을 둔 공리주의적인 것에 불과하다. 스미스와 로던은 포스트모던 회의주의와 불확실성이 포스트모던 이후 관점으로 바뀌는 과도기적 현상이라고 주장하고, 장차 이 관점이 보다 전일적이고 영적인 안목과 비판적 실재론critical realism에 근거한 진리의 재확증을 그 특징으로 삼을 것이라고 제안한다.

인지적 주제들

현재 하나로 통일된 포스트모던 이론은 존재하지 않으며, 심지어 그 입장들을 정합적인 집합으로 묶을 수도 없다. 그 대신 다양한 여러 이론들을 뭉뚱그려서 "포스트모던"이란 말을 붙이고 있다(Best and Kellner 1991, 2). 여기서는 오늘날의 대중문화가 근대성에 도전하고 있는 현상을 주목하면서, 그 문화에서 갈수록 많이 표출되고 있는 주요 포스트모던 이론들의 지배적 주제들과 반주제들을 살펴보고자 한다.

표상representation의 위기

최근에 들어와서, 폭넓은 공격 대상이 되고 있는 것은 경험론적 토대주의와, 실재를 언어로 표상한다는 근대적 관념이다. 칼 포퍼Karl

Popper, W. V. 콰인Quine, 토머스 쿤과 같은 이들은 전통적인 가정들, 곧 과학 지식이 실재를 있는 그대로 반영하고 외부세계에 직접 접근하게 해준다는 생각과, 그런 지식은 누적되고cumulative 가치중립적이며 편견이 없고, 가설의 시험대에서 검증된 것이라는 가정에 도전을 가했다. 그들은 모든 이론이 그 대상에 대해 단지 부분적이고, 편향되고, 특정 관점에 따른 이해를 제공한다는 점과, 그것들은 모두 역사와 언어를 매개로 삼는다고 주장하고 있다. 지식은 마치 콜라주collage나 로르샤흐Rorschach 검사와 비슷하다. 니체는 객관적이고 무문화적이며 무역사적인 진리를 주장하는 서양의 철학적 가설을 공격했고, 사실은 없고 해석만 있으며, 객관적 진리는 없고 개인과 집단의 구성물만 있다는 이른바 관점주의perspectivalism를 주장했다. 이러한 사고방식은 결국 진리의 표상에 대해 물음을 제기하게 된다. 폴린 로제나우Pauline Rosenau는 이렇게 말한다.

근대적 표상은 가장 폭넓은 용어들을 사용해서 자기 영토를 확보하고 있다. 그것은 **위임**delegation이다. 즉 한 개인이 국회에서 다른 사람을 대표한다. 그것은 **닮은꼴**resemblance이다. 즉 그림은 화가가 관찰한 것을 캔버스에 표현한다. 그것은 **모사**replication다. 사진(이미지)은 사진가가 찍은 것(대상)을 표현한다. 그것은 **반복**repetition이다. 즉 작가는 자기의 아이디어나 생각(의미)을 표현하는 글(언어)을 종이에 기록한다. 그것은 **대체**substitution다. 즉 변호사는 법정에서 고객을 대신한다. 그것은 **복제**duplication다. 즉 사진복사photocopy는 원본을 표현한다. 이처럼 다양한 형태를 가진 표상은 사회과학의 모든 분야에서 중심적 역할을 하는데, 아마

이런 이유 때문에 모더니즘과 포스트모더니즘이 이 분야에서 피터지게 싸우지 않나 생각된다. (1992, 92)

이데올로기 비판

포스트모더니즘의 주요 공격 목표의 하나는 근대 인식론인데, 이는 그동안 누적된 합리적이고 객관적이며 가치중립적인 참 지식이 있다고 주장하는 입장이다. 포스트모더니즘은 초연하고 객관적인 지식의 가능성을 부정한다. 모든 지식은 자기 위주로 구성된 것이기 때문이다. 케네스 거겐Kenneth Gergen은 "경험론적 토대주의와 이와 관련된 관행들이 줄곧 지배적인 위치를 차지하고 있을지 모르지만, 그 배후에 있던 상당수의 학자는 본질적으로 죽은 상태나 다름없다"(1994, 58)고 말한다. 공격의 초점은 바로 과학이다. "만일 이론적 설명들이 경험적 자료에 힘입어 그 권위를 인정받을 수 없다면, 그리고 그런 설명들이 촉매제나 억제제로서 사회생활에 영향을 준다면, 과학은 19세기 이래 거의 거론되지 않았던 하나의 평가를 면할 수 없다. 구체적으로 말해서, 과학 이론은 그것이 문화에 미치는 영향—그로 인해 촉진되거나 제거되는 사회생활의 여러 형태—에 의해, 또는 한마디로 그 이데올로기적 영향력에 의해 평가될 수 있다"(Gergen 1994, 58-59).

칼 마르크스와 프리드리히 엥겔스는 이데올로기를 비판하면서 종교를 해체했다. 지금은 이와 동일한 비판이 마르크스주의와 과학을 해체하는 데 동원되고 있다. 마르크스와 엥겔스는 한 사회의 종교와 이데올로기들이 권력자의 이익을 시중들 뿐 아니라, 또한 지배계급의 관념이 곧 그 사회를 지배하는 관념이라고 주장했다.[2] 포스트모더니스트는 과학이 스스로에게 부여하는 특권적 지위를 부정하며, 이것 역시 학술기관 종사자들이 만든 하나의 이데올로기라고 본다. 이들 역시 자신의 연구결과에 그 기득권이 달려 있고, 실은 꼼꼼히 검토해야 할 어떤 사유방식을 그저 무비판적으로 수용하는 자들이기 때문이다. 이런 회의주의는 과학적 비판을 거꾸로 과학자들과 과학 자체에 적용해서 나온 결과다. 과학자들은 이전의 합리적 체계들을 파괴해 버린 새로운 의미의 합리성—과학적 합리성—을 구성했다. 막스 베버는 이렇게 말한다. "과학은 '지적인 무흠결성intellectual integrity'이란 미명하에 자기가 이 세계에 대한 유일한 합리적 견해를 대표한다고 주장했다. 지성도, 모든 문화적 가치들과 마찬가지로, 사람이 개인적으로 갖고 있는 윤리적 속성과 일체 무관한, 합리적 문화의 소유에 바탕을 둔 일종의 귀족정치를 창조했다"(1970, 355). 이제는 과학이 근대성의 지배적 요소가 되어 권력자들의 이익을 위해 섬긴다. 그러므로 더 이상 과학이 이데올로기의 환상을 드러낼 것으로 기대할 수 없다. 베버는 다른 합리화된 세계관들도 존재한다고 언급하면서, 이것들은 아직 사라지지 않고 계속해서 역사에 중요한 영향을 미치고 있다고 주장한다. 근대성은 전통적 지식에 대한 회의주의에 기초해서 세워졌다. 포스트모더니티는 근대성에 대한 회의주의에 기초해서 세워진다.

성찰성reflexivity
근대성이 초점을 인식자로부터 인식 대상으로 옮겼다면, 포스트모더니티는 거꾸로 인식 대상으로부터 인식자로 초점을 되돌려 놓았다. 포스트모더니티는, 과학 이론이 성찰성이 있어서, 과학자가 연구하는 대상뿐 아니라 과학자 자신들에게도 적용된다고 주장한다. 특히 인간을 연구할 때는 더욱 그렇다고 생각한다. 푸코는 근대성이 안고 있는 모순을 이렇게 지적한다. 인간은 유전과 환경에 의해 형성되고 주관적 감정과 가치관에 좌우되는 존재여서, 결코 자신의 세계를 초월할 수 없다고 주장하면서, 그런데도 과학자들은 마치 이 세계로부터 자유롭게 되어 심층적 사고를 할 수 있는 존재인 양 스스로 생각한다는 것이다. 그러나 과학자들은 자기 연구대상인 사람들보다 더 합리적이라는 점을 입증할 수 없다. 포스트모더니티는 생각하는 주체의 우위성과 자율성을 회복시키려고 애쓴다. 이 사조는 권위주의와 위계를 반대하는 성향도 갖고 있다.

해체

포스트모더니스트들은 근대성에 깊은 환멸을 느끼고 있다. 두 차례의 세계대전, 생태계 붕괴의 위협, 점점 벌어지는 빈부 격차, 핵무기와 화학무기로 인한 파멸의 위험 등은 미래가 과거보다 더 나아질 것이라는 19세기의 낙관주의optimism와 믿음을 점차 무너뜨린 채, 냉소주의cynicism와 허무주의를 낳았다.

    포스트모더니스트는 이성, 자유, 진보에 대한 신앙을 중심으로 삼는 계몽주의 프로젝트에 의문을 제기한다. 근대 이론가들은 지식을 중립적이고 객관적이며 보편적인 것으로 보고, 그것을 진보와 해방의 근본 요건으로 간주한다. 포스트모더니스트들은 모든 형태의 지식이 권력과 지배를 구성하는 필수 요소라고 주장한다. 배리 스마트는 이렇게 언급한다. "합리화의 증대는 우리를 둘러싼 삶의 조건에 대한 인식의 증진이나 개인적 자율성의 향상을 가져오지 않았다. 이와 반대로, 지식의 분야가 더욱 분화되고 전문가와 전문인이 증가하면서, 그들에 대한 의존도를 더욱 높이고 말았다"(1993, 87).

포스트모더니스트들은 전체화 이론들을 계몽주의의 합리주의 신화로 배척한다. 그런 이론은 환원주의적이고, 다양한 사회 현실을 가리고, 다양성을 억누른다. 게다가, 막스 베버가 지적하듯이, 끝없는 혁신과 지식의 추구가 낳은 "진보"로 말미암아 끊임없이 변화와 변동이 생기고, 이는 불안감을 조성하고 "이 세계의 의미에 관해서는 우리에게 아무것도 가르칠 수" 없다는 것이 문제다(1970, 139-140). 또 배리 스마트는 "성스러운" 것이 경험의 영역으로 부활하는 동시에 근대 세계의 허무주의에 대한 반주제로 부활하는 현상이 포스트모던 조건의 일부를 구성하고 있다고 한다(1993, 89).

포스트모더니스트의 주장에 따르면, 지식, 논리, 정의의 모든 체계는 문화적·역사적 산물로 객관적 실재와 관련이 없으며, 진리와 도덕에 관한 어떤 주장도 특권적 지위를 가질 수 없다고 한다. 이런 체계들은 사람들의 자기 이익에 의해 창조된 것인 만큼, 모두가 의심의 대상이 된다. 진리와 권위로 주장되는 것은 무엇이든 의심을 받을 수밖에 없다. 포스트모더니스트들은 니체를 따라, 이성이 아닌 권력이 사회의 지배적 관념을 결정한다고, 또 권력자가 이런 관념을 규정짓는다고 주장한다. 그들은 실재에 관한 대통일 이론이란 근대적 개념에 도전하고, 그것을 콜라주, 절충주의eclecticism, 불확정성, 혼돈, 놀이, 아이러니, 냉소주의 등으로 대체한다. 차이와 복잡성이 통일 이론과 단순화 이론보다 선호된다. 포스트모더니스트는 자기 문화, 과학, 사회조직이 보편적 타당성을 갖고 있다는 이른바 서양의 주장에 물음을 제기한다.

표상의 위기는 계몽주의 프로젝트에 대한 포스트모더니스트의 신뢰도 크게 떨어뜨렸다. 객관적이고 가치중립적인 지식을 발견하겠다는 이 프로젝트의 주장이 신랄한 공격을 받았다. 이제는 실증주의가 진리 발견을 위한 기초적 인식론이라고 더 이상 주장할 수 없게 되었다.

마지막으로, 포스트모더니티는 자율적이고 실질적인 사람을 해체한다. 개인은 안쪽으로 파열하여 대중을 이룰 뿐이다. 결국에는 구성물, 곧 환상이나 가상현실로 변질될 따름이다.

이성에 대한 불신

이성은 더 나은 세계를 세우는 데 실패했고, 그 과정에 대한 비판적 성찰이 따랐다. 그 결과, 모두들 이성의 한계를 더 많이 인식하게 되었다. 합리화의 증대는 더 낫고 더 의미 있는 삶과 더 큰 개인적 자율성을 초래한 것이 아니라, 지식의 분야를 더 크게 분화시키고 전문화와 파편화를 가중시켰다.

이성에 대한 비판은 부분적으로, 다른 모든 신념 체계를 비판적 분석의 대상으로 삼고서 그들의 권위를 침식한 근대성 자체에 뿌리를 박고 있다. 그 동일한 비판적 성찰이 이제 이성과 과학을 향해 가해졌고, 그것들의 진리와 권위의 주장을 해체시켰다. 근대성이 예전에는 상대화 작업을 주도한 장본인이었는데, 이제는 스스로 그 대상이 된 셈이다.

거대한 내러티브의 배격

표상의 위기와 근대성에 대한 믿음의 상실은 계몽주의의 밑바탕에 깔린 이론, 곧 진보와 관련된 대통일 이론에 대한 환멸을 불러왔다. 포스트모더니스트들은 단일한 철학 체계 안에서 실재 전체를 체계적으로 파악하려는 철학적 노력을 배격했다. 즉 한복판에 있는 초연한 지점에서 모든 것을 조망하려는 노력을 거부한다. 우리 인간의 실재 인식은, 부분적으로, 우리가 처한 특정 상황과 우리의 세계관에 의해 결정된다고 그들은 주장한다. 실재 전체를 이해하려면, 여러 차원에서 여러 방법을 사용하는 다양한 접근이 필요하다. 그런데 거대내러티브는 단일 문화적이고, 제국주의적이며, 억압적이라고 지적한다. 앤서니 기든스에 따르면, "포스트모더니티는 인식론을 확립하려는 시도와, 인위적인 진보에 대한 믿음을 멀리하는 방향으로 전환되는 현상을 지칭한다. 포스트모더니티의 조건은 '거대한 내러티브'의 증발을 그 특징으로 한다. 거대한 내러티브란 우리가 뚜렷한 과거와 예측 가능한 미래를 가진 존재로서, 역사상 차지하는 우리의 위치를 알려 주는 전반적인 '이야기 줄거리'를 일컫는다. 포스트모던 안목은 지식에 대해 이질적인 주장들의 다양성을 보고, 그 가운데서 과학도 특권적 지위를 가지지 않는다는 입장이다"(1990, 2).

포스트모더니스트들은 과학을 공격하되, 주로 경험의 통일성에 대한 믿음과 지식의 통일 이론에 대한 추구를 그 비판의 대상으로 삼는다. 장 프랑수아 리오타르는 이렇게 말한다. "우리는 전일성과 일자—者에 대한 향수를 못 잊어서, 그리고 개념과 감각의 조화와, 투명한 경험과 소통 가능한 경험의 조화를 위해 이미 충분히 값비싼 대가를 치렀다.……이에 대한 해답은, 우리 모두 전체성을 상대로 전쟁을 걸자, 우리 모두 내놓을 수 없는 것을 가리키는 증인이 되자, 우리 모두 차이를 활성화시키고 이름에 맞는 체면을 지키자는 것이다"(1984, 81-82). 과거에 진리의 문제에 관한 한 최종 권위를 가졌던 종교가 근대에 들어와 과학과 철학에게 그 자리를 내주었는데, 이런 비판은 과학과 철학에까지 확장된다. 이 둘은 이제 형이상학적 주장을 내려놓고, 스스로 또 하나의 내러티브 집합에 불과한 존재임을 인식해야 한다(Harvey 1990, 6). 그 어떤 진리 주장도 특권적 지위를 가질 수 없으며, 그런 주장을 노출시키는 주장들도 이 점에서 마찬가지다. 로빈 호튼Robin Horton은 이렇게 말한다. "과학과 종교의 합리성에 관한 연구는 과학사상과 전통적 종교사상의 차이점을 개념화하기 위해 사용된 진부한 이분법에 의문을 던졌다. 지성 대 감성, 이성 대 신비, 현실 지향 대 공상 지향, 인과 지향 대 초자연 지향, 경험 대 비경험, 추상성 대 구체성, 분석 위주 대 분석 결여 등 이 모든 이분법은 대체로 부적절한 것임이 밝혀졌다"(1970, 152).

포스트모더니티는 과학자가 바깥에 서서 현실을 조망할 수 있는 그런 초연한 지점은 존재하지 않는다고 주장한다. 그들도 상당한 정도로 자기가 연구하고 있는 그림의 일부이고, 그들의 존재 자체가 검토 대상인 그 현실에 변화를 준다. 이 엄연한 사실은 모든 거대내러티브를 거부하게 만든다. 또 우리가 가진 모든 내러티브들은 서로 다른 관점에서 나온 것인 만큼, 그 모두가 똑같이 타당하다는 것을 뜻한다. 지역적 내러티브와 주변적 내러티브도 이야기하도록 격려하고 또 그것들을 귀담아들을 필요가 있다. 따라서 이는 인지적 상대주의로 귀결된다.

포스트모더니티는 또한 과학자와 그들의 이론들이 문화, 사회적 지위, 경제적 열망, 명예욕과 같이 합리성과 무관한 요인들과, 그들이 연구하고 가르치는 장소와 같이 우발적인 역사적 요인들로부터도 영향을 받는다고 주장한다. 각 사람의 삶을 보면, 개인적 검증을 거친 신념들 말고도 다른 많은 신념을 진리로 수용하고 있음을 알 수 있다. "과학자를 포함한 모든 사람은 자연의 작동방식과 관련하여 압도적일 정도로 많은 정보를 타인에게 의존하고 있다"(Behe 2005, 18).

아이러니한 사실은, 포스트모더니티가 전체화를 획책하는 근대적 거대내러티브를 배격하면서도, 스스로 그와 다름없는 새로운 거대내러티브가 되려고 한다는 점이다. 케네스 거겐(1994)이 지적하듯이, 이 사조는 남성, 이성애자, 자본주의자, 공산주의자, 경험론자, 도덕주의자 등이 각각 자기 담론으로 지배권을 장악하려 한다고 그들을 비방하면서, 그들의 관점에 귀를 기울이기를 거부한다. 이들의 목소리는 포스트모더니스트의 공격 목표가 되었고, 또 헤게모니 장악을 도모한다는 이유로 변두리로 밀려났다. 이에 반대하는 자들은 "배타주의자"란 딱지를 얻었고, 반대 의견은 정치적 올바름political correctness의 미명하에 무시당하곤 한다. 하지만 결국 포스트모더니티는 다른 포괄적인 이론들을 배격함으로써 자신의 진리 주장도 스스로 무너뜨리고 있는 셈이다.

그리스 이원론의 배격

자연/초자연, 경험적 실재/관념, 자연/생명, 자연 질서/기적 등 여러 형태를 띤 근대 이원론은, 보다 일찍부터 도전을 받은 바 있다. 알프레드 화이트헤드는 이렇게 말한다. "이 같은 자연과 생명 사이의 뚜렷한 구별은 그 이후의 모든 철학에 해독을 끼쳤다. 이 두 유형 간의 동등한 존립을 포기한 경우에도, 대부분의 근대 학파는 양자를 적절하게 융합하지 못하고 있다. 일부에서는 자연을 단순한 현상으로 보고, 정신을 유일한 실재로 본다. 다른 일부에서는 물리적 자연이 유일한 실재이고 정신은 부수현상에 불과하다고 생각한다"(1938, 150). 진리는 우리가 물리적 자연과 생명을 서로 융합하여 양자를 "진정한 실재"의 본질적 구성요소들로 간주하지 않으면, 어느 하나도 제대로 이해할 수 없다는 것이다.

반환원주의

포스트모더니스트들은 유물론과 실증주의가 얻은 진리는 과학 지식만큼 또는 그 이상으로 중요한 실재들을 빠뜨린다고 주장한다. 말하자면, 신, 절대, 우주, 도덕, 깊은 감정, 삶의 의미 등 언어로 환원할 수 없는 것들을 무시한다는 뜻이다. 그들은 근대성으로 인해 만물이 기계로 환원된 세상을 다시 인간화하려고 노력한다.

포스트모더니스트가 긍정하는 것은, 외부 세계에 관한 지식은 오로지 언어를 통해서만 사고하고 소통할 수 있다는 것과, 모든 언어는 복잡한 물질적 실재를 단순한 개념들로 환원하여 인간 정신이 그것을 파악할 수 있게 한다는 것이다. 다른 한편, 그들이 부정하는 것은, 표상이 객관적일 수 있다는 주장과, 관찰자가 그 묘사 대상이나 사람에게서 분리되어 있다는 주장이다. 그러므로 "그들은 탐구 과정과 무관한 위치에서 연구대상을 '있는 그대로' 표현하려는 시도를 일체 포기한다.……근대적 표상은 왜곡되고, 인위적이고, 기계적이고, 기만적이고, 불완전하고, 오도하고, 불충분하고, 포스트모던 시대에 전적으로 부적합하다고 비판한다"(Rosenau 1992, 94, 98).

특수주의/보편주의

포스트모더니티가 출현하게 된 한 가지 원인은 서양 사회가 갈수록 다원화되고 날마다 다른 민족과 문화를 만나게 된 데에 있다. 무수히 많은 목소리들이 각각 권리와 권력을 얻으려고 아우성 치고 있는 중이다. 하지만 포스트모더니티는 문화적·종족적 다양성이라는 실제 이상의 것이다. 그것은 다원주의를 사회를 조직하는 이상적 방법으로 수용하는 사조다. 이제는 이민자 공동체들을 지배적인 문화에 동화시키는 문제에 관해 이야기하지 않는다. 오히려 그들에게 그들 특유의 정체성을 긍정적으로 보도록 격려한다. 배리 스마트는 이렇게 언급한다. "이제는 동화가 아니라 '다양성을 통한 통합'을 추구한다. 이는 '그들이 궁극적으로 가장 우선적인 정치 공동체와 그 신화, 기억, 상징들의 복합체에 종속되는 한' 종족적·종교적 정체성, 공동체, 상호차이에 합법성과 가치를 부여한다는 뜻이다"(1993, 40). 사회는 지금 갈수록 다원화되고 있어서 전체를 아우르는 단일한 가치 체계가 결여되어 있다. 포스트모던 예술은 무슨 전통이든 그것을 가까운 과거와 절충시켜서 만든 혼합물이다. 포스트모더니즘은 배타적인 교리나 취향을 모두 거부한다. 그래서 '문명'이란 단어를 '문화'로 대체하는데, 후자는 긍정적이면서 동등하다는 뉘앙스를 풍기기 때문이다.

린다 허천Linda Hutcheon은 다원주의와 모순을 긍정하는 것을 본질적으로 선하다고 본다. "그러면 포스트모던 문화는 담론의 전통을 사용도 하고 남용도 하는, 고의적인 모순을 안고 있는 셈이다. 그것은 스스로 당대의 경제적 영역(후기 자본주의)과 이데올로기의 영역(자유주의적 인간주의)과의 관련성에서 벗어날 수 없다는 점을 알고 있다. 바깥은 존재하지 않는다. 할 수 있는 일이라고는 안에서부터 물음을 제기하는 것이 전부다"(1980, xiii).

파편화

근대는 대통일 이론을 찾으려고 했다. 포스트모더니티는 모든 거대한 내러티브를 압제적인 것으로 배격하는 대신에 다양성을 경축한다. 데이비드 하비는 이렇게 말한다. "나는 포스트모더니즘의 가장 놀라운 면모와 함께 시작할까 한다. 덧없음, 파편화, 불연속성, 혼란……을 전적으로 수용하는 면이 그것이다.……그러나 포스트모더니즘은 그것을 초월하거나 반박하려고 애쓰지 않으며, 심지어는 그 안에 있을지도 모르는 '영원하고 불변하는' 요소들을 정의하려고도 하지 않는다. 포스트모더니즘은 마치 단편적이고 혼란한 변화의 물결이 전부인 양, 그 속에서 헤엄치고 그것을 삼키기까지 한다"(1990, 44).

포스트모더니티는 거대한 내러티브들의 횡포를 파괴할 목적으로 형상과 공간에 대한 전통적인 인식 방법을 제거하려고 애쓴다. 그 대신 파편화, 무질서, 혼돈, 약간의 논증과 반론을 추구한다. 또 색다름, 절충주의, 허구, 극劇, 덧없음 등을 긍정적으로 본다. 포스트모더니티는 지식을 사진으로 보는 은유를 억압적인 것으로 배척한다. 그 대신에 브리콜라주bricolage(도구를 닥치는 대로 써서 만들기—옮긴이), 잡동사니, 콜라주와 같은, 다양성과 복수의 이야기를 묘사하는 은유들을 끌어낸다. 모든 인간 이야기들에 우리가 귀 기울여야 하고, 또 그 이야기를 삶으로 구현하는 사람들로부터 직접 그것을 들어야 한다. 이처럼 파편화된 삶은 다양한 집단들에게 서로서로 관용하고 평화롭게 공존할 것을 요구한다.

관점주의

포스트모더니티가 근대성에 가하는 주요 도전은, 후자가 무역사적이고 무문화적인 진리를 발견한다고 주장하는 것을 겨냥한다. 포스트모더니스트는 과학이 더 이상 특권적 지위를 요구할 수 없다고 주장한다. 즉 실재를 관찰할 수 있는, 객관적이고 초연한 아르키메데스 지점을 갖고 있어서 자기는 비판을 면할 수 있다고 생각하면 안 된다는 주장이다. 서양의 세계관을 특징짓는 이원적 대립은 과학과 보편적 이론 같은 유형의 지식에는 특권을 주고, 종교와 예술 같은 다른 유형의 지식은 평가절하 하거나 배제시키는 잘못을 범했다고 데리다는 주장한다. 지식 체계는 인간의 문화와 역사 안에 자리매김 되어야 마땅하므로, 그것은 특정한 관점에서 본 지식을 대표하기 마련이다.[3] 이 불가피한 규범은 과학을 보는 방식도 근본적으로 바꾸어 준다. 과학은 지식과 진리를 규정하는 데 더 이상 특권적 지위를 가질 수 없다. 게다가, 과학 자체도 여러 다양한 형태의 지식으로 이루어져 있음을 인정하지 않으면 안 된다. 포스트모더니티에서, 객관성은 주관성으로, 상황을 벗어난 신념은 상황에 묶인 신념으로, 무시간적 진리는 역사적 뿌리를 가진 진리로, 순수한 명제적 합리성은 복수의 합리성들로 각각 대치된다.

포스트모던 이론가들은 인간 사회와 문화를 분석하면서 관점주의를 강조한다. 이를테면, 담론 이론가들은 의미는 그냥 주어지는 것이 아니라, 공동체, 기관, 사회 등에 의해 사회적으로 구성되는 것이라고 주장한다. 담론이라는 것도 여러 집단이 헤게모니를 장악하고 의미와 이데올로기를 생산하려고 각축을 벌이는 장場이라고 생각한다. 따라서 우리가 담론을 분석할 때는 그 담론의 사회적 기반, 곧 사람들이 어떤 안목과 입장에서 말하는지 그리고 그 담론이 허용하고 전제하는 권력관계가 무엇인지 검토할 필요가 있다. 우리는 어떤 현상에 대해 서로 다르게 해석하는 복수의 해석법들을 모아야 하고, 실재 전체를 단일한 설명 체계나 관점에서 체계적으로 파악하겠다는 철학적 오만은 버려야 마땅하다. 문화와 사회는 변하지 않는 실재가 아니다. 이것들은 일상에서 사람들 사이에 이루어지는 수많은 교류를 통해 끊임없이 창조되고 또 재창조되는 것이기 때문이다.

포스트모더니티는 세계 지시적이 아니라 자기 지시적self-referential이다. 이는 이미지 배후에 있는 으뜸 내러티브 또는 이야기를 보려고 하지 않는다. 오히려 이미지들 자체로 만족한다. 순수한 표층의 세계로 자족하는 것이다. 표면적인 현상 뒤편으로 갈 수 없기 때문이다. 문학의 경우, 텍스트는 저자나 사물이나 사건을 가리키지 않는다. 그것은 다른 텍스트를 가리킬 뿐이다. 이 상호텍스트성intertextuality은 끊임없는 놀이의 과정이 된다. 이런 견해는 예술에 일관된 플롯과 관점이 있다거나 건축에 독특한 양식이 존재한다는 입장에 반론을 제기할 뿐 아니라, 단일한 객관적 진리 체계가 있다는 주장도 모두 반대한다. 포스트모더니티에 따르면, 모든 진리는 특정한 관점에 따른 것이다. 여기에는 물론 과학도 포함된다. 이 사조는 모든 진리의 지역적 성격을 강조하는 셈이다. 따라서 실재를 서로 연관된 것으로 보지 않고, 뿔뿔이 와해된 것으로 보는 입장이다. 자기도 그냥 붕괴되고 만다. 개인은 동일시와 거부반응이 한없이 되풀이되는 기계 속에 몸담은 하루살이 변수에 불과할 뿐이다.

민주화

포스트모더니티는 권위에 종말을 고하고 그것을 자기표현으로 대체할 것을 요구한다. 인간의 모든 목소리를 귀담아 듣되, 바깥에 있는 어떤 권위가 아니라 직접 자기 이야기를 들려주는 그대로 그것을 들어야 한다. 포스트모더니티는 전문가와 외부의 관점을 불신하고, 어느 누구도 진리를 독점할 수 없다고 주장한다. 폴린 로제나우는 "포스트모더니스트들은 예술, 음악, 문학의 비평에서 전문가의 역할을 없앤다는 의미에서 반엘리트주의자다"라고 말한다(Rosenau 1992, 100). 그들은 엘리트 문화가 아닌 대중문화에 찬사를 보내고 대중의 통제권을 요구한다.

포스트모더니스트는 대의정치가 정치적 담론과 행동을 왜곡한다고 주장한다. 그 이유는 "의식意識 산업"이라는 매스미디어가 공직 후보자들에게 정치 이슈들에 대한 피상적인 의견만 내놓도록 부추김으로써 대중을 쉽게 조작하기 때문이다. "정치는 공적인 정책 토론의 장이 아니라, 인기를 다투는 극장과 미디어 이미지로 변했다"(Rosenau 1992, 99). 여론조사와 투표가 정치인에게 영향을 주기는 하지만, 대표들과 국민들 사이에 심도 있는 정책 토론이 오가도록 고무하지는 못한다.

도구주의 instrumentalism

포스트모던 철학자들은 근대성이 지식을 쌓을 만한 단단한 기초를 가지고 있으며, 과학적 설명의 진실성을 보장할 만한 절대적 진리의 기반을 갖고 있다는 근대적 세계관의 가정에 도전한다. "포스트모더니스트들은, 인지적인 면에서, 각각 다른 민족이 서로 다른 시대에 서로 달리 세계를 구성한다고 강조한다. 문화는 의미를 둘러싼 협상의 과정이라고 해도 무방하다. 따라서 물리과학 안에서조차 객관성을 주장하는 소리는 모두 의문시될 수밖에 없는 것이다"(Lewellen 2002, 41). 비록 과학이 형이상학이 없이 사실만을 기초로 앞으로 나가려고 해도, 형이상학자가 되는 것을 피하려면, 벙어리가 되는 수밖에 없다고 버트는 주장한다. "실증주의에는 지극히 교활하고 음흉한 위험이 도사리고 있다. 당신이 형이상학을 피할 수 없는 상황이라면, 당신이 스스로 그 혐오스러운 것으로부터 자유롭다고 고집스레 생각할 때 당신은 어떤 형이상학을 신봉할 것 같은가? 물론 이 경우에, 당신의 형이상학은 무의식적 차원의 것이므로, 그것을 무비판적으로 보유하고 있을 것임이 틀림없다. 게다가, 그것은 직접적 논증이 아니라 넌지시 전파되는 만큼, 당신의 다른 관념보다 훨씬 더 쉽게 남에게 전달될 것이다"(1954, 229).

우리가 앞으로 살펴보겠지만, 실증주의에 대한 공격은 지식을 다루는 철학자, 사회학자, 심리학자, 인류학자들로부터 일어났다.

이로부터 생긴 포스트모더니즘의 인식론적 기초는 도구주의 또는 관념론이다(Hiebert 1999).[4]

사회적으로 구성되는 지식

칼 만하임Karl Mannheim과 피터 버거와 같은 지식사회학자들은 과학을 비롯한 인간의 지식 체계들이 사회적으로 구성된다는 점을 보여주었다. 과학자들이 관찰하는 내용은 그들의 문화, 역사, 사회적 지위에 달려 있다. 게다가, 마음속에 나름의 개인적 관심사도 품고 있다. 결국, 래리 로던(1996)의 지적처럼, 과학은 종교나 다른 이데올로기와 하등 다를 바가 없다.

자크 데리다, 미셸 푸코, 롤랑 바르트Roland Barthes는 사회적으로든 문화적으로든, 밑바탕의 시스템의 관점에서 인간을 설명한 구조주의자들을 공격했다. 반면에 그들은 구조주의 프로젝트의 추상 작용이 억눌러 버린 역사의 중요성과 일상생활의 예측 불가능한 성격을 강조했다. 포스트모더니스트들은 언어와 문화의 구조lingua가 아니라, 사람들이 실제로 말하고 행하는 것parole에 초점을 둔다.

소쉬르의 기호학

페르디낭 드 소쉬르(1916)는 빌헬름 폰 훔볼트Wilhelm von Humboldt의 뒤를 좇아, 기호는 형식과 의미로 구성되어 있다고 주장했다. 형식(기표, 시니피앙signifier)은 인간이 창조한 외적인 기호다. 의미(기의, 시니피에signified)는 마음속에 있는 개념이다. 이 기호학에 따르면, 지식은 외부세계로부터 수동적으로 받는 그 무엇이 아니라, 정신이 능동적으로 구성하는 것이다. 언어는 실재 세계와 직접적인 관계가 없다. 그것은 상징일 뿐이고, 상징은 인간의 산물이기에 문화적으로 자의적이다. 모든 진술은 언어를 매개로 하므로, 사람들이 서로 관념을 확실하게 교환할 수 있는 가능성은 없다. 이런 것이 포스트모던 사상의 기호학적 기초가 되었다.

소쉬르의 기호학은 저자가 말하고 쓰는 내용과 독자가 듣고 읽는 내용을 아주 뚜렷하게 구분한다. 의사소통의 핵심은 더 이상 저자가 의도하는 내용이 아니다. 그것은 독자가 어떻게 텍스트를 해석하는가에 따라 측정된다. 이 기호학은 인간의 진술과 텍스트가 진리나 깊은 사상을 실어 나른다는 기존의 생각을 약화시킨다. 진술과 텍스트는 해석의 공동체가 기꺼이 승인하는 만큼만 그렇게 할 수 있을 뿐이다. "텍스트의 대상이 중요한 지위를 잃어버릴 뿐 아니라, 그 본래의 원천에 해당되는 저자의 정신도 동일한 운명에 처한다.……이런 조건 아래서는, 당국에서 지식을 정립하거나, 지혜를 전달하거나, 가치관을 확립하려는 모든 시도가 의심의 눈초리를 받게 된다.……사실상 어떤 가설, 일단의 증거, 이데올로기적 입장, 문학의 정전, 가치관, 논리적 체계라도 손쉬운 도구에 의해 파괴되거나 비웃음을 당하지 않을 도리가 없다"(Gergen 1994, 59). 결국, 모든 형태의 진리는 궁극적으로 허구나 신화에 불과하다.

주관주의

구성주의constructionism가 낳은 한 가지 결과는 주관주의다. 이는 우리가 알고 있는 실재들은 외부의 진리가 아니라, 우리의 정신이 창조한 산물이라는 믿음이다. 월터 앤더슨Walter Anderson은 이렇게 말한다.

최근 수십 년 만에 우리는, 앨리스가 거울 속으로 빠져 들어가듯이, 새로운 세계 속으로 걸어 들어갔다. 이 포스트모던 세계는 그보다 앞선 근대 세계와 여러 면에서 비슷하다는 느낌이 든다. 우리는 근대 세계를 형성한 그 신념 체계들을 여전히 갖고 있고, 전근대 사회의 신념 체계 가운데 아직까지 남아 있는 것도 여럿이다. 우리가 상당히 많이 갖고 있는 것이 있다면, 그것은 바로 신념 체계들이다. 그런데 이 밖에도 우리가 가진 것이 있는데, 모든 신념 체계―인간의 실재에 관한 모든 관념―는 사회적 구성물이 아닌가 하는 의심이 갈수록 많이 든다는 점이다. (1990, 3)

포스트모더니티는 모든 실재가 주관적이라고 본다. 예를 들면, 역사는 시종 일관된 이야기를 구성하는 일련의 실재 사건들이 아니라, 현재와 과거를 해석하는 데 사용되는 문화적 구성물 세트로 간주된다. 이 구성물은 권력자가 창조하고 통제하는 것이다. 그것은 사실 겉모양일 뿐이다. 그것은 무대 위에서 벌어지는 사건들로 이야기되는 것이므로 일종의 연극이 되고 만다.

권력

푸코는 권력과 지식의 밀접한 연관성을 추적한 결과, 세계를 설명하려고 의미 체계를 찾는 일은 무의미하고 헛된 짓이라는 결론을 내렸다. 세계역사를 움직이는 실질적인 원동력은 권력이다. 푸코는 이렇게 말한다.

여기서 나는 우리가 참조할 점은 저 위대한 언어langue와 기호의 모델이 아니라, 전쟁과 싸움의 모델이 되어야 한다고 믿는다. 우리를 나르고 결정짓는 이 역사는 언어의 형식이 아니라 전쟁의 형식을 갖고 있다. 의미의 관계가 아니라 권력관계라는 말이다. 역사가 부조리하다거나 정합성이 없다는 뜻으로 말하는 것은 아니지만, 역사는 "의미"를 가지고 있지 않다. 반대로, 그것은 지적으로 이해하는 것이 가능하므로, 그것을 가장 세부적인 부분까지 분석하는 일도 분명히 가능하다. 단, 싸움과 전략과 전술의 지능에 맞추어 그것을 분석해야 한다. (1980, 114)

푸코는 지식의 생산 자체가 권력의 수단이요, 그것은 학교, 신문, 텔레비전, 그리고 여타 정보 중개자들을 통한 지배의 도구라고 말했다.

권력을 강조한 푸코의 견해는 의심의 해석학으로 이어졌다. 인간끼리의 만남이 있을 때마다 우리가 물어야 할 것은, 정보 중개인이 정보를 창조하고 보급할 때 그가 얻는 개인적인 이득이 무엇인가 하는 점이다. 포스트모더니티는 과학 자체도 사회적·문화적 체계를 형성하는 하나의 이데올로기이므로, 그것이 어떤 집단을 향상시키고 또 어떤 집단을 억압하는지에 따라 평가되어야 한다고 주장한다. 만일 모든 지식이 집단적 이익에 따라 구성되는 것이라면, 폴 리쾨르Paul Ricoeur가 의심의 해석학에서 언급하는 대로, 우리는 모든 이데올로기에 대해 그것을 지지하는 공동체가 그것을 고집해서 얻는 특권이 무엇인지 물어야 한다. 지식은 더 이상 진리의 이슈가 아니라 권력과 통제의 이슈가 된다. 이런 의미에서, 포스트모더니티는 서양의 관념 체계가 말하는 확실성과 그것이 지닌 거대내러티브들을 더 이상 신뢰할 수 없다고 선언하는 위기의 징표다. 그것은 근대성의 거대한 구조들을 쳐부수려고 하는 하나의 시도다.

J. 보드리야르(1992)의 주장에 따르면, 근대성은 산업 부르주아가 통제한 생산의 시대이고, 포스트모더니티는 미디어, 전산화, 정보처리, 사이버 통제 체계가 통제하는 정보가 권력을 보유하는 시대다. 지금은 정보의 시대이고 정보 전문가가 엘리트로 자리 잡은 시기다.

이처럼 지식은 권력에 기반을 두고 있는데, 정치도 이 점에서 마찬가지다. 모든 정당을 끌어들여 어떻게 하면 더불어 잘살 수 있을까를 논하던 공적인 담론이 갈수록 권력 정치에 밀리고 있다. 리처드 뉴하우스는 이렇게 말한다.

> 도덕적 진리의 관념을 저버린 결과, 정치는 더 이상 공동체의 삶을 어떻게 질서 있게 꾸려나갈 수 있을지를 심사숙고하는 장場이 아니라, 이제는 알래스데어 매킨타이어Alasdair MacIntyre의 표현대로, 다른 수단들로 수행되는 전쟁과 같이 되었다. 모든 정치는 싸움의 정치다. 누군가의 말처럼, 모두가 공유하는 미국 문화라는 것은 더 이상 없으므로, 그런 것이 있는 것처럼 가장하는 일도 당장 그만두어야 한다. 단지 하위문화들만 있을 뿐이다. 당신의 하위문화를 택하라. 그 문화의 불평불만과 논쟁점과 표어를 치켜들고 적과 싸울 준비를 갖추라.……우리는 공적인 논쟁에 발목이 잡혀야 아무 소용이 없다는 것을 깨닫고, 파벌 정치의 승리를 대체할 만한 것이 없다는 사실을 마땅히 수용해야 한다. (2005, 28)

하이퍼리얼리티 Hyperreality

포스트모더니티에서는 정보와 오락, 이미지와 현실의 경계가 모호해진다. 텔레비전 뉴스와 다큐멘터리와 같은 것은 갈수록 오락의 형태를 띠고 있고, 오락은 광고로 변하고 있다. 현실은 지금 가상이고virtual, 이제 무엇이든 진짜처럼 보이게 할 수 있는 미디어 예술가의 작품이다. 정치와 오락 사이의 경계도 모호해졌다. 정치 캠페인에서 이미지가 알맹이보다 더 중요하고, 캠페인 주도자들은 후보의 이미지를 꾸미고 이슈들의 인기도를 시험하기 위해 미디어, 홍보 전문가, 여론조사자 등에 의존한다. 이런 세계에서는 진짜와 시뮬레이션simulation 또는 가상현실 사이의 구별이 사라지고 만다. 따라서 텔레비전에서 의사 배역을 맡은 배우가 의학적 충고를 부탁하는 수천 통의 편지를 받는다고 해서 그리 놀랄 필요가 없다. "하이퍼리얼리티는 진짜와 가짜 사이의 구별이 모호해지는 것을 가리킨다. 여기서 접두사 '하이퍼hyper'는 모델에 따라 생산되는 것을 일컫는데도, 사실상 진짜보다 더 생생한 진짜가 된다. 진짜가 더 이상 그냥 주어지지 않고(예를 들면, 경치나 바다와 같이), 인위적 노력에 의해 '진짜'로 (재)생산될 때에는(예를 들면, 시뮬레이션으로 창조된 환경과 같이), 그것은 비실재적인unreal 것이나 초현실적인surreal 것이 되지 않고 진짜보다 더 생생한 진짜가 된다. '환각적인 닮은꼴'이 되도록 손질하고 갈고닦아진 그런 진짜가 된다는 뜻이다"(Best and Kellner 1991, 119).

상대주의

많은 포스트모더니스트는 진리를 알 수 있다는 가능성을 부정한다

(Lyotard 184). 그들은 진리, 수사rhetoric, 선전을 서로 구별하는 일이 불가능하다고 한다. 또 진리에 대한 주장은 자기 이익을 챙기려는 자들이 벌이는 권력 놀음이라고 본다. "진리를 권력에서 분리시키는 것이 불가능하므로, 오염되지 않은 절대 진리가 있을 가능성은 없다"(Rosenau 1992, 78)고 주장한다. 그래서 진리 주장은 권력자를 정당화하고 의견을 달리하는 자들을 묵살하는 일종의 테러리즘으로 간주된다.

일부 포스트모더니스트의 경우, "저 바깥에 있는 것"에 관한 보편적 진리는 부정하지만, 개인적 형태와 공동체적 형태의 진리가 있을 가능성은 수용한다. 사람들과 공동체는 자기들만의 진리를 가질 수 있는데, 이와 상충되는 주장이 문제가 안되는 것은 그들이 각기 다른 세계 속에 살고 있기 때문이다. 이런 포스트모더니스트들은 거대한 내러티브가 아니라 개인과 공동체 위주의 내러티브의 중요성을 강조하곤 하는데, 이런 내러티브는 많은 해석 가운데 하나로 제시되기 때문이다. 공동의 이야기는 사람들을 하나로 묶어 주며, 일상에서 개인에게 의미를 부여해 주는 사회적 끈과 같다.

에고 중심주의

포스트모더니티는 관심의 초점을 인간 중심에서 에고 중심으로 옮겼다. 이는 "내가 최고야It's all about me"라고 적힌 범퍼 스티커가 잘 대변해 준다. 앞서 언급했듯이, 중세적 의미의 "영혼"이란 단어가 "자아"라는 단어로 대치되었다. 전자는 하나님과의 관계, 영원한 존속, 도덕적 본성을 내포하고 있고, 후자는 고유한 특성과 권리를 가진 자율적 개인을 함축하고 있다. 관계는 부차적인 것이다.

자기 신격화

포스트모더니티는 곧 자기 숭배다. 자기가 현실의 중심이고, 자기 결정이 최고의 가치를 갖고, 자유는 양도 불가능한 권리이며, 자기 성취가 최종 목표이다. 자율적 자아가 등장하면서 여러 가지 믿음을 갖게 했다. 자기를 하나의 재귀적 프로젝트로 세우기, 자기성취, 자기업적, 자아실현을 추구하는 권리, 자기보존을 위해 행동하고 필요시에는 자기방어를 위해 상대를 죽일 수도 있는 도덕적 특권 등에 대한 믿음이 그것이다. 우리가 존재의 중심이므로, 우리는 오늘 우리 자신을 위해 살아야 할 의무가 있다. 포스트모던 사람에게는 자기 자신보다 더 고상한 관심사가 없다.

   이 같은 "자아"에 대한 추구는 인간을 탈인격화한 근대성에 대한 반동이다. 라민 사네는 이렇게 말한다. "우리의 새로운 정통교리가 이제 구성되었는데, 이는 심리적 고양, 자존감, 여러 형태의 감정적 응급처치 등과 같은 이름으로 그 정당성을 인정받았다. 이런 것을 위해서 우리는 교회와 동료에게 내놓기를 꺼리는 제물까지 기꺼이 바치고 있는 중이다"(1993, 221).

   거대한 내러티브의 붕괴와 함께 시작하는 사조가 자아의 붕괴로 막을 내린다. 처음부터 과학은 "자아"를 정의하는 일을 버겁게 느꼈다. 일부 심리학자들은 보편적 인간 본성을 가진 영존하는 개별적 자아라는 것은 없고, 일련의 많은 자아가 연이어 구성되고 또 늘 변하고 있을 따름이라고 주장한다. 사람은 불멸의 영혼이 아니라, 여러 기능이 합쳐진 덩어리와 같은 존재에 불과하다.

자기결정을 주장하게 되면 점점 더 우발성과 함께 사는 길을 피할 수 없다. 스스로 결정을 내리려면, 여러 대안이 있다는 것과 자기에게 선택권이 있다는 점을 인식해야 한다. 이는 불확정성과 애매모호함, 그리고 "만족을 기대하던 부푼 마음을 욕구불만에 찬 좌절감으로 변질시키는, 일견 지칠 줄 모르는 역량"(Smart 1993, 99)을 가져온다. 이는 확실성을 약속하는 근대적 관념과, 인생은 예측과 통제가 가능하다는 근대 사상에 도전하는 한편, 실존적 불안감을 불러일으킨다. 자기결정과 공동의 질서 사이의 긴장을 해소하는 근대적 해결책은 사회적 공학을 더 많이 적용하고, 잘살게 해주겠다는 약속을 남발하는 것이다. 반면에, 포스트모더니즘의 반응은 우발성, 애매모호함, 역설, 딜레마 등과 더불어 사는 법을 배우는 것이다.

실존주의

도구주의가 근본적인 인식론으로 출현한 결과 실존주의를 불러왔다. 유일한 현실은 지금, 현재밖에 없다. 우리는 지난 역사가 아니라 현재의 뉴스에 주파수를 맞춘다. 인생의 의미가 아니라 건강에 관심을 둔다. 텔레비전과 인터넷으로 접하는 세계 곳곳의 주민들의 행복은 거의 고려하지 않은 채 자기중심적인 행복에만 초점을 맞춘다. 그 결과 사람들은 격분에 찬 인생을 살게 되고, 인생에서 의미를 찾고 싶으나 찾을 수 없게 된다.

후기 자본주의/민족-국가

우리는 현재 후기 자본주의가 널리 파급되는 현상을 목격하고 있다. 이 밖에도 우리 눈에 비치는 현상들은 다음과 같다. "우리가 복지국가로 알던 것이 후퇴하는 현상, 건강과 복지와 교육이 더욱더 상품화되는 현상, 이와 더불어 이른바 고삐 풀린 시장, 기업문화·기업정신의 미덕을 선전하는 현상, 채무의 증가 이면에 눈에 띄든 띄지 않든 소비가 증가하는 현상,……(사회주의 사회들이) 예전에는 저주의 대상으로 여겼던 '서구적' 형태의 경제정치적 조직으로 급격히 변형하는 현상 등"(Smart 1993, 24-25).

소비주의
후기 자본주의의 한 가지 특징은 소비주의다. 갈수록 소비자와 소비가 노동자와 생산을 대체하고 있고, 그것이 인생의 초점으로 또 사회를 통합시키는 요인으로 부상하고 있다. 그리고 억제가 아니라 유혹이 사회 통제의 지배적 메커니즘으로 작동하고 있다. 상품과 서비스의 소비를 통한 즐거움의 추구는 포스트모더니티의 지배적인 문화적 가치로 자리 잡았고, 욕구충족의 지연과 자기부인否認을 완전히 대치했다. 소비주의는 갈수록 많은 사람이 무의미하고 보잘것없고 비실재적이라고 느끼는 세상에서, 상품과 서비스를 구입해서 잘살면 된다는 식으로 삶의 의미를 제공하고 있다. 유진 피터슨은 이렇게 묘사한다. "사람들은 거대한 쇼핑몰 안에서 살고 있는데, 먼저는 이 필요를 다음에는 저 욕구를, 또 이런 변덕과 저런 기호를 채우려고 이 가게 저 가게로 전전하는 등 끝없이 쇼핑을 거듭하고, 거기에 엄청난 에너지를 쏟아붓는다. 이 옷장을 사고, 저 차를 몰고, 이 음식을 먹고, 저 음료수를 마시면, 삶의 중심을 잡고 일관된 인생을 살 수 있을 것으로 줄곧 착각하면서 한없이 발걸음을 옮기는 것이다"(1988, 60).

소비주의는 인간의 불만족과 갈증을 먹고 산다. 일단 기존의 욕구가 제대로 채워지면, 새로운 욕구를 창출하여 시장이 돌아가게 해야 한다. 현재의 삶에 비교적 만족하고, 자녀들과 즐거운 시간을 보내고, 산책과 기도, 묵상, 침묵의 시간을 즐기고, 자기 자신에 대해 평온한 느낌을 품고 있는 사람들은 시장을 위해 별로 쓸모가 없다. 반면에, 현재의 삶을 불만족스럽게 느끼고, 불안한 가운데 살고, 자기 정체성과 타인과의 관계가 불안정한 사람들은 더 많은 것을 원하게 되고, 시장은 갈수록 커지는 욕구와 필요를 채워 주겠다고 약속한다(Kavanaugh 1981, 46-47).

포스트모더니티는 모든 것의 상품화와 과도한 소비주의의 파급 이상의 것을 내포하고 있다. 이 사조는 상품 구매 행위에 경제적 공리주의를 훨씬 뛰어넘는 의미들을 부여함으로써 거기에 다시 마법을 걸었다. 다수에게 그 행위는 일종의 오락과 재미를 선사한다. "쇼핑센터는 코윈스키Kowinski의 이른바 '소매 드라마Retail Drama'를 공연하는 극장식 무대와 같이 환상적인 세계의 모습으로 설계되고 있다. 소비자들과 직원들 모두 이 드라마에서 중요한 배역을 담당한다. 어쨌든 많은 미국인이 좋아하는 오락은 바로 쇼핑이다. 쇼핑센터는 소품들로 가득 차 있고, 야만적인 손님을 진정시키려고 언제나 배경음악이 흘러나온다.……거기에는 음식점, 카페, 영화관, 헬스장이 있어 재미를 더해 준다. 주말에는 광대, 풍선, 요술사, 밴드 등과 같은 것이 등장하여 이 가게에서 저 가게로 돌아다니는 사람들을 더욱 즐겁게 해준다"(Ritzer 2001, 28).

다른 이들은 이 재마법화reenchantment를 치료의 분야에서 경험하게 된다. 이는 마케팅과 오락을 새로운 구원을 파는 새 전도사로 삼아, 치유와 온전함에 이르는 새로운 길을 제공하는 치료의 소비현상을 낳는다. 광고 선전은 상품 구매를 쾌락과 관련시키고, 구매의 실패를 두려움과 연관시킨다. 오물, 나쁜 입 냄새, 누런 이빨, 비만, 두통, 몸 냄새, 낡은 가구 등은 모두 소비행위를 통해 극복해야 할 질병들이다. 티 없이 깨끗한 세면장, 눈부신 미소, 안락한 자동차는 무엇이 좋은 것인지를 보여주는 최고의 증거다. 심지어 종교조차 마음의 평안, 건강과 성공, 천국, 만사형통을 주는 상품으로 포장되어 팔리는 실정이다. 치료적 사회는 선을 악으로 바꾸기보다는, 양자의 차이를 없애 버린다. 모든 것을 욕구, 만족, 자기성취로 환원한다. 모든 사람이 각각 "자기 소견대로 행하도록" 부추김을 받는 사회에 우리가 살고 있다.

재마법화는 또 다른 이들에게 쇼핑센터를 "소비의 성전聖殿"으로 삼는 새로운 종교를 안겨 주었다(Ritzer 2001, 4). 구매행위는 새로운 형태의 구원으로 인도한다. 새 컴퓨터의 구입은 두어 달 동안, 특히 높은 지위를 상징하는 새 차를 구입한 경우에는 한두 해 동안, 그리고 새 집을 장만하면 두어 해 동안 삶에 의미를 부여해 준다. 이 의미가 퇴색되기 시작하면 또 다른 것을 구입해서, 잘살고 있다는 느낌과 자기성취감을 회복하게 된다.

그러나 소비주의가 제공하는 만족은 허깨비와 같은 것이라서 인간 마음속에 있는 깊은 갈증을 채워 줄 수 없다. 우리는 정말 재미를 만끽하고 있다고 생각하도록 스스로를 기만하고 있다. 우리는 친밀감의 환상을 스스로 창조한다. 우리는 인생에 의미를 부여하려고 일시적이고 덧없는 느낌에 그냥 만족하는 것이다.

상품화

후기 자본주의에서는, 생산, 이윤, 돈이 최고의 가치로 군림하고, 소비주의, 경쟁, 축적, 신상품 선전, 불필요한 소비 등이 주요 양상으로 드러난다. 이런 현상의 중심에는 모든 것을 상품화하여 시장에서 사고팔 수 있도록 하려는 풍조가 자리 잡고 있다. 정보, 문화 행사, 정치, 정부, 그리고 심지어 교회조차도 사업을 모델로 삼고 있을 정도다. 규격화되어 대량생산된 현대식 주택은 과거처럼 특유의 인성, 이야기, 추억이 담긴 "가정"이 아니라, 투자 가치를 위해 사고파는 "생활용 기계"로 변모된다. 외국 문화는 여행객들에게 상품으로 팔리는 비밀스러운 장소로 변한다.

사람들 역시 사고파는 상품으로 환원된다. 비서, 기술자, 운동선수, 영화배우, 학자, 행정가 등은 사고팔리는 자들이다. 이들은 언제든지 처분되어 조직에 더 큰 가치를 가져오는 다른 사람들로 대체될 수 있다. 제임스 카바노James Kavanaugh는 이렇게 말한다. "돈, 몰록Moloch, '늘 생산에 쫓기는 현상'은 우리에게서 인간성을 앗아간다. 단순히 노동을 하고 노동의 산물에 매달리며 사는 인생은 우리 자신을 그 생산품의 형상에 따라 재창조하게 만든다. 우리는 더 많은 소유물과 이윤을 얻으려고 서로 경쟁하고 싸움으로써 서로를 소외시킨다.……우리는 더 이상 우리의 존재에 관해 말할 수 없고, 우리의 사람다움을 인식할 수도 없다. 인간과 맺는 관계, 인간의 활동과 특질은 물질과 맺는 관계, 물질의 활동과 특질로 변질된다"(1981, 110). 사람들의 가치조차도 시장성의 정도에 따라 측정된다.

자본주의를 움직이는 원동력은 시장성과 소비에 있다. "그것들은 우리의 자기 이해에 심대한 영향을 주었을 뿐 아니라, 우리가 모델로 삼는 인간의 행위(조작적이고 공격적인 방향으로), 인간의 지식(계량화, 관찰, 측정의 방향으로), 그리고 인간의 감성(헌신을 기피하고 성性을 기계화시키는 방향으로)의 특징에도 큰 영향을 미쳤다"(Kavanaugh 1981, 21). 사람들이 스프레이, 옷, 자동차, 집을 사는 것은 삶의 의미를 발견하고, 우정, 친밀감, 사랑, 행복을 찾기 위함이다. 사람의 가치는 생산과 소비와 경쟁에 의해서 측정된다. 그들은 서로서로 사물을 대하듯이 대한다. 인간은 언제든지 처분될 수 있고, 더 큰 경제적 가치를 가진 인간으로 대체될 수 있다. 그들은 소유하는 데서 의미를 찾고 더 많이 소유하는 데서 행복감을 느낀다.

인간의 몸도 상품으로 환원되어, 모양새를 가꾸고 색을 칠해서 판매하는 대상이 된다. 자연스러운 상태로 그냥 두면, 부스럼과 여드름에다 머리가 벗겨지고 주름살이 생기는 등 꼴불견이 될 것이다. 성性에 관한 연구는 연구의 대상과 개인적인 관계, 헌신, 면식이 전혀 없는 외부의 관찰자가 그저 임상적으로 묘사하는 하나의 과학일 뿐이다. 결국, 사람은 생산되거나 낙태되고, 시장에 팔리고 소비되는 그런 존재에 불과하다.

민족국가

시장 자본주의가 승리하고 종교와 민족성이 가장 근본적인 정체성을 제공하는 것으로 재확인됨에 따라, 민족국가는 내리막길을 걷게 되었다. 국가는 국민을 단일한 사회 속으로 통합시키는 능력을 잃어 가는 중이다. 배리 스마트는 이렇게 말한다.

> 첫째, 국가가 사회생활에 개입하고 그 영역을 "공기업과 국제관계"를 넘어서까지 확장시키려는 움직임에 대해 갈수록 반대하는 목소리가 커지고 있다.……둘째, 경제활동과 무역, 커뮤니케이션 매체와 문화의 생산이 지구적으로 분산되고, 국제적인 여행의 빈도가 높아지며, 초국가적인 supranational 정치 및 경제 기구와 포럼이 상당히 증가하면서, 예전에 "민족국가"에 귀속되었던 정치적 주권과 문화적 특성이 더욱더 침식되는 결과를 낳았다.(1993, 57)

요컨대, 경제와 문화가 더욱 국제화되고 국내적으로도 분열이 가중되는 바람에, 국가의 틀 속에서 영위하는 삶이 갈수록 줄어들고 있다는 것이다.

정서적 주제들

근대성의 합리주의에 대한 반발로서, 포스트모더니티는 문화의 정서적 차원을 다시 긍정하게 된다. 이 사조는 "나는 생각한다. 그러므로 존재한다"는 유명한 데카르트의 금언을 "나는 느낀다. 그러므로 존재한다"는 말로 바꾸어 놓는다. 삶의 정서적 차원에 대한 탐구는 18세기에 시작되었고, 마침내 포스트모던 시대에 와서 열매를 맺었다.

닐 포스트먼은 근대적 연설, 출판, 광고를 특징지었던 합리적 담론으로부터 커뮤니케이션의 지배적 양식으로 자리 잡은 오락에 이르는 변천과정을 역사적으로 추적한다. 이 발전과정은 영화와 라디오로부터 텔레비전과 지금은 인터넷까지 이어진다. "오락은 오늘날 텔레비전의 모든 담론을 지배하는 초대형 이데올로기다. 무슨 내용을 묘사하든지 또 어떤 관점으로 그리든지, 모든 것을 아우르는 전제는 그것이 우리의 재미와 즐거움을 위해 등장한다는 점이다"(Postman 1985, 87). 사람들이 텔레비전으로 향하는 것은 드라마, 대통령 연설, 야구경기, 록 콘서트, 세계 뉴스, 예배 등 모두 광고와 연계된 프로그램을 보기 위함인데, 그 가운데 어느 것도 시청자의 합리적 반응을 기대하지 않는다. "텔레비전〔여기다가 이제는 인터넷도 덧붙여야겠다〕은 우리 문화가 스스로에 대해 알게 되는 주요 수단이다. 그러므로—이 점이 가장 중요한데—텔레비전이 세상을 어떻게 상연하는가 하는 것이 세상이 어떻게 상연되어야 하는지를 보여주는 모델이 된다. 그러니까 텔레비전 화면에 등장하는 오락은 모든 담론을 묘사하는 은유에 그치지 않는다. 화면 바깥에서도 그와 동일한 은유가 지배하는 결과도 낳는다"(Postman 1985, 92).

뉴스조차도 그 역사적 닻을 잃어버렸고, 시청자가 먼발치에서 초연한 태도로 보는 프로그램이 되고 말았다. 방금 수백 명이 전쟁에서 사망했다는 보도를 본 직후에, 칫솔 광고를 보고, 최근 축구경기의 점수에 주목한다. 이 모두가 우리를 유인해서 즐겁게 해주려고 선정된 것인 만큼 똑같은 수준에 있는 것이다. 색다름, 액션, 다채로움, 동향 등이 우리의 주목을 끄는 데 사용된다. 어떤 진지한 논증과 반론은 거의 찾아볼 수 없고, 단일한 내러티브도 중요한 의미도 없다. 비노스 라마찬드라는 이렇게 말한다.

현대 세계 전역에 걸쳐, 우리는 언론과 텔레비전 화면을 통해 잇따른 "정보"의 홍수 속에 있다. 르완다와 보스니아에서 도망치는 피난민의 이미지, 부자와 유명인사의 이미지, 미국 대통령이나 영국 왕가를 둘러싼 최근의 성적 잡담거리 등이 서로 다투어 우리의 주목을 끌려고 한다. 축구와 정치, 드라마와 종교, 미녀 선발대회와 생태학적 재난 등이 모두 중요도에 있어서 별 차이가 없다.……최고로 멋있는 아름다움과 최고로 끔찍한 공포는 아둔하고 진부한 것들과 함께, 결국에는 갈가리 찢어지고 만다. (1996, 17)

유진 피터슨은 이렇게 묘사한다. "우리 문화에서 주목을 끄는 가장 확실한 방법은 무언가 나쁜 짓을 하는 것이다. 그 행위가 악질일수록 그만큼 더 유명해진다. 무엇이든 잘못된 것이 있거나 잘못된 행위가 저질러지면, 곧이어 비평가들이 잡담을 하고 기자들이 인터뷰를 하며 편집인들이 이야기를 늘어놓는다. 또 바리새인이 도덕적 판단을 내린 뒤에, 심리학적 분석이 수행되고, 정치 개혁이 시작되고, 학술적 연구에 기금이 제공된다. **그런데 한탄하는 목소리는 단한 마디도 들을 수 없다**"(1997, 116, 강조는 추가한 것). 한탄의 소리가 없는 것은 진리를 심각하게 여기지 않기 때문이다. 또 사랑도 진지하게 여기지 않기 때문이다. 뉴스는 우리의 경험 바깥에 있는 가상현실로 환원되었다. 비극, 대규모 굶주림, 살상 등은 흔히 있는, 대수롭지 않은 "사건"으로 여겨진다. 또 배경음악이 흘러나와 우리에게 무슨 감정을 느낄지를 일러 주고, 크게 놀랄 필요가 없다고 우리를 안심시킨다. 돌아가는 뉴스를 알고 있으면 남과 나눌 이야깃거리가 생기고, 내가 시대에 뒤지지 않았음을 보여줄 수는 있으나,

그것이 의미 있는 행동으로 이어지는 경우는 매우 드물다. 인생은 하나님이 주시고, 그리스도께서 구속하시고, 성령이 복을 주신 생명이건만 그만큼 고귀한 가치를 지니지 못한다. 그저 "뉴스거리" 정도로만 여겨질 뿐이다. 어느 생명도 존엄성이 없다. 인간의 경험이 보잘것없는 대우를 받는 시대에 우리는 살고 있다.

사회적 차원에서 즐기는 한 가지 오락은 특정한 목적을 위해 일시적으로 모이는 경우다. 록 콘서트나 축구 경기와 같은 모임에는 하나의 주요한 사회적 구분이 존재한다. 한편에는 지도자, 공연가, 고용된 직원들이 있고, 다른 편에는 단지 즐거움을 얻으려고 참여하는 군중들이 있다. 군중을 동원하기 위해서는 철저한 준비를 해서 무대에 올려야 하고, 모임 후에는 다음 경기나 콘서트가 있을 때까지 각각 제 길로 간다.

포스트모던 교회는 오락의 형태를 띠기 시작하고 있다. "텔레비전에서는 종교를, 다른 모든 것처럼, 아주 단순하게, 한마디 변명도 없이, 오락으로 방영한다. 거기서 종교를 역사적이고 심오하며 신성한 활동으로 만들어 주는 것은 모조리 벗겨지고 만다. 종교 의식도, 교리도, 전통도, 신학도 없고, 무엇보다 영적인 초월의식도 없다. 이런 쇼에서는 설교자가 주인공이고, 하나님은 조연으로 등장할 뿐이다"(Postman 1985, 116-117).

일부 근대적 교회들은 숙련된 소수가 다수의 청중을 위해 다중매체multimedia의 공연을 하는 곳으로 스스로를 생각한다. 그들이 복음을 전달하려고 애쓸지 모르지만, 그 밑바탕에는 그것이 어디까지나 종교적 오락 활동이고, 신앙생활을 하려면 규칙적으로 예배에 참석하기만 하면 된다는 세계관의 메시지가 깔려 있다. 거기서 언약에 충실한 공동체로 살아야 한다는 메시지나, 교인들에게 자기를 둘러싼 지배적인 문화에 도전하도록 철저한 제자도를 요구하는 소리는 거의 들을 수 없다.

포스트모던 시대의 크나큰 악은 지루함이다. 오락은 그게 없으면 무의미한 세상에서 우리에게 의미를 제공해 준다. 오락은 용서 못할 대적, 곧 지루함을 달래 주는 일시적인, 때로는 강렬한, 체험을 선사해 준다. 오락이 우리의 새 종교가 된 셈이다.

도덕적 주제들

포스트모더니티는 근대성과 과학의 무도덕적 성격을 비판한다. 이 사조는 주로 자기 자신과 느낌에 뿌리를 둔 도덕을 제공한다.

치료/구원

포스트모더니티의 주제들 중 하나는 건강과 치료에 대한 강조다. R. 폭스Fox와 T. J. 리어스Lears는 이렇게 말한다.

> 자기부인으로 구원에 이른다는 개신교의 에토스가 이 세상에서의 자아실현을 강조하는 치료적 에토스로 전환되었다. 이는 거의 강박적으로 포괄적 의미의 정신 건강과 신체 건강에 몰두하는 그런 풍조다.……이전 시대에는 그리고 다른 곳에서는, 커다란 공동체적·윤리적·종교적 의미의 틀 안에서 건강이 추구되었다. 그런데

19세기 말에 이르러 그런 틀이 점차 무너지기 시작했다. 건강에 대한 추구는 이제 현대에 생성된 정서적 욕구에 뿌리를 둔, 완전히 세속적이고 자기 지시적인 프로젝트가 되었다. 그 가운데서도 특히 파편화되고, 분산되고, "비실재적"이 된 자기에 대한 의식을 새롭게 하고픈 욕구에 기인하고 있다. (1983, 4)

중세는 영원한 구원을 강조한 데 비해, 근대와 포스트모던 시대는 현세적 건강을 중요시한다. 죄에서 질병으로, 회개에서 치료로 초점이 바뀐 것이다. 포스트모던 시대에 문제가 되는 것은 죄가 아니라 질병이다. 건강은 병으로부터 자유롭게 할 뿐 아니라, 활력이 넘치는 원기 왕성한 삶을 선사한다. 구원은 이제 자기절제로 도달하는 것이 아니고, 인생에서 가능한 모든 체험을 함으로써 얻는 것이다. 이런 풍성한 삶은 바로, 정서적 갈망의 충족, 생동감, 해방감, 자기성취감을 제공하는 치료를 통해 도달할 수 있다. 그래서 몸, 마음, 사회를 치유하는 의사들이 새로운 전문가로 등장하여, 절망이 있는 곳에는 희망을, 질병이 있는 곳에는 치유와 건강을, 인생에는 의미를 주는 등 구원을 베푸는 자들이 되었다. 종교 지도자들도 판단을 내리고 조언을 줄 때 종종 의학적 모델을 사용하곤 한다.

치료적 사회는 실재를 개인적 주관성이라는 프리즘을 통해 읽는다. 모든 것이 개인의 심리적 상태로 환원된다. 인생의 목표는 자아실현이고, 스스로의 욕구, 만족, 자기 이익을 추구하는 것이다. 이는 온통 주관주의가 지배하는 세계다. 사람들은 더 이상 하나님께 반역하는 죄인이 아니고, 사회 또는 낮은 자존감의 피해자로 간주된다. 그들에게는 건강이 필요한데, 이는 하나님 및 다른 인간과 이루는 객관적 화해가 아니라 자존감의 회복을 일컫는다. 그들은 정의와 평화가 아니라 자아실현을 추구해야 한다. 달리 말하면, 문제는 도덕morality이 아니라 사기士氣morale에 있는 것이다. 기분을 좋게 해주는 종교와 영적인 알약은 우리의 의식을 고양시켜 주고, 우리를 "진정한" 자기와 접촉하게 해준다. H. 리처드 니버Richard Niebuhr는 기독교 안에서조차 다수가 "진노 없는 하나님이, 십자가 없는 그리스도의 사역을 통해, 심판 없는 나라로 죄가 없는 사람들을 인도했다"는 복음을 전파하고 있다고 말한다(Neuhaus 2000, 117에서 인용).

근대가 말하는 구원의 동산은 회복된 에덴동산이 아니라, 지상의 즐거움으로 가득 찬, 도덕적으로 까다롭지 않은 동산이다. 이처럼 "죄"와 "구속"이 "질병"과 "치료"로 전환되는 과정에서, 치료는 새로운 악과 권력의 신학, 곧 교회와 공동체가 국가로 대치되는 그런 신학이 된다. 어떤 대가를 지불하든지 생명의 연장은 정당화된다. 죽음은 우리가 부정해야 할 최대의 적이다. 치료적 종교는 실로 사람들에게 자기 자신, 가족, 기관, 국가를 위해 안정감과 행복감을 제공하는 정신 안정제Valium와 같다.

심령주의spiritualism/물질주의

근대는 우리가 살고 있는 세상은 하나님과 신들이 더 이상 존재하지 않는—한때 존재했을지 모르지만—탈마법화된 세계라고 말한다. 하지만 포스트모더니티는 신들과 하나님을 포함하여 영적인 실재들에 관해 다시 이야기하도록 허용한다. 새로운 영성들로 들어가는 문은 열렸으나, 그 가운데 다수는 교리의 역사가 아주 오래된 위대한 종교 전통들과 상관이 없다. 일부 사람은 사회 정의와 평등을 위한 투쟁을 추구하고, 또 어떤 이들은 환경 보존을 위한 싸움을 주관심사로 삼는다. 리처드 로티Richard Rorty가 말하듯이, 일부는 신적 운명과 국가적 사명을 지닌 유토피아 같은 미국을 이룩하고 싶어 하되, 그 사명은 하나님이란 존재를 무조건적인 욕망의 대상으로 대체하도록 세계를 바꾸는 것이라고 믿는다(Neuhaus 2005, 26). 인기 있는 미국의 불교 작가요 강사인 수리아 다스Surya Das는 영적인 구도자가 각각 백지 상태에서 자기 나름의 종교를 만들어야 한다고 말한다(1999). 그는 포스트모던 정신에 가장 부합되는 응답은 불교에서 찾을 수 있다고 주장한다. 그런데 그가 말하는 것은 고전 불교가 아니라, 서양화되고 살균 처리되고 상업화된 불교다. 뉴하우스는 이렇게 말했다. "포스트모더니티의 자식들은 그들이 그것을 꾸미고 있다는 것을 알고 있다. 그것이 종신직 교수들이 영리하게 실재를 '구성하는' 아이러니한 자유주의든, 대중이 뉴에이지 '영성'을 퍼뜨리는 현상이든, 그것은 결국 동화fairy tale를 들려주는 문제다. 그리고 우리가 얼마나 많은 동화를 들려주든지, 우리가 그것들이 동화임을 알 때는 세계에 다시 마법을 걸 수 없다"(2000, 104).

자포자기, 외로움, 소외감과 같은 정서가 포스트모던 세계에 널리 퍼져 있다. 요즈음의 문학, 음악, 철학에 나오는 문화적 아이콘은 파편화, 소외, 버림받은 느낌, 자포자기 등을 그 주제로 취한다. 정통파 그리스도인들조차 하나님을 일상생활 속으로 모셔 오기가 어려울 정도다. 지금은 무언가를 잃어버린 시대임이 분명하다. 포스트모던 종교들은 이 공백을 메우기 위하여, 우리가 정말 하나님과 비슷하다고, 아니 본성으로나 우리 나름대로 하나님이 될 수 있다고까지 말하고 있는 실정이다.

지배적인 신화들

오늘날에는 진보의 사상이 공격을 받고 있다. 제2차 세계대전은 과거 200년간 서양문명을 형성했던 거대한 내러티브들에 마침표를 찍었다. 근대가 내놓았던 유토피아의 비전은 멀리 사라져 버렸다. 온갖 문명의 혜택―마천루, 우주왕복선, 안락한 주택, 자동차, 컴퓨터, 제트기, 경제적 풍요, 수명의 배가 등―을 선사했던 과학과 테크놀로지가 동시에 핵으로 인한 전멸, 세균 전쟁, 잘못된 유전공학의 위협도 가져왔다. 푸코는 폭력이 구속적일 수 있고 진보를 초래할 수 있다는 믿음을 배척하면서 이렇게 주장한다. "인류는 전투에 전투를 거듭하면서 서서히 발전하여 보편적인 호혜관계, 곧 법의 지배가 마침내 전쟁을 대치하는 상태에 도달하는 것이 아니다. 오히려 인간은 각 폭력수단을 지배 시스템 내에 장착함으로써 지배의 행적을 이어가고 있다"(1980, 151).

테크닉이 발전한다고 영적인 물음에 답이 생기는 것은 아니다. "우리는 세계를 정복했으나, 그 과정의 어느 지점에서 우리의 영혼을 잃어버린 것 같다"(Bertalanffy 1981, 13). "진보"를 이룩하느라고, 우리는 갈수록 빨라지는 끊임없는 변화를 자초했다. 막스 베버는 근대성과 관련된 끝없는 변화의 물결과 혼란, 끊임없는 문화와 지식의 변형, 이런 변화로 생성되는 여러 가능성과 문제 등이 근대적 삶을 특징짓는 무의미함의 근원이라고 주장했다. 잠깐 스쳐 지나가는 만족감이 없는 건 아니지만, 근대성은 "불안감, 불평, 불만족을 낳는 끝없는 혁신 또는 변화의 추구에 의해 움직이고 있으며, 이는 결과적으로 실존적 체험과 생존의 의미를 감소시키게 된다"(Smart 1993, 88).

묵시apocalypse의 신화

끝없는 진보의 신화는 점차 다가오는 묵시의 신화로 대치되어 왔다. 테러리스트의 공격, 지구 온난화를 비롯한 생태학적 대재난, 빈곤과 노숙의 문제, 인구 폭발과 대규모 굶주림, 에이즈와 조류독감 같은 지구적 유행병, 군사적 충돌, 열핵으로 인한 전멸, 심지어 지구를 침략하는 외계인에 이르기까지, 이 모든 위협이 장차 세계가 더 나은 곳이 될 것이라는 믿음을 점차 약화시키고 있다.

묵시의 신화는 특히 철학과 문학 분야에서 등장했다(Dellamora 1995). 이 밖에도 묵시적 주제가 눈에 띄게 나타나는 곳은 할 린지 Hal Lindsey의 「대유성 지구의 종말 *The Late Great Planet Earth*」과 같은 대중 서적들과, '터미네이터', '터미네이터 2: 심판의 날'과 같은 영화들이다. K. 울프Wolff는 "역사상 처음으로, **인간의 손으로** 모든 인류, 생명, 행성(지구) 그 자체를 끝낼 수 있다는 가능성이(개연성은 아니더라도) 존재하게 되었다"고 한다(1989, 321).

묵시적 주제들이 기독교 사상에서 주요 흐름으로 자리 잡은 것은, 특히 아우구스티누스가 요한계시록의 애매한 플롯을 인간 운명에 관한 직선적이고 점진적이고 보편적인 내러티브로 바꾸어 놓은 이후였다. 이 흐름의 한 줄기는 전천년설premillenialism로, 이는 역사의 과정이 조만간에 하나님과 사탄의 대결로 귀착된다고 보고, 오늘날의 정치적 사건들을 요한계시록에 기록된 예언들의 성취로 보는 견해다. 전천년설자들은 테러에 대한 전쟁조차도 장차 아마겟돈 전쟁과 불가피한 예수의 재림을 불러오기 위한 역사적 계획의 일부로 해석한다.

최근에 들어와서, 이런 묵시가 팀 라헤이Tim F. LaHaye와 제리 젠킨스Jerry B. Jenkins의 공동 저술인 「레프트 비하인드Left Behind」 소설 시리즈에서 다시 표면화되었다. 이 시리즈의 제1권 뒤표지에 이런 문구가 등장한다. "한 순간의 대격변에 세계 곳곳에서 수백만이 사라진다. 자동차들은 졸지에 무인용 차로 돌변하고, 배들은 통제를 잃고 만다. 사람들은 자기 눈앞에서 사랑하는 자들이 사라지는 것을 보고 공포에 사로잡히고, 그러한 실종이 엄청나게 파괴적인 만큼 너무나 칠흑 같은 날들이 우리 앞에 놓여 있을지도 모른다" (Koester 2005, 274). 1995년에 첫 선을 보인 이 시리즈는 수천만 권이 팔리면서 수많은 서양 그리스도인의 사상에 영향을 주었다.[5] 이 저자들에 따르면, 성도들의 갑작스런 휴거가 있은 뒤에 7년간의 환난이 이어지고, 그것이 아마겟돈 전쟁에서 절정에 이르면 그리스도께서 하나님의 대적과 싸우기 위해 재림하여 적그리스도를 쳐부수고 천년왕국을 이룩하신다고 한다. 이에 대해 크레이그 쾨스터Craig Koester는 이렇게 말한다.

> 이 소설들은 현 시대가 폭력과 도덕적 타락 속으로 가차 없이 빠져들고 있다는 의식에 주파수를 맞추고 있고……커뮤니케이션 기

술과 컴퓨터 과학의 발달이 지구적 테러조직에 도움을 주고, 권력을 가진 자들로 감시체제와 여론조작을 더 잘할 수 있게 해주는 한편, 대량 살상 무기들이 인류문명을 말살할 수도 있는 세상에 사는 자들에게 도움을 제공한다.……이 소설들은 또한 개인적 구원의 길도 마련해 준다. 하나님이 세상이 파괴적 사건을 겪도록 작정하셨을지 모르지만, 개인들은 믿음으로 나아옴으로써 자기의 미래를 바꿀 수 있다. 기독교 메시지를 지금 영접하는 이들은 하늘로 휴거되어 종말의 공포를 피하게 될 것이다. (2005, 278)

진보의 관점을 가진 근대성과 묵시의 관점을 지닌 포스트모더니티 사이의 싸움이 종말론을 둘러싼 논쟁에서 펼쳐지고 있는 것이다.

역사의 종말

많은 포스트모더니스트는 기존의 역사적 분석이 사실상 추론된 분석인데도 마치 과거에 관한 진리인 양 주장되고 있다고 비판한다(Derrida 1984; Foucault 1980). 그들은 근대 서양 세계가 식민주의와 나머지 세계의 압제를 정당화하기 위해 역사를 꾸며 냈다고 주장한다. 또 역사를 단지 이데올로기로 연구하는 일이 중요한데, 그것은 역사가 가장 중요한 시기인 현재에 영향을 미치기 때문이라고 한다. 미래는 장차 예상되는 현재일 뿐이고, 과거는 이전의 현재일 따름이다(Rosenau 1992, 64). 이런 관점이 "역사의 종말" 철학을 낳았다(Fukuyama 1989).

포스트모더니티는 근대의 지배적인 세계관에 도전하였는데,

근대적 세계관의 오만함, 실재의 정서적·도덕적 차원의 배제, 초월적 실재에 대한 부정 등을 겨냥했다. 그러나 갈수록 여러 위기에 더욱 말려들고 있는 세상에 아무런 해결책도 내놓지 못하고 있다. 게다가, 포스트모더니티는 비교적 물질과 시간의 여유가 있는 이들의 사치품과 같다. 세계의 상당 지역에서는 아직도 수많은 사람이 기본적인 생필품이 없어서 고생하고 있고, 학계에서 일어나는 철학적 논쟁에는 신경 쓸 겨를이 없다. 그러면 포스트모더니티 너머에는 무엇이 있을까? 이에 대한 분명한 해답은 없지만, 최근에 지구적 세력의 영향력과 그에 대한 지역적 문화의 반응을 둘러싸고 갈수록 많은 토론이 일어나고 있다.

9장

포스트모던 이후 또는 글로컬 세계관

포스트모더니티가 근대성을 비판함에 따라 기존의 여러 개념들이 재정립되는 결과를 초래했다. 내용인즉, 과학, 정치적 의제, 민족성, 민족주의, 종교 등과 같은 것들은, 선을 위하든 악을 위하든, 사회와 개인에게 권력을 행사하는, 인위적으로 구성된 이데올로기라는 것이다. 그러나 포스트모더니티는 전 세계적으로 점증하는 인간의 필요에 대해서는 아무런 대책도 내놓지 않는다. 그러면 이 포스트모던 비판 너머에는 무엇이 있을까? 이안 바버Ian Barber (1974), 휴스턴 스미스(1982), 래리 로던(1996)과 같은 학자들은 빨라지는 지구화globalization(현재 한국의 학계나 사회에서 종종 세계화로 번역하여 사용하기도 한다. 이 책에서는 세계화보다는 지구화라는 말을 선호한다. 그 이유는 세계화라고 했을 때에 월러스틴이 주장하는 세계체제world-system와 용어상 유사하며, 세계화worldization와 혼동을 가져오기 때문이다. 또 지구화는 세계화 또는 국제화하고는 질적으로 다른 사회현상을 동반하고 있기 때문이다—옮긴이)의 추세에 맞추어, 인식론적이고 기호학적이며 세계관적인 새로운 기초를 부지런히 찾고 있다.

스미스는 이처럼 새로 출현하는 패러다임을 "포스트모던 이후post-postmodern" 시대라고 부른다. 이와 더불어 오늘날의 세계를 이해하는 새로운 패러다임으로 등장한 지구화의 성격에 대해 토론이 오가고 있다.

최근에 들어서 급속한 지구화 현상에 관해 많은 논의가 있어 왔다. 그러나 지구화는 이미 오랜 역사를 갖고 있다. 기독교와 이슬람교 모두 스스로 보편적 진리라고 주장하면서, 지구적 규모로 사람들을 회심시키려고 노력해 왔다. 근대성은 남북아메리카의 정복 및 정착과 함께, 그리고 훗날 식민지 제국들의 건립과 더불어 널리 퍼져가기 시작했다. 하지만 지구화의 추세가 눈에 띄게 빨라진 것은 지난 수십 년 동안 일어난 현상이다. 우리는 이 현상을 어떻게 이해해야 하고, 이는 우리를 어디로 데려가는 것일까?

앤서니 기든스는 지구화를 이렇게 정의한다. "어느 지역의 사건이 먼 곳에서 발생하는 사건들과 영향을 주고받는 식으로, 사회적 관계가 세계적으로 강화되는 현상이다"(1990, 64). 또 신황 마이클 샤오Hsin-Huang Michael Hsiao는 이렇게 주장한다. "지구화는 세계의 모든 민족이 단일한 세계 사회로 융합되는 모든 과정을 일컫는다.……지구화란 지구적 상호의존성을 인식하는 가운데 그 상호의존도가 높아지는 것을 의미한다"(2002, 49). 여러 학자가 순전히 경제적 용어로 지구화를 신자본주의의 확장으로 정의한다. 하지만 테드 르웰렌은 이보다 포괄적으로 정의한다. "지구화는 정교한 커뮤니케이션 테크놀로지와 여행, 그리고 신자유주의적 자본주의의 세계적 확장으로 인하여 무역, 금융, 문화, 사상, 사람의 흐름이 갈수록 증가하는 현상과, 이에 대한 지역적·지방적 적응 및 저항 현상을 일컫는다"(2002, 7-8).

많은 학자가 지구화를 근대성이 온 세계로 퍼지는 현상으로 본다. 다른 학자들은 그것을 새로운 탈산업화, 탈서구화 시대로 본다. 또 다른 학자들은 포스트모더니티가, 근대성을 해체한 뒤에 도래한 새 시대의 여명이라고 생각한다. 어쨌든 꼭 염두에 둘 사항은, 지구화는 정적인 상태가 아니라 계속 변하는 과정이라는 점과, 각 지역과 나라가 그것을 달리 경험하고 그에 대해 달리 반응한다는 점이다. 더 나아가, 지구화 이론들은 학계의 엘리트들의 손으로 만들어지고 있다. 그래서 주변부로 소외된 가난한 사람들의 삶에 비추어 그 이론들을 검토하는 일이 꼭 필요하다. 또 하나 중요한 사항은 두 종류의 지구화를 구별하는 일인데, 한편에는 시장 세력, 범국가적 transnational 인적 유통, 지구적 기관들이 있고 다른 한편에는 이런 자료들을 설명하려는 이론으로서의 지구화가 있다는 사실이다.[1]

끝으로, 지구화 이론들을 미래를 예측하는 데 사용할 때는 지극히 조심할 필요가 있다. 르웰렌이 언급하듯이, 20세기가 시작될 무렵 많은 학자들이 미래에 일어날 일을 예측했지만, 결과적으로 가장 의미심장한 변동들은 놓치고 말았기 때문이다. 두 차례의 세계대전, 식민주의의 몰락, 원자력 에너지·컴퓨터·인터넷의 발달, DNA 구조의 발견 등이 그 가운데 일부다(2002, 27).

인지적 주제들

몇 개의 인지적 주제들이 포스트모던 이후의 성격과 방향에 관한 토론으로부터 드러났다.

지구화/지역화 localization

원예농업에서 농업으로 바뀌면서 농민 위주의 제국들이 발흥했고, 제국의 문화 방식이 주변 지방으로 퍼져 갔다. 아시아의 경우, 중국, 일본, 한국, 인도 제국들이 넓은 지역에 걸쳐 있었다. 아프리카의 경우에는, 이집트 제국과 가나 제국이 오랫동안 문명의 꽃을 피운 나라들이다. 유럽에서는 그리스, 로마, 이탈리아, 스페인, 독일, 네덜란드 등과 같은 나라들이 제국을 건설해서 광범위한 영토를 지배했다. 남북아메리카에서는 마야와 아스텍이 폭넓은 제국을 건설했다. 하지만 이 모든 제국들은 지역의 성격을 갖고 있었다.

진정한 의미에서 지구적 시스템이 등장한 것은, 이른바 탐험의 시대의 도래와 뒤이은 유럽인의 세계 정복 및 식민지화가 추진되었을 때였다. 그 기간에 세계적인 무역, 정치 제도, 선교사역 등이 유럽에서 나머지 세계로 퍼져갔다. 지구화는 서양의 문화 및 사회 시스템이 세계 전역으로 확장되는 것을 의미했다. 이런 전개 양상의 첫 번째 상징물은 펜과 시계였는데, 그것은 문자교육과 "시계에 따른 시간"의 진가를 보여주는 표지였다. 이어서 서양식 의복, 식품, 오락, 자동차 등이 보급되었고, 지금은 제트기, 컴퓨터, 휴대폰, 월드와이드웹 등이 퍼져 가고 있다.

식민주의와 서양의 지배가 붕괴함에 따라, 중국, 인도, 중동과 같은 옛 문명들이 다시 등장함으로써 새로운 형태의 다多중심적 지구주의 globalism가 출현했으며, 여기서는 하나의 지배문화가 존재하지 않고 다양한 지구주의가 그 모습을 드러내고 있다.

새로운 지구화의 핵심요소 하나는 대규모 시스템들—대도시, 지구적 정치기구, 지구적 기업—의 등장이다. 또 하나의 요소는 갈수록 빠른 속도로 사람들과 정보가 세계 전역으로 퍼져가는 움직임이다.

지구화들

피터 버거와 새뮤얼 헌팅턴Samual Huntington(2002)은 현재 여러 종류의 지구화가 있으며, 그것들을 다음 두 가지 방식으로 이해할 수 있다고 주장한다. 첫째, 많은 수레carrier들이 다양한 형태의 근대성을 세계 전역에 보급하고 있다.[2] 그 바탕에는 영국식이 아닌 미국식 영어가 깔려 있으며, 이 언어가 새로 출현하는 지구적 문화의 공용어koine로 자리 잡고 있다. 둘째, 세계 전역의 민족들이 자기 문화 안에서 근대성과 상호작용을 함으로써 새로운 근대성을 창조하고 있고, 이에 따라 다양한 지구화들이 등장하는 중이다. 일찍이 일본이 근대성을 개조하여 자기 세계관에 끼워 맞춘 역사가 있다. 오늘날에는 특히 중국과 인도가 서로 다른 방식으로 근대성과 상호작용을 주고받고 있으며, 자기가 소화한 것을 주변 지역으로 보급하고 있다.

피터 버거는 지구주의를 퍼트리는 몇 개의 수레에 대해 이야기한다. 가장 자명한 것은 기업과 금융인데, 이들은 개신교 노동 윤리, 시계에 따른 시간 개념, 새로운 경영·공학·효율성을 강조하는 기계론적 공장과 관료제, 물질적으로 안락한 삶의 강조 등을 보급하고 있다. 대규모 기업, 지구적 금융업, 초trans문화적 자산의 유통, 테크놀로지와 혁신의 공유, 아웃소싱 등이 생산과 금융 면에서 영토의 한계를 허물었고, 생산 중심의 산업적 근대성을 소비 중심의 탈산업적 근대성으로 바꾸어 놓았다. 경영 체계는 근대 초기의 위계적 모델을 시너지 중심의 관리방식으로 바꾸었는데, 이는 계층을 가로질러 팀을 만들고 상호간의 아이디어 교환, 빠른 혁신, 공학, 신상품 생산 등을 통해 기업가 정신을 고취하는 방식이다. 마케팅은 지구적 기업 문화의 중요한 측면으로 부상했다. 사람들은 자기가 사는 상품과 자신을 동일시하고 동일시되는데, 그것은 상품이 브랜드 이미지를 갖고 있기 때문이다. BMW, 구찌, 샤넬, 맥도널드, 디즈니랜드 등은 각기 다른 가치와 문화를 상징하고 있으며, 경영인들은 시장을 섬기기보다 시장을 창조하려고 애쓰고 있다.

지구적 시장의 지배 이데올로기는 경제적 신자유주의 또는 팽창주의적 자본주의로, 재산과 생산수단의 사적 소유와, 정부 규제에서 자유롭고 이윤과 수요 공급의 법칙에 의해 움직이는 자유 시장을 그 특징으로 한다. 테드 르웰렌은 이 견해의 밑바탕에 깔린 가정들을 잘 포착하고 있다.

신자유주의는 미국 정부, 세계은행World Bank, 국제통화기금 International Monetary Fund을 비롯하여 대다수 대학의 경제학과들, 삼각위원회Trilateral Commission(1973년에 미국, 유럽, 일본이 조직한 상호협력 기구—옮긴이)와 같은 수많은 정치적·재정적 기구들이 견지하는 반半공식적인 철학이다. 이는 특정한 형태의 지구적 자본주의를 선하다고 보는 견해로, 제3세계 국가들이 몇 가지 조처만 취하면 그들의 생활수준이 높아질 것이라고 믿는다. 경제 통합이 더 많이 이루어질수록 민족과 국가 사이에 더 많은 협력이 이룩되고, 세계 평화에도 기여할 것이라고 생각한다. (2002, 9)

지구주의의 확장에 기여하는 또 하나의 요인은 UN과 같은 지구적인 통치 기구들과, 유럽공동시장European Common Market, 동남아국가연합ASEAN, 북대서양조약기구NATO와 같은 지역 기구들의 등장이다. 아놀드 토인비는 이렇게 말한다.

> 우리 마음속에는 보편적universal 국가가 아니라 모종의 세계 질서를 확립하고자 하는 깊은 열망이 있는데……이는 보편적 국가에 따른 치명적 저주가 없이 오히려 많은 복을 확보할 것이다. 보편적 국가의 저주란, 일단의 군사 대국들이 싸우다가 한 국가가 다른 국가들을 완전히 압도했을 때 따르는 결과다. 이것은 곧 "칼의 구원"인데, 우리가 알다시피 그것은 사실상 전혀 구원이 아니다. 우리가 찾는 바는 자유로운 민족들이 서로 하나가 되고 더불어 살겠다는 자유로운 합의인데, 이런 이상이 실제로 실현되려면 폭넓은 범위에 걸쳐, 강제성이 없는 상호조정과 용인이 반드시 필요하다. (1947, 552)

지구주의의 세 번째 수레는 학계다. 서양식 학교, 칼리지, 대학교 등은 기독교 선교사들에 의해 처음으로 세계 곳곳에 세워졌다. 현재 대부분의 국가들은 이와 똑같은 교육관에 기초하여 공립학교를 세우는 데 우선권을 두고 있으며, 일류 대학교들이 세계 전역에 존재하고 있다. 그럼에도 불구하고, 비서구 국가들의 많은 학생은 서구의 학교들을 높이 평가하기 때문에 거기서 학위를 취득하려고 애쓴다. 유학을 끝내고 본국으로 돌아오면 높은 자리에 앉기 일쑤고, 지구적 가치들을 나르는 수레가 된다. 또 다른 차원에서, 학계는 연구 작업과 출판을 통해 세계에 영향을 준다. 세계적 학자들은 정부와 UN, 그리고 요즘에는 범문화적 기업들을 위해 지구적 연구조사를 실시하고 있다.

지구주의의 확장에 기여하는 네 번째 요인은 세계 전역으로 뻗어가는 사람들의 빠른 이동이다. 이민자, 국경을 넘는 이주자, 피난민, 흩어져 사는 민족 등은 일자리, 자유, 더 나은 삶을 찾아서 타국으로 이동한다. 이로 말미암아 많은 나라의 도시들과 심지어 농촌에까지 다문화주의multiculturalism가 폭발적으로 증대한다. 예를 들어, 로스앤젤레스, 시카고, 뉴욕은 각각 80개 이상의 종족 집단이 거주하고 있으며, 파리에는 다수의 북아프리카 공동체들이 존립하고 있다. 따라서 공동체 상호간의 긴장이 고조되고 있고, 종족 간의 관계를 어떻게 다루어야 할지에 대해 물음이 제기되는 상황이다. 외국인 노동자, 단기 체류자, 불법 이민자 등은 사회적 면모를 더욱 복잡하게 만든다. 여행객은 짧은 기간에 이색적인 곳으로 갔다 와서 사람들의 의식구조에 영향을 미친다. 세계 곳곳의 많은 가족은 서양에 사는 친척이 있고, 그 친척이 고향에 돈을 보내주고 주기적으로 방문도 해서 사람들에게 외부 세상을 인식하도록 도와주곤 한다.

이주migration는 개인과 집단의 정체성 문제를 제기한다. 이제는 과거에 인류학자들이 했던 방식대로, 많은 민족을 산뜻한 사회적·문화적 범주에 맞추는 일이 불가능하다. 정체성이 지금은 많은 얼굴을 갖고 있다. 테드 르웰렌은 이렇게 묘사한다. "팔레스타인 사업가가 사업차 자기 고향인 요르단에서 뉴욕으로 자주 날아 간다. 르완다 후투족 난민이 조국에서 투티족이 권력을 잡고 있는 한 고향으로 돌아가길 두려워하여, 부룬디의 수용소에서 간신히 연명하고 있다. 철저히 미국화된 캘커타 출신 여성이 프린스턴에서 생물학 석사과정을 밟고 있다.……지역적이란 개념 자체가 아주 모호해졌다"(2002, 35-36).

이주는 세계관과 관련된 문제도 제기한다. 개인과 집단이 새로운 상황에 들어갈 때는 다른 세계관을 접하기 마련이다. 그래서 자기가 가진 기존의 세계관과 새롭게 접하는 세계관 사이에서 스스로 조율하는 법을 배워야 한다. 결과적으로, 세계관의 개념 자체가 유동적이 된다. 이로써 세계관들의 혼성hybrid들과 동화의 다양한 형태들이 도출된다. 그래서 많은 경우에는, A. F. C. 월리스가 개인적 세계관들을 지칭할 때 사용하는 "미로"라는 용어가 더 적합하지 않나 생각된다. 국제결혼을 하는 사람들, 개별적 이주자들, 초문화적 기업 직원들, 해외 유학생들 등이 이런 혼성 세계관을 형성하는 몇 가지 본보기들이다.

지구주의의 다섯 번째 수레는 대중문화로, 온갖 형태를 띠고 세계 곳곳의 수많은 사람들에게 침투하고 있다. 음악(팝, 재즈, 록), 영화(할리우드와 발리우드[인도 뭄바이의 인기 있는 영화 산업을 일컫는 비공식 이름—옮긴이]), 즉석 식품(코카콜라, 맥도널드, 스타벅스), 의복(청바지, 티셔츠, 나이키, 아디다스), 스포츠(NBA, NHL, 마이클 조던), 텔레비전 프로그램(디즈니, MTV, 시트콤, '베이 와치') 등을 비롯하여 이탈리아 의상과 액세서리(구찌), 장식품(샤넬), 자동차

(BMW, 벤츠), 고전 음악과 문학에 이르기까지 그 종류가 실로 다양하다. 전 세계 수많은 사람들에게 서양 문화에 참여하는 것은 일상 생활의 일부가 되어 버렸다. 그런데 그 가운데 일부는 그러한 참여로 인해 의식적으로 서양 및 그 세계관과 동일시되는 바람에, 개인의 자유를 중요시하고, 이 땅에서 잘살 만한 권리가 있다고 주장하기에 이르렀다. 한 광고회사 대표는 이렇게 말했다. "우리는……장소와 나라가 소비자들에게 더 이상 중요하지 않다는 점을 알아챘다. 미디어는 세계 사회를 다함께 묶어 주는 접착제이고, 또 미디어는 브랜드들을 팔고 있다.……브랜드들은 결국 장소가 아닌 사람들을 규정짓는 일단의 가치들—BMW 남성, 나이키 남성이라는 식으로—을 상징한다"(Bernstein 2002, 216). 지구적인 대중문화의 확장은 젊은 전문인들로 구성된 도시의 중산층 사이에 가장 뚜렷이 드러난다.

지구적 문화 운동은 지역과 세계를 함께 묶어 주기도 한다. 기독교, 이슬람교, 불교, 힌두교의 종교 운동은 세계 전역으로 퍼져 가고 있다. 성별gender 평등, 환경적 이슈, 그리고 인권에 초점을 두는 문화 운동들은 갈수록 여러 나라에서 중요한 이슈가 되고 있다. 끝으로, 휴대폰, 컴퓨터, 월드와이드웹과 같은 정보 테크놀로지의 급속한 성장은 세계 전역을 네트워크로 묶어 주고 있고, 갈수록 지구적 규모에서 지식에 접근하는 길을 많이 열어 주고 있다.

특히 미국을 비롯한 서양이 최근까지 지구화의 중심이었으나, 오늘날에는 나름대로의 지구화 형태를 지닌 여러 중심들이 등장했다. 일찍이 중국 음식점이 세계 전역에 퍼진 적이 있었는데, 오늘의 중국은 빠르게 지구적 강대국의 대열에 끼고 있는 중이다. 일본, 인도, 한국도 자기 나름의 지구화를 퍼뜨리는 지방적·지구적 중심지가 되고 있다.

지구화는 기업, 정부, 학계, 선교 등 여러 분야에서 초문화적인 엘리트들을 배출했다. 이 사람들은 이 나라에서 저 나라로 쉽게 움직이면서, 그 나라의 토착 문화와의 심각한 접촉을 막아 주는 "보호막" 속에서 살고 있다. 이 보호막은 그들이 무엇을 하고 있는지에 대한 의문으로부터도 막아 준다. 여기에 예외가 있다면, 자기가 섬기고 있는 사람들과 자신을 동일시하는 기독교 선교사들일 것이다.

지역화

지구화가 이처럼 널리 퍼져 가고 있음에도, 세계 대부분의 민족은 외부 세계와의 접촉에 어느 정도 영향을 받으면서, 자기 지역의 사회문화적 상황에서 삶을 이어 가고 있다. 아마존, 뉴기니, 인도와 같이 비교적 고립된 사회들은 친족관계를 일차적인 사회조직으로 유지하고 있고, 그 지역 공동체가 대대로 생계유지에 필요한 자원과 관계를 공급하고 있다. 이 사회들은 다국적 기업들이 그 지역에서 목재와 광물을 개발하려는 바람에 갈수록 큰 위협을 느끼고 있다. 세계 많은 지역의 유목민과 농민들은 갈수록 지역 시장과 지구적인 시장에 더 밀접한 관계를 맺어 가고 있으나, 외적인 압력에도 불구하고 자신의 사회문화적인 정체성을 그대로 유지하고 있다. 다른 한편, 어떤 사람들은 현금 작물, 무역, 전문화된 생산, 순환 이주 등을 통해 국가 시스템과 지구적 시스템에 편입되어 자기 지역의 사회문화적 정체성을 잃고 있다. "하지만 그들의 편입과정은 아직 미완성 상태에 있다. 그들은 여전히 판잣집, 도시의 슬럼가, 이주자

노동 수용소 등지에서 상당 부분 비근대적 문화를 그대로 유지하면서 변두리에 갇힌 채 살아가고 있다"(Lewellen 2002, 94). 우리는 다양한 방식으로 그리고 다양한 정도로 지구화 세력에 연계되어 있지만, 사실상 우리의 일상생활은 지역에서 이루어진다. 즉 우리 동네에 있는 교회와 학교에 다니고, 가게를 사용하며, 협회에서 활동하는 등 일상적인 사건은 지역의 상황에서 일어나고 있다.

지구적 규모에서는 신자유주의적 자본주의가 헤게모니를 잡고 있을지 몰라도, 지방의 공동체와 지역 공동체들은 그에 대해 아주 다르게 반응하고 있다. 동화를 지향하던 예전의 "용광로melting pot" 모델은 더 이상 적절하지 않다. 사람들은 자기 상황에 따라 다양한 지구화 세력에 편승하고, 저항하고, 적응하고, 재해석하는 등 다양하게 반응한다. 종족, 문화, 종교로 인한 갈등은 지역적 정체성과 지방의 정체성의 부활을 일으켰다. 조너선 프리드만Jonathan Friedman은 이렇게 말한다. "지구화 과정이 당연히 지역적 구조와 지구적 구조 사이의 접합을 내포하고, 또 언제나 그것으로 구성되어 있음을 다시는 강조할 필요가 없어야 하겠다. 전자는 절대로 후자로부터 끌어낼 수 없다"(1994, 232). 예를 들어, 인도에서 국제적 브랜드를 가진 식품의 붐이 일어나자 토착 식품의 붐도 덩달아 일어났다. 피터 버거와 새뮤얼 헌팅턴은 이렇게 말한다. "맥도널드는 인도와 같은 나라에서 문제의 소지가 있는 상품을 갖고 있다. 빵에다 소고기 파이를 얹는다는 생각이 대다수 힌두교인에게 매력적이지 않고, 이는 아주 서양화된 인도인에게마저 예외가 아니다.⋯⋯ 맥도널드가 인도에 상륙한 지 4년 동안 700만 개의 햄버거밖에 팔지 못했다는 것은 의미심장한 사실이다. 이에 비해, 인도에서 매일

700만 개 이상의 도사(원래 남인도 지방의 전통요리였다가 지금은 인도 전역에서 즐겨 먹는 일상 음식이 되었다—옮긴이)가 만들어지고 있고, 매주 판매되는 영화 티켓이 7,500만 장에 달한다"(2002, 95). 영화의 대부분은 현재 뭄바이에서 만들어지고 있는데, 거기서 매년 생산되는 영화의 숫자가 이미 할리우드를 능가했으며, 발리우드는 특유의 플롯, 스타일, 무대장치를 갖고 있다.

지역의 문화를 긍정하는 현상이 항상 근대성에 대한 반발로 생기는 것은 아니다. 지역 특유의 문화적 차별성을 부각시켜 여행객에게 이색적인 체험을 제공하는 상품으로 선전하는 경우를 볼 수 있는데, 이것은 자연스럽게 지구적 시장에 흡수된다. 중국 식당, 인도 식당, 태국 식당 등은 세계 어느 도시에 가도 눈에 띈다. 멀리 동떨어진 지방에서 온 예술품, 음악, 수공예품을 파는 가게들도 있다.

대부분의 지구화 관련 연구는 세계 전체를 대상으로 삼지만, 인류학자들은 지구화가 보통 사람들에게 미치는 영향, 곧 자기 지역에서 일상적으로 살아가는 이들에게 주는 영향도 연구해야 한다고 강조한다. 위에서 내려다보는 하향식top-down 연구가 일상의 현실에 관한 정보도 그 속에 편입시키려면, 사람과 집단들이 지구화의 위협에 방어적으로 또는 적응적으로 반응하는 방법을 보여주는 상향식bottom-up 연구와 연계될 필요가 있다. 그런데 인류학자는 여기다가 자기의 연구대상이 보다 큰 세계에 속해 있음을 보여주는, 또 다른 차원의 분석을 덧붙일 필요도 있다.

지방화regionalizations
지구적 세력 대 지역적 세력의 구도로 보는 모델은 중요한 세 번째 변수, 곧 지방 문화의 성장을 간과하고 있다. 지구화를 확장한 그 세력들이 지역 공동체들을 지방 조직체로 묶어 그들 삶 특유의 문화적 생활방식을 유지하게끔 한다.

새뮤얼 헌팅턴은 민족국가 시스템이 이미 세계 전역에 여덟 개의 이데올로기적이고 정치적인 "문명들"로 대치되었다고 주장하면서, 후자는 국경을 초월하는 문화 패턴—주로 종교—에 바탕을 두고 있다고 한다(1996). 여기에는 서양, 라틴아메리카, 아프리카, 이슬람, 힌두, 중화, 일본, 정교회 문명이 포함된다. 서양이 다른 문명들에게 근대화를 촉구하는 바람에, 후자는 오히려 내부 지향적으로 돌아서서 다른 문명들과 대치 국면에 들어가게 되었다. 헌팅턴은 앞으로 이런 문명들이 서로 마찰을 일으킴에 따라 문명 사이의 "단층선"에서 전쟁이 일어날 것이라고 주장한다.

근대 역사에서 세계질서의 기반을 제공했던 민족국가들이 갈수록 지방적 세력에게 위협을 당하고 있음이 분명하다. 국가는 경계가 뚜렷한 영토 안에서 존재한다는 점에서 정통성을 찾는데, 여러 가지 요인으로 그런 경계선이 계속 무너지고 있다. 이주, 범국가적 공동체들, 영화·텔레비전·라디오·인터넷 같은 국경 없는 미디어, 초문화적 기업·금융·무역, 지방적 정부의 형성 등이 그런 요인들이다. 게다가, 국경 전쟁, 혁명, 인플레이션, 심각한 자본의 도피, 외국 노동과 무기에의 의존 등이 민족국가의 안정성을 위협하고 있다. 풀뿌리 운동의 형태를 띤 지역화와 고양된 사회정치적 민족성도 시민에 대한 국가의 통제력을 약화시켰다(Lewellen 2002, 195, 197).

종교가 문화적 정체성의 기초로 부상했다는 점이 특히 중요하다. 인도의 경우, 근대성은 범국가적인 힌두교 근본주의 운동을 불러 일으켜서, 그들이 권력을 장악하여 인도를 힌두교 국가로 만들려고 애쓰게 했다. 이슬람교는 갈수록 중동 민족국가들의 주요한 정체성으로 자리를 잡아가고 있고, 근대화 세력에 대항하기 위해 지방 조직체를 형성하자고 촉구하고 있다.

우리가 "글로컬화glocalization" 현상을 제대로 이해하려면, 이와 같은 지방의 국가 연맹체, 범국가적 기업들, 지구화 세력에 대한 그들의 반응 등을 고려하는 일이 반드시 필요하다.

지구화/지역화의 직면confrontation

세계가 지구촌을 이루는 방향으로 빠르게 움직이자, 과연 어떤 공동체가 형성되고 있는지를 놓고 많은 논의가 진행되고 있다. 한편에는, 지구적 동질화를 추구하는 세력들이 있고, 다른 편에는, 지역과 지방의 다양성을 부활하려는 세력들이 있다. 따라서 세계관 사이에 충돌이 일어난다. 테드 르웰렌은 이렇게 말한다. "지구화에 대한 수동적 반응이라는 것은 존재하지 않는다. 사람들은 저항하고, 적응하고, 창안하고, 타협하고, 동화하고, 연맹을 만드는 등 온갖 반응을 보이고 있다. 이런 구체적인 반응이 지구적 시스템에 의해 구속은 받되―결정되는 것은 아니다!―어디까지나 지역의 역사, 문화, 물리적·사회적 환경, 리더십, 개인의 의사결정과 연계되어 나타나고 있다. 문제는 다른 문화들이 이 세력에 어떻게 반응하느냐 하는 것이다"(2002, 26). 갈수록 분명해지는 사실이 하나 있다. 그것은 세계가 현재, 동질화가 커지는 방향으로 움직이지 않고 있다는 점이다. 한편으로, 민족지학에 따르면 세계 여러 곳에서 종족·민족·부족의 정체성이 갈수록 커지고 있다고 한다. 다른 한편,

표 9.1 **지구화와 근대성에 대한 다양한 반응(재활력 운동)**

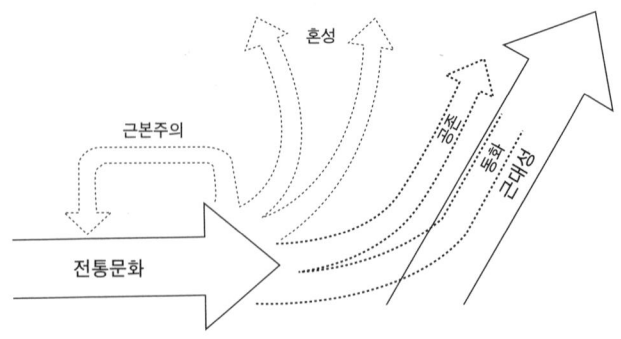

많은 지역이 갈수록 지구적 의제들에 더 많이 참여하고 있다. 마이클 허즈펠드Michael Herzfeld는 이렇게 묘사한다. "인류학자들이 여전히 '참여적 관찰자participant observer'가 되고 싶으면, 촌락민이 바쁘게 오가는 동안 촌락에 숨어 있는 것, 커뮤니케이션 고속도로를 통해 옛 친구들을 추적하는 것, 또는 사람들의 일상에 도움과 혼동을 주는 무수한 국가기관 및 국제기구들에 관여하는 일을 거부하는 것 등으로는 충분하지 않을 것이다"(2001, 6).

지구화와 지역화 사이의 이러한 긴장을 이해하는 데는 월리스의 문화 충돌collision 모델이 유용하다(1956). 월리스는 어떤 문화들이 근대성과 지구화의 물결을 만났을 때, 그 문화들과 그 속의 개인들은 각각 다른 방식으로 반응한다(표 9.1)고 언급한다. 일부 사람들과 어떤 전통사회들은 보다 열린 자세를 취하고, 근대성의 흐름에 합류하고, 그 시스템에 동화된다. 이들은 자기의 지역적 문화를 지구적 문화로 기꺼이 대치하고자 한다. 이들은 영어를 배우고, 현대식 교육을 추구하고, 현대식 기업이나 기관에 종사하고, 현대식 옷과 음식을 채택하고, 자동차를 운전하고, 월드와이드웹에 연결된 컴퓨터를 사용한다. 두어 세대가 지나면 그 자손들이 완전히 현대화된다.

두 번째 집단은 이보다 닫힌 반응을 보인다. 그들은 근대성의 요소들을 도입하되 자신의 사회문화적 정체성을 보존하려고 애쓴다. 그들은 핵심 정체성을 여전히 전통에서 찾지만, 자기가 근대화의 홍수 곁에서 독특한 공동체로 남을 수 있는 방식으로 근대성을 수용한다. 그들은 영어를 배우고, 일터에서 근대식 업무에 적응하고, 근대 세계와 타협하는 방법을 알지만, 동시에 근대성과 동떨어진 그들의 핵심 문화적 가치관, 종교적 신념, 의복, 음식, 정체성 등에 높은 가치를 부여한다. 그래서 전통문화와 근대성을 모두 이용한 아주 다양한 혼성체들을 개발한다. 예를 들어보자. 그들은 중동의 왕족이며 대기업가로서 미국에 저택을 갖고 있고, 미국에 가면 영어로 말하고, UN을 방문하며, 최신 유럽 패션의 옷을 입은 현대식 아내들을 데리고 살고, 양식을 즐겨 먹는다. 본국에서는 전통식 궁전에서 아랍어로 말하고, 이슬람식 부르카를 입은 전통적인 아내들을 데리고 살며, 전통 음식을 먹는다. 이런 사람들은 상황에 따라 한 세계관에서 다른 세계관으로 전환하는 법을 배운다. 타이완에서의 이런 글로컬화에 관하여 피터 버거와 새뮤얼 헌팅턴은 이렇게 말한다. "여기서는 라이프스타일과 대중문화의 미국화, 유럽화, 일본화가 일어나는 것과 나란히, '다시 포장된' 문화의 지역화와 토착화indigenization도 동시에 발생한다. 후자와 관련해서는, 전통적인 타이완식 요리, 오페라, 인형극, 골동품 수집, 다방, 전통 차 마시기, 타이완식 록 음악, 현대식 예술 등의 많은 지역적 문화와 전통적인 라이프스타일 요소가 다시 활성화되고 새롭게 선을 보이고 있다"(2002, 57).

혼성 집단은 현대적 방식을 수용하고 재해석하는 정도가 다양하다. 일부는 전통문화와 지구적 문화의 종합을 추구한다. 어떤 이들은 집에서는 이쪽을, 일터에서는 저쪽을 따르는 식으로 양자를 구획화한다. 이 경우에는 두 문화가 서로 공존은 하되 깊이 융합되지는 않는다. 그들이 직면하는 문제는, 어떻게 하면 풍부한 전통의 유산을 존중하면서도 근대적 요소를 영입할 수 있겠는가 하는 것이다. 르웰렌은 이렇게 언급한다.

> 아프리카, 아시아, 라틴아메리카 등지에서는 전통을 한때 존재했던 과거의 것으로 보지 않는다. 그것은 모든 면에서 제트기나 컴퓨터에 못지않게 현대적이다. 사람들은 날마다 그것을 체험하면서 산다. 모든 공동체는 계속해서 변하고 또 적응하는 가운데 있으므로, 전통은 과거에 존재했던 그대로의 전통주의가 아니다. 그러므로 오늘날의 전통주의에 대해 논하는 것이 얼마든지 정당화된다.……이는 사람들이 소달구지가 아니라 자동차를 타고 인터넷을 통해 일기예보를 제공받으면서도, 동시에 종교 제도를 통해 신분을 획득하고 친족을 일차적 사회구조로 인식하는 모습으로 나타난다. (2002, 101)

세계 여러 곳에서 볼 수 있는 현상은, 새로 온 사람들 가운데 일부는 지배문화에 동화되는 한편, 다른 일부는 자기만의 생활 공동체를 만들어 거기에 충성함으로써 건강한 공동체 및 개인의 정체성을 유지하는 동시에, 한 국가로서 공통분모에 해당하는 보다 넓은 문화적 신념들과 가치들에 의존하는 모습이다. 어떤 경우에는 이민자 공동체의 구성원이 기존 사회의 인구를 능가하는 바람에 한 도시나 지방의 지배적인 집단이 되기도 하지만, 그래도 국가적 차원에서는 보다 넓은 문화적 관습에 적응하지 않으면 안 된다.

세 번째 반응은 대놓고 근대성을 거부하는 태도다. 이 사람들은 전통 되살리기 운동을 일으켜서, 옛 문화를 부활시키고 자기를 압도하는 근대화 세력을 축출하려고 한다. 이것은 근본주의 종교 운동이나 종족적·문화적 고립주의 운동의 모습을 띠곤 한다.

오늘날은 이민자들이 새로운 문화를 서양에 가져오고, 일본 만화와 홍콩의 대중음악, 가라오케 주점, 발리우드 영화, 월드컵 축구 경기 등이 미국 스포츠, 스타벅스, 할리우드 영화와 경쟁을 벌이는 상황인 만큼, 지구화는 갈수록 쌍방통행이 되어 가고 있다.

오늘의 중심 문제는 통일성과 다양성이 어떻게 공존할 수 있느냐 하는 것이다. 한편으로, 동화 모델은 안정성을 가져오는 대가로 세계 곳곳의 풍부하고 다양한 문화를 상실하게 한다. 다른 한편, 문화 근본주의 운동은 자기들만의 독특한 문화적 정체성을 지키려다 보니 지구적 조화를 깨뜨리고 만다. 이 둘 사이에서 통일성을 바탕으로 다양성을 유지하려는 시도는 불안정성이라는 긴장에 직면하게 된다. 배리 스마트는 이렇게 말한다. "미국에서 공동체 생활을 위협하는 사회적 문제와 갈등이 증가하는 현상을 볼 때, 설사 다양성을 통한 통합을 목표로 삼는다 하더라도, 현실은 파편화, 욕구불만에 따른 공격성, 공동체의 와해 현상으로 얼룩져 있음을 부인할 수 없다"(1993, 40, 41).

버거와 헌팅턴은 지구화가 이전에는 당연시하던 전통의 붕괴를 낳았고, 또 다원주의의 도전과 신념·가치관·라이프스타일 중에서 다수의 선택안을 야기했다고 지적한다. 하지만 동시에 이렇게 주장하기도 한다. "만일 자유를 중시하는 사람이라면, 그 모든 대가에도 불구하고, 이런 식의 진전을 대단히 마지못해 슬퍼할 것이다. 그는 따라서 끝없는 상대화와 반동적인 광신주의fanaticism 사이에 어떤 중간 입장을 찾는 데 관심을 집중할 것이다. 현재 떠오르는 지구적 문화를 감안할 때, 이것은 수용적 태도와 호전적인 저항, 지구적 동질성과 지역주의적 고립 사이의 중간 입장을 의미한다"(2002, 16).

경제학자, 사회학자, 정치학자 등은 저 높은 곳에서 도시, 국가, 세계를 내려다보는 식으로 거시적이고 고차원적인 시스템을 검토하는 반면에, 인류학자들은 보통 사람들과 동일시되어 그들의 일상 속으로 들어가서 길거리 차원에서 그들을 연구한다. 그래서 테드 르웰렌은 이렇게 주장한다. "지구화를 이해하려면, 새로운 삶을 상상하고, 계획을 세우고, 여행을 하고, 네트워크를 만들고, 정체성을 가정하고, 자기 자녀를 사회화하는 실제 사람들의 수준에서 그것을 연구해야 한다"(2002, 26). 우리는 우리의 이론들을 일상생활의 세세한 부분들과 연결하여야 하는데, 이 과제는 불확실한 동시에 종종 논란거리가 되고 있다.

간문화적 접촉의 차원에서, 옛 이론들은 확산diffusion, 문화접변acculturation, 혼합주의syncretism 등의 용어에 의해 논의되었다. 오늘날의 학자들은 "혼성", "혼종creole", "혼합intermixing", "초문화"와 같은 용어를 사용하여, 개인과 공동체가 다른 문화의 이모저

모를 흡수하고, 재해석하고, 상황에 따라 그것을 선택적으로 사용하는 여러 방식을 지칭하고 있다.

다양성과 유동성/통일성과 안정성

모든 문화는 끊임없이 변하고 있고, 사람들은 언제나 한 장소에서 다른 장소로 움직여 왔다. 그리스와 로마의 식민정책, 이슬람교의 확장, 칭기즈칸의 이동성 정복, 아프리카 노예들의 강제 이송, 미국으로의 집단 이주 등은 대규모 인구 이동의 몇 가지 보기에 불과하다.

문제는 변화 자체가 아니라, 어느 정도의 통일성과 안정성을 가진 핵심 문화가 갈수록 줄어든다는 점이다. 지역적인 소규모 부족과 농민 공동체들은 간헐적으로만 외부 세계와 접촉을 가진 채 수세기 동안 존속해 왔다. 도시들은 작은 공동체들에 비해 무역과 이주를 통해 서로 더 밀접한 관계를 맺어 왔으나, 오랜 세월 안정된 상태를 유지해 왔다. 오늘날 많은 사회와 문화는 갈수록 더 빠른 속도로 변화를 거듭하고 있다. 그 결과, 사람들이 새로운 변화에 미처 적응하기도 전에 그보다 더 새로운 변화에 압도당하고 있는 실정이다.

여행과 이주

변화의 한 영역은 커뮤니케이션, 여행, 이주다. 하이테크 분야의 일꾼, 의사, 학계 종사자 등 여러 전문인들에 대한 수요는 전문가들의 지구적 이주를 초래했다. "다국적 기업의 크나큰 성장은 이 나라에서 저 나라로, 싱가포르에서 뉴욕으로, 또는 요하네스버그에서 모스크바로 사업 주간에 정기적으로 여행하는, 영토를 초월한 임원들 또는 고도로 전문화된 노동 이주라는 새로운 유형을 요구하게 되었다"(Lewellen 2002, 126). 이러한 범국가적 인사들은 본국에서 제2의 조국으로 자유로이 움직인다. 이와 같은 두뇌 유출은, 그들이 비록 본국의 친척들에게 돈을 송금해 준다 하더라도, 자기 나라의 발전에 종종 파괴적인 영향을 미치곤 한다.

평범한 사람들의 경우를 보면, 더 나은 삶을 찾는 농민들이 도시로 이사하고, 최소 임금이라도 좋다는 이주민들이 일거리가 있는 곳으로 이동하고, 생명을 구하려고 도망하는 피난민들은 낯선 나라에 정착하고, 임시체류 노동인력은 철따라 시장을 쫓아다니고, 증명서를 갖지 않은 외국인들이 행운을 바라며 새로운 나라로 이주한다. 이들 가운데 다수가 가난, 착취, 학대, 불안 등에 크게 시달리고 있다.

이주가 세계관에 미치는 영향을 검토하려면, 단기간 이주와 영구적인 국제 이민을 구별하는 게 도움 될 것이다. 한시적 이주자들은 본국의 정체성을 그대로 지키려고 자기들만의 문화적 동아리에 몸담고 있는 경우가 많다. 자녀를 키울 때도 "고향으로 돌아가리라는" 기대감을 품고 양육하며, 은퇴를 맞아 고향에 돌아갈 계획을 세운다. 장기 이민자들은 새 문화로의 동화에 따르는 위기를 겪고 세대차로 인한 긴장에 시달린다. 이민 1세대는 모국에서 형성된 정체감을 갖고 있고, 거기에다 새로운 상황에서 사는 데 필요한 약간의 변화를 가미한다. 그들은 보통 자기 전통문화와 세계관을 자녀들에게 전수하려고 애쓴다. 자녀들은 성품이 형성되는 어린 시절부터 두 세계 사이에서 자라나면서 정체성의 위기를 경험한다. 집에서는 부모의 전통적 세계관을 배우며 자란다. 학교와 외부 세상에서는 그 지역의 세계관에 영향을 받는다. 많은 이들이 부모 나라의 문화에 대해 듣기만 하고, 오랫동안 실제로 "고향"에 가 본 적은 없다. 그들의 고향은 사실상 그들이 사는 곳이다. 부모는 자기 옛 문화를 보존하려고 하고, 자녀들은 새 문화에 동화하고 싶어 하기 때문에, 결국은 세대 사이에 갈등이 생기게 된다.

자녀들은 이중문화적 정체성 위기에 여러 모양으로 반응한다. 새로운 나라에 오는 자녀들 가운데 특히 나이가 많은 아이들은 새 문화로의 동화를 거부하고 스스로 옛 문화와 동일시하는 경향이 있다. 반면에, 새로운 나라에서 태어난 아이들은 새 문화와 동일시하고 옛 문화의 딱지를 달가워하지 않는다. 또 어떤 아이들은 이 상황에서 저 상황으로 자유로이 움직이는 법을 배우지만, 뚜렷한 자기 정체성은 부족하다. 또 어떤 자녀는 이 문화 저 문화로 움직이는 그런 직업을 얻어 초문화적인 존재가 되지만, 어느 하나에도 마음을 붙이지 못한다.

지구적 이주는 이주민의 본향에도 심대한 영향을 미친다. 빠른 운송수단과 신속한 커뮤니케이션으로 인하여, 이주민은 자기 친척과 친구들로 하여금 외부 세상과 외부 세력에 눈뜨게 만들어 준다. 해방, 인간의 존엄성, 개인주의, 여성의 권리와 같은 관념들이 상품화, 소비, 비용계산 등과 같은 자본주의적 개념들과 함께 그 공동체로 접근한다.

정체성과 미로

민족, 테크놀로지, 사상, 문화가 갈수록 많이 뒤섞이게 되면서, 세계관을 안정된 일단의 민족이 품고 있던 일관된 덩어리로 보던 이전의 생각이 점차 허물어지고 있다. 비교적 고립된 부족들은 아직도 자기 세계관을 고스란히 유지하고 있으나, 농경사회만 하더라도 외부 세력과 세계관들이 빠르게 침범하고 있다. 따라서 이런 공동체들이 사회적으로, 문화적으로 파편화되는 결과가 초래된다. 물론 도시민은 각기 별도로 존재하는 많은 공동체―직장, 동네, 교회, 클럽, 가게 등 각기 다른 구성원과 사회조직과 세계관을 가진 공동체들―에 참여할 수 있으나, 그 어느 곳에서도 일차적인 정체성을 찾지 못할 가능성이 많다. 반면에, 안정된 소규모 전통사회에 사는 주민들은 주로 그 공동체에서 자기 정체성을 발견한다. 그럼에도 근대의 물결이 몰려와서 그들도 각각 별개로 있던 삶의 단편들을 묶어 자기 고유의 정체성을 정립하지 않으면 안 되게 하는 압력을 받고 있다.

정체성이란 한 개인이 자기에 대해 그리고 타자와의 관계에서 자신에 대해 품고 있는 의식을 일컫는다. 지역적 차원에서, 글로컬한 사람들은 한 주가 지나는 동안 일터, 교회, 동네, 클럽, 다른 협회 등 여러 사회적 상황에 참여한다. 각 공동체에서 그들은 신분을 얻고 그와 더불어 정체성도 얻는다. 또 상황이 바뀔 때마다 다른 문화와 세계관을 접하게 된다. 인격체로서 그들은 이처럼 다른 문화들 가운데서 교섭하고, 우선순위를 매기고, 그것들 사이에 존재하는 모순점을 다루지 않으면 안 된다. A. F. C. 월리스는 이와 같은 개인적 세계관들을 "미로"라고 부른다(1956).

사람들은 또한 이보다 큰 사회적 무리에 참여하기도 한다. 그중 두드러진 것으로는 성별, 민족성ethnicity, 계급, 국민성nationality, 문화, 종교 등이 있다. 민족성은 많은 논란을 일으키는 애매모호한 용어다.³ 르웰렌은 그것을 이렇게 정의한다. "어느 한 속성이나 피부색, 언어, 종교, 기원, 조상, 후손, 영토와 같은 여러 속성을 강조하고, 그것을 자기 것으로 받아들이는 자의식적 정체성 또는 투사된 집단적 정체성이다.……〔그것은〕 모종의 집합적 정체성으로 스스로를 규정짓는 어떤 집단을 지칭할 수도 있고, 보다 큰 사회를 가리키는 것일 수도 있다"(2002, 105). 그것은 그 칭호를 들을 때 사람들이 공동의 정체감을 갖게 되는 그 무엇이며, 또 주변의 사람들에게도 그들의 차별성을 인식하게 하는 그 무엇이다. 달리 말하면, 그것은 인류학자들이 창조한 하나의 분석적 범주가 아니고, 사람들이 자신과 타자에 대해 인식하는 것에 바탕을 둔 그들의 창조물이다.

민족성은, 따로 고립되지 않고 상호 접촉하며 살되 다른 집단들과는 분명히 다른 사람들의 집단을 일컫는 말이 되었다. 민족ethnic 집단을 창조하는 주체는 종종 누가 누구인지를 규정짓는 힘을 가진 지배 사회이거나, 자기 이익을 챙기려는 종속된 집단들이다. 민족 정체성은 계속해서 정립되고 수정되는 중이며, 흔히 공동의 역사, 문화, 땅에 그 기반을 두고 있다. 르웰렌은 이렇게 언급한다. "그들의 현재상태가 역사를 어떻게 창안하고, 신화화하고, 선별했는지와 상관없이, 대부분의 민족 집단이 오랜 역사적 뿌리를 갖고 있다는 것—우리 모두가 공히 가리킬 수 있는 '그곳'이 있다는 것—을 인식하기만 해도, 오늘날 그들의 창조성과 작용agency은 결코 줄어들지 않을 것이다. 그들 자신에게 그 원초적인 상태는 문젯거리가 아니라 그들의 정통성을 인정해 주는 것이기 때문이다"(2002, 109). 민족 집단이 자기 정체성을 규정짓고 그 정통성을 확증하기 위해서는 어떤 세계관을 공유하는 게 필요하다.

르웰렌은 민족주의nationalism가 사람들의 동기를 유발하는, 가장 강력한 원동력의 하나라고 지적한다. "사람들이 돈이나 권력을 위해서는 다른 사람을 죽일 테지만, 이데올로기를 위해서는 뜨겁게 자기 목숨을 바칠 것이다. 지구화 과정이 진행되면서, 각각 조국이 자기 것이라는 식으로, 타고난 권리를 주장하는 민족주의 세력이 과도하게 설치게 된 것 같다"(2002, 113). 근대 민족국가는 16세기에 유럽에서 처음 등장했지만, 오늘 우리가 알고 있는 민족주의는 계몽주의의 산물로서 18세기 말에야 비로소 그 모습을 드러냈다. 베네딕트 앤더슨Benedict Anderson은 민족을 "상상의 정치 공동체"라고 정의한다. 그리고 이렇게 설명을 덧붙인다. "〔상상된 것이라는 이유는〕 최소 규모의 민족 구성원들일지라도 동료 구성원들 대다수를 알거나, 만나거나, 심지어 그들에 관해 무슨 소식을 들을 가능성조차 없지만, 각자의 마음속에는 자기 공동체의 이미지와……깊은 수평적 동무의식이 살아 있기 때문이다"(1983, 6-7). 서양에서 민족주의는 민족국가와 동일시되었다. 이는 언어와 공유된 정치적 세계관 등 지배문화의 특성들을 공유하고, 이와 동일한 테두리를 가진 정치적 영토 내에 거주하는 한 묶음의 인구를 일컫는다. 설사 지배문화를 공유하지 않는 자들이 있다 해도, 그들도 국가에 일차적 충성을 바칠 것으로 기대된다. 그 결과로 세속적인 민족국가라는 개념이 생긴 것이다.

민족국가의 개념은 식민주의와 함께 세계 전역으로 퍼져 나갔으며, 종종 "자치"를 요구하는 반식민주의 운동의 형태를 띠기도 했다. 이로부터 생긴 민족은 종종 다양하고 구분된 집단들로 구성되어 있기 때문에, 가장 중요한 물음은 그들을 하나로 묶어 주는 근원적인 통일성의 본성에 관계된 것이었다. 그래서 우리 민족은 정말 하나라는 점을 보여주기 위해, 거의 신화에 가까운 공통된 역사가 창조되기에 이르렀다. 더 나아가, 민족주의는 자기의 입지를 강화하려고 종교적 정체성이나 민족ethnic 정체성과 손을 잡는 경우도 많다. 하지만 민족 정체성과 종교적 정체성은 민족적national 정체성보다 더 깊은 차원의 것이므로 종종 내부적 폭력사태와 내란을 불러일으키곤 한다.

최근에 들어와서 문화적 정체성과 종교적 정체성이 지구적 무대에서 막강한 세력으로 등장했다(Huntington 1996). 인도, 중동, 북한 등지에서는 이런 세력들이 민족적 정체성을 흡수해서 국가 통제권을 얻으려고 노력하기도 했다.

글로컬화 현상은 복수의 정체성이라는 중요한 이슈를 제기한다. 전통사회의 경우, 한 사람은 의미에 관한 일련의 규칙과 총체적인 우주론 안에 자리매김을 하고, 본인의 문화에 의해 그 정체성이 규정된다. 근대에 들어오면 인간 중심적 세계관으로 바뀜에 따라, 사람들은 사회에서 맡은 여러 역할에서 자기의 정체성을 택했다. 포스트모던 사회와 포스트모던 이후 사회에서는 다시 자신에게로 돌아와서, 스스로 자기 정체성을 정립해야 하는 상황이다. 이 상황은 자기를 고정되고 구체적인 전통적 구조들—가족과 사회, 문화와 종교—에서 분리하고, 자기에게 새로운 세계를 제공하면서, 그런 분리를 부추기는 지구적 시스템에 참여하도록 요구한다.

팽창주의를 지향하는 신자유주의적 자본주의/중상주의 mercantilism

지구화는 제국들이 통치영역을 넓게 확장함에 따라 과거 천 년간 이어져 왔다고 할 수 있다. 근대적 의미의 지구화는 민족국가와 정치적 지배의 확장보다는 시장의 팽창에 더 가깝다. 중상주의 체제 아래서는 국가가 경제를 통제한다. 신자유주의적 자본주의 아래서는, 시장이 정부의 통제로부터 자유로울 뿐 아니라, 국가가 오히려 사유재산을 보호하고, 기업에 새로운 영역을 열어 주고, 군사력을 사용해서 국민의 사적인 이익을 증진하고 보호하려고 애쓴다(Lewellen 2002, 14). 오늘날 빠르게 퍼져 가는 지구주의는 냉전의 종결, 많은 비서구 국가들의 시장경제 수용, 제트기와 컴퓨터로 가능해진 지구적 차원의 여행과 커뮤니케이션의 폭발 현상 등이 있은 후에 시작되었다.

지구적 자본주의 시장과 전통적 경제 체계는 지구적인 규모로 서로 갈등하고 있다. 세계 시장에서 규모, 고도의 기술, 값싼 노동이 회사에 이득을 주고 있다. 지역적 경제에서 값싼 수입품과 부자 나라에 대한 소비재 수출이 자급적 농업과 후견인-수혜자 관계와 같은 전통적 경제 체계를 약화시킨다. 처음에는 자본주의 시장이 모든 것을 지배할 것으로 생각되었지만, 갈수록 더 분명해지는 사실은, 대부분의 사람이 세계 시장에 참여는 하되, 가족·집안·공동체·지역적 문화와 같은 기반을 결코 떠나지 않는다는 점이다(Lewellen 2002, 135). 지역적 세력들은 지구적 시장과 함께 아주 다양한 방식으로 자기 입장을 밝히고 있다. 이런 긴장으로 말미암아 사회주의, 수입 규제, 외국인 투자의 통제 등과 같은 국가적 및 지방적 차원의 다양한 대책이 마련되었다.

거시적 관점에서, 지구화를 옹호하는 자들은 지구화가 어떻게 브라질, 인도, 중국과 같은 나라들을 도와주었는지를 보여줄 수 있겠지만, 신자유주의는 어디까지나 부자를 선호한다. 현실의 차원에서 보면, 가난한 자들이 세계 시장의 확장으로부터 거의 혜택을 받지 못한 것이 사실이다.

조립 라인과 자동화 기계를 사용한 제품 생산은 대중문화의 상품화를 가져왔다. 최근에 현대 세계는 금욕주의와 절약으로부터 자기만족과 유별난 소비로 움직임에 따라 현저한 변동이 일어났다. "소비문화는 '여가의 윤리'나 '미국식 생활의 표준' 이상의 것이다. 그것은 하나의 윤리요, 생활의 표준이며, 권력구조이다"(Fox and Lears 1983, xii). 라이프스타일을 유지하기 위해, 이제는 저축하는 것이 아니라 돈을 빌리는 것이 정도正道가 되었다. 또 풍요와 물질적 안락함에 높은 가치를 부여한다.

소비주의는 삶을 상품으로 환원한다. 모든 것은 일정한 값에 사고팔 수 있는 상품이다. 교육, 건강관리, 오락, 종교 등이 시장에서 상품으로 매매된다. 상품이 전 세계에서 생산됨에 따라 개인 취향에 맞게 온갖 상품이 폭발적으로 생산되고 있다. "서너 개에 불과하던 텔레비전 채널이 문자 그대로 수백 개로 늘어났다. 인터넷 세계는······각 개인이 자기 취향에 따라 마음대로 이익단체, 채팅방, 쇼핑몰을 선택할 수 있는 곳이다. 갈수록 가정 컴퓨터로, 휴대폰으로, 또는 비행기에서 노트북 컴퓨터로 처리하는 업무량이 늘어감에 따라, 사무실 중심의 업무 환경이 더 이상 직선적인 시간 개념에 좌우되지 않는, 영역을 초월한 일터에 길을 양보하고 있다"(Lewellen

2002, 22). 심지어 의식조차도 부富를 과시하는 장으로 바뀌었다. 어느 장례식 잡지의 1961년 8월호에 이런 내용이 실려 있었다. "장례식장은 싸구려 전시장이 아니다. 그것은 사실 사회적 신분을 상징적으로 드러내는 전시장이며, 가문의 자랑을 보여주는 것이 슬픔을 진정시키는 데 큰 도움이 된다. 장례식은 또한 훌륭한 장례를 구입함으로써, 죄책감과 양심의 가책을 크게 달래는 하나의 기회이기도 하다"(Mitford 1963, 18에서 인용).

갈수록 사람들은 자기가 구입하는 물건, 사는 집, 타는 운송수단으로부터 자신의 정체성을 끌어내는 경향이 커지고 있다. 그런데 이런 경향은 지구적 경제에 참여할 만한 돈을 가진, 전 세계의 엘리트층과 중산층에나 해당되는 것이다. "지구화 과정으로 인해 경제적으로 소외된 자들, 또는 뿌리 깊은 종교적 가치관 때문에 그런 과정에 동참하지 못하는 이들은, 지구적 문화를 하나의 위협거리로 인식하거나 자기 삶과 무관한 것으로 여기고, 문화적 자율성과 차별성을 더 많이 의식하는 방향으로 나갈 것이다"(Lewellen 2002, 54).

많은 이들에게 쇼핑은 인생에 의미를 제공하는, 일종의 종교적 경험이 되었다. 그러나 자신의 공허감을 음식, 옷, 소유물로 채우다 보면 이전보다 더 텅 빈 느낌만 남게 된다. 이 정도로 물건을 사려면 부부가 맞벌이를 해야 하기 때문에, 자녀들에게 크게 신경을 못 쓰게 되고, 그만큼 한 가족이라는 느낌과 공동체 의식도 상실하게 된다.

상품화의 경로는 일방통행로가 아니다. 지역에 사는 사람들이 지구적 시장의 통제를 받는 것은 아니다. 지역과 지방의 차원에서 그들은 새 상품과 시장을 소화하고, 변경하고, 창조한다. 인도의 지방 음식들은 사람들이 국내외 여러 곳으로 이주함에 따라 전국적으로, 그리고 심지어 지구적으로 퍼져 나갔다. 라틴아메리카 음악도 북미에서 환영을 받았고 그로부터 혼성 음악이 창출되었다.

종교/세속주의

후기 근대성이 세계 전역으로 퍼지면서, 지방의 공동체들이 전통 문명에 비추어 그들만의 고유한 문화적 정체성을 유지하려고 애씀에 따라 하위지구화subglobalization가 출현했다. 이로 인해 합리화와 세속화를 재촉하는 지구화 과정과 흔히 종교를 중심으로 하는 지방의 특수한 문화양식 사이에 긴장이 발생한다. 근대성의 주요 특징인 세속주의는 특히 서양의 교육받은 엘리트층에서 강한 면모를 보였다. 학계가 세속주의 운동의 선두에 있었다. 최근에 들어와서 종교가 정체성의 핵심 요소로 다시 등장했다. 이슬람교와 힌두교에 바탕을 둔 위대한 문명들, 중국, 그리고 갈수록 미국에서도 이런 현상이 일어나고 있다.

제노 바란Zeyno Baran의 글을 통해 이슬람교인이 근대성에 어떤 반응을 보이는지 살펴보자.

이슬람교와 서양이 문명의 충돌에 돌입한 것은 아니다. 적어도 아직까지는 말이다. 그러나 서양은 이슬람 세계 안의 두 가지 이데올로기와 충돌하는 지점으로 들어오고 있다. 첫째 이데올로기의 옹호자들은 이슬람교가 세속 민주주의와 시민적 자유와 양립할 수 있다고 믿는다. 둘째 이데올로기의 옹호자들은 현재의 세계 질서를 새로운 질서—지구적 이슬람 국가caliphate—로 바꾸는 데 헌신되어 있다. 이들이야말로, 부분적으로나마 보다 온건한 이슬람 교인들에게 이슬람교에 대한 자기 해석을 채택하도록 강요하기 위해, 새로운 문명의 충돌을 촉발하려는 자들이다.……이들이 겨냥하는 이슬람교인들은 서양적 대안에 대해 잘 알고 있되 대체로 그것을 거부하는 자들이다. 갈수록 많은 이슬람교인들이—테러리스트만 그런 것이 아니라—자기는 미국 주도의 세계 질서에서는 언제나 괄시받는 존재가 될 것이라고 믿고 있다. (2005, 68, 75)

이슬람 편에서는 근대성을 유입하되 일차적 정체성은 이슬람교에서 찾는 흐름, 즉 신정주의 국가를 세우려는 분위기가 갈수록 강해지고 있다. 이와 비슷한 싸움이 인도에서도 벌어지고 있는데, 거기서는 힌두교 근본주의가 부활하여 힌두교 국가를 세우려고 온갖 노력을 기울이는 중이다.

세속주의는 서양에서도 공격을 받고 있는데, 특히 미국에서 그러하다. 미국에서는 종교가 사회에서 늘 중요한 역할을 담당해 왔는데, 이런 현상은 세속화된 유럽 국가들과 대비시켜 그것을 하나의 변칙으로 보는 유럽의 지식인들을 깜짝 놀라게 했다. 토머스 하워드Thomas Howard는 이렇게 언급한다. "헤겔은 기독교가 자유주의적인 방향으로 나가는 것을 옹호했다. 이는 **개념적**conceptual 기독교(윤리, 자유, 근대적 합리성을 뜻하는)가 **표상적**representational 기독교(성경의 내러티브와 신앙고백의 교리를 뜻하는)보다 우세해지는 것을 의미한다. 그가 미국을 모자라는 나라로 생각한 것은, 국가 교회가 없고, 유럽식의 문화 사역도 없으며, 자기가 증진하려 했던 합리화된 개신교에 대한 수용성도 없었기 때문이었다.…… '이 점이야말로 완전히 미쳤다고 할 정도로 온갖 분파들이 확산되는 현상을 설명해 준다'"(2006, 13). 유럽 학자들은 미국에 대해, 역사의식의 결여, 얄팍한 문화, 비합리적인 분파주의sectarianism의 고수, 교회의 파편화 현상 등을 꼬집어 비판해 왔다.

    미국에서 종교는 사적인 부문에 국한된 것으로 대체로 간주되어 왔다. 하지만 최근에는 종교가 정당들과 공적인 운동들과 손잡으면서 공적인 부문에서도 목소리를 높이기 시작했다.

전자 정보/인쇄물

세계는 지금 정보의 저장과 보급 면에서 크나큰 혁명을 거치고 있음이 분명하다. 첫 번째 혁명은 표음 문자를 발명해서 정보를 나뭇잎, 양피지, 종이에 저장하고 전달하는 능력을 갖춘 것이었다. 두 번째 혁명은 인쇄술의 발명으로, 이 기계는 과거에 책을 살 만한 여유가 있던 엘리트 계층을 겨냥해서 필사실에 앉아 장식용 필체 기술과 그림을 사용해서 원고를 필사하던 수천 명의 서기관들을 대체했다. 인쇄는 글쓰기를 예술의 차원에서 하나의 사업으로 끌어내렸고, 정보를 많은 대중에게 제공했다. 이 혁명은 사회가 조직되는 방식까지 근본적으로 바꾸어 놓았다. 왕국, 제국, 위대한 문명의 출현은 모두 글쓰기에 바탕을 두고 있었다.

    전보, 전화, 라디오, 영화, 텔레비전 등의 발명에다 지금은 인터넷까지 가세해서 또 하나의 큰 혁명을 이룩하고 있으며, 이제까지 거의 알려지지 않은 오지의 문화와 사회에까지 영향을 미치고 있다. 전자 매체는 지식과 앎의 방법을 지배적인 세계관의 주제로 삼고 있는 정보 시대의 문을 열고 있다. 이 매체는 현실세계와 가상 세계의 경계를 허물고, 시간과 공간의 벽도 무너뜨린다. 또 주의력 지속 시간을 단축시키고 다중작업을 가능하게 한다. 아울러 정확한 직선적인 전진보다 폭넓은 패턴을 찾는 가지치기 논리를 낳는다. 이는 한편으로, 우주적 차원에서 수많은 정보와 사람에게 순간적으로 접근할 수 있는 문을 열어 주지만, 다른 한편, 이해의 깊이는 얕아지고 서로 맺을 수 있는 관계도 줄어든다. 전자 세대가 사회적 주도권을 잡게 됨에 따라 글로컬 세계의 문화와 세계관과 사회조직에서 큰 변화가 있을 것으로 보인다.

비판적 실재론/실증주의와 도구주의

지역에 따라 커다란 차이가 존재하고 현재 변화의 속도가 빠른 만큼, 지금 형성중인 지구적 인식론을 논하는 일은 잘못될 소지가 많다. 그래도 학계에서 일어나는 변화는 우리가 감지할 수 있다. 객관적인 경험적 지식을 강조하고 이론을 사실과 종종 동일시하던 근대의 실증주의는 학계에서 갈수록 공격을 당하고 있다. 포스트모던 도구주의는 모든 것을 이론으로 환원하면서, 해석되지 않은 "사실"은 없다고 한다. 그러나 이런 환원주의는 더욱 위기에 빠져들고 있는 세상에 아무런 해답도 제공하지 못한다. 일부 진영에서는 비판적 실재론을 좋은 뉘앙스를 풍기는 겸허한 실재론으로 생각한다 (Barbour 1974; Laudan 1996; Hiebert 1999). 이 실재론은 사실과 이론을 서로 구별하고 둘 사이의 연관성을 검토한다. 그것을 "실재론"이라 부르는 것은, 우리의 인식이나 이론과 무관하게 존재하는 그런 실체들이 있음을 긍정하기 때문이다. 또 "비판적"이라고 부르는 것은, 그러한 실재들에 대한 우리의 이해는 언제나 인간이 처한 사회적·문화적·역사적 상황에 의해 주관적으로 해석된 것임을 인정하기 때문이다.

비판적 실재론의 문제는 외부 세계와 우리가 내면에 구성하는 세계 사이의 관계를 밝히는 일이다. 비판적 실재론은, 우리가 이 세상에 살아 있는 것을 보면, 양자 사이에 상당한 정도의 상응관계가 있음이 틀림없다고 생각한다. 비록 지식은 근사치에 불과하고 부분적이지만, 그 본질적인 주장은 참일 수 있다. 이 같은 외부세계와 내부세계 사이의 상응관계는 찰스 퍼스의 기호학이 지지하는 것이다. 이 견해는, 기호가 객관적 실재를 가리킨다(양자관계)는 공식언어학의 주장이나, 기호가 머릿속의 주관적 이미지와 연결되어 있다는 소쉬르의 언어학을 따르지 않고, 오히려 기호가 삼자관계를 갖고 있는 것으로 본다. 찰스 퍼스는 기호가 객관적인 외부의 실재를 가리키고, 그것을 마음속의 주관적 이미지와 연결시켜 준다고 주장한다(1958). 기호는 형태, 실재, 의미를 모두 갖고 있다. 이런 연관성이 있기 때문에, 우리 인간은 자기가 뜻하는 바와 다른 사람이 뜻하는 바가 서로 상응하는지 여부를, 그와 관련된 외부의 실재를 검토함으로써 가늠할 수 있는 것이다.

우리가 일단 실재가 우리의 해석에 제한 요소로 작용한다는 점을 받아들이면, 다양한 해석들을 놓고 그것들이 실재와 "부합하는지" 여부를 시험하는 일이 가능해진다. 달리 말하면, 과학을 비롯한 인간의 지식은 실재의 사진이나(실증주의의 주장) 콜라주로(도구주의의 주장) 구성된 것이 아니라, 실재의 특정 측면에 관한 정확한 정보를 줄 수 있는 몽타주와 지도로 이루어져 있다는 뜻이다. 그리고 이 지도들이 과연 참인지 여부를 시험하는 일도 가능하다(Hiebert 1999).

비판적 실재론은 언어가 실재를 완전히 포착하기에는 부족하다는 점을 인정하지만, 오로지 언어와 다른 기호 체계를 통해서만 우리가 실재의 이미지를 창조할 수 있다고 믿는다. 모든 지식은 특정한 관점으로 말미암는다는 것과, 또 모든 지식은 권력이라는 점을 인정하지만, 그렇다고 지식이 참이 아니라는 뜻은 아니다. 비판적 실재론은 또한 신념 체계와 세계관의 인지적 차원을 그 정서적·평가적 차원과 연결시킨다. 만일 초연한 객관성에 도달하는 일이 불가능하다면, 어떤 것을 서술하는 행위와 규정하는 행위를 더 이상 구분할 수 없게 된다. 모든 핵심 이슈를 토론할 때는 감정과 가치를 모두 고려해야 한다.

관찰자와 관찰 대상의 근본적인 구분이 사라진다고 해서, 반드시 경험적 기초가 약한 지식을 얻게 되는 것은 아니다. 오히려 학자들이 다양한 관점을 서로 나누면서 어느 것이 진리에 더 가까운지를 시험하는 해석학적 공동체가 필요하게 된다. 아울러 이 이론은 관찰자에게 자기가 그 현장에 들고 오는 가정들에 대한 성찰을 요구한다.

비판적 실재론에 따르면, 인간의 지식은 멀리서 고압적인 자세로 행하는 세계에 대한 설명(실증주의)이나, 특정한 상황에 국한된 개인적인 지식(도구주의)이 아니라, 세계에 대한 비판적 참여

engagement에 그 바탕을 두고 있다. 그것은 실체가 없는 추상적인 일반 이론과 지역적 이해관계에 몰두하는 입장 사이에 위치한다. 또 자기만족적인 합리주의와 (그와 별반 다를 바 없는) 자충족적인 허무주의 사이에 자리를 잡는다. 이 이론은 우리가 타인, 우리 자신, 세계에 관해 알고 있는 것과 알 수 있는 것에 대해 보다 겸손한 자세를 취할 것을 요구한다. 물음을 제기할 준비는 갖추고 있으나, 규정하는prescriptive 대답을 빨리 하지 않는다.

정서적 주제들

글로컬화가 미치는 감성적 영향에 관해서는 다루어진 적이 별로 없지만, 두 가지 주제가 떠오르고 있다.

고향에 대한 동경

이주민, 난민, 디아스포라 민족 사이에 흔히 발견되는 것은 "고향에 대한 동경"이며, 이 향수병은 공통된 역사의식과 공동의 옛 고향 땅을 그리는 모습으로 자주 나타난다. 새로운 상황에 몸담은 이들은 종종 경제적으로는 성공하지만, 지배적 사회 안에서는 주변화된다. 이들은 자기 정체성을 이전 문화와의 유대를 유지함으로써 찾으며, 그 통로는 모국과의 정체성을 강화해 주는 음식, 의복, 언어, 의식, 종교와 여러 상징들이다. 그 가운데 한 본보기는 유대인 디아스포라다. 유대인의 경우, 본국으로 돌아가겠다는 사람은 소수에 불과해도, 대부분이 스스로를 문화적 본향인 이스라엘과 동일시한다. 마찬가지로, "노예의 후손인 아프리카계 미국인들은 자기가 완전히 동화된 적이 한 번도 없다고 느끼고, 많은 세대가 흘렀음에도 이민의 이상理想이 그들에게 실현된 적이 없다고 생각한다. 이런 경우에는, 오랫동안 시민으로 살던 이들 사이에, 어쩌면 북아프리카 이슬람의 종교, 의복, 문화를 취함으로써, 자기를 디아스포라로 인식하는 이른바 디아스포라 의식이 생길 가능성이 있다"(Lewellen 2002, 161). 프랑스로 이주한 많은 알제리인과 모로코인 이민자들은 "프랑스에서 '고향 같은' 느낌을 느낀 적이 없고, 장차 은퇴한 뒤에 고향으로 돌아가서 집을 짓고 편안한 여생을 보내려고 돈을 모으는 중이다"(Gross, McMurray, and Swedenburg 2002, 205). 이와 같은 향수병은 세계 곳곳에 흩어져 사는 수많은 이민자와 난민자 공동체들 가운데서 발견된다.

혼성 오락

랩, 록, 팝 음악과 같은 근대적 오락이 보급되면서 음악, 예술, 드라마, 영화 등의 분야에서 많은 혼성 양식이 생기게 되었다. 한 가지 예로 1920년대에 등장한 알제리의 라이rai 음악이 있다. "당시는 농촌의 이주민들이 갈수록 커져 가던 알제리 서북부의 도시들에 고유한 음악 스타일을 가져왔던 때였다.……라이는 본래 농촌 음악과 카바레 음악 장르가 혼합된 혼성 음악으로 개발된 것이고, 양조장 일꾼들, 유럽 정착민에게 쫓겨난 농부, 목자, 창녀, 가난한 계급에 속한 다른 사람들이 연주하고 또 그들을 위해 연주되던 것이다"(Gross, McMurray, and Swedenburg 2002, 200). 이를 비롯한 많은 양식의 혼성 오락을 보면, 지구화에 대한 정서적 반응이 매우 다양함을 알게 되고, 그런 반응이 지구적 오락 양식의 보급과 지역적 문화의 상호작용에 따른 것임도 확실히 알 수 있다. 정서적 요인이 지역적 세계관과 지구적 세계관 사이의 상호작용에 미치는 영향에 관해서는 앞으로 더 많은 연구가 필요하다.

도덕적 주제들

근대성은 지식에 초점을 두고, 포스트모더니티는 감성에 초점을 둔다. 글로컬리즘은 심대한 도덕적 물음을 제기한다. 세계의 한 부분에 사는 사람들은 다른 부분에 사는 사람들에게 무슨 책임이 있을까? 우리는 세계 도처에 즐비한 가난, 억압, 폭력에 어떻게 반응해야 할까? 최근에는 이런 의문들이 공적인 광장과 학계에서 주고받는 담론의 일부가 되었다.

개발

개발은 1950년대 이후에 하나의 핵심 용어가 되었다. 이른바 "저개발국가들"을 발전한 세계에 합류시키기 위해 대규모 프로그램들이 고안되었다. 근대화를 뜻하는 개발은 "직선적 단계를 거쳐 일어날 것이고, 서양이 전통적인 국가들에게 자본과 기술을 제공함으로써 가능할 것으로 여겨졌다. 이 일은 수력발전소를 짓고 수출형 농업을 개발하는 데 필요한 대규모 원조와, 다국적 기업의 투자를 통해 커다란 규모로 실현되도록 하였다"(Lewellen 2002, 69).

최근에 들어와서, 지구적 개발을 도모하던 근대의 의제는 포스트모더니티의 심각한 비판을 받게 되었다. 일부 포스트모더니스트가 그것을 대실패로 보는 이유는, 하향식 접근과 기술-경제적 접근, 그리고 현지분배용으로 책정된 기금의 상당 부분을 소비하는 근대식 관료기관의 사용 때문이다. 또 어떤 이들은 개발을 식민주의가 몰락한 이 시점에 서양이 다시 세계를 지배하려는 새 책략이라고 본다. 제임스 퍼거슨James Ferguson은 이렇게 말한다.

> 근대화 내러티브는 언제나 하나의 신화, 하나의 환상이었고, 거짓인 경우도 종종 있었다. 우리는 그것 없이 사는 법을 배워야 한다. 학문적으로 근대화와 개발을 거부하는 입장이 또 다른 차원에서 자본, 이주, 정보의 흐름의 지구적 단절 현상을 재생산하지 않으려면, 우리는 그것들을 아프리카와 나머지 세계를 이어 주는 역사적 소속관계와 윤리적·정치적 책임 관계를 세울 다른 방법들로 대체해야 한다.……근대주의가 끝나는 시점에서, 진보와 책임에 관한 새로운 사고방식을 찾는 일이 필요할 것이다. (2002, 149)

개발 프로젝트는 양면을 가진 복이었다. 그것은 수명을 연장시키고 문맹률을 줄이며 민주적인 자유를 선사하는 등 많은 이들에게 혜택을 주었다. 하지만 동시에 문화를 말살하고, 생태계를 파괴하고, 변두리 인생들의 힘을 빼앗고, 군사독재를 창출하였다.

최근에는 학자들의 도덕적 책임이 학계에서 논쟁의 주제가 되고 있다. 인류학자들은 전통적으로 비서구 공동체를 연구하고 학위를 취득해서 대학교에서 종신교수직을 획득하지만, 그에 대한 보상으로 그 공동체에 돌려주는 것은 거의 없다. 그래서 인류학자는 자기를 도와준 그 사람들을 도울 도덕적 의무가 있다는 인식이 점점 커지고 있다.

오늘날 응용 인류학자들은 개발 프로젝트에 중요한 기여를 하기 시작했다. 옛 개발 이론들은 모두 해체되었고, 새 이론들은 지역 주도형 프로젝트, 소액 대부, 각 지역에 걸맞는 소규모 프로그램 개발 같은 상향식 개발을 강조한다. 이 접근은 지역민들에게 스스로 미래를 결정하도록 선택권을 넓혀 권한을 위임하고, 지역적 환경에 맞게 그들의 지식과 사회 체계를 활용하게 해주고, 외부인과 지역민 사이에 상호존중과 신뢰를 기초로 한 동반자 관계를 개발한다. 끝으로, 이 접근은 개발 담당자들 편에서 오만과 통제의 태도를 버리고, 새로운 태도와 관계적 기술을 갖출 것을 요구한다.

최근에 특히 중요하게 떠오른 이슈는 근대 개발 프로젝트에 의해 삶이 처참해진 여성들에게 새 힘을 부여하는 문제다. 이 여성들은 "가정에서의 학대, 식품 가격, 건강관리, 학교와 주변의 환경 등과 같은" 지역의 일상적 문제들을 다루는 데 앞장서고 있다(Lewellen 2002, 84).

지구촌에서 인간들이 서로서로 도울 도덕적 책임을 지고 있는 것은 분명하다. 우리에게 필요한 것은 가난하고 억압받는 자에게 혜택이 돌아가는 새로운 개발 모델이다. 이와 관련하여, 구체적 현실을 연구하고 세계 전체에 관심을 갖고 있는 우리 인류학자들이야말로 상당히 중요한 역할을 담당할 수 있을 것이다.

이주와 동화

지구화는 세계 전역에 지극히 다양하고 복잡한 이주 패턴들을 낳았다. 엘리트들, 합법적 노동자와 불법 노동자들, 피난민들이 제기하는 도덕적 이슈는 다양하기 그지없다. 합법적 이민자들은 지역의 지배문화와 어떤 관계를 맺어야 할까? 이민자를 받는 나라의 문화는 그들에게 어떤 반응을 보여야 할까? 국경을 넘기 위한 증명서를 갖지 않은 사람들은 어떻게 해야 할까?

근대의 이주 이론들은 이민자들이 개인주의와 기업가 정신 같은 근대적 가치들을 수용하고, 일정한 세대가 지나면 그 나라 문화에 동화될 것으로 가정했다. 그들이 본국을 방문할 때는 이 새로운 가치관을 들고 가서, 그동안 지역민의 발목을 잡았던 옛 신념들을 무너뜨릴 것이라고 예상했다. 그러나 실제로는 이런 현상이 일어나지 않았다는 것이 분명해졌다.

최근에 현재의 세계 상황을 설명하기 위해 새로운 이론들이 등장했다. 그 가운데 범국가주의가 있다. 르웰렌의 말대로, 이것은 하나의 이론이기보다는, 지역적 배경에서 발생하고 있는 현상을 분석하는 개념적 도구들의 집합에 가깝다. 이 집합은 "경계이론, 문화전이transculturation, 범국가화transnationalization, 크리올화creolization, 혼성성, 소수를 지칭하는 디아스포라와 디아스포라 공동체" 등과 같은 개념을 포함하고 있다(2002, 136). 오늘날 너무나 다양하고 복잡한 이주의 현실은 셀 수 없는 도덕적 문제를 제기하고 있으며, 이것들은 이민자를 수용하는 국민들과 이민자들이 다함께 풀어야 할 과제들이다.

뿌리 신화들

지구화는 그 나름의 신화들을 갖고 있다. 그 가운데 주요 신화 하나를 테드 르웰렌은 이렇게 묘사한다.

> 지구화는 지역의 경계를 허물고 정체성을 변형함으로써 어디에나 영향을 미치는 중이다. 부족, 농민, 공동체, 지역, 문화와 같은 제한적인 범주들이 혼합, 유연성, 계속되는 정체성 구성 등을 강조하는 용어들—민족, 혼성, 크레올, 전국, 범국가 등—에 자리를 내주고 있다. 이처럼 모양과 영토가 불분명한 세계에서, 사람들이 갈수록 민족주의와 민족성 같은 상상의 공동체 안에서 자기 정체성을 찾는 경향이 커지고 있다. 다른 한편, 민족국가는 약화일로에 있다.……경제의 통제권을 범국가적 시장에 내주었고, UN과 WHO 같은 세계 기구에 종속되어 있고, 이데올로기의 통제권도 빛의 속도로 국경선을 넘는 커뮤니케이션 매체에 넘겨주었기 때문이다. 내부적으로, 민족국가는 민족성과 여러 민족주의와 국가의 기능을 차지한 복수의 풀뿌리 조직들의 부상에 의해 도전받고 있다. (2002, 234)

지구화를 긍정적으로 보는 이들은 지구화가 일거리를 창출하고, 중산층을 키우고, 무역을 증대시키고, 개발을 도모하고, 관련된 모든 사람에게 혜택을 주는 지구적 동반자 관계를 촉진한다고 주장한다. 다른 이들은 자본주의적 지구화를 하나의 재난으로 본다. 이것은 불평등을 심화시키고, 극빈자와 특히 여성과 가난한 나라들을 더욱 소외시키고, 노사 분쟁을 가져오며, 지구 환경을 파괴한다고 주장한다. 공동체들은 이주에 의해 무너지고, 농장들은 합병된다. 가난한 노동자 계층의 수준에서는, 신자본주의 제도가 "국내의 생산 가격을 삭감하고, 실업을 조장하고, 저임금 어린이 노동력과 여성 노동자를 착취하는 공장을 만들고, 가정을 붕괴시키고, 농민에게서 힘을 빼앗고, 환경의 약탈을 부추긴다"(Lewellen 2002, 19).

지구화 세력과 지역적 문화가 만나는 양상은 지역 공동체에 따라 차이가 많고, 심지어 지역 공동체 안에서도 아주 다양하기 때문에, 우리는 폭넓은 글로컬화 이론에 대하여 건강한 회의주의를 유지해야 한다. 어느 이론이라도 모든 다양성을 설명할 수 없기 때문이다. 하지만 몇 가지 사실은 분명하다. 우리는 현재 인류역사상 새로운 시대로 진입하고 있다는 것, 우리가 오늘 목격하는 여러 발전 양상의 바탕에는 세계관의 충돌이 있다는 것, 이처럼 다양하면서도 서로 연결된 세상에서 평화와 정의에 이르는 길을 안내하려면 이런 충돌의 본질을 이해할 필요가 있다는 것 등이다.

10장

성경적 세계관의 정립을 위하여

성경적 세계관이 존재한다고 주장하는 것은 어떤 의미에서 하나의 오만이다. 흔히들 성경에는 많은 세계관들이 있다고 지적하곤 한다. 초기 이스라엘과 후기 이스라엘, 그리고 초기 그리스도인들이 세계를 보는 방식에는 현저한 차이점이 존재한다. 교회의 역사는 복음의 본질에 대한 수많은 논쟁으로 가득하다.

모두 타당한 지적이다. 하지만 이 접근 방식은 "성경적 세계관"을, 하나님이 창조세계를 보시는 관점이 아니라 성경의 바탕에 놓여 있는 것들에 대한 인간의 이해로 정의한다. 하나님이 성경에 계시하신 내용을 이해하려는 모든 시도는 부분적이며, 우리의 역사적·문화적 관점에 의해 편향돼 있다. 마치 우리가 소립자물리학의 수준에서조차 물질세계를 완전히 이해하지 못하는 것처럼, 복음에 내포된 것들도 완전히 이해할 수 없다. 그렇다고 성경에 계시된 진리의 하부구조를 이해하려는 노력마저 포기해야 한다는 말은 아니다. 오히려 우리가 무엇을 주장할 때 좀더 겸손해질 필요가 있고, 다른 형제와 자매들의 말에 보다 열린 자세로 귀 기울여야 한다는 뜻이다.

그 견해는 또한, 세계관은 그 해석의 다양함에도 불구하고 수천 년 동안 존속해 온 심대한 주제들이라는 사실을 간과하고 있다. 더 나아가, 세계관은 살아 있는 시스템의 일부여서, 그 기본적인 연속성을 유지하는 가운데 세월을 좇아 자라고 있다. 마치 어린아이가 나중에 어른이 된 뒤의 모습과는 아주 다르지만, 시종일관 같은 사람인 것과 같다.

성경적 세계관이 없다고 말하는 것은 성경 이야기에 근원적인 통일성이 있음을 부인하는 것이다. 즉 아브라함, 모세, 다윗, 그리고 예수의 하나님이 각기 다른 신들이라고, 신약이 구약과 연속성이 없다고, 성경은 개인들에 관한 기록이자 역사와 사회문화적 상황에 의해 형성된 늘 변하는 믿음에 관한 기록에 불과하다고 말하는 것이나 다름없다. 그것은 또한 창조에서 그리스도의 재림까지를 엮어 주는 단일한 이야기도 없고, 인간 존재의 통일성과 존엄성도 없고, 보편적인 도덕도 없다고 말하는 셈이다. 한 가지 위험은, 우리가 세계관을 기계적 물체가 아닌 생물체에 가까운, 역동적으로 자라는 실체로 보지 않고, 정적인 형태로 보는 것이다. 또 하나의 위험은, 우리가 성경적 세계관을 의식적 차원의 신학적 조직화와 동등시하고, 그런 조직화 작업에 무의식적으로 동원되는 범주들, 논리들, 가정들과는 동등시하지 않는 것이다.

성경을 이해하려면, 우리는 성경 전체에 흐르는 세계관 주제들을 이해하려고 애써야 한다. 성경의 통일성은 맨 먼저 성경의 모든 사건들이 한 위대한 이야기의 일부, 다시 말해 핵심적인 한 통시적인 세계관 주제의 일부라는 그 자체의 주장 안에 있다. 공시적 차원에서 성경이 단언하는 바는, 아브라함과 다윗에게 말씀하신 그 하나님은 예수라는 인물 안에서 스스로를 계시하신 하나님과 동일한 분이라는 것과, 모든 사람이 죄를 범했으므로 하나님의 영광에 이르지 못한다는 것과, 하나님의 계획을 떠나서는 구원이 있을 수 없다는 것이다.

우리는 성경 자체가 하나님이 인간들에게 스스로를 점진적으로 나타내신 계시의 역사임을 유념해야 한다. 구약성경은 단일한 우주적 이야기가 펼쳐지는 모습을 기록한 것이다. 타락 이후에, 하나님은 한 백성을 택하여 자신의 계시를 수령하고 그것을 전하는 전달자가 되도록 준비하셨다. 하나님은 그들의 역사 가운데 그 계시의 내용을 제대로 이해할 수 있는 세계관을 형성하셨다. 하나님이 아브람을 불렀을 때, 아브람은 하나님을 엘El로 알았는데, 이는 당시 이방인들이 하나님을 지칭할 때 사용한 단어였다. 그 후 하나님은 아브람에게 자기는 주변 민족의 신들els과 같지 않다고 가르치기 시작했고, 스스로를 엘 샤다이 *El Shaddai*(전능하신 하나님), 엘 엘욘 *El Elion*(지극히 높으신 하나님), 엘 올람 *El Olam*(영원하신 하나님)으로 계시하셨다. 달리 말하면, 하나님은 유대인의 세계관 속에 복음을 전달하기에 적합한 하나님의 개념을 조성하는 작업을 시작하신 것이고, 이 작업은 하나님이 모세에게 스스로를 야웨YHWH로 계시하실 때까지 계속되었다. 이 단어는 하나님의 공동체 안에서 사용되는 단어이지, 만국 앞에서 그분을 선포할 때 사용할 수 있었던 단어는 아니다. 하나님은 예언자들을 통하여 자신을 의로운 분으로 계시하셨다.

이와 비슷하게, 하나님은 구약성경을 통하여 유대인이 복음을 이해하는 데 꼭 필요한 여러 가지 개념들—죄, 제사, 구원, 메시아 등—을 형성하고 또 다듬어 주신다. 하나님이 마지막으로 자신을 계시한 때는 바로 이처럼 2,000년에 걸쳐 세계관 형성이 진행된 다음이었다.

이러한 하나님의 점진적인 자기 계시는 예수라는 인물 안에서 절정에 달한다. 이는 하나님이 우리 가운데 육신이 되셔서 우리로 그분을 보고 듣도록 하신 사건이다. 그리스도 예수는 우리가 파악할 수 있는 만큼 하나님이 누구이신지를 우리에게 보여주신다. 예수는 또한 우리에게 참된 인간이 된다는 것이 무엇인지도 보여주신다. 만일 그리스도께서 아브라함의 시대에 오셨더라면, 사람들은 그분의 자기 계시를 이해할 수 있는 근본 범주들과 세계관을 갖추지 못했을 것이다. 1세기 당시에 유대인의 세계관을 깊이 습득했던 제자들조차도 그분의 계시를 파악하기 어려울 정도였다. 그러나 제자들이 예수를 이해하는 능력은, 그들이 처음 예수를 좇았을 때부터 그들이 모여 예수가 하늘로 올라가는 장면을 보았을 때까지 꾸준히 커져 갔다. 하지만 그 지식 역시 인간의 지식이므로 한계가 있었고, 장차 영원한 세계에서 얼굴을 맞대고 하나님을 만날 때에는 빛을 잃고 말 그러한 것이다.

성경적 세계관이 없다고 말하는 것은, 또한 그리스도께로의 회심을 본질적으로 행위와 의식ritual의 변화 또는 믿음과 태도의 변화라고 말하는 것이다. 선교사史를 보면, 이런 수준의 회심으로는 충분하지 않다는 것을 알 수 있다. 만일 세계관까지 전환되지 않으면, 시간이 지날수록 그 세계관이 복음의 메시지를 왜곡하게 되고 기독교를 기독교적 이교주의로 변질시키게 된다. 행위와 믿음은 기독교

적이라도, 그 밑바탕에 깔린 가정들과 범주들과 논리는 이교적인 것이다.[1]

다른 차원에서 보면, 우리가 성경적 세계관을 완전히 이해한다고 주장하는 것은 오만한 일이다. 교회는 2,000년 동안 세계관과 관련된 여러 이슈를 놓고 격하게 논쟁해 왔다. 여기서 우리는 성경적 세계관의 몇 가지 요소를 이해하려고 애쓴다는 점과, 이런 이해는 어디까지나 인간의 작업이라는 점을 기억하는 일이 중요하다. 성경적 세계관에 대한 우리의 이해가 궁극적 실재들과 동등시되면 절대로 안 된다. 그것은 오히려 신적 계시의 기본적인 통일성을 파악하려고 우리가 만든 부분적인 모델이나 지도에 불과하다. 하지만 이런 잠정적인 모델들 없이는 성경 전체를 이해할 길이 없다. 우리가 주의 깊은 성경공부와 해석학적 공동체인 교회에서의 토론을 통해 적어도 깨달을 수 있는 바는, 우리 자신의 성경 이해가 우리가 가진 세계관의 영향을 크게 받은 것이므로 참신한 눈으로 성경을 읽는 법을 배워야 한다는 사실이다. 이 과정은 우리가 흔히 다루지 않는 깊은 물음을 제기하도록 도와준다. 우리가 하는 신학논쟁은 보통 의식적인 믿음의 차원에서 일어나지, 그 믿음의 밑바탕에 깔린 근본적인 가정들은 건드리지 않기 때문이다. 여기에 제시되는 것은 일련의 결정적인 진술들이기보다는, 앞으로 검토가 필요한 일련의 잠정적 이슈들에 가깝다고 할 수 있다.

오늘날과 같이 여러 세계관들이 경쟁하는 상황에서, 우리는 그리스도인으로서 무엇을 내놓을 수 있을까? 포스트모더니티가 세계관의 형성에 있어서 권력의 중요성을 부각시켰고 또 근대성에 대해 치명적인 비판을 가한 이 시점에서, 우리는 여전히 진리와 도덕을

표 10.1 성경적 세계관의 이해와 관련된 여러 수준의 권위들

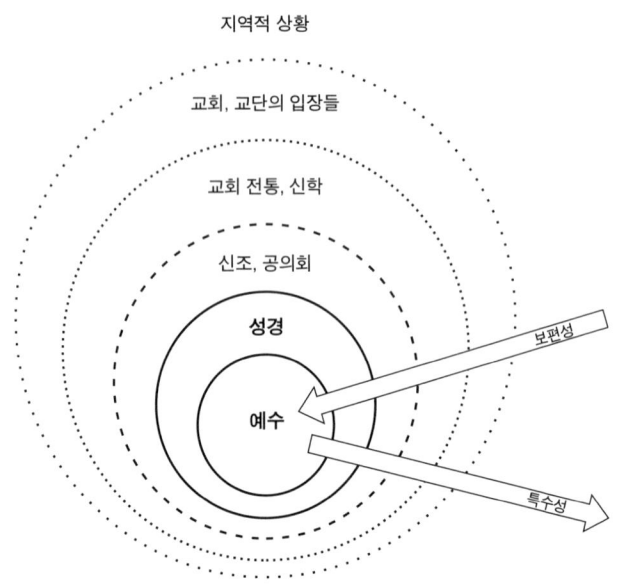

확립하는 데 필요한 토대들을 찾아야 할 상황에 처해 있다. 이런 것 없이는 무의미하고 불의한 세상에 살 수밖에 없기 때문이다.

성경적 세계관을 이해하려면 먼저 그리스도의 인격(표 10.1)과, 그분의 본성과 삶에 관한 결정적 권위인 성경과 함께 시작해야 할 것이다.[2] 아울러 구약성경의 예언들과 신약성경에 담긴 초기 교회 지도자들의 가르침에 비추어 그리스도를 보아야 한다. 초기 교회 교부들도 공부할 필요가 있다. 이들의 저술이 성경 텍스트만큼 권위 있는 것은 아니더라도, 그들은 그리스도의 오심, 죽음, 부활이 초래한 패러다임 전환을 붙들고 씨름했던 인물들이기 때문이다. 우리는 또한 교회의 신학사와 우리가 속한 교단의 신학사도 공부해야 하는데, 그들도 복음을 자신의 상황에서 이해하려고 애썼던 사람들이기 때문이다. 끝으로, 오늘날 세계 곳곳에 있는 어린 교회들을 돌아보며, 거기서 우리와 전혀 다른 방식으로 성경을 읽는 형제와 자매들과 대화하는 일도 필요하다.

그러면 성경적 세계관의 바탕에 있는 주제들은 무엇인가? 이에 답하려면 성서학자들 사이에 상당한 토론이 있어야 하겠지만, 몇 가지 잠정적 제안을 할 수는 있다. 믿음을 감정과 가치로부터 분리시키는 근대적 성향을 피하기 위해, 인지적 주제뿐 아니라 정서적 주제와 도덕적 주제도 살펴보는 일이 중요하다.

인지적 주제들

구약성경에는 여러 핵심 주제들과 반주제들이 등장하는데, 이것들은 나중에 신약성경에서 더욱 구체화된다.

창조주/창조세계

성경에 나오는 근본적인 이원론은 근대 사상의 기초가 되는 초자연과 자연의 구분이 아니다. 근대적 이원론은 이 세계와 다른 세계들, 종교와 과학, 자연 질서와 신의 행위, 사실과 믿음, 복음전도와 사회참여 같은 잘못된 이원론들을 낳았다. 아울러 지상에 있는 영적 실재들을 부정하게 만들었고, 하나님의 개입을 주로 자연 질서를 깨는 "기적"에 제한하게 했다.

성경에는 창조주와 창조세계를 나누는 근본적인 이원론이 있다. 성경은 태초에 하나님이 계셨다고 분명히 선언한다. 다른 모든 것은 피조물이다. 이것은 존재론적 이원론이 아니라 의존적contingent 이원론이다. 오직 하나님만이 한분이신 영원한 존재다. 모든 창조물—천사, 인간, 동물, 식물, 물질, 에너지—은 매 순간 하나님의 지속적인 창조에 의존하며 존재한다.

이 세계관의 전환은 심대한 함의를 갖고 있다. 근대적 세계관은 자연세계를 자율적 존재로 보고, 하나님은 자연법칙을 깨뜨리는 기적을 통해서만 거기에 개입할 수 있다고 여긴다. 성경적인 견해는 자연과 초자연, 자연 질서와 기적, 몸과 영혼, 성과 속, 복음전도와 사회참여 같은 여러 이원론을 배격하도록 요구한다. 그 견해는 모든 것을 하나님의 활동으로 보도록 요청한다. 하나님께는 모든 것이 자연스럽고, 우리에게는 모든 것이 놀랍다. 우리가 우주의 먼 곳을 탐구하면 할수록, 우주는 더욱더 놀라운 곳이 된다. 우리가 소우주의 세계를 깊이 탐사하면 할수록, 소우주는 더욱더 신비로운 것이 된다. 우리가 "자연법칙"이라 부르는 것은 독자적이고 비인격적이며 불변하는 법칙들이 아니라, 하나님의 명령이다(욥 38장). 그분이 명령을 내리시면, 그것들은 그 명을 좇아 변한다. 이 전환은 또한 우리에게 창조세계의 영적인 차원들을 진지하게 고려하도록 요구한다. 인도-유럽 세계관에서는 천사, 마귀, 다른 영들이 하나님과 함께 하늘에 존재한다. 성경은 천사들과 인간들을 이 창조세계의 일부로 보고 있으므로, 우리는 그 존재들과 그들의 일을 일상에서 진지하게 여겨야 한다.

아울러 이 세계관은 물질세계를 하나님의 영원한 목적의 일부로 진지하게 고려할 것을 요청한다. 이 세계는 인간의 역사가 펼쳐지는 한시적인 무대가 아니다. 이곳도 하나님이 새 하늘과 새 땅을 창조하실 때 모두 구속될 것이기 때문이다.

창조주

우리가 우주를 제대로 이해하려면, 모든 창조세계를 주관하는 창조주이신 하나님과 함께 시작해야 한다. 그분은 우주와 우주 역사의 주인이시고, 그분이 통치하신다는 사실에는 의문의 여지가 없다. 그분은 모든 힘의 원천이시기에 그분께 도전할 만한 힘은 없다.

하나님은 또한 사랑의 하나님이시다. 창세기 3장에서 인간을 비롯한 창조세계가 하나님께 반역하자, 그분은 구속의 사랑을 밝히 보이신다. 그분은 타락한 창조세계를 파괴하고 새로운 우주를 창조하지 않으셨다. 오히려 무조건적인 사랑을 베풀어 잃어버린 자들을 구속하고 회복하신다. 여기에 위대한 신비가 감춰져 있다. 칼뱅주의자와 아르미니우스주의자의 오랜 논쟁은 초점이 빗나간 싸움이다. 문제는 하나님의 주권 대 인간의 책임이 아니다. 신비의 물결은 이보다 더 깊은 곳을 흐른다. 그것은 하나님의 본성 자체에 감춰져 있다. 이 역설의 심장에는 하나님의 성품, 곧 그분은 전능한 힘을 가진 분인 동시에 사랑이시라는 사실이 있다(요일 4:8, 16).[3] 하나님은 주권자로서 만물을 다스리신다. 그분은 사랑의 하나님으로서 자기 형상을 닮은 인간들과의 관계를 회복하려고 애쓰시되, 그들의 반응을 미리 정하실 수는 없다. 사랑은 인격 상호간의 자발적인 관계다. 우리가 남에게 무조건적인 사랑을 보여줄 수는 있어도, 상대방의 자발적 반응을 강요할 수는 없다. 무조건적인 사랑 안에서, 하나님은 자기를 사랑할 자들을 미리 아실 수는 있어도, 그 반응을 미리 정하시지는 않는다. 그런즉 문제는 인간들이 어떻게 하나님과 그분의 무조건적 사랑에 반응하는가 하는 것이다. 회개하고 그분께 돌아오는 자들은 그분에 의해 새로운 피조물로 변한다. 참으로 그분을 좇는 자들은 형제와 자매들을 사랑할 뿐 아니라(요일 4:19), 원수까지 사랑하게 된다(마 5:43-48).

창조세계

인류역사는 획기적인 세 가지 사건으로 그 단계를 나눌 수 있다. 창조, 성육신, 그리스도의 재림이다. 각 경우마다 하나님은 역사상 유례없는 놀라운 방법으로 직접 활약하신다.

첫 번째 행위는 창조였다. 하나님이 만물을 창조하셨고, 그 창조세계는 완전했다. 그 창조세계는 우리가 선과 악을 가늠하는 척도가 된다. 우리는 너무나 자주 창세기 3장과 타락 사건에서 시작하는데, 그럴 경우에는 우리가 어디로부터 타락했는지를 이해하게 해줄 척도가 없어진다. 또 선이 영구적으로 회복될 때에 그 끝이 어떠할지도 알 수 없게 된다. 성경은 우주적 드라마의 중심 주제를 악이 아니라 선에서 시작하고, 선에 초점을 맞춘다. 악은 선이 왜곡된, 우발적인 것이므로 존재론적으로 영원하지 않다.

하나님은 물질세계를 의미를 실은 수레로 창조하셨다. 그분은 친히 혈과 육이 되셨으며, 물질세계를 의미로 충만한 환경으로 취급하셨다. 이 세계가 비록 타락의 영향을 받긴 했지만, 우리가 즐기고 탐구하고 개발할 수 있도록 그것을 만드신 것이다. 고대인은 물리적인 물질의 선함을 의심했는데, 우리는 그런 의심을 떨쳐 버릴 필요가 있다. 물질은 하나님이 우리에게 주신 선물이고, 우리는 창조세계를 향한 그분의 목적에 동참하도록 청지기 직분을 받은 존재들이다(창 2장). 우리는 또한 질서정연한 자연세계를 인식하고 있다. 이런 면에서 자연은 하나님의 창조가 얼마나 아름다운지를 증언하는 증인이기도 하다. 창조세계는 이미 하나님을 찬양하는 중이다.

하나님은 물질세계를 창조하셨다. 그로부터 생명을 만드셨고, 거기에 질서를 부여하여 어리둥절할 정도로 다양한 식물과 동물로 가득 차게 하셨다. 그리고 인간을 자기 형상을 닮은 독특한 피조물로 창조하시고 창조세계를 돌볼 책임을 맡기셨다. 사람은 창조세계의 일부이지만, 하나님의 특별한 피조물로 구별된 존재다. 우리는 하나님의 사랑의 중심이다.

이 완전한 세계가 타락으로 손상을 입었다. 하나님의 천사 중 일부가 그분께 반역했고, 이 반역행위가 인간들에게도 퍼져서 그들도 공범으로 가담했다. 그러므로 죄는 존재론적으로 영원한 것이 아니다. 죄는 의와 동등하지도 않고 공존하는 것도 아니다. 다만 창조주에 대한 반역으로 말미암아 창조세계에 들어온 것일 뿐이다. 궁극적으로, 죄는 관계가 파괴되는 것을 일컫는다. 하나님을 주인으로 모시기를 거부하고 우리 자신을 신으로 만들려는 시도다. 타락은 사랑이 아니라 미움으로, 겸손이 아니라 교만으로, 신뢰가 아니라 두려움으로 이어졌다.

인류역사에서 하나님이 놀라운 방법으로 일하신 두 번째 사건은 그리스도의 오심이다. 그분은 인간으로 성육하신 하나님으로서 이 땅을 구속하고 하나님의 통치를 회복하기 위해 오신 분이다. 그리스도는 역사의 중심, 곧 이전 시대의 정점이고, 현 시대의 중심이며, 다가올 시대의 약속이다. 레슬리 뉴비긴은 이렇게 말한다. "성경에 나오는 모든 것은 그분을 참조하여 이해해야 한다. 그분이 그 이야기의 전환점이다. 거기에 담긴 모든 것의 목적은 우리를 그분께 인도하는 것이다. 그 어느 것이라도 우리를 그분께 인도하지 않는다면, 우리가 그것을 올바로 이해하지 못한 셈이다. 마찬가지로 우리가 그분이 어디에 계시는지, 즉 실제 역사의 중심과 전환점에서 계시는 그분의 모습을 보지 못하면, 우리는 그분을 올바로 이해하지 못한 셈이다"(1954, 76).

인간 역사의 중심에는 성육하신 하나님이 있다. 그리스도의 성육신의 중심에는 하나님이 악을 이기고 승리하신 그 십자가가 있다. 우리로서는 부활이 아니라 십자가가 바로 하나님이 사탄과 정사와 권세들을 물리친 장소라는 것을 깨닫기가 어렵다. 십자가 위에서 그분은 우리가 지은 죄의 결과를 짊어지셨다. 서양에 사는 우리 그리스도인들이 십자가야말로 이 땅에서의 우리 존재와 증언의 중심이 된다는 것을 깨닫는 것은 더욱 어렵다. G. K. 체스터턴 Chesterton이 언젠가 이렇게 말한 적이 있다. 기독교의 문제는 그것이 "시험을 거쳐 부족한 것으로 판명된 것"이 아니라, "어려운 것으로 판명되어 시험을 받지 않았다는 것"이다(1994, 37).

가장 놀라운 소식은, 하나님이 자기 창조세계를 완전한 상태로 되돌리고 우리와의 관계를 회복하려고 솔선하셨다는 사실이다. 그분은 사랑의 손길을 뻗으셨다. 그분이 우리의 죽음을 죽으셨고, 그리스도 안에서 순결하고 완전한 새 생명을 우리에게 주셨다. 우리가 범한 죄들은 더 이상 존재하지 않는다. 우리는 하나님이 보시기에 순결하고 완전한 존재이고, 우리가 거룩한 삶을 살고자 하는 것은 구원을 받기 위함이 아니라, 그것이 우리의 새 성품이기 때문이다. 거룩함은 우리가 그리스도 안에서 진정 어떤 존재인지를 보여 준다.

마지막으로, 하나님이 현 시대의 역사에 세 번째로 개입하시는 경우는 역사의 종점, 곧 그리스도가 재림하고 우리가 아는 이 세상의 끝이 도래하는 때다. 하지만 우리의 현 세상이 미래의 유토피아로 이어지는 직선적인 길이 있는 것은 아니다. 그것은 하나님이 하늘에서처럼 땅에서도 그분의 의롭고 평화로운 왕국을 세우시기 위해 인간 역사 속으로 뚫고 들어오시는 사건이다. 나중에 살펴보겠지만, 역사에는 이야기가 있고, 우리는 그 끝을 알기 때문에 역사의 의미도 알고 있는 셈이다. 끝은 하나님의 손에 달려 있으며, 좋고도 매우 좋다.

계시/인간의 지식

창조주/창조세계의 의존적 이원론의 중심에는 신의 계시와 인간의 지식 사이의 관계에 대한 물음이 놓여 있다.

신의 계시

전통적으로 일반 계시와 특별 계시를 서로 구별해 왔다. 일반 계시는 하나님이 창조세계를 통해 스스로를 계시하신 것을 뜻한다. 우리는 하나님의 권능과 통치를 우주의 장엄하고 질서정연한 모습에서 보게 된다. 이 세상에 죄인들과 죄가 존재하지만 그들을 구속해서 자기의 신부로 만들려고 창조사역을 계속하시는 모습에서 하나님의 사랑을 보게 된다.

이런 일반 계시를 배경으로, 하나님은 특정한 상황에서 특별한 방식으로 스스로를 계시하셨다. 그분은 아브라함, 모세, 다윗 등 여러 사람에게 말씀하셨다. 그분은 이사야, 예레미야, 호세아 등 여러 사람에게 예언의 말씀을 주셨다. 또 환상과 꿈을 통해 그리고 홍해를 가르는 것과 같은 기적들을 통해 자신의 말씀을 계시하셨다. 무엇보다도, 그분은 친히 예수 그리스도로 오셔서, 유한성을 가진 인간의 능력 안에서 스스로를 우리에게 계시하신 분이다. 이처럼 그리스도 안에서 결정적인 계시가 우리에게 주어졌으므로, 이것을 기준으로 다른 모든 계시들을 시험해야 마땅하다.

이 특별 계시들은 성경에 기록되어 있다. 성경은 자신이 말하고 있는 실재들을 보라고 우리에게 손짓한다. 성경의 책들은 인간 저자들에 의해 인간의 언어로 기록된 인간의 문헌이다. 그러나 그것들은 기록과정에서 성령의 감독을 받았기 때문에, 궁극적으로 참된 내용을 담고 있는 신적인 문헌이라 할 수 있다.

인간의 지식

신적 계시와 그 계시에 대한 인간의 이해를 서로 구별하는 것이 중요하다. 계시는 하나님이 우리에게 알게 해주시는 것이다. 인간의 지식은 우리가 우리의 특정한 상황에서 그 계시를 해석하는 방식이다. 여기서 우리는 두 가지 위험을 피해야 한다. 먼저, 우리의 신학을 계시와 동등시하면 안 된다. 우리의 이해는 언제나 부분적이고, 우리가 처한 상황에 영향 받는다. 또 다른 위험은 성경에 계시된 보편적이고 객관적인 진리를 참조하지 않고, 우리 마음대로 계시를 해석할 자유가 우리에게 있다고 생각하는 것이다. 우리는 거울로 보듯이 희미하게 볼 수밖에 없을지 모르지만, 어쨌든 보고 있는 것이 사실이다.

첫째 위험은 실증주의를 인식론적 기초로 삼았던 계몽주의 시대에 가장 두드러지게 노출되었다. 당시는 과학 지식을 실재에 대한 객관적이고 정확한 사진으로 간주했으며, 지식과 실재 사이에 일대일의 상응관계가 있다고 믿었다. 실증주의자들은 인간의 정신이 순전히 객관적인 관찰을 통해 자연에 관한 사실들과 보편적 법칙들을 완전히 발견할 수 있다고 믿고, 완전히 객관적이고 경험적인 지식 위에 과학을 구성하는 작업을 착수했다.[4] 그들의 목표는 내적으로나 논리적으로 일관된—그래서 외적인 요인이 불필요한—이론들에 의거하여 모든 것을 설명할 수 있는 대통일 이론을 구성하는 것이었다.

기독교 학계도 이런 인식론의 영향을 받은 나머지, 신학을 객관적으로 정확한 진리의 진술로 보게 되었다. 즉 신학자가 처한 상황과 당시에 교회가 당면한 문제들로부터 영향을 받지 않는다고 생각했던 것이다. 바른 신학은 성경과 직접 상응하는 것이고, 신학자가 가진 정신의 영향을 받지 않는 보편적이고 초시간적인 진리였다. 이처럼 인간의 지식을 근사치가 아닌 완전한 진리로 보는 견해는 성경 텍스트에 대한 다양한 신학적 해석들을 둘러싸고 많은 논쟁과 분열을 불러일으켰다. 날카로운 선을 그어 놓고 그 선에 따라 사람들을 정통이나 이단으로 분류했다. 궁극적 권위는 디지털적이고 본질적인 범주들과, 그리스식의 추상적이고 연산 논리적인 논리를 사용하는 이성이었다. 이런 인식론을 갖고 있으면, 우리는 성경적 세계관을 확실히 이해하고 있다고—하나님이 보듯이 세계를 본다고—주장하게 되고, 그 세계관을 정확히 또 완전히 이해하고 있다고 주장하기 마련이다.

둘째 위험은 이러한 지식관을 근거 없는 것으로 일축하는 포스트모더니티와 함께 생겼다. 과학자들이 과학자들을 연구한 결과, 과학자는 바깥에 서 있는 객관적인 관찰자가 아니라는 점이 분명해졌다. 그들도 엄연히 자신이 묘사하는 내용의 일부다. 게다가, 그들이 만드는 지식이 부분적으로는 외적인 사실에 기초해 있다 해도, 그것은 그들의 이론, 인격, 사회문화적이고 역사적인 상황에 큰 영향을 받고 또 그런 것에 비추어 해석된다. 여기서 지식은 세상에 사는 인간의 정신 안에 있다. 지식은 인쇄된 종이 위에 있는 추상이 아니다. 더 나아가, 과학 지식은 도덕적으로 중립적이지 않다. 그것은 큰 권력을 갖고 있고, 권력 놀이는 엄연히 과학적 연구과정의 일부다.

포스트모던 인식론의 반응은 도구주의였다. 지식은 우리가 개인적으로 또 공동체적으로 구성하는 것이다. 궁극적으로, 그것은 완전히 주관적이고 상대적이다. 외적인 실재와 상응하는 면이 약간 있을지 모르지만, 우리로서는 이것을 증명할 길이 없다. 뿐만 아니라 서로 다른 논리와 범주 형성 시스템들이 존재하고 있으며, 그 모두가 타당성을 지닌다. 게다가, 우리는 이성을 사용하여 이성을 진리의 최종적 잣대로 정당화할 수는 없는 형편이다. 끝으로, 우리가 대안으로 떠오른 이론들을 논의할 때, 지식이 권력이라는 점을 인식할 필요도 있다. 요컨대, 지식은 콜라주와 비슷하다. 각 사람이 동일한 사물을 보면서도 자기 눈에 비친 이미지를 그릴 수 있다는 말이다. 그런즉 공적인 진리는 없고 주관적인 개인적 진리만 무성할 뿐이다.

세계관 이론을 이런 식으로 생각한 결과, 세계관적 보편자도 없고 공동체의 세계관도 없다는 결론에 도달한다. 단지 개인적인 "미로들"만 존재할 뿐이다. 같은 문화에 몸담은 사람들조차도 세계를 같은 방식으로 보거나 해석하지 않으며, 그들로 하여금 서로를 이해하게 할 인지적 다리를 놓을 길도 없다. 따라서 이것은 전적인 상대주의로 귀결되고, 진리의 존재를 부인하게 되거나, 설사 그런 진리가 있다 해도 그것을 알 수 있는 길이 없다는 결론에 이른다. 단지 개인적인 "진리들"만 있을 따름이다.

기독교 학계에서, 도구주의는 포스트모던 신학들과 종교적 상대주의를 발흥시켜서, 구원과 하나님께 이르는 다양한 길이 있다고 주장하게 만들었다. 진리—보편적이고 초supra역사적인 진리—에 대한 추구는 각 개인의 구체적 필요에 맞춘 개인적 신학들, 이성적 추론만큼이나 정서와 가치에 바탕을 둔 신학들을 만들어야 한다는 입장에 밀려나고 말았다. 선교에서는 이러한 발전은 대상이 구체적이고 역사적인 토대로부터 복음을 분리하고, 복음전도와 문화적 변형은 제국주의와 억압의 형태로 간주하는 근본적인 상황화 radical contextualization를 요구하게 되었다.

인식론은 우리 인간이 만든 창조물이다. 즉 실재가 무엇인지에 대한 우리의 성찰과 그 실재를 어떻게 알 수 있는지에 관한 해석학을 일컫는 것이다. 우리가 어떤 인식론이든 신적 계시와 동일시할 수는 없지만, 그 가운데 일부는 다른 것들보다 계시와 더 잘 양립한다. 그중 하나가 비판적 실재론으로(Hiebert 1999), 이는 우리가 앞서 언급한 두 가지 위험을 모두 피하는 이론이다. 한편으로, 실증주의와 달리 계시와 신학을 동등시하지 않고, 다른 한편으로는, 도구주의와 달리 이 둘을 완전히 분리하지도 않는다. 뿐만 아니라, 복음과 진리에 대해 초기 교회의 지도자들, 아니 성경 전체가 이해하고 있는 방식과도 잘 양립하는 이론이다.

비판적 실재론의 기호학적 기초는 찰스 퍼스의 기호론이다. 실증주의는 기호가 객관적 실재를 가리킨다고 보기 때문에, 그것을 객관적으로 옳다고 간주한다. 도구주의는, 소쉬르가 주장하듯이, 기호가 인간의 정신에 이미지를 불러일으킨다고 본다. 기호들은 주관적인 개인적·문화적 구성물이므로, 그것들이 외적인 실재와 상응한다고 증명할 수 없다. 퍼스는 기호가 삼자관계를 갖고 있다고 주장한다. 기호는 분명히 외적 실재를 가리키고 있고, 또 정신 속에 어떤 이미지나 생각을 불러일으킨다. 달리 말하면, 기호는 바깥의 객관적인 세계를 우리 내면의 주관적으로 구축된 세계에 비유하는 것이다. 물론 문화에 따라 실재의 내면적 지도를 구성하는 방식이 다르지만, 그 모든 지도는 외부 세계와 상당히 상응해야 하는데, 그렇지 않으면 인간이 존재할 수 없기 때문이다. 그러므로 우리의 모든 지식은 부분적이고 근사치에 불과하다. 즉 실재는 우리가 파악할 수 있는 것보다 훨씬 더 크다는 말이다. 이는 또한 우리의 정신적 지도나 모델이 본질적으로 실재와 상응하는지 여부를 우리가 검사할 수 있다는 뜻이다. 도로 지도는 우리에게 한 장소에 관한 모든 정보―모든 나무, 집, 구름, 돌, 동물, 새 등―를 주지는 않지만, 그것이 전달하려는 정보―도로들과 그것들의 관계―가 정확해야만

지도로서의 가치가 있다. 이와 비슷하게, 인간의 지식도 여러 물음에 답하는 여러 "지도들"로 구성되어 있으며, 각 지도는 제한된 근사치에 불과하다. 비판적 실재론이 말하는 지식은 하나의 사진 또는 일련의 사진들도 아니고, 개별적인 로르샤흐 검사도 아니다. 그것은 많은 상호보완적인 지도들 또는 청사진들이다.

비판적 실재론은 객관적인 세계의 존재와 (문화적 구성물을 뛰어넘는) 역사적인 사실들을 긍정한다. 아울러 지식이 주관적 차원을 갖고 있다는 것도 긍정한다. 이는 개인과 사회에 의해 구성되고 그들의 문화 속에 기호화되어 있다. 기호 체계는 객관적인 외적 실재들과 그 실재들에 대한 내면의 주관적 인식을 이어 주는 연결고리다.

비판적 실재론의 중심에는 해석학적 공동체가 있다. 어떤 연구 전통 안에서, 만일 각 개인이 실재를 부분적으로밖에 즉 자신의 주관적인 구성에 의해 볼 수밖에 없다면, 학자들의 공동체가 어떻게 진리를 알 수 있을까? 그들이 서로간의 대화를 통해 서로의 편견을 찾아낼 때, 진리에 더 가까운 근사치에 도달할 수 있다. 비판적 실재론은, 인간의 지식은 결코 정확하거나 완전하지 않고, 다만 제기된 물음에 관하여 본질적인 부분에서만 참일 수 있다는 입장이다.

이런 상황에서 비판적 실재론은 성경적 세계관의 추구와 관련하여 여러 가지 함의를 갖고 있다. 첫째, 우리의 이해는 인간 공동체들에 의해 문화적으로 구성된 것임을 주목하는 일이 필요하다. 세계관은 한 민족의 언어, 산물, 의식, 관행, 신념과 같은 기호들에 담겨 있다. 그것은 사람이 사는 이 세상을 이해할 수 있도록 이 모든 것을 다함께 연결해 주는 기본적인 패턴이요 게슈탈트다. 그러므로 성경적 세계관을 묘사하는 어떤 시도라도, 그것을 완전하고 전적으로 정확한 것으로 생각해서는 안 된다. 그것은 어디까지나 성경과 우주 역사에 깔린 심층적 질서를 이해하려는 우리의 시도일 뿐이다. 우리가 진리에 관해 논할 수 있고 실제로 논하고 있지만, 진리에 대한 우리의 이해는 부분적이고 제한된 것일 뿐이다.

둘째, 세계관들에 대한 우리의 이해는 역사적 특수성을 지닌 우리의 많은 인생 경험에서 추출되는 것임에 틀림없다. 성경에서 우리는 아브라함, 모세, 다윗, 예수 등 많은 인물들의 이야기를 듣게 되는데, 우리는 이런 역사적 사실들로부터 그들의 내적 성품을 분별하기 시작한다. 세계관은 큰 그림과 같은 것으로서, 많은 특수한 사실들 배후에 있는 패턴을 우리가 인식해서 구성하는 일종의 몽타주다. 달리 말하면, 인간의 지식은 콜라주와 비슷하다는 뜻이다. 그리스도인들은 그리스도의 모양을 반영하므로, 수천 명의 신자들의 얼굴 안에서 그리스도의 얼굴이 드러나게 된다. 세계관은 문화적 부분들의 총합이 아니다. 세계관은 우리가 그런 부분들을 해석할 때 기준으로 삼는 전반적인 형태라고 할 수 있다.

셋째, 비판적 실재론은 교회를 해석학적 공동체, 곧 모든 교인이 그 안에서 진리를 깨닫고 진리를 그 배경에서 적용하려고 애쓰는 장場으로 본다. 진리에 대한 다양한 신학적 이해들은 신앙 공동체 안에서 시험되어야 한다. 여러 분야의 전문가들이 통찰력과 고칠 점을 더해 줄 수는 있지만, 일상에서 그리스도인이 어떻게 살아야 하는지는 교회 지도자들을 중심으로 교회에 의해 결정된다. 교회는 그런 것을 결정하는 과정에서 간절한 마음으로 성령의 인도를 받아야 한다.

넷째, 우리가 살펴본 것처럼, 세계관은 늘 변하고 있다. 아브라함의 세계관은 모세, 다윗, 예수의 세계관과 동일하지 않았다. 하지만 전자를 기초로 후자들이 세워졌다. 하나님의 실재관이 우리에게 결정적으로 계시된 것은 하나님이신 예수 그리스도를 통해서였다.

마지막으로, 인지적 실재론은 진리를 완전히 객관적인 것으로 만들려고 지식으로부터 정서와 도덕을 제거하는 입장을 배격한다. 이 이론은 관찰자도 본인이 관찰하는 장면의 일부이고, 관찰자도 자기의 지성뿐 아니라 감정과 도덕적 판단도 가져온다는 점을 인정한다. 더 나아가, 지식은 권력이기 때문에, 관찰자들은 자기가 연구하는 민족에 대해 그리고 그들이 발표하는 연구결과에 대해 도덕적 책임이 있다. 성경은 진리뿐 아니라 아름다움과 거룩함도 아주 중요시한다. 이 셋은 서로 분리할 수 없다.

그러면 비판적 실재론에 대한 기독교적인 접근은 세속적 학자들과 어떻게 다른가? 첫째, 우리는 지식의 토대가 되는 성경을 인간이 하나님을 찾는 내용으로 보지 않고, 하나님이 우리에게 주신 계시로 믿는다. 달리 말하면, 성경은 인간 역사에 대한 기록일 뿐 아니라 그 역사에 대한 하나님의 이해도 우리에게 제공한다. 우리는 계시 자체와 우리 인간의 지식을 결코 동등시하면 안 된다.

둘째, 우리는 진리가 성경 안에서 우리에게 주어졌다고 믿을 뿐 아니라, 자기 백성이 성경을 올바로 해석하도록 성령 하나님이 그들의 마음속에서 일하신다고 믿는다. 그리스도인들은 전통적으로 인간의 이성이 타락의 영향을 받았다고 인정해 왔다. 하지만 동시에 인간의 이성이 성령의 도움으로 순수해지고 계시의 조명을 받으면, 거울로 보듯이 희미할지라도 실재의 모양을 파악할 수 있다고 믿는다.

셋째, 우리는 성경이 하나님의 자기 계시가 펼쳐지는 책이고, 구약성경은 모든 성경을 이해하는 토대로서 중요한 책이며, 그리스도는 하나님 자신과 그분의 목적을 드러내는 결정적이고 최종적인 계시라고 믿는다.

넷째, 우리는 인간의 지식이 언제나 제한성을 지닌 불완전한 것임을 인정하고, 그것을 하나님이 보시는 진리와는 동등시할 수 없다고 믿는다. 우리는 신적인 신비에 둘러싸여 있으며, 그것을 완전히 깨닫는 것은 불가능하다. 우리의 지식은 부분적이고, 기껏해야 실재의 근사치에 불과하다. 그렇다고 우리가 부분적으로도 진리를 알 수 없다는 뜻은 아니다. 우리는 하나님께 받은 지성을 사용할 수 있지만 지성에는 한계가 있고, 우리가 타락한 상태를 인정하지 않으면 안 된다. 우리는 진리의 근원과 기준으로서 이성과 계시를 상반된 것으로 보면 안 되고, 인간의 이성을 하나님의 자기 계시에 종속시켜야 마땅하다.

다섯째, 우리는 성경 해석이 주님의 진리, 아름다움, 거룩함을 깨닫고 그에 따라 살려고 애쓰는 신앙 공동체인 교회에 속해 있다고 믿는다. 파커 팔머는 이렇게 말한다. "앎이란 대단히 공동체적인 행위이다. 무언가를 알기 위해 우리는 우리가 뿌리박고 있는 공동체의 합의에 기댄다. 이 합의는 아주 깊이 깔려 있어서 종종 우리에게 무의식적으로 작용하곤 한다. 예를 들면, 과학 공동체는 실재가 우리의 감각으로 알 수 있는 것들로 구성되어 있다고 합의하고 있다. 과학자를 포함해서 우리 모두가 우리의 감각이 간파할 수 없는 실재들에 의존되어 있다는 사실은 중요하지 않다"(1993, xv).

하나님 나라/이 세상의 나라들

복음의 중심 메시지는 무엇일까? 어떤 이들은 복음전도에 우선순위를 둔다. 전도가 없이는, 복음이 한 번도 전해진 적이 없는 땅에 가시적인 교회 또는 하나님 나라의 가시적 실체가 없을 것이라고 주장한다. 이런 확신 때문에 많은 선교사들이 "미전도" 종족 또는 "복음이 가장 전해지지 않은" 인종에게 가서, 모두에게 구원의 좋은 소식을 전해 주려고 자기 인생을 바쳤다. 오늘 세계 전역에 있는 교회가 바로 그들의 수고를 가리키는 증인이다.

하지만 이것은 근거가 약하고 한계가 많은 접근이다. 선교사들이 새로운 개종자를 미처 양육하지도 못한 채 다른 지역으로 옮겨 가기 때문에 얄팍한 기독교를 낳기 쉽다. 교회론에도 문제가 있다. 교회를 성숙한 믿음과 증언의 공동체로 세우는 일에는 별로 관심이 없다. 예배, 교제, 사역, 리더십, 외부적 활동 등을 개발하는 일은 남에게 맡긴다. 이 접근은 또한 구원을 근대적 개인주의의 용어로 규정한다. 성공을 측정할 때도 변화된 삶이나 성숙한 교회를 도외시하고 회심자의 숫자로만 따진다.

두 번째 접근은 교회 개척을 선교의 동인과 목표로 강조한다. 선교에서 우리의 과제는 교회를 세우는 것이다. 이렇게 하려면 우리는 교회조직을 만들고, 리더를 훈련하고, 초신자를 성숙한 제자로 만들어야 한다. 복음을 대대로 보존하는 주체는 바로 교회다.

이 견해의 강점은 예배, 영적 성장, 교회 개척에 대한 관심에 있다. 이는 교회를 세상에 있는 하나님의 빛으로 본다. 한 가지 위험은, 교회가 자기 이익만 챙기는 바람에 복음전도에 대한 열정을 잃는 것이다. 교회가 제도화되면 스스로를 유지하고 발전시키는 일에만 많은 에너지와 자원을 투자하고, 밖으로는 눈을 돌리지 않는 경향이 있다. 또 하나의 위험은 인간의 노력에 초점을 두는 것이다. 우리는 우리가 기획하고, 프로그램을 만들고, 활동을 많이 해야만 교회가 세워진다고 믿는다. 그래서 기도와 하나님은 우리가 하는 사역의 변두리로 밀릴 소지가 많다.

세 번째 그룹은 하나님 나라가 복음의 중심 주제라고 강조한다. 회심과 교회는 그 자체가 목적이 아니고, 이미 도래한 하나님 나라를 선포하기 위한 수단이다. 예수께서는 그 나라를 선포하셨고, 그것을 언급한 것만 해도 백 번이 넘는다. 우리의 중심 과제는 억압과 전쟁으로 얼룩진 세상에서 정의와 평화를 선포하는 일이다.

이 견해의 강점은, 땅에서의 정의에 대한 관심과 교회의 선교에 대한 포괄적인 견해다. 선교는 하나님 나라가 완전히 임하여 그분의 뜻이 하늘에서 이루어진 것처럼 땅에서도 이루어질 때까지 끝나지 않는다. 이 견해의 약점은 그리스도가 없으면 인간이 얼마나 구제불능의 존재인지를 잊어버리고, 전도의 시급성을 놓치는 것이다. 또 하나는 교회가 세계 정치의 무대에서 일종의 정치적 놀이꾼이 되는 것이다. 그 교회는 더 이상 대항문화적countercultural 공동체, 곧 하나님 백성의 삶에서 그분의 통치를 알리는 예언자적 목소리가 아니다. 기독교는 민주주의, 자본주의, 개인의 권리, 그리고 서양 문화를 정당화하는 데 사용하는 시민종교가 된다. 우리가 그러한 하나님 나라와 함께 시작하면, 하나님 나라를 우리가 원하는 무엇으로든—자본주의든, 사회주의든, 숭배적인 공산주의든—만들어 버린다.

왕

우리는 먼저 왕과 함께 시작해야 한다. 왕King이 왕국kingdom의 성격을 규정하기 때문이다. 복음의 중심 메시지는 예수 그리스도께서 모든 창조세계를 다스리는 왕과 주님으로 오셨다는 것이다. 마태는 그리스도의 오심이 지상의 왕국들에 위협이 되었다는 점을 분명히 한다. 그분은 출생할 때 왕으로 선포되었고(마 2:2), 하나님 나라를 자기의 메시지로 삼았으며(4:17; 5:1-7:28), 그것을 좋은 소식―복음(마 4:23; 눅 4:43)―이라고 불렀다. 그분은 하나님 나라를 주기도문의 첫째 간구로 삼았고(마 6:10, "당신의 나라가 임하시오며"), 둘째 간구에서 그 내용을 규정지었다("당신의 뜻이 이루어지이다"). 우리가 그리스도를 구원자와 주님으로 선포한다는 것은 그분의 백성의 삶에 이루어지는 그분의 통치를 이야기하는 것이다(표 10.2).

결국 예수는 유대 법정과 로마 법정에서 반역죄로 재판을 받아 여느 반란 주동자와 마찬가지로 십자가에서 처형되었다. 하늘에 있는 고등법원은 예수를 무죄로, 사탄과 인간들을 악한 존재로 평결하였다. 예수께서는 죽음에서 일어나서 왕좌로 올라가신 뒤에, 자기에게 대항한 정사와 권세들을 쫓아내셨다. 아이러니한 것은, 인간에게 패배로 보였던 그의 죽음이, 회개하고 하나님께 돌아오는 자들에게 구원을 베푸시는 그분의 도구였다는 사실이다. 마지막 때가 되면, 하늘과 땅에 있는 이들 모두가 그 왕 앞에 무릎을 꿇을 것이다(빌 2:9-11).

하나님 나라

왕과 함께 하나님 나라가 온다. 하나님 나라는 간단히 말해서 하나

표 10.2 왕과 그의 왕국

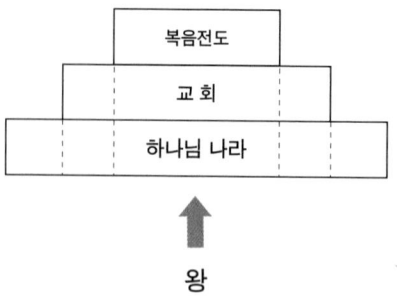

- 하나님 나라는 왕에 의해 규정된다.
- 교회는 하나님 나라의 표지요 증인이다.
- 복음전도는 사람들을 하나님 나라로 초대하는 것이다.
- 선교는 하나님 나라가 하늘에서처럼 땅에서도 회복되는 것이다.

님의 다스림이다. 이 둘은 불가분의 관계에 있다. E. 스탠리 존스 Stanley Jones는 이렇게 말한다. "왕의 재발견 없는 왕국의 재발견은⋯⋯반쪽 발견에 불과할 것이다. 그것은 왕이 없는 왕국이 될 것이므로⋯⋯예수께서는 우리에게 하나님이 어떤 분인지를 보여주시고, 동시에 하나님의 왕국(나라)이 작동할 때 어떤 모습인지를 보여준다. 하나님 나라는 그리스도의 모습이 보편화된 상태이다"(1972, 34). 하나님 나라는 하나님의 현재적 통치를 인정하고, 장차 이 땅에서 이루어질 그리스도의 통치를 가리킨다.

그리스도와 함께 하나님 나라가 이 땅에 왔다. 그러나 그 나라는 현존하게 된 것이지 완전히 임한 것은 아니다. 그 나라는 그리스도 안에 있고 그분을 통해 활발히 움직인다. 새로운 시대가 임했다. 하나님의 다스림은 이 세상을 뚫고 들어왔다. 그리스도를 영접하는 자는 누구나 하나님 나라의 능력을 체험하고, 다가올 시대의 능력을 미리 맛본다. 레슬리 뉴비긴은 이렇게 말한다.

> 신약성경의 중심 메시지는 그리스도 안에서 새 시대가 이미 동텄다는 것이다.……그리스도 안에서 새 시대의 권세가 활동하고 있다. 천국의 영역이 땅의 영역과 맞닿았고, 하나님의 통치가 예수를 통해 이 세상에서 실제로 행사되고 있다. 그분을 영접하는 자들은 하나님 나라의 권세가 작동하는 영역 안으로 들어오게 된다. 그들은 실로 현 시대에서 장차 이루어질 새 시대 속으로 옮겨졌다고 말해도 좋을 것이다. 새 시대는 더 이상 먼 미래에 있는 그 무엇이 아니다. 그것은 앞당겨져 이미 현존하고 있다.……또는, 시간의 은유 대신에 공간의 은유를 들면, 그것은 하늘의 식민지라고, 일반적인 인간 세상 안에 있는 초월적인 천국의 전초기지라고 말해도 좋을 것이다. (1942, 27)[5]

하나님 나라는 왕이신 그리스도와 함께 이미 왔고, 장차 그리스도께서 재림하실 때 그 완전한 모습이 드러날 터인데, 우리가 그때를 기다리는 동안에는 그분의 몸인 교회를 통해 그 면모가 드러나게 된다. "십자가와 부활의 패턴은 순전히 이 세상 지향적인 종말론을 모두 배제한다. 그렇다고 이것이 오늘날 기독교 사유에서 흔히 볼 수 있는 현상, 곧 (합당한) 내세 지향성과 (합당하지 않은) 희망의 사유화가 서로 손을 잡는 현상을 인정해 주거나 그냥 봐주는 것은 아니다. 기독교적인 희망은 영혼을 위한 희망일 뿐 아니라 세계를 위한 희망이다"(Newbigin 1993, 11).

우리는 하나님 나라의 역사를, 변이·투쟁·자연선택이 발전을 낳는다고 주장하는 근대의 구속적 폭력의 신화 아래 깔려 있는 세속적인 "진보" 개념과 동등시하지 않도록 조심해야 한다. 이 신념은 자본주의의 진보 철학, 인종과 혈통을 따지는 나치 철학, 마르크스주의의 유물론적 역사 해석 등의 바탕을 이루고 있다. 이 신념은 또한 두 차례의 세계대전 사이에 출현하여, 무지와 죄는 인간의 삶에서 서서히 제거될 수 있고, 인간들이 조화롭게 사는 날이 올 것이라고 믿은 자유주의 신학의 밑바탕에 깔려 있기도 하다.

인간들이 하나님 나라를 건설할 수 없다는 말이, 우리가 그 나라의 실현을 수동적으로 기다리는 것을 뜻하지는 않는다. 알베르트 슈바이처Albert Schweitzer는 "그리스도인의 행동은 그 나라의 도래를 위한 기도이고……그러한 행동은 하나님이 그분의 나라를 앞당기도록 그분께 드리는 일종의 기도이다"라고 했다(Newbigin 2003, 51에서 인용). 이제 우리는 하나님 나라가 임하면 완전한 사랑과 의가 실현될 것으로 확신하면서 그 나라의 도래를 갈망하고 그것을 위해 기도해야 한다. 그리스도 안에서 새 시대가 이미 동텄다. 그분을 좇는 사람들은 그 나라의 영역 안에 있다. 그들은 이 땅 위에 사는 나그네 된 백성인 셈이다. 그들은 진정한 고향에서 추방된 망명객들이요 길을 가는 순례자들이다.

왕과 왕국을 강조하고 나면 우리는 절박감을 느끼게 된다. 왕이 이 땅에 자신의 왕국을 세우려고 친히 돌아오시는 중이고, 우리는 그분의 귀환을 위해 준비하는 중이다. 종말론적 고향은 우리가 교회의 제도에 너무 밀착되는 것도 막고, 이 세상에 너무 안주하는 것도 막아 준다. 그리스도인으로서 우리는 늘 나그네 정신을 품고 이 땅에서 살아야 한다.

우리가 바람직한 하나님 나라의 모델을 마음에 품고 있는지 여부는 다음 세 가지 물음에 비추어 검토할 수 있다. 첫째, 예수가 우리의 하나님 나라 이해에 있어서 궁극적인 기준점이 되고 있는가? 그분이 하나님 나라를 규정짓는 왕이기 때문이다. 그분의 모습은 하나님 나라의 프로필보다는 성경으로부터 더 명확하게 그려 낼 수 있다. 둘째, 우리의 하나님 나라 이해는 예배, 증거, 주어진 모델의 상호의존 관계를 특징으로 하는 살아 있는 기독교 공동체를 낳고 그것을 유지하게 해주는가? 셋째, 하나님 나라에 대한 우리의 이해는 세상에서 그리스도의 구속을 증언하고 구속적인 삶을 살도록 이끌어 주는가?

교회는 언제나 하나님 나라를 세상의 나라들과 동등시할 위험을 안고 있다. 특히 기독교가 지배하던 나라들을 그런 식으로 생각하곤 했다. 이것은 충성심의 분열현상을 낳는다. 즉 공식적으로는 우리가 그리스도께 충성한다고 선포하면서도, 우리의 생활방식은 사실상 우리 나라를 숭배하는 모습을 지니는 것이다. 이보다 더 큰 두 번째 위험은 하나님 나라를 바로 우리 나라와 동등시하는 것이다. 이럴 경우 세상은 우리 나라의 활동에 나타나는 그리스도가 진정한 그리스도라고 생각하게 된다. 우리는 이러한 위험을 이른바 서양의 기독교 국가들의 식민지 팽창에서 본다. 오늘날에는 기독교를 미국과 동등시하는 현상에서, 또 미국이 스스로 신적인 운명을 갖고 있다고 믿는 모습에서 드러나고 있다.

교회

하나님 나라의 심장에는 교회가 있다. 레슬리 뉴비긴은 이 점을 반복해서 말한다. "그것은 그 나라의 표지요 도구요 맛보기다. 그것은 세상의 삶에서의 하나님의 통치를 대변하는데, 그것은 승리주의적 의미나 도덕주의적 의미에서가 아니라, 예수의 죽음과 부활로 표출된 그 나라의 신비가 지금 여기에서 현재화되는 장소라는 의미에서 그러하다"(Newbigin 1995, 54). 교회는 하나님의 새로운 질서로, 비록 이 시대의 죄와 어두움에 물든 인간들로 구성되어 있지만, 복음을 전할 뿐 아니라 거룩함과 화해의 삶을 구체적으로 보여주는 공동체로서 이 세상에 존재하고 있다. 교회는 이 세상의 나라들 가운데 존재하지만, 그 나라들에 속해 있는 것은 아니다. 교회가 하나님 나라를 자기가 몸담은 지상의 나라와 동등시할 때는 하나님이 주신 예언자적 목소리를 잃고 만다.

교회는 나름대로 사적인 종교와 신앙생활을 하는 개인들이 모인 집합체가 아니다. 또 그리스도인이 본질적으로 누구인가 하는 것에 비추어, 정통 교리나 정통 실천에 의해 규정된 뚜렷한 경계선이 있는 인간 조직도 아니다. 교회는 예수 그리스도를 주님이자 구원자로 좇는 사람들로 구성되어 있다. 뉴비긴은 이렇게 말한다. "한 실체는 그것을 두르는 경계선이나 그 중심에 의거하여 규정될 수 있다. 교회는 그 중심에 의해 올바로 묘사될 수 있는 실체다. 교회의 경계선을 정확히 규정하는 것은 불가능하며, 그러한 시도는 언제나 비복음적인 율법주의로 끝나고 만다. 반면에 그 중심을 규정하는 것은 언제나 가능하고 필요하다. 교회는 오로지, 사람들에게 그 자신을 넘어 예수를 줄곧 가리키는 한, 그들을 개인적 회심과 그분에 대한 헌신으로 초대하는 한, 그 본연의 모습을 갖게 되고 하나님 나라의 표지가 되는 것이다"(1980, 68). 달리 말하면, 교회는 본질적 범주가 아니라 관계적 범주에 의해서, 즉 자신이 무엇인지 또는 무엇을 갖고 있는지가 아니라 자신과 주님과의 관계에 의거해서 규정된다. 더 나아가, 우리가 사람들의 마음속을 꿰뚫어 볼 수 없기 때문에, 인간적 관점에서는 교회가 "퍼지" 범주에 해당한다. 우리는 사람들을 판단해서는 안 되고, 증언을 통하여 그들을 그리스도께 인도하려고 애써야 한다. 인간의 마음을 통찰하시고 누가 자신의 것인지를 아시는 하나님, 오직 그분께만 누가 구원을 받았고 누가 멸망을 받았는지 양자 사이의 뚜렷한 경계선이 존재한다.

성경은 교회를 한 몸에 많은 지체를 가진, 신앙의 언약 공동체로 묘사한다. 이처럼 교회가 공동체라면 어떤 모습을 지니게 될까? 어떤 클럽이나 회사 또는 군중과 같은 모습은 분명히 아닐 것이다. 오히려 근본적인radical 대안 공동체일 것이다. 즉 개인들의 열망은 집단의 비전과 안녕에 종속되는 언약 공동체다.

그리스도를 따른다는 것은 그리스도의 마음으로 서로를 대하는 것을 뜻한다. 말하자면, 그리스도께서 우리에게 행하신 것처럼—섬김과 겸손의 자세로—서로서로 대하는 것이다. "제자도는 다함께 같은 길을 걷는 것이다. 이 세상 **안에서** 온몸으로 살아가는 동안에, 우리는 서로 같은 길을 가는 동반자임을 발견하고 새 공동체를 형성했다. 우리가 아직 세상의 권력에 종속되어 있고 인생의 싸움에 깊이 관여하고 있지만, 우리는 그리스도와 공동의 관계를 맺고 있기 때문에 새로운 마음과 새로운 희망을 품고, 새로운 방식으로 보고 듣는 새 백성이 되었다"(McNeill, Morrison, and Nouwen 1982, 49).

어떤 의미에서, 교회는 구체적인 인간관계들과 인생 경험들로 구현된 살아 있는 실체이고, 다른 인간 공동체와 비슷한 공동체다. 이와 다른 의미에서, 교회는 성령의 공동체이므로 독특한 공동체라 할 수 있다. 하나님이 그 가운데 일하시는 그런 모임이다(빌 1:1-11). 교회의 구성원이 되는 것은 교인 상호간의 관계가 아니라, 그들이 그들의 동일한 주님과 맺는 관계에 기초해 있다. 교회의 중심은 그리스도, 곧 교회의 주인이다. 이분을 예배하려고 그들이 모인다. 이분이 그들을 모든 방언, 부족, 나라에서 불러 모아 한 몸이 되게 하신다. 바로 이분이 오고 계시는 왕이요, 그들이 세상에 선포하는 메시지의 중심이다.

교회의 교인들은 같은 주님을 따르기 때문에 서로에게 헌신되어 있다. 그들을 다함께 묶어 주는 내적인 끈과 삶의 본질은 다름 아닌 사랑이다. 각 지체가 스스로를 내어주는 섬김의 자세로 다른 지체를 위해 "거기에 있기"로 헌신하는 것이다. 이 사랑은 인간 사회를 나누는 사회적·경제적·성적·인종적 구분을 모두 뛰어넘는다(갈 3:26-28; 골 3:10-11). 그 결과 새로운 가족, 새로운 인종, 같은 주님과 성령을 공유하고 서로의 안녕을 위해 헌신하는 자들의 모임이 조성된다(행 2:42). 이러한 공동체에서, 교인들은 다함께 조화롭게 사는 법을 배워야 한다. 필요할 때는 그 몸의 하나됨과 유익을 위해 개인적인 이익을 희생하기까지 하면서 말이다. 그들은 마음대로 서로를 거부할 수 없다.

이것이 사실 초기 교회의 모습이었다. 당시 그리스-로마 사회에는 초기 그리스도인들이 모방할 수 있는 수많은 협회, 클럽, 회사들이 있었다. 그러나 신자들은 교회를 묘사할 때 에클레시아*ekklesia*라는 용어를 사용했다. 교회의 교인들은 같은 집안의 자녀들이고(행 11:29; 엡 5:23), 같은 몸의 지체들이며(롬 12:4-5; 고전 12:12), 같은 거류지의 시민들이다(빌 3:20). 이 모든 은유에서, 공동체로서의 교회는 그 개개 구성원들보다 더 크다. 그것은 아가페*agape* 곧 **사랑**과, 코이노니아*koinonia* 곧 **이타적인 돌봄**을 특징으로 하는 성령의 공동체 안에서 사는 삶이다.

공동체 교회에서 사는 삶은 다차원적이다. 영적·사회적·경제적 필요를 따로따로 구분하지 않는다. 교인들은 전인적으로 서로를 섬긴다. 더 나아가, 이런 상호관계는 무엇을 주고받는 그런 관계가 아니다. 교인들은 자신의 재능에 따라 기여하고 또 필요에 따라 받는다. 계산적으로 서로 동일한 것을 교환하는 그런 관계가 아니다.

교회의 하나됨은 교회의 본질이지 교회가 추구할 목표가 아니다. 주 예수 그리스도는 오직 한분이시므로 교회도 하나일 수밖에 없다. 그리스도는 나뉠 수 없다. 성령도 오직 하나이므로 몸도 하나이다. 우리를 한 몸으로 만드는 그 성령께서 우리를 화해의 일꾼, 곧 사람들에게 하나님과 화해하도록 간청하는 일꾼들이 되도록 보내신다.

하나님 나라의 시민

교회는 신자들로 구성되어 있는데, 그들은 과연 누구인가? 근대성은 정체성을 근본적으로 본질적인 범주로 규정한다. 그리스도인은 그리스도인**인** 사람이다. 그리스도인은 누구인가? 특정한 것들(정통 교리)을 믿거나 특정한 라이프 스타일(정통 실천)대로 사는 사람이다. 그리스도인이 되는 데 어떤 믿음과 관행이 본질적 요소인가를 놓고 끝없는 논쟁이 이어져 왔다. 근대적 범주는 또한 디지털적이다. 세상은 그리스도인들과 비그리스도인들을 가르는 뚜렷한 선에 의해 둘로 나누어진다. 회심은 그 선을 넘는 것이다. 중요한 것은 사람들이 구원을 받아 반드시 그리스도인이 되도록 하는 일이다.

하지만 성경에 나오는 기본적인 범주들은 관계적인 범주들이다. 한 사람이 사람인 것은 그녀가 어머니요 자매요 아내요 친구이기 때문이다. 그리스도인이란 예수 그리스도를 자신의 주님이요 구원자로 따르는 사람이다. 남자나 여자, 유대인이나 이방인, 아름다운 인물이나 수수한 인물 등은 이 세상에 속한 한시적인 정체성이지, 영구적인 정체성이 아니다.

회심이란 우상에게 등을 돌리고 *shub* 그리스도와의 관계를 우리 삶의 중심으로 삼는 것이다. 구원은 오직 믿음으로 말미암는다. 그것은 하나님의 선물이다. 그러나 믿음이란 먼저 우리 자신에 대해 죽는 것을 뜻하고, 이어서 우리의 십자가를 지고 예수를 따르는 것을 의미한다. 그것은 은혜가 필요한 죄인으로서 한 길 가는 순례자가 되는 것이다. 죽은 뒤에 우리는 새 생명으로 부활하여, 하나님과 더욱 친밀하고 그분께 충성하는 삶을 살게 된다.

구원받는 자와 멸망받는 자를 가르는 경계선은 어떻게 되는가? 우리의 마음을 꿰뚫어 보시는 하나님께는 "그리스도인"이란 범주가 디지털적이다. 그분은 누가 정말 자기를 좇고 있고, 누가 다른 신을 숭배하는지를 알고 계신다. 그러나 우리 인간에게는 그 경계선이 모호한 fuzzy 경우가 많다. 우리는 마음을 볼 수 없고 외모만 본다. 우리가 그리스도인이라고 믿는 사람들이 그렇지 않을 수도 있고, 멸망할 것으로 생각되는 사람들이 실제로는 그리스도의 제자일 수도 있다. 시금석이 되는 것은 그들이 무엇을 믿는지 또는 무엇을 행하는지가 아니라, 누가 그들 삶의 주인인가이다. 새신자들은 종종 그리스도에 대해 조금밖에 모르지만, 그래도 그분을 좇고 있다. 이른바 오랜 신자들은 그리스도를 자기 삶의 일부로 삼을지 몰라도, 대체로 자기 자신을 위해 살아간다. 그러므로 복음전도에서 우리의 과제는 누가 안에 있고 누가 밖에 있는지를 정하는 것이 아니라, 신자든 신자가 아니든 누구에게나 그리스도께 완전히 헌신하고 그분과의 관계에서 자라도록 격려하는 것이다.

그리스도인이 되는 것은 단순히 개인적인 문제가 아니다. 모든 그리스도인은 새 가족의 일원들이다. 그들은 "새로 태어난 아기들"이요, "형제들"이자 "자매들"이요, "영적인 어머니와 아버지들"이다. 이런 정체성은 세상에서 그들이 갖고 있는 다른 정체성들에 덧붙여진 것이 아니다. 이것이 그들의 정체성의 본질이다. 더 나아가, 예수의 모든 제자들은 우리가 인정하든 인정하지 않든, 좋아하든 좋아하지 않든, 우리의 형제와 자매들이 된다. 교회는 개인들이 공동체를 세우려고 모인 모임이 아니다. 교회는 그 본질상 그리스도를 머리로 하는 한 가족이다.

하나님 나라, 교회, 선교
하나님 나라의 심장에는 선교가 있다. 교회는 만민을 하나님 나라로 초대하라고 하나님의 부름을 받은 공동체다.

[우리는] 순종, 곧 하나님의 말씀에 귀 기울이는 일이 상당 부분 공동체적 소명임을 인식해야 한다. 공동체가 세상의 필요에 깨어 있고 열려 있는 상태를 유지하려면, 지속적인 기도와 묵상이 필수적이다. 우리 자신에게만 맡기면 우리의 특정한 사역 방식이나 스타일을 우상화하기 쉽고, 그래서 우리의 섬김을 개인의 취미활동으로 바꾼다. 그러나 우리가 하나님의 말씀을 듣고 우리 가운데 계시는 하나님의 임재를 경험하기 위해 정기적으로 모일 때는, 우리를 인도하는 음성에 깨어 있게 되고, 안락한 장소를 떠나 미지의 영토로 움직일 수 있다. (McNeill, Morrison, and Nouwen 1982, 56)

우리가 하나님, 곧 선교하시는 하나님missionary God을 만날 때, 우리로서는 동료 인간들의 곤경을 무시할 수도 없고 또 가만히 앉아서 그들을 불쌍히 여길 수만도 없다. 우리는 악과 절망에 빠진 이 세상에 사는 동안에, 우리에게 주어진 구원과 희망의 좋은 소식을 나누지 않을 수 없다.

교회는 이 타락한 세상에서 어떻게 처신해야 할까? 궁극적으로, 교회는 자기 교인들의 안녕을 위해 존재하는 것이 아니다. C. 노만 크라우스Norman Kraus는 기독교의 목표가 "그리스도를 통해 얻은 승리를 확신한 채, 자기 스스로 영적인 은사들을 체험하고 정서적 만족감을 즐기는 자기만족에 이르는 것"이 아니라고 주장한다(1974, 56). 교회는 교제의 공동체를 유지하기 위해 존재하지 않는다. 크라우스는 "초기 그리스도인들이 신앙 공동체로서 스스로를 보양하고 유지하기 위해, 보다 큰 사회질서로부터 새로운 종교 사회를 형성한다고 선언하지 않았다"고 말한다(1974, 27). 교회는 예수 그리스도로 인해 또 그분을 위해 존재한다. 교회는 그분의 몸이요 그분의 가족이며 그분의 식민지다. 교회의 사명은 이 땅의 모든 민족에게 하나님 나라의 도래를 선포하는 일이다. 하우어워스와 윌리몬은 이렇게 말한다. "기독교 공동체에서……가장 중요한 것은 하나됨이 아니다. 기독교 공동체는 예수 그리스도가 자신의 주위로 불러 모은 사람들을 이끌고 나가는 그 길에 관심을 쏟는다. 또 우리로 하여금 진실한 삶을 살게 해주는 참된 이야기에 비추어서 우리의 욕망과 필요를 가다듬는 일에 관심을 기울인다. 우리가 다 함께 그 이야기대로 살 때 우리의 하나됨은 이루어진다. 그러나 그것도 어디까지나 예수께 충성하고자 애쓰는 중에 생겨나는 부산물일 뿐이다"(1989, 78).

그러면 세상에 대한 교회의 선교는 무엇인가? 뉴비긴은 이렇게 통렬하게 지적한다.

> 세계 역사의 사건들과 관련된 교회의 과업은 그 역사의 지배자와 통제자가 되는 것이 아니라, 주님의 고난 받는 종과 증인이 되어 그 사건들의 참된 의미를 밝히 증언하는 일이다. 교회는 세계를 다스리는 하나님의 통치 도구가 아니라, 말씀 선포와 고난으로 그분의 통치를 증언하는 증인이다. 선교에 대한 우리의 사고가 얼마나 신약성경에 가까운가 하는 것은, 교회의 소명을 이해할 때 고난에 어떤 위치를 부여하는가에 따라 부분적으로 평가된다.……신약성경은 고난을 그리스도를 따르는 이들이 당연히 기대하는 참 제자의 표지임을, 그리고 그들의 증언의 특징적인 방식임을 분명히 한다. (1963, 41-42)

그리스도께서 그랬듯이, 교회도 말씀 선포와 구체적 활동과 고난받는 일을 통해 증언의 사역을 감당한다. 고난은 교회의 선교에 없어서는 안 될 부분이다. 그리스도의 주되심과 십자가상의 승리의 빛으로 밝히 노출된, 권세들이 서로 충돌하는 현장의 한복판에 고난이 위치해 있기 때문이다. 개인적으로 우리 그리스도인은 가까이서와 멀리서 일어나는 테러리즘, 무장 충돌, 기근, 전염병, 가뭄 등 셀 수 없이 많은 인간의 고통에 관해 듣고는 일종의 무력감에 시달리곤 한다. 그러나 우리는 교회의 일부이고, 이런 상황 속에 있는 교회의 존재는 하나님이 일하고 계심을 우리에게 확신시켜 준다. 아울러 우리는 사랑과 구속의 증인으로 이곳에 존재하고 있다.

교회와 신자들은 하나님께 예배하고, 서로 교제하고, 잃어버린 세상에서 복음을 증언하도록 부름을 받았다. 이 셋―예배, 교제, 선교―가운데 앞의 두 가지는 교회와 신자들이 천국에서 더 잘할 수 있을 것이다. 그들이 이 땅에서 가장 잘할 수 있는 일은 세 번째 것뿐이다. 우리를 선교로 이끌지 않는 예배와 교제는 참된 예배와 교제가 아니다. 하나님은 이 타락한 세상에서 그분의 증인과 대표자가 되도록 교회와 그분의 자녀들을 이 땅에 남겨두신 것이다.

선교하는 교회

세상에 있으나 세상에 속하지 않는 것이 교회 선교의 핵심이다. 헨드리쿠스 베르코프Hendrikus Berkhof는 "교회가 세상에-있는-존재인 동시에 세상과-다른-존재가 되어야만 선교적일 수 있다"고 말한다(Bosch 1991, 386에서 번역하여 인용). 교회는 이 땅에 있는 하나님 나라의 교두보와 같다. 교회는 세상이 아닌 그 무엇, 세상이 결코 될 수 없는 그 무엇으로 존재함으로써, 세상을 향해 하나님의 현존과 통치를 가리키는 표지의 역할을 한다. 또한 교회는, 성령께서 그리스도의 주되심을 세상에 증언하고 사람들에게 그분을 따르고 그 몸에 합류하도록 초대하는 사역에 동참한다. 하우어워스와 윌리몬은 이렇게 말한다. "고백하는 교회는 **가시적인** 교회가 되기를 소망한다. 가시적인 교회란, 그 안에 속한 사람들이 서로 약속에 충실하며 원수를 사랑하고 진리를 말하며 가난한 사람들을 존중하고 의로운 일을 위해 고난당하는 삶을 사는 것, 이러한 일들을 통해 놀라운 공동체를 창조하시는 하나님의 능력을 증언하면서, 세상을 향해 분명하게 드러나는 장소다"(1989, 46).

교회의 증언의 대상은 잃어버린 자, 가난한 자, 굶주린 자, 그리고 억압당하는 자와 같은 개인들이다. 복음전도는 교회의 삶의 중심을 차지하는데, 이는 구원받을 자들을 위한 사역일 뿐 아니라 교회의 생명력을 위해서도 필요하다. 교회의 증언은 또한 공동체적이다. 뉴비긴은 이렇게 주장한다. "구원의 본질은 공동체적이고 우주적인데, 이는 모든 사람들 사이에 또 사람과 하나님 사이에 그리고 사람과 자연 사이에 깨진 조화의 회복을 뜻한다.……이는 이러한 회복된 조화를 전하고 그것을 구현하는 한 공동체를 통해, 실제로 이런 공동체를 세우는 작업을 통해 전달되어야 마땅하다. 화해의 복음은 화해된 공동체에 의해 소통될 수 있다"(1998, 190-191).

교회의 증언은 또한 우주적이다. 새 창조를 논하는 영원한 이야기는 그리스도의 재림과 함께 끝나지 않는다. 안타깝게도 교회와 선교를 서로 구별하는 현상이 생겼다. "절대 다수의 그리스도인들은 '교회'라는 단어와 '선교회'라는 단어가 서로 다른 두 종류의 사회를 가리킨다고 생각한다. 전자는 예배, 교인의 영적 돌봄, 양육에 헌신하는 사회라고 생각하고……후자는 복음을 전파해서 그 회심자들을 '교회'의 보존을 위해 넘겨주는 일에 헌신하는 사회라고 생각한다"(Newbigin 1998, 194). 이런 구분은 선교를 교회의 중심에서 떼어 놓을 뿐 아니라, 제도화된 교회관으로 이어진다. 따라서 선교를 현 시대에서 개인들을 구출하는 작업으로 축소시키는 한편, 그들을 제자로 양육하는 사역과 함께 세상을 향한 선교의 비전을 품은 교회 개척에는 중요성을 부여하지 않는다.

교회가 당면한 한 가지 큰 위험은 스스로를 어느 종족 공동체나 문화와 동등시하는 일이다. 그 결과로 문화적 기독교가 탄생한다. 그러면 복음의 보편적 성격을 잃게 되고, 세상 끝까지 가서 복음을 전하려는 선교의 열정도 상실하게 된다. 또 하나의 위험은 교회가 민족국가와 결합해서 일종의 시민종교가 되는 것이다. 이는 한 국가가 다른 국가들보다 하나님의 복을 더 많이 받았다고 믿고, 한 나라가 이 땅에서 하나님 나라를 확장하는 선두주자가 되었다고 믿는 위험천만한 사고방식이다. 이것은 역사를 통틀어서 교회가 범한 가장 큰 잘못 중 하나다.

교회의 선교는 자기가 알고 믿는 내용을 증언하는 일이다. 이것은 다른 실재들과 완전히 대조되는, 하나의 새로운 실재를 손으로 가리키고 보도하고 긍정하는 일이다. 이는 남들을 회심시키려고 세상의 방법을 사용하여 복음을 증명하려고 애쓰는 하나님의 변호사가 되는 것이 아니라, 단순히 남들에게 자기가 받은 메시지를 이야기해 주는 것이다. 진리를 찾는 이들의 마음을 움직일 수 있는 분은 성령이시다.

유기적/기계론적

성경에 나오는 뿌리 은유는 유기적이다. 태초에 에너지, 물질, 카르마, 또는 다른 어떤 비인격적인 기초적 존재가 아니라 살아 계신 존재인 하나님이 계셨다. 태초에 물질과 법칙—자연적이든 도덕적이든—이 아니라 하나님이 계셨다. 살아 계신 존재인 하나님이 물질 세계를 창조하시고, 그 세계가 그분이 설정한 질서에 따라 움직이게 만드셨다. 하나님은 인간도 창조하셨으며, 인간으로 하여금 세계의 본질적인 질서를 이해하게 하셔서 그것을 빚어내고 사용할 수 있는 존재로 만드셨다.

하나님의 걸작품은 바로 그분이 자신의 형상을 따라 지으신 인간이다. 인간이 하나님의 구속 사역의 중심에 놓여 있다. 기독교적 세계관은 사람들을 기나긴 사건의 사슬이 낳은 우연한 산물, 곧 어떤 부수적인 산물로 보는 환원주의를 배격한다. 그들은 실로 창조 세계의 중심이다. 이 세계관은 또한 사람을 영원성이 없는 사회문화적이고 심리학적인 존재로 환원하는 자연주의적 견해도 배격한다. 존 스토트 John Stott가 말하듯이, 그들은 몸body-영spirit-공동체community다(1979). 세 가지 모두 갖지 않으면 완전한 인간이 아니다. 타락은 이 온전한 인간 존재를 깨뜨려 버렸다. 그래서 고난과 죽음이 물질세계에 들어왔다. 죄와 반역이 우리를 하나님으로부터 소외시켰다. 한 인류였던 우리가 서로 다투는 공동체들과 고립된 개인들로 조각나고 말았다.

근대의 기계론적 세계관은 인간을 연구와 이용의 대상으로 본다. 인간은 탈인격화되고 객체화되어서, 개인의 이득을 위해 사용될 수 있는 별 볼일 없는 상품으로 간주된다. 반면에, 성경의 유기적 세계관은 인간을 살아 있는 존재로 존중하고, 각각 나름의 이야기가 있고 사람들 가운데서 서로 관계를 맺고 있는 존재로 중요시여긴다. 우리의 근대 세계에서는 다른 사람들을 바라볼 때 그들을 외적인 객체로 보지 않고, 정신적 측면과 행동적 측면에서 우리의 이야기에 속한 인간 가족의 일원, 곧 살아 있는 인격으로 보는 것이 아주 어렵다. 사람들을 사랑하는 일은 이보다 더 어렵다. 그들을 우리의 사업에 이용할 수 있는 사람들로 보지 않고, 그들 개인에 관심을 갖고 무조건 그들에게 헌신하는 것은, 그들이 우리에게 줄 수 있는 무언가가 있어서가 아니라 그들도 하나님의 형상으로 창조된 우리의 자매요 형제이기 때문이다(표 10.3).

성경의 중심 메시지는 하나님과 인간 사이의 관계와 관련 있다. 양자 사이에 샬롬, 사랑, 평화의 관계를 이루는 것이 중요하다. 인간이 된다는 것은 관계를 맺는 것이다. 인간들은 참 공동체를 위해 창조되었다. 이것이 없이는 풍성한 삶이 있을 수 없다. 완전한 세상에서는, 사랑의 관계가 서로 섬기는 관계, 평화와 성장이 있는 관계로 이어진다. 타락한 세상에서는 각 사람이 자기 이익을 위해 타인을 통제하려 하기 때문에, 혼란스러운 관계가 조성될 가능성이 존재한다.

깊은 관계의 심장에는 사랑이 있다. 이는 타자를 위해 거기에 있기로 무조건 헌신하는 것이다. 이러한 사랑이 하나님의 본질이다. 하나님은 사랑이시다. 그분은 징벌적 정의가 아니라 회복적 정의에 관심이 있으시다. 그분은 우리가 반역자로서 전혀 자격이 없을 때 우리를 사랑하신다. 이브 맥마스터Eve MacMaster는 이렇게 말한다.

표 10.3 인간에 대한 두 가지 견해

비인격적 상품	살아 있는 존재
• 사물로 인식됨: 비인격적, 관찰대상인, 초연하고, 측정되고, 통제할 대상 • 가치: 시장성, 생산, 소비에 의해 측정됨 • 관계: 자기중심적, 통제위주, 조작적, 경쟁적, 보복적, 적대적, 배타적, 폭력적 • 태도: 상처 받을 수 없음, 욕구충족, 냉정함, 단단함, 의심, 두려움	• 인격으로 인식됨: 친밀한, 관계적, 관련된, 사랑할 만한, 서로 주는 대상 • 가치: 자기의 정체성으로 인해 본질적인 존재 가치를 가짐 • 관계: 타인 중심적, 존경, 용서, 회복, 자기희생, 섬김, 돌봄, 사랑, 포용, 생명을 내어줌 • 태도: 상처 받기 쉬움, 관대함, 온유함, 긍휼, 사랑, 희망

* 출처: Kavanaugh 1981, 96-97에서 각색.

그리스도인의 삶이 지닌 역설은, 우리가 하나님이 우리를 사랑한다고 믿기 시작하는 즉시, 우리 속에서 그것은 하나님이 사랑이시기 때문이 아니라 우리가 사랑스럽기 때문이라고 생각하고 싶어 하는 마음이 꿈틀거린다는 것이다. 우리가 종교적이 되면 될수록, 우리의 외적 행위가 더 나아지고 더 좋은 사람이 되므로, 하나님이 우리에게 원하는 것은 우리의 선함과 착함이라고 믿게 된다. 그래서 우리가 그처럼 좋은 사람이 되어 스스로 자족하게 되면, 하나님과 함께 앞으로 더 나아갈 필요를 못 느낀다.……그러나 우리 자신과 신앙 공동체를, 평화를 가져오는 자들과 동일시하는 것은 위험하다. 이는 곧 우리 자신을 선과 동일시하고, 우리의 대적을 악과 동일시하는 위험이다. (2006, 12)

우리를 향한 하나님의 사랑은 우리가 반역자였을 때, 우리가 자비를 받을 자격이 없을 때에도 존재했다. 그분의 사랑은 우리가 길을 벗어나서 다른 신을 좇고 우리 자신을 숭배할 때에도 계속 이어진다. 그분의 사랑은 그분에 대한 우리의 반응이나 우리의 사랑스러움을 조건으로 삼는 조건부 사랑이 아니다.

집단/개인

근대, 포스트모던, 포스트모던 이후 세계관이 모두 비인격적인 관계와 관련된 자율적이고 자기성취적인 개인을 강조하는 것과는 대조적으로, 성경적 세계관은 인격 상호간의 깊은 관계와 공동체의 우선성에 초점을 맞춘다. 구약성경에서 하나님은 한 민족으로서의 이스라엘과 함께 일하기로 작정하셨다. 그분은 아브라함, 모세, 다윗 등 여러 인물을 사용하셨는데, 그들의 중요성은 궁극적으로 그들이 하나님의 백성에 기여한 점에 있었다. 신약성경에서는 그리스도께서 잃어버린 자를 찾아 구원하러 오셔서, 그들을 한 새로운 몸, 그분의 한 신부로 빚어내셨다.

인간과 개인에 대한 성경적 견해는 무엇인가? 데카르트-칸트식의 자율적 개인이라는 관념은 히브리 사상과 성경의 가르침에 나타나지 않는다. 가족, 지파, 이스라엘 백성 등이 그 구성원들의 사회적 교류뿐 아니라, 그들의 삶에 의미를 준 영적인 이야기의 중심이었다. 성경적으로 보면, 관계성과 공동체가 복음의 심장에 있는데, 그것이 하나님 자신의 본질이기 때문이다. "인격 상호간의 관계성은 하나님의 본질에 속한다. 그러므로 인간에게 관계성을 떠난 구원이란 있을 수 없다. 아무도 관계-속의-존재로 온전히 회복되지 않고는 온전한 존재가 될 수 없는데, 이를 위해 하나님이 우리와 세상을 만드셨고, 또 이것이 하나님 자신의 본질인 관계-속의-존재를 닮은 그분의 형상이기 때문이다"(Newbigin 1995, 70). 인간은 공동체를 위해 창조되었으므로, 자율적이고 자유로운 개인으로 간주되면 안 되고, 그 구성원들보다 더 중요한 공동체 안에서 서로 관계를 맺는 사람으로 간주되어야 한다. 개인으로서 우리는 우리의 참 존재를 오직 관계 속에서만, 무엇보다도 자기를 내주는 사랑의 관계 속에서만 발견한다. 오직 우리가 타자를 위해, 타자와 함께 존재할 때에만 우리의 특수성과 독특성이 보존된다. 제레미 벡비 Jeremy Begbie는 이렇게 말한다. "진정한 자유는 독립적인 자기결정이나 한계의 부재, 또는 가능성의 배가倍加를 통해 얻어지는 것이 아니다. 그 대신에 사물의 실상에 걸맞게 행동함으로써, 진정한 가능성과 **관계**를 맺을 때에만 실현될 수 있다"(1992, 71).

죄가 이 공동의 유대관계를 깨고 소외된 개인을 이끌어 냈다. 각 개인에게 행복과 자유를 추구할 권리가 있다는 근대적 주장은 실로 자기 파괴적이어서, 성경적 주제인 공동체와 정면으로 충돌한다. 후자는 우리에게 개인보다 집단의 유익을 추구하고, 권력을 잡기보다 권력을 부여하도록 애써야 한다고 주장하기 때문이다.

공동체 안에서의 우리의 존재가 우리 정체성의 본질이라면, 우리는 본질적 집합보다 관계적 집합을 더 중시해야 한다. 아울러 추상적 분석 논리보다는 관계적 논리에 의해 생각하는 일이 더 필요하다.

만일 관계성이 우리의 창조된 본성의 심장이라면, 우리는 회심을 일정한 교리를 알고 수긍하는 것으로 보거나, 일정한 규율에 따라 사는 것으로 여기면 안 된다. 오히려 회심은 자기와 세상을 우상으로 섬기던 옛 습관에 등을 돌리고, 예수 그리스도를 따르는 자가 되는 것이다. 관계적 지식은 인지적·정서적·도덕적 앎 사이에 놓인 장벽을 허문다. 신앙은 진리, 사랑, 순종을 내포한다. 회심이란 우리의 근본적인 충성심을 바꾸는 것을 뜻한다. 즉 우리의 삶에서 그리스도를 모든 것의 주인으로 삼는 것이다. 이것이 간단하게 보일지 몰라도, 우리 자신을 숭배하고픈 유혹을 감안하면 이는 아주 값비싼 대가를 치르는 일이다.

관계적 사고에 의하면, "개인적인 복음"이 성경의 구원 개념과 어울리지 않는다는 것을 알게 된다. 이는 개인이 구속되어 세상에서 구원받는 것에만 초점을 두기 때문이다. "이 견해에 따르면, 이 세상에서 삶의 중요성은 오로지 개인들의 영혼을 천국을 위해 훈련하는 일에만 국한된다. 그래서 역사 전체를 가로지르는 연속적인 목적은 있을 수 없고, 오직 개인들의 인생을 위한 일련의 비연속적인 목적들만 있게 된다. 이 견해에 의하면 역사는 아무런 목표, 아무런 목적 telos도 가질 수 없을 것이다"(Newbigin 2003, 24). 성경에 나오는 구원은 개인적이지만, 동시에 공동체적이고 우주적이며, 하나님이 교회를 자신의 신부로 준비시키고 새 하늘과 새 땅을 창조하시는 것에 초점을 맞추고 있다. 이 타락한 세상에서 나는 타락한 자기에 대해 죽고 새 생명—진정한 나—을 찾아야 한다. "오직 내가 나 자신을 추구하던 일을 그만두고 남에게—타자에게—나를 내맡길 때에만, 나 자신의 '나'는 내가 양도하는 '나'에 의해 재구성된다. 끝없이 온갖 기억을 샅샅이 뒤지고, 어수선한 자의식의 다락방을 콕콕 찔러 보고, 낡아빠진 '정체성들'을 한 껍질씩 벗겨 내는 등 아무리 노력해도 진정한 자아를 발견할 수 없다. 자아에 관한 진실은 바로 자기의 목적 안에 놓여 있다"(Neuhaus 2000, 134).

우리가 공동체 안에 존재한다면, 다른 공동체에 속한 사람들은 어떻게 대해야 할까? 우리는 타락한 인간인 만큼 자연스럽게 "우리"와 "타자"를 서로 구분한다. 전자는 우리 자신과 같은 "부류"의 사람들로 구성되어 있는데 비해, 후자는 "우리와 같은 부류"인 사람들이 아니다. 우리는 자연스럽게 우리 자신을 전형적인 인간, 곧 문명화되고 우월한 인간으로 본다. 타자들은 반쪽 인간인데다 야만적이고 짐승 같은 존재들이다. 예를 들어, 15세기 말에 유럽 사람들이 세계를 탐험하다가 미지의 땅과 낯선 사람들을 발견했다. 이 경험은 중대한 물음을 제기했다. 이 타자들은 과연 누구인가? 그들도 인간인가? 그들도 구원을 받아야 할 영혼이 있는가? 그들을 노예로 삼고 죽여도 괜찮은가? 이것도 살인인가? 그들은 "야만인"과 "미개인"이 되었고, 나중에는 "원시인"과 "원주민"이 되었다. 인간이기는 하나, 우리 조상들처럼 미개하고 유치한 존재들로 보았다(Hiebert 2006). 그러나 서양인들이 그들을 더 깊이 알게 되면서, 그들도 자기와 동등한 동시에 다른 사람들이라는 것을 보기 시작했고, 그 결과 그들은 "토착민"으로 변했다. 아울러 그들의 문화를 좋게 여겨서, 문화를 바꾸는 일은 악하다고 생각하기에 이르렀다.

그러면 성경적 세계관은 타자와 타자성을 어떻게 보는가? 먼저, 모든 민족이 공통된 인간성을 갖고 있다고 주장한다. 성경은 우리를 깜짝 놀랄 만한 결론으로 이끈다. **인간 정체성의 가장 심층적인 차원에서는 타자가 존재하지 않고, 오직 우리만 있다는 것이다**. 표면적으로 보면 남자와 여자, 흑인과 황인과 백인, 부자와 가난한 자,

늙은이와 젊은이가 있지만, 그 저변을 보면 우리는 모두 동일한 인간이다. 인류의 하나됨은 창조 기사(창 1:26)에 선언되어 있고, 구약성경에 함축된 보편주의에 의해 확증되고 있다(창 12:3; 시 67편, 72:17; 사 11:10, 19:23-25; 렘 4:2, 31:1; 미 4:1-2). 데이비드 보쉬는 이렇게 말한다. "이스라엘의 전 역사는 하나님이 줄곧 열방에 개입하고 계심을 밝히 드러내 준다. 이스라엘의 하나님은 온 세상의 창조주요 주님이시다. 이런 이유로 이스라엘은 자기 역사를 하나의 동떨어진 역사로서가 아니라, 열방의 역사와의 연속선상에서만 옳게 파악할 수 있다"(1991, 18). 모든 민족은 야웨(사 51:5)를 기다리고 있다. 그분의 영광이 그들 모두에게 드러날 것이다(사 40:5). 그분의 종은 이방인들에게 비추는 빛이고(사 49:6), 그들은 예루살렘에 있는 하나님의 성전에서 예배할 것이다(시 96:9).

신약성경과 그리스도는 이 공통된 인간성이 지닌 함의를 더욱 발전시킨다. 우리는 그리스도께서 타자에 관해 가르친 내용에서 이 점을 보게 된다. 한 바리새인이 그분께 와서 "누가 나의 이웃입니까?"—말하자면, 누가 우리에게 속한 자인가—하고 묻자, 예수는 그 물음을 완전히 뒤집어서 "만일 당신의 타자인 사마리아인이 당신의 형제인 고통 받는 유대인에게 이웃이라면, 당신은 그 사마리아인에게 누구요?" 하고 되물었다. 그 바리새인은 자기가 정말 그 사마리아인의 이웃임을 시인하든가, 자신을 동료 유대인으로부터 단절시키든가, 둘 중 하나를 택하지 않으면 안 되는 상황에 처했다. 예수의 가르침은 분명했다. "'네 이웃을 사랑하고 네 원수를 미워하여라' 하고 이른 것을 너희가 들었다. 그러나 나는 너희에게 말한다. 너희의 원수를 사랑하고, 너희를 박해하는 사람을 위하여 기도

하여라"(마 5:43-44, 새번역). 우리가 다른 인간들을 타자로 보는 한, 그들은 잠재적인 원수인 셈이고 결국 우리는 그들과 전쟁을 하게 될 것이다. 전쟁은 우리에게 원수를 미워하고 그들을 타자로 낙인찍을 것을 요구한다. 우리가 타자와 원수를 우리로 보게 될 때에야, 우리 사이에 막힌 담이 허물어질 수 있다.

그리스도인은 인류의 하나됨을 주장한다고 해서, 다른 종족 공동체와 문화에 속한 이들을 이해하는 일이 굉장히 어렵다는 사실을 부인하면 곤란하다. 우리가 그들과 깊은 관계를 맺지 않은 상태에서 그들을 사랑한다고 말하기는 쉽다. 하지만 우리가 다른 민족과 관계를 맺으면 맺을수록, 타락한 피조물인 우리가 그들을 우리와 같은 존재로 보는 것이 얼마나 어려운지, 또 서로 사랑이 깃든 깊은 관계를 쌓는 일이 얼마나 어려운지를 더욱더 실감하게 된다.

성경적 세계관은 또 하나의 결론으로 우리를 이끈다. **교회 안에서는 모두가 한 새로운 백성의 구성원들이라는 것이다.** 그리스도 안에서 하나님 나라가 이 땅에 왔다(마 4:17-25). 새 시대가 열린 것이다. 교회는 하나님 나라의 표지요 표현체이며, 예수를 주님으로 따르는 자는 누구나 한 새로운 백성의 구성원이 된다. 존 스토트는 "하나님의 영광과 세계 복음화를 위해 그 무엇보다 중요한 것은, 교회가 하나님의 새로운 사회가 되어야 하고 또 그렇게 비쳐야 한다는 점이다"(1979, 10)라고 말한다.

교회에서 하나됨과 교제가 중요하다는 점은 그리스도의 대제사장적 기도에 잘 나타나 있다. 베드로는 이 교훈을 고넬료의 집에 갔을 때 비로소 배웠다. 그는 당시 벌어지는 상황에 너무 놀라서, "나는 참으로, 하나님께서는 사람을 외모로 가리지 않는 분임을 깨달았습니다"(행 10:34)라고 말했다. 바울은 그리스도께서 "유대 사람과 이방 사람 사이를 가르는 담을 자기 몸으로 허무셨다"(엡 2:14)고 말했다. 그리고 나서 그분은 새로 시작하셨다. 오랜 기간 반목과 의심으로 갈라져 있던 두 집단을 계속 끌고 가는 대신에, 전혀 새로운 종류의 인간을 창조하였고, 이로써 모든 사람을 위해 참신한 출발을 하신 것이다. 바울이 보기에, 교회에서 동료 시민들이 하나가 되어 더불어 사는 모습이 바로 교회가 하나님의 작품임을 입증하는 증거였다. 그는 인간들을 나누는 적대감을 묘사하고(엡 2:11-12), 그리스도께서 그 적대감을 어떻게 끝내셨는지를 보여주고 나서(2:13-18), 그리스도인의 하나됨은 죄로 인해 생긴 적대관계를 무너뜨리는, 하나님의 실물 교육의 본보기라고 말한다(2:19-22). "에베소서는 교회를, 사람들 사이의 가장 심한 적대감이 치유되는 공동체로 본다.……교회가 스스로를 에베소서 2장 11-12절에 비추어 볼 때는, 사회에 존재하는 여러 분열상을 따르는 것이 불가능하다. 오히려 교회의 본성은 그런 분열상이 치유되는 장소가 되는 것이다"(Rader 1978, 253, 255). 이 시대는 하나님 나라가 왔으나 아직 완성되지 않은 때인 만큼, 그리스도인은 온갖 분열과 적대감이 팽배한 이 세상의 나라들에 살고 있다. 그렇지만 세상에서의 그들의 정체성은 지나가 버릴 것이므로 상대화된다. 그리스도인의 새로운 정체성은 그리스도의 가족에 속한 일원이라는 것이며, 이것이 지상의 어떤 정체성들보다도 우선적인 영원한 정체성이다.

성경은 우리를 또 다른 놀라운 결론으로 인도한다. 교회에는 타자가 없고 오직 우리만 존재하는데, 신앙 안에서의 형제와 자매들 곧 한 몸의 지체들만 있을 뿐이라는 것이다. 교회의 하나됨은 좋은 소식이 낳은 산물이 아니다. 그것은 복음의 본질적인 요소다.

선교에 있어서 우리는 공통된 인성을 지닌 존재로서 선교지 주민들과 우리 자신을 동일시하여야 한다. 우리는 모두 창조주와 마주하고 있는 창조세계의 일부요, 타락했으나 구속될 수 있는 존재요, 하나님의 형상을 따라 지음 받은 인간들이다. 그리스도께서 우리의 인성을 입고 우리와 동일시되신 것처럼, 우리도 구원이 필요한 사람들과 하나가 되도록 부름을 받았다. 이처럼 오직 가난한 자, 억압받는 자, 잃어버린 자와 하나가 될 때에만 성육신적 선교의 본보기를 보일 수 있을 것이다. 그렇게 해야만 이제까지 우리의 선교를 얼룩지게 만든 오만과 식민주의를 피할 수 있을 것이다. 보쉬는 이렇게 말한다. "우리는 영적으로 '가지지 못한 자들'—지옥의 형벌을 받은 집단 massa damnata—과 대조되는 '가진 자들'—지복을 소유한 자들 beati possidentes—이 아니다. 우리는 모두 똑같은 자비에 참여하는 자요 똑같은 자비를 받는 자들이다"(1991, 484). 우리가 겸손한 태도를 지녀야 하는 이유는, 기독교 신앙이 결국 거저 주어지는 은혜와 관련된 것이고, 그 중심에는 우리 모두를 심판하는 십자가가 놓여 있기 때문이다.

정서적 주제들

근대적 세계관은 객관성을 유지하기 위해 인지적 진리를 강조하고 진리를 감정과 도덕에서 분리시키는 데 비해, 성경은 이 세 차원—인지적·정서적·도덕적—을 서로 떼어 놓지 않는다는 점을 반드시 유념해야 한다. 이 셋은 인간의 모든 경험에 함께 들어 있다. 셋 모두 복음 메시지의 중심요소들이기도 하다.

감성적 지식은 인지적 지식과 다른 종류의 지식이며 인지적 지식으로 환원할 수 없다. 스티븐 닐Stephen Neill은 이렇게 말한다. "수학적으로 바흐의 푸가 하나를 자세히 분석하는 일은 얼마든지 가능하다. 이는 음악도에게 아주 유용한 연습일 수 있으나, 그 음악가의 직관이 전달하는 것을 파악하는 데는 별로 도움 되지 않을 것이다. 음악이 연주되는 것을 듣는 일은 전혀 다른 접근을 필요로 한다. 최후의 음표에 도달했을 때에야 비로소 그 경험이 가장 충만한 지경에 이른다. 우리가 접촉하게 된 이 실재의 본질을 언어로 표현하는 일은 거의 불가능하다고 할 수 있다"(1960, 11). 기독교 세계관에서 하나님, 우리 자신, 인간 상호간의 관계를 이해하는 면에서 정서가 하는 역할은 진리에 못지않게 중요하다. 그런데도 정서적 차원에 대한 신학적 성찰은 다른 측면들에 비해 거의 이루어지지 않은 게 사실이다. 앞으로 더 많은 연구가 필요하다.

두려운 신비

인간의 경험 가운데 가장 심대한 것은 기쁨이나 평안이나 흥분이 아니다. 그것은 두려운 신비 *mysterium termendum*, 곧 우리가 하나님의 임재 속으로 들어갈 때 직면하는 거룩한 경외심이다. 그리스 교부 크리소스토무스Chrysostom는 이렇게 말한다. "우리가 하나님이라고 부르는 그분은 말로 표현할 수 없고, 생각할 수도 없고, 눈으로 볼 수도 없고, 이해할 수도 없는 분이다. 인간의 말의 힘을 뛰어넘고 인간의 지성을 초월하는 분이다. 천사들도 추적할 수 없고, 스랍Seraphim도 볼 수 없고, 그룹Cherubim도 생각에 품을 수 없는 분, 권위와 정사와 권세들, 한마디로 모든 창조된 존재들이 쳐다볼 수도 없는 분이시다"(Neill 1960, 10에서 인용). 그분의 보좌 앞에서는 우리가 얼굴을 땅에 대고 엎드린 채, 그분의 영광과 위엄에서 스스로를 가릴 것이다. 우리의 근대적 세계관은 이성을 바탕으로 하나님을 분석하고 정의하려고, 어떤 의미에서는 그분을 섭렵하려고 애쓰는데, 이는 지극히 위험한 모험이 아닐 수 없다. 우리는 우리의 모든 경험과 이해력을 초월하는, 저 멀리 계시는 엄위하시고 전능하신 누군가에게, 논리적 정합성으로 환원될 수 없고 오히려 인간의 추론을 뛰어넘는 누군가에게, 우리의 전 존재를 전폭적으로 내어맡겨야 마땅하다. 우리가 취할 수 있는 유일한 태도는 전적인 복종이다. 이 실재는 지극히 높은 위엄을 지닌, 우리를 훨씬 뛰어넘는 그런 분임을 깨달아 아는 길밖에 없다(욥 11:8).

성령의 열매

성령의 열매는 그리스도를 닮은 모습을 보여주는 정서적 표지다. 사랑, 기쁨, 평화, 인내, 친절, 온유 등(갈 5:22)이 그렇다. 어두움의 열매 없는 행위는 교만, 미움, 호전성, 질투, 정욕 등이다.

사랑

그리스도인으로서 우리가 사랑을 하는 것은 하나님이 사랑이시기 때문이다. 성부, 성자, 성령 하나님 사이에는 완전한 사랑이 존재한다. 하나님은 창조세계와의 관계에서 완전한 사랑을 보여주시는데, 이 사랑이 잃어버린 자를 용서하고 그들과의 화해를 도모하는 복음의 중심이다.

하나님의 사랑은 어떤 것인가? 기독교의 사랑의 개념 *agape*은 근대적 견해 *eros*와 근본적으로 다르다. 근대적 견해에서 사랑은 보통 긍휼과 욕망에 바탕을 두고, 이성異性 간의 애정에 대한 열망이나 욕망을 수반하는 깊은 감정과 헌신의 정서다. 스탠리 존스는 이 두 종류의 사랑을 이렇게 대조시킨다.

> 에로스적 접근은 자신의 노력과 자신의 공로로 신에게 도달하려고 애쓰는, 자기 구원이다. 핵심 단어는 몸부림이다. 아가페는 하나님으로 말미암는 구원이다. 하나님이 우리에게 오셔서 은혜로 우리에게 구원을 베푸신다. 핵심 단어는 항복이다.
>
> 에로스적 접근은 그리움에 가득 찬, 불확실한 것이며, 흔히 겸손으로 착각하는 그런 태도다. 언제나 길을 가는 중인지라 도착했다는 느낌이 결코 들지 않는다. 아가페는 기쁨이 넘치고 확실한 것이며, 은혜에 대한 감사를 바탕으로 삼고서 진정한 겸손의 태도를 지니고 있다. 그것은 도착했음을 알고 있다. 그 도착은 하나님이 사다리의 가장 낮은 계단에서 우리에게 이르신 것이기 때문이다.……
>
> 에로스적 접근은 반쯤 실패했다는 느낌과 함께 자기 정죄에 바탕을 둔, 죄책을 느끼는 경건함이다. 아가페는 정죄가 은혜로 제거되었다는 것을 알기에, 자유롭고 기쁘고 충만한 상태다.
>
> 에로스적 접근은 종교를 의지의 발동을 촉구하는 것으로 만

든다. 즉 의지에 끊임없이 회초리를 가하는 것으로 만든다. 아가페는, 의지를 하나님께 항복하는 것을 뜻한다. 그래서 의지가 순결하고 해방된 상태로 되돌려지게 된다. (1957, 141)

에로스는 자기가 얻을 수 있는 것을 사랑한다. 이 사랑은 모든 것을—하나님까지도—우리의 목적을 위한 수단으로 변모시킨다. 우리는 보답으로 받을 것이 있기 때문에 사람들을 사랑한다. 하나님을 사랑하는 것도 무언가 보상으로 기대하는 것이 있기 때문이다. 스탠리 존스는 이렇게 말한다. "우리는 교회에 가고, 기도하고, 교회와 자선단체에 헌금과 기부금을 내고, 의무를 충실히 수행한다. 그래서 우리는 하나님이 우리에게 빚을 졌다고 느낀다. 그러므로 그분은 우리를 해악과 위험에서 보호하고, 질병을 막아 주고, 풍부한 물질을 공급해 주고, 하늘에 집을 마련해 주셔야 한다고 생각한다"(1957, 130). 우리는 하나님께 우리가 착할 때는 사랑해 주시고 죄를 지을 때는 미워하실 것을 기대한다. 우리도 친구를 사랑하고 원수를 미워한다.

아가페 사랑은 근본적으로 다르다. 이 사랑은 역사상 유례 없는 혁명적인 안목을 갖고 있다. 사랑에 관한 인간의 모든 이해를 뛰어넘는 완전한 재평가 기준을 제시한다. 이 사랑은 타인의 안녕을 도모하려고 무조건 헌신하는 것이다. 이 사랑은 희생적이고, 자기의 유익을 구하지 않고 친절하고 관대하고 자발적이고 기쁨으로 충만하다. 통제하려 들지 않고 능력을 부여한다. 선한 자와 악한 자 모두를 대상으로 삼는다. 즉 자기 원수와 친구 모두를 위한 사랑이다. 그것은 징벌적이 아니라 구속救贖적이다. 원수를 자기편으로 만들려고 노력하지, 그를 파괴하지 않는다. 평화를 도모하지, 현 상황을 구속하겠다는 미명하에 폭력을 휘두르지 않는다.

아가페는 바로 하나님의 본성이다. 하나님은 죄인 중의 괴수들을 용서하고 구속하려고 그들에게 사랑의 손길을 뻗으시는 분이기 때문이다. 그리스도인들이 교회에서 교제를 나누고 세상에서 희생적인 선교를 감당할 때, 그 심장에 있는 것이 이 아가페 사랑이다. 아가페야말로 우리가 잃어버린 세상과 나눌 수 있는 가장 혁명적인 메시지 중 하나다.

아가페가 낳는 결과는 긍휼compassion이다. 즉 "함께 고통을 느끼는 것"이다. 그런데 이것은 보통 말하는 친절한 태도와 온유한 마음 이상의 것이다. 이것은 마치 그리스도께서 우리 인간의 본성을 취하실 때 우리와 완전히 동일시하신 것과 같이, 우리 자신에게 가난하고 굶주리고 억압받고 잃어버린 자들과 완전히 동일시하라고 요구하는 철저한 요청이다. 복음서들을 훑어보면 "불쌍히 여기시다"라는 표현이 열두 번 나오는데, 모두 예수나 성부 하나님을 언급하는 말로 사용된다. 예수께서 목자 없는 양떼와 같은 군중을 보았을 때, 그들에게 긍휼을 느끼셨다(마 9:36). 맹인, 중풍환자, 청각 장애인을 자기에게 데려왔을 때, 그분은 마음으로 그들의 고통을 느끼셨다. "이를 통해 우리에게 드러난 큰 신비는, 죄 없는 하나님의 아들이신 예수께서 완전히 자발적으로 우리의 고통을 철저히 체험하기로 정하셨고, 그럼으로써 우리로 우리의 격정의 참 성격을 발견하도록 해주셨다는 것이다.……신성을 가진 예수께서는 우리의 깨어진 인간성을 몸소 살아 내시되, 저주로서가 아니라(창 3:14-19) 하나의 복으로 그렇게 하신다"(McNeill, Morrison, and Nouwen

1982, 15). 예수는 긍휼로 말미암아 병자를 고치셨다. 크나큰 신비는 병의 치료가 아니라 그 원천이 되는 무한한 긍휼이다. 긍휼이 깃든 삶이야말로 구속적 폭력의 신화에 뿌리박은 채 경쟁과 대항으로 얼룩져 있는 현대인의 삶을 치료하는 해독제다.

긍휼은 그저 지나가는 슬픔의 감정과 공감sympathy 이상의 것이다. 이것은 비싼 대가를 치르면서 고통과 억압을 당하는 자들과 동일시하는 것이다. 이는 우리의 자연스런 본능을 거스른다. 우리는 본래 고난을 원치 않으며, 고통이 적으면 적을수록 더 낫다고 생각한다. 그러나 긍휼은 우리에게 타자들의 고통에 공감하고 그들의 깨어진 상태를 체험하도록 요구한다. 그렇게 하려면 마음과 생각의 전적인 방향전환이 필요하다.

우리는 타락한 인간인 만큼 아가페 사랑을 표현하기는 고사하고, 그것을 제대로 이해할 수도 없다. 우리의 자연스런 반응은 사랑받기 위해 사랑하고, 원수를 미워하고 무너뜨리는 것이다. 우리는 그리스도를 통해 드러난, 우리를 향한 하나님의 사랑을 체험할 때만, 참된 아가페 사랑을 깨닫고 삶으로 그것을 반영하기 시작할 수 있다(요일 4:19). 그럴 때만 원수를 사랑하는 법도 배우고 그들의 구원을 위해 힘쓸 수도 있다(마 5:43-46; 눅 6:27-35). 그럴 때만 남에게 고통과 죽음을 안기는 것이 아니라, 우리 자신이 기꺼이 고통과 죽음을 끌어안을 수 있다. 인간으로서 우리는 사랑 없이는 살 수 없다. 사랑이 없으면 우리 인생은 무의미하다. 그리스도께서 우리를 사랑하신 것같이 우리가 남들을 사랑하지 않는다면, 그들은 그 사랑을 체험하고 그것을 그들의 것으로 만들 수 없다.

기쁨과 평화

기쁨과 평화는 성령의 열매다. 이 열매들은 하나님 자신의 특성을 그대로 보여준다. 여기서 기쁨과 욕구충족을 서로 구별할 필요가 있다. 후자는 자기중심적이고, 욕망의 충족에 몰두하며, 타자를 자신의 쾌락을 위한 대상으로 취급한다. 이전의 욕망이 충족되면 새로운 욕망이 꿈틀거리기 때문에, 이러한 만족은 결코 완전히 성취될 수 없다. 오랫동안 지속되는 자족감을 맛볼 수도 없다.

기쁨은 하나님과 인간의 좋은 관계가 낳는 열매다. 뜻밖의 기쁨으로 우리가 놀랄 때도 많다. 이 기쁨은 타인 중심적이라서, 남들이 기뻐하고 행복해하는 모습을 보고 그들과 함께 만족감을 느낀다. 기쁨은 그 자체로 완전하다.

하나님은 평화의 하나님이시다. 평화는 갈등 회피가 아니다. 폭력으로 원수를 정복한다고 평화가 이룩되는 것이 아니다. 우리에게 원수들이 있는 한, 우리는 전쟁을 하게 될 것이다. 평화는 아주 능동적인 활동이다. 그것은 원수를 사랑하고, 정의와 용서와 화해를 얻기 위해 그들을 찾아가는 발걸음이다. 평화는 보복적 정의가 아니라 회복적 정의를 추구한다. 하나님은 보좌에 가만히 앉아서 천사들을 보내어 인류를 벌하시는 분이 아니다. 그분은 주도권을 쥐시고 인간의 모양으로 오셔서, 우리에게 팔을 벌리시며 서로 관계를 맺자고 초대하셨다. 하나님은 우리가 그분을 미워하고 배척할 때도 우리를 사랑하셨다. 그분은 자기를 배척한 온 세상이 받아 마땅한 벌을 친히 받으셨다. 그분은 자기를 십자가에 죽인 자들을 용서하셨다. 그분은 죽은 자 가운데서 살아나셔서, 자기를 죽인 자들을 포함한 모든 사람에게, 사랑과 상호존경의 공동체에서 자신의 제자가 되라고 초대하셨다.

우리 그리스도인은 그리스도의 길을 따르도록 부름 받은 자들이다. 미움을 받을 때 오히려 사랑하고, 해악을 당할 때 무조건 용서하고, 언제 어디서나 화해를 추구한다. 우리는 "우리에게 죄 지은 자를 용서한 것같이 우리 죄를 용서해 주시옵고"라고 기도함으로써, 만일 우리가 남을 용서하지 않으면 하나님도 우리를 용서하지 않으실 수 있는 권리를 그분께 드린다. 우리는 우리를 대적하는 자를 우리 편으로 얻고 싶어서, 그들을 죽이기보다 우리 자신이 기꺼이 죽으려고 한다. 하나님의 목표는 그저 단순한 정의가 아니라, 폭력의 순환을 깨는, 화해로 이끄는 정의다. 이에 대해 크리스토퍼 마셜Christopher Marshall은 이렇게 말한다.

> 악의 실재를 희석시키지 않고, 죄를 범한 자들의 과실을 부인하거나 그들의 손에서 고난 받는 자들의 고통을 과소평가하지도 않고, 악을 억제하고 변화를 도모하기 위한 메커니즘으로서 징벌의 필요성을 없애지도 않는 가운데, 신약성경은 **보복**을 넘어서 어떤 정의의 실현을 바라본다. 이 정의는 오직 악의 패배와 그 희생자의 치유가 있을 때만, 죄인들의 회개와 그들의 죄 사함이 있을 때만, 평화의 회복과 희망의 갱신이 있을 때만 비로소 이룩될 수 있다. 그것은 곧 만물을 새롭게 하시는 하나님의 구속 사역을 밝히 드러내는 그런 정의다. (2001, 284, 강조는 원문 그대로)

인내와 오래 참음
우리 현대인이 꼭 함양해야 할 가장 어려운 성령의 열매 중 하나는 인내다. 우리는 늘 급한 일로 바쁘고 줄곧 스트레스에 시달리며 살고 있다. 어린이들은 인내라는 소리를 들으면, 부모가 집에 올 때까지, 버스가 도착할 때까지, 또는 비가 그칠 때까지 기다리는 것을 연상한다. 그러니까 인내를 무력함, 행동을 못하는 무능함, 그리고 일반적으로 수동적이고 의존적인 상태와 관련시킨다는 말이다. 한편, 어른들은 힘 있는 누군가가 움직이기로 정할 때까지 수동적으로 기다리는 것을 연상한다. 우리는 인내를 "힘 있는 자가 힘없는 자를 계속 통제하기 위해 사용하는 억압적인 단어"(McNeill, Morrison, and Nouwen 1982, 90)로 간주한다.

성경이 말하는 인내는 그런 것이 아니다. 도널드 맥닐Donald McNeill과 동료들은 이렇게 말한다.

> 진정한 인내는 사태를 돌아가는 대로 내버려 두고 남들이 결정을 내리도록 허용하는 것 같은 수동적인 기다림과 정반대다. 인내란 삶의 치열한 현장 속에 능동적으로 들어가서, 우리 안과 우리 주변에 있는 고통을 완전히 감내하는 것이다. 인내란 우리 삶의 안팎에서 일어나는 사건들을 가능한 최대로 보고, 듣고, 만지고, 맛보고, 냄새도 맡을 수 있는 역량이다. 열린 눈과 귀와 손을 갖고 우리의 삶 속에 들어가서, 거기서 무슨 일이 벌어지는지를 아는 것이 인내다. 인내의 훈련이 지극히 힘든 이유는, 그것이 아무 성찰도 없이 도망치거나 싸우고 싶어 하는 우리의 충동과 정반대로 행동하는 것이기 때문이다. (1982, 20-21)

인내라는 미덕을 우리의 생활방식에 편입하기 어려운 이유는, 그것이 우리의 충동과 부딪힐 뿐 아니라, 바쁘게 돌아가는 현대 생활과 자기 인생의 고삐를 쥐려는 현대적 사고방식에 근본적인 도전을 던지기 때문이다. 인내는 성령께 귀 기울이고 성령의 인도 아래 사는 법을 배우는 것을 포함한다. 또 누군가 고통에 빠져 당장 주목해 주기를 요구할 때, 하던 일을 잠시 멈추고 귀 기울일 것을 요구한다. 부끄러운 기억을 잊어버리지 않은 채 용서를 구할 것을 요구한다. 그것은 "통제권을 포기해야 하고 미지의 영토로 들어가야 할지라도, 기꺼이 그렇게 하려는 것"이다(McNeill, Morrison, and Nouwen 1982, 91).

인내는 시간과 관련이 있다. 조급할 때 우리는 당장 사태가 바뀌기를 요구한다. 조급함은 내면의 불안을 넌지시 드러낸다. 조급함은 우리의 생활을 지배하는 시계와 달력에 의한 외적인 시간대를 쫓아가는 삶이다. 반면에, 인내와 관상은 내면의 소리에 따라 풍성하게 사는 삶이다. 이 둘은 늘 서두르고 정신없이 쫓기는 현대인의 생활을 바로잡는 해독제다.

평가적 주제들

성경의 도덕적 주제들은 하나님의 성품에서 나온다. 그분은 거룩하고, 의롭고, 순결하고, 공평하시다. 하나님은 완전한 세계를 만들도록 우리를 창조하셨기 때문에, 우리는 타락한 상태에서도 여전히 그러한 세계를 목말라 하고 있다.

선/악

성경은 하나님을 거룩한 분으로 단언하고 있으며(시 71:22; 사 6:3; 계 4:8), 창조세계도 거룩해야 한다고 주장한다. 그리스도인들은 성도라고 불린다(엡 1:1; 빌 1:1; 골 1:2). 그러면 성도는 누구인가?[6] 그들은 완전한 존재로 간주되는 자들, 곧 거룩한 존재로 알려진 그리스도인들이다(마 5:48, 19:21; 고전 13:10; 골 1:28; 딤후 3:17). 그런데 이 타락한 세상에서 어떻게 완전해질 수 있을까? 거룩함의 기초가 되는 것은 무엇일까?

근대성에서 거룩함은 자연법칙과 나란히 존재하는 우주의 도덕법칙에 순종하며 사는 것이다. 하나님이 거룩한 이유는 그분이 이 도덕법칙을 완벽하게 지키기 때문이다. 그러나 이런 견해는 힌두교의 생각이다. 힌두교의 신념에 따르면, 카르마 곧 도덕법칙이 신들 위에 존재하며, 신들도 종종 죄를 짓기 때문에 끝없는 생명의 순환과정에서 다시 태어나야 한다. 하지만 하나님이 거룩하신 것은 도덕법칙을 지키기 때문이 아니고, 거룩함이 그분의 속성이요 존재방식이기 때문이다.

성경적 견해에 따르면, 죄는 비인격적인 법칙의 위반이 아니라 하나님과의 관계와 인간 상호간의 관계에 금이 가는 것이다. 심판은 하나님과 다른 사람들과 맺은 합의, 의무, 언약에 대한 우리의 충실성을 바탕으로 삼는다. 정의롭게 행한다는 것은 자신이 합의나 언약의 형태로 언질을 준 사람들에게 신실히 행하는 것이다. 비인격적인 법이 아니라 관계가 중심이다. "구약성경에서 하나님이 이스라엘에게 준 율법은 개인들을 보상하고 벌하는 데 사용하는 표준이 아니라, 구속된 공동체 안의 관계에 대한 하나님의 의도가 표현된 것이었다. 율법은 언약 관계를 전제로 주어진 것이며, 그 관계 속에는 용서와 회개를 위한 조치가 있고, 하나님이 관대하신 분으로 드러나 있다. 하나님이 이스라엘을 의롭게 생각하신 것은 이스라엘이 어떤 완벽한 표준을 충족했기 때문이 아니라, 하나님이 이스라엘—그분이 언약을 맺은 백성—에게 신실하기로 작정하셨기 때문이다"(Baker 1999, 100-101). 하나님이 그 백성에게 율법을 주신 것은 의와 죄에 관해 가르치고, 사회를 파괴할 터무니없는 죄로부터 그들을 보호하려고 도덕적 울타리를 제공하기 위함이었다. 그러나 그 율법이 그들을 결코 완전하게 만들 수는 없었다(히 7:19).

율법이 부적합한 이유는 그 통제소가 내면이 아니라 외부에 있기 때문이다. 사람들이 법에 순종하는 것은 법이 자신의 내적 성품을 반영하기 때문이 아니라 의무감 때문이다. 율법이 부적합한 이유는 사람들이 죄를 짓는 것은 막아 주지만, 성령의 긍정적 열매—사랑, 기쁨, 평화, 온유, 친절, 선함, 인내—를 맺을 수 없기 때문이다. 율법이 부적합한 것은 그것이 아무도 완전하게 만들 수 없으며, 천국에는 완전하지 않은 것이면 무엇이든 있을 자리가 없기 때문이다.

배상과 화해가 성경적 의로움의 중심요소는 아니다. 성경적 의로움은 우리가 언약 공동체에 속해 있다는 하나님의 선언이다. 이는 하나님과의 바른 관계 속에 놓이는 것이고, 하나님의 백성이라는 공동체에서 정식 회원이 되는 것이다. 의로움은 배타성이 아니라 포용성을 추구한다.

만일 율법이 아무도 완전하게 만들 수 없다면, 거룩함의 기초가 되는 것은 무엇인가? 거룩함은 하나님의 존재 자체다. 율법은 도덕적 우주에 질서를 부여하는 비인격적인 도덕법이 아니다. 율법은 하나님이 자기 백성에게 주신 계명들이며, 그 백성이 자라고 성숙함에 따라 그분이 바꾸실 수도 있는 것이다. 도덕법칙은 사령관이 자기 부대에 내리는 명령과 비슷하다. 그들에게 행군하라고 명하면 그들은 그대로 한다. 그들에게 오른쪽으로 가라고 명하면 그들은 그대로 한다. 구약성경에서 하나님은 이스라엘에게 죄를 짓는 것을 막으려고 도덕적 명령을 주신 것이다. 신약성경에서 하나님은 새 계명, 곧 서로 사랑하라는 명령을 주셨다(요 13:34). 이는 옛 언약을 대치하는 새 언약에 뿌리를 두고 있었다(히 8:13). 은유적으로 말하면, 새 포도주가 옛 부대에 담길 수 없어서 새 부대에 부어진 것이다(마 9:17; 막 2:22; 눅 5:38).

그렇다고 옛 계명들이 폐지된 것은 아니다. 우리가 더 이상 율법 아래에 있지 않고 그리스도 안에서 새로운 피조물 곧 의롭게 된 새 사람이 되었으므로, 옛 계명들이 대치된 것이다. 스티븐 닐은 이렇게 말한다. "그리스도인의 완전은 도덕적 규율의 준수나 범법행위의 회피, 또는 내적으로 경건한 상태가 아니다. 그 완전은 모든 상황과 모든 관계에서 그리스도의 승리의 능력이 밝히 드러나는 양상이다.······이 표준에 따라 판단하면 '완전'이란 단어가 우리 입술에서 사라져 버린다. 우리는 우리가 가장 가까이 그분을 좇고 싶을 때라도, 우리와 주님 사이를 갈라놓는 거리가 무한정 길다는 것을 깊이 의식할 따름이다"(1960, 42). 그리스도인이 거룩해지는 것은 법을 지키기 때문이 아니라, 하나님이 성령의 능력으로 그들의 내면에 주신 새 생명을 따라 살기 때문이다. 거룩함은 그들의 행위에 뿌리박고 있지 않다. 거룩함은 그들의 존재 자체에 뿌리를 두고 있다. 거룩한 삶을 사는 것은 하나님의 자녀로서 자연스럽게 사는 것이다. 반면에, 죄를 짓는 것은 옛 자아로 되돌아가는 것이다.

스티븐 닐은 그리스도인의 거룩함을 세 가지 측면에서 고려해야 한다고 말한다.

> 먼저, 그것[거룩함]은 하나님과의 관계에서 지위가 바뀌는 것이고, 이 측면에서 그것은 전적으로 그분의 사역이다. 우리를 어두움의 세력에서 구원하여 하나님의 사랑받는 아들의 나라로 옮기신 분은 바로 하나님이셨다(골 1:13). 둘째, [거룩함]은 영구적 특질을 지니고 있으며, 이는 네 번째 복음서에 줄곧 등장하는 "거한다"라는 단어로 가장 잘 표현되어 있다. [거룩함]은 그리스도께 대한 전적인 의존 관계로, 매일 매시간 그리스도께 나아감으로써 계속 유지되는 것이다. 셋째, 위기와 갈등의 측면이 있다. 올바른 선택이 무엇인지를 파악한 뒤에 그것을 확실히 받아들여야 한다. 그릇된 선택이 될 가능성이 있는 것은 확실히 거부해야 한다. 그리스도인은 하루에도 백 번씩이나 이러한 상황에 처한다. 이런 상황에 처할 때마다 그에게는 돕는 은혜가 필요하다. (1960, 124-125)

우리는 날마다 어떻게 이러한 결정들을 내리는가? 그리스도는 우리에게 그분의 지혜와 성령의 인도를 약속해 주셨다. 우리는 성경과 성령을 통해 하나님의 인도를 받을 필요가 있는데, 그렇게 할 때 먼저 우리 편에서 그분이 자신의 뜻을 우리에게 알려 주시면 그 뜻대로 행하겠다고 다짐하는 일이 필요하다. 하나님은 자신의 뜻을 여러 대안 중 하나로 알려 주시지 않는다. 보다 중요한 문제는 우리의 결정이 옳은가의 여부가 아니라, 그리스도를 우리의 주님으로 인정하는 가운데 그분께 순종하려는 자세로 결정을 내리는가 하는 점이다. 하나님은 우리를 돕기 위해 교회와 장로들도 주셨다. 우리는 그리스도께뿐 아니라 서로에게 책임지는 관계를 맺고 있다.

거룩함은 사람들의 삶에서 어떻게 구체적으로 나타나는가? 닐은 몇 가지 양상을 제시한다. 그 가운데 하나는 "그들 자신뿐 아니라 그들이 관계하는 모든 이를 풍요롭게 하는, 끝없이 솟아나는 기쁨"이다(1960, 128). 또 하나는 하나님을 사랑하는 자들에게는 모든 것이 합력하여 선을 이룬다고 믿으며 평온한 상태를 유지하는 모습이다. 셋째는 아주 진지한 자세와 양립 가능한 유머 감각이다. 이는 인생의 비극과 어리석음을 충분히 인식하면서도, 모든 것의 바탕에 흐르는 하나님의 선하심을 보고 자기 자신을 너무 심각하게 여기지 않는 태도다. 넷째는 자기 자신을 죄인 중의 괴수로 보는 안목이다. "점점 더 성화된다는 것은 동시에 점점 더 참회한다는 뜻인데, 이는 역설적인 사실이다"(Neill 1960, 128). 베드로는 우리가 고난을 통해 완전해진다고 말한다(벧전 5:10).

성경은 선함과 거룩함에 대해 많이 이야기하지만, 또한 죄에 대해서도 많이 말한다. 그러면 죄란 무엇인가? 근대적 세계관은 죄를 보편적인 도덕법을 위반하는 것으로 규정짓는다. 죄 값을 치르는 데는 배상과 처벌이 요구된다. 현대에 사는 우리 그리스도인도 종종 도덕을 율법주의적으로 생각하곤 한다. 죄를 짓는 일은, 하나님이 창조 때에 확립하시고 구약성경을 통해 우리에게 계시하신 도덕법을 어기는 것이라고 보는 태도다. 여기서 우리는 심각한 모순을 접하게 된다. 하나님이 의로우신 것은 그분이 도덕법을 따라 살기 때문인가? 만일 그렇다면 도덕법이 하나님보다 위에 있는 셈이다.[7] 만일 하나님이 진정 하나님이라면, 그분이 명하시는 것이 바로 도덕법칙이다. 그 법칙들은 그분의 성품을 반영하며, 그분이 원하시면 언제든지 바뀔 수 있는 것이다.

성경에 따르면, 죄는 보편적인 도덕법을 어기는 것이 아니라 하나님과 다른 사람과의 관계를 깨는 것이다. 그러므로 회개와 용서와 화해가 요구된다. 도덕은 하나님과 창조세계의 관계에서 그분의 거룩함이 빚어낸 결과다. 의로움은 거룩한 삶을 사는 것을 뜻한다(레 11:44-45). 구약성경의 도덕법은 "그리스도께서 오실 때까지 우리에게 개인교사 역할을 하였습니다. 그것은 우리로 하여금 믿음으로 의롭게 하여 주심을 받게 하시려고 한 것입니다. 그런데 믿음이 이미 왔으므로, 우리는 이제 개인교사 밑에 있지 않습니다"(갈 3:24-25, 새번역). 우리가 그리스도 안에 있을 때는 더 이상 의무적으로 율법을 지키지 않는다. 그것은 하나님의 거룩함을 반영하는 어렴풋한 그림자일 뿐이다. 이제 우리는 그리스도께 받은 새 성품 때문에 의로운 삶을 살려고 하는 것이다.

인간으로서 우리는 죄의 등급을 나누곤 한다. 어떤 죄들은 크고 또 어떤 죄들은 작다고 여긴다. 아울러 죄를 계산해 보고 이웃보다 작은 죄를 지으면 스스로 의롭다고 느낀다. 이렇게라도 해야 우리 자신을 용납하면서 살 수 있기 때문이다. 우리가 죄인인 것은 물론 알지만, 그래도 살인자, 강간범, 테러리스트 같은 흉악한 죄인은 아니라고 스스로 따져 보는 것이다. 하지만 하나님이 보시기에 죄는 어디까지나 죄이고, 죽음의 형벌을 받아야 마땅하다. 하나님의 새 창조에는 죄가 있을 자리가 없다. 그러나 하나님은 죄에 대해 스스로 그 결과를 짊어지고, 우리와 화해하는 길을 모색하셨다. 우리는 언제나 다른 신들을 좇는 간음한 자들과 같지만, 하나님은 우리를 돌이켜서 하나님과 함께하는 우리의 원래 위치로 회복시키려고 애쓰고 계신다(아모스서).

우리는 그리스도를 통해 하나님이 얼마나 거룩한 분인지를 보았고, 그 결과 죄의 끔찍함도 절실히 깨닫게 되었다. 우리는 이제 죄를 크고 작은 것으로 등급을 매기거나, 그 횟수를 계산할 수 없는 처지에 있다. 이제는 우리 자신을 남들과 비교해서 스스로 의로운 것처럼 어깨를 들먹일 수 없다. 그들이 아닌 우리 자신이 죄인 중의 죄인이어서 죽어 마땅하다는 것과, 궁극적인 죄는 우리의 죄성을 부정하는 것임을 깨닫는다(요일 1:8-10). 우리는 죄인들을 구원으로 이끄는 성인聖人들이 아니다. 우리는 동료 죄인들에게 그리스도를 따르도록 권하는 크나큰 죄인일 뿐이다. 그러므로 우리는 우리와 우리의 원수들에게 베풀어진 하나님의 구원을 기뻐하고, 모든 사람이 구원에 이르도록 노력한다.

칭의와 회복

성경적 세계관의 중심에는, 타락한 인간들을 죄의 결과와 그 현존으로부터 구출하는 하나님의 구원이 있다. 우리의 옛 죄악들이 깨끗이 씻길 뿐 아니라 우리 속에 있는 죄의 본성 자체도 제거되어, 우리는 그리스도의 형상을 닮은 새로운 피조물로 변한다. 거룩함은 우리가 달성하려고 분투하는 그 무엇이 아니다. 그것은 우리의 새로운 본성의 핵심이고, 하나님이 주신 이 세상의 자연스러운 존재

방식이다.

　기계론적 세계관은, 죄를 우주의 비인격적인 도덕법을 위반하는 것으로 본다. 죄는 가해자가 "마땅히 받아야 할" 벌을 받는 보복적 정의를 요구한다. 부분적으로, 로마 제국 후기 유스티니아누스 황제의 법전에 기초해 있는 서양의 법체계는 범죄를 다루는 기독교적 방식에 처벌의 요소가 도입되게 했다. 유기적 세계관은 죄를 관계를 깨는 것으로 본다. 성경에 나오는 순서는, 우리가 하나님께 대한 충성을 깨는 것에서 시작해, 인간 상호간의 관계와 자연과의 관계가 깨어지는 것으로 이어진다. 여기서 초점은 보복적 정의가 아니라 회복적 정의에 있다. 하나님의 주된 관심은 우리가 우리의 죄로 인해 고통을 받는다는 사실이다. 그래서 그분은 십자가 위에서 죄로 인한 벌을 완전히 담당하셨다. 그분은 타락한 자들을 용서하고 그들을 교회 공동체의 정회원으로 다시 영입하여, 거기서 참된 교제를 나누도록 회복하기를 원하신다. 회복적 정의는 가해진 해악, 충족되지 않은 욕구, 잘못된 것을 바로잡을 책임 등에 초점을 맞추고, 모든 당사자들로 하여금 공동체 안에서 교제를 나누도록 회복한다(Zehr 1990). 우리는 더 이상 법의 심판 아래 있지 않다. 그리스도께서 이미 우리의 죄에 대한 심판을 친히 담당하셨기 때문이다. 하나님은 우리가 영원히 그분과 관계를 맺고, 인간 상호간에도 인격적 관계를 맺을 수 있도록 화해와 회복에 이르는 문을 열어 놓으셨다.

　신약성경에서 구원은 공동체적이고 개인적이다. 누구에게 무슨 죄를 지었든지 그리스도를 따르라고 초청하고 있기 때문에 개인적이다. 구원이 하나님 및 다른 사람들과 교제하는 새 공동체의 창조를 뜻하기 때문에 공동체적이다. 이 공동체는 클럽이나 군중과 같이 자율적인 개인들이 대충 모인 모임이 아니다. 또 비인격적인 관료조직도 아니다. 그것은 새로운 몸, 곧 서로를 그리고 전체를 섬기는 많은 지체들로 구성된 한 몸이다.

구원은 또한 포괄적이다. 레슬리 뉴비긴은 구원에 대해 이렇게 말한다. 구원이란 "삼위일체 하나님 안에 존재하는 완전한 사랑을 그 창조적 근원과 패턴으로 삼아 온 창조세계가 완전히 하나로 회복되는 것을 뜻한다. 이것은 그 본질상 보편적이고 우주적인 성격을 지니고 있다"(1998, 188). 구원의 이러한 보편적 특성은 모든 인간에게 손을 뻗치는 하나님의 사랑, "잃어버린 양 한 마리를 찾기 위해 무슨 일이든 마다하지 않고, 갈보리의 그 모든 수난으로 반역자와 배신자를 언제든지 돌보시는"(Newbigin 1998, 189) 하나님의 사랑에 뿌리를 두고 있다. 우리는 기독교 사역이 삶의 사적인 영역에 국한되는 것을 받아들일 수 없다. 우리는 친밀한 대인관계로 이뤄진 사적인 세계에서뿐 아니라, 정치·경제·문화의 공적인 영역에서도 예언자적 증언을 해야 한다. 그리스도인은 가정에서나 일터에서나 전일적인 인격이 되어야 마땅하다.

통시적 주제들

성경적 세계관은 하나님의 우주적 이야기와 인간 역사에 대한 견해를 그 중심으로 삼는다. 성경에는 일련의 신학적 주제들이나 신앙적 묵상들도 있지만, 그런 것이 중심은 아니다. 기본적으로 성경은 하나님에 관한, 하나님과 인간의 관계에 관한 이야기다. 이로부터 몇 가지 핵심적인 통시적 주제들이 나온다.

우주적 이야기/인간의 역사

복음은 본질상 우주적 이야기에 바탕을 둔 한 역사다. 창조 교리에 따르면, 우리는 무시간적인 존재가 아니라 시공간에 뿌리박고 있는 존재들이다. 죄와 악도 역사적 성격을 갖고 있다. 그러므로 우리의 구속도 역사상의 실제 사건들을 중심으로 일어난 것에 대해 놀랄 필요는 없다. 라마찬드라는 이렇게 말한다. "이러한 역사적 '특수성'(또는 위치성)에 대한 성경의 강조, 달리 말하면, 하나님께서 창조물을 다룰 때 이 특수성을 심각히 고려하신다는 사실은 고대 인도의 세계관과 계몽주의 이후 서양 세계관들 모두에 이의를 제기한다"(1999, 97). 힌두교는 이 세계와 세계 역사의 존재론적 실재를 부인한다. 계몽주의는 인간의 역사에 의미를 부여하되 그것을 우주적 이야기와 관여시키지 않는다. 포스트모더니스트는 역사가 어떤 의미로든 이야기 형태를 지니고 있음을 부정한다. 이 세상의 눈에 비치는 성경적인 특수성의 스캔들은, 그리스도께서 모든 사람을 살리려고 오직 한 번 죽으셨다는 주장이다. 달리 말하면, 그리스도 이외에는 하나님과 영생에 이르는 다른 길이 없다는 주장이 물의를 빚는다. 그리스도는 단지 인간의 상황에 대한 통찰만 제공하신 것이 아니라, 실제로 새로운 상황을 가져오셨다. 역설적으로, 우리의 공통된 인성과 우리 개인의 가치와 의미를 보장해 주는 것은, 바로 단 한 번 일어난 그리스도의 성육신 사건이다.

성경은 일차적으로 창조세계에서 행하신 하나님의 활동을 담은 이야기지, 종교적 교리들이나 신앙적 글을 모아 놓은 모음집이 아니다. 성경은 우주 역사에 대한 독특하고 포괄적인 해석과, 인간을 역사의 무대에서 활약하는 책임 있는 배우들로 보는 독특한 관점을 제공한다. 뉴비긴은 이렇게 말한다. "성경이 종교 경전들 가운데 아주 독특한 이유는, 인간 역사와 우주 역사를 총괄하는 역사 전체에 대한 하나의 해석을 제공한다는 점과, 인간의 삶을 이 역사와 동떨어진 것으로 보지 않는다는 점 때문이다. 그 관심의 초점은—이렇게 표현해도 좋다면—사람이 이 세상에서 도피하여 다른 세상으로 들어갈 수 있는 가능성을 모색하는 데 있지 않고, 하나님이 이 세상에 오셔서 이 땅을 구속하고 그 시작한 일을 완성하실 것이라는 그분의 약속에 있다"(1976, 8). 성경적 세계관은 공동의 역사를 구성하는 실제 세계와 실제 사건들의 존재를 긍정한다. 아울러 모든 것을 아우르는 이야기도 존재한다고 주장한다. 만일 어떤 이야기나 플롯이 없으면, 엄청나게 많은 사건들의 배열만 있을 뿐 그 모든 것을 하나로 묶는 것이 불가능하다.

성경적 세계관은 하나님을 주인공으로 단언한다. 엘로이스 메네세스는 이렇게 말한다.

구약성경 전체는 무엇보다 하나님의 활동을 기록한 일종의 연대기다. 인간의 활동은 대체로 하나님의 길을 이탈하거나 좇는 경우에 한해서 기록되어 있다. 우리의 인간중심주의가 너무 강해서, 우리 그리스도인조차 구약의 이야기들을 하나님의 부르심으로 읽기보다는 아브라함의 생애에 관한 진술로 읽고, 하나님의 해방으로 읽기보다는 이스라엘의 출애굽으로 읽고, 하나님이 자기 백성에게 양보해서 왕을 허락하고 왕의 진정한 헌신 때문에 그를 축복하는 이야기로 읽기보다는 다윗의 공적을 다룬 이야기로 읽는 경향이 있다. 그러나 강조점은 텍스트에 분명히 나와 있다. 성경은 하나님이 자기 백성을 위해 활약한 이야기를 기록한 것이다. (1997, 20-21)

신약성경에 대해서도 똑같은 이야기를 할 수 있다. 신약은 하나님이 그리스도를 따르는 자들에게 계시하신 그분의 역사관을 담고 있다.

성경 이야기는, 대부분의 소규모 사회와 힌두교와 불교 같은 공식 종교들에서 볼 수 있는 거대내러티브들과는 달리, 순환적인 이야기가 아니다. 그러한 사회와 종교들은 자연세계가 탄생·성장·성숙·쇠퇴·죽음의 끝없는 순환을 거치고 있다고 생각하고, 종교가 이 순환과정으로부터의 해방을 제공한다고 본다. 성경 이야기는 진화와 진보가 이어진다고 보는 근대적 견해 곧 인간이 계속해서 자연을 정복해 가는 이야기와 달리, 직선적이지도 않다. 또한 성경 이야기는 포괄적인 거대내러티브는 무엇이든 억압적인 것으로 배격하고 어떤 참된 보편적 역사나 윤리의 가능성을 부인하는 포스트모던 관점과도 다르다.

이와 같은 역사 해석들과는 대조적으로, 성경의 역사는 U자 모양을 갖고 있다고 뉴비긴은 주장한다(1992, 1). 성경의 역사는 완전한 창조와 함께 시작하지만, 죄가 무대에 들어와서 그 창조세계를 망친다. 그런 뒤에 하나님이 소수의 개인이나 성인들이 아니라, 창조세계 전체를 완전한 새 창조로 회복하려는 자신의 계획을 실행에 옮기신다. 모든 창조세계가 이 패턴을 따라야 한다. 개인으로서 우리는 순전한 은혜로 말미암아 존재하기 시작하지만, 우리는 죽음과 지옥행으로 운명 지어진 죄인들이다. 그러나 그리스도를 통하여 우리는 완전한 새 존재가 되는 것을 미리 맛보게 된다. 성경의 역사는 타락의 이야기와 새로운 세계의 재창조에 관한 이야기다. 찰스 타버는 이렇게 말한다. "나는 하나님 나라의 복음이 유일하게 타당한 보편적 거대내러티브라고, 무자비한 동질화를 강요하는 전체주의적 성격을 띠지 않은 유일한 이야기라고 주장하는 바이다. 그 이유는 이것이야말로 세상의 권세가 아닌 자기희생적 사랑에 기초해 있는 유일한 이야기고, 십자가에 달린 왕이 제공하는 유일한 이야기며, 죽임당한 어린양으로 판명된 승리의 사자가 제공하는 유일한 이야기이기 때문이다(계 5:1-10)"(2002, 189).

우리의 인생이 의미를 갖는 이유는, 얼핏 서로 관계없어 보이는 많은 사건들을 한 이야기로 묶어 주는 "플롯" 또는 이야기 줄거리를 인생이 갖고 있기 때문이다. 어떤 의미에서 우리의 인생은 탐정 이야기고, 또 어떤 의미에서 신적 로맨스며, 또 다른 의미에서 희극과 비극이다. 우리의 이야기가 의미를 갖는 이유는, 그것들이 더 큰 이야기 곧 오랜 세월을 거쳐 내려오는 교회의 이야기의 일부이기 때문이다. 예를 들면, 성경이 모세, 라합, 다윗, 에스더의 이야기들을 들려주는 것은 그것들이 이스라엘 이야기의 중요한 일부이기 때문이다.

공동체의 이야기들이 의미를 갖는 이유는 그것들이 인간 역사의 일부이기 때문이고, 역사가 의미를 갖는 이유도 그것이 우주적 이야기의 일부이기 때문이다(표 10.4). 이 우주의 이야기가 의미를 갖는 이유는, 그것이 하나의 목적과 목표점을 갖고 있고, 그 목적이 의미를 정해 주기 때문이다. 문제는 우리가 이 이야기의 중간에 살고 있어서 그 끝을 모른다는 점이다. 그래서 우리 스스로 역사의 종착점에 대한 가설을 세울 수도 있고, 우주적 이야기를 주관하는 분께 귀를 기울일 수도 있다. 하나님이 성경을 통해 단언하시는 바는, 목적이 분명히 있고 그것이 좋다는 것이다. 한마디로, 완전한 창조 세계의 회복이 목적이다. 그 종말론적 미래는 그리스도 안에서 맛보기의 형태로 현재화되었고, 그분을 따르는 자들은 하나님 나라의 영역에 들어가게 된다. 이런 의미에서 그들은 옛 시대에 살면서도 장차 완전히 임할 새 시대에도 몸담고 있다.

    인간의 역사가 하나님의 우주적 이야기와 연결되어 있다는 주장은 "이미 already"와 "아직 not yet" 사이의 긴장, 우리가 살고 있는 현 역사와 우리가 바라보는 우주적 목적 사이의 긴장을 낳는다. 선교적 책임과 종말론적 희망 사이에 있는 이 긴장이 세상을 향한 교회의 증언의 심장에 있다. 뉴비긴은 이렇게 말한다. "이미 맛본 것을 완전히 소유하기를 갈망하는 지상의 전투적 교회와, 교회가 갈망하는 완전한 성취, 곧 어린양의 혼인잔치 사이에 미완성된 선교의 과제가 놓여 있다. 교회가 '오십시오, 주 예수님' 하고 기도를 드리면, 첫 번째 응답은 '너희는 온 세상으로 가라'는 그분의 위임령과 '보라, 내가 너희와 함께 있다'는 말씀이다"(1998, 193).

    교회는 자기가 들려주고 구현하고 실연하는 성경 이야기가 참된 이야기라고 단언하며, 다른 이야기들은 이 이야기를 참조하여 평가해야 한다고 주장한다. 뉴비긴은 계속해서 이렇게 말한다. "교

표 10.4 역사의 의미

세계사는 하나님의 커다란 이야기의 일부다.

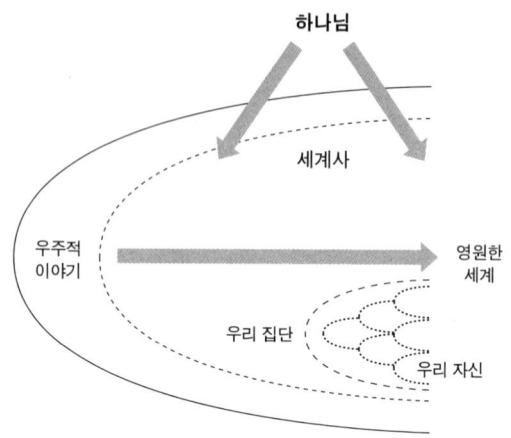

회가 들려주는 이야기는 세속 역사가들이 들려주는 사회·국가·문명의 이야기 또는 세계의 이야기가 있는 곳에서 하나의 경쟁자로 존재한다. 교회의 이야기는 이런 역사가들이 들려주는 것과 다른 종류의 이야기가 아니다. 차이점은 모두가 공유하는 원재료인 역사의 기록에 대한 해석과 관련이 있다. 교회의 이야기는 세속 역사가들의 작업과 동떨어진 특별한 유의 역사가 아니다. 그것은 똑같은 증거를 달리 해석하는, 일종의 대항역사counterhistory라고 해도 좋을 것이다"(1995, 76-77).

성경적 세계관에서는 세속의 역사와 성스러운 역사가 서로 구분되지 않는다. 뉴비긴은 이렇게 말한다.

교회는 실로 하나님의 선교를 수행하는 일꾼이요, 인류를 다루는 하나님의 방식을 이해하는 실마리이기는 하지만, 그렇다고 이 세상에서 하나님의 사역이 교회의 선교와 일치에서의 진전과 동일시되어야 한다는 뜻은 아니다. 또 세속 역사의 사건들이 단지 교회 이야기의 배경이라든가, 구원의 드라마가 펼쳐지는 무대에 불과하다는 뜻도 아니다.……신구약 성경이 모두 관련되어 있는 하나님의 복음은 인간의 문화사史의 여러 줄기 가운데 하나를 언급하고 있는 것이 아니다. 그것은 만물의 시작과 끝을 가리키는 만큼, 이 땅에서 일어나는 모든 일의 진정한 의미를 언급하는 것이다. 따라서 우리의 구속 역사와 신구약 성경의 성스러운 이야기, 곧 교회의 이야기와 인류의 전반적인 이야기 사이에 절대적 구분은 있을 수 없다고 할 수 있다. (1963, 24)

성경적 세계관은 통시적 이야기를 중앙 무대로 회복하고, 그럼으로써 인생과 역사에 의미를 부여한다.

샬롬/전쟁

영적 실재에 대한 성경의 이미지들은 근대성의 바탕이 되는 인도-유럽의 이미지들과는 근본적으로 다르다. 그 이미지들은 우리가 관여하고 있는 우주적인 영적 전쟁에 대해 아주 다른 견해를 제공한다.

성경의 증언에 따르면, 선은 영원하고 악은 우발적이다. 성경이 분명히 밝히는 점은, 하나님과 사탄, 선과 악은 영원 전부터 공존해 오던 각기 독립된 실재들이 아니라는 것이다. 태초에 하나님이 계셨고, 하나님은 선한 분이셨다. 죄는 성경 이야기에서 나중에 등장한다. 사탄과 그 졸개들은 타락한 천사들이고, 하나님의 형상으로 창조된 인간은 죄 많은 반역자들이다. 더 나아가, 하나님의 창조세계는 그분께 의존된 상태로 계속 존속하고 있다. 하나님은 자기와 별도로 존재하는 우주를 창조하지 않으셨다. 모든 창조세계와 마찬가지로, 사탄과 죄인들도 우주를 지탱하시는 하나님의 섭리에 의존해 있다. 반역했음에도 아직 존재하고 있다는 사실은 하나님의 자비와 사랑을 증언한다.

따라서 영적 전쟁에서의 중심 이슈는 폭력적인 권력의 문제가 아니다. 하나님의 전능하심은 성경에서 의문시된 적이 한 번도 없다. 사탄과 그 졸개들조차 이 점을 인정한다. 하나님은 굳이 사탄을 파멸시킬 필요가 없다. 그냥 사탄의 존재를 지탱하는 일을 그만두시는 것만으로 충분하다. 문제는 거룩함과 악, 의로움과 죄다. 하나님은 거룩함, 빛, 사랑, 진리 그 자체이시다. 악은 독자적으로 존재하지 않는다. 그것은 선이 왜곡된 것일 뿐이다. 그것은 어두움이요 거짓이며 죽음의 근원이다. 그것은 깨어진 관계, 우상숭배, 하나님에 대한 반역, 소외, 자기숭배다.

복음의 심장에는 샬롬이 있다. 샬롬은 하나님과의 바른 관계로 시작되며, 예배와 거룩함과 순종을 내포하고 있다. 인도-유럽 신화에서는 기도가 신들을 조종하거나 통제하는 수단이다. 성경적 사상에서 기도는 하나님께 대한 복종이다. 기도할 때 우리는 예배와 경배로 시작한다. 그럴 때 우리는 예수 그리스도가 우리 인생의 주인이심을 새롭게 다진다. 우리의 삶에서, 하나님이 우리의 뜻이 아니라 그분의 뜻대로 행하시도록 허락하게 된다. 또 그분이 우리의 기도에 응답하시는 가운데, 우리 자신과 우리의 자원을 사용하시도록 허락한다. 잃어버린 자를 위해 기도할 때는, 우리도 기꺼이 보냄 받을 각오를 한다. 가난한 자를 위해 기도할 때는, 우리의 소유를 내놓을 준비를 갖춘다. 정의를 위해 기도할 때는, 민중과 함께 하겠다고 마음을 먹는다. 기도는 값비싼 대가가 따르는 것이다.

샬롬은 또한 인간들과의 바른 관계도 포함한다. 올바른 관계는 위계와 착취를 특징으로 삼지 않는다. 인도-유럽의 세계관에서처럼 강자가 약자 위에 군림하지 않는다. 바른 관계는, 우리가 아무리 깨지고 흠투성이라 할지라도, 하나님의 형상으로 창조된 사람들로서 서로 사랑하고 돌보는 모습으로 표현된다. 샬롬은 조건 없이 자신이 아니라 타인을 위해 존재하는 것이고, 상대방의 반응에 관계없이 그에게 스스로를 헌신하는 것이다. 샬롬은 임무의 완수보다 공동체 건설에 더 우선순위를 둔다. 이는 사람들과 주변 상황을 통제하고픈 근대적 욕구를 포기하고, 협상의 관계에서 생기게 마련인 혼돈을 그대로 수용하도록 요구한다. 그것은 우리가 공동의 의사결정과 공동체에 대한 책임을 수용하는 것을 의미한다.

성경의 중심 메시지가 하나님과 사탄 사이에 통치권을 놓고 싸우는 우주적 전쟁이 아니라면, 과연 무엇인가? 물론 하나님과 사탄이 서로 싸우고 있는 것은 분명하다. 하지만 이 싸움은 인간의 마음과 사회에 대해서 그리고 그것들 안에서 벌어지는 싸움이지, 하나님과 사탄이 누가 힘이 더 센지를 놓고 겨루는 싸움이 아니다. 인간의 마음을 놓고 겨루는, 이 우주적 차원에서 벌어지는 전투에서 사람들은 수동적인 희생자들이 아니다. 우리가 무대의 중심에 있는 배우들이고 공연이 일어나는 장소다. 우리는 반역자들이다. 아담이 유혹을 받은 이래 자기숭배가 우상숭배의 바탕이 되어 왔다.

하나님의 목표는 원수를 이기고 평화와 화해와 샬롬을 가져오는 것이다. 예수는 우리에게 원수를 사랑하라고 가르쳤는데, 그렇게 하면 그들이 더 이상 원수가 아니기 때문이다(마 5:44; 눅 6:27-35). 우리가 원수를 두고 있는 한 평화는 있을 수 없다. 사탄의 목표는 사람들을 하나님께로 향하지 못하도록 막는 것이다. 우리는 모든 타락한 인간을 타자가 아니라 우리와 같은 존재로 보는 법을 배울 필요가 있다. 가장 심층적인 수준에서 보면, 우리는 하나님을 예배하고 서로 사랑하도록 부름 받은 한 인류다. 하나님의 방법은 사랑, 진리, 평화, 생명, 빛의 능력이다. 사탄의 방법은 속임, 두려움, 폭력, 어두움, 죽음이다. 우리는 우리의 원수를 미워하지 말고 사랑하라는 부름을 받았다. 그들도 '우리'이고, 그들도 구속될 수 있는 존재들이기 때문이다. 우리는 싸움에 임할 때 공평함이란 이름으로 불의한 수단을 사용해서는 안 되는데, 그럴 경우에는 원수들과 하나가 되는 데 실패하기 때문이다.

성경적 견해에 따르면, 권세의 충돌은 커다란 반대와 핍박을 낳을 수 있다. 최고의 충돌은 예수께서 사탄을 쳐부순 십자가에서 일어났다. 십자가가 궁극적인 승리라는 사실을 인도-유럽의 사고방식으로는 도무지 이해할 수 없다. 그리스도는 자기를 괴롭히는 세력들의 도전에 응하여 천사들의 지원을 받아 십자가에서 내려오실 수도 있었다. 그것은 한마디로 충분했을 것이고, 원수들도 파멸시킬 수 있었을 것이다. 그분은 어쩌면 광야에서 사탄을 만났을 때 사탄을 파멸시킬 수도 있었다(고전 1:18-25). 그러나 성경적 용어로 보면, 십자가는 마지막 순간에 부활로 구출된 확실한 패배가 아니다. 십자가는 사탄의 악한 권세와 의향을 노출시키고, 하나님의 무조건적이고 끝없는—필요하면, 죽음에까지 이르는—사랑을 증명하는 하나님의 방법이다. 만일 우리가 가진 영적 전쟁의 개념이 십자가의 의미를 이해하지 못한다면, 그것은 그릇된 것임이 분명하다.

　우리가 영적인 실재에 대해 성경적으로 접근하려고 할 때 두 가지 극단을 피해야 한다. 첫째, 사탄의 존재와 우리가 영적 싸움에 참여하고 있다는 사실을 부인하면 안 된다. 둘째, 사탄과 그 졸개들에게 지나치게 현혹되거나 그들을 두려워해서는 안 된다. 우리는 시선의 초점을 오직 그리스도께 맞추어야 한다. 그 초점에서 가까운 주변에 두어야 할 것은 천사들이다. 그 바깥 주변에 두어야 할 것이 악의 세력이다.[8] 우리에게는 악을 이길 수 있는 성령의 능력이 있으므로, 우리의 메시지는 승리·희망·기쁨·자유의 소식이어야 한다. 우주적 전투는 막을 내렸다. 이제 우리는 세상을 향해 그리스도야말로 하늘과 땅에 있는 만물의 주님이심을 널리 선포하는 전령들이다. 모든 권세가 이미 부활하신 주님, 우리 예수께 주어졌기 때문이다(마 28:18).

결혼

성경은 일종의 러브 스토리다(호세아서; 눅 5:34; 계 19:7). 하지만 인도-유럽 신화에 나오는 것처럼, 구혼자가 순전한 처녀에게 구애하는 그런 유의 이야기와는 다르다. 오히려 사랑에 빠진 구혼자가 변덕스러운 여인을 자기 신부로 삼으려고 애쓰는 이야기다. 이 여인은 그를 버리고, 자기를 사랑한다고 고백은 하지만 실제로는 그렇지 않은 다른 남자들을 쫓는다. 그 구혼자의 손을 잡는 교회의 교인들마저 그와는 거의 시간을 보내지 않고, 다른 신들과 놀아나느라 정신이 없다. 우상, 마귀, 돈, 명예, 사치, 자기 등이 그런 신들이다. 그런데도 그는 그녀가 다른 구혼자들에게 향했다가 회개하고 자기에게 돌아오면 그때마다 그녀를 용서하고 끈질기게 무조건적인 사랑을 베푼다. 하나님께 사랑은 불꽃처럼 타오르다가 사라지는 그런 정감이 아니다. 사랑은 신부가 얼마나 변덕스럽든지 그녀에게 무조건 헌신하는 것이다. 또 그녀의 안녕을 자신의 안녕보다 더 위에 둔다. 그것은 쫓고 쫓기는 스릴 있는 드라마가 아니다. 오히려 성경적이면서도 아주 인간적인 은유를 들면, 완벽한 조화, 샬롬, 기쁨으로 채색된 영원한 결혼의 출발이다.

이처럼 얼마 안 되는 분량으로 성경적 세계관을 모두 개관하는 일은 불가능하다. 기껏해야 대화를 시작하고, 근대적·포스트모던·글로컬 세계에서 꼭 다뤄야 할 영역을 조금씩 제안할 수 있을 뿐이다. 그리스도인은 어느 문화에 몸담고 있든지 그곳의 세계관을 검토하는 일, 복음을 그 사회문화적 상황에서 규정하는 일, 교회로서 늘 새롭게 변화되는 일, 그리고 자기 민족에게 예언자가 되는 일 등을 수행해야 할 것이다. 이런 과정은 문화, 사회, 개인이 언제나 변화하고 있으므로 언제 어디서나 계속 이어진다.

11장

세계관은 어떻게 변화되는가

영적인 변형은 죄인의 삶에서 행하시는 하나님의 사역으로, 그 죄인을 하나님의 자녀와 하나님 나라의 시민으로 만드는 작업이다. 그것은 또한 그리스도를 따르는 자들의 공동체, 곧 교회에서 행하시는 하나님의 사역이기도 하다. 그것은 하나님의 사역이어서 우리로서는 그것을 완전히 파악할 수 없다. 오직 천국에서만 그 크기와 대가를 제대로 이해할 수 있을 것이다. 그러나 비록 거울로 보듯이 희미할지라도, 우리는 변형의 신적 성격을 이해하려고 노력해야 마땅하다. 변형은 죄인과 관계된 것이므로 인간적 차원도 갖고 있기 때문이다. 사람들은 하나님의 초대에 반응하라는 부름을 받게 되고, 긍정적인 반응을 보일 때는 삶에 변화가 일어난다. 영적인 변화가 일어나면 구체적인 결과가 따른다. 인간은 영과 육이 따로따로 작동할 수 없는 통합체이기 때문이다.

영적인 변형이란, 사람들이 거짓 신들과 부·권력·교만·섹스·인종 같은 우상들을 숭배하던 데서 돌이켜서, 하나님을 자신의 창조주와 주님으로 모시는 것을 일컫는다. 성경적 회심은 실제로 일상생활을 영위하는 실제 사람들과 관계된다. 따라서 이 사건은 언제나 역사의 특수성 안에서 일어난다. 게다가, 사람들이 사회와 문화 바깥에 존재하는 것이 아니므로, 개인적이고 집합적인 성격을 모두 갖는다. 여기서 우리의 목적은 변형의 인간적 측면과 그와 관련된 사회문화적·역사적 과정을 검토하는 것이다.

우리의 분석이 인간적 관점에서 행해지는 것임을 유념할 필요가 있다. 하나님은 인간의 마음을 보시고 그 속에 무엇이 있는지 아신다. 그러나 우리 인간은 사람들이 말하고 행하는 것에 의존할 수밖에 없다. 우리가 성경을 이해할 때도 우리 문화와 사회의 영향을 받는다. 따라서 우리는 겸손한 자세로 연구에 임할 필요가 있으며, 성경과 경험과 서로에게서 배우고자 하는 마음이 있어야 한다.

변형의 본성

인간적 관점에서 변형을 분석하려면 우리가 이 연구 작업에 가져오는 세계관들을 검토해야 한다. 여기서는 우리의 변형에 대한 이해를 형성하는 것들 가운데 몇 가지를 살펴볼 생각이다.

변형과 인지적 범주

모든 세계관의 핵심에는 개념과 정의定義가 있다. 그것들은 우리의 경험에 의미와 정합성을 부여하려는 시도들이다. 앞에서 살펴보았듯이, 그것들이 만들어 낸 범주들이 서로 다를 뿐 아니라, 이러한 범주들이 만들어지는 방식도 서로 다르다. 이러한 물음이 제기된다. 우리는 "변형"을 어떻게 정의하는가? 우리의 정의는 범주들을 만들어 내는 우리 자신의 문화적 방법에 의해 얼마나 영향을 받는가?

본질적 집합과 관계적 집합

앞에서 살펴보았듯이, 인간은 본질적 범주들과 관계적 범주들을 만든다. 현대에 사는 우리에게 가장 익숙한 범주는 본질적 집합인데, 이는 "같은 종류"의 사물들을 하나로 묶어 별도의 범주를 만드는 것이다. 그래서 한 집합의 신념과 관행을 공유하는 사람들을 하나로 묶어 "그리스도인"이라고 부르고, 그들을 "힌두교인", "불교인", "이슬람교인"과는 다른 부류로 구별한다.

 이런 식으로 생각할 때는 우리가 무슨 뜻으로 "그리스도인"이라는 말을 쓰는지 정확히 밝힐 필요가 있는데, 그것도 본질적인 용어로(그 사람이 본질적으로 무엇인지) 그렇게 해야 한다. 왜냐하면 그러한 정의 내리기가 누가 그리스도인이고 누가 아닌지 경계선을 그어 주어야 하기 때문이다. 그러면 무엇이 그리스도인들을 "한 부류"의 사람들로 만들고, 그들을 "다른 부류들"에 속한 이들과 대조시켜 주는가?

 우리가 회심을 본질적인 용어로 정의하려면, 그 집합의 일원이 되는 데 꼭 필요한 특징들을 규정하지 않으면 안 된다. 우리는 그리스도인을 믿음에 의해 규정한다. 그리스도인이란 특정한 것—그리스도의 신성, 동정녀 탄생, 신의 계시로서의 성경 등—을 믿는 사람이다. 우리가 어떤 사람에게 "이것을 진리로 믿느냐?"고 물을 때는, 만일 믿으면 구원받은 자라는 생각을 품고서 그렇게 묻는 것이다.

우리는 거기에 무엇을 포함시켜야 하는지를 놓고 논쟁을 벌인다. 몇 안되는 조항만 넣어야 할까(이는 값싼 은혜를 낳는다), 아니면 여러 조항을 포함시켜야 할까(그러면 누가 통과할 수 있을까)? 우리는 사람들로 올바른 믿음을 갖게 하려고 설교와 가르침에 많은 시간을 쏟아 붓는다.

우리 가운데 일부는 정통 교리에만 만족하지 않는다. 그리스도인이라면 경건한 생활도 해야 한다고 생각한다. 그래서 술, 담배, 마약, 춤, 그 밖의 여러 악덕을 끊는 것, 기도와 성경공부에 상당한 시간을 들이는 것, 또는 방언과 예언을 하는 것 등을 "진정한" 그리스도인의 표지로 삼기도 한다.

다른 한편, 우리가 회심을 관계적인 용어로 정의할 때는, 사람들이 예수를 자기 삶의 주인으로 모시는지 여부를 관찰한다. 즉 그들이 예수를 따르고 예배하고 섬기는지를 보는 것이다. 회심이란 한 신을 따르던 길에서 돌이켜서 다른 신을 따르는 것을 뜻한다.[1]

회심이 일어날 때 생기는 관계상의 변화를 두 단계로 나눌 수 있다. 첫째, 우리는 우리가 섬기던 옛 신을 버리고, 거기서 등을 돌려 예수를 따라야 한다. 둘째, 등을 돌린 뒤에는, 예수를 더 알아 가고 섬기는 법을 배움으로써 그분께 더 가까이 나아가야 한다. 이에 따르면, 그리스도를 삶의 주인으로 모시는 일은 단 한 번 내리는 결정이 아니다. 맨 처음 결단을 내린 뒤에 계속해서 그분을 순종하겠다는 결단들이 이어져야 한다. 신학적 용어로 말하면, 칭의와 성화는 동일한 회심의 일부라서 서로 분리될 수 없다는 뜻이다.

우리는 또한 관계의 친밀도에 관해 이야기할 수도 있다. 어떤 사람이 지식과 생활에 있어서는 그리스도로부터 멀리 떨어져 있었을지 몰라도, 길을 돌이켜 진지하게 그분을 향해 움직일 수 있다. 막달라 마리아가 그런 경우다. 반면에 어떤 이들은 그리스도에 관해 많이 알고 그분에게 가까이 있을지 몰라도, 갈수록 그분에게서 멀어지고 있을 수도 있다. 바리새인들이 그런 부류였다.

관계적 범주로 보면, 죄는 근본적으로 우상숭배(자신의 신격화 또는 하나님이 아닌 어떤 것을 숭배하는 일)와 하나님과의 깨어진 관계, 그리고 이에 따른 사람들과의 깨어진 관계를 의미한다. 여기서 변형은 우리가 회개하고(다른 신들로부터 돌이키는 것), 우리를 용서하시고 자신과의 화해와 새로운 관계로 이끄시는 하나님께 향하는 것을 뜻한다. 도무지 헤아릴 수 없는 이 진리를 전달하기 위해, 성경은 여러 은유—"아버지", "주님", "신랑", "왕", "친구" 등—를 사용하여 하나님을 묘사한다.

디지털 집합과 비율 집합

우리가 비율("퍼지") 집합을 갖고 회심에 대해 생각하면 다른 그림이 떠오르게 된다. 힌두교에서 기독교로 회심하는 것은, 그 변화가 갑자기 또는 천천히 일어나는 하나의 과정이다. 그러한 전환과정을 놓고 보면, 4분의 3은 힌두교인이고 4분의 1은 그리스도인인 단계, 양자가 반반인 단계, 4분의 1이 힌두교인이고 4분의 3은 그리스도인인 단계, 그리고 100퍼센트 그리스도인인 단계로 차츰 바뀐다고 할 수 있다. 이 단계들은 기독교 신앙(정통 교리)에 대한 지식과 수용 또는 삶의 변화(정통 실천)에 있어서의 진도에 따라 규정될 수 있을 것이다.

회심에 대해 퍼지 집합으로 접근하는 방식은 어려운 신학적 문제를 불러일으킨다. 물론 많은 사람들이 그리스도께 회심할 때 일련의 단계를 거치는 것이 사실이고, 회심을—어느 정도까지는—하나의 과정으로 보아야 한다는 점도 옳다. 그렇다면 구원의 순간은 존재하지 않는가? 한 사람이 힌두교 신들과 그리스도를 동시에 섬기는 것이 가능한가? 우리처럼 바깥에서 보는 인간은 회심의 순간을 볼 수 없을지 몰라도, 마음을 꿰뚫어 보시는 하나님은 어떠한가? 마음을 볼 수 없는 우리 눈에는 희미하게 보이는 것이 하나님께는 뚜렷하게 보이는 것은 아닐까? 선교를 할 때, 사람들을 그리스도께 인도하는 일에 치중하고, 구원이 한 번의 결단에 좌우되고 일단 믿고 나면 저절로 성장한다고 생각하여 제자훈련에 신경을 덜 쓰는 것이 과연 바람직할까?

변형에 대한 성경적 견해

우리는 변형을 어떻게 정의해야 할까? 그리스 사상이 르네상스 이래 근대에 큰 영향을 미친 만큼, 근대 사조나 포스트모던 사조를 좇는 우리는 주로 본질적 디지털 집합에 입각하여 생각하는 데 익숙하고, 뚜렷한 경계를 가진 엄밀한 정의를 강조하곤 한다. 그래서 우리는 사람들이 본질적으로 어떤 존재인가에 비추어 회심을 정의한다. 이렇게 보면 회심을 사람들이 믿고 행하는 그 무엇으로 생각할 위험이 있다. 우리가 말로는 행위에 의한 구원을 부인하면서도, 구원이 다른 무엇보다도 하나님의 사역이라는 사실을 무시할 위험이 있다.

그러면 성경은 변형을 어떻게 이해하는가? 히브리 사상의 근본은 외부적 또는 관계적 집합이다. 이 사상은 사물이 본질적으로 어떤 존재인가보다, 그것이 다른 사물과 역사와 어떤 관계에 있는가를 강조한다. 예를 들면, 히브리어 단어 '슈브*shuv*'(구약성경에 1,056번 나온다)는 반대 방향으로 돌아서는 것을 뜻하며 방향을 돌림, 떠나감, 되돌림 등의 개념을 담고 있다. 한 사람이 자기가 걷던 길에 등을 돌리고 정반대 방향으로 나간다. 슈브는 또한 이전 장소나 상태로 되돌아가는 것을 뜻하기도 한다.

이런 의미가 뚜렷하게 나타나는 대목은 예레미야 8장 4-6절이다. "누가 떠나가면*shuv* 다시 돌아오지*shuv* 않겠느냐? 그런데도 예루살렘 백성은, 왜 늘 떠나가기만*shuv* 하고, 거짓된 것에 사로잡혀서 돌아오기를*shuv* 거절하느냐? 내가 귀를 기울이고 들어 보았으나, 그들은 진실한 말을 하지 않았다. '내가 이런 일을 하다니!' 하고 자책은 하면서도 자신의 악행을 뉘우치는 사람은 하나도 없었다. 그들은 모두 자기들의 그릇된 길로 갔다*shuv*"(새번역, 여기서 단어 슈브가 '떠나감—무엇을 향해 돌아섬'이란 뜻을 함축하고 있음을 주목하라). 예언자들은 이스라엘에게 우상숭배에서 떠나 살아 계신 참 하나님께 돌아오라고 계속해서 간청했다.

이와 비슷하게, 신약성경에서 회심을 지칭하는 단어, '메타노에인*metanoein*'과 '에피스트레페인*epistrephein*'도 '방향을 돌림', '새로운 방향으로 나아감'을 의미한다. 누가의 경우, 본질적이고 정적인 범주를 강조하는 그리스어로 글을 쓰고 있었음에도, 신체적인 움직임을 가리킬 때 에피스트레페인과 같은 역동적인 용어를 거의 20번이나 사용했다. 바울은 '방향을 돌려 걷는다'는 개념을 전달하는 '아포스트레페인*apostrephein*'과 '아나스트레페인*anastrephein*'과 같은 용어들을 사용했다(엡 4:22; 딤전 4:12).

우리는 변형에 대한 성경적 견해로 돌아갈 필요가 있는데, 이에 따르면, 그것은 하나의 지점인 동시에 과정이다. 달리 말하면, 변화는 그것이 시작되는 출발점(사람은 어디에 있든지 방향을 바꿀 수 있다)을 갖되, 평생 동안 열매를 낳는 긴 과정이라는 뜻이다. 이것은 단순히 일련의 형이상학적 신념에 지적으로 동의하거나, 하나님을 향해 긍정적인 느낌을 갖는 것이 아니다. 오히려 우리의 인생 전체에 걸쳐, 우리의 모든 영역에서, 제자의 길을 걷고 순종의 삶을 사는 것을 포함한다.

변형과 선교

우리가 변형을 어떻게 정의하느냐에 따라 복음전도와 선교가 달라진다. 뚜렷한 경계를 지닌 디지털 집합의 용어에 의하면, 그리스도인이 된다는 것은 어느 정도의 지식을 얻거나 어떤 행위를 바꾸면서 특정한 진리에 지적으로 동의하는 것을 뜻한다. 그러면 그 각각은 어느 정도 필요한 것일까? 우리가 앞서 살펴본 파파야의 경우, "그럼요, 그는 그리스도인이 될 수 있습니다"라고 말하기가 힘들다.[2] 그는 그리스도에 관해 최소한의 지식만 갖고 있어서 정통 교인으로 불리기에는 너무 부족하다. 게다가, 그는 하나님·죄·구원과 같은 개념들을 힌두교적인 용어로 표현하는데, 이는 기독교적 개념과 근본적으로 다른 의미를 갖는다. 뿐만 아니라 행위에 큰 변화가 있는 것도 아니다. 한편으로, 우리가 "그럼요, 그는 그리스도인이 될 수 있습니다"라고 말한다면, 명목상의 기독교를 낳을 소지가 많은 값싼 복음을 전하는 것이 아닐까? 다른 한편, 우리가 "아니죠, 그가 복음을 더 깊이 알기 전에는 그리스도인이 될 수 없습니다"라고 말한다면, 기독교적인 배경이 없는 사람은 거의 구원받을 수 없다고 말하는 셈이 아닐까? 그리고 칭의와 성화를 따로 떼어 놓고, 잃어버린 자를 전도하는 일에만 치중하면서 갓 태어난 신자의 양육은 남에게 맡길 가능성이 높지 않은가?

선교에 대한 비율 또는 퍼지 본질적 집합 접근은 변형을 하나의 과정으로 간주함으로써 이런 문제를 어느 정도 해결한다. 한 사람이 많은 결정을 내리고 그 가운데 결정적인 결단은 없더라도, 그 모두가 합쳐지면 그 사람을 그리스도인으로 만들 수 있다. 이 입장이 우리 인간이 가진 안목에 어울리는 것 같다. 확실히 그리스도인인 사람들도 있고, 확실히 아닌 사람들도 있다. 그런데 양자 사이에 끼인 사람도 많아 보인다. 게다가, 많은 그리스도인들이 회심의 순간에 해당하는, 한 번의 결단이 있었는지 여부를 모른다. 그러나 우리가 살펴본 것처럼, 퍼지 본질적 집합 접근은 기독교의 중요한 주장들—오직 그리스도만이 구원에 이르는 길이며, 우리는 그분을 따르거나 거부하거나 둘 중 하나라는 것—과 관련해 어려운 신학적 물음을 제기한다.

범주 형성에 대한 히브리식 접근으로 우리 눈을 돌리면, 이런 문제들이 어느 정도 사라진다. 회심은 한 지점, 곧 되돌아서는 지점이다. 이 방향전환은 그리스도에 관한 최소한의 정보를 내포할지 모르지만, 그분과의 관계상의 변화는 확실히 포함한다. 즉 우리가 그리스도에 관해 아는 것이 거의 없어도, 그분을 좇고 그분에 대해 더 배우고, 그분의 음성을 듣는 대로 그분께 순종하기로 다짐한 것만은 분명하다. 하지만 회심은 또한 하나의 과정이기도 하다. 즉 이 최초의 방향전환에 따른 일련의 결정들이다. 이런 식으로 보면, 파파야는 복음을 한 번 듣고도 그리스도인이 될 수 있으며, 그를 그리스도께 인도한 이들은 그의 새로운 신앙이 그 뿌리를 잘 내리도록 그를 제자로 양육할 큰 책임이 있다. 그러한 제자 훈련이 없으면 사산아로 끝날 가능성도 다분히 있다. 평생 동안 계속 그의 믿음이 자라날 것이지만, 반면에 "뒷걸음질" 칠 가능성도 배제할 수 없다. 그러나 그가 그리스도를 좇으려고 하는 한 그리스도인으로 남게 된다. 이 견해에 따르면, 우리는 복음전도를 양육으로부터, 회심을 교회로부터 떼어 놓을 수 없다.

변형과 문화적 차원들

변형과 관련된 또 하나의 의문은 그것이 지닌 여러 차원과 관련이 있다. 앞에서 우리는 문화의 세 가지 차원을 살펴보았다. 인지적(신념)·정서적(감정)·평가적(규범) 차원이 그 세 가지다. 회심은 이 모두를 포함한다.

인지적 변형

(계몽주의의 영향을 받은) 개신교의 종교개혁가들과 보다 최근의 복음주의자들은 인지적인 변형의 중요성을 강조했다. 그들은 이단에 대항하여 진리를 변호하는 일을 중시했다. 물론 진리는 영적인 변형에서 중요한 역할을 담당한다. 그리스도인으로서 우리는 일반적인 방향전환이 아니라 예수를 향한 방향전환, 그것도 예수를 선한 인물로 보는 정도가 아니라 성경이 말하는 예수께로 향하는 데에 관심이 있다. 예수는 육신이 되었다가 죽고 다시 살아나서 사람들

을 그들의 죄에서 구원하는 그리스도요 하나님의 아들이다.

그리스도에 관해 최소한의 지식밖에 없는 사람이라도 계속 그 지식을 쌓아 가면, 마침내 그분에 대해 아주 깊게 결단할 수 있을 만큼 성장할 수 있다. 하지만 지식만으로는 충분하지 않다. 사탄도 예수가 주님이심을 우리보다 더 잘 안다. 그러나 사탄은 예수를 기꺼이 예배하고 좇으려고 하지 않기 때문에 구원을 받지 못한다.

정서적 변형

최근에 들어와서, 오순절·은사주의 운동이 회심에서 정서적 변형이 중요하다는 점을 우리에게 일깨워 주었다. 머리만 가지고는 충분하지 않고, 가슴도 갖고 있어야 한다. 이렇게 말한다고, 복음주의자들과 다른 개신교인들은 정서적인 면을 완전히 무시했다는 뜻은 아니다. 아버지가 되시는, 무한하고 초월적인 하나님의 얼굴 앞에서 느끼는 경외감과 신비로움은 오래전부터 "고교회"의 여러 특징—대성당, 예전, 무릎을 꿇고 절을 하는 몸짓, 오르간, 영창, 고전음악 등—과 결부되어 있던 감정이었다. 경건주의의 영향을 받은 복음주의 교회들은 자기 백성 가운데 계시는 그리스도의 임재를 강조하고, 하나님과 다른 사람과의 친밀한 교제에서 나오는 내면의 평화와 기쁨을 경험하곤 한다. 이런 특징은 묵상과 침묵, 질서, 회중 찬송, 그리스도와의 개인적 관계의 회복, 지역 교회에서의 친교 등을 강조하는 데서 밝히 드러난다. 오순절파와 은사주의자들은 황홀한 체험에 초점을 맞추는데, 이는 표현의 자유, 손을 높이 드는 것, 춤, 방언, 성령 하나님의 임재 등으로 밝히 나타난다.

감정은 종종 회심에 필요한 최초의 충동을 공급해 준다. 사람들은 교회에 와서 "편안한 감정"을 느낀다. 또 그리스도인들 사이의 따뜻한 교제를 누리고 복음에 매력을 느낀다. 우리는 복음을 증명해야 할 하나님의 변호사가 아니라는 점을 유념할 필요가 있다. 우리는 새 생활을 증언하는 증인들이고, 사람들은 종종 감성적 차원에서 맨 처음 복음에 이끌리곤 한다. 하지만 우리의 제자훈련은 흔히 지적인 면에 초점을 맞추기 때문에 감정을 바꾸기 어렵다. 감정은 가르침의 대상이 아니라 포착의 대상이다. 따라서 우리가 제자훈련을 할 때 비공식적인 교제와 개인적 나눔을 통해 정서적인 면도 아우를 필요가 있다. 감정도 지식과 마찬가지로, 영적인 변형 과정의 일부이지 그 전부는 아니다.

평가적 변형

변형이 인지적·감성적 회심과 함께 시작되지만, 거기에는 문화들과 세계관들의 도덕적 차원도 포함된다는 점이 갈수록 더 분명해지고 있다. 그리스도인은 진리를 알고 아름다움을 체험하도록, 그리고 거룩한 백성이 되도록 부름 받았다. 그리스도 안에서 새로운 존재가 된 우리는 하나님 앞에서 거룩한 성도가 된다. 옛 사람이 죄를 짓도록 우리를 계속 유혹하지만, 우리는 영원한 존재로 우리의 진정한 정체성에 걸맞게 사는 법을 배워야 한다. 거룩함은 그리스도인의 변형과 관련해 가장 무시되는 영역이기는 하지만, 하나님의 성품을 반영한다는 점에서 가장 중요하다.

도덕적 변형의 핵심에는 의사결정이 있다. 우리는 어떤 사안을 놓고 생각하고 느끼고 평가한 뒤에, 결정을 내리고 그것을 행동으로 옮긴다. 어떤 결정들은 감정적이고 도덕적인 고려가 거의 없이 합리적인 사고에 기초해서 내려진다. 예를 들면, 수학 문제를 풀거나 무조건 가장 싼 옷을 살 때 그러하다. 또 어떤 결정은 인지적인 고려나 도덕적 고려 없이 거의 감정에 의해 좌우된다. 비싸지만 맵시 있는 옷을 사는 경우, 축구 경기를 응원하는 경우, 약혼녀를 위해 꽃을 사는 경우가 그러하다. 이와 달리, 주로 도덕적인 이슈에 초점을 맞추어 내리는 결정들도 있다. 인종차별에 반대해 싸우거나, 낙태에 관해 결정하거나, 다른 사람을 죽이는 문제가 그런 경우이다. 사람과 문화에 따라 결정의 유형이 다양하다. 예를 들어, 학교 교육을 받은 사람들은 지식과 이성에 큰 비중을 두도록 배운 반면에, 제자들과 그리스도처럼 멘토링 관계를 맺은 사람들은 앞의 세 가지 차원을 모두 고려한다.

최근 연구에 따르면, 회심이 일어난 뒤에 대개 평가의 기간이 뒤따르는데, 그 기간 동안 새로운 생활방식에 대한 비판적 재검토가 이루어지는 것으로 밝혀졌다. 새 생활이 옛 생활보다 낫지 않거나 그로 인해 너무 큰 대가를 치르는 경우에는, 개인이든 집단이든 전통적인 방식으로 되돌아간다. 하지만 새로운 방식을 택하고 그것을 재평가하는 이들은 그 방식을 보다 충분히 알고 경험하고자 하는 면에서 마음이 열려 있다. 그러한 변형을 감내하게 되는 것은, 새로운 세계관을 채택하고 개발하려고 여러 번 결정을 내렸기 때문에 가능한 일이다. 우리가 또 유념할 것은, 처음에는 새로운 방식을 거부하더라도 그것을 재평가한 뒤에 회심에 대해 마음을 열게 되는 경우도 종종 있다는 점이다. 사람들이 애초에 보이는 거부 반응은 최종적인 "거부"가 아니라, "아직"을 뜻할지도 모른다는 말이다.

이런 재평가 과정이 선교에 대해 가지는 함의는 아주 광범위하다. 먼저 사후 조치가 신앙훈련에 반드시 필요하다는 점이다. 이는 개인들을 제자로 양육하는 데 필요할 뿐 아니라, 공동체 전체를 변형시켜 복음의 충실성 테스트를 통과하게 하고, 그 복음을 대대로 물려주게 하는 데도 필요하다. 우리는 또한 사람들이 처음에 복음에 거부반응을 보인다고 낙담해서는 안 된다. 사람들은 우리의 증언을 듣고, 개인적으로나 집단적으로 한동안 생각을 정리한 뒤에 장기적인 결정을 내리는 것이 보통이다. 그리스도께 돌아오는 위대한 방향전환은 종종 여러 해에 걸친 신실한 증언이 있은 뒤에 일어난다.

평가적 변형은 의사결정을 내포하고 있으나, 그 결정이 의지적 행위에 그치는 것은 아니다. 그것이 추상적이고 이론적인 차원을 넘어서려면 인간의 삶과 행동을 바꾸지 않으면 안 된다. 공공연한 고백, 우호적인 느낌, 말로 한 결단만으로는 충분하지 않다. 이와 더불어 하나님께 돌아섰다는 회개의 증거, 제자의 길을 걷고 있다는 증거가 반드시 있어야 한다. 이에 대해 짐 월리스Jim Wallis는 이렇게 말한다.

그리스인들의 주요한 관심사는 현재의 지적인 신념이었다. 이와는 대조적으로, 초기 그리스도인들은 변형에 더 관심이 많았다. 최초의 복음전도자들은 사람들에게 그들이 예수에 관해 무엇을 믿는지를 묻지 않았다. 복음전도자들은 청중에게 모든 것을 버리고 예수를 따르라고 초청했다. 그분의 나라를 끌어안는다는 것은 외관뿐 아니라 자세에서, 정신뿐 아니라 마음에서, 세계관뿐 아니라 행위에서, 사상뿐 아니라 행동에서 근본적인 변화가 발생하는 것을 의미했다. 그들에게 회심은 지적인 입장 변화 이상의 것이었다. 회심은 전적으로 새로운 시작이었다. (1981, 4)

회심은 감정적인 해방을 훨씬 넘어서는 것이고, 정확한 교리에 대한 지적인 신봉도 훨씬 뛰어넘는 것이다. 회심은 인생의 방향이 기본적으로 변화하는 것이다.

문화적 변형의 차원들

우리는 일자무식 농부가 복음을 한 번 듣고도 그리스도인이 될 수 있는지 여부를 물으면서 이 책을 시작했다. 우리는 그렇다고 답할 수밖에 없다. 만일 그가 교육을 받아야 한다거나, 성경에 대한 상당한 지식이 있어야 한다거나, 선한 삶을 살고 있어야 한다고 하면, 복음은 소수만을 위한 소식에 불과하다. 그런데 파파야가 복음 메시지에 단순한 믿음으로 반응할 때, 무슨 일이 반드시 발생해야 할까? 분명한 것은, 그가 어떤 새로운 정보를 얻었다는 점이다. 그는 그리스도와, 그분의 십자가에서의 구속 사역과, 그리스도의 생애에 관한 한두 가지 이야기를 들었다. 하지만 그의 지식은 지극히 미미하다. 파파야는 가장 간단한 성경 시험이나 신학 시험조차 통과할 수 없는 수준이다. 이런 사람을 우리가 형제로 받아들인다면, "값싼 은혜", 혼합주의, 명목상의 교회에 문을 열어 주게 되지 않을까? 어떤 회심이 진정성을 가지려면 무슨 일이 일어나야 하는가? 파파야가 성숙한 신앙인으로 자라나려면 무슨 일이 있어야 할까? 그리고 지금 그의 공동체에 생기고 있는 지역 교회에 무슨 변형이 일어나야 하겠는가?

우리가 사람들을 그리스도께 인도할 때는 회심의 증거를 찾기 마련이다. 첫 번째 경향은 행위의 변화, 기독교적 상징의 사용, 기독교 의식에의 참여를 찾는 것이다.[3] 우리는 사람들이 정말로 회심했음을 보여주는 증거를 찾게 된다. 예를 들면, 벗고 살다가 옷을 입는다거나, 술과 담배와 도박을 끊는 것, 한 아내만 남기고 모두 내보내는 것, 교회에 정기적으로 출석하는 것, 세례와 성찬에 참여하는 것 등이다. 이러한 변화들이 회심의 증거로 중요하기는 하지만, 이런 것이 근본적인 믿음의 변화를 반드시 보증하는 것은 아님이 분명히 밝혀졌다. 사람들은 옛 믿음을 버리지 않은 채 일자리를 얻고, 지위를 확보하고, 권력을 획득하기 위해 행위만 바꿀 수 있다. 그들은 이방 신들과 영들에게 기독교적인 이름만 붙이는 식으로 전통 종교를 "기독교화"할 수도 있다.

개신교 선교사들은 사람들의 믿음이 변형될 필요성을 많이 강조해 왔다. 구원을 받으려면 그리스도의 신성, 동정녀 탄생, 그리스도의 죽음과 부활을 믿어야 한다. 또 마음으로 자기의 죄를 회개하고, 믿는 자에게 주시는 그리스도의 구원을 구해야 한다. 올바른 믿음은 회심의 필수요건이므로, 선교단체들은 정통 교리를 가르치기 위한 성경학교와 신학교를 세웠다. 그러나 갈수록 분명해지고 있는 사실은, 명시적인 믿음을 바꾸는 일만으로는 복음에 충실한 성경적 교회를 세우기에 충분하지 않다는 점이다. 사람들이 남이 듣고 싶어 하는 말을 하되, 똑같은 단어를 다른 뜻으로 사용하는 경우가 적지 않기 때문이다.

우리가 보았듯이, 명시적인 믿음의 밑바탕에는 더 깊은 문화적 차원, 곧 사람들이 생각할 때 사용하는 범주와 논리를 만들고, 현실을 보는 그들의 방식을 좌우하는 차원이 있다. 세계관을 오해한 실례로서, 제이콥 로웬이 파나마의 와우나나에서 체험한 것을 머리말에서 다룬 바 있다. 그런 식으로 기독교를 비기독교적 실재 이해에 맞추어 재해석하는 경우가 결코 드물지 않다. 실은 그것이 서양 교회를 비롯해 모든 교회가 빠지기 쉬운 가장 흔하고 가장 심각한 위험 중 하나이다.

그리스도께로의 회심은 문화의 세 가지 차원—행위와 의식, 신념, 세계관—을 모두 아우를 수 있어야 한다. 그리스도인은 물론 그리스도인이므로 다르게 살아야 마땅하다. 그러나 그들의 행위가 주로 자기 문화에 바탕을 두고 있으면, 그것은 죽은 전통이 되고 만다. 회심은 신념의 변화를 포함해야 하지만, 거기에만 그치면 그것은 거짓 믿음에 불과하다(약 2장). 회심은 행위와 신념의 변화를 수반해야 하지만, 만일 세계관이 바뀌지 않으면 나중에 복음이 거꾸로 뒤집어져서 그 지역 문화의 포로가 되고 만다(표 11.1). 결과적으로, 기독교의 모양만 있고 알맹이는 없는 혼합주의적인 기독교라는 이교주의를 낳는다. 기독교는 새로운 주술로 변하고, 보다 교묘한 새로운 형태의 우상숭배로 변질된다. 행위의 변화가 초기 개신교의 초점이었고 믿음의 변화가 20세기의 초점이었다면, 세계관의 변형은 21세기의 교회와 선교의 중심이 되어야 한다.

세계관 변형의 핵심에는, 우리 눈에 비치는 세계와 우리가 경험하는 세계 사이에 정합성을 찾으려는 인간의 탐구가 있다. 인간은 질서, 패턴, 대칭구조, 정합성, 통일성, 비모순성 등을 찾음으로써 의미를 추구한다. 배움이란 "의미를 만드는 행위"다. 즉 우리의

표 11.1 회심의 세 가지 차원

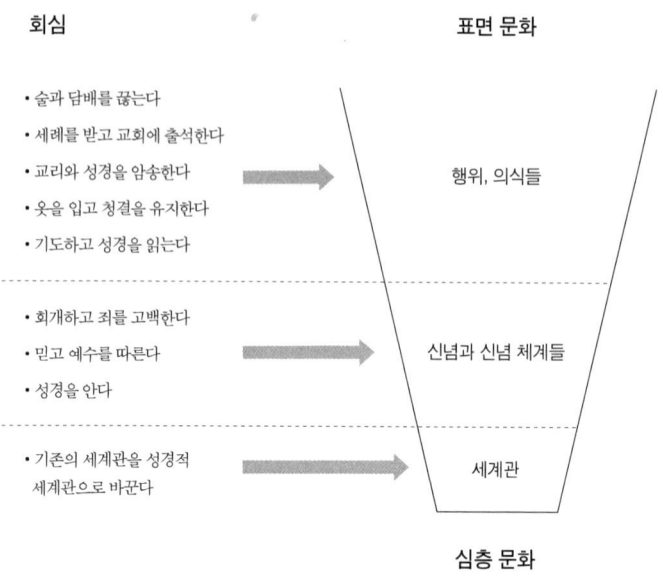

경험에 의미 또는 정합성을 부여하는 작용인 것이다(Mezirow 1991). 표면적으로는, 우리의 신념 체계를 종교, 과학, 의료, 요가, 요리, 자동차 정비 등 여러 부문으로 나눔으로써 그런 노력을 기울인다. 한편으로 우리는 더 깊은 세계관의 차원에서, 종종 무의식적으로, 실재에 의미를 부여하는 정합된 구조와 이야기로 이런 것들을 통합하려고 애를 쓴다. 다른 한편에서는, 이로부터 나오는 심층적인 패턴이나 질서가 표면적인 문화의 영역들을 형성하게 된다.

선교사와 목사로 일하는 우리는 이런 변형이 먼저 우리 속에서 시작되어야 함을 기억해야 한다. 먼저 우리 자신과 우리 교회가 변형을 경험해야 한다. 그런 다음에 우리는 복음의 진실한 증인이 될 수 있고, 누구나 본받아야 할 변형을 예시할 수 있을 것이다.

세계관 변형의 유형들

문화는 늘 변하고 있고, 이로 말미암아 세계관도 종종 변하게 된다. 하지만 세계관은 잠재의식 차원에 속하므로 변화의 속도가 느린 편이다. 세계관이 변한다고 세계 자체가 변하는 것은 아니지만, 그런 변형이 있은 뒤에 사람들은 다른 세계에 사는 것처럼 인식하게 된다. 세계관 속에는 주제들과 반주제들이 있고, 각각을 옹호하는 요소들도 있다. 더 나아가, 보다 큰 사회의 경우에는 하나의 세계관만 있는 것이 아니라 많은 세계관이 서로 경쟁하고 있으며, 그 가운데 지배적인 세계관 하나가 공적인 담론과 활동을 좌우하는 것이 보통이다.

　세계관은 두 가지 방식으로 변한다. 성장을 통한 변화와 근본적인 전환으로 인한 변화다. 세계관 안에서 통상적인 변형은 표면적인 모순들과 인생의 딜레마를 접하고, 더 많은 정보의 획득과 문제 해결 기술의 진보, 능력의 개발 등으로는 풀 수 없는 새로운 경험을 할 때 일어난다. 이런 딜레마들을 해결하는 데 세계관의 변화가 요구되기 때문이다.

통상적인 세계관 변형

늘 변하는 문화에서, 표면적 이데올로기들 사이의 긴장과 이런 이데올로기들과 그 아래에 깔려 있는 세계관 사이의 긴장은 이데올로기와 세계관을 조금씩 변화시킨다. 약리학에서의 새로운 이해의 발전은 새로운 약품과 처방을 낳고, 이는 질병을 다루는 방식을 바꾸게 된다. 텔레비전의 도입은 예전에는 보지 못했던 세계를 열어 주어 사람들로 현실을 달리 보게 만들었다.

세계관은 표면 문화가 변함에 따라 늘 변하고 있다. 은유로 말하면, 세계관의 통상적인 변화는 기존의 집을 리모델링하고 거기에 부속 건물을 덧붙이는 것과 같다.

패러다임의 전환

세계관의 변화는 밑바탕에 있는 구성요소들을 근본적으로 재구성하는 것일 수도 있다. 토머스 쿤은 이것을 "패러다임 전환"이라고 부른다(1970). 잭 머지로Jack Mezirow는 이렇게 말한다. "의미 있는 관점이 새로운 상황에서 이상anomaly을 더 이상 원만하게 다룰 수 없을 때, 변형이 발생할 수 있다. 현재의 관점 안에서 지식, 기술, 또는 능력을 개발해도 이제는 효과가 없다. 창의성을 발휘해서 새로운 경험을 기존의 틀에 통합시켜도 갈등을 해결할 수 없다. 그래서 스스로에 대해 반발하게 되고, 그것도 비판적으로 그렇게 하지 않을 수 없게 된다"(1978, 104). 패러다임의 전환은 예전의 부품과 조각들을 사용해서 집을 재건축하되, 전혀 새로운 방식으로 근본적인 형태를 재구성하는 것과 비슷하다. 그러한 근본적인 전환의 한 본보기로는, 정보를 저장하고 서로 의사소통을 하는 방식을 바꾼 글쓰기의 도입이 있다. 한편, 글쓰기는 예전부터 있었던 시공간의 장벽을 무너뜨리고 한 세대에게 이전 세대들의 생각을 읽게 해주었고, 한 지역에 사는 사람이 다른 지역들에 사는 이들과 의사소통을 할 수 있게 해주었다. 아울러 방대한 정보를 도서관에 저장하는 일도 가능하게 되었다. 다른 한편, 글쓰기는 구체적인 상황과 동떨어진 비인격적인 것이며 직선적인 논리를 갖고 있다. 이로 말미암아 사회가 전혀 새로운 방식으로 재구성되기에 이른 것이다.

    토머스 쿤은, 코페르니쿠스적 혁명이 초기 과학자들과 훗날의 대중으로 하여금 어떻게 지구가 우주에서 차지하는 위치를 달리 보게 만들었는지 잘 보여준다(1970). 더 이상 지구가 우주의 중심이 아니었다. 이제 지구는, 서로 광속에 가까운 빠르기로 멀어지는 수십억 은하계 가운데 하나를 형성하고 있는 수백만 개의 별들 가운데 하나를 도는 자그마한 행성일 뿐이다. 지구는 이처럼 우주적으로 중요한 위치를 상실했고, 인간들은 수십억 년을 거슬러 빅뱅까지 이어짐으로써, 수십억 년 뒤에 우주의 소진과 함께 끝날 우주 속의 나그네 같은 존재가 되었다. 이와 마찬가지로, 아인슈타인의 일반 상대성 이론과 맥스웰의 양자역학도 시간, 공간, 물질, 에너지에 대한 기존의 사고방식을 근본적으로 바꾸어 놓았다.

    패러다임 또는 세계관 전환의 성격을 이해하려면, 2장에서 다룬 세계관의 형태구성적 성격에 관한 논의로 돌아가는 것이 좋을 것 같다. 거기서 우리는 경험의 원자료들에 서로 다른 형태들이 부과될 수 있음을 보았다. 일련의 점을 보고 어떤 이들은 별을 목격한다. 그런데 새로운 경험들은 새로운 정보의 점들을 덧붙이게 되고, 그 가운데 다수는 별 모델의 바깥에 놓이게 된다. 어느 시점에 이르면 누군가가 전혀 다른 방식으로 자료들을 해석하자고 제안한다. 이를테면 오각형을 제시하는 것이다(표 11.2). 그렇다면 이 가운데 어느 패러다임이 실재에 더 가까운가? 추가된 새 경험들이 더 많은 정보의 점들을 덧붙이는 만큼, 오각형이 별보다 더 많은 점을 "연결

표 11.2 세계관 전환의 성격

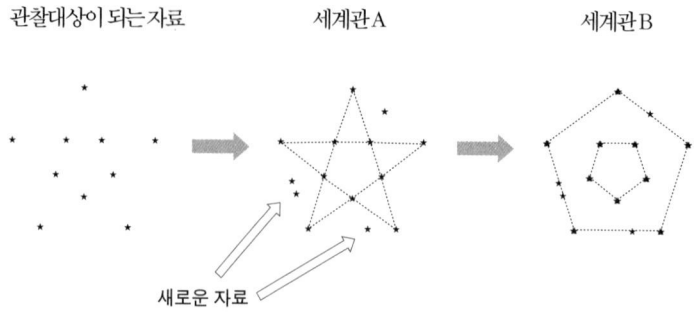

하고" 있다는 것이 분명해진다. 그 결과 우리가 실재를 보는 방식에 근본적인 패러다임 전환이 일어나게 된다. 그런데 시간이 흘러 자료의 양이 많아짐에 따라, 모든 점이 오각형의 해석 틀에 완전히 들어맞지 않는다. 누군가가 직선으로 점들을 연결해야 패턴이 나타난다는 암시적인 세계관의 규칙을 깨고, 세계를 두 개의 동심원으로 보자고 제안한다(표 11.3). 이 근본적인 제안은 우리에게 있는 이런저런 자료들 가운데 더 많은 부분을 서로 통합하며, 시간이 흐르면서 또 다른 세계관의 전환을 경험하고 직선뿐 아니라 곡선으로도 점을 연결할 수 있다고 생각하게 한다. 이 모든 경우에 변함 없는 공통점은, 점들을 연결함으로써 질서를 볼 수 있다는 한결같은 세계관적 가정이다. 어느 지점에 이르면, 점들을 연결하는 것보다 점 둘레에 곡선을 그리는 것이 더 의미가 있는데, 이런 변화는 이전보다 더 큰 패러다임의 전환을 요구한다.

세계관의 본성에 대한 형태구성적인 이해는 선교사들과 기독교 지도자들이 기독교적 회심의 본성을 이해할 수 있게 돕는다. 일

표 11.3 또 다른 세계관 전환

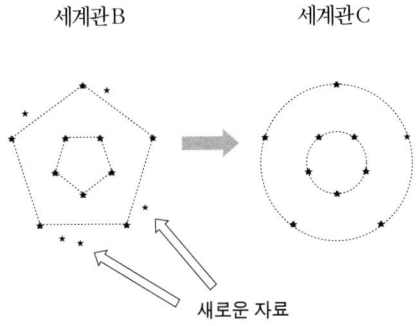

부 사람들은 회심의 필수요건이 옛 종교의 모든 요소를 버리는 것이라고 주장한다. 그 종교는 부분들이 합쳐져 만들어진 것이기 때문이라는 것이다. 옛것에서 어떤 요소를 가져오면 새것을 오염시킨다고 한다. 하지만 의미를 그런 요소들 자체에서 찾기보다 그것들에 질서를 부여하는 형태에서 찾을 수 있다면, 그 옛 요소들이 새 패러다임의 형태에 들어맞는 한 그것들을 그냥 두어도 상관 없다. 그 요소들이 그 안에서 새로운 의미를 갖기 때문이다. 더 나아가, 보다 큰 패턴을 보는 데 굳이 모든 사실이 다 있어야 하는 것은 아니다. 완벽하게 갖추어질 필요가 없다. 부분적인 자료들과 근사치만 있어도 종종 무슨 일이 일어나고 있는지를 이해할 수 있다. 그러므로 특정한 문화적 상황에서 기독교적인 반응을 보일 때, 이처럼 전통적인 요소들을 사용하는 것이 가능하지만, 이와 더불어 그것들에게 새로운 의미를 명시적으로 부여하는 일도 필요하다.

끝으로, 그리스도인이 세상에 있는 기존의 패러다임들에 신뢰할 만한 대안을 제공하는 일이 중요하다. 우리가 전하는 메시지뿐 아니라 그에 걸맞는 우리의 삶이 사람들을 복음으로 인도해 준다는 것을 늘 유념해야 한다.

세계관의 변형

그러면 우리는 어떻게 세계관을 변형할 수 있을까? 이미 살펴보았듯이, 세계관이 변형되는 방식은 두 가지다. 통상적인 변화는 의식적 차원인 신념과 관습의 변화가, 시간이 흐르면서 세계관 차원의 변화를 가져올 때 비로소 발생한다. 패러다임 또는 세계관 전환은 표면 문화와 세계관 사이의 긴장을 줄이려고 세계관 자체의 내적 형태가 근본적으로 재구성될 때 발생한다. 거꾸로, 이런 패러다임 전환은 표면 문화를 개조시킨다. 즉 양자는 쌍방적 관계다. 의식적 신념은 세계관을 개조하고, 세계관은 의식적 신념을 빚어낸다.

일반적으로 회심이라는 말을 들으면, 근본적인 패러다임 전환이 머릿속에 떠오른다. 회심은 예전의 신념과 관습의 집합을 새 집합으로 대체한다. 이는 옛 길에 등을 돌리고 새 길에서 새 출발을 하는 것이다. 세계관의 차원에서는, 실재를 보는 우리의 관점이 근본적으로 바뀌는 것을 뜻한다. 그런데 대부분의 세계관의 변형은, 개인이든 사회든, 계속 진행되는 하나의 과정이다. 새로운 테크놀로지가 개발되고, 새로운 경험을 접하고, 새 아이디어가 제기될 때, 이 모든 현상은 밑바탕에 깔린 세계관에 영향을 미치게 된다. 우리는 세계관의 변형을 하나의 지점, 곧 회심으로, 그리고 하나의 과정, 곧 계속 진행되는 심층적인 제자양육으로 보아야 한다.

세계관의 검토

세계관을 변형하는 한 가지 방법은 "그것을 표면으로 떠올리는" 것이다. 그러니까 우리가 품고 있는, 미처 검토되지 않은 심층적 가정들을 의식적으로 검토하고, 이로 말미암아 암시적인 것을 명시적으로 만드는 일이 필요하다. 딘 아놀드Dean Arnold는 이렇게 말한다.

> 문화적 가정들은 아주 교묘한 성격을 갖고 있다. 반드시 잘못되어서 그렇다기보다는, 보이지 않는 곳에 숨어서 그 문화의 구성원들이 세계를 보고 해석하는 방식에 영향을 주기 때문이다. 문화적 가정들은 우리가 무엇을 보는지, 그리고 우리가 무엇을 의문의 여지 없이 참되고 옳고 타당하다고 믿는지에 영향을 준다. 그런 가정은 우리의 눈에 너무 뻔하게 보여서 마치 보편적인 것처럼 비치고, 그것들이 다른 문화가 갖고 있는 일련의 가정들과 충돌을 일으키지 않는 한, 거의 의문시되지 않는다. 그렇기 때문에 우리의 문화를 움직이는 가치들과 가정들이 실은 성경에 없는 것인데도, 그 사실을 제대로 인식하지 못하는 현상이 자주 발생하는 것이다. (2005, viii)

세계관과 관련된 문제는, 대체로 그것이 이름도 없고 미처 검토되지도 않고 비판의 여지도 없다는 점에 있다. 우리 자신이 갖고 있는 세계관을 스스로 검토하는 일은 지극히 어려운데, 이는 우리가 어떤 방식으로 사고하는지 자체를 생각하기가 어렵기 때문이다.

학교와 교회에서 우리 자신의 세계관을 검토할 경우에는—특히 우리가 지배문화의 일부일 때—흔히 거부반응으로 이어지고,

이어서 분노와 적대감을 초래하기 십상이다. 이에 비해 소수 집단들은 지배적인 세계관과 대척점에 서 있기 때문에 자기 세계관을 잘 인식하고 있는 편이다. 지배적인 공동체들은 자기가 스스로 구성한 세계관을 갖고 있다는 사실을 부인한다. 그들은 자기가 몸담고 있는 기존의 방식을 의심하지 않고 그냥 받아들인다. 그들은 자기 세계관 안에서는 설득력 있게 논리를 전개하지만, 그것을 벗어나면 논리력을 상실하고 그것을 반박하는 논리는 더더욱 펼 수 없다. 자기 사상을 표현하는 통로가 될 만한 다른 세계관이 그들에게는 전혀 없기 때문이다. 세계관은 이처럼 사람들에게 사물의 실상이 자기 눈에 보이는 것과 같다고 생각하도록 강한 설득력을 발휘한다. 이와 같이 다른 대안들에 대한 인식이 부족하기 때문에, 그들의 세계관에 도전하는 것이면 무엇이든 혼돈과 우주적 심연abyss의 위협이 되므로 그들에게 심한 불안을 불러일으키게 된다. 지배적인 공동체들에 무언가 "의미 있는" 대안들을 제시하면 기존의 세계관이 지닌 타당성이 덜 절대적인 것으로 비치게 되고, 따라서 그 장악력을 어느 정도 상실하게 된다. 동시에, 기존의 세계관에 도전하는 일은 더 이상 끔찍한 혼돈을 일으키는 위협이 아니다.

이제는 신학교에서도 우리 자신이 몸담고 있는 문화의 세계관을 조사하고, 그것이 어떻게 우리의 사고방식에 영향을 주는지를 검토할 필요가 있다. 복음에 비추어 우리 자신을 변형하려면, 우리 문화의 세계관을 성경적 세계관과 비교해 보는 일이 반드시 필요하다. 그래야만 시민종교[4]에 대한 경각심을 불러일으키고, 우리 문화의 포로가 되는 것을 막을 수 있다.

기독교적인 변형은 패러다임 전환을 요구하는데, 내용인즉 하나님은 그리스도를 통해 우리에게 알려지신 분이며, 그분은 우리 삶의 중심에 있는 것—우리 자신이든 다른 어떤 신이든—을 밀어내고 그 자리에 앉기에 합당하신 분이라는 것이다. 이것은 실로 근본적인 전환이 아닐 수 없으며, 이에 따른 작업은 평생 동안 계속된다. 하지만 우리는 먼저 그리스도를 우리 삶의 주님이자 중심으로 삼는 일부터 시작할 수 있다. 이 결단과 옛 세계관 사이에 있는 많은 불협화음은 하나씩 풀어 가야 한다. 부자는 모든 것을 내어주고 그리스도를 따라야 하며, 가난한 자는 오랜 피해의식을 벗어 버리고 그리스도처럼 사는 일에 적극적으로 뛰어들어야 한다.

다른 세계관에 노출되기

세계관을 변형하는 두 번째 방법은, 우리 문화 밖으로 나가서 바깥에서 우리 세계관을 바라보고 외부인이 그에 대해 어떻게 말하는지를 경청하는 것이다. 머지로는 이렇게 말한다. "의미 있는 관점의 변형은, 우리의 역사와 경험을 형성하는 심리적 가정을 보다 비판적으로 인식하는 타자의 관점을 취할 때만 오직 일어날 수 있다. 문화에 따라 그런 관점을 취할 수 있는 역량이 크게 다르다"(1978, 109). 우리 자신의 세계관을 보는 법을 배우는 일은 기나긴 시간이 걸리는 어려운 작업이다. 우리가 다른 문화에 들어갈 때, 우리의 첫 반응은 우리의 문화적 가정을 사용하여 그것을 검토하는 것이다. 외부인의 입장에서 그 문화를 연구하기 시작해, 그들 자신은 인식하지 못하는 그 세계관의 여러 측면, 곧 그들이 사물의 실상으로 당연시하는 그 측면들을 인식하게 된다. 우리가 세계를 타자의 눈으로 보는 법을 배우고 나서 우리 자신의 문화로 돌아올 때, 우리는 "외부인"으로 돌아오는 셈이고 우리 문화를 새로운 눈으로 보기 시작한다. 이런 이유로 서양 문화에 대한 기독교적 비판은, 외국에서 오래 머물면서 그 지역의 문화와 깊이 동일시되었던 선교사들과 그들의 자녀들이 주도했다.

선교 현장에서, 사람들을 세계관의 차원에서 회심시키고 제자로 양육할 때 우리는 새로운 회심자들의 세계관뿐 아니라 선교사인 우리 자신의 세계관을 검토해야 한다. 과거에 우리 선교사들이 종종 복음보다는 근대성에 더 많은 영향을 받았음을 부인할 수 없기 때문이다. 어떤 의미에서 선교사들은 이중적인 회심을 경험한다. 한편으로는 타인의 눈으로 세계를 보는 법을 배우고, 다른 한편으로는 우리가 배워 왔던 현실을 보는 방식을 보는 법을 배운다. 두 세계관 모두 복음의 정밀진단을 받아야 하고, 둘 다 복음에 의해 변형되어야 한다. 이 두 집합의 눈을 통해 세계를 보게 되면 양자 모두를 상대화하는 일이 가능하고, 선교지의 세계관뿐 아니라 우리 자신의 세계관도 크게 변화될 필요가 있다는 것을 더 잘 깨닫게 된다.

또 다른 차원으로 보면, 교회가 지구적 차원에서 성경적 세계관을 분명하게 표현하는 일이 중요하다. 어느 한 문화에 속한 그리스도인들이 그런 작업을 해내는 것은 거의 불가능하다. 그들은 어쩔 수 없이 한 집합의 눈만 가지고 세계를 조망하기 때문이다. 선교사와 신학자와 교회 지도자들이 서로 만나 대화함으로써, 그들 자신의 세계관과 다른 기독교적 대안들을 인식하는 법을 배우고, 우리가 가진 모든 세계관을 성경이 변형시킬 수 있다는 새로운 빛에서 성경을 읽는 것이 중요하다. 이 대화에서, 우리 서구인은 비서구인이 우리를 어떻게 보는지 그들의 말을 귀담아들어야 한다. 물론 처음 그런 말을 들을 때는 그들이 우리를 이해하지 못한다고 반응하기 쉽다. 그러나, 더 깊이 성찰해 보면, 그들의 견해가 우리 자신을 더 명료하게 볼 수 있게 해주고, 성경에 비추어 우리 자신의 세계관을 검토하게 도와준다는 것을 알게 된다. 우리는 사랑 안에서 그들의 세계관에 대한 우리의 관심을 그들과 나누어야 하며, 성경에 비추어 그것들을 재검토하도록 그들에게 권유할 필요가 있다. 우리가 갖고 있는 특정한 세계관들에 대해 믿을 만한 성경적 대안을 다함께 개발하는 일이 필요하다. 이 과정을 통해 우리는, 초문화적 사람들로 구성된 초문화적 공동체가 된다. 즉 우리는 다른 문화에서도 얼마든지 살 수 있게 되지만, 그 어떤 문화에서 살든지 우리의 진정한 정체성은 갈수록 그 모든 문화에서 외부인이자 내부인인 정체성으로 변모하게 되는 것이다. 우리는 이 땅에서 소금과 같이 되어, 하나님 나라를 반대하는 인간 시스템을 전복할 책임이 있다. 이에 대해 레슬리 뉴비긴은 이렇게 잘 묘사한다.

> 내가 이 문제에 관한 신약성경의 가르침을 제대로 이해하는 것이 맞다면, 그리스도인의 역할은 보수주의자나 무정부주의자가 아니라 전복주의자가 되는 것이다. 바울이 그리스도께서 권세들을 무장 해제했다고(파괴한 것이 아니라) 말할 때, 권세들은 그리스도 안에서 또 그리스도를 위해 창조되었다고 말할 때, 교회가 하나님의 지혜를 권세들에게 알려야 한다고 말할 때, 나는 바울이 이런 의미로 말을 했다고 생각한다. 즉 그리스도인은 그런 권세들을 바꿀 수 없는 영원한 질서로 받아들여서는 안 되고, 또 그것들이 악을

행한다고 모두 파괴하려고 해서도 안 되며, 오히려 그것들을 안으로부터 전복시켜서 그들의 참 주님께 충성하도록 되돌려 놓아야 한다는 것이다. (1991, 157)

살아 있는 의식 만들기

변형을 촉진하는 세 번째 방법은 살아 있는 의식ritual을 만드는 일이다. 서양의 개신교인들은 반의식적인 경향이 강하다. 우리에게는 의식이라는 용어 자체가 이미 사장된 무의미한 형식, 우상숭배, 주술과 같은 부정적인 함의를 가져온다. 그런데 우리는 기호로부터 실재와 형식과 의미를 떼어 놓고, 이런 요소들을 단순한 구두적 의사소통으로 환원하는 잘못을 범하기 쉽다.

살아 있는 의식은 담론의 범주를 벗어난다. 의식은 언어로 환원될 수 없는 초월적인 것—우리의 마음속 깊이 있는 신념, 정서, 가치관—에 관해 말한다. 의식은 신비, 뿌리 신화, 은유, 근본적인 충성심을 가리키고, 우리의 가장 깊은 정서와 도덕 질서를 표현한다.

의식에서 우리는, 평범한 기호들을 의식의 형식으로 묶어 우리가 비범한 실재에 관해 말하고 있음을 보여준다. 평범한 언어로 노래하거나 영창을 읊음으로써 그 중요성을 더욱 심화하고, 그런 형식을 통해 신념과 정서와 도덕적 헌신을 통합한다. 우리는 특별한 시기에 특별한 옷을 입고 특별한 장소로 간다. 머리를 조아리거나 무릎을 꿇거나 손을 올리면서 "우리 아버지……아멘" 하고 말함으로써, 우리가 하나님에 대해 서로 이야기하는 것이 아니라 그분께 말하고 있음을 보여준다. 가장 비형식적인 예배라도, 우리가 하나님께 말하고 있고 공동체로서 다함께 예배를 하고 있다는 것이 숨은 의식을 통해 나타낸다. 우리 인생의 중요한 전환점인 회심과 같은 사건을 뚜렷이 표시하려면, 신성한 것을 가리키고 그 사건의 중요성을 부각시키는 살아 있는 의식이 필요하다. 이런 것이 없으면, 그 중요한 사건이 한갓 평범한 일상적인 경험으로 전락하게 된다.

많은 살아 있는 의식들은 또한 공연의 성격도 갖고 있다. 그것을 상연함으로써 우리 자신이 변형된다. 판사가 "당신은 유죄입니다"라고 선고를 내리는 것은 단순히 어떤 메시지를 전달하는 것이 아니다. 그는 피고를 범죄자로 변형하고 있는 중이다. 목사가 "내가 이제 그대들을 남편과 아내로 선언하노라"라고 말할 때, 그는 당사자들의 사회적·법적 신분을—우리의 경우는 종교적 신분까지—독신에서 기혼자로 바꾸어 놓는다.

근대에 들어와서 의식의 중요성이 얼마나 약화되었는지는 결혼식에서 잘 드러난다. 고교회의 결혼예식에서 결혼 선언은 당사자들 사이의 언약을 반영할 뿐 아니라, 하나님 앞에서 맺는 언약으로서 천국에서의 그들의 존재론적 지위까지 바꾼다. 그들은 이제 "하나님이 보시기에 결혼한 신분"이 되는 것이다. 이 결혼은 천국의 책에 기록되어진다. 이런 이유 때문에 이혼은 대단히 심각한 문제다. 저교회는 결혼을 신자의 공동체인 교회 앞에서 맺어지는 언약으로 본다. 세속 사회에서의 결혼서약은 주례 앞에서 두 사람 사이에 맺어지는 일종의 계약으로, 존재론적으로나 사회적으로 중요한 의미가 별로 없다. 이런 약속은 어느 편이든 서로 합의한 사항을 이행하지 못할 때는 언제든지 깨어질 수 있다.

서양의 반의식적 자세는 일요일 아침 예배에 대한 우리의 태도에 잘 나타난다. 우리는 "나는 예배하러 교회에 간다"라고 말한다. 예배는 우리가 그 의식에서 얻는 그 무엇이다. 예배를 드렸다는 "느낌"이 우리에게 들지 않으면, 그 예배는 죽은 의식이라고 부른다. 세계의 여러 문화에서 볼 수 있듯이 의식에 대해 높은 견해를 갖고 있는 사람들은 "교회에 가면서 나는 예배하고 있다"라고 말한다. 예배는 그들이 하나님께 드리는 그 무엇이지, 하나님과 교회가 그들에게 주는 어떤 것이 아니다. 그들이 아침에 일어나는 것, 하나님 앞에 나가려고 특별한 옷을 입는 것, 교회에 가는 것, 예배의식에 참여하는 것 등 이 모두가 자신의 신념, 정서, 충성심을 표현하고 이런 것을 세상에 공공연하게 선포하는 예배 행위인 셈이다.

이처럼 반의식적인 편견을 품은 우리는 현대 세계에서의 세계관의 변형에서 의식이 갖는 중요성을 종종 간과하는 경향이 있다. 과거에 복음전도 집회에서 회심 사건이 발생할 때는, 그 자리에서 회심자들이 자기가 변형된 것을 공개적으로 선포했다. 그것은 곧 그들의 사고방식에 근본적인 패러다임 전환이 일어났음을 보여주는 변형의 의식이다. 신약 시대에는 회심자들이 회심에 이어 공개적인 세례를 받음으로써 세상 앞에 자신의 결단을 확증했다. 요즈음에는 그보다 훨씬 나중에 교회에서 세례를 받고 교회 교인으로 허입되는 것이 보통이다. 회심은 이제 사적이고 개인적인 문제가 되어 버렸다. 사회적이고 공개적인 상징은 거의 없는, 마음속의 변화로 변모된 것이다.

우리는 이런 물음을 던져야 마땅하다. 회심에 대한 우리의 현대적 견해와 관습이 마치 어딘가가 잘려 나가 시들고 있는 꽃과 같이 된 것은, 부분적으로는, 인생의 중요한 사건을 우리 자신과 세상에 의미심장하게 표명할 수 있는 참 의식이 없기 때문이 아닐까? 생생한 의식이 없으면, 종교적 회심도 일상적으로 내리는 많은 결정들과 비슷한, 또 하나의 평범한 결정이 되고 만다. 우리 삶을 변형하는 그 회심의 성격을 표시할 수 있는 방법이 없기 때문이다. 더 나아가, 우리가 언제 회심을 경험했는지 그 시기를 확정하기 어렵다는 사실은, 부분적이지만, 우리가 이미 어느 정도 그것을 내면화하고 사유화했는지를 잘 보여준다.

세상의 많은 지역에서 의사결정은—그중에서도 특히 종교적 회심은—공적인 사안이어서, 공연과 의사소통의 성격을 함께 지닌 상징들로 그것을 표현하도록 되어 있다. 그러므로, 내면에서 하는 믿음의 고백이 아니라 세례가 선교지 교회에서 중요한 이슈가 되는 것이다. 사람들이 개인적 차원에서 그리스도에 대한 믿음을 표현할 때는 지역 공동체에 남을 수 있으나, 세례를 받게 되면 그 집단에서 제명당하는 고난을 겪는다. 이 경우에 우리는 어려운 물음에 직면한다. 회심은 사적인 내면적 신앙고백인가, 아니면 그리스도를 따르겠다는 공적인 증언이자 소명에 대한 순종인가?

어떤 변형의 의식들은 한 개인, 한 공동체, 또는 한 나라에서 일어난 큰 변화를 표시한다. 변형의 의식들은 집을 리모델링하는 것과 같다. 새것을 받아들이려면 옛것을 일부 헐어야 한다. 더 나은 질서에 도달하려면 혼돈을 통과해야 한다. 이런 의례로는 세례, 전도 운동, 퇴수회, 순례 등을 들 수 있다.

이 밖에 집을 청소하는 것과 같은 강화intensification의 의식도 있다. 평소에 살다 보면 혼돈—바닥의 먼지, 여기저기 늘어놓은 옷, 설거지 거리 등—이 생기기 때문에, 간헐적으로 가정에 질서를 회복할 시간을 따로 떼어 놓게 되는 것과 비슷하다. 일요일 아침 예배, 크리스마스, 부활절과 같은 강화의 의례를 통해 우리의 세계관을 되돌아보고 재확증한다.

우리는 우리 세계관을 구조화하고 표현하는 데 있어 적절한 의식이 중요하다는 점을 재발견할 필요가 있다. 우리는 먼저 의식에 대한 두려움을 극복할 필요가 있다. 죽은 전통과 우상숭배적인 의식에 대한 대책은 의식 자체를 없애는 것이 아니다. 그 대신 우리의 의식이 생생하게 살아 있도록, 우리가 거기에 참여함으로써 변형할 수 있도록 의식적으로 늘 그것을 검토하고 재창조하는 것이 바람직하다. 살아 있는 의식이 아니면, 새 공동체와 세상에서 새로운 삶을 사는 데 필요한 우리의 심층적인 신념, 정서, 도덕을 확증할 만한 다른 적절한 방도가 없기 때문이다.

세계관의 변형과 다른 인간 시스템

이제까지 변형과 관련된 문화적 역학을 세계관을 중심으로 살펴보았다. 우리가 처음에 언급한 대로, 문화적 시스템은 인간을 이해하는 일과 관계된 한 가지 유형일 뿐이다. 그렇다면 문화적 변형은 사회적·개인적·생물학적·물리적 시스템과 어떤 관계가 있는가? 무엇보다도 영적인 실재와는 어떤 관련이 있는가?

세계관의 변형에 관한 논의에서 우리가 유념할 것은, 앞서 살펴본 것처럼, 시스템적 접근을 할 때 토대주의를 피해야 한다는 점이다. 세계관은 문화를 움직이는 엔진이 아니다. 오히려 현실을 바라보는 방식과 공동체적 가정을 담은 저장소와 같다. 표면 문화가 변함에 따라, 세계관도 긴 세월에 걸쳐 그 민족의 관습과 신념에 맞게 개조되는 경우가 많다. 이것이 아마도 세계관이 변하게 되는 가장 흔한 이유일 것이다. 하지만 세계관이 문화를 빚어내기도 하고 문화가 변하는 방식에 깊은 영향을 미치기도 한다. 달리 말하면, 심층 문화와 표면 문화는 늘 서로 영향을 주고받고 있으며, 둘 중 어느 하나가 변화의 근원이 될 수 있다.

세계관은 그것이 속해 있는 문화와 마찬가지로, 늘 갈등과 변동 가운데 있다는 점을 꼭 유념해야 한다. 모리스 오플러가 말하듯이, 사회 집단마다 주제와 반주제들이 있고 그 소집단들이 서로 경쟁을 벌이고 있다(1945). 큰 사회에는 지배적인 문화를 형성하는 자들이 보유하는 지배적 세계관들이 있고, 그 곁에 종족 집단, 이민자, 종교적 소수자, 그 밖의 사회적 권력과 발언권이 약한 자들이 가진 종속적 세계관들이 존재한다.

시스템들로 된 시스템적 분석system-of-systems analysis에 따르면, 문화적 시스템에서 일어나는 변화는 인간의 현실을 구성하는 다른 시스템들에 영향을 주고 그것들로부터 영향을 받기도 한다. 문화적 변형은 사회적 시스템―사람들이 가족, 친구, 공동체, 다른 그리스도인을 대하는 방식, 그들이 사회를 조직하는 방식 등―에 깊은 영향을 미친다. 그것은 또 심리적 시스템―개인들이 현실을 보고 느끼고 평가하는 방식―에도 영향을 준다. 아울러 생물리학적 시스템―사람들이 교회와 자신의 새로운 정체성을 보여주려고 사용하는 기호들―에도 영향을 미친다.

다른 시스템들에서 생기는 변화도 문화와 세계관에 영향을 준다. 농업의 도입은 세계의 상당 지역을 변화시켰다. 철도와 도로의 도입은 도시의 폭발현상에 기여했다. 마찬가지로, 생물학적 변화도 삶의 모든 영역에 영향을 준다. 현대 의료와 약품의 도입, 에이즈의 확산, 지구 온난화의 결과 등은 많은 사회와 문화에 심대한 영향을 미쳤다. 사회적 변동 역시 인간의 많은 시스템들로 이루어진 전반적 시스템에 영향을 미친다. 이주, 사회 혁명, 전쟁은 종종 사람들의 삶을 바꾸어 놓으며, 심지어 과거로 돌아가고 싶어 하는 이들에게도 영향을 준다. 무엇보다도, 기독교적인 변형은 신앙 공동체 및 개인과 하나님의 관계, 그들 상호간의 관계, 그들과 세상과의 관계 등 영적인 실재들에 관해 이야기한다.

현대인인 우리는 개인주의와 개인의 선택을 강조한다. 그래서 개인의 회심을 강조하곤 한다. 그 결과, 집단을 가장 중요시하는 사회에 살고 있는 경우에도, 회심의 결단이 그들의 가정과 공동체에 어떤 결과를 가져올지 고려하지도 않은 채 예수를 개인적인 주님과 구원자로 영접하도록 그들에게 권유한다. 물론 결단은 개인이 내리는 것이지만, 그것은 폭넓은 사회적 결과를 초래한다. 회심이 옛 공동체와의 결별과 새 언약 공동체로의 진입을 의미하는 경우가 많다. 우리는 하나님 앞에 있는 공동체-안의-개인들이다. 따라서 우리는 문화적·사회적·심리적 시스템에서 일어나는 변형의 성격과, 이 세 시스템이 주고받는 상호작용에 대해 검토할 필요가 있다.

개인적 회심과 집단적 회심

시스템 사이의 상호작용을 보여주는 한 가지 본보기는 개인적 결심과 공동체적 결심 사이의 관계다. 우선 개인적 변형으로서의 회심과 공동체적 변형으로서의 회심을 서로 구별하는 것이 중요하다. 개인을 예수 그리스도께로 인도하는 일은 선교의 복음전도적 차원이다. 사람들은 있는 그대로 자신의 역사와 문화를 안고 온다. 우리는 그들의 행위, 믿음, 세계관이 즉각적으로 변형될 것을 기대할 수 없다. 그러므로 제자훈련을 통해 성숙한 신앙으로 이끌어 주는 것이 중요하다. 여기에는 사람들의 사고하고 행동하는 방식뿐 아니라 그들의 인생행로에서의 변형이 포함된다. 그들은 성경적으로 사고하는 법을 배워야 한다.

변형은 또한 공동체적이어야 한다. 이것은 교회와 선교의 신실성의 문제, 곧 특정한 상황에서 복음을 이해하고 복음에 걸맞게 살아 내려고 애쓰는 측면이다. 각 지역에 있는 교회는 신앙 공동체로서, 자기를 둘러싼 특정한 사회문화적·역사적 환경에서 기독교적 독특성을 지닌다는 것이 무엇을 뜻하는지를 분명히 규정해야 한다. 성경적인 정통 교리를 정의하고 유지할 책임을 지되, 기독교가 주변 문화와 어떤 차별성이 있는지를 뚜렷이 규정함으로써 그렇게 해야 한다. 사도 바울은 우리가 개인으로서 또 교회로서 이 세상에 살되 이 세상에 속해서는 안 된다는 점을 분명히 한다. 그는 우리가 몸담고 있는 상황을 지칭하기 위해 육신*sarx*, 세상*archeon*, 시대*eon*와 같은 용어를 사용한다. 우리는 이런 용어들이 우리가 멀리 도망쳐야 할 타락한 세상을 언급하는 것으로 생각하는 경우가 너무 많다. 그러나 우리가 기독교의 식민지로 물러날 때도 "세상"을 들고 들어가기 마련이다. 우리가 죄를 불법화한다고 거룩한 공동체에서 살게 되는 것은 아니다. 육신과 세상은 우리의 현재 상태다. 이것들이 선한 이유는, 인간이 하나님의 형상대로 창조되어 선한 요소를 많이 가진 문화와 사회를 창조할 수 있기 때문이다. 그러나 육신과 세상은 또한 타락한 상태여서 죄성을 갖고 있으며, 인간은 악한 구조들을 창조하기도 한다. 육신, 세상, 이 시대가 지닌 근본적인 특징은 그것들이 선하거나 악하다는 데 있지 않고—그것들은 둘 다다—모두가 한시적이라는 점이다. 이것들은 하나님 나라와 대척점에 있다. 후자는 영원하고 완전히 의롭고 선하기 때문이다. 이 세상에서 참 신앙을 유지하는 일은 계속 이어지는 과정이어서, 각 세대는 나름의 특정한 상황에서 그리스도인으로서 존재하는 것에 대해 성경적으로 사고하는 법을 배워야 한다.

이제까지 우리는 회심에 초점을 맞추었다. 그러는 가운데 회심을 제자훈련에서 떼어 놓았다. 우리는 흔히 칭의와 성화를 마치 별개의 것인 양 논한다. 하지만 이런 식으로 나누어서는 안 된다. 둘을 나눌 경우에는, 한 사람을 그리스도인으로 만드는 데 회심이 담당하는 역할을 지나치게 강조하게 되고, 이로 말미암아 다수의 사람이 회심한 자로 포함되는 것을 어렵게 만드는 잘못에 빠진다. 다른 한편, 우리가 본질적인 변형의 수준을 낮출 경우에는, 값싼 은혜를 끌어들이게 되고 교회가 혼합주의와 이단에 문을 열어 주게 된다. 우리가 칭의와 성화를 단일한 과정으로 다시 연결시키는 경우에만 이 두 가지 문제를 피할 수 있고, 어느 하나를 다른 것보다 우선시하는 것을 막을 수 있다. 이 둘을 통합하는 일이 필요하다. 그렇게 될 때에야 사람들이 최소한의 지식만으로도 하나님 나라에 들어갈 수 있다는 것을 알게 되는 동시에, 이것은 어디까지나 지식과 거룩한 삶이 점점 자라가는, 평생에 걸친 성장 과정의 시작에 불과하다는 것도 깨닫게 된다. 이 둘은 똑같은 과정의 일부인 셈이다. 달리 말하면, 둘 모두가 가던 방향을 돌려 그리스도를 우리 삶의 주로 모시고 따르는 과정이라는 뜻이다.

민중 운동

소규모 사회, 농경사회, 사회문화적 소수 집단과 같이 집단 지향성이 강한 사회들은 의사결정을 공동체적으로 내린다. 젊은이가 스스로 배우자와 거처, 직업, 친구 등을 택하지 않는다. 그들의 부모와 씨족의 우두머리가 선택을 내린다. 집단 전체와 관련된 결정들―새로운 거주지로 이동, 종교적 축제 개최, 전쟁 여부―은 공동체에서 회의를 거친 뒤에 원로들과 족장들이 내린다. 별로 중요하지 않은 결정들만 개인에게 맡겨진다.

그러한 공동체에서는 종교의 선택이 개인 권리에 속하지 않는다. 이 문제는 당사자뿐 아니라 그의 가족과 공동체까지, 그리고 살아 있는 자들뿐 아니라 조상들과 태어나지 않은 자들, 그리고 공동체의 신들까지 관련된 사안이므로 가장 중요한 결정의 하나다. 개인적으로 개종하는 일이 허용될 경우에는, 그 집단의 존재 자체가 위협을 받게 된다.

이런 사회에서는 집단 전체가 참여하는 공동체적 절차를 밟아 중요한 결정을 내린다. 먼저 사람들이 그 사안에 대해 서로 이야기하고 마지막에는 원로들이 개입한다. 끝으로, 그룹 전체가 족장과 원로들의 지도 아래 조상과 태어나지 않은 자들과 상의한 다음에, 그 모든 토론 내용에 기초해 결정을 내린다. 설령 모든 사람이 그 결정에 동의하지 않더라도, 누구나 집단의 정체성과 통일성을 위해 그 결정과 함께하리라고 기대된다. 나중에 개인적으로는 이의 표명이 허용될지 모르지만, 여전히 그 집단의 일원으로 남는다.

따라서 이런 사회에서는 기독교로의 개종이 여러 집단이나 공동체 전체와 관련된 문제다. 물론 사회의 변두리에 속한 몇몇 사람들이 기꺼이 개종할 수 있으나, 진정한 변형이 시작되는 것은 존경받는 지도자들이 개종하기 시작해야만 가능하다. 이때 가문 전체가 참여하는 경우가 많다. 또 어떤 경우에는 씨족, 부족, 카스트, 공동체 전체에까지 그것이 확산된다.

집단 지향적 사회에서의 회심은 "대중"이나 "복수의 개인들 multi-individual"이 참여하는 운동의 형태를 띠는 경우가 많다. 대가족 전체와 공동체가 집단적으로 그리스도인이 되기로 결정한다. 다른 집안과 공동체들이 자기 친척과 친구들이 개종했다는 소식을 듣고 그들도 개종 문제를 의논한다. 선교사가 도착하기 오래전에 복음이 산자락을 타고 "입소문"으로 평지까지 내려오게 된다.

이런 운동에 대해 우리는 어떻게 반응해야 할까? 과거에는 선교사들이 개인적 결심을 중요시한 나머지, 흔히 그런 움직임을 거부하고 사람들에게 한 명씩 오라고 요구했다. 그래서 그런 운동을 죽이는 결과를 낳았다. 그러나 집단 전체에 즉시 세례를 주게 되면, 혼합주의와 신이교주의에게 문을 열어 주기 쉽다. 그 가운데 다수는 그 결정에 동의하지 않을 터이고, 극소수만이 기독교에 대해 피상적인 지식 이상의 것을 갖고 있을 것이다. 게다가, 기독교가 특정한 종족 집단과 동일시되고, 세례가 그 집단에 영입되는 것으로 오해받을 위험도 있다.

표 11.4 집단적 결정의 다단계적 성격

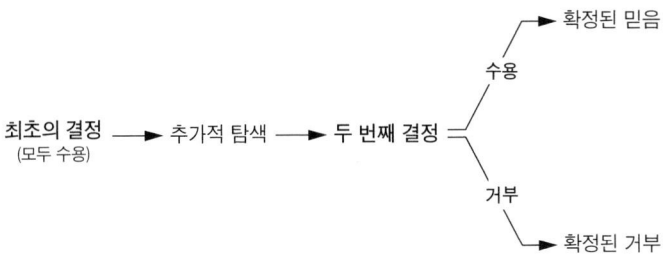

집단적 결정은 더 많은 가르침을 필요로 한다. 그들의 첫 결단은 어떤 의미에서 "우리에게 복음에 대해 더 많이 이야기해 주시오"라고 말하는 것과 같다. 그러므로 사후 양육은 집단적 움직임에서 아주 중요한 조처다. 그런 상황에서 복음 전파의 최대의 걸림돌은, 새로운 개종자들에게 그리스도인이 된다는 것이 무슨 뜻인지를 가르칠 훈련된 일꾼이 부족하다는 점이다.

최초의 집단적 결정이 내려지면 재평가 기간이 뒤따른다. 결정에 동의하지 않는 이들은 이미 집단과의 하나됨을 확증했다는 이유로, 추방될 두려움이 없이 기독교를 떠나도록 허용된다. 여러 달 동안 가르침을 베푼 뒤에, 그 집단은 자연스레 그리스도인으로 남고 싶은 이들과 옛날 방식으로 돌아가고픈 이들로 나눠진다. 가능하다면, 이 두 번째 결정과 분리가 일어날 때까지 세례를 미루는 것이 바람직하다(표 11.4).

집단적 회심 운동은 진정성이 있는가? 집단이 한 공동체로 행동을 취할지라도, 거기에 속한 개인들은 특히 두 번째 단계에서는 각각 자기 나름의 결정을 내린다. 따라서 우리는 "복수의 개인적 결정"에 관해 논할 필요가 있다. 올란도 코스타스Orlando Costas는 이렇게 말한다. "복수의 개인적 결정이라는 개념은 회심의 체험에 사회학적 성격을 부여하는데, 그리스도에 대한 개인적 믿음을 뜻하는 회심이 한 집단에서도 일어날 수 있음을 확증해 주기 때문이다. 이는 한 집단(집안, 씨족, 부족, 또는 상호 이익 집단)에 속한 모든 구성원이 다함께 회심에 대해 숙고하고 나서 그리스도께 나아가기로 결정한 뒤에, 동시에 그리스도를 체험하게 되는 경우를 가리킨다"(1974, 128). 이러한 운동은 회심이 단지 개인적 반응에 그치지 않는다는 것을 우리에게 상기시켜 준다. 그것은 우리와 타인의 사회적 관계에 영향을 주기도 하고 받기도 한다.

이러한 운동은 영구적인 결과를 낳는가? 와스컴 피케트Waskom Pickett는 한 고전적 연구에서 남인도에 일어난 집단 운동의 결과를 조사했다(1933). 그는 사람들의 삶이 변형되었을 뿐 아니라, 그들이 새로운 기독교 공동체의 영향을 받아 결단했다는 사실도 발견했다. 개인들이 그 사회적 네트워크에서 떨어져 나온 것이 아니라, 온 공동체가 변화되었다. 물론 집단적 변화에 따른 독특한 문제들도 있었지만, 전반적으로는 긍정적인 평가가 내려졌다. 우리가 염두에 둘 점은, 개인적 회심들이 신앙 공동체 속으로 융합되지 않으면 대대로 복음을 전수하는 일이 생기지 않는다는 것이다. 그리스도께서는 교회를 구원하러 오셨고, 교회는 개인들로 구성되어 있으나 그들의 총합 이상인 공동체다.

이것이 사실이라면 집단적 결정을 고무할 수 있는 방법이 있을까? 앞으로 더 많은 연구가 필요하겠지만, 몇 가지 본보기를 들면 이 문제를 생각하는 데 도움이 될 것 같다. 19세기 말, 남인도에서 침례교 선교사들이 온 집안을 대상으로 세례를 주려고 한 적이 있었다. 남편이나 아내가 개종했다고 해서 즉시 세례를 베풀지 않았다. 대신에 그들에게 배우자와 자녀를 회심시키도록 격려했다. 최근에는 아시아에서 일하는 복음전도자들이 집단 역학을 사용해서 시골 사람들에게 복음을 토론하도록 격려한 적이 있다. 매일 밤 복음전도 집회가 끝날 무렵에 관심 있는 사람들만 앞으로 나오라고 초청하지 않고, 그 집회가 모두 끝나는 날 밤에 모든 사람이 그리스도를 영접하든지 거부하든지 결정을 내려야 할 것이라고 발표했다. 사람들은 한 주 내내 가족과 이웃들과 더불어 그 문제를 토론하기 시작했고, 그 결과 사회적인 절차를 거쳐 아주 신중하게 결정이 내려졌다. 마지막 날 밤에 초청의 메시지를 던지자 온 집안과 집단들이 다함께 나와 예수의 제자들이 되었다.

또 하나의 본보기는 남인도의 침례교인들과 관련된 것이다. 선교사들이 몇 년 동안 여러 마을에서 복음을 전했으나 거의 열매가 없었다. 그 지역에 기근이 찾아왔을 때, 선교사들은 식량과 의약품을 나누어 주고 일자리를 창출하는 데 열심히 참여했다. 혹시 사람들이 식량과 일자리를 얻기 위해 "기독교인"이 될까 우려해서 세례 주는 일을 일시적으로 정지했다. 그리고 두 해가 지나서 상황이 정상적으로 돌아온 뒤에야 세례 주는 일을 재개했다. 그때는 이미 사람들이 복음에 대해 많은 이야기를 나눈 터였다. 그 결과 많은 사람들이 긍정적인 반응을 보여서, 사흘 만에 세례를 받은 어른이 3,536명이었고, 그해가 끝나기까지는 모두 9,606명이나 세례를 받았다.

집단적 운동으로 인해 생기는 교회는 보통 토착적인 사회조직을 갖고 있다. 그들은 공동체적 정체성이 강하고, 전통적인 사회 시스템의 조직 방식에 따라 교회를 조직하곤 한다.[5] 남인도에 있는 다수의 교회는 선거로 직분을 주기보다 본래의 판차야트(원로 회의)를 따르는 경우가 많다.

민중 운동의 단계들

집단적 회심 또는 복수의 개인적 회심은 A. F. C. 월리스가 말하는 "재활력revitalization 운동"(1956)에 속하는 것이다(부흥revival 운동과 구별하여 재활력 운동으로 옮겼다—옮긴이). 이 운동은 어느 집단이 예전의 신념으로는 의미 있는 인생을 살 수 없다고 느낄 때, 그들의 사고행위에 근본적인 변화가 일어나는 경우를 일컫는다. 그 가운데 일부는 옛 신앙을 부활시키려는 "토착주의자nativist"다. 또 어떤 이들은 새로운 신념 체계로 전환하기 원하는 "전환주의자conversionist"다. 다수는 헤럴드 터너Harold Turner가 말하는 새로 떠오르는 종교 운동(1981)으로 향한다. 역사는 이런 재활력 운동들로 가득 차 있다. 아프리카만 해도 6,000개 이상이 있는 것으로 집계되었다(Barrett 1968). 뉴기니와 오세아니아에서는 수천 개의 화물 숭배와 예언 운동이 일어났고, 제2차 세계대전 이래 일본과 필리핀에서도 수백 가지의 신흥종교가 등장했다(Worsley 1968; McFarland 1967). 터너는 이 운동들 가운데 다수가 메시아적 성격이나 천년왕국적 성격을 갖고 있는 것으로서, 의도했든 하지 않았든, 기독교 선교가 낳은 후손들이라고 지적한다. 예를 들면, 아프리카인, 인도인, 중국인이 주도하는 교회들은 문화적으로 토착화된 철저한 성경적인 운동에서부터, 기독교적 의미와 상징을 일부 사용하는 신이교적 혼합주의 운동에 이르기까지 실로 다양하다.

월리스는 재활력 운동이 다섯 단계를 거친다고 주장한다. 각 운동은 물론 지역적 색채를 띠고 있지만, 그 기본 구조는 일반적으로 동일하다. 첫째 단계는 문화와 종교가 사람들에게 다소 의미 있는 인생을 공급해 주는 **안정된 상태**다. 개인별로 통상적인 스트레스는 있지만, 문화적으로 용인된 방식으로 그것을 대처할 능력이 있다. 기존의 신념 체계에 물음을 제기하지 않는 것은 그것이 어릴 때부터 배운 것이고 자기의 필요를 채워 주기 때문이다.

둘째 단계는 **개인적 스트레스가 증대된 상태**로서, 흔히 생태학적 변화, 전염병, 군사적 패배, 정치적 종속상태, 옛 세계관에 흡수될 수 없는 새로운 사상의 도입 등으로 말미암는다. 문화는 비교적 안정되고 통합된 상태를 유지하지만, 개인적 차원에서는 다수가 거의 신경과민을 느낄 정도로 많은 스트레스를 받는다. 옛날 방식이 더 이상 사람들의 필요를 제대로 채워 주지 못한다. 이 시점에서 사람들이 대안이 될 만한 해결책을 찾아 나서지만, 이것이 오히려 스트레스를 가중시킨다. 그들은 새로운 방식이 옛날 방식보다 더 나을 게 없을지 모르고 새것이 기존의 삶을 파괴할지 모른다며 크게 우려한다. 아무리 불완전하더라도 몸에 배인 옛 생활방식을 버리고 불확실한 새 경로를 따라 나서는 것은 불안을 낳기 마련이다.

셋째 단계는 **문화적 왜곡**이다. 개인적 스트레스가 높아짐에 따라 사회적 긴장감도 커진다. 사회에서도 다양한 집단들 사이에, 특히 변화를 원하는 자들과 그렇지 않은 자들 사이에 갈등이 생긴다. 마침내는 사회문화적 질서 자체가 위협을 받는다. 이런 와해 과정이 중단되지 않으면, 그 사회는 소멸되거나 다른 사회로 흡수된다.

넷째 단계는 **재활력**이다. 집단적 스트레스가 고조에 달하면 재활력 운동이 일어날 수 있는데, 그 가운데 다수가 종교적 성격을 갖고 있다. 이런 운동은 새로운 신념을 제공하고 인생의 위기를 좀더 만족스럽게 대처하는 길을 제시함으로써, 인간 실존에 의미를 부여해 주고 문화를 새롭게 한다. 재활력 운동은 흔히 새로운 길에 관해서 들은 인물, 인생과 그 앞날에 대한 새로운 비전이나 통찰력을 가진 인물—예언자, 지도자, 역동적인 인물—과 함께 시작된다. 다른 이들은 방향을 전환해서 이 운동에 합류한다. 옛 길과 새 길을 지지하는 사람들 사이에 반목과 갈등이 생겨서 사회적 스트레스를 한층 가중시킨다. 이 운동이 점차 커져서 전체 인구의 상당한 비중을 차지하게 될 때, 마지막 단계인 **신앙과 삶의 재활력**이 일어난다. 이 운동에 합류하는 이들에게는 개인적·사회적·문화적 스트레스가 줄어들고, 그들은 자신의 문제를 대처하고 인생의 실존적 의미를 발견하는 능력을 얻는다.

오랜 역사에 걸쳐 기독교가 널리 확장된 것은 복수의 개인적 회심에 빚진 바가 큰데, 윌리스의 이론은 이 현상을 잘 조명해 준다. 기독교는 소규모의 건실한 공동체들이 처음으로 외부 세상과 접촉하게 되었을 때 가장 효과적으로 사람들을 회심시켰다. 이런 접촉은 그들의 문화에 변화를 가져온다. 그 결과 고도의 문화적 스트레스를 받고 사람들의 필요에 부응하는 새로운 해결책을 찾게 된다. 그들이 느끼는 필요는 종종 "재화", 즉 번영과 안녕과 관련이 있다. 복음이 건강, 번영, 권력의 문제에 대해 이야기하고 있는 것은 분명하지만, 이런 당장의 필요에만 초점을 맞춘 채 복음의 핵심으로 나가지 않는 것은 매우 위험하다. 복음의 핵심은 우리에게 있는 깊은 영적인 필요—죄 문제, 하나님과의 화해, 거룩함, 사랑, 증언—를 다루기 때문이다. 그런데도 많은 재활력 운동이 정치 운동이나 번영의 복음으로 끝나고 만다. 우리가 잊어서는 안 될 것은, 하나님이 지금 여기서 사람들이 잘되는 것에도 분명 관심이 있지만, 그것이 인간에게 필요한 영구적인 변형은 아니라는 사실이다. 또 다른 위험은 이런 운동이 천년왕국의 성격을 띠게 되어, 이 땅에서의 삶의 질에 대해서는 거의 무관심하게 되는 것이다.

민중 운동에 관한 연구는 집단 지향성이 강한 사회에서의 변형 운동을 이해하는 데 도움을 주고, 그런 운동을 돕는 길도 보여준다. 그렇다면 현대 도시와 같이 집단적 연계성이 약하고 개인주의 성향이 강한 공동체는 어떻게 변화시킬 수 있을까? 이제까지 이런 사회는 대체로 복수의 개인적 회심과는 거리가 멀었다. 대신에 친구관계와 다양한 네트워크, 작고 친밀한 그룹을 만드는 것이 더 효과를 발휘해 왔다. 이런 사회에서 개인과 공동체가 어떻게 변화를 경험하는지에 대해서는 앞으로 더 많은 연구가 필요하다.

또한 월리스의 이론은 회심 그 자체가 스트레스가 많은 과정임을 상기시켜 준다. 아무리 부적절해도 우리에게 익숙한 옛날 방식대로 하는 것이 변화를 겪는 것보다 쉽다. 예수를 따르는 자가 되도록 사람들을 초대하는 일은 그들에게 장차 지금보다 더 기쁘고 의미 있는 삶을 살게 될 것임을 약속하는 것이다. 하지만 당장은 큰 결단이 요구되고, 그처럼 중요한 결단은 큰 불안을 야기한다. 우리가 회심자들을 양육할 때에는 특히 그리스도께 돌아오는 자들이 겪는 불안에 민감하여서, 그들이 내면의 갈등을 겪을 때 그들과 함께하는 것이 필요하다.

또한 우리는 새로운 개종자들이 종종 "회심의 충격"을 겪는다는 점을 인식해야 한다. 물론 처음 믿고 나면 기쁨과 행복감으로 충만하다. 이런 감정이 가라앉으면, 그리스도인답게 생각하고 사는 법을 배우는 어려운 과정에 진입하게 된다. 새 언어를 배우고, 새로운 방식으로 행동하고, 새로운 관계를 맺어야 한다. 요컨대, 새로운 문화에 적응하고 새로운 공동체 속으로 사회화되어야 하는 것이다. 이 기간에 새로운 개종자는 회의와 우울증에 시달리는 것이 보통이다. 그들은 자신의 결정에 의문을 품으며, 일부는 옛 신앙으로 돌아가기도 한다. 재평가가 이루어지는 이 기간에 기독교 공동체는 최선을 다해 믿음을 지지해 주어야 한다. 민중 운동이 일어날 때, 개종자들은 스스로 소속감과 성취감을 느낄 수 있는 내향적 그룹을 형성하곤 한다. 이런 그룹들은 분파처럼 비친다. 하지만 개인들이 하나씩 회심할 때는 강력한 집단적 지지를 받지 못하게 된다. 그러므로 매우 헌신된 개종자만이 신앙 공동체의 지지를 받지 못해도 새로운 신앙을 유지할 수 있다.

사람들을 그리스도께 회심시키려고 노력하는 일만으로 충분하지 않다. 교회 안에 있는 다음 세대도 깊이 있고 살아 있는 신앙으로 회심해야 한다는 사실을 강조할 필요가 있다. 사회적으로 우리는 자녀들을 교회로 데려오는 것만으로 마치 그들이 그리스도인인 양 행동한다. 그들도 복음에 의해 변형되어야 한다는 점을 기억하지 않으면 안 된다. 우리는 또한 우리 자신의 회심도 재검토하고 재확증해야 한다. 변형은 한 번으로 끝나는 사건이 아니기 때문이다. 우리는 늘 그리스도께 나아가고, 살면서 결정을 내려야 할 때마다 그분을 따르겠다고 새롭게 다짐할 필요가 있다. 회심이 우리 삶에서 지속적인 과정이 될 때에만 영구적인 변형이 일어날 수 있다.

세월이 흐르면 회심의 과정 그 자체도 그저 판에 박힌 관례로 변할 위험이 있다. 젊은이들은 복음전도 집회에서나 캠프파이어 근처에서 결단하는 것이 사회적으로 용인할 만한 것이 된다. 게다가, 일부 사람들은 정말 확신이 있어서 회심하지만, 친구 따라 강남 간다는 식으로 거기에 동참하는 이들도 있다. 그래서 철저한 가르침과 제자훈련을 통해 회심이 형식에 그치지 않고 깊은 뜻을 갖도록 하는 것이 중요하다.

끝으로, 월리스의 분석은 교회 자체도 계속되는 부흥을 경험할 필요가 있다는 점을 상기시켜 준다. 세월이 흐르면서 종교 운동도 제도화의 길을 걷는다. 차세대 회심자들은 그들의 부모가 그리스도인이 되는 데 치른 만큼 비싼 대가를 치르지는 않지만, 그래도 부모의 살아 있는 신앙에 상당한 영향을 받는다. 그러나 3, 4세대로 내려가면 명목상의 신앙이 교회 안으로 스며들기 시작한다. 새로운 신자는 전통적인 종교적 관행을 그 타당성에 대한 비판적 평가도 없이 그대로 좇아가고, 오랜 신자는 종교적 관습의 의미를 의식적으로 검토하지 않기 십상이다.

따라서 교회 자체도 주기적으로 재활력 운동을 경험하는 일이 중요하다. 그래야 자기가 처한 상황에서 어떻게 복음에 응답하고 있는지 스스로 재검토하고, 성경적 세계관에 비추어 삶을 살겠다고 새롭게 다짐할 수 있기 때문이다. 기독교 전통에서 자라 과거에 회심을 체험한 이들은, 특히 비싼 값—심지어 생명까지—을 치르고 그리스도인이 되는 세계 여러 곳에 사는 형제와 자매들에게서 회심의 경이로움과 대가에 대해 배울 필요가 있다. 그럴 때에만 우리는 새로운 삶을 새롭게 경험하고 교회의 진정한 부흥 revival을 맛볼 수 있을 것이다.

결론

복음은 결국 변형된 삶에 관한 것이다. 우리가 그리스도를 증언한다는 것은 사람들에게 이전의 삶을 조금 수정하도록 권유하는 정도가 아니라, 그들을 완전히 새로운 삶으로 초대하는 것이다. 이 변형은 근본적이고 총체적이다. 그것은 그들의 세계관을 비롯하여 문화의 모든 차원이 변하는 것을 뜻한다. 아울러 물리적·생물학적·심리적·사회적·영적으로 그들을 변화시킨다. 이는 그들이 하나님을 따르기만 하면, 하나님이 그들 가운데서 이루시는 변형이다.

또한 복음은 우리 삶을 변형시키는 우리에 관한 것이다. 바울은 이렇게 말한다. "형제자매 여러분, 그러므로 나는 하나님의 자비하심을 힘입어 여러분에게 권합니다. 여러분은 여러분의 몸을 하나님께서 기뻐하실 거룩한 산 제물로 드리십시오. 이것이 여러분이 드릴 합당한 예배입니다. 여러분은 이 시대의 풍조를 본받지 말고, 마음을 새롭게 함으로 변화를 받아서, 하나님의 선하시고 기뻐하시고 완전하신 뜻이 무엇인지를 분별하도록 하십시오"(롬 12:1-2, 새번역).

그리스도인인 우리는 이 세상에서 살지만 이 세상에 속해 있지 않다. 우리는 복음의 능력으로 변화를 받아서 세상에 새로운 세계관을 보여주는 사람들, 영원한 구원을 가져오고 사랑, 기쁨, 평화, 온유, 증언의 향기를 풍기는 그 세계관을 선전하는 사람들이다. 우리는 세상에 대항해서 싸우거나 세상에서 도피하라는 부름을 받지 않았다. 오히려 세상에 변화를 가져오는 소금과 누룩이 되라는 소명을 받았다. 참으로 위험한 것은, 뒤로 물러나서 세상에 아무 영향도 주지 못하는 기독교 공동체를 세우는 것이다. 또 다른 위험은, 우리 문화의 포로가 되어 복음의 맛을 잃어버리는 것이다. 이 세상에서 우리는 개인적으로는 그리스도의 모습을 반영하는 삶을 살고, 공동체적으로는 그리스도의 제자다운 대항문화적 공동체로 살아가도록 부름을 받았다.

나는 조지 래드George Ladd가 우리에게 선사한 말보다 더 나은 도전은 없을 것으로 생각하기에, 그의 말을 인용하며 성찰을 마무리하려고 한다. "우리는 실로 불순종하는 백성이다. 우리는 세계 복음화의 정의에 관해 논쟁하고 종말론의 세세한 부분을 놓고 말싸움은 하면서도, 정작 세계를 복음화하라는 하나님의 말씀은 무시하고 있다"(1999, 75).

부록 1. 세계관 분석을 위한 모델

공시적 (세계 지도들)	통시적 (세계 신화들)
• 세계관, 에토스, 우주론, 뿌리 은유들 • 공시적: 실재의 구조를 본다	• 거대내러티브, 우주 진화론, 뿌리 신화들 • 통시적: 우주적 이야기를 본다
1. 인지적 주제들과 반주제들 • 시간/공간 • 사람/다른 존재 • 실재의 범주들 • 인과관계 2. 정서적 주제들과 반주제들 • 신비/경외감, 평화/샬롬, 황홀함/스릴 • 기쁨, 슬픔 • 운명론적, 낙관적, 비관적 3. 평가적 주제들과 반주제들 • 보편주의적 vs. 특수주의적 • 귀속 vs. 업적 • 평등 vs. 위계 • 개인 vs. 집단 • 고도의 감정 표현 vs. 감정 통제 • 다른 주제들과 반주제들 4. 뿌리 은유들 • 유기적, 기계론적, 추상적 5. 인식론적 기초 • 순진한 실재론, 도구주의, 비판적 실재론, 관념론 등	1. 이야기들 • 우주 • 인간 • 집단 • 개인 2. 드라마틱한 주제들 • 비극, 희극, 로맨스 • 다른 주제들과 반주제들 3. 진보 • 진보, 퇴보, 순환적

부록 2. 미국 세계관과 인도 세계관의 비교

미국 세계관	인도 세계관
1. 경험주의 대다수 미국인은 주변의 물리적 또는 자연적 세계가 실재하고 질서정연하다고 믿으며, 자신의 감각으로 어느 정도 정확하게 그것을 경험할 수 있다고 믿는다. 그래서 물질세계를 진지하게 취급한다. 그들은 이 자연적인 삶을 중요하게 여기고, 안락함과 물질적 소유를 인간이 노력해서 성취할 만한 목표로 간주한다. 물질적 재화는 상당한 정도로 한 사람의 지위와 성공을 가늠하는 척도가 된다.	1. 마야 많은 인도인은 자연세계가 궁극적 실재를 갖지 않는다고 믿는다. 그것은 주관적인 경험의 세계, 곧 우리의 정신이 만들어 낸, 일시적이고 늘 변하는 창조물이다. 무질서하고 예측 불가능한 경험의 세계에서, 질서·의미·진리는 오직 자기 자신 속에서만 발견할 수 있다. 유일한 궁극적 실재 또는 브라만은 유한한 사람, 곧 자기 정신의 감옥에 갇힌 인간으로서는 인식할 수 없다. 사람은 오직 명상·자기 성찰·심층적인 자기 인식을 통해서만 얼핏 볼 수 있을 뿐이다.
1.1 확고한 것 실제 세계에는 확고한 것들이 있다. 자연세계의 현실과 우리 생각이 꾸미는 공상, 역사와 신화, 사실과 허구, 참과 오류, 옳은 것과 그른 것 사이에는 범주상의 차이가 존재한다. 사람들은 깨어 있을 때 실재를 가장 정확하게 경험한다. 꿈과 내면의 비전은 하나의 환각이고, 외부세계 현실과의 접촉을 잃어버린 자들은 정신적으로 병든 것으로 간주된다.	1.1 상대주의 마야의 세계에는 확고한 것이 없다. "실제" 경험 또는 객관적 경험과 환상 사이에, 사실과 공상 사이에, 절대 진리와 오류 사이에 뚜렷한 구별이 없다. 과거의 신화들은 감지하지 못하는 사이에 주관적인 사건의 해석인 역사 속으로 융합되어진다. 꿈과 비전은 "깨어서 하는" 생활만큼이나 경험 세계의 일부다. 옳고 그른 것조차 자신의 삶의 위치에 따라 바뀔 수 있는, 상대적인 도덕일 뿐이다.

미국 세계관	인도 세계관
1.2 자연주의 자연세계와 초자연세계 사이에 뚜렷한 구별이 있다. 자연세계는 감각을 통해 직접 경험하고, 과학과 인문학을 통해 연구할 수 있다. 다른 한편, 초자연적 경험은, 아무리 실제적인 목적을 갖고 있어도, 경험적으로 시험될 수 없는 내면의 느낌이나, 일반적인 경험으로 간주될 수 없는 기적과 비전에 국한되므로, 무언가 미심쩍은 것이다. 종교적인 사람들까지 포함해서, 주변 세계를 보면서 자신의 일상적 경험에 직접 영향을 미치는 영들이 거주하는 곳으로 늘 인식하며 사는 사람은 아주 드물다. 이처럼 "자연"세계에 몸담고 사는 것이 서양 세속주의의 바탕을 이룬다.	**1.2 초자연주의** 자연세계와 초자연세계 사이에 뚜렷한 구별이 없다. 신들과 영들은 자연적 사물들만큼 일상에서 실제로 존재한다. 매일의 사건들을 합리화할 때 자연적 설명과 초자연적 설명이 자유롭게 교차된다. 이처럼 자연의 영역과 초자연의 영역을 단일한 틀로 융합하는 것이 때로 인도의 초자연적 지향성이라 불리는 것의 심장에 있다.
1.3 직선적 시간 시간은 세계의 다른 차원들과 마찬가지로 직선적이다. 시간은 스스로 반복하지 않고 균등한 비율로 미래와 과거로 확장된다. 인생은 한 번밖에 없으므로 그것을 최대한 활용해야 한다. 종교적인 사람은 천국에 가기 위한 준비 작업으로, 세속적인 사람은 인생을 즐기는 것으로. 이생은 총연습이나 예행연습도 없이 살아야 할, 한 번으로 끝나는 인생이라는 느낌이 있다.	**1.3 순환적 시간** 시간이란 사람과 사건이 계속 돌고 도는 것이다. 우주는 번영과 몰락의 시대, 존재와 비존재의 시대가 끝없이 반복되는 가운데 존재한다. 개인은 천 가지 다른 차원에서 수십만 번 다시 태어난다. 이처럼 만물이 한 생명에서 다른 생명으로 윤회하다 보니, 이생에 실제로 존재하는 것처럼 보이는 모든 구별이 더욱 희미해지고 만다.

미국 세계관	인도 세계관
1.4 질서와 불변성 이 세계는 일관되고 질서정연한 곳으로 여겨진다. 즉 시공간에 균일하게 적용되는 자연법칙에 따라 움직이는 곳이다. 변화는 예측 가능한 절차에 따라 그리고 일정한 한계 안에서만 발생한다. 사람이 갑자기 또 설명의 여지가 없이 귀신이 되거나, 사자가 인간이 되는 법은 없다.	**1.4 가변성과 예측 불가능성** 사물은 언제나 첫눈에 비치는 모습과 같지 않다. 지나가는 거지가 왕이거나 마귀일지도 모른다. 사자가 신일지도 모른다. 민속 이야기를 보면, 동물들이 인간의 세계와 비슷한 곳에 살고 입으로 말도 한다. 경전을 읽어 보면, 신들과 마귀들이 다양한 모습을 하고 인간 세계에 자주 들어온다. 설명이 불가능한 변동이 이 땅에 늘 발생하고 있다. 이곳은 미국인들이 텔레비전에 등장하고, 클라크 켄트Clark Kents가 슈퍼맨이 되고, 슈샤인 보이스Shoeshine Boys가 패배자가 되는 세상이다.
1.5 지식 인간의 지성이 합리적인 작용에 의해 우주에 깔려 있는 질서를 알아내고, 이 지식으로 우주를 인간의 유익을 위해 통제할 수 있다는 깊은 신앙이 있다. 더 나아가, 지식은 그 자체로 높은 가치를 갖고 있다. 사람은 일상에서의 행위보다, 그가 가진 지식과 바른 이데올로기에 대한 지적 헌신에 의해 평가되는 경우가 많다.	**1.5 지혜** 인간의 목표는 지혜 jnana, 곧 실재의 참 본질에 대한 직관적 깨달음을 얻는 것이다. 지식은 합리적 분석을 통해 얻으며 사람의 행위에 거의 영향을 미치지 않는 데 비해, 지혜는 내면의 빛으로, 섬광과 같은 통찰로 오는 것으로, 한 사람의 인생과 세상에 대한 관계를 완전히 변형시킨다. 이제는 무지나 이 세상에 대한 집착에서 자유롭게 되어, 깊은 내면의 평화를 품고 살아가며, 죽음 이후에는 덧없이 이어지는 미래의 재생으로부터 완전히 해방된다. 대양으로 다시 떨어지는 물 한 방울처럼, 인간과 영 속에 있는 실재의 파편이 우주적 브라만에 다시 흡수된다. 자아실현이 아니라 해방이 최고의 목표다. 지혜 있는 자는 마야의 세계에서 취할 수 있는 최선의 길이 집착을 버리고 개입하지 않는 것임을 알고 있다.

미국 세계관	인도 세계관
2. 특수주의적이고 범주화된 세계	2. 만물의 통일성
미국인은 경험을 조직화하기 위해 선명한 범주들과 이분법을 사용한다. 그들은 세계를 사물·사람·이념의 유형에 따라 분류하고, 서부영화에서는 좋은 놈과 나쁜 놈, 사업에서는 성공과 실패, 학교에서는 합격과 불합격을 서로 뚜렷이 구분한다. 과학은 경험을 범주화하고 설명하는 정교한 시스템이다. 예를 들면, 많은 미국인은 살아 있는 존재를 초자연적 존재, 사람, 동물, 식물 등 다양한 유형으로 나누는 경향이 있다. 아울러 그렇게 구별하는 선이 아주 선명하다. 사람을 신으로 숭배하는 것은 신성모독의 행위다. 하지만 등급이 낮은 동물에게 하듯이, 사람을 식용으로 죽이거나 밭을 갈도록 멍에를 채워서는 안 된다.	인간의 경험은 끝없이 다양하고 파편화되어 있으나, 이 현상세계의 다양성 아래 단일한 근본적인 통일성이 있다. 만물은 한 영의 명시적 표현체이다. 따라서 인도인들은 다양한 경험들을 연속체로 조직화한다. 사다리와 같이 많은 계단이 있지만 모두가 하나를 이룬다. 생명은 무한히 다양한 존재들로 분할된다. 신, 반신반인, 영, 마귀, 사람, 동물, 식물, 물질적 존재 등. 그러나 생명 그 자체는 하나이다. 그래서 힌두교인이 왜 소와 같은 동물을 죽이기를 거부하는지 쉽게 이해할 수 있다. 아울러 왜 그들이 성인들을 숭배하는 일을 합당하다고 느끼는지도 설명해 준다. 이들은 생명의 연속체에서 신들과 같이 자기들보다 위에 있기 때문이다. 음악에서는, 소리의 범위가 온 음표들로 나뉘고, 이것들은 4분 음표들과 16분 음표들로 나뉘어서, 마침내 미끄러지는 소리가 인도 음악의 특징이 된다.

미국 세계관	인도 세계관
2.1 평등	2.1 위계
단일한 분야나 영역 내에 근본적으로 다른 범주들이 들어 있지만, 각 범주 내에 있는 것들은 대동소이하다. 같은 종류에 속한다는 말이다. 생명의 위계에서, 모든 사람은 "호모 사피엔스"라는 똑같은 범주에 속해 있다. 그러므로 사람들은 평등한 존재들이다. 이상적인 사회는 모든 사람이 평등한 기회를 가진 곳이다. 각 사람은 자율적인 인간으로서, 관계를 맺고 끊을 수 있는 권리, 존경받을 권리가 있어야 한다. 이상적으로는, 모든 사람이 똑같은 종교적·정치적 관점을 갖게 되고 똑같은 관습을 지키는 것이다. 우주에서의 통합은 다양성이 아니라 동질성에 기초하고 있다.	모든 연속체상의 구분은 위계의 원칙에 따라 조직되어 있고, 위계는 필수적이고 좋은 것이다. 카스트 시스템은 위로는 영들까지 올라가고 아래로는 동물과 식물의 세계까지 내려가는, 보다 큰 사회질서의 일부일 뿐이다. 각 사람은 이 질서에서 독특한 자리를 갖고 있다. 모든 종교가 진리로 인도하지만, 어떤 종교들은 다른 것들보다 고등하다. 최고의 종교는 지혜의 길이며, 그것을 신봉하는 자는 명상과 금욕을 통해 우주의 참 본질에 대한 통찰을 얻는다. 그 아래에는 자신이 택한 신에게 정신적으로 헌신할 수 있는 많은 길이 있고, 밑바탕에는 의식적으로 의무를 다하는 길—어떤 형상에게 제물을 바치는 것—이 있다. 가치들도 등급이 나눠진다. 최고의 가치는 환생으로부터의 해방이라는 영적인 가치들이고, 다음은 지혜와 통찰이라는 형이상학적 가치들이고, 다음은 건강과 후손이라는 생물학적 가치들이며, 밑바닥에는 물질적 소유와 권력이 있다.

미국 세계관	인도 세계관
2.2 개인주의 각 사람의 개체성과 가치가 당연시된다. 모든 사람은 양도 불가능한 "생명, 자유, 행복 추구"의 권리를 갖고 있다고 생각한다. 개인주의를 사회에 적용하면, 개인주의의 강조는 자유를 이상화하는 방향으로 나간다. 개인을 제한하는 것으로 생각되는 공산주의와 사회주의를 비롯한 여러 경제제도들은 자유 기업과 자본주의를 위해 거부된다. 국민이 통치자들을 선택할 권리를 가지는 민주주의가 이상적인 정부 형태이다. 개인과 관련해서는 자아실현이 강조된다. 이 땅에서 이것은 자기 정체성의 추구와 자수성가한 사람에 대한 칭찬으로 표현되고, 하늘에서는 개인의 궁극적인 자기성취로 표출된다.	**2.2 전문화와 상호의존성** 이렇게 구분된 것들은 상호의존의 원칙에 따라 통합되기도 한다. 각 카스트는 사회 전체의 작용에 꼭 필요한, 특정한 기술과 전문화된 기능을 갖고 있다. 각 개인은 가정에서 일정한 과제를 갖고 있다. 획일성과 경쟁이 아니라 다양성과 협력이 이상적인 것이다.
2.3 경쟁 개인주의적 세상에서는 모든 생명이 자원과 지배력을 위해 경쟁한다. 그러므로 사람은 자연과의 관계에서 공격적이어야 한다. 인간은 "우주를 정복하고" "열기를 피한다." 대중요법은 병균을 **죽이고** 질병을 **이기는** 것을 목표로 삼는다. 사회에서는 개인이 지위를 획득하려고 경쟁하지 않으면 안 된다. 그들의 위치는 출신성분이 아니라 능력과 노력에 의해 결정되어야 한다.	**2.3 후견인-수혜자 관계** 일부 사람은 남보다 큰 권한과 책임을 갖고 태어나고, 어떤 이들은 남을 섬기는 자리로 태어나는 것이 분명하다. 이상적인 사회관계를 형성하려면 위계의 원칙과 상호의존 원칙을 서로 묶어서 세습적인 후견인-수혜자 관계를 조성해야 한다.

미국 세계관	인도 세계관
3. 자연관리와 도덕적 경영	3. 카르마 또는 우주적 법칙
사람들은 자연법칙과 도덕법에 대한 지식으로 말미암아 자신의 운명을 더욱더 좌우할 수 있다. 숙명을 따르는 것이 아니라, 그들 자신이 미래를 설계할 책임이 있다.	각 부분이 전체의 조화로운 작용에 기여하는 이른바 유기적인 우주에서는 카르마의 법칙이 모든 작용을 지배한다. 자연세계와 초자연세계의 구분이 없는 것처럼, 자연법과 도덕법 사이에도 뚜렷한 차이가 없다. 모든 행위는 카르마에 의해 지배되고, 자연적·도덕적 결과를 모두 낳는다.
3.1 과학과 테크놀로지	3.1 삼사라 또는 순례의 길
누구든지 미국의 문화를 이해하고 싶으면, 자연과학 교육의 보편화, 대학교, 테크놀로지 관련기관, 연구소, 산업복합체를 보아야 한다. 과학과 테크놀로지에 대한 미국의 헌신은 기계를 조작하는 수준을 훨씬 넘는다. 개인들이 과학의 기본 원리를 전혀 몰라도 과학이 발전할 수 있다고 믿고 있으며, 과학이 국민에게 안전한 삶의 기반을 마련해 줄 수 있다고 믿는다.	한 사람의 영적인 순례에서 만나는 삶의 조건은 전생의 행위로—좋든 나쁘든—결정된다. 한 사람이 행한 행위의 열매를 항상 이생에서 볼 수 있는 것은 아니다. 환생은 숙명적인 것이 아니다. 사람들의 현 지위와 그들에게 발생하는 일은 과거의 행위로 결정되는 한편, 현재의 삶에 대한 그들의 반응은 미래의 운명을 좌우하는 중이다.

미국 세계관	인도 세계관
3.2 획일적인 도덕과 정의 사람들은 자명한 원칙들—사랑, 평등, 자유, 타인의 권리 존중—과 동료 인간들에 대한 보편적인 인도주의적 긍휼에 기초해서 사회를 건설할 책임이 있다. 이 원칙들은 모든 사람에게 똑같이 적용되며 법적 체계의 기초가 된다. 그러므로 전범들에 대해서, 전쟁 기간에 자기 상관의 명령이나 자기 나라의 법에 대한 책임뿐 아니라, 보편적인 행동원칙에 대한 책임도 묻는 것이다. 법과 도덕의 일차적인 관심사는 정의를 베푸는 일이다. 선은 보상을 받고 악은 처벌을 받되, 그것이 이생에서 이루어져야 한다. 이생이 끝난 이후에는, 각자의 활동이 천국이나 지옥으로 귀결될 것이다.	**3.2 상대적인 도덕** 옳고 그른 것은 사람들이 우주와 사회질서에서 차지하는 위치에 달려 있다. 따라서 절대적인 도덕이란 존재하지 않는다. 영적인 위계와 카스트 위계에서 높은 위치에 있는 자들은 정통 교리와 의식적 실천 면에서 더 많은 것이 기대된다. "옳은 것"은 우주질서에 순응하는 것이다. 자신의 사회적 지위에 걸맞게 그리고 우주와 조화롭게 사는 사람은 진리가 부여하는 도덕적이고 비폭력적인, 영적인 힘을 얻는다. 이 힘 satyagraha은 조화로운 사회를 만드는 데 있어서 물리적인 힘을 능가한다. 상대적인 윤리 체계에서, 법의 목표는 절대적 의미의 정의에 있지 않고, 사회적 조화를 회복하는 데 있다. 행위를 선한 것과 악한 것으로 나눌 수 없고, 가해자와 피해자를 뚜렷이 구별할 수도 없다. 또 사람들로서는 그 원인을 완전히 이해할 수 없는 행위들을 벌해서도 안 된다. 궁극적인 정의는 우주적인 카르마의 법이 베푸는 것이다.

미국 세계관	인도 세계관
3.3 선교사 지식과 진리—과학적이든 종교적이든—를 가진 사람들은 그것을 나머지 세계와 나눌 도덕적 책임이 있다. 온 세계에 걸쳐 미국인 전문가들은 교육 체계, 농업 생산, 군사력, 산업 발전, 종교 등 여러 분야에서 다른 나라의 국민을 돕고 있다.	**3.3 포용주의와 관용** 문화적 다원주의와 종족적 상대주의는 포용적이다. 즉 동일한 세계에서 일어나는 생각과 행동에 대해 단일한 표준을 따르도록 요구하지 않고 그 다양성을 수용하는 입장이다. 사람들은 나름의 독특한 문화에 대해 자부심을 갖는다. 개인들도 서로 모순되는 듯이 보이는 여러 행동의 경로를 일관성을 잃지 않고 동시에 따르는 것이 가능하다. 포용주의와 긴밀한 관계에 있는 것은 관용의 정신으로서, 각 사람은 타인의 문화적 차이를 존중해야 하고 그들의 생활방식을 자기 방식으로 바꾸려 해서는 안 된다.
4. 자립 프랜시스 슈가 지적했듯이(1961, 217), 일상적인 미국인의 행동을 주도하는 가치는 자립이다. 남에게 의존하는 것과 돈이 떨어지는 것보다 더 큰 우려를 낳는 것은 없다. 이 가치는 개인주의, 자유, 자기관리에 대한 강조에 그 뿌리를 두고 있다.	**4. 다르마 또는 기능적 책임** 우주와 인간 사회는 각 부분이 고유한 기능을 가진 유기적 전일체다. 각 카스트와 각 개인이 자신의 책임이나 의무 dharma를 다할 때에만 전체가 원만하게 움직일 수 있다. 자신에게 주어진 역할을 버리고 다른 역할을 찾는 것은 잘못이다. 사람들은 타고난 수준에서 살아야 하고, 공평무사하게 스스로를 우주의 질서에 맞춤으로써 운명적으로 주어진 과업을 완수하게 된다.

미국 세계관	인도 세계관
4.1 재화의 확대 최근까지만 해도, 모든 좋은 것이 확대되고 있다는 믿음과, 사람이 정복해야 할 미개척 분야가 아직도 남아 있다는 믿음이 있어 왔다. 지구의 지리적 한계는 이미 탐구했으므로, 이제는 자아실현의 유토피아를 건설하려고 지식, 테크놀로지, 국민총생산량의 확대로 관심을 돌렸다. 사람들이 선한 것을 위해 경쟁하지만, 한 사람의 진보가 반드시 다른 사람의 몰락을 의미하는 것은 아니다. 찾으라, 그러면 새로운 기회를 얻을 것이다. **4.2 업적 위주** 화려한 배경이 아니라 개인의 업적이 한 사람의 가치와 사회적 지위의 척도다. 고된 노력, 신중한 계획수립, 효율성, 시간과 노력의 절약은 본질적으로 좋은 것이다. 예측 가능한 세계에서는 궁극적으로 개인에게 실패 책임이 돌아간다. 예를 들면, 사고, 질병, 죽음과 같은 재난을 예방은 못할지라도, 보험과 유언 등으로 그 피해를 최소화할 수 있다. 그러므로 무언가 잘못될 때 남을 비난하지 않는 것이 중요하다. 비난은 죄책감을 낳기 때문이다. 업적은 사회적 유동성과 긴밀히 연관되어 있다. 사람들은 능력껏 올라가도록 허용되어야지, 친척이나 과거에 발목이 묶이면 안 된다. 이로 인한 부분적인 결과는 얕은 사회적·지리적 뿌리와 불안정이다.	**4.1 한정된 재화** 부, 땅, 권력, 지위, 우정, 사랑 등 모든 바람직한 것들은 한정된 분량밖에 존재하지 않으며, 모두가 쓸 만큼 그 양을 증대시킬 방법이 없다(Foster 1965). 그러므로 한 사람의 이득이나 진보는 다른 사람들의 희생으로만 가능하다. 누가 손해를 보고 있는지가 언제나 명백히 보이는 게 아니므로, 일부 사람이 사회적 또는 경제적 상황을 개선하려고 눈에 띄는 노력을 할 때면 그것이 모든 개인과 공동체 전체에 하나의 위협거리로 비친다. **4.2 귀속주의** 안전과 의미를 자기가 획득한 물질적 소유에서 찾지 않고, 자기가 속한 집단과 타인들과의 관계에서 찾는다. 특히 자기가 태어나면서 속한 관계들을 세우는 일은 가장 큰 중요성을 갖는다. 그것이 한 개인의 지위와 권력을 가늠하는 척도가 되기 때문이다. 세계는 완전히 예측할 수 없는 곳인 만큼, 실패는 비난과 자책으로 이어지기보다는 일종의 욕구불만을 낳는다. 이 긴장을 해소하는 방법은 그 상황에서 벗어나는 것, 내면으로 눈을 돌리는 것, 그 상황에 분노하여 폭력으로 치닫는 것 등이다.

미국 세계관	인도 세계관
4.3 협회 집단 가족의 차원 위에 있는 사회 집단은 주로 자발적 결사나 계약에 따른 관계에 기초해 있다. 중산층에서의 위치는 주로 자신이 가입할 수 있는 집단에 따라 정해진다. 그런데 그런 집단에 참여하려면, 그 프로그램에 헌신하고 그 관습에 순응하는 일이 요구된다. 집단은 순응하지 않는 자를 쫓아내고, 아래로부터 자기를 침식하는 열등한 인간들과 스스로 거리를 둠으로써 스스로를 보호해야 한다. **4.4 성공과 진보** 성공과 진보는 말할 필요도 없이 좋은 것이다. 이것을 측정하는 척도는 프로그램의 확대, 기관의 발전, 이익의 창출과 같이 결과를 산출하는 능력이다. 어떤 활동이든 그것을 시험하는 기준은 실용주의다. 그것이 과연 결과를 산출하는가 하는 것. 개인의 안정은 대체로 개인적 성공으로 말미암는다. 실패는 외로움을 낳고, 부끄럽게도 남에게 의존하는 결과를 초래한다. 진보는 미국인의 꿈, 낙관주의, 미래 지향성, 젊음의 강조 등과 연계되어 있다. 성공은 우월성과 권리와 동일시되므로, 서양 문화가 성공한 것이 분명해진 이후에는 그들이 우월감을 갖게 되었다. 이런 문화적 우월감은 미국인이 다른 문화들과 관계를 맺을 때 명백히 드러난다.	**4.3 자티와 카스트** 사람들은 무엇보다 자신과 동일한 부류—자티 jati 또는 카스트—와 맺는 연줄을 가장 중요시한다. 구성원 자격은 출생에 의한 것이므로, 개인별로 많은 차이가 있더라도 대체로 용인된다. 그러나 누구든지 카스트의 지시에 반항하면 결국에는 추방을 당하게 된다. 그 집단에서 단절되는 것이다. **4.4 목샤** 인생의 목표는 자아실현이 아니라 삶의 역경에서 해방되는 것moksha이다. 문화적 영웅은 이 지나가는 인생의 괴로움을 초월하는 지혜와 통찰을 갖고 만물의 진정한 의미를 깨닫는 사람이다.

부록 3. 근대/포스트모던의 전환

근대성	포스트모더니티	지구주의
• 실증주의 - 비판적이고 초연한 입장	• 도구주의/관념론 - 비판적이고 초연한 입장	• 비판적 실재론 - 믿음과 토대와 함께 시작함
• 이성과 연산 논리 - 정서와 가치로부터 분리됨 - 직관을 배격함 - 이해관계에 초연한 태도, 권력 놀이가 아님	• 직관과 감성을 긍정 - 기득권에 기초함	• 합리성 + 감성 = 평가적 성향 - 정서와 도덕과 연결된 이성 - 의심의 해석학
• 개인으로서의 학자 - '나 홀로' 학자 - 집단의 역학은 연구결과를 오염시킴	• 억압적인 집단적 해석학 - 집단적 포로현상 - 집단적 억압	• 집단적 해석학 = 강점 - 개인적 편견과 문화적 편견을 바로잡음
• 대통일 이론과 거대한 내러티브를 형성함 - 지식을 사진으로 보는 관점	• 거대한 내러티브가 없음 - 지식을 콜라주로 보는 관점	• 많은 내러티브가 거대 내러티브 - 지식을 몽타주로 보는 관점
• 공식적 상징들 - 담론적, 양자 관계적 - $F=O$	• 은유적 상징들 - 양자 관계적 - $F=S$	• 반사적·지시적 상징들 - 담론적/비담론적 삼자관계의 상징들 $-O=F=S$
• 과학은 잘 정립된 지식임 - 실증주의, 객관주의	• 과학은 불확정적임 - 주관주의	• 과학은 근사치이나 참임 - 주관적 객관주의
• 진리를 강조함 - 객관적, 무역사적, 무문화적인 진리	• 경험과 사랑을 강조함 - 진리는 개인적이고 상대적임	• 사랑 안에서 진리를 강조함 - 진리들은 절대진리 Truth의 근사치임

근대성	포스트모더니티	지구주의
• 타자는 원시적, 원주민적, 전통적임 - 과학은 특권적 지위를 보유함 - 모두가 우리와 같이 될 것임	• 타자는 우리와 동등함 - 특권적 지위란 없음 - 모두가 나름의 독특성을 보존함	• 타자는 더 깊은 차원의 우리 - 모두가 공통된 인성을 보유함 - 모두 서로의 차이를 축하하되 그 밑바탕에는 통일성이 존재함

부록 4. 근대적 세계관과 지구적 세계관의 비교

근대적	지구적
• 유물론적 자연주의 - 기계론적, 결정론적 - 상향식 - 연산 논리, 기계 논리, 컴퓨터 계산기 - 질서, 테두리를 가진 집합 - 일반 계시	• 영적 요소와 물질적 요소가 뒤엉킴 - 자연과 조화를 이루는 삶 - 지혜
• 구획화 - 초자연/자연의 이원론 - 전문화되고 구획화된 삶	• 전일성 - 영들과 인간들의 상호작용
• 대통일 이론 - 환원주의적 - 획일성 - 오만함, 무문화적, 무역사적	• 보완성 - 비환원주의적 - 메타시스템적 틀 - 문화와 역사 상황에 따른 의심의 해석학
• 초연한 개인 중심적 - 감정과 가치로부터의 분리 - 인간 중심적 - 회의주의 - 이성에 기초함	• 집단적 해석학 - 편견에 대한 공동체적 통제 - 신 중심적 - 인지, 감성, 가치평가의 결합
• 위계 - 통제, 직계, 참모 조직 - 진화	• 평등 - 네트워크, 파트너 관계, 상호성 - 신적 역사

주

머리말

1. 16세기 이후 가톨릭교회 선교의 중심은 행위의 변화였다. Francis Xavier(인도, 중국, 일본에서 선교한 16세기 스페인 출신의 가톨릭 선교사—옮긴이)는 주기도문, 12개 항의 짧은 가톨릭 신조, 십계명을 암송하는 개종자들에게 세례를 주었다. 가톨릭 신학은 개신교 신학과 달리 믿음과 행위, 상징의 형식과 의미 사이를 뚜렷이 구별하지 않는다. 따라서 행위상의 변형은 믿음이 변형되었다는 증거로 간주된다.

1장

1. David K. Naugle(2002)은 서양 철학에서의 세계관 개념의 역사를 훌륭하게 다루고 있다.
2. 아프리카의 우주론에 관한 탁월한 연구로는 Forde 1954를 보라.
3. Benedict는 게슈탈트 심리학과 Oswald Spengler의 *The Decline of the West*에서 다루는 서양 문화의 형태에 대한 검토에서 끌어오고 있는데, 후자는 고전적 그리스 세계의 아폴론적 인간관과 근대 세계의 파우스트적 견해를 서로 대조하고 있다. 그녀는 또한 디오니소스적 문화—이는 과도한 감정적 경험과 광적인 조명을 통해 실존적 의미를 추구한다—와 아폴론적 문화—이 모든 것을 불신하고 중용과 자기 통제를 통한 질서를 강조한다—를 서로 구별하는, Nietzsche의 그리스 비극에 관한 연구에서도 끌어온다. (「서구의 몰락」 책세상)
4. Kearney는 인간이 합리적 과정을 통해 이런 특징들을 전체 구조로 통합시킨다는 점을 인정하지만, 이런 논리적 통합작업은 경험에 기초한 주제들에 비해 부차적이

라고 주장한다. 이 면에서 그는 세계관을 대체로 정신적으로 형성된 실재관이라고 주장하는 R. G. Collingwood를 비롯한 정신주의자들의 개념을 배격한다. 아이러니하게도, Kearney는 경험적 연구보다 논리적 개연성을 가지고서 자신의 모델을 구축한다.
5. Pepper는 또한 "형식주의"와 "상황주의"도 뿌리 은유에 포함한다. 하지만 둘 다 나중에 사용되지 않기 때문에 여기서는 논외로 했다.
6. 포스트모던 비판들은 모든 거대내러티브들이 무의식에 작동하기 때문에 의심스럽고 억압적이라고 비난한다. 우리는 권위적인 거대내러티브가 없이는 사람들이 우주에서 아무런 위치 감각이나 목적의식을 가질 수 없고, 서로에게서 그리고 실재로부터 소외당하게 된다고 주장한다.
7. C. S. Lewis는 신화의 본성을 놓고 J. R. R. Tolkien과 오랜 논쟁을 벌인 뒤에 그리스도인이 되었다. 두 사람 모두 복음의 이야기에 대한 깊은 통찰을 제공하는 고전적인 신화들을 썼다.

2장

1. "심층"의 개념은 여러 분야에서 등장했다. 구조 언어학 분야에서는, Ferdinand de Saussure(1916), Romane Jacobson, Noam Chomsky(1986) 등이 의식적인 언어 현상 아래에 있는 심층적이고 무의식적인 하부구조를 연구했다. 심리학에서는, Sigmund Freud가 인간 행위를 형성하는 데 작용하는 무의식적인 자아의 힘을 조사했다. 인류학에서는, Claude Levi-Strauss(1978)가 친족 시스템의 무의식적 구성요소들과 신화의 밑바탕에 있는 주제들을 조사했다. 이 모든 노력은 인간으로 하여금 언어와 문화를 창조하게 하는 심층적인, 밑바탕에 깔린 시스템을 조사한다.
2. "analogical"이란 용어는 두 가지 다른 방식으로 사용되기 때문에 상당한 혼란을 일으킨다. 논리학에서는 유추와 관련이 있다. 집합 이론에서는 디지털 집합과 상반되는 아날로그 집합을 지칭한다.
3. 서양인은 미끄러지는 듯한 인도 음악을 들은 뒤에 언제 연주자가 "음표를 칠 것인지" 종종 묻곤 한다. 그들은 동양인의 귀에 기계적이고 어색한 소리로 들리는 정확한 음계를 듣고자 하는 것이다.
4. 퍼지 집합을 맨 처음 논의한 인물은 L. A. Zadeh(1965)이다. 퍼지 논리에 관한 토론은 H. Zimmerman(1985)을 참고하라. "퍼지"란 용어도 오도할 소지가 많다. 수학에서 숫자는 아라비아 숫자, 서수, 구간, 비율의 순서로 힘이 증가되는 이른바 네 가지 차원을 갖고 있다. 모양을 잘 갖춘 집합은 구간이고, 구간의 논리를 낳는다. 퍼지 집합은 비율이고, 비율적 논리를 생성한다. 이것이 대수학과 미적분학의 차이

점이다. 아날로그식 수학이 디지털식 수학보다 더 강력한 것은 무한한 범주의 집합들을 다루고 있기 때문이다.
5. 모양을 잘 갖춘 집합, 퍼지 집합과 본질적 집합, 비본질적인 집합의 상호작용은 네 가지 방법의 범주를 낳는다. 이 현상이 복음전도와 교회 개척에 대해 지니는 함의는 Hiebert 1994, 107-136에 잘 다루어져 있다.
6. 여기서는 Peirce가 내린 기호의 정의를 사용할 것이다. 그는 기호를, 실제로 존재하거나 인식된 어떤 실재를 반영하는 형상들을 모두 포괄하는 것으로 본다. 기호는 상징, 아이콘, 색인 등으로 분류된다. 상징에 있어서, 기호와 실재의 관계는 사회적으로 구성된, 자의적인 것이다. 이를테면, 영어의 알파벳과 대부분의 단어가 그러하다. 아이콘에 있어서, 상징과 실재는 서로 닮은꼴이다. 대부분의 아이콘은 여러 의미를 갖고 있다. 예를 들면, 컴퓨터 스크린에 있는 아이콘들—프린터 모양, 화살표, 폴더 등—이 그런 것이다. 색인은 그 대상 자체의 의미가 아니라, 그것이 보다 큰 질서에서 차지하는 위치에 관한 의미를 전달한다. 예를 들어, 파일을 알파벳 순서로 정리하는 것, 책을 분류할 때 국회도서관의 방식을 사용하는 것 등이 그런 것이다.
7. 숫자는 기수, 서수, 구간, 비율의 네 가지 차원의 힘을 갖고 있다. 기수는 똑같은 유의 사물을 지칭할 필요가 없는 순수한 수를 진술한다. 한 여자는 애완동물 네 마리를 갖고 있고, 다른 여자는 한 마리를 갖고 있다. 그러나 여기서 네 마리는 고양이이고, 하나는 표범을 뜻할 수 있다. 서수는 순서를 보여주되 그것이 균등한 간격일 필요는 없다. 달리기 경주에서, 일등과 이등이 결승선을 지난 시간의 차이가 2초이고, 3등은 몇 분 후일 수도 있다. 구간의 수는 불연속적이면서 서로 균등한 거리를 가진 경우다. 비율의 수는 이 가운데 가장 복잡한 것으로서, 무한한 연속체상의 숫자를 가리킨다.
8. 프랑스의 법은 연산 논리적으로 구체적인 사례들에 적용된 Napoleon의 법령에 토대를 두고 있는 데 비해, 영국의 법은 집적된 법과 이전 사례들—관례들—과의 비교에 토대를 두고 있다.
9. Paul Radin은 흔히 "원시적"으로 보이는 작은 부족사회들에도 실재에 관한 심층적 문제를 성찰하는 철학자들과 과학자들이 존재하고 있음을 입증했다(1927).
10. 구조 언어학의 창시자 N. Troubetzkoy는 언어 분석의 대상을 의식적인 언어현상에서 무의식적인 하부구조로 전환시켰다. 이 작업은 언어의 밑바탕에 깔린 구조적 본성에 초점을 맞춘다. 각 단위에 주목하기보다는 단위들 사이의 관계를 검토하여 언어학에 **시스템** 개념을 도입했다.
11. Thomas Kuhn(1970)은 인간 지식 시스템에 관한 연구에 패러다임의 개념을 도입한 인물이다. Margaret Masterman(1970)과 Ian Barbour(1974)는 지식 패러다임

의 본성과 기능을 자세히 설명했다.
12. Ludwig von Bertalanffy는 Kant와 반대로, 공간·시간·수·인과관계·자아와 같은 범주들이 모든 이성적 존재에 타당한, 한 번에 주어진 선험적인 개념들이 아니라, 오랜 우여곡절 끝에 얻게 된 문화적 발전의 산물이라고 주장한다(1981, 97).
13. Alfred Crosby(1997, 93)에서 재인용. 근대 과학적 시간관에 대한 논의는 Hawking 1988을 참고하라.
14. 아이러니하게도, 이 현상이 일어난 곳은 수도사들의 일상을 규제하려고 시계를 발명한 수도원이었다.
15. 1459년에 Fra Mauro는 세계 지도를 그리면서, 아시아를 아주 크게 그려서 예루살렘을 중심에서 밀어냈다. 그의 설명은 이렇다. "예루살렘이 위도상으로는 세계의 중심임에 틀림없고, 경도상으로는 약간 서쪽에 위치해 있으나, 서쪽 부분이 유럽으로 인해 인구밀도가 더 높기 때문에 빈 공간이 아니라 인구밀도로 따지면 경도로도 중앙이라 할 수 있다"(Crosby 1997, 57에서 재인용).
16. 여기서 "실제적으로"라는 말은 눈에 보이는 그대로의 모습, 즉 기하학적으로 정확한 자연의 그림을 뜻한다. 이와 대조적으로, 전통적인 이슬람의 그림은 실질적인 심도 없이 표면만 섬세하게 장식하고 있고, 심오한 인상을 주는 중국의 풍경화는 고정된 관점이 없다(Crosby 1997, 190).
17. George Jennings는 1890년에서 1950년 사이에 미국에서 파송된 대부분의 개신교 선교사들이 중서부 농촌 출신임을 지적한다. 그들은 중서부의 공간 의식을 해외로 들고 간 것이다. 예절의 원칙에 따라 교단별로 땅을 나누었다. 또 교단의 영토를 여러 "들판"으로 나누고, 선교사 가정마다 한 들판씩을 맡겼다. 농촌 지역의 선교사들은 자기 공관에서 홀로 살면서, 교제와 업무처리를 위해 1년에 두세 차례 모이는 회의에서만 서로 만날 수 있었다.
18. Mircea Eliade는 "이야기"나 "플롯"을 가진 진짜 역사에 의미가 있다는 견해가 히브리인들에게서 유래되었고, 이 견해가 그리스도인, 이슬람교인, 마르크스주의자, 그리고 서양 세속주의자의 세계관을 형성했다고 주장한다(1975). 이는 역사와 전설을 뚜렷이 구별하지 않는 힌두교와 불교의 세계관과 확연히 대조된다.

3장

1. Talcott Parsons와 Edward Shils(1952)를 비롯한 대표적인 과학자들은 민족에 관한 연구에 일반 시스템적 접근을 사용했는데, 초기 사회인류학자와 문화인류학자들처럼 시스템에 대해 기계론적 접근을 사용하는 바람에 사회 시스템과 문화 시스템을 조화롭고 정적인 것으로 보았다. 이런 약점이 있다고 해서 "시스템들로 된 시

스템"적 접근을 거부할 필요는 없고, 오히려 인간을 유기적 시스템에 의해 보는 것이 필요하다. 즉 하부시스템들 사이에는 늘 긴장과 갈등이 있음을 인식하고, 또 시스템은 항상 변하는 것임을 직시해야 한다.
2. 물질세계와 관련된 분류법이 완전히 자의적이고 서로 상대적인 것은 아니다. Berlin과 Kay(1969)는 여러 문화가 색깔을 범주화할 때 동일한 순서를 따르고 있음을 입증했고, Wick Miller와 Eugene Hunn은 서로 다른 문화들이 새와 식물의 일반 분류에 있어 대체로 같은 의견을 갖고 있음을 보여주었다. 기호는 마음속에 있는 이미지를 전달하지만, 그 가운데 다수는 동시에 실제 세계에 있는 대상을 지칭하기도 한다.
3. "열린" 사회와 "닫힌" 사회에 관한 논의가 있다. 전자는 사물을 다른 방식으로 보도록 격려한다. 후자는 그 사회의 견해에서 이탈되는 것을 거의 허용하지 않는다. 이런 현상은 가정에서도 볼 수 있다. 어떤 부모들은 자녀에게 자기 신념을 본받도록 요구한다. 그러나 어떤 부모는 자녀에게 참조 틀은 제공하지만 생각은 스스로 하도록 격려한다.

4장

1. 이것이 물론 이상적이다. 현실적으로는, 남자가 아내를 위해 될수록 적은 소를 주려고 하지만, 밑에 깔린 전제는 마찬가지다. 즉 생명을 낳는 주체들을 선물로 교환하는 것이다.
2. 그리스도인은 영원한 생명이 있느냐 없느냐 하는 것을 근본적인 구별로 본다. 세속 과학자들은 그 차이점을 도구 제작 또는 언어 사용, 문화 창조, 추상적 사고의 능력에서 찾았지만, 어느 것도 만족할 만한 잣대가 아니다. 많은 과학자는 인간과 동물 사이에 본질적인 차이가 없으니 경계선을 없애자고 주장한다. 인간과 동물을 구별해 주는 선이 있느냐 없느냐의 문제가 세속 과학자와 그리스도인 사이에 벌어지는 근본적인 세계관 논쟁이다.
3. 세계관 발견을 위한 의식 분석을 보여주는 훌륭한 본보기로는 Meade 2005가 있다.

5장

1. 세계의 일부 지역에서는 "부족"이란 단어가 "근대적"이지 않고 원시적인 것을 가리키는 경멸적 용어로 전락했다. 문제는 "부족"이란 단어가 아니라 "근대적"이란 단어에 있다. 근대적이지 않은 사회를 지칭하는 단어가 무엇이든 그것은 정의상 덜 문명화된 사회를 가리키기 때문이다. 이런 의미는 문화진화론이 낳은 잔유물이다.

2. 여기서 우리는 Charles Peirce의 기호론을 따르고 있다. 그는 모든 기호는 삼각관계를 갖고 있다고 주장한다. 하나의 형식, 그것이 가리키는 실재(외적인 또는 객관적 차원), 그리고 그것이 마음속에 불러일으키는 이미지(주관적 차원)가 그것이다. 달리 말하면, 기호는 외부 세계와 내면세계 사이를 중재하는 역할을 한다. Peirce는 또한 기호를 색인, 상징, 아이콘으로 나누기도 한다.
3. Brian Walsh는 미국 토착민에게 행해진 강제이주는 그들의 문화를 파괴하고 사회 질서를 와해시킨다고 말하면서, 그 이유는 그들을 그들의 이야기와 밀접히 묶여 있는 그들의 땅에서 끌어내어 아무 이야기나 기억이 없는 표준화된 주택에 옮겨놓기 때문이라고 한다(2006). Ellie Wiesel은 이렇게 말한다. "궁극적으로, 고향의 반대말은 거리가 아니라 망각이라고 말할 수 있을 것이다. 잊어버리는 존재는 고향으로 향하는 길을 포함해서 모든 것을 잊는 존재다"(Walsh 2006, 246에서 재인용).
4. 미국 토착민은 초기 유럽 이민자들이 자기 땅에 정착하도록 허용했고, 감사의 선물로 물건과 돈을 받아들였다. 그들이 정착민에게 땅을 돌려 달라고 하자 정착민은 그들을 "인디언 기부자들"이라고 불렀는데, 정착민은 자기가 땅을 샀다고 생각했기 때문이다.
5. 문자 사회에서는 격언이 어린이를 가르칠 때 사용되는 것으로 전락했다고 Postman은 말한다. 판사, 변호사, 대학 교수, 목사 등은 논쟁을 할 때 격언을 사용하는 것이 적절치 않다고 생각한다. 그들은 진리를 발견하는 방법을 정의하고 조직할 때 기록된 문서에 의존한다. 학계에서는 출판된 글이 말보다 더 큰 신망과 진정성을 갖는다.
6. 물론 현대세계에서는 대통령, 수상, 주지사 등이 병원, 공항, 슈퍼마켓 등에서 줄을 선다는 말은 아니다.

6장

1. 주술사, 무당, 심령술사, 그리고 지역의 신들과 여신들의 사제와 같은 지역의 종교 의식과 관습을 주도하는 사람은 보통 그 지역 공동체의 구성원이지 외부인이 아니다.
2. Jack Goody는 알파벳 기호들의 기원을 기원전 3100년 경 메소포타미아 하류 지역에 살던 수메르인에게로 거슬러 올라간다(1987, 28).
3. 인도 촌락에 있었던 후견인-수혜자 관계의 본보기를 보려면 Hiebert 1971을 참고하라.
4. 주 7일제는 바빌로니아 천문학의 행성 순환주기에 기초해 있다.

7장

1. 이슬람 국가들에 살던 그리스도인 학자와 유대인 학자들이 그리스의 철학 서적과 의학 서적을 아랍어로 번역했다. 이슬람 학자들은 이러한 번역작업을 기반으로 하여 성장했다. 훗날 아랍어로 된 Aristotle의 저서들이 라틴어로 처음 번역되었고, 300년이 넘도록 유럽 학자들은 Ibn Rushd(Averroës)와 같은 이슬람 학자들의 주석에 의존하며 Aristotle을 읽었다(Ramachandra 1996, 23).
2. 이런 가정들에 대해 생각하기가 어려운 것은 우리가 그것들을 자명한 것으로 당연시하기 때문이다. E. A. Burtt(1954, 28-31)는 당대의 과학자와 철학자들이 과거의 상당 부분을 당연시한다고, 또 그들의 사고를 좌우하는 이런 좀더 깊은, 결정적인 세계관의 가정들을 고찰하지 않는다고 비난한다.
3. 훗날 Jean-Jacques Rousseau는 이성이 인간을 구원할 수 없는 것은, 한 사람이나 집단에게 타당한 것이 다른 민족이나 집단에게는 억압적이거나 허튼소리이기 때문이라고 주장하리라. 그는 인간들이 자연Nature의 질서에 들어맞아야 세계가 구원받을 수 있는 것은 자연이 처음부터 세계에 질서를 부여했기 때문이라고 주장했다. 이성이 아니라 자연의 경험과 자연과의 깊은 감정적 동일시가 우리를 구원할 수 있다.

    Friedrich Nietzsche는 Rousseau의 분석에 도전하면서 자연은 평화롭지도 않고 조화롭지도 않다고 주장했다. 자연은 강자가 약자를 삼키는 잔인한 권력 투쟁의 장이다. 그는 인간 구원이 비전을 품은 강력한 지도자, 즉 대중에게 동기를 부여하고 그들을 인도해서 새로운 세계를 창조할 수 있는 지도자에게 달려 있다고 생각했다. 세월이 흐르면 이 신세계의 질서도 그 자체의 무게 때문에 무너질 터이고, 인간의 세계 건설 노력을 다시 활성화하려면 새로운 비전이 또 필요할 것이다. Charles Darwin은 정답이 권력과 경쟁에 있다고 주장했고, 적자생존은 Charles Lyell이 믿었듯이 멸망이 아니라 진보와 발전을 낳을 것이라고 생각되었다. 동시에 Adam Smith는 자유 기업과 경쟁을 두둔했고, Herbert Spencer는 진보에 이르는 길로서 협력주의와 사회주의에 반대하고 경제적 자유주의를 옹호했다. "정글의 법칙이 지배하는 자연"의 산물인 진보 철학이 현대 진화론과 자본주의의 밑바탕에 깔려 있다.
4. "인본주의"라는 용어는 서로 상반되는 여러 방식으로 사용되고 있다. Heidegger를 비롯한 여러 사람은 인본주의를 세속적 의미로 사용한다. "그것은 존재하는 모든 것을 사람의 관점에서 또 사람과 관련시켜 설명하고 평가하는 철학적 인간 이해를 지칭한다." 기독교적 인본주의라는 것도 있는데, 이는 인간을 하나님의 창조세계의 중심으로, 또 그분의 사랑의 대상으로 보는 사상이다. 그런데 이 인본주의는 인간 중심이 아니라 하나님 중심이다.

5. 아이러니하게도, 많은 신학자는 신학을 일종의 과학으로, 아니 과학(학문)의 여왕으로 주장했다. 이는 신학이 질서정연하고 체계적인 지식의 추구라는 의미였다. 그러나 오늘날에는 과학이 이런 의미를 훨씬 뛰어넘는다. 따라서 신학을 일종의 과학으로 만들려는 것은, 신학자가 아니라 보다 큰 과학 공동체가 정의하는 과학의 문제, 방법, 가정에 그것을 종속시키는 것이다. 그리스도인으로서 우리는 과학을 일종의 신학으로 정의하는 일이 필요하지, 거꾸로 하면 곤란하다.
6. 본래 유럽의 세속주의는 종교 전쟁 이후 민족국가 내에 종교적 다원주의를 허용하기 위한 방법으로 등장한 것이다. 국가는 이제 종교적 복종이 아니라 "보편적 인간 본성의 개념에 기초한 추상적인 인권 개념" 위에 세워졌다(Ramachandra 1996, 159). Harvey Cox(1966)와 Lesslie Newbigin(1966)과 Lausanne Committee(1980)는 교권으로부터의 해방을 뜻하는 세속화secularization와, 일종의 종교로 기능하는 새로운, 닫힌 세계관을 뜻하는 세속주의secularism를 서로 구별한다. 서양의 경우, 흔히 기독교세계라고 불렸던 신성한 사회가 무너지고 말았다.
7. 언어학에서 이 견해는 Ferdinand de Saussure의 기호학 이론과 함께 등장했다. 그는 언어를 그 역사적 발전과정과 관계없이 현재의 작용 법칙만으로 분석할 수 있다고 주장했다. 또 기호는 객관적 실재를 가리키는 게 아니고, 인간의 마음속에 문화적으로 창조된 자의적 이미지를 가리킨다고 했고, 기호는 그 분야의 다른 기호들과의 관계에서만 의미를 갖는다고 주장했다(Best and Kellner 1991).
8. 토대주의는 스콜라주의를 발생시킨 Plato적 실재론의 발흥과 훗날 Erasmus의 인문주의 학파에 기초해 있으며, 계몽주의 학파에서 절정에 달했다.
9. 사회학과 경제학은 사회적 발전과 경제적 발전에 어느 정도 합리적 통제력을 행사하기 위한 과학적 학문으로 출현했다(Smart 1993, 43).
10. 그리스-로마의 법 개념에 영향을 받은 견해에 따르면, 하나님은 죄인을 벌하고 도덕법을 지탱할 의무가 있는 존재다. 그분이 보편적 법칙의 위반을 눈감아 주면, 세계는 죄와 혼돈에 빠질 것이다. 이 견해는 도덕법을 하나님과 별개로 존재하는 것으로 보고, 어떤 경우에는 하나님이 도덕법을 지키기 때문에 도덕적이라는 사상도 낳았다. 이는 힌두교와 다른 인도-유럽적 세계관들에서도 볼 수 있다. 이런 법의 견해는 십자가를 이해할 때도 용서, 교제의 회복, 더러움의 정화와 같은 다른 구원의 측면들은 제쳐놓고, 오로지 처벌적-보복적 측면만 강조했다.
11. 그리스의 법 견해와 달리, 그리스도인은 "그리스도의 법"(갈 6:2) 아래 살도록 부름 받았는데, 이것은 법령이 아니라 사랑의 법을 뜻한다. 그리스도인은 정의를 생각할 때 치료하고 회복하고 화해하는 능력으로 이해해야지, 죽이는 것으로 보면 안 된다.
12. 서양 그리스도인들은 법의 지배를 신봉하도록 배웠다. 죄와 구원을 관계의 측면

에서 보기보다는—즉 죄는 하나님과의 관계를 깨고 다른 신을 좇는 것이고, 구원과 화해는 하나님과의 교제를 회복하는 것으로 보기보다는—죄는 하나님의 법을 위반하는 행위이고, 구원은 하나님의 벌로부터 용서받는 것으로 본다. 많은 사람은 법을 하나님보다 높은 것으로 여긴다. 하나님이 의로우신 것은 우주를 다스리는 신적인 도덕법을 지키기 때문이라는 식으로 말이다. 도덕법이 하나님을 초월한다는 견해는 힌두교 세계관의 심장에 있다. 이 세계관에 따르면, 신들은 카르마의 심판에 종속되어 있어서, 죄를 지을 때는 심판의 일환으로 인간 또는 동물, 식물로 다시 태어나야 한다.

13. Galileo와 Newton은 연구 전략을 수립할 때 타당한 설명으로서의 궁극적 원인을 과학에서 빼 버렸다. 훗날 그것은 타당한 물음에서도 빠져 버렸다.

14. 과학의 이름으로 하늘을 천체들의 중력 운동과 구심운동에 의해 설명한 Newton의 설명은 물질적 우주에 대한 이해를 근본적으로 바꾸어 놓았다. 시인 Alexander Pope는 이렇게 말한다. "자연과 자연의 법들은 밤에 숨어 있었네/ 하나님이 '뉴턴이 있으라!' 하시매, 만물이 밝아졌다네." Newton은 미적분학을 개발했고, 근대 과학의 기초가 되는 실험 방법과 수학적 방법을 서로 결합했다.

15. Descartes는 인간을 자연의 중심적 위치로 회복하려고 애썼는데, 그 유명한 형이상학적 이원론을 갖고 그렇게 했다. Hobbes는 기계론적 견해를 논리적 결론에 이르기까지 밀고 간 끝에, 영혼도 또 하나의 움직이는 몸이라고 보았다. 그가 주장한 전적인 기계론적 유물론은 처음부터 공격을 받았다. 유물론적 의식이 가장 철저한 현대 학자들조차도 인간과 사회가 단 두 가지 인간 감정—권력욕과 죽음에 대한 두려움—에 의해 움직이는 엔진에 불과하다는 관념은 수용할 수 없다. 하지만 대부분의 사회과학자들은 자연법칙과 유사한 정신의 법칙과 사회의 법칙들을 찾아왔다.

16. 개인주의에 대해 더 연구하고 싶으면 다음 책들을 참고하라. Bellah et al. 1985; Bloom 1987; Hsu 1963; Todd 1987.

17. Charles Peirce는 대부분의 철학자들이 실재를 인간 정신의 창조물이라고 보고, 이성에 의해 물자체 Ding an sich를 설명하려고 애썼다고 한다. 그러나 이 작업은 처음부터 실패할 수밖에 없는데, 외부 세계에 대한 지식은 주로 이성이 아니라 경험에 기초하기 때문이라고 그는 주장한다(1955, 299).

18. *Cogito ergo sum*: "나는 생각한다, 그러므로 존재한다." 여기다가 포스트모더니스트는 이렇게 덧붙일 것이다. "데카르트는 자기가 생각한다고 생각했다, 그러므로 자기가 존재한다고 생각했다."

19. 계몽주의 세계관으로 의식화된 Immanuel Kant는 지식을 한편에, 미학과 도덕을 다른 편에 두는 등 양자를 뚜렷이 구별하면서, 후자는 내면의 체험과 관련된 것이

므로 세상에 대한 지식에 아무런 보탬이 되지 않는다고 주장했다.
20. 이런 생각으로 말미암아, 기독교 신앙을 진리를 믿는 것으로만 보고, 변형된 삶과 언약 관계의 문제로는 보지 않는 견해가 생겼다. 올바른 지식은 당연히 올바른 삶으로 이어진다고 가정했다.
21. E. J. Dijksterhuis는 이 탐구심의 기원을 그리스인들에게서 찾는다(1986, 특히 2장을 보라). 이와 대조적으로, 히브리인의 논리는 삶의 특수성에서 타자를 구체적으로 아는 관계적인 앎으로 이끌어 준다. Parker Palmer는 이렇게 말한다. "우리는 세상을 단지 서로 논리적 연관성이 있는 경험적 사물들의 객관화된 시스템으로 아는 게 아니라, 개인적인 관계들과 반응들로 이루어진 유기적인 몸으로, 살아 있고 진화하는 창조성과 긍휼의 공동체로 알게 된다. 이런 유의 교육은 우리의 목적을 위해 삶을 조작하려고 사실을 가르치고 이유를 배우는 수준을 뛰어넘는다. 그것은 서로에 대해 그리고 우리가 속한 세상에 대해 개인적 반응과 책임감을 느끼게끔 이끌어 준다"(1983, 14-15).
22. Edward Hall은 이렇게 말한다. "과학과 분류법은 매우 친한 사이다. 사실상, 각 분류법에는 분류되는 사건들이나 유기체들의 본성에 관한 이론이 내재되어 있다. 그런데도 생물체분류법의 역사적 발전과정을 개관해 보면, 역설적이게도 서양인이 더 많이 분류하면 할수록 그 분류 시스템들이 그만큼 덜 유용해진다는 것을 알 수 있다"(1977, 122).

  Peter Raven, Brent Berlin, Dennis Breedlove 등은 이렇게 말한다. "우리가 사용하는 분류 시스템이 유기체에 관해 많은 것을 전달하는 것처럼 **보이지만**, 실은 전달하는 바가 거의 없다. 대부분의 경우, 오직 특정 유기체를 묘사하는 사람만 그것을 보았기 때문에, 그가 전달하는 대상은 아무도 그의 지식을 공유하지 못한다.……세상에 존재하는 엄청나게 많은 유기체들을 다룰 때, 우리는 분류과정과 그와 관련된 결정들을 지나치게 강조하느라고 정작 그 유기체에 **관한** 정보는 잃어버리는 경향이 있다(Hall 1977, 122에서 재인용).
23. 사회진화론이 전성기에 달했을 때도 모든 진화론자가 그것을 수용한 것은 아니다. 오늘날 대부분의 학자들은 그것이 존재했다는 것조차 까맣게 잊어버리고 있다. 그러나 이 이론이 나치 독일의 초인超人 Superman 이데올로기에 기초를 제공했다는 점을 잊어서는 안 된다. H. L. Mencken은 서슴없이 다윈주의를 자신의 사회적·정치적 교리에 적용했다. "이미 획득한 우월성들—여성에 대한 남성의, 흑인에 대한 백인의, 유대인에 대한 이방인의, 군중에 대한 엘리트의—은 진보의 이름으로 반드시 유지해야 한다. 남성이 여성보다 힘이 세기 때문에, 여성은 남성을 슬쩍 피하려고 '교활함을 배양하고', 약삭빨라지고, 꾀가 많아지고, 까칠해지는 것이다. 그러나 여성들이 언제나 당면한 문제들에 관심이 많고(신체적으로 연약

하므로), 따라서 큰 인생의 수수께끼를 다루는 데 익숙하지 않다는 사실은 그들의 정신적 태도를 아주 쩨쩨하게 만들어 준다.……그 결과 여성적 도덕은 기회주의와 당장의 편의를 특징으로 삼는 도덕이고, 정상적인 여성은 추상적 진리에 대한 존경심이 없고 그런 개념도 거의 없다"(2003, 104-105).
24. Aquinas는 "존재의 사슬"에 관해 말하면서, 꼭대기에 하나님을 두고, 지능에 따라 천사, 인간, 동물의 순서로 내려와서, 식물과 무생물을 아래쪽에 두었다. 그가 구체적으로 설명은 하지 않지만, 교회의 위계—존재론적으로 사람의 등급을 매기는 것—도 하늘의 것을 본받은 것이라고 암시한다. 중세 성당들이 그 조각품을 통해 이 존재의 사슬을 묘사하고 있다.

잘 알려진 기독교 교리인 "명령의 사슬"이 그리스 철학 및 다윈주의 철학과 상관성이 있을 것으로 의심하지 않을 수 없다. 하지만 명령의 사슬이 성경보다 그 철학들에 더 큰 빚을 지고 있는지 여부는 여전히 의문으로 남는다.
25. Locke는 인간 정신을 백지상태로 보고 그 위에 문화가 자기의 메시지를 쓴다고 생각했다. 그가 보기에, 인간의 정신은 타고날 때 어떤 선입관이나 이성의 규칙도 갖고 있지 않았다. Baruch Spinoza(1632-1677)는 인간의 격정이 인간 이성보다 더 강한 힘을 발휘한다고 말했다. Blaise Pascal(1632-1662)은 인간이 이성을 부여받았지만 그에 따라 행동하는 경우는 드물다고 했다.
26. 우리가 당연시하고 있는 이성에의 호소는 계몽주의까지 거슬러 올라가는데, 이 사상은 합리성에 대한 명확한 정의를 요구했다. 근대는 이것을 그리스 철학에서 찾았는데, 후자는 추상적이고 분석적인 연산 논리가 참 지식에 이르는 유일한 수단이라고 생각했다.
27. 연산algorithm은 정확하게 실행하기만 하면 문제에 대한 정답을 산출해 주는 공식적 과정이다. 아주 정확하기 때문에 모호한 면이 전혀 없다. 이는 지혜에 기초한 판결이 아니라 정답에 도달하는 테크닉이다. Bertalanffy는 이렇게 말한다. "연산은 본래 하나의 '생각하는' 기계이자 상징들을 갖고 연산을 하는 수단으로서, 다른 방법으로는 도달하기 어렵거나 불가능한 결과를 주는 것이다. 기계적이든 전자적이든, 계산기와 생각하는 기계들은 연산이 구체화된 것이다"(Bertalanffy 1981, 4).
28. Aristotle은 "모든 지식은 보편자에 속한다"(Malik 1987, 4)고 선언했다. 근대적 지식도 이런 가정을 품고 있으며, 특정한 문화에 뿌리박지 않고 홀로 설 만큼 충분히 추상적이고 보편적인 이론들을 추구한다. 일상의 특수성과 역사의 특수성은 보편적이고 추상적인 이론들로 설명되기까지는 무의미한 것으로 간주된다. 그리스적 논리는 추상적이고, 보편적이고, 비인격적인 사실들과 이론들을 다룬다.

이러한 보편자에 대한 추구는 보통 사적인 영역으로 분류되는 도덕에까지 확장된다. 그래서 민주주의, 인권, 개인의 자유, 평등은 "자명한" 것이어서 보편적인 동의를 얻어야 마땅하다고 생각한다. 그러나 세계의 많은 지역은 생각을 달리한다.

29. J. Kepler는 이렇게 말한다. "눈은 색채를 보도록 그리고 귀는 소리를 듣도록 만들어진 것같이, 인간의 정신은 당신이 기뻐하는 것이면 무엇이든 알기 위함이 아니라, 분량을 알도록 만들어졌다"(Kepler Opera 1, 31).
30. 0(제로)이 있는 힌두-아라비아 숫자와 자리 값의 도입은 심대한 결과를 가져왔다. 예를 들면, MCCCXXXXIIIJ(마지막 J는 누구든지 아무것도 덧붙일 수 없다는 것을 확실히 하는 숫자의 끝을 표시한다)를 CCCXXVI로 곱한 다음에 그것을 MDLXXII로 나눈다고 상상해 보라. 오랜 세월 동안 유럽 사람들은 0을 붙들고 씨름했다. 없다는 것을 표시하는 기호는 빈 공간의 개념만큼이나 개념적으로 당혹스러운 것이었다.
31. Kurt Gödel은 설명의 체계들이 세 가지 특징 중 둘만 가질 수 있음을 증명했다. 어떤 이론이든 포괄적이지 않든가 또는 강력하지 않든가 또는 논리적으로 일관성이 없기 마련이다.
32. W. O. Alexander, A. H. Strong, 최근에는 R. B. Griffiths까지 신학은 하나의 과학이라고, 아니 과학(학문)의 여왕이라고 주장했다.
33. 이 자연/문화의 이원론은 과학/인문학, 본성/양육, 예술/과학과 같은 다른 이원론들을 낳는다.
34. Karl Marx는 도덕적 악을 심각하게 여겼고, 개발이 아니라 혁명으로 구원에 이르는 거대한 반대내러티브를 제시했다.
35. Charles Malik는 "진보"라는 단어가 많은 의미를 갖고 있으나, 근대 대학교에서는 그것을 정신이 모든 기독교의 족쇄로부터 해방되는 것으로 본다고 지적한다. 그는 이렇게 말한다. "이런 유의 진보는 역사에서 예수의 이름과 그의 십자가에 관한 언급 자체를 없애는 것을 궁극적인 목표로 삼는다. 진보적이란 단어가 어떤 뜻을 갖고 있는지(진보적 인물, 진보적 교리, 진보적 법, 진보적 태도, 진보적 체계, 진보적 성향, 진보적 운동, 진보적 사회, 진보적 문화, 진보적 국가 등) 부지런히 살펴보라. 그러면 대부분의 경우, 의식적으로든 무의식적으로든, 예수 그리스도를 대항하는 것임을 알게 될 것이다. 우리에게 그분을 잊게 하기 위하여 전면에 내세우는 다른 무엇이 언제나 존재한다. 정의, 과학, 문화, 번영, 쾌락, 안전보장, 평화와 같은 것들이다. 중요한 것은 그분을 대치하는 것, 그분 없이 우리 자신을 만족시키는 것, 그분의 존재를 완전히 몰아내는 것이다. 예수는 근본을 흔들어 놓기 때문에, 이런 동요는 한 번에 영원히 잠재워야 한다는 것이다"(1987, 8).
36. Peter Berger는 사회 변동을 위한 두 가지 신화는 개발의 신화와 혁명의 신화라고 한다(1974). 둘 다 근대적 성격을 갖고 있는데, 모두 똑같은 목표를 지향하고 있기 때문이다. 그 목표는 인간의 노력을 통해 인간 생활의 향상을 꾀하는 일이다. 현

재로서는 전자가 승리를 거두어 지구적 무대에 승리자로 우뚝 서 있다.
37. 이처럼 복음을 근대 문화와 동등시함으로 말미암아 다른 문화들로 복음을 생소하게 여기게끔 만들었고 복음전파를 방해하는 결과를 낳았다.

8장

1. "포스트모던"이란 용어는 1870년에 잉글랜드의 한 화가가 후기 인상주의 그림을 지칭하기 위해 사용한 것이다. 1917년에는 Rudolf Pannwitz가 유럽 문화에서의 가치관의 몰락과 허무주의를 묘사하는 말로 사용했다. Arnold Toynbee는 1930년대에 이 용어를 사용했다. 1960년대에 이르면, 근대적 운동의 쇠퇴를 지목하고 그 이후에 도래하는 흐름을 특징짓는 용어로 사용된다. 1970년대에는 여러 학문 분야에서 널리 사용되기에 이른다.
2. 최근의 연구들은 단일한 지배적인 세계관 대신에 서로 경쟁하는 복수의 세계관들이 존재하고 있고, 지배층이 헤게모니를 완전히 장악할 수 없다는 사실을 보여준다(Simon and Billing 1994, 3).
3. 물리학에서, Einstein의 일반 상대성 이론은 과학자들을 자기가 조사하고 있는 세계 속에 집어넣는다. 그들이 보는 것은 그들의 참조 틀에 달려 있다. 사회학에서는 Karl Manheim과 Peter Berger가 과학자들도 자기 연구결과에 영향을 주는 사회적 공동체의 일부임을 증명한다. 인류학자들은 과학 자체도 서양의 역사와 세계관들에 의해 형성된 서양의 문화적 신념 체계임을 보여준다.
4. 포스트모던 주관주의는 교회에도 널리 영향을 미쳤다. 이러한 영향으로 점점 "체험"을 진리의 잣대로 보고, 개인의 믿음이 교회의 신앙고백보다 우선성을 갖게 된다. 이는 진리를 인지적 동의로만 본 근대적 성향에 대한 교정이긴 하지만, 신학적이고 종교적인 상대주의를 낳기도 한다.
5. 이 소설들은 전천년설적 세대주의로 알려진 신학 체계에 기초를 두고 있다. 이 체계를 개발한 사람은 John Darby(1800-1882)이고, 이것을 대중화시킨 인물은 1909년에 첫 출판된 「스코필드 관주 성경 Scofield Reference Bible」을 집필한 Cyrus Scofield였다.

9장

1. 초기 지구화 이론은 Adam Smith의 자동조절식의 시장, Immanuel Wallerstein의 세계체제, 많은 사람이 오래전에 토착적이기를 그쳤다는 Eric Wolf의 명제다.
2. Peter Berger는 지구화의 여러 흐름에 대해 논한다. 기업가와 정치 지도자 중심의

국제적인 문화(세계경제 정상회담이 스위스 산악 리조트인 다보스에서 열린 뒤에 Samuel Huntington은 이를 "다보스 문화"라고 부른다), Berger가 "교수 클럽 문화"라 부르는 지구적 학문 공동체, 음식·의복·연예 중심의 대중문화, 기독교·환경주의·페미니즘과 같은 대중적인 종교운동과 사회운동 등이다. 나는 이런 구분을 약간 각색하고 거기다가 몇 가지를 추가해서 사용한다.
3. "민족성"이란 용어는 종종 "부족tribe"의 대치어로 사용되곤 하는데, 후자가 세계의 많은 지역에서 부정적인 뉘앙스를 풍기기 때문이다. 인도와 같은 일부 지역에서는 "부족"을 긍정적인 의미로 사용하는데, 그것은 그 사람들이 "카스트"의 일원이 아니라는 뜻을 함축하기 때문이다. 민족성의 정의에 대해서는 많은 논쟁이 있으며, 민족성은 많은 도시와 국가에서 부족, 카스트, 대종족 공동체와 같이 다양한 형태를 지닌다(Lewellen 2002, 103-120). 이 단어가 분석적인 용어로는 대체로 무의미하게 되었다.

10장

1. 우리는 이런 본보기를 사도행전 8장에서 보게 되는데, 거기에는 시몬이 베드로가 전한 복음을 영접했으나 그것을 이전의 주술적 세계관을 가지고서 재해석하는 장면이 나온다. 불완전한 세계관의 전환은 분열된 그리스도인을 양산하는데, 일요일에는 영원한 구원을 위해 그리스도를 예배하지만, 주중에는 병을 치료받고 앞날을 인도받기 위해 이전의 종교적 관습으로 돌아가는 신자들이다(Hiebert, Shaw, and Tienou 1999).
2. 이 도표와 그 배후의 신학적 틀은 트리니티 복음주의 신학교의 타문화권 선교 과정에서 내가 지도하던 박사과정 학생들이 만든 것이다.
3. 우리가 이 두 측면 사이—하나님은 모든 것을 주관하시는 주권적인 분이라는 것과, 그분은 사랑이시라 그분에게 사랑으로 보답할 자유를 우리에게 주신다는 것 사이—에서 모순을 느끼는 이유는, 포괄적이고 강력하고 논리적으로 일관된 대통일 이론을 개발하려는 우리의 계몽주의 세계관 때문이다. 이것이 과학과 조직신학의 목표가 되어 왔다. 그러나 우리가 앞에서 살펴본 것처럼, Gödel은 어떤 거대 이론이라도 이 가운데 두 가지 요소만 가질 수 있음을 입증했다. 즉 외부의 변수들(과학에게는 이것이 하나님일 것이다)이 있던가, 그 이론이 제한된 범위를 갖고 있던가(과학은 일정한 것들만 설명한다는 것), 또는 내적인 논리적 모순이 있을 것이라는 뜻이다. 신학에서 하나님을 유한한 인간의 용어로 축소하려는 시도는 모두 큰 오류임을 기억해야 한다. 하나님께서는 우리의 합리적 이해를 뛰어넘는 신비로운 면모가 언제나 있을 것이다.

4. 과학과 신학을 보는 방법에 끼친 인식론적·기호론적 이론의 영향에 대한 보다 자세한 분석은 Hiebert 1999을 참고하라.
5. Lesslie Newbigin의 하나님 나라 신학에 관한 탁월한 분석은 Jürgen Schuster 2006을 참고하라.
6. 개신교에서 그리스도인의 모델은 학자다. "성인(성도)"이나 "거룩한 백성"에 대한 글은 아주 적다. 이 현상은, 이성과 진리를 강조하고 감정과 도덕은 진리를 주관화시킨다는 이유로 사적 부문으로 제쳐 놓는 계몽주의 사상을 반영하고 있다. 전근대적 세계에 뿌리박고 있는 가톨릭교회는 그 모델을 성인에게서 찾음으로써, 그리스도인의 생활의 도덕적 측면을 강조한다. 신약성경에서 그리스도인을 성도로 부르는 대목은 50번 정도 나온다. 개신교인인 우리는 성도됨의 중요성과 거룩한 삶의 모델을 재발견할 필요가 있다.
7. 이것은 힌두교의 견해로서, 신들조차 카르마의 도덕법에 종속되어 있어서, 자신의 죄로 인해 벌을 받아 생명의 위계에서 더 낮은 차원으로 태어나는 고통을 겪어야 한다고 주장한다.
8. 성경에는 천사에 대한 언급이 귀신에 대한 것보다 네 배나 많지만, 우리는 아예 언급하지 않는 경우가 많다.

11장

1. 한 목사는 "예수가 '나를 당신의 구원자로 믿어라'고 말한 적이 없다. 예수는 '나를 주님으로 삼고 따르면, 내가 당신을 구원해 주겠다'고 말했다"라고 했다. 이 두 관점은 큰 차이가 있다. 전자는 구원에 초점을 맞춘 나머지 새 신자의 제자훈련을 남에게 맡기곤 한다. 따라서 연약한 그리스도인들과 연약한 교회들을 양산한다. 반면에, 후자는 구원과 제자도 모두를 완전한 회심의 일부로 본다.
2. 이런 상황을 접하여 나이가 든 어른들은 그리스도인이 되기에 충분한 지식을 배울 수 없을 것이라고 선교사들이 결론지은 경우가 적어도 한 번은 있었다. 그들은 선교지 주민의 자녀들에게 기독교 교리를 가르치기 위해 기독교 학교를 세우는 데 주력했고, 젊은 세대와 함께 교회를 시작하고 싶어 했다.
3. 16세기 이후 가톨릭교회 선교의 중심은 행위의 변화였다. Francis Xavier는 주기도문, 12개 항의 짧은 가톨릭 신조, 십계명을 암송하는 개종자들에게 세례를 주었다. 가톨릭 신학은 개신교 신학과 달리 믿음과 행위, 상징의 형식과 의미 사이를 뚜렷이 구별하지 않는다. 따라서 행위상의 변형은 믿음이 변형되었다는 증거로 간주되어진다.
4. "시민종교"라는 용어는 Robert Bellah(Bellah and Hammond 1980)가 창안한 것이

다. 이것이 복음주의 교회에 대해 지니는 함의에 대해서는 Linder and Pierard 1978을 참고하라.
5. 아이러니하게도, 오늘날의 근대성은 테크놀로지보다 현대적 경영 원리에 기초한 리더십 스타일을 더 많이 수출하고 있다. 교회에서 우리는 타문화에서 복음을 상황화할 필요성을 갈수록 많이 인식하고 있지만, 종종 우리의 리더십 형태와 교회조직보다 복음을 상황화하는 것을 더 좋아하는 것 같다. 여기서 우리는 교회 개척을 일종의 과학으로 변모시켜서, 올바른 공식만 따르면 성장을 만들어 낼 수 있는 것처럼 생각할 위험이 있다.

참고문헌

Anderson, Benedict. 1983. *Imagined Communities: Reflections on the Origin and Spread of Nationalism*. Rev. ed. London: Verso. (「상상의 공동체」 길)

Anderson, Walter. 1990. *Reality Isn't What It Used to Be: Theatrical Politics, Read-to-Wear Religion, Global Myths, Primitive Chic, and Other Wonders of the Postmodern World*. San Francisco: HarperSanFrancisco.

Antoine, Robert. 1975. *Rama and the Bards: Epic Memory in the Ramayana*. Calcutta: Thompson.

Arnold, Dean. 2005. Foreword to *The Fall of Patriarchy: Its Broken Legacy Judged by Jesus and the Apostolic House Church Communities*. Ed. Dell Birkey. Tucson: Fenestra Books.

Baker, Mark B. 1999. *Religious No More: Building Communities of Grace and Freedom*. Downers Grove, IL: InterVarsity.

Barbour, Zeyno. 2005. "Fighting the War of Ideas." *Foreign Affairs* 84 (November–December): 68–78.

Barbour, Ian G. 1974. *Myths, Models and Paradigms: A Comparative Study in Science and Religion*. San Francisco: Harper.

Barnard, Alan. 2000. *History and Theory on Anthropology*. Cambridge: Cambridge University Press.

Barrett, David. 1968. *Schism and Renewal in Africa: An Analysis of Six Thousand Contemporary Religious Movements*. Nairobi: Oxford University Press.

Baudrillard, J. 1992. "The Anorexic Ruins?" In *Looking Back on the End of the World*, ed. D. Kamper and C. Wulf, 29-45. New York: Semiotext.

Bauman, Zygmunt. 1991. *Modernity and Ambivalence*. Cambridge: Polity Press.

Becker, Ernst. 1973. *The Denial of Death*. New York: Free Press.

Begbie, Jeremy. 1992. "The Gospel, the Arts and Our Culture." In *The Gospel and Contemporary Culture*, ed. Hugh Montefiore, 58-83. New York: Mowbray.

Behe, Michael. 2005. "Scientific Orthodoxies." *First Things* 154 (December): 15-20.

Bellah, Robert. 1967. "Civil Religion in America." *Journal of the American Academy of Arts and Sciences* 96: 1-21.

Bellah, Robert, and Phillip Hammond. 1980. *Varieties of Civil Religion*. San Francisco: Harper and Row.

Bellah, Robert, et al. 1985. *Habits of the Heart: Individualism and Commitment in America*. Berkeley: University of California Press.

Benedict, Ruth. 1934. *Patterns of Culture*. New York: Houghton Mifflin. (「문화의 패턴」 연암서가)

Berger, Peter L. 1967. *The Sacred Canopy: Elements of a Sociological Theory of Religion*. Garden City, NY: Doubleday.

_____. 1974. *Pyramids of Sacrifice: Political Ethics and Social Change*. New York: Basic Books.

Berger, Peter L., and Brigitte Berger, and Hansfried Kellner. 1973. *The Homeless Mind: Modernization and Consciousness*. New York: Random House.

Berger, Peter L., and Samuel P. Huntington, eds. 2002. *Many Globalizations: Cultural Diversity in the Contemporary World*. New York: Oxford University Press. (「진화하는 세계화」 아이필드)

Berger, Peter L., and Thomas Luckmann. 1967. *The Social Construction of Reality*. Garden City, NY: Anchor Books.

Berlin, Brent, and Paul Kay. 1969. *Basic Color Terms: Their Universality and Evolution*. Berkeley: University of California Press.

Bernstein, Ann. 2002. "Globalization, Culture, and Development: Can South Africa Be More than an Offshoot of the West?" In *Many Globalizations: Cultural Diversity in the Comtemporary World*, ed. Peter L. Berger and Samuel P. Huntington, 185-249. New York:

Oxford University Press.

Bertalanffy, Ludwig von. 1968. *General Systems Theory: Foundations, Development, Applications*. New York: Braziller.

──────. 1984. *A Systems View of Man*. Ed. Paul A LaViolette. Boulder, CO: Westview Press.

Best, Steven, and Douglas Kellner. 1991. *Postmodern Theory: Critical Interrogations*. New York: Guilford Press. (「탈현대의 사회이론」 현대미학사)

Bloom, Allan. 1987. *The Closing of the American Mind*. New York: Simon & Schuster.

Bonk, Jonathan. 1991. *Missions and Money: Affluence as a Western Missionary Problem*. Maryknoll, NY: Orbis Books.

Bosch, David J. 1991. *Transforming Mission: Paradigm Shifts in Theology of Mission*. Maryknoll, NY: Orbis Books. (「변화하고 있는 선교」 기독교문서선교회)

Brody, Howard, and David S. Sobel. 1979. "A Systems View of Health and Disease." In *Ways of Health*, ed. David S. Sobel, 1-14. New York: Harcourt, Brace, Jovanovich.

Brown, Richard H. 1994. "Reconstructing Social Theory after the Postmodern Critique." In *After Postmodernism: Reconstructing Ideology Critique*, ed. Herbert W. Simons and Michael Billig, 12-37. London: Sage.

Burtt, E. A. 1954. *The Metaphysical Foundations of Modern Science*. Garden City, NY: Doubleday Anchor Books.

Bury, J. B. 1932. *The Idea of Progress: An Inquiry into Its Growth and Origin*. New York: Dover.

Camery-Hoggatt, Jerry. 2006. "God in Plot: Storytelling and Many-Sided Truth of the Christian Faith." *Christian Scholar's Review* 35 (4): 451-69.

Chesterton, G. K. 1994. *What's Wrong With the World*. San Francisco: Ignatius. (Orig. pub. 1910)

Chomsky, Noam. 1986. *Knowledge of Language: Its Nature, Origin, and Use*. New York: Praeger. (「언어지식」 아르케)

Costas, Orlando. 1974. *The Church and Its Mission: A Shattering Critique from the Third World*. Wheaton: Tyndale.

Cox, Harvey. 1966. *The Secular City: A Celebration of Its Liberties and an Invitation of Its Discipline*. New York: Macmillan. (「세속도시」 대한기독

교서회)

Crick, Francis. 1994. *The Astonishing Hypothesis: The Scientific Search for the Soul*. New York: Scribners.

Crosby, Alfred W. 1997. *The Measure of Reality: Quantification and Western Society, 1250-1600*. Cambridge: Cambridge University Press. (「수량화 혁명」심산문화)

Danquah, J. B. 1965. *The Akan Doctrine of God*. London: Frank Case.

Das, Surya. 1999. *Awakening to the Sacred: Creating a Spiritual Life from Scratch*. New York: Broadway Books.

De Bary, William Theodore, et al., eds. 1958. *Sources of Indian Tradition*. New York: Columbia University Press.

Dellamora, Richard, ed. 1995. *Postmodern Apocalypse: Theory and Cultural Practice at the End*. Philadelphia: University of Pennsylvania Press.

Derrida, Jacques. 1984. "Of an Apocalyptic Tone Recently Adopted in Philosophy." Trans. John Leavey Jr. *Oxford Literary Review* 6 (2):3-37.

Descartes, René. 1991. *The Philosophical Writings of Descartes*. Ed. John Cottingham, Robert Stoothoff, and Dugald Murdoch. Vol. 3: *The Correspondence*. Cambridge: Cambridge University Press.

Dijksterhuis, E. J. 1986. *The Mechanization of the World Picture: Pythagoras to Newton*. Trans. C. Dikshoorn. Princeton, NJ: Princeton University Press.

Douglas, Mary. 1954. "The Lele of Kasai." In *African Worlds: Studies in the Cosmological Ideas and Social Values of African Peoples*, de. Daryll Forde, 1-26. London: Oxford University Press.

_____. 1966. *Purity and Danger: An Analysis of the Concepts of Pollution and Taboo*. London: Routledge and Kegan Paul.

_____. 1969. *Natural Symbols: Explorations in Cosmology*. London: Routledge and Kegan Paul.

Dundes, Alan. ed. 1965. *The Study of Folklore*. Englewood Cliffs, NJ: Prentice-Hall.

Eliade, Mircea. 1975. *Myths, Dreams and Mysteries: The Encounter Between Contemporary Faiths and Archaic Realities*. New York: Harper and Row. (「신화·꿈·신비」숲)

Ellul, Jacques. 1964. *The Technological Society*. New York: Random House.

_____. 1988. *Anarchy and Christianity*. Grand and Rapids: Eerdmans. (「무

정부와 기독교」솔로몬)

Evans-Pritchard, E. E. 1940. *The Nuer: A Description of the Modes of Livelihood and Political Institutions of a Nilotic People*. Oxford: Clarendon Press.

Febvre, L., and H. J. Martin. 1984. *The Coming of the Book: The Impact of Printing, 1450-1800*. Trans. David Gerard. London: Verso Books.

Ferguson, James. 2002. "Global Disconnect: Abjection and the Afrermath of Modernity." In *The Anthropology of Globalization: A Reader*, ed. Jonathan Inda and Renato Rosaldo, 136-53. Oxford: Blackwell.

Finger, Thomas N. 1985. *Christian Theology: An Eschatological Approach*. Nashville: Thomas Nelson.

Fix, Andrew C. 1991. *Prophecy and Reason: The Dutch Collegiants in the Early Enlightenment*. Princeton, NJ: Princeton University Press.

Forde, Daryll, ed. 1954. *African Worlds: Studies in the Cosmological Ideas and Social Values of African Peoples*. London: Oxford University Press.

Foster, George M. 1965. "Peasant Society and the Image of the Limited Good." *American Anthropologist* 67: 293-315.

Foucault, Michel. 1980. *Power/Knowledge: Select Interviews and Other Writings, 1972-1977*. Trans. C. Gordon, L. Marshall, J. Mepham, and K. Soper. New York: Pantheon. (「권력과 지식」나남)

Fox, Richard W., and Jackson Lears. 1983. *The Culture of Consumption: Critical Essays in American History. 1860-1960*. New York: Pantheon.

Frazer, Sir James G. 1922. *The Golden Bough: A Study of Magic and Religion*. Abridged ed. London: Macmillan. (「황금가지」한겨레신문사)

Friedman, Jonathan. 1994. *Cultural Identities and Global Processes*. London: Sage.

Fukuyama, Francis. 1989. "The End of History?" *National Interest* 16: 3-19.

Geertz, Clifford. 1973. *The Interpretation of Cultures: Selected Essays by Clifford Geertz*. New York: Basic Books. (「문화의 해석」까치)

_____. 1983. *Local Knowledge: Further Essays in Interpretive Anthropology*. New York: Basic Books.

Gellner, Ernest. 1992. *Postmodernism, Reason and Religion*. London: Routledge and Kegan Paul.

Gergen, Kenneth J. 1994. "The Limits of Pure Critique." In *After Postmodernism: Reconstructing Ideology Critique*, ed. Herbert W. Simons and Michael Billig, 58-78. London: Sage.

Giddens, Anthony. 1990. *The Consequences of Modernity*. Stanford, CA: Stanford University Press.

Goody, Jack. 1987. *The Interface between the Written and the Oral*. Cambridge: Cambridge University Press.

Greider, William. 2003. *The Soul of Capitalism*. New York: Simon & Schuster.

Grint, Keith. 1997. *Fuzzy Management: Contemporary Ideas and Practices at Work*. Oxford: Oxford University Press.

Gross, Joan, David McMurray, and Ted Swedenburg. 2002. "Arab Noise and Ramadan Nights: *Rai*, Rap, and Franco-Maghrebi Identities." In *The Anthropology of Globalization: A Reader*, ed. Jonathan Inda Reneto Rosaldo, 198-230. Oxford: Blackwell.

Guinness, Os. 1994a. "Mission Modernity: Seven Checkpoints on Mission in the Modern World." In *Faith and Modernity*, ed. Phillip Sampson, Vinay Samuel, and Chris Sugden, 322-52. Oxford: Regnum Lynx.

———. 1994b. *Fit Bodies, Fat Minds: Why Evangelicals Don't Think and What to Do about It*. Grand Rapids: Baker.

Hall, Edward. 1959. *Silent Language*. Garden City, NY: Doubleday. (「침묵의 언어」한길사)

———. 1977. *Beyond Culture*. Garden City, NY: Anchor Books. (「문화를 넘어서」한길사)

———. 1983. *Hidden Differences: How to Communicate with the Germans*. Studies in International Communication Hamburg: Stern.

Harvey, David. 1990. *The Condition of Postmodernity: An Enquiry into the Origins of Culture Change*. Cambridge, MA: Blackwell. (「포스트모더니티의 조건」한울)

Hauerwas, Stanley, and W. H Willimon. 1989. *Resident Aliens: Life in the Christian Colony*. Nashville: Abingdon Press. (「하나님의 나그네 된 백성」복 있는 사람)

Hawking, Stephen. 1988. *A Brief History of Time: From the Big Bang to the Black Hole*. New York: Bantam Books. (「짧고 쉽게 쓴 시간의 역사」까치)

Herzfeld, Michael. 2001. *Anthropology: Theoretical Practice in Culture and Society*. Malden, MA: UNESCO.

Hiebert, Paul. 1971. *Konduru: Structure and Integration in a South Indian Village*. Minneapolis: University of Minnesota Press.

———. 1989. "Form and Meaning in the Contextualization of the Gospel."

In *The Word Among Us: Contextualizing Theology for Mission Today*, ed. Dean S. Gilliland, 101-20. Dallas: Word.
_____. 1994. *Anthropological Reflections on Missiological Issues*. Grand Rapids: Baker Academic.
_____. 1999. *Missiological Implications of Epistemological Shifts*. Harrisburg, PA: Trinity Press International.
_____. 2006. "The Missionary as Mediator of Global Theologizing." In *Globalizing Theology: Belief and Practice in an Era of World Christianity*, ed. Craig Ott and Harold A. Netland, 288-308. Grand Rapids: Baker Academic.
Hiebert, Paul G., R. Daniel Shaw, and Tite Tiénou. 1999. *Understanding Folk Religion: Christian Response to Popular Religious Beliefs and Practices*. Grand Rapids Baker Academic. (「민간종교 이해」 한국해외선교회출판부)
Hobsbawm, E. J. 1959. *Primitive Rebels: Studies in Archaic Forms of Social Movement in the Nineteenth and Twentieth Centuries*. Manchester, UK: Manchester University Press.
Hoebel, E. Adamson. 1954. *The Law of Primitive Man: A Study of Comparative Legal Dynamics*. Cambridge, MA: Harvard University Press.
Hoekema, Anthony A. 1986. *Created in God's Image*. New York: McGraw Hill. (「개혁주의 인간론」 기독교문서선교회)
Hofstede, Geert H. 1994. *Cultures and Organizations: Software of the Mind*. London: HarperCollins.
Horton, Robin. 1970. "African Traditional and Western Science." In *Rationality*, ed. Bryan R. Wilson, 131-71. New York: Harper Torchbooks.
Howard, Thomas Albert. 2006. "America in the European Mind." *First Things* 167 (November): 11-14.
Hsiao, Hsin-Huang Michael. 2002. "Coexistence and Synthesis: Cultural Globalization and Localization in Contemporary Taiwan." In *Many Globalizations*, ed. Peter L. Berger and Samuel P. Huntington, 48-67. New York: Oxford University Press.
Hsu, Francis. 1961. "American Core Values and National Character." In *Psychological Anthropology: Aproaches to Culture and Personality*, ed. Francis Hsu, 209-30. Homewood, IL: The Dorsey Press.
_____. 1963. *Clan, Caste, and Club*. New York: D. Van Nostrand.

Huntington, Samuel P. 1996. *The Clash of Civilizations and the Remaking of World Order*. New York: Simon & Schuster. (「문명의 충돌」 김영사)

Hutcheon, Linda. 1980. *A Poetics of Postmodernism*. New York: Routledge.

Inda, Jonathan, and Renato Rosaldo, eds. 2002. *The Anthropology of Globalization: A Reader*. Oxford: Blackwell.

Johnson, Phillip E. 1995. *Reason in the Balance: The Case against Naturalism in Science, Law and Education*. Downers Grove, IL: InterVarsity. (「위기에 처한 이성」 IVP)

Jones, Alwyn. 1991. *Logic and Knowledge Representation*. London: Pitman.

Jones, E. Stanley. 1957. *Christian Maturity*. Nashville: Abingdon Press.

_____. 1972. *The Unchanging Person and the Unshakable Kingdom*. Nashville: Abingdon Press.

Kant, Immanuel. 1959. *Foundations of the Metaphysics of Morals and What Is Enlightenment?* Indianapolis: Bobbs Merrill. (「도덕 형이상학을 위한 기초 놓기」 책세상)

Kasdorf, Hans. 1980. *Christian Conversion in Context*. Scottdale, PA: Herald Press.

Kavanaugh, James F. 1981. *Following Christ in a Consumer Society: The Spirituality of Cultural Resistance*. Maryknoll, NY: Orbis Books.

Kearney, Michael. 1984. *World View*. Novato, CA: Chandler and Sharp.

Kepler, Johannes. 1858. *Joannis Kepler, Astronomi Opera Omnia*. Ed. Ch. Frisch, 8 vols. Frankfurt: Heyder & Zimmer. Quoted in Burtt 1954, 68.

Kluckhohn, Clyde. 1965. "Recurrent Themes in Myths and Myth Making." In *The Study of Folklore*, ed. Alan Dundes, 158-68. Englewood Cliffs, NJ: Prentice-Hall.

Koester, Craig R. 2005. "Revelation and the Left Behind Novels." *Words and World: Theology for Christian Ministry* 25 (Summer): 274-82.

Kraft, Charles H. 1979. *Christianity in Culture: A Study in Dynamic Biblical Theologizing in Cross-Cultural Perspectives*. Maryknoll, NY: Orbis Books.

Kraus, C. Norman. 1974. *The Community of the Spirit*. Grand Rapids: Eerdmans.

_____. 1979. *The Authentic Witness: Credibility and Authority*. Grand Rapids: Eerdmans.

Kroeber, A. L. 1948. *Anthropology*. Rev. ed. New York: Harcourt Brace Jovanovich.

Kuhn, Thomas S. 1970. *The Structure of Scientific Revolutions*. 2nd ed. Chicago: University of Chicago Press. (「과학혁명의 구조」까지)
Ladd, George. 1999. "The Gospel of the Kingdom." In *Perspectives on the World Christian Movement*, ed. Ralph D. Winter and Steven C. Hawthorne, 3rd ed., 64-77. Pasadena, CA: William Carey Library.
Larson, Edward J., and Larry Witham. 1998. "Leading Scientists Still Reject God." *Nature* 394 (6691): 313.
Lash, Nicholas. 1996. *The Beginning and the End of "Religion."* Cambridge: Cambridge University Press.
Laudan, Larry. 1997. *Progress and Its Problems: Towards a Theory of Scientific Growth*. Berkeley: University of California Press.
_____. 1996. *Beyond Positivism and Relativism: Theory of Scientific Growth*. Boulder, CO: Westview Press.
Lausanne Committee for World Evangelism. 1980. *The Thailand Report on Secularists: Report of the Consultation of World Evangelization Mini-Consultation on Reaching Secularists*. Wheaton: Lausanne Committee for World Evangelism.
Levi, Edward H. 1949. *An Introduction to Legal Reasoning*. Chicago: University of Chicago Press.
Levi-Strauss, Claude. 1978. *Myth and Meaning: Cracking the Code of Culture*. Toronto: University of Toronto Press. (「신화의 의미」이끌리오)
_____. 1984. *Anthropology and Myth*. Oxford: Basil Blackwell.
Lewellen, Ted C. 2002. *The Anthropology of Globalization*. Westport, CT: Bergin and Garvey.
Lewis, C. S. 1960. *A Preface to Paradise Lost*. London: Oxford University Press.
Linder, Robert, and Richard Pirard. 1978. *Twilight of the Saints: Biblical Christianity and Civil Religion in America*. Downers Grove, IL: InterVarsity.
Little, Kenneth. 1954. "The Mende in Sierra Leone." In *African Worlds: Studies in the Cosmological Ideas and Social Values of African Peoples*, ed. Daryll Forde, 111-37. London: Oxford University Press.
Lovejoy, Arthur. 1936. *The Great Chain of Being: A Study of th History of an Idea*. Cambridge, MA: Harvard University Press.
Luriia, A. R. 1976. *Cognitive Development, Its Cultural and Social Foundations*. Trans. M. Lopez-Morillas and I. Solotaroof. Cambridge,

MA: Harvard University Press.

Lyotard, Jean-François. 1984. *The Postmodern Condition*. Minneapolis: University of Minnesota Press. (「포스트모던의 조건」 민음사)

MacMaster, Eve. 2006. "It's Not about the Fish: Reflections of the Books of Jonah." *The Mennonite* (September 5): 12-14.

Malik, Charles. 1987. *A Christian Critique of the University*. Waterloo, ON: North Waterloo Academic Press.

Malinowski, Bronislaw. 1922. *Argonauts of the Western Pacific: An Account of Native Enterprise and Adventure in the Archipelagoes of Melanesian New Guinea*. London: Routledge and Sons.

_____. 1926. *Myth in Primitive Psychology*. Westport, CT: Negro Universities Press.

Marshall, Christopher D. 2001. *Beyond Retribution: A New Testament Vision for Justice, Crime, and Punishment*. Grand Rapids: Eerdmans.

Masterman, Margaret. 1970. "The Nature of a Paradigm." In *Criticism and the Growth of Knowledge*, ed. Imre Lakatos and Alan Musgrave, 59-89. Cambridge: Cambridge University Press.

May, Rollo. 1991. *The Cry for Myth*. New York: Dell.

McFarland, H. Neill. 1967. *The Rush Hour of the Gods: A Study of New Religious Movements in Japan*. New York: Macmillan.

McGrath, Alister. 1996. *A Passion for Truth: The Intellectual Coherence of Evangelicalism*. Downers Grove, IL: InterVarsity. (「복음주의와 기독교적 지성」 IVP)

McNeill, Donald, Douglas Morrison, and Henri Nouwen. 1982. *Compassion: A Reflection on the Christian Life*. Garden City, NY: Doubleday. (「긍휼」 IVP)

Meade, Dale R. 2005. "The Meaning of Life as Seen through the Window of Death Rituals Practiced within Colombian Folk Religion." PhD diss., Trinity International Unversity, Deerfield, IL.

Mencken, H. L. 2003. *The Philosophy of Friedrich Nietzsche*. Tucson: Sea Sharp Press. (Orig. pub. 1908.)

Meneses, Eloise Hiebert. 1997. "No Other Foundations: Personal Commitment for the Christian Anthropologist." Unpublished manuscript.

Mezirow, Jack. 1978. "Perspective Transformation." *Adult Education* 28 (2): 100-110.

_____. 1991. *Transformative Dimensions of Adult Learning*. San Francisco: Jossey-Bass.

Mitford, Jessica. 1963. *The American Way of Death*. Greenwich, CT: Fawcett Crest.

Montefiore, Hugh. 1992. Introduction to *The Gospel in Contemporary Culture*. Ed. Hugh Montefiore. New York: Mowbray.

Moon, Stephen. 1998. "A Hermeneutical Model of Urban Religious Symbols: The Case of Konya, Turkey." PhD diss., Trinity Evangelical Divinity School, Deerfield, IL.

Moore, Charles A., ed. 1967. *The Indian Mind: Essentials of Indian Philosophy and Culture*. Honolulu: University of Hawaii Press.

Mumford, Lewis. 1934. *Technics and Civilization*. New York: Harcourt, Brace and World.

Naugle, David K. 2002. *Worldview: The History of a Concept*. Grand Rapids: Eerdmans.

Neill, Stephen. 1960. *Christian Holiness*. The Carnahan Lectures for 1958. London: Lutterworth Press.

Netland, Harold. 1991. *Dissonant Voices: Religious Pluralism and the Question of Truth*. Grand Rapids: Eerdmans.

Neuhaus, Richard John. 2000. *Death on a Friday Afternoon: Meditations on the Last Words of Jesus from the Cross*. New York: Basic Books.

_____. 2005. "Our American Babylon." *First Things* 158 (December): 23-28.

Newbigin, Lesslie. 1942. *What Is the Gospel?* SCM Study Series 6. Madras: Christian Literature Society.

_____. 1954. "Why Study the Old Testament?" *National Christian Review* 74: 71-76.

_____. 1963. *The Relevance of Trinitarian Doctrine for Today's Mission*. Richmond: John Knox Press.

_____. 1966. *Honest Religion for Secular Man*. Philadelphia: Westminster Press.

_____. 1976. "Bible Study on Romans." Bible study presented at the conference "Church in the Inner City," Birmingham, September.

_____. 1980. *Your Kingdom Come: Reflections on the Theme of the Melbourne Conference on World Mission and Evangelism 1980*. Leeds, UK: John Paul the Preacher's Press.

_____. 1989. *The Gospel in a Pluralist Society*. London: SPCK. (「다원주의 사

회에서의 복음」IVP)
_____. 1991. *Truth to Tell*. Grand Rapids: Eerdmans.
_____. 1992. "The End of History." *The Gospel and Our Culture* 13:1-2.
_____. 1993. "The Kingdom of God and Our Hopes for the Future." In *Kingdom of God and Human Society*, ed. R. Barbour, 1-12. Edinburgh: T&T Clark.
_____. 1995. *Proper Confidence: Faith, Doubt, and Certainty in Christian Discipleship*. Grand Rapids: Eerdmans.
_____. 1998. *The Household of God: Lectures on the Nature of the Church*. Carlisle, UK: Paternoster Press.
_____. 2003. "The Kingdom of God and the Idea of Progress." In *Signs amid the Rubble: The Purposes of God in Human History*, ed. G. Wainwright, 1-55. Grand Rapids: Eerdmans.
Nott, Kathleen. 1971. *Philosophy and Human Nature*. New York: New York University Press.
Oden, Thoms. 1992. *Agenda for Theology: After Modernity What?* Grand Rapids: Zondervan.
Ong, Walter J. 1969. "World as View and World as Event." *American Anthropologist* 71: 634-47.
Opler, Morris E. 1945. "Themes as Dynamic Forces in Culture." *American Journal of Sociology* 51: 198-206.
Palmer, Parker J. 1983. *To Know as We Are Known: A Spirituality of Education*. San Francisco: Harper and Row.
_____. 1993. *To Know as We Are Known: Education as a Spiritual Journey*. San Francisco: HarperSanFrancisco. (「가르침과 배움의 영성」IVP)
Parsons, Talcott, and Edward Shils, eds. 1952. *Toward a General Theory of Action*. Cambridge, MA: Harvard University Press.
Peirce, Charles S. 1955. *Philosophical Writings of Peirce*. Ed. J. Buchler. New York: Dover. (Orig. pub. 1940)
_____. 1958. *Charles S. Peirce: Selected Writings*. New York: Dover.
Pepper, Stephen. 1942. *World Hypotheses*. Berkeley: University of California Press.
Peterson, Eugene H. 1988. *Reversed Thunder: The Revelation of John and the Praying Imagination*. San Francisco: Harper and Row. (「묵시: 현실을 새롭게 하는 영성」IVP)
_____. 1997. *Leap Over a Wall: Earthly Spirituality for Everyday Christians*.

San Francisco: HarperSanFrancisco. (「다윗: 현실에 뿌리박은 영성」 IVP)

Piaget, Jean. 1970. *Structuralism*. New York: Basic Books.

Pickett, J. Waskom. 1933. *Christian Mass Movements in India: A Study with Recommendations*. New York: Abingdon.

Pike, Euice V. 1980. "The Concept of Limited Good and Spread of the Gospel." *Missiology: An International Review* 8 (October): 449-54.

Polanyi, Michael. 1962. *Personal Knowledge: Towards a Post-Critical Philosophy*. Chicago: University of Chicago Press. (「개인적 지식」 아카넷)

Postman, Neil. 1985. *Amusing Ourselves to Death: Public Discourse in the Age of Show Business*. New York: Penguin Books. (「죽도록 즐기기」 굿인포메이션)

Rad, Gerhard von. 1962. *Old Testament Theology*. 2 vols. London: SCM. (「구약성서신학」 분도출판사)

Radcliffe-Brown, A. R. 1958. *Method in Social Anthropology*. Ed. M. N. Srinivas. Chicago: University of Chicago Press.

Rader, William. 1978. *The Church and Racial Hostility: A History of Interpretation of Ephesians 2:11-12*. Tübingen: Mohr.

Radin, Paul. 1927. *Primitive Man as Philosopher*. New York: Appleton.

Ramachandra, Vinoth. 1996. *Gods That Fail: Modern Idolatry and Christian Mission*. Carlisle, UK: Paternoster Press.

_____. 1999. *Faiths in Conflict? Christian Integrity in a Multicultural World*. Secunderabad, India: OM Books.

Rao, Raja. 1967. *Kanthapura*. Oxford University Press.

Rapley, John. 2006. "The New Middle Ages." *Foreign Affairs* 85 (May-June): 95-104.

Redfield, Robert. 1968. *The Primitive World and Its Transformations*. Harmondsworth, UK: Penguin Books.

_____. 1989. *The Little Community: Peasant Society and Culture*. Chicago: University of Chicago Press.

Rentas, Angelo. 2006. "Intelligent Design." *Trinity Magazine* (Spring): 22-24.

Riessman, Catherine Kohler. 1993. *Narrative Analysis*. Newbury Park, NY: Sage. (「내러티브 분석」 군자출판사)

Ritzer, George. 2001. *Explorations in the Sociology of Consumption: Fast Foods, Credit Cards and Casinos*. London: Sage.

Rosenau, Pauline Marie. 1992. *Post-Modernism and the Social Sciences: Insights, Inroads, and Intrusions*. Princeton, NJ: Princeton University

Press.

Rosenwald, G. C., and R. L. Ochberg. 1992. "Introduction: Life Stories, Cultural Politics, and Self-understanding." In *Storied Lives: The Cultural Politics of Self-understanding*, ed. G. C. Rosenwald and R. L. Ochberg, 1-18. New Haven: Yale University Press.

Rossi, Ino. 1983. *From The Sociology of Symbols to the Sociology of Signs: Toward a Dialectical Sociology*. New York: Columbia University Press.

Russell, Bertrand. 2004. *History of Western Philosophy*. London: Routledge. (Orig. pub. 1946.) (「러셀서양철학사」 을유출판사)

Sanneh, Lamin. 1993. *Encountering the West: Christianity and the Global Cultural Process*. Maryknoll, NY: Orbis Books.

Sapir, Edward. 1949. *Selected Writings in Language, Culture, and Personality*. Ed. David G. Mandelbaum. Berkeley: University of California Press.

Saussure, Ferdinand de. 1966. *Course in General Linguistics*. Ed. by Charles Bally and Albert Sechehaye in collaboration with Albert Reidlinger. Trans. with an introduction and notes by Wade Baskin. New York: McGraw-Hill. (「일반언어학 강의」 민음사)

Schroeder, Manfred. 1991. *Fractals, Chaos, Power Laws*. New York: W. H. Freeman.

Schuster, Jürgen. 2006. "The Significance of the Kingdom of God in Its Eschatological Tension for the Theology of Mission of Lesslie Newbigin." PhD diss., Trinity International University, Deerfield, IL.

Shenk, Wilbert. 1980. "The Changing Role of the Missionary: From Civilization to Contextualization." In *Missions, Evangelism and Church Growth*, ed. C. Norman Kraus, 33-58. Scottdale, PA: Herald Press.

Simons, Herbert W., and Michael Billig, eds. 1994. *After Postmodernism: Reconstructing Ideology Critique*. London: Sage.

Smart, Barry. 1993. *Postmodernity: Key Ideas*. London: Routledge.

Smith, Huston. 1982. *Beyond the Post-Modern Mind*. New York: Crossroad.

Spradley, James P. 1980. *Participant Observation*. Newbury Park, CA: Sage.

Stanley, Brian, ed. 2001. *Christian Missions and the Enlightenment*. Grand Rapids: Eerdmans; Surrey, UK: Curzon Press.

Stott, John R. W. 1979. *The Message of Ephesians*. Downers Grove, IL: InterVarsity. (「에베소서 강해」 IVP)

Taber, Charles R. 1991. *The World Is Too Much with Us: "Culture" in*

    Modern Protestant Missions. Macon, GA: Mercer University Press.

_____. 2002. "The Gospel as Authentic Meta-narrative." In *A Scandalous Prophet: The Way of Mission after Newbigin*, ed. Thomas S. Faust, George R. Hunsberger, J. Andrew Kirk, and Werner Ustorf, 182-94. Grand Rapids: Eerdmans.

Tiénou, Tite, and Paul G. Hiebert. 2006. "Missional Theology." *Missiology* 34 (April): 219-38.

Tocqueville, Alexis de. 1863. *Democracy in America*. Ed. Francis Bowen. Trans. Henry Reeve. Cambridge: Sever and Francis.

_____. 1969. *Democracy in America*. Trans. George Lawrence. New York: Doubleday Anchor Books. (「미국의 민주주의」 한길사)

Todd, Emanuel. 1987. *The Causes of Progress: Culture, Authority, and Change*. Oxford: Basil Black well.

Toynbee, Arnold. 1947. *A Study of History*. Abridgment of vols. 1-6 by D. C. Somervell. New York: Oxford University Press. (「역사의 연구」 동서문화사)

Turner, Harold. 1981. "Religious Movements in Primal (or Tribal) Societies." *Mission Focus* 9: 45-54.

Turner, Victor. 1974. *Dramas, Fields, and Metaphors: Symbolic Action in Human Societies*. Ithaca, NY: Cornell University Press.

Van Engen, Charles. 1997. "Mission Theology in the Light of Postmodern Critique." *International Review of Mission* 86 (October): 437-61.

Waddington, C. H. 1941. *Scientific Attitude*. New York: Penguin Books.

Wallace, A. F. C. 1956. "Revitalization Movements." *American Anthropologist* 58: 264-81.

Wallerstein, Immanuel. 1998. *Utopistics, or, Historical Choices of the Twenty-First Century*. New York: New Press.

Wallis, Jim. 1981. *The Call to Conversion*. San Francisco: Harper-SanFrancisco. (「회심」 IVP)

Walsh, Brian J. 2006. "From Housing to Homemaking: Worldviews and the Shaping of Home." *Christian Scholar's Review* 35 (2): 237-57.

Walsh, Brian J., and J. Richard Middleton. 1984. *Transforming Vision: Shaping a Christian Worldview*. Downers Grove, IL: InterVarsity. (「그리스도인의 비전」 IVP)

Warner, W. Lloyd. 1953. *American Life: Dream and Reality*. Chicago: University of Chicago Press.

Weber, Max. 1970. *From Max Weber: Essays in Sociology*. Ed. H. H. Gerth and C. Wright Mills. London: Routledge and Kegan Paul.

Werner, Oswald, and G. M. Schoepfle. 1989. *Systematic Fieldwork: Foundations of Ethnography and Interviewing*. 2 vols. Newbury Park, CA: Sage.

Whitehead, Alfred North. 1938. *Modes of Thought*. New York: Free Press. (「사고의 양태」 다산글방)

Wilson, Bryan R., ed. 1970. *Rationality*. New York: Harper Torchbooks.

Wink, Walter. 1992. *Engaging the Powers: Discernment and Resistance in a World of Domination*. Minneapolis: Fortress Press. (「사탄의 체제와 예수의 비폭력」 한국기독교연구소)

Wolf, Eric. 1955. "Types of Latin American Peasantry: A Preliminary Discussion." *American Anthropologist* 57 (June): 452–71.

Wolff, K. 1989. "From Nothing to Sociology." *Philosophy of the Social Sciences* 19 (3): 321–39.

Wolters, Albert. 1985. *Creation Regained: Biblical Basics for a Reformational Worldview*. Grand Rapids: Eerdmans. (「창조 타락 구속」 IVP)

Worsley, Peter. 1968. *The Trumpet Shall Sound: A Study of Cargo Cults in Melanesia*. New York: Schocken Books.

Zadeh, Lofti Asker. 1965. "Fuzzy Sets." *Information and Control* 8: 338–53.

Zahan, Dominique. 1979. *The Religion, Spirituality, and Thought of Traditional Africa*. Trans. Kate Ezra Martin and Lawrence M. Martin. Chicago: University of Chicago Press.

Zehr, Howard. 1990. *Changing Lenses: A New Focus for Crime and Justice*. Scottdale, PA: Herald Press.

Zimmerman, Hans-Jürgen. 1985. *Fuzzy Set Theory and Its Applications*. Boston: Kluwer-Nijhoff.

찾아보기

ㄱ

감정(emotion) '정서적 주제'들을 보라.
강화 의식(rites of intensification) 618
개념적 기독교(conceptual
  Christianity) 486
개발/발전(development) 384,
  493-495 또한 '진보'를 보라.
개인(individual)
  근대성과 316-327, 343, 347
  농경사회에서 240
  문화와 42, 643, 647
  성경과 533-535, 544-551
  소규모 사회와 205-208
  신념체계 164-165, 462-463,
    477-481, 517
  인지적 주제로서 111-112
  지구주의와 462-463, 477-481
  타자와 40
  평가적 주제들과 122, 123
  포스트모더니티와 432, 433
  회심과 23, 621-623, 624, 629

개인적 스트레스가 증가되는 단계
  (increased individual stress stage)
  629
개인적 시스템(personal system)
  164-165, 463, 477-481, 517
개인적 자율성(individual autonomy)
  '개인'을 보라.
갱신 의식(rites of renewal) 178, 618
거대내러티브(metanarrative)
  416-418, 421 또한 '신화'를 보라.
거대한 내러티브(grand narrative) '거
  대내러티브'를 보라.
거룩(holiness) 302-303, 562-568
거룩한 경외심(holy awe) 552-553
결정론(determinism) 302, 304-308
겸손의 윤리(ethic of humility) 209
경계가 뚜렷한 집합(bounded sets)
  71-72
경계의 측정(measurement of boundaries) 108-110
경쟁(competition) 643 또한 '자본주
  의'를 보라.

경쟁 대상으로서의 지식(contested knowledge) 94-95
경제(the economy)
  농경 248-251, 458-460
  문화와 643
  자본주의 331-334, 435-438, 459-460, 482-485
경제적 신자유주의(economic neoliberalism) 460, 482-485 또한 '경제'를 보라.
경제적 축적(economic accumulation) 251, 258-260 또한 '경제'를 보라.
경제적 한계들(economic limits) 258-260, 377, 647
경험주의(empiricism) '논리실증주의'를 보라.
계급과 출생(class and birth) '귀속'을 보라.
계몽주의(the Enlightenment) 271-273, 353-354, 414, 515
고향을 향한 동경(yearning for home) 491 또한 '지구적 이주'를 보라.
공간(space)
  농경사회에서의 239, 265
  대통일 이론과 362
  문화와 41, 106-110
  소규모 사회와 214-217
  또한 '신화'를 보라.
공동체(community) '집단'을 보라.
공리주의(utilitarianism) 373
공시적 구조(synchronic structures) 64-125 또한 '공시적 모델'을 보라.
공시적 모델(synchronic model) 39, 64-125, 136, 202-226, 637
공시적 분류(synchronic classification) 40, 79-80, 353-356, 586-590, 641
공시적 심층(synchronic depth) 64-66
공시적 지도(synchronic maps) 57, 74-75, 518
공식 문화(formal culture) 252-256
공식적/형식적 분류법(formal taxonomies) 72-73
공유의 윤리(ethic of sharing) 209
공적 기관(public institutions) 289-291
공적 영역과 사적 영역(public and private spheres) 289-291
공적인 오락(public amusement) 368-370, 431, 440-444, 514-515
과학(science) 137-139, 273-281, 285-288
과학적 객관성(scientific objectivity) 344-349
과학적 사실(scientific facts) 287
과학적 실재론(scientific realism) 340-341, 431-432 또한 '논리실증주의'를 보라.
관계(relationships)
  로서 도덕성 118-121
  문화와 40
  성경과 541-551, 567, 569-570, 577-581
  인격 상호간의 301, 319-320, 313-315
  집합들과 69-72, 587-590
  회심과 587-588
  또한 '집단', '개인'을 보라.
관계에 근거한 대부(relational borrowing) 143-144
관계적 논리(relational logic) 84-86,

222-226
교감의 법칙(law of sympathy) 225
교수 클럽 문화(faculty club culture) 665 주2
교차문화적 비교(cross-cultural comparison) 196-198
구속적 폭력(redemptive violence) 384-388
구술성(orality) 47-48, 219-212, 244-246, 263-266, 364
구원(salvation) 321, 444-446
구체적 기능 논리(concrete functional logic) 84-86, 222-226
구획화(compartmentalization) 140
국가(state)
    근대적 334-339
    농경사회와 238-239, 243
    민주적 323-327, 424-425
    지구주의와 461, 480-481
    포스트모더니티와 430, 435, 440
권위(authority) 351-352, 506
귀속(ascription) 122, 123, 647
규범적 가정들(normative postulates) 46
그리스도인의 고난(Christian suffering) 559-561
그리스도인의 증언(Christian witness) '기독교 선교'를 보라.
그리스도인의 평화(Christian peace) 558-559
근대성(modernity)
    농경사회와 263-264
    신화와 289, 377-384
    의 발흥 269-273
    의 인지적 주제들 273-367
    의 정서적 주제들 368-370
    의 특징들 178, 649-651
    평가적 주제들과 370-377
    포스트모더니티와 397-409
    또한 문자교양을 보라.
근대성과 신앙(modernity and faith) 356-359
근대적 관료제(modern bureaucracy) 316
근대적 관찰자(modern observer) 349, 416-424
근대적 교육(modern education) 363, 461-462
근대적 기술(modern technique) 309-311, 316, 644
근대적 기업(modern corporations) 326-327, 329-330
근대적 노동(modern work) 376
근대적 참여자(modern participant) 349
근대적 회의주의(modern skepticism) 351-352
근본주의 운동(fundamentalist movements) '지구적 재활력 운동'을 보라.
글쓰기(writing) '문자교양'을 보라.
긍휼(compassion) 557 또한 '아가페'를 보라.
기계론적 뿌리 은유(mechanistic root metaphor)
    근대성과 294-311
    농경사회에서의 253-255
    성경과 543, 567
    시스템과 147, 148
    의 특징들 48
기능적 논리(functional logic) 84, 86,

222-256
기능적 책임(functional responsibility) 646
기독교(Christianity)
국가와 338-339
근대성과 292-294, 311-315, 327-330, 365-367, 389-394
로서 교회 530-540, 549-551
지구주의와 485-487
포스트모더니티와 443-444
기독교 선교(Christian missiology)
근대성과 292-294, 314, 366, 646
목적과 390-394
세계관과 131-132
하나님 나라와 523-524, 535-540
회심과 20-24, 366, 592-594, 596-599
또한 '회심'을 보라.
기쁨(joy) 558-559
기업 문화(business culture) 459-460
기원 신화(origin myths) 228
기호(signs)
문화와 65, 153-156
삼자관계 489, 518
소규모 사회에서의 211
의 유형들 73-77
포스트모더니티와 419, 426
또한 언어를 보라.
기호학(semiotics) '기호'를 보라.
꿈속의 시간(dream time) 100

ㄴ

낭만적 사랑(romantic love) 389, 554
내러티브(narrative) '신화'를 보라.

논리(logic)
관계적 222-226
실증주의 339-365, 425, 515, 638
의 문화적 수준 65
의 유형들 78-88
논리실증주의(logical positivism) 339-365, 425, 515, 638
논증적 언설(discursive speech) 75-76, 369
농경사회(peasant society) 237-265
농경사회의 대출(peasant lending) 249-250
농민봉기(peasant revolts) 262
농촌사회(rural society) '농경사회'를 보라.
누에르족(Nuer people, Sudan) 228
늦음(lateness) 104-105

ㄷ

다르마(dharma) 646
다른 세계들(other worlds) 113, 121-123, 254-255, 273-281
다보스 문화(Davos culture) 665 주2
다원주의(pluralism) 241-242, 247-248, 419-420, 645-646
대중문화(popular culture) 464-465
대통일 이론(grand unified theory) 361-362
더럽힘/불결(defilement) 35-36, 120, 312
데이비드 리빙스톤(David Livingstone) 392-393
데카르트적 이원론(Cartesian dualism) 340-344

도덕성(morality) '평가적 주제들'을
　보라.
도덕성과 악한(morality and villains)
　123, 184
도덕성과 영웅들(morality and
　heroes) 119-123, 192, 230, 261
도부족 문화(Dobuan culture) 34-35
동종요법(homeopathy) 225
두려운 신비(mysterium tremendum)
　552
두터운 서술(thick description) 193-194
디오니소스 문화(Dionysian culture) 34
디지털 집합(digital sets) 67-69, 71,
　571-572
딘카족(Dinka people, Sudan) 229
땅(land) 214-217, 239, 267 또한 '공간'
　을 보라.

ㄹ

로버트 레드필드(Robert Redfield)
　37-39, 51-52
루스 베네딕트(Ruth Benedict) 33-35
르네 데카르트(René Descartes) 340

ㅁ

마니교(Manichaeanism) 385
마르크스주의 모델(Marxist model) 39
　또한 '논리실증주의'를 보라.
마사이족의 민족 의미론적 분석
　(ethnosemantic analysis of Masai)
　174-175
마야(maya) 52, 638
마이클 커니(Michael Kearney) 39-40

마주치는 지형 경계(meets-and-
　bounds) 109
만남 시간(meeting time) 104-105
말(spoken words) '구술성'을 보라.
매개변수적 기호(parametric signs) 77
메리 더글러스(Mary Douglas) 35-36
메타노에인(metanoein) 591
명백한 운명(Manifest Destiny)
　390-391
모리스 오플러(Morris Opler) 41-46,
　51, 89-90
모양을 잘 갖춘 집합(well-formed
　sets) 67-68, 72, 354
목샤(moksha) 648
무리(bands) 201-233, 666 주3
무법자-영웅(bandit-hero) 261 또한
　'도덕성과 영웅'들을 보라.
무차별적 경계 시스템(indiscriminate
　boundary system) 109
묵시의 신화(myth of apocalypse)
　449-451
문명화된 민족(people as civilized)
　32-33, 390-393
문자교양(literacy) 244-246, 263-266,
　364, 369 또한 '근대성'을 보라.
문장 완성 분석(sentence completion
　analysis) 182-183
문화(culture)
　민속 대 공식 252-256
　충돌 모델 470
　측면들 27-56, 64-66, 152-161
　회심과 540, 594-608
문화와 더러움(culture and dirt)
　35-36, 120, 312
문화와 소리(culture and sound)

47-48, 219-221, 244-246, 265, 364
문화와 순결/청결(culture and purity) 35-36, 120, 312
문화와 시각(culture and sight) 47-48, 364
문화와 오염(culture and pollution) 35, 36, 120, 312
문화와 위생(culture and hygiene) 35-36, 120, 312
문화의 감각적 수준(cultural sensory level) 65
문화의 명시적 수준(cultural explicit level) 65
문화의 암시적 수준(cultural implicit level) 65, 91-93
문화의 표면적 수준(cultural surface level) 65
문화적 가정들(cultural postulates) 46
문화적 격자(cultural grid) 36
문화적 관용(cultural tolerance) '다원주의'를 보라.
문화적 규범(cultural norms) '평가적 주제들'을 보라.
문화적 변동(cultural change) 58-59 또한 '신화'를 보라.
문화적 산물(cultural products) 64
문화적 에토스(cultural ethos) 49 또한 '평가적 주제들'을 보라.
문화적 역동성(cultural dynamism) '신화'를 보라.
문화적 왜곡 단계(cultural distortion stage) 629
문화적 핵심의 여러 수준(cultural core level) 65

묻혀 있는 보물(buried treasure) 260
물질문화(material culture) 153
물질주의/유물론(materialism) 278-281, 288-289, 367, 447-448 또한 '창조주', '과학'을 보라.
미국 세계관(worldview of America) 638-648
미로(mazeways) 463, 477, 481, 517
민담(folklore) '신화'를 보라.
민속 문화(folk culture) 252-256
민속적 분류법(folk taxonomies) 72
민족 의미론적 분석(ethnosemantic analysis) 173-183 또한 '언어', '기호'를 보라.
민족국가(nation-state) '국가'를 보라.
민족성(ethnicity) 337, 477-480
민족정신(Volksgeist) 28-30
민족주의(nationalism) 480 또한 '국가'를 보라.
민주주의(democracy) 323-327, 424-425 또한 '국가'를 보라.
민중운동(people movements) 621-632

ㅂ

방법론(methodology) 169-198
범국가주의(transnationalism) 496
범주들(categories) 40-41, 66-73, 79, 353-356, 586-590, 640
벤저민 호프(Benjamin Whorf) 36-37
변형 의식(rites of transformation) 186, 615-617
보편주의(universalism) 근대성과 358, 362-363

예수와 506
평가적 120, 123-125, 640-641
포스트모더니티와 420-421
복수의 개인들의 회심(multi-individual conversions) 621-632
복음전도(evangelism) '기독교 선교'를 보라.
본질적 집합(intrinsic sets) 69-72, 587-589
부의 축적(accumulation of wealth) 251, 258-260 또한 '경제'를 보라.
부족(tribes) 201-233, 666 주3
분류법(taxonomies) '범주들'을 보라.
분리 신화(separation myths) 228-230
분석 모델(analytical model) 51-56, 637
분석적 계층화(analytical stratification) 139-141
분석적 환원주의(analytical reductionism) 137-139, 419
블레즈 파스칼(Blaise Pascal) 663 주25
비매개변수적 기호(nonparametric signs) 77
비본질적 집합(extrinsic sets) 69-72 또한 '관계'를 보라.
비인격적 지식(impersonal knowledge) 82
비판적 실재론(critical realism) 488-491, 517-521
뿌리 은유(root metaphor) 48, 82, 129 또한 '기계론적 뿌리 은유', '유기적 뿌리 은유'를 보라.

ㅅ

사교 클럽(social clubs) 324-325, 328, 648
사람(men) 216-217, 662 주23
사례 연구 분석(analysis of case studies) 194-196
사적 영역(private sphere) 290-291
사회진화론(social Darwinism) 356, 379
사회(society) 집단을 보라.
사회복음(social gospel) 292-293
사회주의(socialism) 323-327
산출(fertility) 213
삼사라(samsara) 644
삼자관계를 가진 기호(signs as triadic) 74-75, 489, 518
상대주의(relativism) 373, 431-432, 628, 645
상품화(commodification) 438, 483-485
상호인격적 지식(interpersonal knowledge) 82, 301
상호텍스트성(intertextuality) 423
생계유지형 경제(subsistence economy) '후견인-수혜자 경제'를 보라.
생활 체계(living system) '유기적 뿌리 은유'를 보라.
샬롬(shalom) 303, 544, 577-581
선/재화(the good) 258-260, 377, 562-568, 647
선택의 자유(freedom of choice) 53, 304-308, 373-375 또한 '개인'을 보라.
성경적 결혼(biblical marriage) 581-582, 615
성경적 회복(biblical restoration) 569
성공(success) '진보'를 보라.

성령의 열매(spiritual fruits/fruits of
　Spirit) 553-561
성육신(incarnation) 511, 512, 572
성차(gender) 216, 495, 662 주23
세계관 반주제들(worldview counter-
　themes) '세계관 주제들'을 보라.
세계관 주제들(worldview themes)
　41-46, 51-56, 65, 89-90, 196-198
세계관(Weltanschauung) 27-29
세계관과 설명(worldview and expla-
　nation) 56-57 또한 '공시적 모델'을
　보라.
세계관과 은유(worldview and meta-
　phor) 48, 82, 129 또한 '기계론적 뿌
　리 은유', '유기적 뿌리 은유'를 보라.
세계관의 검토(worldview examin-
　ation) 609-611
세계관의 기능(worldview functions)
　56-58
세계관의 변형(worldview transforma-
　tions) '회심'을 보라.
세계관의 정의(defined worldview)
　31, 5152, 152, 159
세력(powers) 154, 254-256 또한 '기
　계론적 뿌리 은유'를 보라.
세속주의(secularism) 288-289, 338,
　485-487
소규모 구술 사회(small-scale oral
　societies) 201-233
소규모 사회와 세력들(small-scale
　society and forces) 194
소규모 사회와 수치심(small-scale
　society and shame) 212
소규모 사회와 이름들(small-scale
　society and names) 211

소규모 사회와 조상(small-scale
　society and ancestors) 205-209
소규모 사회와 친족 집단(small-scale
　society and kinship groups)
　205-208
소도시 경선간 지구 시스템(Township-
　and-Range system) 109
소매 드라마(the Retail Drama) 436
소비주의(consumerism) 435-438,
　483-485
수학(mathematics) 355 또한 '기계론적
　뿌리 은유'를 보라.
수행적 기호(performative signs) 76-77
순례(pilgrimage) 644
순환적 시간(cyclical time) 100, 102, 639
숫자(numbers) 664 주30
슈브(shuv) 591
스티븐 페퍼(Stephen Pepper) 48, 82
스피노자(Baruch Spinoza) 663 주25
시간(time)
　근대성과 271, 288-289, 311-312
　농경사회에서의 265
　대통일 이론과 362
　소규모 사회들과 217-219
　의 개념 41, 99-109, 639
　또한 '신화'를 보라.
시간과 시계(time and clocks) 101-102
시간과 일정 짜기(time and
　scheduling) 101
시대정신(Zeitgeist) 29
시스템적 접근(systems approach) 50,
　144-151, 162-165, 168, 618-634
신념(beliefs)
　문화와 65, 152, 157-161
　민속 대 공식 252-258

회심과 20-24, 365-366, 586-589, 600-601
신의 계시(divine revelation) 513-514
신화(myth)
　근대의 289, 377-384
　농경사회와 261-263
　문화 구조로서 156-157, 165-166
　성경적 570-582
　소규모 사회와 216-219, 228-233
　의 분석 135-136, 187-191
　의 통시적 주제 54-55, 125-131, 637
　지구주의의 497-498
　포스트모던 416-418, 421, 448-452
　또한 '공간', '시간'을 보라.
신화적 대재난(mythic catastrophes/disasters) 230-233, 261
실존적 가정들(existential postulates) 46
실존주의(existentialism) 434
심리학적 시스템(psychological systems) 621-622 또한 '개인'을 보라.
심미적 분석(analysis of aesthetics) 191-192, 226-227 또한 '정서적 주제들'을 보라.
심층적인 철학적 분석(deep philosophical analysis) 196
십자가(the cross) 512, 580-581

○

아가페(agape) 553-557
아나스트레페인(anastrephein) 591
아날로그 집합(analogical sets) 67-69, 71, 79, 589-590
아날로그식 논리(analogical logic) 79-80
아담 스미스(Adam Smith) 659 주3

아담슨 회벨(E. Adamson Hoebel) 46-47
아리스토텔레스적 이원론(Aristotelian dualism) 273-294, 418-419
아이콘들(iconic symbols) 76
아포스트레페인(apostrephein) 591
아폴론 문화(Apollonian culture) 33-35
악에 대한 성경적 견해(biblical view of evil) 562-568
안정된 상태 단계(steady state stage) 629
양적 자료(data quantification) 359-361
언어(language)
　문화와 36-37, 64, 73-77
　포스트모더니티와 419, 426
　또한 '기호'를 보라.
업적(achievement) 121, 123, 647
에드워드 사피어(Edward Sapir) 33, 36
에드워드 쉴즈(Edward Shils) 50, 51
에로스(eros) 554 또한 '낭만적 사랑'을 보라.
에틱 분석(etic analysis) 170
에피스트레페인(epistrephein) 591
엔지 시대의 죄(sin in Engi era) 118
엘리트 문화(elite culture) 251-252, 264
여가의 도덕성(morality of leisure) 376
여성(women) 216-217, 495
역사(history) 130, 165-166, 451, 571-577 또한 '신화'를 보라.
역사의 종점(telos) 513, 575
연산논리(algorithmic logic) 78-79, 356-359
연산의 정의(algorithm defined) 663 주27
영성 시스템(systems of spirituality)

찾아보기 693

165, 288-289, 447-448
영적 사랑(spiritual love) 553-559
영적 전쟁(spiritual warfare) 577-81
영혼(the soul) 319-320
예수(Jesus) 506, 512-513, 525, 571
예술(art) 191-192, 226-227 또한 '정서적 주제들'을 보라.
오락(entertainment) 369, 431, 440-444, 492-493
오래 참음(long suffering) 559-561
옹(W. J. Ong) 47-48
와우나나-능력의 언질(Waunana-power words) 21
외부의 실재(external reality) 39-40 또한 '논리실증주의'를 보라.
우주적 법(cosmic law) 644
원수(enemies) '타자의 주제', '영적 전쟁'을 보라.
원시적 민족(people as primitive) 32-33, 390-392
원예농경 사회(horticultural society) '소규모 구술 사회'를 보라.
월리스(A. F. C. Wallace) 628-34
위계(hierarchy)
  농경사회와 257-258
  문화와 53, 642
  범주적 355-357
  평가적 주제들과 122, 125, 375-376
위상 논리(topological logic) 80-84
유기적 뿌리 은유(organic root metaphor)
  근대성과 294-311
  농경사회에서 253-258
  성경과 541-544, 569-570
  소규모 사회와 192

시스템들과 147-149
  의 특징들 48, 82
유별난 소비(conspicuous consumption) 435-438, 483-485
율법과 칭의(law and justification) 372, 568
의미론적 영역(semantic domains) 173-181 또한 '언어'를 보라.
의식(ritual) 65, 156, 183-187, 614-618 또한 '행위'를 보라.
의심의 해석학(hermeneutics of suspicion) 403, 429
이게데족의 친구관계 용어(Igede friendship terms) 182
이론의 사용(use of theories) 195-196
이마누엘 칸트(Immanuel Kant) 357
이마누엘 토드(Emmnauel Todd) 53
이믹 분석(emic analysis) 170
이민(immigration) '지구적 이주'를 보라.
이슬람(Islam) 254, 485
이신론(deism) 366 또한 '계몽주의', '기계론적 뿌리 비유'를 보라.
이원론(dualism) 273-311, 342, 384-388, 418, 507-508
인간 이성(human reason) '계몽주의', '논리'를 보라.
인간론 신학(human theologies) 138, 340, 515-522 또한 '인식론'을 보라.
인간의 자유(human freedom) 53, 304-308, 373-375 또한 '개인'을 보라.
인과관계의 주제(theme of causality) 40, 88-89, 145, 304-308
인권(human rights) 373-375
인내(patience) 559-561

인도(India) 176-178, 254, 466,
  660-670
인디안 수여자(Indian givers) 658 주4
인류학(anthropology) 29-50, 495,
  541-551
인본주의(humanism) 205-208, 277,
  281-284, 541-551
인생 스토리(life stories) 200-201 또한
  '신화'를 보라.
인식론(epistemology)
  공시적 91-99
  근대성과 300-301, 339-365
  문화와 65, 152-161, 640
  뿌리 은유와 84
  성경적 514-522
  지구주의와 487-491
  통시적 125-131
  포스트모던 409-440
인식론적 구성물(epistemological
  constructs) 94-95, 426, 516
인식론적 생성력(epistemological
  generativity) 97-98
인식론적 통합(epistemological
  integration) 95-96, 142-143
인식론적 형태구성(epistemological
  configurationality) 95-97
인식론적 확실성(epistemological
  certainty) 84
인식자(the knower) 342-343
인지적 주제들(cognitive themes)
  공시적 모델의 98-114, 637
  근대성의 273-367
  농경사회와 238-256
  문화와 38, 50-52, 56-57, 152-161
  성경적 507-551

소규모 사회와 202-226
지구주의와 409-440
회심과 586-594
일본에서의 죄(sin in Japan) 118
일정한 직선적 시간(uniform linear
  time) 100-101, 639
임박한 천년왕국(imminent millen-
  nium) 262

ㅈ

자기 신격화(self divinization)
  433-434
자료의 유형(types of data) 359-361
자발적 협회(voluntary association)
  324-325, 328, 648
자본주의(capitalism) 144, 330-334,
  435-437, 459-462, 482-485, 643
자본주의와 비인간화 현상(capitalism
  and dehumanization) 329
자서전(autobiography) 190-191 또한
  '신화'를 보라.
자아/자기(self) '개인'을 보라.
자연법칙(natural laws) 302-304
자연주의(naturalism) 273-281,
  639-640 또한 '과학'을 보라.
자유의지(free will) 53, 304-308,
  373-375 또한 '개인'을 보라.
자티(jati) 648
장 자크 루소(Jean-Jacques Rousseau)
  374-375
재림(Christ's return) 513, 575
재생산(reproduction) 213
재창조 의식(re-creation rites) 186
재화의 확대(expanding good) 647

찾아보기 695

적법성으로서의 도덕성(morality as
  legality)
근대성과 299-303, 372
기독교와 313-314, 561-570
문화와 120, 644
전일론(holism) '유기적 뿌리 은유'를
  보라.
전자 매체(electronic media) 487
전천년설(premillennialism) 450
접촉 전염의 법칙(law of contagion)
  225
정령 신앙(animism) 202-205
정서적 주제들(affective themes)
  근대성과 344-349, 368-370
  농경 사회와 256
  문화적 구조들로서 161
  성경적 551-561
  세계관들과 51, 57-58, 114-116,
    121, 123
  소규모 사회와 226-227
  예술과 191-192, 226-227
  지구주의와 492-493
  포스트모더니티와 440-444
  회심과 594-599
정의/의(righteousness) 302, 561-570
정체성(identity) '집단', '개인'을 보라.
정치(politics) '국가'를 보라.
정통(orthodoxy) 20-24, 366,
  587-589, 600 또한 '신념'을 보라.
정통 교리(orthodox doctrine)
  20-21, 366, 587-589, 600 또한 '신
  념'을 보라.
제임스 스프래들리(James Spradley)
  179-180
제자훈련(discipling) 623-634 또한

'회심'을 보라.
존 로크(John Locke) 374, 663 주25
존재(beings) 202-205, 253-258,
  274, 275-277 또한 '유기적 뿌리 은
  유'를 보라.
존재의 사슬(chain of being) 355-356,
  378-379 또한 '위계'를 보라.
종교(religion) 274, 285-288, 338-339,
  485-487 또한 '기독교'를 보라.
종말론적 신화(eschatological myths)
  230-233
죄(sins) 78, 568-569 또한 '평가적 주
  제들'을 보라.
주관주의(subjectivism) 344-349,
  427-428
주니족 문화(Zuni culture) 34-35
주술의 논리(logic of magic) 224-226
주술의 법칙(magical laws) 225
주요 제보자들(key informants) 193
죽은 자들(the dead) 205-208
중국의 신념 체계(beliefs in China) 255
중상주의(mercantilism) 482
중심 지향적 집합(centered sets) 72
중요한 사건 중심의 시간(critical event
  time) 100, 103, 218
지각(tardiness) 104-105
지구적 다중심성(global polycentrism)
  458-465
지구적 동화(global assimilation) 496
지구적 브랜드(global brands) 463-464
지구적 이주(global immigration) 463,
  475, 477, 491, 496
지구적 재활력 운동(global revitaliza-
  tion movements) 470-473, 628-634
지구주의(globalism) 455-498

지구주의 보호막(globalist bubbles) 465
지구주의와 다양성(globalism and diversity) 475-481
지구주의와 안정성(globalism and stability) 475-481
지구주의와 유동성(globalism and flux) 475-481
지구주의와 통일성(globalism and unity) 475-481
지구주의의 수레들(globalism carriers) 459-465
지구화와 정보(globalization and information) 487
지리적 격자(geographical grids) 107
지리적 참조 지점(geographical reference points) 108-110
지방화(regionalization) 467-469
지식(knowledge) '인식론'을 보라.
지식의 형이상학적 단계(intellectual metaphysical stage) 340
지역적 지리(local geography) 107-110
지역화(localization) 458-475
지혜(wisdom) 86-88, 190, 219-221, 339-367, 640
직선적 시간(linear time) 100-101, 629
진보(progress) 377-383, 493-495, 648
진자적 시간(pendular time) 100-101
진화(evolution) 355, 377-389
질서(order) 35, 36, 299-304, 640
또한 '평가적 주제들'을 보라.
집단(the group)
근대성과 316-327
농경사회와 238-244
문화와 34-35, 42, 162-163, 642-643, 648

성경과 503-533, 544-551
소규모 사회와 207-210
인지적 주제로서 112-113
지구주의와 477-481
지식과 426
평가적 주제들과 122, 123
회심과 23, 621-632
집단적 의사결정(group decision-making) 625
집단적 정체성(corporate identity) '집단'을 보라.
집단적 회심의 단계들(group conversion stages) 628-634
집합(sets) 67-73, 79, 354, 587-590
또한 '범주들'을 보라.

ㅊ

찰스 다윈(Charles Darwin) 659 주3
찰스 퍼스(Charles Peirce) 74-75, 489, 518
창조주(the Creator) 273, 509-510
천년왕국설(millennialism) 262, 390, 450
철학(philosophy) 27-29, 185, 188
청결(cleanliness) 35-36, 120, 312-313
체면(saving face) 212
초월성(transcendence) '다른 세계들'을 보라.
초월의 사용(use of super) 285
초자연주의(supernaturalism) 273-278, 348 또한 '다른 세계들'을 보라.
추상적 논리(abstract logic) 80-81, 364-367

찾아보기 697

ㅋ

카르마(karma) 644
카스트(caste) 648
콰키우틀족 문화(Kwakiutl culture) 34-35
쿠르트 괴델(Kurt Gödel) 664 주31
크뢰버(A. L. Kroeber) 32-33
클라이드 클러크혼(Clyde Kluckhohn) 50, 51
클라크 위슬러(Clark Wissler) 32
클리퍼드 기어츠(Clifford Geertz) 49

ㅌ

타당성 구조로서의 세계관(worldview as plausibility structure) 56-57
타락(the Fall) 228-231
타자의 주제(theme of others) 40, 112, 242-244, 545-547, 611-614
탈콧 파슨스(Talcott Parsons) 50, 51, 123-124
태어나지 않은 자들(the unborn) 206, 208
터키의 세계관 영역들(worldview domains in Turkey) 184
토대주의(foundationalism) 297-299
토테미즘(totemism) 208
통상적 회심(normal conversion) 603-604
통시적 모델(diachronic model) '신화'를 보라.
통제(control) 53, 299-300, 369
특수주의(particularism) 근대성과 362-363
성경적 506, 570-577
소규모 사회와 221-222
평가적 122, 123-124
포스트모더니티와 420-421

ㅍ

패러다임(paradigm) 95-96, 604-607
패러다임 전환(paradigm shifts) 604-607
팽창주의적 자본주의(expansionist cap-italism) 464-467 또한 '경제'를 보라.
퍼지 집합(fuzzy sets) 67-69, 72, 79, 589-590
페르디낭 드 소쉬르(Ferdinand de Saussure) 426
평가적 주제들(evaluative themes) 근대성과 344-349, 370-377
농경사회와 256-260
문화와 49-51, 56-57, 116-125, 161, 644-646
분석 192
성경적 510, 561-570
소규모 사회와 227
지구주의와 493-496
포스트모더니티와 444-448
회심과 496-499
평가적 집중성(evaluative specificity) '보편주의'를 보라.
평가적 확산성(evaluative diffuseness) '특수주의'를 보라.
평등(equality) 53, 122, 124, 374, 644
포스트모더니티(postmodernity) 397-452, 516, 649-651

포스트모던 건강(postmodern health) 444-446
포스트모던 관점주의(perspectivalism) 422-424 또한 '근대적 관찰자'를 보라.
포스트모던 권력(postmodern power) 428-431 또한 '국가'를 보라.
포스트모던 성찰성(postmodern reflexivity) 412
포스트모던 도구주의(postmodern instrumentalism) 425, 516 또한 '인식론적 구성물'을 보라.
포스트모던 시대의 치료(postmodern therapy) 444-446
포스트모던 시대의 파편화 (postmodern fragmentation) 421
포스트모던 에고 중심주의 (postmodern egocentrism) 432-433 또한 '개인'을 보라.
포스트모던 질병(postmodern sickness) 446
포스트모던 하이퍼리얼리티(postmodern hyperreality) 431
표면적 세계관(worldview surfacing) 609-610
표상의 위기(crisis of representation) 409-411
표상적 기독교(representational Christianity) 486
프란츠 보아스(Franz Boas) 32-33
프리드리히 니체(Friedrich Nietzsche) 659 주3
피난민(refugees) '지구적 이주'를 보라.

ㅎ

하나님/신(God)
근대성과 273, 282-284, 299-301
왕 525
의 역사 570-577
자아 433
적법성과 313-314, 660 주10-12
창조주 507-509
하나님 나라(the kingdom) 526-540
학교(schools) 363, 461-462
학교교육(the academy) 385-364, 461-462
합리성의 불합리성(irrationality of rationality) 332-333
해체(deconstruction) 413-415
행위(behavior) 20-24, 65, 153-157, 183-187, 614-620
허버트 스펜서(Herbert Spencer) 659 주3
현상학(phenomenology) 135, 187 또한 '인류학'을 보라.
혼성 문화(hybrid culture) 471-472, 492-493 또한 '회심'을 보라.
화물 숭배(cargo cult) 232
화해(reconciliation) 212
확고한 것(absolutes, worldview) 638
회개로서의 회심(conversion as repentance) 590-591
회복 의식(rites of restoration) 178
회복된 지위(restored status) 262-263
회심(conversion) 20-24, 367, 585-635 또한 '기독교 선교'를 보라.
회심의 충격(conversion shock) 631
회중의 조직(organization of congregations) 327-328

후견인-수혜자 경제(patron-client economy) 248-250, 643
후천년설(postmillennialism) 390